Alois Halder

Philosophisches Wörterbuch

HERDER spektrum

Band 4752

Das Buch

Das bewährte Standardwerk: Übersichtlich gegliedert, auf das Wesentliche konzentriert und gut verständlich geschrieben informiert das vorliegende Philosophische Wörterbuch über alle wichtigen Persönlichkeiten, Probleme und Positionen der Philosophie – von den vorsokratischen Ursprüngen bis zu gen gegenwärtigen Strömungen. Die erweiterte und aktualisierte Neuausgabe dieses konkurrenzlosen Kompendiums eröffnet dem Leser auch bei schwierigen philosophischen Sachverhalten einen spannenden und anregenden Einblick. Ein weiterführendes Literaturverzeichnis und hilfreiche Übersichtstafeln zur Geschichte der Philosophie runden das handliche Werk ab, das jetzt in einer völlig neu bearbeiteten Ausgabe vorliegt. Allen Freunden der Philosophie – und die es werden wollen – ist dieser Klassiker unter den Wörterbüchern eine unentbehrliche Hilfe.

Der Autor

Alois Halder, geboren 1928, o. Professor für Philosophie 1972 in Augsburg, 1995 emeritiert, Honorarprofessor in Ulm/Donau. „Kunst und Kult" (1964, [2]1987); zahlreiche Beiträge in Zeitschriften und Sammelwerken zu Themenbereichen der Metaphysik, Religionsphilosophie und Ästhetik.

Mitbegründer des Werkes

Max Müller, geboren 1906, gestorben 1994, o. Professor für Philosophie 1946 in Freiburg i. Br., 1960 in München, 1971 emeritiert, Honorarprofessor in Freiburg i. Br. „Sein und Geist" (1940, [2]1987), „Existenzphilosophie" (1949, [4]1986), „Erfahrung und Geschichte" (1971), „Philosophische Anthropologie" (1974) und zahlreiche weitere Veröffentlichungen.

Alois Halder

Philosophisches Wörterbuch

Mitbegründet von Max Müller
Völlig überarbeitete Neuausgabe

Herder
Freiburg · Basel · Wien

Gedruckt auf umweltfreundlichem,
chlorfrei gebleichtem Papier

Originalausgabe

Alle Rechte vorbehalten – Printed in Germany
© Verlag Herder Freiburg im Breisgau 2000
Herstellung: Freiburger Graphische Betriebe 2000
Umschlaggestaltung und Konzeption:
R·M·E München / Roland Eschlbeck, Liana Tuchel
Umschlagmotiv: Egon Schiele, Schieles Schreibtisch, 1914. Öl auf Leinwand
ISBN: 3-451-04752-7

Vorwort

Das „Philosophische Wörterbuch", hervorgegangen aus der Arbeit des Lexikographischen Instituts des Verlags Herder, ist seit seinem ersten Erscheinen 1958 wiederholt revidiert und ergänzt worden. Es hat in seiner über vierzigjährigen Geschichte als handliches Orientierungsmittel zahlreiche philosophisch interessierte Freunde gefunden. Leitend blieb stets das Bemühen, Information zu verbinden mit Reflexion und die Zusammenhänge der philosophiegeschichtlichen Überlieferung als Hintergrund auch von Themen gegenwärtigen Philosophierens sichtbar zu machen – soweit die räumlichen Grenzen eines Taschenbuch-Lexikons und die Ordnung des Alphabets dies zulassen.

Für die neue Ausgabe wurden sämtliche Artikel überprüft, größtenteils erneuert, Stichwörter erstmals aufgenommen. Dank zu sagen ist allen, die bei vorausgegangenen Ausgaben mitgewirkt haben, besonders den Kollegen Hans Brockard, Severin Müller, Wolfgang Welsch für ihre umfangreiche Mitarbeit, für einzelne Beiträge Paul Good und Elmar Weinmayr, für Mithilfe bei der biographischen und bibliographischen Datenerhebung Hans Goldmann, Gudrun Morasch, Manfred Negele, Stefan Thumfart.

Für die Aktualisierung des Literaturanhangs in der jetzigen Neuausgabe ist Ante Sesar zu danken.

Der bisherige Mitherausgeber Max Müller starb am 18. Oktober 1994. Wie die früheren Bearbeitungen bleibt auch diese Neubearbeitung seinem philosophischen Denken verpflichtet.

Der Herausgeber

Inhalt

A–Z 7

Literatur zu den Artikeln 388

Hilfsmittel zum philosophischen Studium 439

Übersichtstafeln zur Geschichte der Philosophie 442

A

Abaelard, *Peter,* Philosoph, Theologe, Hymnendichter, * 1079 Palais bei Nantes, † 1142 Priorat St-Marcel. Einer der einflußreichsten Denker des 12. Jh., förderte die Logik durch seine kritische Erkenntnislehre und Sprachphilosophie (Früh- Nominalismus, ↗Universalien); wurde wegen der in seiner Schrift „Sic et non" vertretenen Methode des Ausgleichs sich widersprechender Vätertexte auch als „Vater" der scholastischen Methode angesehen.

Abbildtheorie, im engeren Sinn die im antiken Atomismus (Leukippos, Demokrit) vertretene Lehre, wonach beim Wahrnehmen und Erkennen sich stoffliche Bilder von den Dingen ablösen und durch die Sinnesorgane in die Seele einprägen. Im sensualistischen Empirismus der Neuzeit (bes. Locke) ist die Seele „ein weißes Blatt Papier", auf dem mit den Wahrnehmungseindrücken beginnend und durch begriffliche Verallgemeinerung hindurchgehend die Erkenntnis als eine Art Abbildung der Dinge geschieht. In der marxistisch-materialistischen Erkenntnistheorie wird Erkenntnis als eine durch natürliche und gesellschaftliche Bedingungen bestimmte „Widerspiegelung" der Wirklichkeit aufgefaßt. – Im weiteren Sinn kann A. auch die auf Aristoteles zurückgehende und in der mittelalterlich-scholastischen Philosophie vertretene und in die Neuzeit weiterwirkende Lehre genannt werden, wonach Erkenntnis zwar nicht, wie nach Platon, Erinnerung an die wesenhaften Urbilder (Ideen) der wahrnehmbaren Erscheinungen als Abbilder ist, aber doch in einer geistigen Sicht des Wesensbildes einer Sache und in dessen begrifflicher Fassung beruht. So ist auch noch für Wittgenstein der Gedanke ein „logisches Bild" der Wirklichkeit, das mit dem „Abgebildeten" die logische Form gemein hat. – Alle A.n setzen eine ursprünglichste ↗Identität von Sein (Wirklichkeit) und Denken (Erkennen) voraus und ein Verständnis von ↗Wahrheit als Übereinstimmung von Gedanke (Vorstellung, Begriff) und Seiendem (Sache, Gegenstand) selber. Demgegenüber versteht sich das Denken und Erkennen in neuzeitlichen Philosophien weitgehend als seine Gegenstände erst konstituierend oder die Wirklichkeit in ihrer Bedeutungsstruktur konstruierend.

Abendländisch-europäische Philosophie, begann in der griech. Antike mit dem Aufbruch aus der mythischen Vorstellungswelt durch das („logische") Denken der ↗Vorsokratiker (6./5. Jh. vC.) darüber, als was „Alles" (ta panta) in Wahrheit, nämlich als Ganzes und von

Grund auf, zu denken ist. Die folgenreichste Prägung geschah mit der Begründung der klassischen Metaphysik (4. Jh. vC.) durch ↗Platon und ↗Aristoteles als systematisch-methodische Wissenssuche nach der hierarchisch gegliederten Ordnung des Seienden in seinem Wesen und seiner Erscheinung. In der Gestalt bes. des ↗Platonismus (Philon, 1. Jh.) und ↗Neuplatonismus (Plotin, 3. Jh.) wurde dieses metaphysische Philosophieren in den folgenden Jhh. über die Patristik (Klemens von Alexandrien, Origenes), vor allem ↗Augustinus in die christliche Glaubenswelt des frühen Mittelalters hineingebildet. Es erfuhr durch die ↗arabisch-islamische Philosophie (insbes. Averroës) verstärkt die Vermittlung des Aristotelismus ins Hochmittelalter (↗Scholastik, Albertus Magnus, Thomas von Aquin), worin die Philosophie zugleich den Dienst für die theologische Selbstklärung des christlichen Glaubens in der Welt übernahm. Gegen die darin vorherrschende Lehre von der Erkennbarkeit und Realität des wesentlich allgemeinen Seins erhob sich die Kritik des mittelalterlichen ↗Nominalismus (Roscelin) und ↗Konzeptualismus (Ockham; vgl. ↗Universalienstreit), gegen das Grundverständnis des Seins als des Geistes der mittelalterliche ↗Voluntarismus (Duns Skotus, Ockham), in welchen Strömungen kritische Ansätze, die bis in die Antike zurückreichen, verstärkt aufgenommen wurden. Zugleich kam in diesem Zeitraum die christliche philos. ↗Mystik zu ihrem Höhepunkt (Eckhart).

In der Neuzeit, mit der Lösung aus religiös-institutionellen und -theologischen Bindungen, dem Rückwurf des menschlichen Subjekts auf sich selbst und der Inanspruchnahme seiner Autonomie im erkennenden und handlungsleitenden Denken, entstanden die großen Systeme des ↗Rationalismus (Descartes, Spinoza, Leibniz) wie auch die Strömungen des ↗Empirismus (Hobbes, Locke, Hume). Sie wirkten zusammen in der Herausbildung der europäischen ↗Aufklärung. Unerachtet ihrer Gegensätzlichkeit und Vielfältigkeit waren sie Ausdruck des neuzeitlichen Bewußtseins, das, befördert durch die Entwicklung der Naturwissenschaften und damit verbundener technischer Aussichten, sich weitgehend die vernünftige Beherrschung der Naturerscheinungen und die Steuerung gesellschaftlicher Prozesse zum Fortschritt des menschlichen Lebens und seiner Welt zutraute. Einen vorläufigen Abschluß fand diese Gedankenbewegung mit ↗Kants Transzendentalphilosophie und dem deutschen ↗Idealismus (Fichte, Schelling, Hegel), die den theoretischen und praktischen Vernunftanspruch mitsamt seinen skeptischen Vorbehalten verständig-kritisch in eine Ordnung bzw. (z. T. mit herausgefordert durch die gegenaufklärerische Romantik) absolut zur Vernunft bringen wollten. Die Philosophie der Folgezeit ist gekennzeichnet bes.: durch die unterschiedlich motivierte und einschneidende Idealismuskritik (↗Metaphysikkritik; Marx, Kierkegaard, Nietzsche); durch die histor.-wissenschaftliche (Ranke, Droysen) und philos. Selbstreflexion des geschichtlichen Erfahrungsbewußtseins und seiner Weltverstehensmöglichkeiten (Dilthey; ↗Hermeneutik), in Distanzierung von gesamtteleologischen Geschichtsauffassungen und Blickwendung auf die pluralen epochalen und individuellen historischen Erscheinungen (↗Historismus); durch Versuche, Philosophie allein auf der Grundlage einer empirischen Einzelwissenschaft zu errichten (Soziologismus, Biologismus, ↗Psychologismus); aber auch durch Erneuerungsbewegungen im Rückgriff auf ältere (↗Neuscholastik) und neuere Philosophien (↗Neukantianismus, ↗Neuhegelianismus). Nachhaltigste Wirkung bes. im Kampf gegen den Psychologismus und für eine erfahrungsbeschreibende, gleichwohl apriorische Bewußtseinsphilosophie erlangte im 20. Jh. die ↗Phänomenologie Husserls. Sie beeinflußte auch vielfältige andere philos. Frageansätze, die in besonderen Problemsituationen oder allgemeinen Sinnkrisen Antworten suchten, so die ↗Lebensphilosophie, ↗Existenzphilosophie (Heidegger, Jaspers), die (Grundgedanken von Marx aufnehmende) ↗Kritische Theorie der Gesellschaft (Adorno, Horkheimer). Dagegen standen moderne Fortbildungen der empiristischen Tradition, vorwiegend am Wissensmodell der mathematisch berechnenden Naturwissenschaften orientiert (Russell, Logischer ↗Positivismus; Wiener Kreis, Wittgenstein, ↗Analytische Philosophie; Popper, ↗Kritischer Rationalismus). Die analytische Philosophie hatte dabei ihren Schwerpunkt in der Bildung einer exakten Beschreibungssprache, wandte sich aber auch der logischen Analyse der normalen Sprachgebrauchsformen zu. Das metaphysische Denken mit seiner Seinsverständnis- und Selbstverständnisgeschichte wie auch in seinem von Anfang an bestimmenden identitätsphilos. Grundzug (Parmenides: „Sein und Denken – dasselbe") wurde kritisch thematisiert vom geschichtlich-hermeneutischen Denken her (der spätere Heidegger, Gadamer) und in einer vor die Metaphysik zurück- und über sie hinausgehenden ethischen Absicht (Lévinas). Weithin zeigt sich die Ablösung oder einschneidende Modifikation alter metaphys.-ontologischer und noch transzendentalphilos. Grundbegriffe wie Substanz, Subjekt und (geschlossenes) System durch andere Leitvorstellungen von der Natur- und der geschichtlichen Lebenswirklichkeit: im Denken in Relationen und Prozessen (↗Prozeßphilosophie), in Begriffen kommunikativer Dialogik (↗Dialogische Philosophie) und unabschließbarer ↗Dialektik, „offener" Systeme (↗Systemtheorie) und Strukturen (↗Strukturalismus). Gegen die Voraussetzung einer letzten und umfassenden Einheit und Einheitlichkeit aller Erscheinungen (Universalität und prinzipielle „Identität" im Sein, im Geist, im Bewußtsein, in der Materie usw.) wendet sich ein Erfahrungsverständnis unaufhebbarer Pluralität und „Differenz". Strittig ist, ob in diesen Ansätzen auch die „Moderne" bereits verabschiedet ist (↗Postmodernismus), oder hier nicht vielmehr erst Impulse gerade des 19. Jh. voll zur Wirkung gelangen.

Abgrund, bei Dionysios Areopagita (bathos, Tiefe) auftauchende und von Eckhart geprägte Bezeichnung für die Tiefe des göttlichen Seins als des Grundes von allem, der selbst keinen Grund hat.

absolut (lat.), wörtlich: losgelöst, nämlich von allen Bedingungen und Beschränkungen, daher: unbedingt, unbeschränkt. Das *Absolute* (A.) war stets Grundthema der metaphysischen Philosophie. Die Antike sah in ihm mehr die Selbstgenügsamkeit und Unabhängigkeit (Autarkie, platonisch die der Ideen, insbes. des Guten, gegenüber der Erscheinungswelt, aristotelisch die des allerdings weltimmanent gedachten ewigen ersten und unbewegten Bewegers dieser Welt der entstehenden und vergehenden Dinge), das christliche Denken mehr das Durch-sich- und Von-sich-selbst-Sein (Aseität), das im strengen Sinn nur dem welttranszendenten Gott zu eigen ist, der eigentlich einzig „a." genannt werden darf (so schon bei den lat. Kirchenvätern, aber in ausdrücklich betonter Weise erstmals bei Nikolaus von Kues). Teilweise tritt auch die Bedeutung der Unendlichkeit als Grenzenlosigkeit (Infinität) und Vollkommenheit (perfectio) in den Vordergrund. Doch wird, bes. in der scholastischen Philosophie, auch die Bedeutung eines sonstigen Begriffs, wenn er nur „in sich" betrachtet wird, a. genannt. Gegensatz: relativ, in Abhängigkeitsbeziehung stehend. – Seit Spinoza und der Philosophie der Leibniz-Wolffschen Schule wird das Absolute (Gott und Naturwelt, ihre Einheit und Unterschiedenheit) Grundthema des metaphysischen Denkens. Nach Kant ist das Absolute zwar zu denken, aber nicht wissenschaftlich-theoretisch erkennbar, sondern nur ethisch-praktisch, als das „Unbedingte", dessen a. Forderung in der sittlichen Achtung vernommen wird. Der deutsche Idealismus sucht die Kantische scharfe Trennung (von Denken und Erkennen, von theoretischer und praktischer Vernunft) dialektisch zu überwinden. So faßt Fichte das Absolute als das reine, seine Unterscheidung produzierende Ich. Bei Schelling ist es die a. Indifferenz der Gegensätze (ursprüngliche Einheit von Subjekt und Objekt, Geist und Natur); Hegel sieht das Problem des Absoluten darin, daß es als Ab-solutes (d. h. Losgelöstes und damit auf anderes Bezogenes) zugleich auch nicht a., vielmehr die Einheit von Absolutheit und Relativität ist (Identität von Identität und Nichtidentität): es als Geist entäußert sich zur Natur als seinem Anderen und holt sich in der Geschichte zurück in das a. Wissen, in welchem „Resultat" das Absolute erst wahrhaftes Absolutes ist, da es seinen Werdegang aus sich zu sich (und damit sich selbst) absolviert. Vgl. ↗Identitätsphilosophie. – Die Frage der Präsenz des Absoluten im Zeitlich-Endlichen und Einzelnen („Relativen") und damit das Verhältnis von Absolutheit und Geschichtlichkeit ist ein zentrales Problem gegenwärtigen philos. Denkens, soweit es sich kritisch der metaphysisch-philos. Tradition zuwendet und dieses nicht schlechthin verabschieden will.

Abstammungslehre ,Deszendenztheorie, ↗Evolutionismus.

abstrakt (von lat. abstractum, abgezogen), die Seinsweise des Ergebnisses einer ↗Abstraktion, also sowohl der (allgemeine) ↗Begriff wie des (begrifflich) ↗Allgemeinen. Gegensatz: konkret.

Abstraktion (von lat. abstrahere, abziehen), die gedankliche Loslösung eines übereinzelnen (allgemeinen) Sachgehalts aus dem zu begreifenden Einzelseienden. In der A. werden die in einer besonderen Hinsicht bedeutsamen („wesentlichen", die Sache entscheidend bestimmenden) Merkmale herausgehoben und in den ↗Begriff zusammengefaßt (positive A.: etwas abstrahieren), andere als „unwesentliche" und nicht entscheidende weggelassen (negative A.: von etwas abstrahieren). Deshalb spielt in derjenigen Tradition der Erkenntnislehre, die am „Wesen" oder jedenfalls den allgemein bestimmenden Zusammenhängen der Erscheinungen interessiert ist, die A. eine besondere Rolle. Da die A. aber bereits eine leitende Hinsicht voraussetzt, ein Vorverständnis des allgemeinen Wesentlichen und Bedeutsamen, auf das es ankommt, kann ihr nicht allein die grundlegende Leistung bei der Begriffsbildung und damit Erkenntnisgewinnung zugesprochen werden (Problem der ↗Induktion). Dieser der A. logisch vorhergehende Vorblick (↗a priori) ist bei Platon die ↗Anamnese (Erinnerung an die ewig-ursprüngliche und nur in der Zeit verstellte Ideen-Schau), in der Aristoteles fortführenden mittelalterlich-scholastischen Philosophie ist es das Seinsverstehen des tätigen menschlichen Geistes (Thomas von Aquin: ↗Intellectus agens), der die allgemeinen Seinsbestimmungen und darunter insbes. den kategorialen Unterschied von Wesentlichkeit (Substantialität) und Unwesentlichkeit (Akzidentalität) vorweg in sich aufgenommen und verstanden hat, bei Kant, der die negative Bedeutung von A. bevorzugt (Begriffe seien nicht abstrakt, sondern „abstrahierend", nämlich das weglassend, worin sich Vorstellungen in einer bestimmten Hinsicht unterscheiden), ist es die vorblickende ↗Reflexion auf die Erkenntnisquellen, Erkenntnisarten und Grundbegriffsweisen, die zusammen mit der Komparation (Vergleich der Vorstellungen) die A. ermöglicht. Die Husserlsche Phänomenologie betont in der Erkenntnis die „Wesensschau" oder „eidetische Reduktion" als einen eigenen Akt, demgegenüber Komparation und A. nur eine nachgeordnete Bedeutung haben.

absurd (lat.), widersinnig. „Ad absurdum führen", der Ungereimtheit überführen. – „Credo quia absurdum est" (gerade, weil es widersinnig ist, glaube ich es), Tertullian zugeschriebener und auf die Menschwerdung Gottes bezogener Satz, der so bei ihm freilich nicht vorkommt. A. meint hier eher „paradox", wie auch z. B. bei Pascal und Kierkegaard die Gegenwart des Absoluten in einer endlichen Vorstellung paradox ist. Ähnlich bei Jaspers: Transzendenz hat für den endlichen Verstand die Form der Absurdität. Im französ. Existenzialismus, bes. bei Camus, meint „das Absurde" die Sinnlosigkeit des menschlichen Lebens, das sich nur durch die „Revolte" zwar nicht Sinn, aber Größe und Würde geben kann.

Actus ↗Akt.

Adler, *Alfred,* Nervenarzt und Psychologe, * 1870 Wien, † 1937 Aberdeen (Schottland). 1907–11 Zusammenarbeit mit S. Freud (↗Psychoanalyse), begründete dann die Individualpsychologie als eigene Richtung der ↗Tiefenpsychologie. Psychische Konflikte des Individuums entstehen aus dessen „Geltungsstreben" in der Spannung zur Gesellschaft.

Adorno, *Theodor W.,* Mitbegründer der ↗Frankfurter Schule (zus. mit M. Horkheimer), * 1903 Frankfurt a. M., † 1969 Visp (Schweiz). Nach Emigration (Oxford, New York) 1949 Rückkehr, 1950 Prof. in Frankfurt a. M. Die Sozialanalyse der ↗Kritischen Theorie verbindet sich bei ihm mit der erkenntnisphilosophischen Forderung, „über den Begriff mit dem Begriff hinauszugelangen" im Sinn einer offenen Erfahrung, welche den Gegenstand nicht restlos identifizierend vereinnahmt, und philosophisch-ästhetisch mit einem zurückhaltenden Transzendenzdenken: „Kunst ist der Schein dessen, woran der Tod nicht heranreicht."

Affekt (von lat. afficere, antun), allg. Empfindungs-, Gefühls-, Gemütszustand der Seele (griech.: pathos, lat.: passio) wie Lust, Schmerz, Begierde, Furcht u. a. – Affektion: insbes. bei Kant die Erregung der

Sinne und dadurch des Subjektbewußtseins durch äußere und innere Erscheinungen, die mitbedingend ist für die Möglichkeit objektiver Erkenntnis: Die Mannigfaltigkeit der Sinnesempfindungen wird durch die reinen (apriorischen) Sinnlichkeitsformen zu Anschauungen und durch die Kategorien des Verstandes zu Gegenständen geordnet.

Agathon (griech.), bei Platon das ↗Gute als höchstreichender Name für das Sein, aber eigentlich noch in die Richtung „jenseits von Sein" weisend.

Agnostizismus, von Huxley geprägte Bezeichnung für eine Lehre, welche die Frage nach dem „Metaphysischen", insbes. nach Dasein und Wesen Gottes, für unentscheidbar hält. Der A. ist dem Positivismus verwandt, sofern der A. auch für die metaphysische Erkenntnis die Kriterien der empirischen Wissenschaft fordert, und ebenso dem Skeptizismus, der freilich in seiner extremsten Form die Unerkennbarkeit aller Dinge überhaupt vertritt.

Akademie, Name eines vielleicht einem Heros (Akademos) geweihten Hains nördl. von Athen, bei dem Platon 385 vC. seine Schule (den Akademos; Akademiker) gründete. Die sog. alte A. reichte von Speusippos bis Krates, die mittlere von Arkesilaos bis Hegesinos, die neuere ab Karneades. Sie wurde 529 nC. von Kaiser Justinian geschlossen. Gegenübergestellt wird ihr bes. der aristotelische Peripatos (Peripatetiker).

Akosmismus, die Lehre, die der Welt keine eigenständige Wirklichkeit im Verhältnis zur göttlichen zuerkennt. Hegel nennt die Philosophie Spinozas A., da sie alles Weltliche (das körperlich und geistig Seiende) nur als Modifikationen von Grundeigenschaften der einen göttlichen Substanz anerkennt. Fichte bestand darauf, seine eigene Philosophie sei A. und gerade nicht, wie ihm vorgeworfen, Atheismus.

Akt (lat. actus, Tätigkeit, Handlung), in allg. Bedeutung soviel wie „Vollzug". In der mittelalterlich-scholastischen Philosophie ist actus die Übersetzung von (griech.) energeia, heute meist mit „Wirklichkeit" übersetzt (Aktualität). Gegenbegriff: (griech.) dynamis, (lat.) potentia (Potenz), Möglichkeit. Für Aristoteles und ihm folgend Thomas von Aquin sind damit die beiden Grundmodalitäten des Seins benannt, die jedes endliche Seiende charakterisieren und mit deren Hilfe insbes. das Problem des Werdens als Überführung von Potenz in A. aufzuschlüsseln ist. A. ist das Ins-Dasein-Treten (Wirklichkeit) des Soseins, die tatsächliche Gegenwart des zeitlich noch unbestimmten Wesens (Etwas-Sein) in der Zeit. Potenz (Möglichkeit) ist demgegenüber die Seinsweise der bloßen Angelegtheit des reinen Wesensgehaltes einer Sache, der auf den aktualisierenden Anstoß, auf die Tat wartet, durch welche die zeitlich bestimmte Gegenwart erbracht wird. Die Urmöglichkeit für die Konstitution des sinnlich-endlich Seienden ist andererseits die materia prima (Erstmaterie), zu der sich die Wesensform (forma) und damit das verwirklichte Wesen vergleichsweise verhalten „wie" A. zur Potenz. Die Grundbedeutung von „Sein" ist demnach A. als Sein-Tun (esse est actus), und alle Wesen sind in ihrer Fülle begrenzte Weisen, zu sein. Reiner, vollkommener, unbegrenzter A. (actus purus) zu sein ist für den Thomismus die eigentliche Kennzeichnung Gottes, bei dem Wesen und Sein sachlich dasselbe sind, während bei allem kreatürlichen Seienden ein gehaltlicher Unterschied (distinctio realis) von A. und Potenz, (Da-)Sein und Sosein vertreten wird. Dagegen lehrt Suárez nur eine begriffliche Unterscheidung, aber sachliche Identität von Wesen und Sein auch in den endlichen Dingen und damit die Gegebenheit und Erkennbarkeit einer individuellen Wesensform. ↗Aktualität.

Aktualismus, Selbstbezeichnung G. Gentiles für seine (an Hegel anknüpfende) Lehre vom Geist als in seinem Wesen reiner Tätigkeit („aktualistischer Idealismus"). In psychologischer Orientierung stellte O. Külpe der „Substanztheorie" die „Aktualitätstheorie" gegenüber. Vor dem psychologisch-philos. A. des 19. Jh. (u. a. G. Fechner, W. Wundt) hatte bereits Humes Empirismus einen aktualistisch-psychologischen Ansatz vertreten (die Seele ein „Bündel" von Vorstellungen). Allgemein können aktualistische Züge festgestellt werden, wo durch die Betonung der (bes. naturwissenschaftlichen) Empirie, der Evolution der Gesamtnatur und der Prozessualität der Geschichte das ↗Substanz-Denken in Frage gestellt wird.

Aktualität (lat.), Wirklichkeit, in der mittelalterlich-scholastischen Philosophie meint A. die Verwirklichung als Vollzug (↗Akt) und den Zustand als resultatives Verwirklichtsein der ↗Realität (Sachhaltigkeit, Wesentlichkeit), so daß diese voll da und gegenwärtig ist. Während im göttlich-unendlichen Denken und Sein (als actus purus) die absolute A. als wirkliche Gegenwart aller Realität notwendig gegeben ist (Nezessität, ↗Notwendigkeit), treten im endlichen Sein und Denken A. und Potentialität (sachliche ↗Möglichkeit) auseinander. Deshalb gehören hier A. und Potentialität nicht zu den allübergreifenden tranzendentalen Seinsbestimmungen (↗Transzendentalien), wie u. a. Realität, aber auch nicht zu den bloß kategorialen Bestimmungen des endlichen Seienden (↗Kategorien), sondern zu den dazwischen liegenden modalen Bestimmungen (↗Modalität).

Eine tiefgreifende Umordnung dieses Begriffsgefüges geschieht in der Neuzeit durch Kant. „Realität" wird auf eine Verstandeskategorie der Qualität, „A." und „Potentialität" (Wirklichkeit und Möglichkeit) werden (wie auch Nezessität [Notwendigkeit]) auf Kategorien der Modalität, d. h. nur des Verhältnisses von begrifflichen Vorstellungen zum Erkenntnisvermögen, eingeschränkt. Dabei kritisiert er, daß in der Tradition die Verschiedenheit von Realität und A. nicht genügend problembewußt durchgehalten und insbes. im ontologischen Gottesbeweis A. zu einem Moment der Realität verfälscht worden sei.

Akzidenz (von lat. accidere, an [etwas] hinfallen), allg. das Hinzukommende oder Zu-fällige. In der mittelalterlich-scholastischen Philosophie bedeutet accidens als Übersetzung von (griech.) symbebekos das, was als Unselbständiges am selbständig Seienden (Substanz) nur mit vorkommt, der Substanz anhaftet, aber nicht notwendigerweise, genau so, wie es der Fall ist, sondern in zufälliger Weise, die auch veränderlich ist. So gibt es Akzidenzien nur im Bereich des endlichen Seienden. Aristoteles und ihm folgend Thomas von Aquin nennen zumeist neun Akzidenzien (die mit Substanz zusammen die zehn ↗Kategorien sind): Quantität, Qualität, Relation, Zeitbestimmung, Ortsbestimmung, Tätigkeit, Leiden, Lage und Besitz.

Albert, *Hans,* Hauptvertreter des ↗Kritischen Rationalismus (neben K. Popper), * 1921 Köln. Seit 1963 Prof. in Mannheim. Schärfste Gegenstellung zur Frankfurter Schule (neuerer ↗Positivismusstreit), Kritiker auch moderner theologischer und transzendentalhermeneutischer Ansätze, die auf der Ebene wissenschaftlicher Auseinandersetzung auftreten, von der jedoch alle Sinn-, Zweck-, Wertfragen gerade auszuschließen seien.

Albertus Magnus, *Albert der Große,* einer der bedeutendsten Denker des Hochmittelalters, * um 1200 Lauingen a. d. Donau, † 1280 Köln. Dominikaner; lehrte in Paris und Köln, Lehrer des Thomas von Aquin. Er betrachtete es als seine Aufgabe, das gesamte, durch Übersetzungen im Laufe eines Jh. zugänglich gewordene Werk des Aristoteles zu erläutern. Verhalf so dem Aristotelismus gegenüber der bis dahin vorherrschenden platonischen Tradition zum Durchbruch, wobei er sich deutlich gegen die Aristotelesinterpretation insbes. des ↗Averroismus wandte. Doch integrierte er in seine Lehre auch neuplatonische Gedanken und übte dadurch Einfluß auf die mittelalterliche spekulative Mystik. So gab er den christlichen Schulen eine philos. Gesamtordnung von großer Spannweite und Geschlossenheit. Was er in diese Enzyklopädie seiner gesamten Schriften an botanischem und zoologischem, mineralogischem und geographischem Wissen seiner Zeit und aufgrund auch eigener Beobachtungen einbaute, sichert ihm einen einzigartigen Platz auch in der Geschichte der Naturwissenschaften des Mittelalters. Nicht in erster Linie interessierte ihn, was Gott in der geschaffenen Natur an Wundern wirkt, sondern was darin „nach den natürlichen Ursachen auf natürliche Weise geschehen kann".

Alembert, *Jean Lerond d'*, Mathematiker, Physiker, Aufklärungsphilosoph, * 1717 Paris, † 1783 ebd. Mit Diderot zusammen Hrsg. der französischen Enzyklopädie, deren berühmte Einleitung er verfaßte. Skeptizist, Empirist und damit Vorläufer des Positivismus.

Alexander *von Hales,* englischer Philosoph und Theologe, in Paris mit großer Wirksamkeit lehrend, * 1185 Hales Owen (Shropshire, England), † 1245 Paris. Begründete die Franziskanerschule von Paris, indem er, zwar mit Aristoteles und den Aristotelesinterpretationen vertraut, doch vorwiegend der platonisch-augustinischen Überlieferung folgte.

Alexandrinische Schule, die christliche Theologenschule (Katechetenschule) in der Stadt Alexandrien, deren Hauptvertreter Klemens und Origenes waren, aber auch Bezeichnung für mehrere platonische und neuplatonische Richtungen, die dort entstanden (bedeutende Namen: Philon; Plotin, Porphyrios). Im engeren Sinn eine Philosophenschule des 5. bis Anfang 7. Jh., in der zunehmend insbes. auch Aristoteles studiert wurde und die neuplatonische Spekulation mehr und mehr zurücktrat.

Alfarabi, *Abu-Nasr* (auch Farabi genannt), arabisch-islamischer Philosoph, * Ende 9. Jh. Farab, † 950 Damaskus. Wirkte in Aleppo. Vereinigte aristotelische Gedanken mit der neuplatonischen Emanationslehre; wirkte auf Avicenna und die christliche Scholastik, insbes. Albertus Magnus und Thomas von Aquin.

All-Einheit, der philos. Grundgedanke, „daß alles eins ist", bei den Vorsokratikern teils stofflich-bildhaft ausgelegt (z. B. Thales: Alles ist [im Grunde] Wasser), teils als sinnlich-scheinbar Verschiedenes im einen zu denkenden Sein, wie es in Wahrheit ist (Parmenides: Denken und Sein – dasselbe), teils als bleibende eine Ordnung des vielen Entstehenden und Vergehenden (bei Heraklit der ewig-beständige Logos des Werdens). Das Thema der A.-E. durchzieht, oft nur untergründig, die gesamte metaphysisch ausgerichtete Philosophie (Hegel zufolge ist Philosophie Studium der Bestimmungen der Einheit), jedoch in unterschiedlichen Ausprägungen. Extreme Formen des A.-E.-Denkens sind Monismus und Pantheismus. Vgl. ↗Identität.

Allgegenwart Gottes, in Anknüpfung an die biblische Rede von der Unermeßlichkeit Gottes in der Patristik fortgebildeter Gedanke von der nicht auf bestimmte räumliche Maße einschränkbaren Nähe Gottes, der von seinem Wesen her in allem und überall gegenwärtig ist (Omnipräsenz, Ubiquität). Vgl. ↗Allprädikate Gottes.

Allgemeines, gegenüber dem Einzelnen und seiner nur es allein bestimmenden Eigenschaftsmannigfaltigkeit das vielen Einzelnen (als in der selben Art, Gattung, Seinsregion, dem Sein überhaupt stehend) überindividuell gemeinsam Zukommende. Aufgrund dieser Übereinkunft werden die vielen Einzelnen erst in einem ↗Begriff, der dieses Selbe enthält, zusammenfaßbar und erkennbar. Die Frage ist, ob dieses selbe A. sachlich vorrangig in den „Dingen selber" gegeben und aus ihnen begrifflich zu erheben ist (vgl. ↗Abstraktion, ↗Abbildtheorie) oder ob der Begriff ausschließlich ein Erzeugnis im Erkenntnis- und sprachlichen Benennungsvorgang ist und das in ihm gemeinte A. lediglich ein der Ordnung dienendes Begriffs- und Bezeichnungsmittel (Konstrukt). Der mittelalterliche Universalienstreit galt insbes. dem A. des Art- und Gattungswesens (↗Universalien). Der ↗Realismus (der Begriffs- und Wesensbedeutung) sah das A.-Gemeinsame als ein dem Denken real vorgegebener, von ihm unabhängiger Gehalt (wie Albertus Magnus, Thomas von Aquin, Bonaventura u. a.), für den ↗Nominalismus/Konzeptualismus (Roscelin, Ockham u. a.) ist es ein „Gedankending" (ens rationis), das nur im erkennenden Verstand Dasein hat, nicht auch in den Dingen selber als etwas identisch Wesentliches, vielmehr durch Zusammenfassung äußerlich erscheinender Ähnlichkeiten gebildet wird. Deshalb ist für den Realismus das adäquate Objekt des erkennenden Geistes das reale A. des Einzelnen, für den Nominalismus ist es letztlich das Einzelne in seiner Einzelheit, das dann freilich nicht abstrakt-diskursiv, sondern intuitiv erkennbar ist. – Mittelalterlicher Nominalismus und insbes. ↗Voluntarismus sind frühe Gegenbewegungen gegen die vorherrschende platonisch-aristotelische Tradition mit ihrer Betonung des logisch-ontologischen Vorrangs des A. vor dem Individuellen. In der Neuzeit zeigt das A. weithin die Bedeutung statt des „Wesens" vielmehr der Zusammenhangsgesetzlichkeit zwischen den Erscheinungen, der objektiven Systeme und Strukturen. Die kritische Wendung zugleich gegen die „Herrschaft des A." und die Zwänge, welche die individuelle Entfaltung behinderten, ist Indiz für die Notwendigkeit, das Verhältnis von A. und Einzelnem neu zu bestimmen.

Allgüte Gottes ↗Allprädikate Gottes.

Allmacht Gottes ↗Allprädikate Gottes.

Allprädikate Gottes, Allmacht, Allgüte und Allweisheit, gelten, in Anknüpfung an biblische Aussagen, in der christlichen Theologie und Philosophie als bestimmende Züge des Wesens und Seins Gottes als des Schöpfers, Erhalters und Lenkers der Welt. Vorzüglich auf sie bezogen stellte sich das Problem der ↗Theodizee (Leibniz: Rechtfertigung Gottes angesichts der Übel der Welt). Im Bemühen, Theologie insgesamt auf Anthropologie zurückzuführen, will Feuerbach die A. dem Menschen zurückgeben, nicht als Individuum, sondern als Gattung in der nach vorne unabgeschlossenen Geschichte. – Vgl. auch ↗Allgegenwart Gottes.

Allwissenheit Gottes ↗Allprädikate Gottes.

Als-ob, bei Kant Bezeichnung für die Gegenwarts- und Betrachtungsweise insbes. der Vernunftideen vom Unbedingten (Gottes, der Welt im Ganzen, der freien und unsterblichen Seele), die zwar nicht als wissenschaftlich-theoretisch erkennbare Erscheinungen und Gegenstände gegeben sind, aber, um den Fortgang des Erkennens und das sittlich-praktische Handeln zu ermöglichen, doch so aufgefaßt werden müssen, „als ob" sie wirklich gegeben seien. Bei H. Vaihinger wird „Als-ob" zum Grundbegriff seiner erkenntniskritischen Philosophie: Alle unsere Vorstellungen und Begriffe, theoretische wie praktische, fassen nicht das objektiv Wirkliche selber, sondern sind lebensdienliche, Orientierung ermöglichende „Fiktionen" (Fiktionalismus, Instrumentalismus, Nähe zum Pragmatismus).

Altruismus (von lat. alter, der andere), bezeichnet die Grundhaltung, die in Denken und Handeln auf das Wohl zunächst des anderen bedacht ist. Gegensatz: Egoismus. Der Sache nach auf stoische, jüdische und christliche Traditionen (Selbstlosigkeit, Nächstenliebe) zurückgehend, wurde in der Neuzeit der Begriff A. eingeführt durch A. Comte. Seine Ethik sieht den A. in der Natur des Menchen zugleich mit den egoistischen Trieben, er soll gegen diese entwickelt werden und zu einer emotional und rational geeinten Gesellschaft führen. (Vgl. ↗Utilitarismus.) Für Spencer ist der A. ein maßvoll eingeschränkter Egoismus, für Nietzsche dessen Selbstbelügung.

Ammonios Sakkas, Vorbereiter des Neuplatonismus, Lehrer Plotins und Origenes', * um 180 Bruchion bei Alexandrien, † um 242.

Amor fati (lat.), die „Liebe zum Schicksal", Nietzsches Bezeichnung für die Grundhaltung, in der nicht nur wie in der Tradition sog. positive Seiten des Daseins, sondern die Wirklichkeit im ganzen einschließlich ihrer bisher verneinten, furchtbaren Züge voll bejaht (also auch nicht nur ergeben hingenommen) werden, alles, was war, ist und kommen wird in „ewiger Wiederkehr des Gleichen".

Amphibolie (von griech. amphibolos, Wurf von zwei Seiten), Doppeldeutigkeit; in der Logik Schlußfehler aufgrund der Mehrdeutigkeit eines im Syllogismus verwendeten Begriffs. Bei Kant bedeutet die transzendentale A. (der Reflexionsbegriffe) die „Verwechslung des empirischen Verstandesgebrauchs mit dem transzendentalen", wenn Begriffe, die nur für Gegenstände des erkennenden Verstandes gelten, auf bloß denkbare Gegenstände überhaupt angewendet werden.

Analogie (von griech. analogia, Entsprechung). Analog heißt allg. die Erkenntnis- und Redeweise, die von etwas (Seiendes, Sache, Gegenstand) nicht wie es an ihm selbst sei handelt, sondern nur wie es in Bezug steht zu einem anderen, das bekannt ist. Demgemäß ist ein Begriff analog, wenn er keinen eindeutigen, festliegenden, definierbaren Wesensgehalt oder Wesenszug von dem aussagt, auf das er gerichtet ist, sondern je nach einem Bezug oder Verhältnis, in dem es zu einem anderen steht, in seiner Bedeutung variiert. Die A. steht so in der Mitte zwischen der bloßen Mehrdeutigkeit (Äquivozität), die ein Begreifen unmöglich macht, und der Eindeutigkeit (Univozität), die geradlinig das zu Erkennende erfaßt. – Aristoteles hat als erster die A. des Seins philos. ausgebaut: „Das Seiende wird vielfältig ausgesagt, in der Vielfalt aber analog." Hauptarten: *Metaphorische A.*, die der äußeren Ähnlichkeit. Von größerer Bedeutung sind die *Attributions-A.*, die besagt, daß das Prädikat „ist" im strengen Sinn nur dem selbständig Seienden (Substanz) zukommt, allem anderen nur sekundär, sofern es am Selbständigen nur mit vorkommt (Akzidens), und die *Proportions-A.*: Sie besagt, daß der Ausdruck „ist", „sein" zwar insofern immer dasselbe bezeichnet, als mit ihm ein bei jeglichem Seienden stets und überall gegebenes inneres Verhältnis bedeutet wird, nämlich das Zueinander von Dasein und Wesen, Wahrheit, Güte usw. (vgl. ↗Transzendentalien); was aber in diesem Zueinander und wie es zueinander steht, kann gerade verschieden sein (gemäß der unterschiedlichen Wesensfülle je des Seienden); so herrscht bei jedem endlichen Seienden eine reale Differenz zwischen Wesen und Sein (im Mittelalter insbes. vertreten von Thomas von Aquin u. a., eine nur formale Differenz dagegen von Duns Skotus), bei Gott, dem schlechthin Seienden, ist es dagegen vollkommene Identität.

A. in diesem Sinn (Analogia entis) meint also: Alles in der Welt hat das Sein und ist durch das Sein, aber auf je verschiedene Weise. Dadurch ergeben sich Stufen und Ordnungen des Seins, Ähnlichkeiten und Unterschiedenheiten der Dinge. Wichtigste Anwendung dieser A. auf das Verhältnis zwischen Welt und Gott: Alles Geschaffene ist durch Teilhabe an ihm, der nicht am Sein „teilhat" (Partizipation), sondern von Wesen her das Sein ist. Dadurch werden die Immanenz alles nichtgöttlichen, endlichen Seienden und die Transzendenz Gottes scharf betont.

In der Neuzeit tritt das Problem der A. in eine neue Phase: Indem Kant das Erkennen auf den weltlichen Erscheinungs- und Gegenstandszusammenhang beschränkt, verneint er die Möglichkeit der A., Erkenntnis im strengen Sinn leisten zu können (nicht jedoch die Nötigkeit des ↗„Als-ob"). Bei Hegel ist gerade die Erkenntnis des Absoluten die eigentliche, sie hat jedoch die Form des „absoluten Wissens", dessen dialektische Geschlossenheit sich im „spekulativen Satz" spiegelt, so daß die A. als eine bloß inferiore Stufe des Erkennens aufgehoben wird in den Gang der ↗Dialektik. – Grundsätzlich gehört die A. zum philos. Denken. Ihr Ausschluß zugunsten nur eindeutiger (univoker) Begrifflichkeit, wie er für die Einzelwissenschaften begründbar ist, kann zur positivistischen Reduktion der Bedeutungsmannigfaltigkeit von „Wirklichkeit" im ganzen führen.

Analyse (griech. analysis, Auflösung; lat. Entsprechung: resolutio, reductio), allg. die Zerlegung eines als gegeben genommenen Ganzen in seine Teile. Gegensatz: Synthese. Wissenschaftlich und philos. meint A. die Untersuchung eines Gegenstandes auf seine Bestandteile, Entstehungsursachen, -bedingungen, -verläufe usw. hin, eines Begriffs, Urteils oder Schlusses auf die darin eingegangenen Voraussetzungen, Grundbegriffe, Grundsätze und Grundschlußformen hin. Systematisch und methodisch wird die A. philos. erstmals durchgeführt in Aristoteles' Erster und Zweiter Analytik. In Kants Philosophie spielt insbes. die Transzendentale Analytik des Verstandesvermögens in seiner „Kritik der reinen Vernunft" eine grundlegende Rolle für die „Logik der Wahrheit" (die nicht nur eine formale Logik, sondern, als Logik des gegenständlichen Erkennens, zugleich der Sache sein will); die A. setzt dabei die Synthese immer schon voraus, „denn wo der Verstand vorher nichts verbunden hat, da kann er auch nichts auflösen". Heideggers „Sein und Zeit" versteht sich als Analytik des (menschlichen) Daseins in seiner Ganzheit und seinen gegliederten Vollzugsweisen (Existenzialien). Eine herausgehobene Bedeutung hat die methodische A. in der ↗Analytischen Philosophie.

Analytische Philosophie, philos. Richtung in unterschiedlichen Ausprägungen, die aus dem ↗Wiener Kreis hervorging, der seinerseits Anstöße von Mach und Avenarius aufnahm. Wesentlich geprägt von Wittgenstein, Russell und Moore, wurde die a. P. vor allem im angelsächsischen und angloamerikanischen Raum bestimmt. Charakteristisch für sie ist eine prinzipielle Wendung gegen alles „metaphysische" Philosophieren. Orientiert am Modell empirischer Naturwissenschaft, fordert die a. P. die Kriterien, die für diese gültig sind (u. a. eindeutige Begrifflichkeit [Ablehnung analoger oder dialektischer Begriffsweisen]), für alles Aussagen, das als sinnvoll soll gelten können (vgl. Logischer ↗Positivismus). Thema der a. P. sind so nicht eigentlich gegenständliche Sachverhalte, sondern die Aussagen, die Begriffe, Axiome, Prinzipien, deren Sinnklärung der Grundlegung der empirischen Wissenschaften dient (Wissenschaftstheorie). Die klassische zweiwertige Logik wurde dabei erweitert, differenziert, formalisiert. Im Zusammenhang der Begründung der Mathematik in einer sie mit der Logik vereinigenden Weise (Frege) wurde die Mengenlehre ausgebildet (im Anschluß an Whitehead und Russell, fortgeführt von Neumann, Quine u. a.). In der Theorie wissenschaftlicher Erkenntnis ist zentrales Problem die Überprüfbarkeit von Hypothesen (Schlick, Neurath, Carnap). In der Ethik interessieren „metaethisch" die Analyse ethischer Sätze, die Klassifikation ethischer Problemstellungen und die Theorienbildung (Perry, Lewis; Ross, Hare). Schwerpunkt der a. P. ist somit die logische Sprachanalyse sowohl in der Errichtung optimal funktionierender künstlicher Sprachsysteme als auch zunehmend in der Untersuchung der Alltagssprache (Ordinary language philosophy; Ryle, Austin, Strawson). Wo das Problem der Gegenstands-, Sach- und Seinsbezogenheit der Sprache(n) wahrgenommen wird, führt dies die analytische Sprachphilosophie auch wieder auf ontologische Grundfragen zurück (Quine), bislang freilich nicht in traditionsanknüpfender Weise. Für das metaphysischontologische Philosophieren bedeutet die a. P. einen kritischen Anstoß, den Identitäts- und Differenzbezug von Sein und (stets sprachlich geschehendem) Denken neu zu thematisieren.

Analytische Urteile, nach Kant Urteile (Sätze), bei denen das Prädikat bereits im Subjekt enthalten ist. Sie beruhen nur auf dem Grundsatz des Widerspruchs und sind stets ↗a priori, auch wenn der Subjektsbegriff selber kein apriorischer, sondern empirischer Begriff ist. Als bloße „Erläuterungsurteile" sind sie zu unterscheiden von den eigentlichen erkenntniserweiternden ↗Synthetischen Urteilen (a posteriori und a priori). Die Unterscheidung a. und synthetischer Aussagen (bei Bestreitung synthetisch-apriorischer) bildet einen besonderen Diskussionspunkt in der analytischen Philosophie.

Anamnese (griech.), bei Platon die „Erinnerung" der Seele anläßlich der Wahrnehmung eines sinnlich-werdehaft Einzelnen an die ursprünglich, vor dem Fall in die Leibhaftigkeit, geschaute ewige Idee als das bleibende Wesen, das im veränderlichen Einzelnen nur schattenhaft durchscheint. So ist für Platon alle Erkenntnis als Kennenlernen im Grunde Wiedererinnern an Bekanntes und in der Zeit nur Vergessenes (vgl. dagegen ↗Abstraktion). Die A. dient Platon als Beweis für die Präexistenz und Unsterblichkeit der Seele.

Anarchismus (von griech. an-archia, Herrschaftslosigkeit; arche, Grund, Anfang), in bestimmterem Sinn Theorie (und revolutionärer Versuch der Herstellung) einer Gesellschaft ohne Staatsgewalt. – Philosophische, zunächst fast nur kritisch-negative Begriffsbedeutungen von „Anarchie" weisen bis in die griech. Antike („Gesetz- und Sittenlosigkeit") und das christliche Mittelalter (hier aber auch positiv: ‚Grund- und Anfanglosigkeit Gottes') zurück. In der neuzeitlichen Aufklärung mit ihrem Vernunftvertrauen und Autonomieanspruch gewinnt der A. als Theorie einer freien Gesellschaft von Freien unter Verneinung jeglicher religiösen und staatlichen Autorität seit P.-J. Proudhon (1809–65) langsam stärkeren Einfluß. Einen radikal individualistischen A. vertrat M. Stirner (1806–56), einen kollektivistischen M. A. Bakunin (1814–76); er wurde zum kommunistischen A. (in Gegenstellung zum Marxismus), fortgeführt bes. von P. A. Kropotkin (1842–1921). L. N. Tolstois (1828–1910) religiöser A. erhofft im Gegensatz zu den revolutionär-politischen Formen des A. die Selbstauflösung der bisherigen autoritären Ordnungen auf dem Weg der Gewaltlosigkeit und die Entfaltung einer Liebesordnung.

Anarchische Züge im Sinne eines Denkens in die Abgründigkeit und Grundlosigkeit zeigen sich im Denken E. Lévinas', das die Unbegründbarkeit der vom Anderen ausgehenden (gewaltlosen und unbedingten) ethischen Forderung und seine Uneinholbarkeit in das begründen wollende Subjekt betont, und allgemein dort, wo (wie im sog. Postmodernismus) auf Letztbegründung und jedenfalls einlinige Begründungsgänge zugunsten einer Pluralität von Möglichkeiten verzichtet wird.

Anaxagoras aus Klazomenai in Ionien, Philosoph und Naturforscher, um 499-427 vC. Freund des Perikles, 432/31 wegen Asebie (Gottlosigkeit) aus Athen verbannt, da er behauptete, die Sonne sei eine glühende Steinmasse. Lehrte eine nach Zahl und Kleinheit unendliche Menge von Urelementen („Samen der Dinge", später Homoiomerien genannt), die durch den „Geist" (nous, Weltvernunft) in Bewegung („Wirbel") gebracht und so geordnet werden. Nichts „wird" wirklich, alles Entstehen ist vielmehr Zusammenmischung (synkrisis), alles Vergehen Entmischung (diakrisis). Das Neue ist nur jeweils neuartige Konfiguration der schon bestehenden Urbestandteile. Während die Unterscheidung von Geist und Materie bei A. unklar bleibt (da er auch den nous als „Ding" beschreibt), wird die Bestimmung des nous als „unvermischt" (ameiktos) und „selbständig" (autokratos) über die ↗Vorsokratiker hinaus wichtig für die spätere philos. Spekulation.

Anaximander aus Milet in Ionien, der bedeutendste der ionischen Naturphilosophen, um 610–546 vC. Schüler des Thales. Schon in der Antike gab es Streit darüber, ob A.s Grundbegriff des ↗Apeiron (= das Grenzenlose) als qualitativ bestimmter Urstoff oder als gänzlich unbestimmtes Urelement zu denken sei. A. fragt jedenfalls mit ihm erstmals zurück hinter die endlichen Dinge nach einem nicht endlichen, nicht begrenzten Anfang und Ursprung (arche), woraus alles Einzelne hervorgeht und wohinein es zurückkehrt. Strittig ist, ob das Apeiron mit der ↗Physis, dem ↗Kosmos, dem Sein oder dem Göttlichen gleichzusetzen ist. Nach einer Überlieferung des Theophrast soll A. einen periodischen Wechsel von Weltbildung und -zerstörung angenommen haben. ↗Vorsokratiker.

Anaximenes aus Milet in Ionien, Philosoph, um 585–525 vC. Schüler des Anaximander. Er deutet dessen „Unbegrenztes" (apeiron) als „Luft" (aer; auch hier ist es fraglich, ob damit ein qualitativ bestimmter Urstoff gemeint ist). „Wie die Seele (psyche), welche Luft ist, uns beherrschend zusammenhält, so umgreifen auch den ganzen Kosmos Hauch (pneuma) und Luft (aer)." Durch die weltordnenden Grundbewegungen Verdünnung und Verdichtung gehen aus der Luft die anderen Grundelemente Feuer, Wasser, Erde hervor; Weltbildung und -zerstörung folgen einander unaufhörlich. ↗Vorsokratiker.

Andersheit (griech. heterotes, lat. aliquidditas, alteritas), Kennzeichnung zunächst des gemeinsamen Seins aller Dinge, einander gegenüber unterschieden zu sein (da jedes als es selber „eines" und damit ein anderes gegenüber anderem ist). Seit Platon und Aristoteles philos. wiederholt bedacht. In der aristotelischen Scholastik des Mittelalters (Thomas von Aquin) gehört die A. (wie das Eines- oder Selbigsein) zu den allem Seienden (und zwar analog) zukommenden Seinsbestimmungen (↗Transzendentalien). Wie bei Platon aber „das Gute" jenseits von (Eines- und Anderes-)Sein, bei Plotin ähnlich das Ur-Eine jenseits aller Vielheit, so ist für Nikolaus von Kues Gott über jeder A., die das Endliche kennzeichnet, das „Nicht-Andere".

Bei Hegel ist die Naturwelt das Andere des Geistes (Gottes), freilich seine eigene Entfremdungsgestalt, in der er deshalb gleichwohl „bei sich" ist und durch die hindurch er in der menschlichen Weltgeschichte absolut zu sich selbst wird. Für Feuerbach ist bes. das menschliche Gegenüber das (der) Andere, mit dem zusammen erst sich die wahre Einheit ergibt, nämlich die von „Ich und Du – (das) ist Gott". In Heideggers Existenzialanalyse meint das „Mitsein mit Anderen" eine gemeinsame Grundbestimmung des menschlichen Daseins; in seiner seinsgeschichtlichen Auslegung ist das „Sein selbst" dasjenige, das zwar zu (be)denken ist, doch immer anders und anderes bleibt als ein ins Denken Aufhebbares. Religionsphänomenologische Bedeutung erlangt seit R. Otto die Rede von Gott als dem „ganz Anderen" (vgl. auch ↗Dialektische Theologie). Für Adorno ist das Heterogene gegenüber dem Begreifen das Materielle, Besondere, Einzelne, das der Begriff (das ↗Allgemeine) sich identifizierend gleichzumachen sucht, statt sich ihm „anzuschmiegen" und es (in unabschließbarer Dialektik) „aufzutun". Auch Lévinas sieht in der Seins- und Geistmetaphysik samt ihren bisherigen Umkehrungen stets den Parmenideischen Identitätsgedanken herrschend, der das viele Getrennte in eine voll-endete Einheit und Ganzheit ontologisch versammeln will; demgegenüber tritt allein in der ethischen Erfahrung „der Andere" (Mensch) entgegen als der endlos-unendlich entfernt bleibende, der jede Einholung in ein letztes Selbes (Sein oder Geist, Materie, Bewußtsein, Systeme, Strukturen usw.) prinzipiell verwehrt und die Spur des Unendlichen (Gottes) ist. Vgl. auch: das/der ↗Fremde.

Andronikos *von Rhodos*, Philosoph, um 70 vC. Leiter der aristotelischen Schule in Athen (Peripatos). Er sammelte, ordnete und kommentierte die Schriften des Aristoteles; grundlegend für alle späteren Textausgaben. Auf seine Anordnung der zwölf Bücher des Aristoteles, welche die von ihm gesuchte „erste Philosophie" behandeln, „nach" (meta) den Schriften über verschiedene Gebiete der Natur (physis), geht der Titel „Metaphysik" zurück.

Anfang, in allg. Bedeutung Beginn, Ursprung, ↗Grund (griech. arche, lat. principium), auch Ursache. Von philos. besonderer Bedeutung ist mit der Frage nach dem „A. von allem" zugleich die nach dem A. des Philosophierens selbst. Für Platon und Aristoteles ist er das Staunen (thaumazein) darüber, daß es überhaupt das viele und zeitliche Einzelseiende, das Werden, gibt, da das eine und ewige Sein das dem Denken Selbstverständliche ist, und wie also das bleibende Sein sich in in das bewegte Zusammen von Sein und Nichtsein begibt. Daraus erwächst das Streben nach „begründender" Erklärung des Vergänglichen im Rückgang auf bleibende Gründe (Platon: die „Rettung" der Erscheinungen). In der Neuzeit wird es zum Streben nach Gewißheit des Wissens, die in der Selbstbegründung des philos. Denkens (von Descartes über den deutschen Idealismus bis zu Husserl) durch den Rückgang in das Ich (Subjekt) als absoluten Ausgangspunkt erlangt werden soll. So ist für Hegel der A. der Wissenschaft (= der Philosophie) der Gedanke der „Einheit von Sein und Nichts" (woraus das Werden entspringt). Die „Identität von Identität und Nichtidentität" ist die erste, noch abstrakte Fassung des Absoluten (↗absolut), die es im Fortgang zu konkretisieren gilt bis zur Fülle des absoluten Wissens. – Das metaphysisch bestimmte A.sdenken versteht Fortgang (Entwicklung) am Ende als Rückgang in den ewigen A. als den, der „schon immer" war, in seiner unwandelbaren absoluten Vergangenheit. Aus geschichtlichem Verstehensbemühen her kommt es zum Versuch, A. als je neu anfangenden zu denken, als den Gang nicht ein für allemal, vielmehr wiederholt neu und anders ermöglichender Ursprung.

Angeborene Ideen, eingeborene Ideen, bei Descartes diejenigen Vorstellungen, die nicht aus der Erfahrung her gebildet sind, sondern, als einzig „klare und deutliche", zur wesentlichen Ausstattung der Seele (als Bewußtsein verstanden) gehören und erst die analytisch-reduktive Behandlung der Wahrnehmungsvorstellungen auf Objektivität und Allgemeingültigkeit hin ermöglichen sollen. Die Lehre von den a. I. ist nicht schlechthin gleichzusetzen mit der vom ↗a priori, sie setzt den Rückgang auf das Subjekt voraus, in dessen Immanenz allein Wahrheit und Gewißheit gesucht werden, und konnte sich erst in der Neuzeit entwickeln (nicht schon im platonischen Verständnis der Erkenntnis als Anamnese der Seele oder im aristotelischen als Abstraktion durch den Geist).

Angst (wortgeschichtlich mit ‚Enge' zusammenhängend, vgl. lat. angustia), Gefühl oder Stimmung der Bedrängtheit und drohenden Ausweglosigkeit, oft mit Furcht gleichgesetzt oder in ähnlicher Bedeutung verstanden. Der antiken Philosophie ist eine allgemeine Weltangst fremd, die Furcht vor bestimmten Gefahren ist durch die sittliche Tugend der Tapferkeit auf dem Boden des Vertrauens in die kosmische Ordnung zu überwinden. In der christlich-religiösen Überlieferung ist sie überwölbt durch die Gottesfurcht und den Erlösungsglauben. Vernunftvertrauen und Fortschrittsoptimismus der Neuzeit lassen das Phänomen der A. weithin nicht thematisch werden. Erst mit Böhme und Schelling wird es stärker beachtet und wird vor allem bei Kierkegaard im Zusammenhang mit dem Problem der Freiheit zu einem philos. Grundthema. Er gibt mit der Unterscheidung von gegenstandsbezogener Furcht und gegenständlich nicht bestimmter und insofern grundloser Existenz-A. den Anstoß für die heutige, vor allem durch die Existenzphilosophie geprägte Bedeutung. Hier dient sie zur Kennzeichnung des Menschen als eines endlichen geistigen und freien Wesens, das nicht völlig in die Sicherheit und Geschlossenheit der Naturwelt eingebunden ist, sondern sich in einer Welt findet, in der er durch die Freiheit gegenüber den Determinanten des Naturzusammenhangs in das ↗„Nichts", in die Abgründigkeit und Grundlosigkeit der ihm aufgegebenen Selbst- und Weltgestaltung versetzt ist. Bei Heidegger ist A. die „Grundbefindlichkeit" (Stimmung), die das menschliche Dasein aus der Verfallenheit an das Seiende und der Sicherheit der alltäglichen Welt zurückholt und vor sich, d. h. seine Möglichkeit und Aufgabe bringt, sein eigentliches Selbst-Sein und In-der-Welt-Sein zu ergreifen. Mit dem Entgleiten des Seienden im Ganzen drängt das Nichts heran, durch das hindurch erst das Sein sich als das Andere gegenüber dem Seienden bekundet. Bei Jaspers ist A. die Betroffenheit der menschlichen Existenz in den Grenzsituationen (Schuld, Leiden, Tod u. a.), in denen sie gerade im Scheitern des Gewißheitswillens ihren Bezug zur Transzendenz realisieren, die A. durchstehen und das Wagnis des Lebens bestehen kann durch ein „unbegreifliches Vertrauen in den Grund aller Dinge". Bei Sartre hat die A. eine wesentlich anthropologische Bedeutung. In ihr erfährt der Mensch, daß er weder durch äußere noch innere Gründe determiniert ist (das „Nichts" zwischen Motiv und Akt), sondern sich in unbedingter und als Last unausweichlicher Freiheit, selbst zu bestimmen, d. h. sein Wesen zu schaffen hat.

Anschauung, im engeren Sinn das unmittelbare sinnliche Vernehmen (Wahrnehmung) einer einzelnen wirklichen Erscheinung durch den Gesichtssinn. Bei den anderen Sinnen kann „A." je den erfüllten spezifischen sinnlichen Zugang zu Einzelwirklichem bedeuten. Im übertragenen Sinn meint A. auch die nicht einzelsinnliche Gegenwärtigung der Grundformen der Einzelwahrnehmung, so bei Kant die „reine A.", d. h. der alle Erfahrung mit ermöglichende Voreinblick (↗a priori) in Raum und Zeit überhaupt; eine schlechthin nichtsinnliche *intellektuelle* A. (gedankliche, begriffliche A., ↗Intuition) ist dem menschlichen Intellekt, der in seiner Gegenstandskonstitution beim Erkennen auf Sinnlichkeit angewiesen und insofern auch rezeptiv ist, nicht möglich, im Unterschied zum göttlichen, schlechthin schöpferischen (produktiven) Intellekt. Für Fichte und Schelling dagegen ist die intellektuelle A. auf dem Grund und vorgängig aller nur diskursiven Erkenntnis des Endlichen die allein gemäße Gegenwart des Absoluten im Wissen, in der Identität von A. und Angeschautem. Bei Husserl ist die *kategoriale A.*, insbes. die *Wesensschau*, die erfüllte Erfahrung (vgl. ↗Evidenz) eines Gegenstandes, in der er im reinen Bewußtsein sich in seiner ursprünglichen Selbstgegebenheit zeigt. Geschichtlich weist diese Wesensschau zurück auf Platons Schau der Ideen, freilich dort nicht als Akt in der Immanenz des Bewußtseins aufgefaßt, sondern der Seele im geistigen Blick auf die urbildlichen Gestalten aller Erscheinungen (vgl. ↗Anamnese). Als *Lebens- und Welt-A.* wird oft das geistige, ethische, religiöse usw. Gesamtverständnis von Wirklichkeit im ganzen und menschlichen Dasein („Welt"-, Menschenbild) eines einzelnen, einer Gruppe, einer Zeit bezeichnet. – Anschauung, „Sehen", fungiert in der Geschichte der Metaphysik weithin als fundamentale Vollzugsweise des Geistes und Grundcharakter des Denkens (vgl. ↗Lichtmetaphysik). In ihr zeigt sich die Tendenz zur A. als Gegenwärtighaben eines stets Unveränderlich-Gleichbleibenden, auf das jederzeit grundsätzlich zurückzugreifen ist.

Anselm *von Canterbury,* * 1033/34 Aosta in Piemont, † 1109 Canterbury. Benediktiner, Erzbischof von Canterbury. Vertraut mit den logischen Schriften des Aristoteles wie mit Augustinus und durch ihn mit der neuplatonischen Überlieferung, eröffnet A. die selbständige philos.-theologische Spekulation des Mittelalters. Er sucht die Glaubenswahrheiten als der Vernunft gemäß und deshalb für sie einsichtig zu erweisen (so u. a. die Menschwerdung Gottes). Sein Programm: *Credo ut intelligam* oder: *Fides quaerens intellectum.* Seine Schrift *Proslogion* enthält den später so genannten ontologischen Gottesbeweis: Gott ist das, worüber hinaus Größeres nicht gedacht werden kann; also ist im Gedanken (Begriff) Gottes das Sein Gottes schon mitgedacht oder aus ihm zu folgern. Der genauere Sinn und die Berechtigung dieses apriorischen Gottesbeweises sind bis heute umstritten.

An sich, Bezeichnung dafür, wie etwas an ihm selbst (in seinem Wesen) ist, unter Absehung von allen nicht notwendig hinzukommenden Bestimmungen. Durch das An-sich-Sein oder Durch-sich-selbst-bestimmt-Sein und In-sich-Ruhen sind bei Platon die Ideen, bei Aristoteles und in der mittelalterlich-scholastischen Tradition die Substanzen (im Unterschied zu den Akzidenzien) ausgezeichnet. Bei Kant wird der Bezug eines jeden Seienden zum erkennenden (auch menschlichen) Geist aufgebrochen und zwischen dem „Ding-an-sich", das nur für den unendlichen intuitiven Intellekt Gottes erkennbar ist, und den Erscheinungen, wie sie für den auf sinnliche Anschauungen angewiesenen endlichen menschlichen Verstand gegeben sind, scharf unterschieden. Bei Hegel bedeutet das An-sich-Sein den Ausgangszustand, in dem alles, was ist, noch abstrakt-unentfaltet, weil geistig noch nicht auseinandergelegt und zusammengefaßt, vorliegt. Von ihm aus wird durch das Für-sich-Sein hindurch, welches das An-sich-Sein reflexiv einholt, dialektisch zur allgemein-konkreten und erfüllten Wissenseinheit des An-und-für-sich-Seins fortgeschritten. Bei Sartre macht das An-sich-Sein (être en soi) in seiner unaufbrechbaren Verschlossenheit den Grundzug des Seins aus im Gegensatz zum Für-sich-Sein (être pour soi), das als das Prinzip der Negativität das Nichten des An-sich-Seins vollzieht.

Anthropologie (von griech. anthropos, Mensch), allg. die Lehre vom Menschen. Jede Philosophie enthält wenigstens ansatzweise eine Lehre vom Menschen („Menschenbild"). Philosophiegeschichtlich bleibt sie lange im ontologisch-theologischen Horizont als metaphysische Psychologie (in der Bahn der aristotelischen Bestimmung: die menschliche „Seele ist gewissermaßen alles" vermöge ihrer Vernunft als des Göttlichen im Menschen). Im 16. Jh. erscheint der Titel A. für meist mit moralphilos. Fragen verbundene empirisch-psychologische Erkundungen (J. G. Walch, J. F. Blumenbach u. a.). Kant stellt gegen eine „physiologische A." („was die Natur aus dem Menschen macht"), seine „pragmatische A.", die, gestützt auf empirische Welt- und Menschenkenntnis, frage, „was er als freihandelndes Wesen aus sich selber macht oder machen kann und soll" (1798). Diese Thematik hat Kant aber streng genommen nicht in der A., sondern in seiner apriorisch-philos. Ethik behandelt. Die zusammenfassende Grundfrage Kants, „was ist der Mensch?", wird so nicht eigens durchgeführt, ebensowenig im deutschen Idealismus, wo die Wesensbestimmung des Menschen im geistmetaphysischen und absoluten Bewußtseinshorizont erfolgt. Seit Feuerbachs metaphysikkritischer Wendung zur Leibhaftigkeit, worin Geist (Vernunft, Bewußtsein) als Wesenszug seiner mitmenschlich- und naturoffenen Sinnlichkeit ausgelegt ist, und bes. seit Nietzsches Willensphilosophie, die den Geist als Vernunft des Leibes faßt, erfolgten Schritte, die Philosophie insgesamt anthropologisch grundzulegen.

Im zweiten Jahrzehnt des 20. Jh. beginnt mit M. ↗Scheler die formelle Ausarbeitung der philos. A. Er sieht die Sonderstellung des personal-ganzheitlichen Menschen im Kosmos begründet in der mit seinem Geist gegebenen „Weltoffenheit" gegenüber der Angepaßtheit des Tieres mit seinem Bauplan (J. v. Uexküll) an seine Umwelt. H. ↗Plessner dagegen faßt sie als „exzentrische Position" des Menschen in der Natur, sofern er sich zu seiner Lebensmitte selbstbewußt in Distanz setzt, dadurch sich zugleich der Natur gegenüberstellt und aus ihr seine spezifisch humane Umwelt als Kulturwelt hervorbringt, im Unterschied zu anderen Lebewesen und deren zentrischer Position. A. ↗Portmann versteht den Menschen als „‚sekundären' Nesthocker" und erläutert von daher seine soziokulturelle Bindung und Entfaltung, in der alle Handlungen über die Selbst- und Arterhaltung hinaus den gestalthaften Sinn der Selbstdarstellung haben. A. ↗Gehlen sieht den Menschen als organisches „Mängelwesen", von seiner Instinktschwäche und Unspezialisiertheit her, wodurch er die Last wie auch die Fähigkeit hat, zu seiner Lebenserhaltung künstliche Organe (technische Werkzeuge und gesellschaftliche Institutionen mit Ersatz- und Entlastungsfunktion) zu schaffen. Eine andere Richtung nahm die von Dilthey und dem geschichtlich-hermeneutischen Denken beeinflußte Kultur-A. (E. Rothacker). In die medizinische A. (V. v. Weizsäcker, A. v. Gebsattel, L. Binswanger, V. Frankl u. a.) gingen Anstöße der Psychoanalyse, z. T. auch der Existenzphilosophie ein. Starke Wirkung übte Heideggers „Sein und Zeit" (1927), das sich jedoch selber als Fundamentalontologie (Analyse des seinsverstehenden menschlichen Daeins) verstand. Sofern freilich hier die menschliche „Sorge" um das eigene Seinkönnen im Zentrum steht, zeigt sich eine gewisse Nähe zu solchen anthropologischen Theorien, die vom Menschen als handelndem Wesen ausgehen. Diese sind wirksam geworden nicht nur innerhalb der bioanthropologischen Forschung, sondern auch im geschichts- und gesellschaftskritischen Denken (an Marx anknüpfend Adorno, Horkheimer u. a.). Allg. zeigt sich, daß A., die nach bleibenden Grundstrukturen forscht, und Geschichtstheorie, die den unabschließbaren Wandel verfolgt, sich gegenseitig in Frage stellen.

Anthropomorphismus (von griech. anthropos, Mensch, und morphe, Form), die von einer sinnlich-anschaulichen und begrifflich-geistigen Vorstellung des Menschen und Menschlichen ausgehende Übertragung auf die außermenschliche, insbes. göttliche Wirklichkeit. Da erfahrungsgebunden, ist das Denken in einem weiten Sinn stets anthropomorph. Zur Philosophie gehört jedoch von Anfang an die kritische Selbstbesinnung darauf und die unabschließbar offene Frage nach der Wesensgestalt des Menschen und Menschlichen.

Anthroposophie, die von R. Steiner begründete Lehre, die Ansätze des indischen Geisteslebens, des Platonismus, der Gnosis, Mystik und bes. der Theosophie in eine umfassende Anschauung der Gesamtwirklichkeit einbringt. Die vom Geistigen in Stufen bis herab zum Materiellen gehenden Bereiche sind im Menschen vereinigt. Seine Bestimmung ist, durch seine wiederholten Verkörperungen hindurch sich zum geistigen Ursprung der Welt zu erheben und zugleich diesen in die Welt hinein fortzubilden. Das Konzept dieser Geisteskultur brachte einen eigenen Architekturstil und Schultyp („Freie Waldorfschule") hervor.

Anthropozentrik, eine Denkungsart, die den Menschen (griech. anthropos) als Mitte und Bezugspunkt für das Sinnverständnis der Wirklichkeit im ganzen nimmt. Entgegensetzungen: z. B. Theozentrik (im christlich geprägten Denken sei Gott der Angelpunkt) oder Kosmozentrik (in der griech. Antike z. B. sei auch der Mensch vorwiegend vom kosmischen Zusammenhang her ausgelegt). Die Beurteilung der A. ist abhängig je von der genaueren Bestimmung des menschlichen Wesens. Zu beachten ist, daß auch entgegengesetzte Bezugnahmen oder der Verzicht auf jegliche bestimmende „Mitte" (wie im relationalen, prozessualen, strukturalen Denken angestrebt) noch als menschliche „Setzungen", Entwürfe, Hypothesen usw. und insofern als A. aufgefaßt werden können. In der interkulturellen Diskussion wird teilweise dem abendländisch-europäischen Denken allg. A. vorgeworfen.

Antinomie (von griech. anti, gegen, nomos, Gesetz), unauflöslich erscheinender Widerspruch zwischen Gesetzen, Regeln, Prinzipien, die jeweils begründbar gleichermaßen Gültigkeit beanspruchen. Die Sophisten machten auf A.n aufmerksam, Platons schwierigste Spätdialoge beschäftigen sich mit ihnen, aber erst Kant führt, unter dem Titel „transzendentale Antithetik", eine Lehre von den A.n durch, die für ihn Anlaß zu seiner vernunftkritischen Philosophie waren (z. B. die Behauptungen, daß die Welt einen Anfang habe bzw. daß sie anfanglos sei). A.n sind die „Widersprüche, in die sich die Vernunft bei ihrem Streben, das Unbedingte bedingt [d. h. vergegenständlichend, weil mit endlichen Verstandeskategorien] zu denken, mit Notwendigkeit verwickelt". Die transzendentale Antithetik enthüllt den Widerspruch als Blendwerk. Das Unbedingte (die Totalitätsvorstellungen [Ideen] der Vernunft) ist in seiner Nichtobjektivierbarkeit und also Unerkennbarkeit zu belassen, womit der „transzendentale Schein" der Widersprüche durchschaut ist, obgleich er dadurch nur aufgehellt, nicht beseitigt wird. – In der modernen Logik und Mathematik führte das Problem mengentheoretischer A.n zur Modifikation (Russell) und Revision (Brouwer) der klassischen Logik im Bemühen um die Entwicklung antinomiefreier Logiksysteme, und das semantische A.nproblem (z. B. wenn ein Kreter sagt, „alle Kreter lügen") zur Unterscheidung von (direkter) Sprache und Metasprache (Tarski).

Antisthenes, griech. Philosoph, um 450–370 vC. Er war Schüler des Sokrates und des Gorgias, bekämpfte Platons Ideenlehre und die damit verbundene Gleichsetzung von Wissen und Tugend. Vielmehr ist Tugend für A. im wesentlichen Bedürfnislosigkeit. Sein Ideal ist der sich selbst genügende und bestimmende (autonomos), freie, bedürfnislose Weise. Damit wurde A. zum Begründer der Schule der ↗Kyniker.

Antithese (von griech. anti, gegen, thesis, Setzung), die Gegenbehauptung gegen eine in einer These aufgestellte Behauptung (Urteil, Satz, Aussage). Vgl. auch ↗Antinomie, ↗Widerspruch.

Antizipation (lat. anticipatio), in allgemeiner Bedeutung Vorwegnahme. Von Cicero eingeführte Übersetzung von griech. prolepsis, das in der Stoa und bes. bei Epikur die vorweggenommene Vorstellung eines gemeinsamen Erscheinungsbildes mehrerer Wahrnehmungen bedeutete. Bei Kant meint A. den apriorischen Vorgriff des Bewußtseins auf die „Materie der Wahrnehmung", die doch nur empirisch, in unmittelbare Empfindungen, gegeben ist. Er besagt, daß das „Reale" in diesen Empfindungen stets einen, je bestimmten, Grad von Intensität hat. Bei Husserl ist in jeder Erfahrung zugleich die A. wirksam als „Leerhorizont" und Vorverständnis einer unbestimmten Allgemeinheit all dessen, was a priori zu einem Erfahrbaren gehört.

Apathie (griech. apatheia), die „Leidenslosigkeit", in der stoischen Ethik das Freisein der Seele von Affekten (so auch bei Spinoza), verbunden mit der seelischen Unerschütterlichkeit (Ataraxie) und Selbstgenügsamkeit (Autarkie), zum Ideal des Weisen gehörig. Bei Aristoteles, mit Auswirkung auf die ganze Tradition der Geistmetaphysik, ist die A. (neben der Abgetrenntheit vom Endlichen und der Unvermischtheit mit diesem) das wichtigste Charakteristikum des „tätigen Geistes" (nous poietikos; Thomas von Aquin: intellectus agens), der nicht sinnlich von außen, sondern nur durch sich selbst beeindruckt werden kann.

Apeiron (griech.), das „Unbegrenzte", zentraler Begriff der antiken Philosophie, insbes. bei Anaximander das A. als Grund und Ursprung aller begrenzten, endlichen Dinge, aus dem sie entstehen und in den zurückkehrend sie vergehen. Ein gewisser Primat des Unbegrenzten vor dem Begrenzten kann auch in Demokrits Lehre vom leeren endelosen Raum und der unendlichen Zahl der Atome erblickt werden. Sonst aber wird das A. eher niedriger bewertet als das Begrenzte. Bei den Pythagoreern steht das A. auf der Seite des Schlechten und Vielen gegenüber der Grenze (peras) als dem guten Einen. Platons noch ungestaltete Raummaterie vor ihrer Prägung durch den göttlichen Weltbildner im Blick auf Ideen wird als A. interpretiert. Deutlicher noch ist bei Aristoteles das A. nichts wirklich Seiendes, sondern das Möglichkeitsprinzip für den Hervorgang des Wirklichen und so selber eher ein Nichtsein (wie die noch formlose „erste Materie"). Erst in späterer Zeit (Philon von Alexandrien, Plotin) wird Unbegrenztheit, Unendlichkeit zur vornehmlichen Wesensbestimmung der Vollkommenheit des göttlichen Seins.

apodiktisch (von griech. apodeixis, Aufweis), allg.: jeden Widerspruch ausschließend. Bei Kant Bezeichnung für eine der drei Modalitäten eines Urteils (neben dem problematischen und dem assertorischen): das logisch die Notwendigkeit des Sachverhalts behauptende Urteil.

Apokalyptik, jüdisches (Buch Daniel, 2. Jh. vC., u. a.) und christliches (die Apokalypse [griech.] = Offenbarung des Johannes) seherisches Schrifttum über das Weltende, auch gleichsinnig mit Eschatologie gebraucht. Die A. hatte großen Einfluß (bes. über Joachim von Fiore) auf das abendländische geschichtstheologische und -philosophische Denken.

Apokatastasis (griech. apokatastasis [ton panton]), die „Wiederherstellung" (lat. restitutio) aller Dinge. Die Pythagoreer und Stoiker lehrten, daß der Weltlauf zyklisch-periodisch sich endlos wiederhole. In der christl. Patristik wird von Origenes u. a. die (einmalige) Erneuerung der gesamten Schöpfung in einer alle und alles einschließenden Seligkeit vertreten. Vgl. auch Nietzsches Lehre von der „ewigen Wiederkehr des Gleichen".

apollinisch – dionysisch, bes. von Schelling geprägtes, in der griech. Literatur- und Musikgeschichte mehrfach behandeltes, vor allem dann von Nietzsche entwickeltes Begriffspaar. Es meint einen Gegensatz, das a. Streben nach Klarheit (Apollon der Gott des Lichts), Form, Maß und beständiger Ordnung (Rationalität), und das dunkle d. Drängen (Irrationalität), sich voll auszuleben (Dionysos der Gott des Rausches und Tanzes) in maßlosem Überschwang und ungezügelter Leidenschaft zur Veränderung. Das Zusammen beider macht bei Schelling „das Geheimnis der wahren Poesie" aus, beim frühen Nietzsche kennzeichnet es die künstlerische Offenbarung (so in der attischen Tragödie und im Wagnerschen Musikdrama) und schließlich die Urwidersspruchseinheit der Welt als Welt unaufhörlich schöpferischen Wollens.

Aporie (griech. aporia), „Ausweglosigkeit" beim Lösungsversuch eines Problems, wenn sich verschiedene Wege, die sich widersprechen und doch je begründen lassen, anbieten. Bei Platon ist es die A., die das philos. Fragen in Gang hält. Für Aristoteles und in seiner Folge ist sie die Ausgangssituation, die entschieden zu klären ist. *Aporetik* ist so die Methode, die in einer Sache liegenden Schwierigkeiten durch gegensätzlich sich in Frage stellende Behauptungen herauszuarbeiten und einer Lösung zuzuführen. Sie fand bes. in der mittelalterlichen Scholastik in den „quaestiones disputatae" Verbreitung.

a posteriori (lat., vom Späteren her), auf Aristoteles zurückgehende Kennzeichnung des Beweisverfahrens, in dem man vom zeitlich oder logisch Späteren (Wirkung bzw. Folge) auf das zeitlich oder logisch Frühere (Ursache, Grund) zurückschließt, im Unterschied zum Überlegungsvorgang ↗a priori. – Bes. seit Kant Bezeichnung für die auf (sinnlich mit vermittelter) Erfahrung gründende Erkenntnis („empirische" Erkenntnis; ↗Begriff).

Apperzeption (aus lat. ad, zu, bei, und percipere, empfangen, einnehmen), Vorstellungsweise, in der der Gegenstand nicht nur unmittelbar aufgenommen wird (↗Perzeption), sondern damit auch ein mittelbares Bewußtsein des Gegenstands als eines aufgenommenen (apperzipierten) und des Aufnehmens selber verbunden ist. Der Begriff wurde von Leibniz eingeführt zur Abhebung von den petites perceptions (den dunklen und als solchen selbst nicht bewußten Vorstellungen in einer Monade). A. ist somit immer auch Vorstellung einer Vorstellung. Bei Kant tritt dieses reflexive Moment der A. noch stärker hervor. Er unterscheidet dabei die empirische A. (das Bewußtsein des Ich in seinen wandelbaren Zuständen) und die transzendentale A. (das apriorische Selbstbewußtsein, das in jeder Erkenntnis eingeschlossen ist und alle Erkenntnisse in die Einheit eines Bewußtseins bringt).

a priori (lat., vom Früheren her), auf Aristoteles (und Platon) zurückgehende, in der mittelalterlichen Philosophie (wie auch ↗a posteriori) geprägte Bezeichnung, zunächst des Beweisverfahrens, in dem man vom zeitlich oder sachlogisch Vorhergehenden (Ursache bzw. Grund) auf das Spätere schließt. Dabei kann das der Zeit nach „Spätere" (z. B. und vor allem der aus der Erfahrung der Erscheinungen gewonnene Begriff des wesentlich Allgemeinen eines erscheinend Wirklichen) sachlogisch, nämlich seiner „Natur" nach, das Frühere und Erste sein (da das allgemeine Wesen der bestimmende Grund ist, dem die einzelnen Erscheinungen folgen). Sofern das ↗Allgemeine nicht sinnlich erfahrbar, sondern nur begrifflich faßbar ist, wird die Unterscheidung a p. – a posteriori (so bes. im 17./18. Jh.) gleichbedeutend mit derjenigen von rationaler und empirischer Erkenntnis. Kant nennt deshalb eine Erkenntnis a p., die ihre Rechtfertigung nicht erst aus der Erfahrung, wie das aposteriorische Urteil, sondern schon im Begriff hat, sei er selber aus der Erfahrung gewonnen (empirischer Begriff) oder ein reiner Begriff, der möglichen Erfahrungen notwendig vorausliegt und diese und ihrer Verknüpfung durch das Bewußtsein erst bedingend ermöglicht (apriorischer Begriff). Je nach dem Verhältnis von Prädikats- zum Subjektbegriff unterscheiden sich die ↗analytischen Urteile (die stets a p. sind) und die ↗synthetischen Urteile (die sowohl a p. wie a posteriori sein können). Vgl. ↗Begriff.

Die Gesamtheit aller a p. Bedingungen (das *Apriori*) ist konstitutiv für den Erkenntnis- und Verständnishorizont des Bewußtseins und damit auch für die erkenn- und verstehbare Welt. Im Blick auf die platonisch-aristotelische Tradition der Antike und des Mittelalters und ihrer Umbildung in der Neuzeit (Rationalismus) kann deshalb von einem Apriori nicht nur des Bewußtseins (bzw. dort des Geistes), sondern zugleich des Seins (ideelle, wesentliche Seinsgestalten des Seienden) gesprochen werden. Der sensualistische Empirismus der Neuzeit sucht jegliches Apriori zu bestreiten (nicht so der neuere logische Empirismus oder Positivismus, der ein formallogisches Apriori anerkennt). Bei Kant und in seiner Nachfolge kennzeichnet es nicht nur die Struktur des Bewußtseins, sondern zugleich die der Gegenstandswirklichkeit (aber nur dieser). Im deutschen Idealismus wird, nun spekulativ-dialektisch, das Apriori des seiner selbst bewußten Geistes als zugleich das des begriffenen Seins im ganzen verstanden. In der transzendentalen Phänomenologie Husserls sind nicht nur die formalen Bewußtseinsformen a p., sondern auch die in der reinen „Wesensschau" sich selbst zeigenden und der geistigen Erfahrung zugänglichen Wesenheiten und Bedeutungszusammenhänge. Von empirischen Wissenschaften her wurde, zumal im Zusammenhang mit dem Evolutionsgedanken, das Problem des Apriori vielfach verengt verstanden als Frage nach einem bio- oder psychologischen „Apriori" des Wahrnehmungs- und Erkenntnisapparates u. ä. Vom hermeneutischen Geschichts- und Sprachdenken her stellt sich allerdings das Problem der Wandelbarkeit des Apriori gegenüber der klassisch-metaphysischen wie transzendentalphilos. Auffassung seiner Zeitlosigkeit und Unveränderlichkeit und damit die Aufgabe einer Neubestimmung des Verhältnisses von Apriorität und Empirie.

Arabisch-islamische Philosophie, vermittelte das griech.-hellenistische Denken in die islamische Welt, vornehmlich die Philosophie des Aristoteles (reiche arabische und lat. Übersetzertätigkeit), verband damit aber auch z. T. platonisch-neuplatonische Lehren. Die große Zeit der a. P. war im 9.–12. Jh. Hauptgestalten: Alfarabi, Avicenna, Averroës (mit starken Anstößen für Albertus Magnus, Thomas von Aquin u. a.).

Arbeit (wortgeschichtlich von lat. arvum, Acker), bezeichnet heute allg. jede planmäßige Tätigkeit der Veränderung von Gegenständen und Zuständen in ihrer natürlichen und sozialen Gegebenheit unter Einsatz von energetischen und instrumentalen Mitteln zum Zweck der Befriedigung menschlicher Bedürfnisse, aber auch der Mittel und schließlich der Bedürfnisse selber. Bedeutung und Wertung der A. zeigen starke geschichtliche Wandlungen.

Die Antike kennt „A." als negativen Begriff: a-scholia (griech.) und neg-otium (lat.) kennzeichnen „unfreie" Tätigkeiten (insbes. die körperliche A.). Politische, wissenschaftliche und kultische Betätigung war Vorrecht der „Freien" und ausdrücklich nicht A. Ein anderes A.sverständnis bringen Judentum und Christentum. A. ist göttlicher Fluch (Folge der Ursünde), aber zugleich göttlicher Auftrag (mit dem interpretationsfähigen und -bedürftigen „Macht euch die Erde untertan"). Mit der Abschaffung der Sklaverei und der späteren mittelalterlichen Hörigkeit, vor allem aber auf dem Hintergrund des neuzeitlichen Selbstverständnisses des Subjekts in seiner Autonomie, in welcher der Mensch der Naturwelt als Fremdes, aber Anzueignendes und den gesellschaftlichen Autoritäten mit der Forderung vernünftiger Legitimierung gegenübersteht, gewinnt A. als körperliche wie geistige ihre moderne universelle Bedeutung. Die Grundzüge ändern sich auch nicht wesentlich im Übergang von der inzwischen hochtechnisierten Industrie- zur Informationsgesellschaft. Die Welt wird insgesamt zum A.sfeld, A. zum Unternehmen der Humanisierung der Welt, der Mensch zum Arbeiter, sein Ethos zum A.sethos, das sowohl Pflicht wie Recht auf A. beinhaltet, da er in ihr sich selbst verwirklicht und mit seiner A.sleistung zugleich Bestätigung seiner sozialen Integrität erhält. – Einschneidende Kritik erfolgte vor allem durch Marx, nicht an der grundsätzlichen humanen und universellen Bedeutung der A., aber an den durch A.steilung und Klassentrennung heraufgeführten realen Entzweiungen, die durch politisch-ökonomische Revolutions-A. ebenso real zu überwinden seien (nicht in spekulativer Versöhnung wie in Hegels Begriff des absoluten Geistes, der sich zu sich selbst herausgearbeitet hat; vgl. ↗Entfremdung). Im Zentrum gegenwärtiger Kritik steht neben einem schrankenlosen Anspruch des Leistungsprinzips das Verhältnis zur Natur, die nicht als an sich selber sinnfreies Arsenal von Mitteln anzusetzen ist und nur und allein durch menschliche Bearbeitung Sinn und Bedeutung erhält.

Arche (griech.; vgl. archein, herrschen, anführen), vor allem bei den Vorsokratikern ↗Anfang, ↗Grund, ↗Prinzip (von allem), dem das philos. Denken gilt. Die aristotelische Metaphysik (Ontologie) versteht sich als Fragen nach den „ersten Gründen und Ursachen" des Seienden.

Archetyp(us) (griech.), Urbild, im Neuplatonismus aufkommende Bezeichnung für die platonische Welt der Ideen als der Urbilder gegenüber der abbildlichen Welt der Erscheinungen, in der Patristik für die Urbilder des Seienden und des menschlichen Erkennens im schöpferischen Geist Gottes. Bei C. G. Jung in tiefenpsychologischer Wendung die nicht persönlich erworbenen, sondern im kollektiven Unbewußten aufbehaltenen Grundmuster für Lebensgestalten und Lebensabläufe (z. B. Mutter, Herrscher, Wiedergeburt). Vgl. ↗Symbol.

Aristippos *von Kyrene* (Nordafrika), griech. Philosoph, 435–360 vC. Schüler des Sokrates, verstand aber unter dem sokratischen Begriff des „Guten" die allgemeine sinnliche Lust. Mit dieser sensualistisch-hedonistischen Lehre wurde er zum Begründer der Schule der Kyrenaiker.

Aristoteles, neben Platon der bedeutendste Philosoph der Antike, * 384/83 vC. Stagira in Thrakien, † 322/21 vC. Chalkis. War zwanzig Jahre lang Schüler Platons in dessen athenischer Akademie. Von König Philipp von Makedonien als Erzieher seines Sohnes Alexander berufen, kehrte er nach dessen Thronbesteigung nach Athen zurück und gründete dort im Lykeion eine eigene Schule, die peripatetische (Peripatos, benannt nach dem Wandelgang, in dem A. im Lykeion lehrte). Nach Alexanders Tod mußte er Athen als Makedonenfreund verlassen.

A. baut auf der denkerischen Grundlegung Platons auf, aber bildet diese zugleich mit neuen Grundbegriffen um und fort. Dabei zeigt sein Werk sowohl spekulative Kraft wie ungewöhnliche Offenheit für die empirischen Phänomene. Während bei Platon („Idealist") vornehmlich die Mathematik das Verständnis von eigentlichem Wissen prägte, orientiert sich A. mehr an der naturwissenschaftlichen und gesellschaftlich-politischen Erfahrung („Realist"). Mit ihm beginnt die Entfaltung der Philosophie in Disziplinen. Seine ent-

scheidende Leistung ist die Begründung einer „*ersten Philosophie*" (seit Andronikos von Rhodos „Metaphysik" genannt), die nach dem „Seienden, sofern es seiend ist", fragt (πOntologie), und damit verbunden nach dem höchsten Seienden, dem Göttlichen (theion; philos. ↗Theologie). Im Zusammenhang damit stehen Untersuchungen über die ersten Gründe (die vier „Archai": Form, Materie, Woher der Bewegung und Ziel), über die ersten Grundsätze (besonders den „Satz des Widerspruchs") und über die „Ousia" (Substanz als allgemeines Wesen und als Einzelseiendes). A. lehrt wie Platon den Seinsvorrang des Geistig-Allgemeinen vor dem Einzelseienden, lehnt aber ein Fürsichbestehen und Getrenntsein der Ideen über dem werdehaften Seienden, wie dies der platonische „Chorismos" bedeutet, ab. Das einzelseiende Wirkliche, als das von einer allgemeinen Form gestaltete Materielle („Gemischte", mikton), ist der Ort, an dem auch das übereinzelne Geistig-Allgemeine Wirklichkeit hat. Erkenntnis geschieht deshalb nicht durch ↗Anamnese, sondern durch ↗Abstraktion. Sinnzentrum dieser „gemischten" Weltwirklichkeit ist Gott als das sich denkende Denken (noesis noeseos). Nach dessen Seinsform als reiner, ungemischter Wirklichkeit strebt alles Seiende, ohne sie je zu erreichen. So ist Gott nicht eigentlich Schöpfer, sondern die geliebte Seinsvollkommenheit und als so Erstrebtes der „unbewegte Beweger". Das theoretische Erkennen (theoria, Theorie) kommt dieser göttlichen Lebensform am meisten nahe. Deshalb sind die theoretischen Wissensweisen die höchstmögliche menschliche Lebensform („Praxis") und stehen über den im engeren Sinn praktischen Wissensweisen (Ethik und Politik) und den poietischen (Technik, Poetik, Ästhetik).
In A.' *Ethik* (HW: „Nikomachische Ethik") wird, der gemischten Natur des Menschen entsprechend, Tugend gefaßt als Haltung der Mitte (meson) zwischen Extremen. Am höchsten stehen die ↗dianoetischen Tugenden. In seiner *philos. Psychologie* (HW: „Über die Seele") ist die Seele „erster Akt" (energeia, entelecheia), Lebensprinzip eines organbegabten Körpers. Die mit ihrem Leib sterbliche Seele hat als höchsten „Teil" den unsterblichen Geist, der als immer tätiger (to poioun; intellectus agens) in die (als solche durch Zeugung vermittelte) Seele gleichsam von außen (thyraten) einbricht und durch sein Licht die Möglichkeit allgemeingültiger, übersinnlich-geistiger Erkenntnis und sittlich-freien Handelns gibt. In den Schriften zur *Logik* (gesammelt im sog. „Organon") werden die formalen Grundverhältnisse von Begriff, Urteil, Schluß erstmals formuliert. Geltungsbasis dieser Denkformen ist freilich der innere Bezug von

Denken und Sein aufeinander. So sind z. B. die Kategorien Grundformen des begrifflichen Denkens wie zugleich Grundweisen des Seins des Seienden.
A.' Frühschriften, noch im platonischen Dialogstil verfaßt, sind verloren, nur z. T. rekonstruierbar. Die späteren sind meist Vorlesungsnachschriften. Die Sammlung von Andronikos enthält: 1. das „Organon" (6 logische Schriften), 2. die naturwissenschaftlichen Schriften („Physik", „Von der Seele", „Vom Himmelsgebäude" u. a.), 3. die Schriften zur „ersten Philosophie" („Metaphysik"), 4. die ethischen und politischen, 5. die ästhetischen Schriften.
Aristotelismus, die Lehre und die philos. Fortwirkung des Aristoteles bzw. ihm verpflichteter philos. Strömungen, insbes. in der allgemeinen Metaphysik (Ontologie), der philos. Theologie, der damit zusammenhängenden Erkenntnislehre und der Logik. Ausgehend von der peripatetischen Schule (Peripatos) wurde das aristotelische Denken über Boethius und die Logiker des frühen Mittelalters, vor allem aber über die arabisch-islamische (bes. Averroës) und die jüdische Philosophie (bes. Maimonides) der hochmittelalterlichen Scholastik des 13. Jh. (Albertus Magnus, Thomas von Aquin) vermittelt und von dieser in wesentlichen Punkten aus christlich-theologischen Motiven heraus modifiziert (Welttranszendenz Gottes, Weltschöpfung „aus dem Nichts", Indienstnahme der Philosophie für die theologische Selbstklärung des Offenbarungsglaubens). Von den Jesuiten (bes. Suárez) aufgenommen und in der beginnenden Neuscholastik weitergepflegt, erlangte sie im 17./18. Jh. vor allem im katholischen Raum eine beherrschende Stellung, während im protestantischen ein von Melanchthon begründeter A. geschichtlich nicht so wirksam wurde. Das 19. Jh. erfuhr, angeregt auch durch die Aristotelesauslegung Hegels, eine Aristotelesrenaissance (Trendelenburg, Brentano, dann N. Hartmann). – Das aristotelische Denken ist, neben dem platonischen, in seinen Grundzügen bis heute wirksam. Üblicherweise werden A. und Platonismus als die beiden Grundströmungen des abendländisch-philos. Denkens gegeneinandergestellt. Bei aller berechtigten Unterscheidung ist jedoch nicht zu übersehen, daß Aristoteles in seinem Neuansatz von seinem Lehrer Platon ausging und der A. eine wirkmächtig gewordene Abwandlung und Fortbildung des Platonismus darstellt.
Arnauld, *Antoine,* belgischer Theologe, 1612–1694; führender Jansenist, mitwirkend bei der Herausgabe der „Logik von Port-Royal" (Abtei in Frankreich, geistiges Zentrum des Jansenismus, wohin u. a. Pascal Verbindung hatte).

Art (griech. eidos, lat. species), das eine mögliche Mehrzahl von Einzeldingen in deren Erscheinungen gemeinsam Bestimmende (↗Wesen als A.wesen), das seinerseits, zusammen mit möglichen anderen A.en, von der über ihm stehenden Gattung (Gattungswesen) umfaßt wird.

Artes liberales (lat.), die „freien Künste", auf die Antike zurückgehende Bezeichnung für im Mittelalter in einer Siebenzahl aufgeführte Wissenschaften: Grammatik, Rhetorik, Dialektik (zus. das Trivium als die untere Bildungsstufe), Arithmetik, Geometrie, Musik, Astronomie (das Quadrivium, die obere Bildungsstufe).

Aseität (lat. aseitas), das „Von-sich-selbst-Sein" (esse a se, bei Anselm von Canterbury esse per seipsum, Durch-sich-selbst-Sein), in der mittelalterlichen Scholastik die Grundbestimmung des Seins Gottes, der von sich, d. h. seinem Wesen, her „ist", im Unterschied zu allem Endlichen, das stets nur durch ein anderes und von anderem her das Sein hat (esse per aliud, ab alio). Später kennzeichnet Nietzsche mit A. den Willen, E. von Hartmann die eine und einzige (unbewußte) Weltsubstanz.

assertorisch (von lat. assere, beanspruchen), allg.: mit Nachdruck behauptend. Bei Kant Bezeichnung für eine der Modalitäten des Urteils (neben dem apodiktischen und problematischen): dasjenige, das sich auf einen wirklichen, tatsächlichen (nicht zwar notwendigen, aber auch nicht nur möglichen) Sachverhalt in bejahender oder verneinender Behauptung bezieht.

Ästhetik (von griech. aisthesis, Wahrnehmung), ursprünglich die Lehre von der sinnlichen Anschauung und Erscheinung, von A. G. Baumgarten (Aesthetica, 1750) begründet als Wissenschaft vom „niederen" (sinnlichen) Erkenntnisvermögen in Ergänzung zur Wissenschaft von der höheren, geistig-begrifflichen Erkenntnis („Logik"). Diese Bedeutung wirkt noch nach bei Kant, der die „Transzendentale Ä." der sinnlichen Anschauungsgrundformen von der „Transzendentalen Logik" der Verstandeskategorien unterscheidet (Kritik der reinen Vernunft, 1781). Da Baumgarten die sinnlich-anschauliche Vollkommenheit als „Schönheit" faßt, wird von hier aus (bes. seit G. F. Meier) Ä. die Wissenschaft vom Schönen in Natur und Kunst. In dieser Bahn stellt Kant (Kritik der Urteilskraft, 1790) das subjektive Geschmacksurteil, das Allgemeingültigkeit nur beansprucht, neben das wissenschaftlich objektive Erkenntnisurteil, das seine Allgemeingültigkeit ausweisen kann. Schiller bemüht sich um die Überwindung der (kantischen) scharfen Trennungen von theoretischer Wahrheit, ästhetischer Schönheit und praktischer

Sittlichkeit, versteht das Ästhetische als Reich des „Spiels" (nur im Spiel ist der Mensch „ganz Mensch") und „schönen Scheins" und gibt der Entwicklung der Ä. im deutschen Idealismus (Fichte, Schelling, Hegel), seinem Versöhnungsdenken des Unendlichen und Endlichen, Vernünftigen und Sinnlichen wesentliche Impulse. Bei K. W. F. Solger und der romantischen Ä. (F. Schlegel, Jean Paul) treten, in unterschiedlicher Weise, das ästhetische Genie und die ästhetische Ironie in den Mittelpunkt. Hegel sieht im Schein des Schönen statt Illusion vielmehr das Erscheinen der absoluten Wahrheit aller Wirklichkeit (obgleich auf der unteren Stufe der sinnlichen Anschauung, nicht der höheren der religiösen Vorstellung und des geistigen Begriffs), und insofern ist in seiner Sicht der Name „Ä." unpassend geworden und überholt. Für Nietzsche ist die Welt nur „ästhetisch zu rechtfertigen", freilich im Sinne der tragischen Schönheit in der Bejahung der Widersprüchlichkeit der Welt, wie sie ist, nicht der Schönheit als Versöhnung von angeblich wesentlicher Wahrheit und wirklicher Erscheinung. In der psychologisierenden Ä. um die Wende des 19./20.Jh. (Groos, Lipps) werden ästhetischer Schein und Wirklichkeit weithin beziehungslos gegenübergestellt. Ihr Verhältnis thematisieren in unterschiedlicher Weise die neukantianische (Cohen) und phänomenologische Ä. (Ingarden). Das geschichtlich-hermeneutische Denken (Gadamer) sucht es am Werk der Kunst zu erhellen als dialektische Einheit von ästhetischem In-sich-geschlossen-Sein und zugleich Verweisung auf die geschichtliche Wirklichkeit. Auch für die Ä. der gesellschafts- und geschichtskritischen Philosophie (Adorno) gibt das Schöne in der Kunst für die philosophische Reflexion den Anstoß zur Frage nach der Wahrheit der Wirklichkeit. Hatte Hegel das (romantische) ästhetische Bewußtsein als begriffsscheu kritisiert, Nietzsche gegen das versöhnlerische ein tragisch-ästhetisches gefordert, so verwarf Kierkegaard die ästhetische Haltung überhaupt als Sphäre des Unernstes gegenüber der ethischen und religiösen. Ähnlich sieht Jaspers in ihr das unverbindliche Betrachten, worin die Existenzproblematik aufgehoben ist. Für Heidegger ist das Ästhetische Titel für die neuzeitliche Grundgestalt der alles auf sich beziehenden und genießenden Subjektivität, die den Wahrheitsanspruch in der Kunst verkennt. Aufs wesentliche gesehen geht die Ä. zu Ende und wird abgelöst durch die mit der Wahrheitsfrage verbundene Philosophie der Kunst.

Ästhetizismus, kritisch gebrauchte Bezeichnung für eine Welt- und Lebensanschauung, die sich den religiösen, ethischen, politischen usw. Bindungen kultureller Gemeinsamkeit entzieht, in unverpflichteter Zuschauerpose die Welt als Mittel des ästhetischen Genusses ansieht und so das Prinzip der „Schönheit" (im weitesten Sinn) zum höchsten Lebensprinzip erhebt. Der Sache nach wurde die unverbindliche ästhetische Grundhaltung im Zusammenhang der Kritik an der Romantik bereits von Hegel und dann von Kierkegaard verworfen. Als Vollender der Idee der alleinigen Gültigkeit des ästhetischen Prinzips gilt vielfach Nietzsche.

Ataraxie (griech. ataraxia), in der stoischen Ethik die erstrebte „Unerschütterlichkeit", Seelenruhe und Gleichmut, die zum stoischen Ideal des Weisen gehört. Vgl. ↗Apathie, ↗Autarkie.

Atheismus, die Bestreitung des Daseins Gottes oder seiner Erkennbarkeit oder der Bedeutsamkeit eines Glaubens an Gott für das menschliche Leben in der Welt. Der erst in der Neuzeit aufgekommene Begriff A. (Gegensatz: Theismus) kann in differenziertem Sinn verwendet werden. Der absolute A. (A. im strengen Sinn) verneint die Wirklichkeit eines Absoluten oder Göttlichen überhaupt. Der relative A. bestreitet die Annahme Gottes als eine von der Welt verschiedene und ihrer (durch Schöpfung, Erhaltung und Lenkung) mächtige Person (vgl. dagegen ↗Deismus). In der Nähe des relativen A. steht der ↗Pantheismus, der Gott und Welt als nur verschiedene gedankliche Fassungen oder Erscheinungsweisen schlechthin ein und desselben versteht. – Der theoretische A. verneint nicht absolut das Dasein Gottes, aber seine Erkennbarkeit (↗Agnostizismus) oder jedenfalls deren Gewißheit (↗Skeptizismus). Der postulatorische A. fordert, es dürfe keinen Gott und Glauben an Gott geben, wenn Freiheit des Menschen soll angenommen werden, da diese angesichts einer göttlichen Freiheit als Allmächtigkeit illusorisch würde. Der praktische A. kann eine Lebensführung bezeichnen, in der der absolute A. die individuelle und gesellschaftliche Praxis bestimmen soll, aber auch eine solche, in der sich das Gottesverhältnis auf ein nur „theoretisches" Anerkennen ohne besondere Konsequenz für das Handeln in der Welt reduziert. – Für den A. gilt (nach K. Marx), daß er das Selbstbewußtsein des Menschen nur durch Aufhebung der Religion und theologisch bestimmten Philosophie, durch Verneinung des Daseins Gottes und also als nur negatives vermittelt und nicht (schon) als positives. Insofern erreicht der A. nicht, was er will. Da der A. jeweils gebunden ist an eine vorherrschende, von ihm verworfene Gottesvorstellung, kann er Anstoß sein für kritisch erneuernde Bemühungen im Gott-Denken.

Atheismusstreit, Ende 17. / Anfang 18. Jh. aufkommender Streit über Spinozas Lehre, ob sie Atheismus (so F. H. Jacobi) bedeute. Im Zusammenhang damit wurde auch Fichte A. vorgeworfen, der dagegen seine Philosophie als Akosmismus rechtfertigen wollte.

Ätiologie (von griech. aitia, Ursache, logos, vernünftige Rede), allg. die Lehre von den Ursachen und die Methodik der Ursachenforschung.

Atomismus (Atomistik), naturphilos. die bis auf Leukippos, Demokrit, Epikur u. a. zurückgehende Lehre, alles Geschehen sei Konfigurationsveränderung (Mischung und Entmischung) kleinster, selber unveränderlicher und unteilbarer Bestandteile (Atome). Der psychologische A. (Elementenpsychologie) erklärt alle seelisch-geistigen Phänomene als Zusammensetzungen aus elementaren Bewußtseinsinhalten (insbes. Empfindungen, so Hume u. a.; dagegen die Gestaltpsychologie). Der logische A. (Wittgenstein, ausdrücklich bei Russell) faßt einen sinnvollen Satz als Komplex von Elementarsätzen (über letzte, einfache Gegenstände) auf.

Attribut (von lat. attribuere, zuerteilen), philos. die bleibende Eigenschaft von etwas, die aus dessen Wesen folgt, ohne mit diesem identisch zu sein. Als Wesensfolge steht das A. zwischen dem (veränderlichen) Akzidenz und dem Wesen als dem substantiellen Kern, der ein Seiendes zu dem macht, was es ist. Bei Spinoza sind A.e die unendlich vielen Grundseinsweisen der einen göttlich-weltlichen, absoluten Substanz, von denen wir allerdings nur zwei kennen können: Denken und Ausdehnung.

Aufklärung, allg. ein geistesgeschichtlicher Aufbruch, in dem bes. die auf religiöser Tradition und politischer Autorität beruhenden Anschauungen aufgrund des Autonomieanspruchs der Vernunft der Kritik unterworfen, ggf. durch „vernünftige Anschauungen" ersetzt und gesellschaftliche Ordnungen danach ausgerichtet werden. – Im bestimmteren Sinn meint A. die europäische Epoche des 17./18. Jh. Philosophisch hebt sie an mit dem ↗Rationalismus, der die Wahrheitserkenntnis durch Reflexion der Vernunft (ratio) des Subjekts auf sich selber sichern will (Descartes, Spinoza, Leibniz, Wolff), und dem ↗Empirismus, der sie, aber ebenfalls rational, durch Reflexion auf die sinnlich vermittelte Erfahrung zu begründen sucht (Locke, Hume). In zunehmender Lösung kirchlich-institutioneller, christlich-theologischer, auch metaphysischer Bindungen wurden in verstärkt naturwissenschaftlichem Interesse (Newton) die Vorgänge in der außermenschlichen und menschlichen Natur erklärt durch den naturgesetzlichen Zusammenhang zwischen allen Erscheinungen. Daraus erwuchs das Zutrauen in die praktische Macht des Wissens (Vorbereiter: F. Bacon) über die natürlichen Vorgänge und die Steuerungsmöglichkeiten gesellschaftlicher Prozesse, begleitet freilich auch von skeptischen Vorbehalten (Montaigne). Vom Empirismus her bildeten sich der ↗Sensualismus (Condillac), ↗Positivismus (Vorläufer: d'Alembert; Comte) und ↗Materialismus (Lamettrie, Holbach) der A. aus. Sozialphilosophisch bedeutsam wurde die Lehre vom Naturzustand individualistisch verstandener Interessen, die durch Vertrag eine allg. staatlich-rechtliche Ordnung setzen (Hobbes) oder diese aus (den Individuen bereits angeborenen) natürlichen und allg.-menschlichen Anlagen hervorgehen lassen (Rousseau). Dieser Naturalismus in der Ethik, Rechts- und Staatsphilosophie stand teilweise im Gegensatz zur Naturrechtslehre (↗Naturrecht) des Rationalismus (Vorläufer: Grotius; Pufendorf, Thomasius), die den Unterschied zwischen äußerer (physischer) und menschlicher (geistiger, vernünftiger) Natur, zwischen naturgesetzlich bestimmten Vorgängen und durch sittlich-rechtliche Normen bestimmtem Handeln betonte. Große Wirkung erlangte die Lehre von der Gewaltenteilung (Montesquieu). Religionsphilos.-theologisch prägte sich die A. bes. im ↗Deismus (Toland, Tindal) – wo sie nicht, wie im Materialismus, zu einem entschiedenen Atheismus führte – und allg. in der Forderung der Toleranz, Geistes- und Religionsfreiheit (Locke, Voltaire, in Deutschland Lessing) aus. Ein Großteil der Vorkämpfer der A. und ihrer Ideen versammelt sich in der französ. „Enzyklopädie" (1751–80). In der A. wurzeln die Erklärungen der Menschenrechte (1786, 1789). In Gegnerschaft zur einseitig empfundenen rational-begreifenden Grundhaltung der A. erwuchs die Romantik. Einen gewissen Abschluß fand die A. zunächst in Kant („A. ist der Ausgang des Menschen aus seiner selbstverschuldeten Unmündigkeit. Unmündigkeit ist das Unvermögen, sich seines Verstandes ohne Leitung eines anderen zu bedienen") und in Hegel (der die A. nicht nur zu Verstand, sondern zu Vernunft bringen wollte). Auch wenn der Fortschrittsoptimismus der A. (wissenschaftlich-technische Verfügung über die Natur und Beherrschbarkeit geschichtlich-gesellschaftlicher Entwicklungen) an erfahrbare Grenzen gestoßen ist und ihre Zwiegesichtigkeit wahrgenommen wurde, darf kritisches Denken dennoch nicht hinter ihr Reflexionsniveau und ihre Problemstellungen zurückfallen.

Augenblick, in der Vorstellung der ↗Zeit als einer kontinuierlichen Verlaufslinie der bis auf einen ausdehnungslosen Jetztpunkt verkleinerbare Zeitabschnitt, der die Vergangenheit von der Zukunft trennt (abstrakter A.). In philos. Betrachtung ist er für Platon das Plötzliche (exaiphnes), worin der Umschlag (metabole) erfolgt von Ruhe in Bewegung, von Sein in Nichtsein und umgekehrt, und damit die merkwürdige Gegenwart von etwas, das selber weder ist noch nicht ist. Kierkegaard deutet deshalb diese A.sgegenwart als Einbruch der Ewigkeit in die Zeit, insbes. in der Menschwerdung Gottes und in dem A. der zeitlichen Entscheidung des Menschen für die Ewigkeit. Von daher wird der „A. der Entscheidung" als Merkmal der Geschichtlichkeit wichtig vor allem für die Existenzphilosophie. ↗Kairos.

Augustinismus, allg. die Lehre und das Fortwirken Augustinus' in Theologie und Philosophie. Im engeren Sinn eine im 13. Jh. besonders im Franziskanerorden bestimmende philos. Richtung, die die augustinische Lehre (zentral die Illuminationstheorie, die Annahme der Keimformen in den geschaffen Dingen [rationes seminales], der Vorrang des Willens vor dem Intellekt) mit neuplatonischen und aristotelischen Gedanken (über Avicenna vermittelt) verband, sich aber dem Aristotelismus, wie er bes. von Thomas von Aquin vertreten wurde, entgegenstellte. Hauptvertreter dieses A.: Wilhelm von Auvergne, Johannes Peckham u. a.

Augustinus, *Aurelius,* der bedeutendste christliche Platoniker, * 354 Tagaste (Nordafrika), † 430 Hippo. Gab an der Schwelle von Antike und Mittelalter die entscheidenden denkerischen Impulse für die kommende Zeit.

Philosophie und Theologie bilden bei A. eine prinzipielle Einheit. Sein Hauptinteresse gilt dem unmittelbaren Zueinander und Gegenüber von Mensch und Gott („Gott und die Seele"; eindrucksvoll entfaltet in A.' „Confessiones"). So enthält sein Werk eine erste große christliche Anthropologie. Das Rätsel, wie der endliche, zeitunterworfene Mensch zu absoluter und ewiger Wahrheit gelangen könne, sucht er durch die „Illumination", den Einbruch des von Gott ausgehenden Erkenntnislichtes in die menschliche Seele, zu lösen. Diese ↗Illuminationslehre trug ihm zu Unrecht den Vorwurf des ↗Ontologismus ein (A. behauptet keine einseitige Vorrangigkeit der Gottes- vor der Welterkenntnis). Im Licht der absoluten Wahrheit ist die unmittelbare Selbstgewißheit des Menschen gegeben, seine Gegenwart als Einheit von Gegenwart, gegenwärtiger Vergangenheit und gegenwärtiger Zukunft. Diese Lehre vom inneren Zusammenhang der drei Zeitdimensionen stellt eine weitwirkende Neuerung dar gegenüber einem von Aristoteles her bestimmten Verständnis von ↗Zeit. Die Selbstgegenwart und -gewißheit ist für A. auch Fundament aller weiteren möglichen Gewißheit (gegen den Skeptizismus). Insofern nimmt A. Lehren des Descartes weitgehend vorweg. In seiner Auffassung vom Zusammenwirken aller Kräfte des Menschseins, das also nicht allein und vorherrschend durch die Ratio bestimmt ist, kann er als Vorläufer Pascals und moderner Lebens- und existenzphilosophischer Ansätze gesehen werden. Das Sein alles Seienden ist gekennzeichnet durch die „Analogia trinitatis", die Widerspiegelung der trinitarischen Urbeziehung des göttlichen Lebens in der Schöpfung. Die das Menschsein bestimmende Dreiheit ist die akthafte Einheit von Gedächtnis (memoria), Liebe (amor) und Einsicht (intelligentia) oder von Sein (esse), Wollen (velle) und Wissen (nosse).

Als größtes Verdienst des A. wird vielfach die Überwindung des naturhaft-zyklischen Geschichtsdenkens der Antike durch ein historisch-lineares angesehen, wie es in seinem Werk „De civitate Dei" („Vom Gottesstaat") hervortritt. Sinnvolle Geschichte ist Heilsgeschichte, außerhalb dieser ist sie sinnloses Hinundherwogen. So bedeutet sie für den Menschen die Auseinandersetzung der mystischen Gemeinschaften der Gottliebenden (civitas Dei) und der zerstörerisch Selbstsüchtigen (civitas terrena aut diaboli), die also nicht mit Kirche bzw. Staat gleichzusetzen sind. In der Seele des Menschen vollzieht sich diese Auseinandersetzung als Kampf zwischen Glaube und Unglaube. – Die neuzeitliche ↗ Geschichtsphilosophie konnte als Säkularisierung dieser von A. ausgehenden Theologie der Heilsgeschichte interpretiert werden.

Ausdehnung (lat. extensio), allg. die körperliche Raumerfüllung und damit selber ein Modus der Räumlichkeit im Sinne geometrisch-quantitativer Meßbarkeit. Bei Descartes ist die A., im Gegensatz zum Denken des geistig Seienden (res cogitans; Bewußtsein, Seele), die Grundbestimmung der Körperwelt (res extensa), auf die alle weiteren Bestimmungen zurückzuführen sind. Die quantitativ-systematische Erfassung dieser so verstandenen Wirklichkeit im ganzen ist die ↗Mathesis universalis.

Austin, *John Langshaw,* engl. Philosoph, * 1911 Lancaster, † 1960 Oxford. Einflußreicher Vertreter der sprachanalytischen Philosophie der Oxforder Schule. Er führte den Ansatz der ↗Sprachspiele in eine Theorie typischer Sprachhandlungen (↗Sprechakte) weiter. Besonders bedeutsam die Unterscheidung von konstatierenden Sätzen, die wahr oder falsch sein können, und performativen Sätzen (z. B. „Ich verspreche dir ..."), die nicht etwas schon Wirkliches beschreiben, sondern eine Wirklichkeit erst hervorbringen (sich bewähren) oder aber dies nicht leisten und sich vielmehr als leer erweisen können.

Autarkie (griech. autarkeia), die „Selbstgenügsamkeit" und Unabhängigkeit, bei Platon und Aristoteles Kennzeichen der Polis (Staat), insbes. aber Grundbestimmung des göttlichen Seins, so auch vor allem im Neuplatonismus und in der christl. Patristik (Klemens von Alexandrien). Bei den Kynikern und in der stoischen Ethik das menschliche Lebensideal (der stoische „Weise").

Automat (von griech. automatos, selbstbewegend) selbsttätige Maschine. ↗Kybernetik, ↗Mechanismus

Autonomie (von griech. autos, selbst, nomos, Gesetz), allg. die Selbstbestimmung und Selbstgesetzlichkeit, vor allem die Möglichkeit und Fähigkeit eines politischen Gebildes, sich seine Gesetze selbst zu geben. Philos. bedeutsam wird der Begriff durch Kant, als Selbstgesetzgebung der Vernunft sowohl in ihrem theoretischen wie insbes. sittlich-praktischen Bezug. Sie realisiert sich als Freiheit (freier Wille) gegenüber jeder Fremdbestimmung (Heteronomie) durch Triebkräfte der Natur oder gesellschaftliche Mächte, jedoch nicht in bindungsloser Willkür, sondern in Anerkennung einer unbedingten Vernunftforderung (Pflichtethik im Gegensatz zu Eudaimonismus und Utilitarismus; ↗Kategorischer Imperativ). Da die Vernunft aller vernünftigen Wesen im Grunde *eine* ist, ist damit garantiert, daß der seinem eigenen Gesetz folgende Wille zugleich allgemein handelt. - Im Sinn „vernünftiger Selbstbestimmung" ist A. wesentliches Moment der ↗Aufklärung.

Avenarius, *Richard*, Philosoph, *1843 Paris, †1896 Zürich. Neben Ernst Mach Hauptvertreter des ↗Empiriokritizismus. Vor allem bei A. wird das Prinzip der „Denkökonomie" leitend. Sein HW: „Philosophie als das Denken der Welt gemäß dem Prinzip des kleinsten Kraftmaßes" (1876).

Averroës (Ibn Ruschd), arabischer Philosoph und Arzt, *1126 Córdoba (Spanien), †1198 Marrakesch. Er verfügte über das nahezu gesamte Wissen seiner Zeit, bes. der Medizin, Astronomie, Philosophie. Von großem Einfluß vor allem durch seine Aristoteleskommentare, die bald verbreiteter waren (seit ca. 1640 „der Kommentator" schlechthin genannt) als die des Avicenna und die Entwicklung auch im christlichen Denken (bes. im sog. lat. Aristotelismus) mitbestimmten. Seine Lehren: Die Welt ist ewig, aber von Gott geschaffen, der durch ein Stufenreich von Intelligenzen wirkt. Der unterste dieser Sphärengeister ist der tätige Intellekt (intellectus agens), der als kosmische Kraft den Mond bewegt und zugleich das potentielle Vermögen des Menschen zum aktuellen Erkennen befähigt. Dieses Vermögen ist zwar immateriell, lebt aber nach dem Tod nur als universelle menschliche Intelligenz weiter, wie sie auch schon seit Ewigkeit existiert; somit gibt es keine Unsterblichkeit der individuellen menschlichen Seele. Seine Unterscheidung menschlicher Denktypen (Philosophen, Theologen, einfache Gläubige) brachte ihm den Vorwurf, er vertrete einen einseitigen Rationalismus und bestreite die Möglichkeit von Offenbarung. Die Lehre von der ↗ „Doppelten Wahrheit" kann ihm jedenfalls nicht zugeschrieben werden.

Averroismus, allg. die Philosophie des Averroës, insbes. die in der lat. Philosophie im Mittelalter und vor allem an der Pariser Artistenfakultät vertretene Rezeptionsgestalt seiner Lehre, verbunden mit der Überzeugung, daß dessen Kommentare jedenfalls den „wahren" Aristoteles darlegen. Hauptvertreter: Siger von Brabant, Johannes von Jandun u. a.

Avicebron, auch Avencebrol (eigentlich Salomon ibn Gebirol), jüdischer Philosoph und Dichter, * 1020/21 Málaga (Spanien), † 1069/70 Valencia. Verband einen metaphysischen Voluntarismus mit der neuplatonischen Emanationslehre. Seine ethischen Schriften und religiösen Dichtungen wirkten bei jüdischen Autoren, sein HW „Fons vitae" („Lebensquell") bes. in der Franziskanerschule (Duns Skotus) nach.

Avicenna (Ibn Suna), arabischer Philosoph und Arzt, * um 980 bei Buchara (Persien), † 1037 bei Hamadan. War von Einfluß auf die islamische Mystik, bes. stark aber auf die christliche Hochscholastik. Seine Lehre ist ein Aristotelismus mit neuplatonischen Elementen. In Gott, dem aus sich Notwendigen, sind Wesen und Dasein identisch. Aus ihm emaniert über die Sphärengeister die Welt in einem ebenso notwendigen ewigen Prozeß. Die Allgemeinbegriffe (Universalien) sind vor den Dingen (ante rem) im göttlichen Geist, in den Einzeldingen (in re) als deren wesentlich Allgemeines und nach den Dingen (post rem) im menschlichen Geist. Doch werden sie diesem durch den „aktiven Intellekt", der hier bei A. die Mondsphäre durchherrscht, eingeprägt.

Axiologie (von griech. axiom, Grundsatz, logos, vernünftige Rede) ↗Wertlehre.

Axiom (griech. axioma), Grundsatz, der von sich selbst her als gültig einleuchtet (Evidenz). Als unbeweisbar, aber auch keines Beweises bedürftig, ist er eine Voraussetzung für jeden Beweis. Jedoch ist er in seiner Gültigkeit aufzuweisen durch radikale Reflexion auf die Grundlagen und Bedingungen des Urteilens, Aussagens, Behauptens, bei Kant in „transzendentaler Reflexion".

B

Baader, *Franz von,* * 1765 München, † 1841 ebd. Er suchte unter dem Einfluß der Mystik, bes. Jakob Böhmes, den cartesischen Primat des Subjekts zu überwinden. Unser Wissen ist prinzipiell ermöglicht durch unser Gewußtsein von Gott, unser Denken ein Nachdenken („Cogitor, ergo cogito, ergo sum"). Der Gedanke ist vor dem denkenden Subjekt, das den Gedanken erst entgegennimmt, da es in, mit und durch Gott denkt. Dabei sind Trinität, Inkarnation, Schöpfung und Fall und Versöhnung für B. von grundlegender Bedeutung. Sozialphilosophisch stand er scharf gegen Hobbes und Rousseau, erstrebte die Erneuerung der Stände und Körperschaften und forderte in antikapitalistischer Wendung die organische Gliederung von Produktion und Verteilung. Seine im Stil dunklen und symbolreichen Schriften wirkten auf die Romantik, auf Hegel und insbes. auf Schelling (Freiheitsschrift).

Bachofen, *Johann Jakob,* Geschichtsphilosoph und Mythenforscher, * 1815 Basel, † 1887 ebd. Widmete sich bes. dem Studium des Mutterrechts (und der damit verbundenen Religion), das er als Entwicklungsstufe zwischen der Promiskuität und der vaterrechtlichen Kultur ansiedelte. Seine Theorie ist widerlegt, sein Verdienst um die Erforschung der mutterrechtlichen Kulturen, der Bedeutung des Mythos und der Symbole unbestritten.

Bacon, 1) *Francis* (Baco von Verulam), engl. Staatsmann und Philosoph, * 1561 London, † 1626 Highgate. Gegenüber der aristotelisch-scholastischen Tradition entwirft sein HW „Novum organon scientiarum" (1620) ein neues Selbstverständnis von Wissen und Wissenschaften, nämlich auf der Grundlage der Erfahrung. „Wissen ist Macht" über die Natur im Dienst des Menschen. Trotz der Betonung der Empirie für die (natur-)wissenschaftliche Erkenntnisgewinnung – wobei er die Bedeutung der Mathematik hierfür noch nicht durchschaute – und dem Zurücktreten des metaphysischen Interesses blieb er weitgehend abhängig von der antiken und mittelalterlichen wesensorientierten Naturkonzeption. Begriffsgeschichtlich bedeutsam auch seine Lehre von den ↗Idolen.

2) *Roger,* engl. Naturforscher und -philosoph, Philologe, * um 1220 Ilchester (Somerset), † nach 1292 Oxford. Originaler Denker, kann der mathemat.-naturwissenschaftlich-sprachlich interessierten Oxforder Schule der Franziskaner zugeordnet werden. Von Avicennas

Aristotelesvermittlung bestimmt; verband damit neuplatonische Gedanken, insbes. der augustinischen Illuminationslehre. Wahrheitskriterium der Erkenntnis ist für ihn das Experiment; von der naturwissenschaftlichen Erfahrung (experientia) ist freilich die mystische zu unterscheiden.

Badische Schule ↗Südwestdeutsche Schule.

Bakunin, *Michael,* russ. Philosoph, Revolutionär, *1814 Torschok, †1876 Bern. Wortführer der russ. sozialistischen Emigration. Vom Linkshegelianismus beeinflußt, entwickelte er eine Philosophie der Anarchie als der Quelle der Revolution und dadurch der neuen Gesellschaftsbildung auf der Grundlage von Landkommunen und Industriearbeitergenossenschaften.

Balmes, *Jaime Luciano,* span. Philosoph und polit. Publizist, *1810 Vich, †1848 ebd. Schloß sich im wesentlichen an die Scholastik, bes. Thomas von Aquin, an (verwarf aber die Lehre von den „species"), schätzte Leibniz und bes. die schottische Schule des 18./19. Jh. mit ihrer Betonung des „common sense". Als Wahrheitskriterium galt ihm neben Bewußtsein und Evidenz auch ein „intellektueller Instinkt".

Balthasar, *Hans Urs von,* *1905 Luzern, †1988 Basel. Theologe und Philosoph. Geprägt bes. durch E. Przywara und H. de Lubac. Interpret großer biblischer, theologischer und philos. Gestalten in christlicher Gesamtschau. Philosophisch bedeutsam auch seine theologische Ästhetik „Herrlichkeit" (7 Bde., 1961–69) und die Deutung der Geschichte im Zusammenspiel göttlicher und menschlicher Freiheit in seiner „Theodramatik" (5 Bde., 1973–83).

Barth, *Karl,**1886 Basel, †1968 ebd. Theologe. Prof. u. a. in Göttingen, seit 1935 in Basel. In der Krisenerfahrung in und nach dem Ersten Weltkrieg und unter Anregungen von Kierkegaard her wird er insbes. mit der 2. Aufl. (1922) seines Werkes „Der Römerbrief" zum führenden Vertreter der ↗Dialektischen Theologie. Bestreitet später radikaler die Möglichkeit einer philos. Theologie, wie sie bes. in der kath. Tradition (verbunden mit der Lehre von der „analogia entis") angenommen wurde. Er war Mitbegründer der evangelischen „Bekennenden Kirche" (gegen die nationalsozialistischen „Deutschen Christen").

Bauer, *Bruno,* *1809 Eisenberg (Sachsen-Altenburg), †1882 Rixdorf b. Berlin. Radikaler Bibelkritiker. Erblickte im Christentum ein Erzeugnis des griech. Geistes. Wirkte auf die Christentums- und Religionskritik der sog. Linken der Hegelschen Schule, später u. a. auf Nietzsche.

Baumgarten, *Alexander Gottlieb,* * 1714 Berlin, † 1762 Frankfurt a. d. O. Schüler Chr. v. Wolffs. Indem er, von Leibniz aus über ihn hinausgehend, der sinnlichen Erscheinung und Erkenntnis eine eigenständige Möglichkeit der Vollkommenheit (das „Schöne" und seine Anschauung) und damit eine eigene Wahrheitsweise – gegen den Ausschließlichkeitsanspruch begrifflich-rationaler Erkenntnis – zusprach, wurde er zum Begründer der Ästhetik als philos. Disziplin. Der Bereich des „Ästhetischen" tritt neben den des „Logischen". Doch bleibt auch bei B. die ästhetische Erkenntnis eine diesem gegenüber rangniedrigere (cognitio inferior).

Bayle, *Pierre,* französ. Philosoph und Historiker, * 1647 Carlat, † 1706 Rotterdam. Wegbereiter der Aufklärung, Cartesianer, scharfer Bekämpfer Spinozas, den er als Atheisten versteht. Sein „Dictionnaire historique et critique" stellt Glaube und Vernunft in absoluten Gegensatz. Nach B. ist ein angeborenes Moralgesetz für das sittliche Handeln bestimmend, ohne Anlehnung an den Glauben, weshalb in Glaubensfragen Toleranz gefordert ist.

Bedingung (lat. conditio), allgemein das, wovon etwas anderes real oder ideell abhängt, d. h., ohne das dieses nicht sein oder gedacht werden kann. Eine notwendige B. hat nur mit anderen B.en zusammen etwas Bestimmtes zur Folge, eine hinreichende B. genügt hierfür allein. Kant nennt „B.en der Möglichkeit" solche, die als Voraussetzung für die empirische Erkenntnis gedacht werden müssen, selber aber nicht empirisch gegeben, vielmehr ↗a priori im Bewußtsein vorgegeben, „transzendental" sind.

Begriff, die Vorstellung von etwas im ↗Allgemeinen, nämlich so, daß damit zugleich dieses mehrerem Gemeinsame vorgestellt wird. Nach der antiken und mittelalterlichen B.slehre enthält der B. im engeren Sinn somit das ↗Wesen (Was-Sein, griech. eidos, ousia, ti estin; lat. idea, essentia, quidditas) eines Einzelseienden, das es mit allem anderen von der gleichen Art gemein hat. In der platonischen Überlieferung erfolgt die B.sbildung aufgrund einer geistigen ↗Anschauung (Intuition), in der aristotelischen durch ↗Abstraktion. Das Wesen gehört hier nicht nur den Dingen in einer bewußtseinstranszendenten Objektivität zu und der B. nicht allein dem Geist als Bewußtseinsimmanenz einer Subjektivität. Vielmehr ist „B." verstanden als die erfüllte Wesensgegenwart im Wissen und damit Form der Erkenntnis, in der die Identität von Erkennendem und Erkanntem geschieht. Wesens-B.e sind als Resultat des Erkenntnisvorgangs einerseits auf (z. B. sinnlich-mitvermittelte) Erfahrung angewiesen *(empirische B.e).* Andererseits setzt die B.sbildung bereits Voreinblicke, Vorgriffe, B.e im weiteren Sinn voraus, die die Erfahrung und den mit ihr beginnenden Erkenntnisprozeß leiten (apriorische eindeutige B.e wie die ↗Kategorien und analoge wie die ↗Transzendentalien; vgl. ↗Analogie). Damit zeigt sich, daß der „B. von B." entscheidend von dem abhängt, was unter ↗Erkenntnis und ↗Erfahrung verstanden wird.

Die „klassische" B.s-(und Erkenntnis-)lehre wird erstmals erschüttert durch den ↗Nominalismus, dem B.e nur als Namen und abkürzende Zeichen für mannigfaltige Dinge gelten, die jeweils unter bestimmten Gesichtspunkten Ähnlichkeiten zeigen. Der neuzeitliche engl. ↗Empirismus (Locke, Hume) kennt nur empirisch gewonnene B.e. Kant unterscheidet in neuer Weise empirische und apriorische B.e. Während in der „klassischen" Tradition auch den apriorisch-kategorialen B.en eine eigene geistige „Anschauung" (Erkennen überhaupt als geistiges „Sehen") entspricht, kann für ihn Anschauung nur sinnlich sein, der B. ist stets eine unanschauliche Vorstellung. (Husserl wird später die Lehre eines geistigen Sehens erneuern und von „kategorialer Anschauung" sprechen.) Als empirischer B. ist er für Kant die Ordnung von Anschauungen (Erscheinungen) unter einer Regel des Verstandes, als reiner B. (Kategorie) ist er diese Verstandesregel selber, als reiner Vernunft-B. (regulative ↗Idee) ist er der Ausgriff auf eine Totalität, der die B.e ordnet und den unabschließbaren Fortgang der Erfahrungserkenntnis regelt. „Anschauungen ohne B.e sind blind, B.e ohne Anschauungen sind leer." Bei Hegel wird der B. zum sich selbst begreifenden Wesen aller Erscheinungswirklichkeit, seine dialektische Selbstbewegung durch die B.sgestalten ist zugleich der Gang der Weltgeschichte durch die geschichtlichen Gestaltungen hindurch. Da die Romantik „Wesen" neu als den unvergleichlich-einmaligen Kern einer Persönlichkeit, eines geschichtlichen Werkes oder Ereigniszusammenhangs versteht, tritt neben den Allgemein-B. der von der klassischen Logik her gesehen unmögliche Individual-B., wodurch Geschichtswissenschaft erst den Rang einer Wissenschaft erlangen kann, ohne ihren individualisierenden Charakter aufzugeben. Die Kunst stellt das Übereinzeln-Allgemeine im Bild dar, die Religion insbes. im Symbol. Für Wissenschaft und Philosophie ist der B. das adäquate Vergegenwärtigungs- und Darstellungsmedium.

Behaviorismus, von W. McDougall (1912) und J. B. Watson (1913) begründete psychologische Richtung, die in Übernahme tierpsychologischen Begriffsinstrumentariums (bes. des Reiz-Reaktions-Schemas, I. P. Pawlow) in die Psychologie des Menschen nur vom allg.

beobachtbaren äußerlichen „Verhalten" (engl. behavior) ausgeht, es als Reflex auf Umweltanstöße ansetzt und alle auf nur individuelle Selbstwahrnehmung (Introspektion) beziehbaren Begriffe (wie Gefühl, Denken, Wollen usw.) als nicht erklärungsdienlich ausschließen will. Der B. wurde vielfach kritisiert, ebenso mehrfältig fortgebildet und ist bis heute, bes. in der amerikan. Psychologie, wirksam.

Benjamin, *Walter,* * 1892 Berlin † 1940 Port Bou (auf der Flucht nach Spanien). Philosoph, Essayist, Kritiker. 1933 Emigration nach Frankreich. Mit Adorno, Bloch u. a. befreundet. Nach B. zeigt vornehmlich das künstlerische Bild, jedoch nicht in logischer Geschlossenheit, eher chiffrenhaft und u. U. fragmentarisch, die geschichtliche Wahrheit der Welt. In seiner Welt- und Geschichtsauffassung verbindet B. marxistische Grundgedanken mit jüd.-messianischer Geschichtstheologie.

Bentham, *Jeremy,* engl. Philosoph und Jurist, * 1748 London, † 1832 ebd. Begründer des Sozialutilitarismus: Moralprinzip ist „das größtmögliche Glück der größtmöglichen Zahl". Haupttriebkraft des menschlichen Strebens ist der eigene Vorteil, dem freilich die Rücksicht auf die Interessen anderer selber nützt.

Berdjajew, *Nikolai Alexandrowitsch,* russ. Philosoph, * 1874 Kiew, † 1948 Paris. Kam vom Marxismus zum christl. Glauben östlicher Prägung. 1922 aus der UdSSR verwiesen; zunächst in Berlin, seit 1925 in Paris. Nahm Anregungen auf von der Gnosis, Jakob Böhme und dem deutschen Idealismus. Hauptvertreter des sich auf Dostojewski zurückbeziehenden russ. Existentialismus. Der Ordnung des Geistes (Freiheit, personale Existenz, Schöpfertum) steht gegenüber die Ordnung der Natur (Determination, allgemeine Gesetzlichkeit, Objektivation). Freiheit ist in ihrem Wesen „ungeschaffene Freiheit", im „Nichts" gründend, sie hat den Primat vor dem „Sein". Im Seinszustand der gefallenen Welt vermag sich der schöpferische Geist nie wahrhaft zu realisieren (gegen Hegel); er wird sozialisiert, entäußert, entfremdet, „objektiviert".

Bergson, *Henri,* französ. Philosoph, * 1859 Paris, † 1941 Clermont-Ferrand. Vertreter einer gegen Rationalismus und Mechanismus gerichteten spiritualistischen Metaphysik und Lebensphilosophie (darin eine von Maine de Biran ausgehende Linie fortführend), die wesentlich zur Überwindung des Positivismus in Frankreich beitrug. Die Realität läßt sich nach B. nicht restlos in Begriffe einfangen, obgleich es Ziel auch seiner Philosophie bleibt, die Wirklichkeit zu begreifen. Der Weg hierzu ist die Intuition, durch die

Subjekt und Objekt in eins fallen und das Wesen der Welt und des Lebens als fließende Dauer und schöpferischer Lebensschwung (élan vital) gegenwärtig wird.

Berkeley, *George,* engl. Philosoph, * 1685 Kilkenny (Irland), † 1753 Oxford. 1734 anglikanischer Bischof von Cloyne (Irland). Begründete den radikal-subjektivistischen Idealismus: „Sein" bedeutet Wahrgenommen-, d. h. hier Vorgestelltwerden („esse est percipi"); im eigentlichen Sinn wirklich sind die vorstellenden seelisch-geistigen Wesen; ihr Wahrnehmen wird also nicht durch wirkliche Dinge selber verursacht; das Prinzip ihrer Verbundenheit im Vorstellen und damit der wahrgenommenen gemeinsamen Welt ist allein der unendliche göttliche Geist.

Bewegung, Grundbegriff der aristotelischen Philosophie, bezeichnet die Weise, wie das endliche „werdehaft" Seiende „da" ist: nämlich als nicht jederzeit und in jeder Beziehung dasselbe bleibend, sondern akzidentell (↗Akzidenz) durch Orts-B., Wachstum und Abnahme, eigenschaftliche Veränderung und überhaupt durch sein substanzielles Entstehen und Vergehen (↗Substanz) gekennzeichnet. B. ist somit Übergang von Möglichkeit in Wirklichkeit (Potenz in ↗Akt), von Nichtsein in (Da-)Sein (vgl. ↗Werden). Als gegenwärtige B. ist sie die Gegenwart von Sein und Nichtsein und deshalb für Hegel „der daseiende Widerspruch selbst". – Auf Aristoteles zurück geht die Überlieferung eines Gottesbeweises, der aus dem Bewegtsein alles Bewegten auf einen „ersten Beweger" schließt, der selbst unbewegt ist oder dessen „B." als reines Sich-selbst-Denken (noesis noeseos) und also ewig-vollkommenes Bei-sich-Sein zu verstehen ist. (Nach Aristoteles bewegt er freilich nicht wie eine später so genannte Effizienz-Ursache, sondern final-ursächlich, „wie ein Geliebtes" den Liebenden.)

Beweis (griech. apodeixis, lat. demonstratio), der ↗Schluß aus als wahr anerkannten Vordersätzen, wodurch ein wahrer Folgesatz gewonnen wird. Der deduktive B. geht vom Allgemeinen zum Besonderen, der induktive B. vom Besonderen zum Allgemeinen. Der direkte B. erfordert für seine Gültigkeit die mittelbare oder unmittelbare Rückführbarkeit auf ↗Axiome, der indirekte B. zeigt, daß die Annahme der Unrichtigkeit eines Behauptungssatzes zu Widersprüchen führt, dieser also richtig sein muß. Dem Sicherheitsgrad nach sind Gewißheits-B. (wie der deduktive B.) und der Wahrscheinlichkeits-B. (wie der induktive B.) zu unterscheiden, der B.quelle nach der apriorische (aus Urteilen, die vor aller Erfahrung gültig sind) und der aposteriorische B. (aus empirischen oder Erfahrungsurteilen). Die scholastische Tradition stellt ferner der demonstratio quia (vom Erkenntnisgrund ausgehend) die demonstratio propter quid (vom Realgrund ausgehend) gegenüber.

Bewußtsein, das wache Gegenwärtighaben (Erleben) einer Sache (Ereignis oder Gegenstands; Objekt-B.), meiner selbst, dem etwas so gegenwärtig ist (Ich, Subjekt; ↗Selbst-B.), und des Vollzugs dieser Gegenwärtigung (Akt-B.) in einem und zugleich. In diesem Zugleich gründet die Möglichkeit der ↗Reflexion, in der die Momente der dreifachen Struktur je ausdrücklich und in ihrem Zusammenhang in den Blick genommen werden. Die Ausgerichtetheit auf Inhalte (↗Intentionalität) ist Grundzug des B.s, ihre Erfüllung die Erkenntnis in Evidenz, das Wissen. Nach der Art der Gegebenheit der Inhalte wird zumeist unterschieden das sinnlich-anschauliche Erleben (Wahrnehmen) eines unmittelbar Gegenwärtigen und das sich davon abhebende („denkende", verständige, vernünftige) Vorstellen, die Erinnerung (Gedächtnis) an vergangenes Wirkliches und der Entwurf eines zukünftig Möglichen. Da das B. zwar je ein individuelles ist (es läßt sich nicht vertreten), es aber zugleich den Anspruch mit sich führt, seine Inhalte, B.sarten und Selbstbezogenheit sollten, wenigstens grundsätzlich, auf jedes B. zutreffen, ist in ihm selbst eine Differenz angelegt zwischen ihm als material-sozial-geschichtlich mitbestimmtem individuellem B. *und* einem überindividuell-allgemeinen B. Problematisch an dieser Selbstauslegung des B.s ist sein Ort: Es ist faktisch die Einheit von empirischem und „reinem" B., es weiß sich als apriorisches, transzendentales der Welt überhaupt gegenüber und ist doch empirisch mit ihr verflochten.

Für Antike und Mittelalter war der ↗„Geist" zentrales Thema, der B.sbegriff rückte erst seit Descartes' Suche nach einem Gewißheit sichernden Fundament (↗cogito, ergo sum) in die Mitte. Weitere Stationen dieser „B.sphilosophie": Leibniz, Kant, Hegel (die „Phänomenologie des Geistes" ist die Darstellung der Erscheinungsgestalten vom B. über das Selbst-B. usw. gestuft bis zum absolut sich wissenden Geist), der Neukantianismus, die transzendentale Phänomenologie Husserls (im Bemühen, den Psychologismus zu überwinden, die Beschreibung der reinen Gestalten und Wesensverhältnisse des „intentionalen B.sstromes"). Gegen die B.s- und Geistphilosophie insgesamt betonte Feuerbach die sinnlich-leibhafte Verwurzeltheit, Marx die ökonomisch-gesellschaftliche Bestimmtheit des B.s. Nietzsche sah im B. die (zumeist) sich selbst verstellende Artikulation des triebhaft-leidenschaftlichen Wollens. Die Tiefenpsychologie (Freud u. a.) thematisierte die vor-, unter- und unbewußten Schichten des seelischen Lebens. H. Klages erklärte die europäische geistig-bewußte Lebensgrundhaltung als „Widersacher der Seele". Auf Kant und Fichte zurückgreifende transzendentalphilos. Weiterführungen heben die zentrale Bedeutung des Freiheits-B.s hervor. Fortführungen der metaphysisch-ontologischen Überlieferung (in Anknüpfung z. B. an Thomas von Aquin oder mit eigenem Neuansatz [Hartmann]) lehren den Vorrang des Seins vor dem B. Heidegger sucht die Husserlsche B.sphänomenologie in eine Phänomenologie des Daseins (vgl. ↗Existenzphilosophie) und schließlich der Seins(verbergungs)geschichte überzuführen, die alle neuzeitliche B.sgeschichte erst bedinge und ermögliche.

Bild, allg. die sinnlich-anschauliche Wiedergabe eines Gegenstandes oder Ereignisses der unmittelbaren Gegenwart, der Erinnerung oder der schöpferischen Phantasie. Wird das Abgebildete als maßstäbliches Vor-B. aufgefaßt, erhebt sich die Frage des richtigen Verhältnisses (Übereinstimmung), die in bezug z. B. auf die bildende Kunst oft aus einem verengten B.verständnis her verstanden wird. Das B. veranschaulicht eine geistige Sinnbedeutung. Wird dieser Bedeutungs- und Sinnzusammenhang selbst wieder bildhaft gedacht, als „geistiges" Urbild (wie bes. in der platonischen Überlieferung die „Idee") für das erscheinende B., so stellt sich das Problem der rechten Übereinstimmung als das der Wahrheit eines Erkennens, das als „Abbildung" (↗Abbild) gedeutet wird. – Sinnbilder spielen außer in der Kunst bes. in der Religion eine wesentliche Ausdrucks- und Verständigungsrolle (↗Symbol). Die Wortsprache, nicht nur des Alltags, weist auf eine ursprüngliche Fülle bildhafter Vorstellungen (↗Metapher).

Bildung, die umfassende Orientierung des ganzen Menschen (Intellekt, Wille und Gefühl) im Ganzen einer gelebten ↗Welt, worin allem Begegnenden Bedeutungsort, Maß und Sinn zugeteilt sind. Sie ist nicht beschränkbar auf einzelne Bereiche (wissenschaftliche B., technische B., praktische Willens-B. usw.), die alle in ihrer Partikularität nur Ausbildungen sind und damit zweckvoll bestimmten, insbes. gesellschaftlichen Funktionen dienen, obgleich durch sie hindurch der Vorgang der B. führen kann. Sie ist also auch nicht beschränkbar auf bestimmte Methoden (Schul-B., Berufs-B., Selbst-B. usw.) oder als „kanonisch" geltende Stoffgebiete (etwa mit dem Vorrang humanistischer B.sinhalte vor den sog. „Realia"). Die Grundarten, Methoden und Inhalte hängen mit ab von der je geschichtlich-gesellschaftlichen Situation, der sozial-vermittelten Welt. B. aber ist stets B. der personal-ganzheitlichen ↗Freiheit (↗Person), die als einziges niemals partikulär, daher nicht auszubilden, sondern nur zu bilden ist in, durch und gegenüber den wirklich gegebenen Möglichkeiten der Methoden und Inhalte. Deren Gestaltung gehört deshalb mit zur Aufgabe der Freiheit (B.spolitik). Eine Theorie der B. beinhaltet immer den Entwurf einer Theorie des freien Menschseins und, wenigstens im Ansatz, den Aufweis einer sinn- und maßgebenden Welt des menschlichen Lebens.

Die B.skrise der Gegenwart hat ihre vornehmlichste Ursache darin, daß das Wissen und Können in der Beherrschung bestimmter Bereiche der Natur und der Gesellschaft zugenommen hat, sich beschleunigt vermehrt und eine immer spezialisiertere und effektivere funktionale Ausbildung erfordert, aber die tragfähige Selbstverständlichkeit eines Sinnganzen, der Welt, weitgehend geschwunden oder in einer neuen Weise, in der die Welt nicht mehr als „geschlossenes", sondern ein „offenes" Ganzes Orientierungsrahmen wäre, jedenfalls noch nicht zureichend gewonnen ist. Die oft beklagte B.skrise (als Sinnkrise im Freiheits- und Weltverstehen) ist sicherlich durch Totalitätsentwürfe und gewaltsame Durchsetzung (vgl. ↗Ideologie) nicht zu überwinden, nur zu verdecken.

Binswanger, *Ludwig,* Psychoanalytiker, * 1881 Kreuzlingen (Schweiz), † 1966 ebd. Schüler Sigmund Freuds. Begründete unter dem Einfluß von Husserl, Scheler und bes. von Heideggers Fundamentalontologie die psychologische Daseinsanalyse in philos.-anthropologischer und psychotherapeutischer Absicht. Seelische Konflikte sind danach nicht nur kausalbedingte Konflikte der „Seele", sondern Verdeckungs- und Verstellungsformen des menschlichen In-der-Welt-Seins, deren verborgenen Sinn es zu erschließen und so zu verstehen gilt.

Biologismus, die Lehre, wonach die organisch-biologische Verfaßtheit eines Lebewesens, insbes. auch des Menschen, alleiniges Fundament und einziger Sinnhorizont seines Lebens ist. Alles Geistige ist nur Funktion dieser Basis. Damit wird die Normkraft des Geistes über das Leben geleugnet und seine Leistungen nur auf ihre lebensfördernde oder -hemmende Bedeutung hin gewertet. In der Nähe zu diesem B. steht der ↗Pragmatismus, insbes. derjenige von W. James.

Bloch, *Ernst,* * 1885 Ludwigshafen, † 1977 Tübingen. Philosoph. Nach Emigration und Rückkehr Prof. in Leipzig, seit 1961 in Tübingen. Verband griechische, jüdische, christliche und deutsch-idealistische Anstöße mit marxistischem Denken. Die Bedeutsamkeit der Welt liegt nicht in dem, was aus Vergangenheit her schon wirklich geworden ist, vielmehr im „Noch-Nicht" des Seins, in den verborgenen und in die Zukunft drängenden Möglichkeiten. Latentes und tendenzielles Fernziel in allen Nahzielen ist nicht ein Reich Gottes

„oben", vielmehr, in „Transzendenz nach vorn", die universale Versöhnung („Heimat") als Reich des Menschen hier („konkrete Utopie"). Der Weltgeschichtsprozeß ist freilich nicht teleologisch determiniert; das Prinzip des Bewußtseins von ihm ist nicht das der Gewißheit, sondern das „Prinzip Hoffnung". Der in seiner Tiefendimension erschlossene Materialismus und atheistische Humanismus sollen das wahre „Erbe der Religion" antreten.

Blondel, *Maurice,* französ. Philosoph, * 1861 Dijon, † 1949 Aix-en-Provence. Sein gegen Rationalismus und Positivismus gerichtetes Denken gewann starken Einfluß auf Philosophie und Theologie. Ausgehend vom „vinculum substantiale" bei Leibniz, d. i. dem aus der Kraft des Seins dynamisch einenden Band im substantiell Seienden, entwickelt B. eine Philosophie der Tat („L'action", 1893) als dialektischer Genesis der Einheit des Seins mit dem menschlichen Leben in der Welt. Diese Einheit verleiht dem Denken des Menschen erst Grund und Bestand und gibt zugleich dem Einbruch Gottes in den Gang dieser Genesis des Menschseins sinnvollen Raum.

Bochenski, *Joseph M.,* polnischer Philosoph, * 1902 Czuszów (Polen), † 1995 Freiburg i. Ü. Prof. in Fribourg (Schweiz). Systematiker insbes. der formalen Logik und ihrer Anwendung auf religiöse Aussagen im Raum von Glaubens- und Sprachgemeinschaften.

Boethius, *Anicius Manlius Severinus,* röm. Philosoph und Staatsmann, * um 480 Rom, † 524 bei Pavia (aufgrund falscher Anschuldigungen, u. a. des Hochverrats, hingerichtet). B. wollte den ganzen Aristoteles und Platon ins Lateinische übersetzen und als übereinstimmend darstellen, führte dies aber nur z. T. durch. Am wirksamsten bes. für das frühere Mittelalter wurde sein in der Haft geschriebenes Trostbuch „De consolatione Philosophiae", worin die Philosophie in personaler Gestalt mit B. über Leben und Glück spricht und ihn schließlich zu den Ordnungen des Geistes führt. Bedeutsam wurden seine Definitionen u. a. der Ewigkeit (aeternitas est interminabilis vitae tota simul et perfecta) und der Person (persona est naturae rationalis individua substantia).

Böhme, *Jakob,* prot. Theosoph (gen. „Philosophus Teutonicus"), * 1575 Alt-Seidenberg bei Görlitz, † 1624 Görlitz. Von Beruf Schuhmacher, später Händler. Hauptanliegen seiner mystisch-spekulativen Philosophie ist Gottes Wesen und Wirken. Im Ungrund (= Urgrund) Gottes unterscheidet B. den Geist, dessen Wesen im Wollen beruht, und die ewige Natur (das „rege Leben der Sucht"). Aus diesem Ungrund gebiert Gott ewig sich selbst, erkennt sich in seinem Wollen und gestaltet das Andere seiner selbst, die Welt. Gottes Wesen und

Wirken zu erkennen und demgemäß zu handeln erfordert vom Menschen, seinen Eigenwillen, der sich auf das viele je Einzelne richtet, zu verlassen (Gelassenheit) und sich in den Willen Gottes im Ungrund zu verlieren, um hier das All-Ganze zu finden, das Gott will. B.s Lehre hatte unmittelbaren Einfluß auf Angelus Silesius und nachhaltige Wirkung, so auf Fichtes Ich-Lehre, Schellings Freiheitsphilosophie, Hegels Dialektik des Absoluten, auf F. v. Baaders spekulatives Bemühen und auf Schelers Anthropologie mit ihrer Trennung von Geist und Drang.

Bollnow, Otto Friedrich, * 1903 Stettin, † 1999 Tübingen. Anstöße der Existenzphilosophie (bes. Heideggers) aufnehmend, suchte er in seinen philos.-anthropologischen Untersuchungen das Wesen des Menschen vor allem von seiner durch Gefühle und Stimmungen geprägten Lebenssituation her zu verstehen.

Bolzano, Bernard, * 1781 Prag, † 1848 ebd. Philosoph und Mathematiker. Prof. für Religionsphilosophie in Prag. Von seinen logisch-mathematischen Untersuchungen empfing Husserls Phänomenologie wesentliche Impulse zur Überwindung des Psychologismus in der Philosophie. B. knüpfte an die logische Tradition des Mittelalters an. Die kantische Philosophie, die er entschieden ablehnte, blieb ihm in ihrer Grundfragestellung unzugänglich. In der Mathematik Wegbereiter der dann von G. Cantor eigentlich begründeten Mengenlehre.

Bonald, Louis Gabriel Ambroise, französ. Philosoph und Politiker, * 1754 Millau, † 1840 ebd. Führender Vertreter der restaurativen Gesellschafts- und Staatslehre, Begründer des gegen Rationalismus und Materialismus der Aufklärung gerichteten Traditionalismus: Die Uroffenbarung durch Gott gab dem Menschen die Sprache und die religiös-sittlichen Wahrheiten. Aus ihr her ist das gesellschaftliche Leben zu erneuern.

Bonaventura, philos., theologischer und mystischer Denker des Mittelalters, * 1217/18 Bagnoreggio bei Viterbo, † 1274 Lyon. Franziskaner. Schüler des Alexander von Hales. Lehrte in Paris, wie Thomas von Aquin; Gegner des Averroismus, verbindet aber mit der aristotelischen Lehre von der sinnlichen Erkenntnis die augustinische Illuminationslehre. In seiner Mystik von Bernhard von Clairvaux und Hugo von St-Victor beeinflußt und bes. von der Gestalt des Franziskus. Eine völlig selbständige Philosophie ist nach B. nicht möglich. Philosophie ist Dienerin der Theologie. Deren Ziel wiederum ist, in die Mystik zu münden. Kraft der Erleuchtung durch das göttliche Wahrheitslicht geht der Erkenntnisweg in Stufen von der Betrachtung der Dinge der Welt über die Rückwendung in die Seele zur Hinwendung zu Gott und zur Vollendung in der mystischen Schau („Itinerarium mentis in Deum", 1259). Den Lauf der Geschichte sieht B. dreifach gegliedert in die Zeit vor dem Gesetz, unter dem Gesetz und die Zeit der Gnade, innerhalb deren der verborgene Weg der Kirche dreigestuft von ihrem Anfang bis zur Endzeit führt. Doch trat B. scheinbar ähnlichen Gedanken des Joachim von Fiore zur geschichtlichen Entwicklung deutlich entgegen.

Böse (das Böse), als Gegensatz zum sittlichen ↗Guten das sittlich Verwerfliche, das als Inhalt eines verderbten Wollens und Handelns zu Schuld (religiös: zur Sünde) führt, wobei der sich am anderen und an anderem vergreifende und so selber verkehrte Handlungswille als das ursprünglich B., als Bosheit (das B. wollen = böse wollen) erscheint. In der metaphysisch-philos. Überlieferung hat das B. als sittlich-gewolltes ↗Übel kein eigenes, selbständiges Wirklichsein, sondern ist Beraubung (griech. steresis, lat. privatio), Mangel an Gutsein, so wie als Folge des B.n auch das außermoralische Übel nur Mangel an Seinsfülle und -vollkommenheit ist. Danach kann das B. gar nicht als solches, um seiner selbst willen, gewollt werden, sondern immer nur im Schein des Guten. Die Verfehlung des Willens beruht auf Irrtum im Erkennen oder, in der christl. Tradition, auf der Verkehrung des Willens in sich selbst, indem er sein will wie Gott. In dualistischen Lehren (Gnosis, Manichäismus) ist das B. gleichursprünglich mit dem Prinzip des Guten, Göttlichen, mit dem es im unaufhörlichen Kampf liegt. Das Problem, wie Gott, der das absolut Gute ist, das B. und damit alle Übel der Welt hat zulassen können, sucht Leibniz in seiner Theodizee zu lösen. Nach Kant ist die Möglichkeit des B.n als schlechthinniger Widerspruch zum Sittengesetz gar nicht zu ersehen, aber doch denknotwendig, obgleich als „bloße Idee". Nietzsche suchte eine neue Moral jenseits aller bisherigen und damit „jenseits von Gut und Böse".

Brentano, *Franz,* * 1838 Marienberg bei Boppard, † 1917 Zürich. Philosoph und Psychologe. Prof. in Würzburg und Wien. Ausgezeichneter Aristoteleskenner. Empfing Anregungen von Leibniz. Entschiedener Gegner Kants und des deutschen Idealismus. Er forderte auch für die Philosophie den Ausgang von naturwissenschaftlicher Erfahrung und strenge Wissenschaftlichkeit. Grundlegend ist für ihn die Psychologie, jedoch nicht als Erforschung der Seele, sondern als „deskriptive Psychologie" der Phänomene der psychischen „Intentionalität". Durch die Einführung dieses ursprünglich scholastischen Begriffs hatte B. Einfluß auf die Gegenstandslehre A. v. Meinongs und wurde Wegbereiter der Überwindung des Psychologismus durch die Phänomenologie seines Schülers Husserl. In der Ethik führt seine Betonung der Evidenz der Richtigkeit von Liebe und Haß unmittelbar zu den wertphilos.-ethischen Grundpositionen Schelers.

Bruno, *Giordano,* italien. Philosoph, der bedeutendste der Renaissance, * 1548 Nola, † 1600 Rom. Dominikaner. Nach Flucht (1576) durch Deutschland, Frankreich und England 1592 in Venedig gefaßt; in Rom der Ketzerei angeklagt, leistete er keinen Widerruf und wurde zum Scheiterhaufen verurteilt. Er entwickelte auf neuplatonischer Grundlage, unter Übernahme von griech.-philos. Gedanken und Einflüssen von Raimundus Lullus und Nikolaus von Kues, eine pantheistische Metaphysik. Das eigentlich beständig Wirkliche ist das ganze All. Es ist Materie, geformt durch die Weltseele (= Gott), wodurch die Einheit der vielen Einzeldinge verbürgt ist. Von Bedeutung für die Metaphysik der Neuzeit (Spinoza, Leibniz u. a.) wird sein Grundbegriff der ↗„Monade" in seiner Spätphilosophie. Aus dem altüberlieferten Gedanken der zahlen- und seinshaften Eins und Einheit (insbes. bei Plotin) herkommend, erhält der Begriff durch B. eine neuartige Fassung. Jedes Einzelseiende – und das ist zuunterst das „Atom" – ist beseelt Materielles: Monade. Die Monaden bilden in gegliederter und gestufter Wesensunterschiedenheit bis zu Gott als der höchsten Monade hinauf das Universum, das, dem göttlichen Reichtum entsprechend, unendlich ist. Jede Monade ist somit Spiegel des Weltganzen und Ort der Gegenwart Gottes.

Buber, *Martin,* * 1878 Wien, † 1965 Jerusalem. Philosophischer und theologischer Denker aus jüd. Gläubigkeit, befruchtet durch den ↗Chassidismus. B. entfaltet das Wesen des Menschen als „dialogische Existenz" (↗Dialogische Philosophie). Das „Ich" ist nicht zunächst Subjekt, das Beziehungen aufnimmt zu anderen und anderem; sondern es konstituiert sich aus der vorgängigen Beziehung in der Begegnung mit dem „Du" und durch sie überschreitend auf das „ewige Du" Gottes („Ich und Du", 1923). Von der personalen Beziehungswelt ist zu unterscheiden die „Es-Welt" der Natur als gegenständliche (und wissenschaftlich erforschbare) Erfahrungswelt, in und an der sich das verantwortliche menschliche Miteinanderleben zu bewähren hat.

Büchner, *Ludwig,* * 1824 Darmstadt, † 1899 ebd. Neben Karl Vogt und Jakob Moleschott der einflußreichste materialistische Popularphilosoph („Kraft und Stoff", 1855).

Buddhismus, die von Siddhartha Gautama, dem „Buddha" (= der „Erleuchtete"), im 5. Jh. vC. in Nordindien gestiftete Religion. Seine Lehre, zunächst in den Schulen des sog. Hinayana (Kleines Fahrzeug), war auf die spirituelle Praxis des je einzelnen gerichtet. Sie erwuchs aus der Erfahrung und Deutung des Weltdaseins als eines Leidenszusammenhangs, hervorgegangen aus der Lebensgier mit ihrer Abhängigkeit von den werdend-vergehenden „Daeinselementen" (Dharma), ihrem Treiben durch Lust und Schmerz hindurch, ihrer Verstrickung in gute und böse Taten, die nach dem Gesetz der Vergeltung (Karman) immer neue (Wieder)geburten zur Folge haben. Zu durchbrechen ist der Kreislauf des Leidens durch die Einsicht („Erleuchtung") in diesen Zusammenhang und seine Wurzel und durch gemäße Lebenspraxis (bes. auf dem in der Lehrentwicklung herausgebildeten „achtteiligen Pfad"). Ziel ist das „Erlöschen" (Nirvana) des lebensgierigen Ich und damit die Erlösung vom Leiden. Für die später (nach Beginn unserer christl. Zeitrechnung) aufgekommenen Schulen des Mahayana (Großes Fahrzeug) ist großteils charakteristisch einmal, daß der auf dem Weg zur Erleuchtung weit Vorangeschrittene (Bodhisattva) auf sein Nirvana vorläufig verzichtet um der Heilshilfe an den anderen willen, sodann, daß das Nirvana nicht erst am Ende und gewissermaßen als jenseitig erreicht, sondern als schon gegenwärtige Nichtigkeit und „Leere" der nur irrigerweise für wirklich gehaltenen Lebens- und Welterscheinungen durchschaut wird. – Der B. hat über Indien hinaus in Asien (bes. China, Japan) vielfältige Ausgestaltungen erfahren. Mit dem Konfuzianismus, Taoismus u. a. prägte er dort das geistige Klima auch für ein dem europäischen Philosophieren entsprechendes reflexives Denken (vgl. ↗Ostasiatisches Denken). In der europäischen Philosophie sah Schopenhauer den B. als seiner eigenen Lehre der Willensverneinung und Leidenserlösung verwandt an. Für Nietzsche sind B. und Christentum aus der Erschlaffung des Willens entstanden, der erstere gilt ihm aber immer noch als „realistischer" und als „positivistisch", da er nicht Sünde, sondern das Leiden bekämpfe und die Vorstellung „Gott" ursprünglich schon hinter sich gelassen habe.

Bultmann, *Rudolf,* luth. Theologe, * 1884 Wiefelstede (Oldenburg), † 1976 Marburg. Prof. für Neues Testament, seit 1921 in Marburg. Anknüpfend an Heideggers existentiale Analyse des Verstehens suchte er die Verkündigungssprache des Evangeliums durch „Entmythologisierung" dem modernen Menschen zu erschließen: Der neutestamentlich bezeugte Glaube fordert die Befreiung seiner welttranszendierenden heilsbedeutsamen Gehalte von der vergegenständlichenden innerweltlichen Vorstellungsweise (Mythos) und stellt vor die existentielle Entscheidung zu einer eschatologisch ausgerichteten Lebensgrundhaltung.

Buridanus, *Johannes,* französ. Philosoph, * vor 1300 Béthune, † nach 1358. Schüler Ockhams. Führender Vertreter des Nominalismus in Paris. Neben logischen und naturphilos. Fragen beschäftigte er sich bes. mit dem Problem der Willensfreiheit, wobei ihm der Wille vom Verstand her determiniert, vom Glauben und der moralischen Verantwortung her indeterminiert zu sein scheint. Das Beispiel von „B.' Esel", der zwischen zwei gleich anziehenden Heuhaufen verhungert, findet sich nicht in seinen Schriften.

C

Campanella, *Tommaso,* italien. Philosoph, * 1568 Stilo (Kalabrien), † 1639 Paris. Lehrte eine zweifache Offenbarung: durch das Wort der Hl. Schrift und die Natur. Deren Erkenntnis beginnt mit der Sinneswahrnehmung, ist aber letztlich das Erblicken der göttlichen Ideen in den Dingen. Sein Staatsroman „Civitas solis" (Sonnenstaat) ist Utopie einer kath. Universalmonarchie.

Camus, *Albert,* französ. Schriftsteller, * 1913 Mondovi (Algerien), † 1960 bei Paris. In seinen Werken zeigt sich das Leben als ↗„absurd"; es ist gegen die Verzweiflung dennoch auszuhalten und seine Menschlichkeit (d. h. wesentliche Größe und Würde) nur im Aufstand gegen die Sinnlosigkeit zu bewahren; die Grundhaltung behauptet sich zwischen den Extremen kontemplativer Weltflüchtigkeit und eines ideologisch verhärteten Aktivismus. Trotz scheinbarer Nähe zum Existentialismus z. B. Sartres: die „Absurdität" des Lebens ist nicht mit dem „Nichts" gleichzusetzen, und die Existenz hat nicht den Seinsvorrang vor der Essenz (Natur, Wesen) des Menschen.

Carnap, *Rudolf,* * 1891 Wuppertal, † 1970 Santa Monica (California). Prof. in Wien und Prag, seit 1935 in Chicago. Mitglied des ↗Wiener Kreises, Hauptvertreter des Logischen Positivismus. Seine Arbeiten zur logischen Syntax der Sprache, zur Semantik und Induktionslogik sind philos. orientiert am mathemat.-naturwissenschaftlichen Exaktheitsideal. Metaphysische Probleme erledigen sich als Scheinprobleme von selbst. Metaphysisches Philosophieren ist eine Art dichterischer Fiktion im äußeren Gewand wissenschaftlich-begrifflicher Analyse und mit deren angemaßtem Begründungs- und Wahrheitsanspruch.

Cartesianismus, die Lehre Descartes', dann auch ihre Fortbildung bis zum ↗Okkasionalismus (bes. Geulincx, Malebranche), die von dem Problem getrieben wurde, wie und ob überhaupt eine Wechselwirkung zwischen Bewußtsein und Körper vorzustellen sei, schließlich die durch Descartes vollzogene und geschichtlich weitwirkende Trennung (↗Dualismus) von mechanistisch aufgefaßter Körperwelt einerseits und Seele (Bewußtsein, Geist) andererseits.

Carus, *Carl Gustav,* * 1789 Leipzig, † 1869 Dresden. 1814 Prof. ebd. Von Goethe und Schelling beeinflußt, verstand er den Kosmos als Organismus. Betonte die Bedeutung des Unbewußten als Ursprungsbereich auch des bewußten seelischen Lebens. Wegbereiter der Charakterologie (die leibliche Erscheinung ist Ausdruck der Seele). Seine Schriften wurden neu bekannt durch L. Klages.

Cassirer, *Ernst,* * 1874 Breslau, † 1945 Princeton. Prof. in Hamburg, Oxford, Göteborg, seit 1941 New York. Aus der Marburger Schule des Neukantianismus hervorgegangen, verbindet er mit deren formaler Betrachtungsweise inhaltliche historische Forschung, bes. zum Erkenntnisproblem in der neueren Geschichte. Die Heraufkunft der neuzeitlichen naturwissenschaftlichen Welterkenntnis sieht er begründet in der Ablösung des traditionellen Substanzbegriffs durch den Funktionsbegriff, d. h. durch den Übergang von dinglichen Wesensvorstellungen zu Vorstellungen der gesetzmäßigen Verknüpfung (Relationen, Funktionen) der Erscheinungen. Besonders bedeutsam wird sein Unternehmen, „die verschiedenen [geschichtlichen] Grundformen des Verstehens der Welt bestimmt gegeneinander abzugrenzen" als „symbolische Formen" des schöpferischen menschlichen Geistes in den Grundausprägungen von Sprache, Mythos, Wissenschaft.

Causa (lat.), ↗Ursache, ↗Grund. In der scholastischen Philosophie werden insbes. unterschieden: c. materialis (Stoffursache), c. formalis (Formursache), c. efficiens (Wirkursache als c. principalis, Hauptursache, und als c. instrumentalis, Mittel-Ursache), c. finalis (Zweckursache), ferner die c. prima (Erstursache schlechthin, Gott), der gegenüber alle anderen Ursachen causae secundariae, Zweitursachen, sind. Mit der c. formalis wird oft gleichgesetzt die c. exemplaris (Musterbild, in Anlehnung an Platons „Idee"). – C. sui (Ursache seiner selbst) wird vor allem bei Spinoza zur Kennzeichnung Gottes, sofern er aus seinem Wesen her die Ursache seines Daseins ist.

Chaos (griech.), „leerer Raum, Kluft"; die indogermanischen Wurzeln haben die Bedeutung „gähnen, klaffen". Das C. spielt in vielen Schöpfungsmythen eine Rolle (z. B. Hesiod, Theogonie: der Raum vor allen entstandenen Dingen, als ungeordneter Urstoff von allem; der biblische Bericht in der Genesis: das „Tohuwabohu"). Philosophisch wird das C. angesprochen von Anaximander über Platon und Aristoteles, Raimundus Lullus („Liber chaos"), Schelling, Baader bis zu Nietzsche. Schelling, „Vom Wesen der menschlichen Freiheit": In der Welt sehen wir alles geregelt, „aber immer noch liegt im Grunde das Regellose, als könnte es einmal wieder durchbrechen", und es scheint, nicht Ordnung und Form seien „das Ursprüngliche, sondern als wäre ein anfänglich Regelloses zur Ordnung gebracht worden". Vgl. ↗Kosmos. – Die moderne C.forschung untersucht die

Übergänge von „chaotischen" Zuständen zu geordneten, wobei wegen der Komplexität und Nichtlinearität der physikalischen Zusammenhänge keine sichere Berechnungsgrundlage für Prognosen zur Verfügung stehen. Das alte mythologische und dann philos. Problem des Verhältnisses von C. und Kosmos wird hier auf der Ebene empirischer Wissenschaft gestellt. Der philos. C.begriff hatte eine vorempirische Bedeutung.

Chassidismus (von hebr. chassid, gottesfürchtig), von Rabbi Israel Baal Schem Tow (1699–1760) gegründete ostjüdische religiöse Bewegung, die sich in Welt- und Gottesanschauung eng an die Kabbala (im 13. Jh. in Südfrankreich und Spanien entstandene Hauptströmung der jüdischen Mystik) anlehnt, sich durch Betonung des Gefühls wesentlich vom intellektualistischen rabbinischen Judentum unterscheidet und die Freude als integrierendes Moment des Gottesdienstes wie allg. des religiösen Lebens erachtet. Durch die Übersetzung und Interpretation M. Bubers erlangte der C. neuerlich Einfluß.

Chiffre (von arab. sifr, leer), im Mittelalter als „Ziffer" übernommen, seit dem 18. Jh. Bezeichnung für die Zeichen in einer Geheimschrift, in der Romantik für die Natur als Zeichen des Göttlichen, das durch die Dichter und Denker zu deuten ist, bei Jaspers für jegliches in der Welt, das wahrgenommen und vorgestellt, gedacht und benannt werden kann, sofern es über seine gegenständliche Bedeutung hinaus und gegen diese als Zeichen der Transzendenz verstanden wird.

Chiliasmus (von griech. chilioi, tausend), die sich auf die Apokalypse des Johannes (20, 4) stützende Erwartung eines „tausendjährigen Reichs" des Friedens vor dem Weltende (Wiederkunft Christi, Gericht). Vertreten u. a. von Irenäus, bekämpft u. a. von Origenes, Hieronymus, bes. Augustinus, im religiösen Volksglauben und in besonderen Gemeinschaften fort- und immer wieder auflebend, erfuhr das chiliast. Denken durch seine geschichtstheolog.-philosophische Aufnahme (Joachim von Fiore) hindurch mehrfache Fort- und Umbildung (Lessing: Zeit des „neuen ewigen Evangeliums", Kant: Zeit des völkerrechtlich gesicherten „ewigen Friedens", Marx: nachrevolutionäres „Reich der Freiheit" gegenüber dem vorangegangenen der Notwendigkeit).

Chomsky, *Noam Avram,* amerikan. Philosoph, Sprachforscher, * 1928 Philadelphia. 1950 Prof. in Cambridge (Mass.). Seine „generative Grammatik" sucht die Transformationsregeln zu erforschen, nach denen aus der angeborenen Grundstruktur des allg. menschlichen Sprachvermögens heraus Sätze in je einer bestimmten Sprache kreativ gebildet und verstanden werden können.

Chorismos (griech.), in der Platonkritik und -interpretation oft verwendeter Begriff für die „Kluft" zwischen der geistigen ewigen Welt (Ideen) und der zeitlichen Welt der sinnlich-wahrnehmbaren Erscheinungen (Phänomene). Der Sache nach wurde Platon bereits von Aristoteles so ausgelegt. Der Begriff C. taucht in dieser Verwendung erst seit dem frühen 20. Jh. auf (u. a. bes. bei E. Hoffmann). Tatsächlich lehrte Platon jedoch die methexis (Teilhabe, ↗Partizipation), die diese C.auslegung problematisch erscheinen läßt.

Christliche Philosophie. Gemäß der auf Thomas von Aquin zurückgehenden Unterscheidung der Quellen des natürlich-vernünftigen Denkens (lumen naturale) und des übernatürlich-gnadenhaften Glaubens (lumen supranaturale) können Glaubensinhalte nicht bestimmend sein im Gedankenaufbau der Philosophie. In einem formal-methodologischen und auch positiv-inhaltlichen Sinn gibt es so keine c. P., wohl aber insofern, als sie sich, ohne christl. Prämissen aufgenommen zu haben, doch in einer Offenheit zur christl. Offenbarung hält und sich als vereinbar mit deren Inhalten versteht. Insbes. gibt es c. P. in einem existentiellen Sinn: Als Lebensäußerung des Menschen kann das Denken nicht aus der Einheit der Lebenspraxis herausgelöst werden, es steht in gegenseitiger Durchdringung insbes. mit den sittlichen Grundentscheidungen und glaubensmäßigen Grunderfahrungen. Die c. P. macht diese Einheit selbst zum Thema ihrer philos. Reflexion. Sodann gibt es c. P. in einem geschichtlichen Sinn: Denken geschieht stets in und angesichts einer geschichtlichen Überlieferung. Soweit die christl. Religion die Grundlagen für den allgemeinen kulturellen Lebenszusammenhang wesentlich mitbestimmt hat, muß sich philos. Denken, wenn es radikale Welt- und Selbstreflexion sein will, immer auch, sei es positiv oder negativ, zum Christentum und der christl. Herkunftsgeschichte stellen.

Die Geschichte der c. P. beginnt mit der Patristik (bes. Klemens von Alexandrien, Origenes, Augustinus), wo durch Rezeption Platons ein Gesamtgebäude aus philos. und theologischem Denken zu errichten versucht wurde. Unter schärferer Trennung beider Komponenten und bei gleichzeitiger Rezeption des aristotelischen Gesamtwerkes versuchten Albertus Magnus, Thomas von Aquin und ihre Nachfolger im Hochmittelalter dasselbe. Um einen Ausgleich christlicher Glaubens- und Lebensgrundlagen einerseits, philos. Denkens andererseits bemühten sich, von Ausnahmen abgesehen (z. T. in der Aufklärung des 17./18. Jh., dann Marx, Nietzsche u. a.), fast alle bedeutenden Gestalten der abendländisch-europäischen Philosophie, bes.

ausgeprägt bei Descartes und Leibniz, aber auch noch bei Kant und Hegel. Außerhalb der Hauptströmungen der augustinischen und thomistischen Philosophietradition stehen ausgesprochen christl. Denker wie Pascal, Kierkegaard, Newman, Marcel, Blondel.

Chrysippos aus Soloi (Kilikien), griech. Philosoph vermutlich semitischer Herkunft, ca. 281–208 vC. War zunächst Hörer der athenischen Akademie, übernahm dann die Leitung der Stoa in Athen als Nachfolger des Kleantes. Er gab der stoischen Lehre durch dialektisch-logische Beweise weithin eine neue, systematische Grundlage und galt deshalb als „zweiter Gründer der Stoa".

Cicero, *Marcus Tullius,* röm. Staatsmann und Schriftsteller, * 106 vC. Arpinum, † 43 vC. (ermordet auf Befehl des M. Antonius). Gilt als größter Redner der Antike nach Demosthenes. Seine philos. Schriften erweisen ihn als Eklektiker (bes. beeinflußt von Panaitios, Poseidonios). Seine Bedeutung liegt bes. darin, daß er griech. Kultur und griech. Denken der römischen Welt vermittelte. Auf ihn zurück geht der Begriff der „humanitas". C. schuf die Grundlage für die Entwicklung einer philos. Fachsprache. In der Auseinandersetzung zwischen Antike und christlicher Kirche übten seine Werke großen Einfluß auf Hieronymus, Ambrosius, Augustinus (C.s „Hortensius").

Clauberg, *Johann Christoph,* * 1622 Solingen, † 1665 Duisburg. Philosoph und Theologe. Prof. in Leyden, Herborn, Duisburg. Anfänglich der aristotelischen Tradition verbunden, wandte sich dann entschieden dem Cartesianismus zu. Nach R. Göckel [Goclenius] und J. Micraelius einer der frühen Verwender der Bezeichnung „Ontologie" (in seiner „Metaphysik", 1656), die er auch „Ontosophia" (1647, überarbeitete Fassung 1660) nannte.

cogito, ergo sum (lat., ich denke, also bin ich), der erste und schlechthin gewisse Grundsatz, den Descartes auf dem Weg zu einem unerschütterbaren Fundament möglichen Wissens (fundamentum inconcussum certitudinis) entdeckt. Auf ihn soll alles gewiß wahre Erkennen aufgebaut werden, da er an sich selber die Wahrheits- = Gewißheitskriterien für die Prüfung jedes weiteren Satzes zeigt, nämlich Klarheit und Deutlichkeit (claritas et distinctio). Er bezeugt die Identität des ↗*Bewußt*seins mit sich als Bewußt*sein* und gibt den Maßstab für mögliche zweifelsfrei richtige Übereinstimmung von Denken und dem zu denkenden wirklichen Sein. Die unmittelbare Selbstgewißheit wurde in neuester Zeit wieder grundlegend für die Phänomenologie Husserls.

Cohen, *Hermann,* * 1842 Coswig (Anhalt), † 1918 Berlin. Gründer der Marburger Schule des Neukantianismus. Gegen die psychologische

Kantdeutung stellte er die Analyse der transzendentalen Grundlagen des reinen Bewußtseins als eines logischen, ethischen und ästhetischen Bewußtseins. In seiner letzten Zeit erfolgte religionsphilosophisch eine Rückbesinnung auf die Quellen der jüdischen Religion.

Coincidentia oppositorum (lat., Zusammenfall des Entgegengesetzten), bei Nikolaus von Kues der Grundcharakter der (göttlichen) Wahrheit, wie diese dem menschlichen Geist aufgeht gerade dann, wenn er sich selbst als endlichen erkennend in belehrter Unwissenheit (↗Docta ignorantia) bescheidet. Denn das menschliche Erkennen geschieht im Vergleichen des unterschiedenen Vielen als eines je begrenzten Mehr und Weniger (Größer und Kleiner). Die unendliche Wahrheit ist, jenseits des Unterschieds, das Maximum, das mit dem Minimum in unbegreiflicher Einheit zusammenfällt. *Die Wahrheit zeigt sich als das bleibend Unbegreiflich am endlichen Begreifen selber.* So bleibt bei Nikolaus von Kues die Differenz von Gott und Welt un(ver)mittelbar gewahrt, während G. Bruno die c. o. pantheistisch deutet und Hegel sie dialektisch aufzuheben sucht.

Common-sense-Philosophie (engl. common sense, gesunder Menschenverstand) ↗Schottische Schule.

Comte, *Auguste,* französ. Philosoph und Soziologe, * 1798 Montpellier, † 1857 Paris. Prägte den Namen „Soziologie" für eine in seinem Sinn exakte Wissenschaft von den Gesetzen des menschlichen gesellschaftlichen Lebens, die den Abschluß in Aufbau und Ordnung der Wissenschaften bildet. Hauptvertreter des Positivismus, dessen Fortschrittsglaube sich in seinem Drei-Stadien-Gesetz ausdrückt: Die Menschheitsentwicklung geht vom theologischen über das metaphysische zum positiv-wissenschaftlichen Stadium. Damit verbunden ist die wissenschaftspragmatische Grundthese: Savoir pour prévoir, prévoir pour prévenir („Wissen, um vorauszusehen, voraussehen, um zuvorzukommen").

Condillac, *Étienne Bonnot de,* französ. Philosoph, * 1715 Grenoble, † 1780 Flux bei Beaugency. Er entwickelte im Anschluß an J. Locke einen radikalen Sensualismus: Sämtliche geistig-seelischen Vorgänge und Inhalte sind Transformationen von Sinnesempfindungen.

Condorcet, *Antoine de,* französ. Philosoph, Mathematiker, Politiker, * 1743 Ribemont (Picardie), † 1794 Paris (als Girondist im Gefängnis). Mitarbeiter an Diderots Enzyklopädie. Von der ursprünglichen menschlichen Güte und Vervollkommnungsfähigkeit ausgehend, beinhaltet seine Geschichtstheorie den unbegrenzten Fortschritt mit dem Ziel der Gleichstellung aller Menschen.

Croce, *Benedetto,* italien. Philosoph, * 1866 Pescasseroli (Abruzzen), † 1952 Neapel. Neben G. Gentile herausragender Vertreter des Neuidealismus in Italien. Seine „Philosophie des Geistes" ist vom Geschichtsdenken G. Vicos und insbes. Hegels beeinflußt. Die Wirklichkeit insgesamt ist sich entwickelnder Geist. Diese Entwicklung vollzieht sich durch die Geschichte hindurch in den Grundformen theoretischer (ästhetisch-intuitiver und begrifflich-logischer) und praktischer (ökonomischer und moralischer) Tätigkeit.

D

Daimonion (griech., Gottheit, Gott, auch Mittlerwesen zwischen Gott und Mensch), nach Platon bei Sokrates die innere Stimme, die als Eingebung in einer bestimmten Situation ihn davon abhält, etwas Unrechtes zu äußern oder zu tun, nicht aber einen inhaltlich positiv bestimmten Rat erteilt.

Darwinismus, die auf Ch. Darwin (1859) zurückgehende Lehre von der Stammesentwicklung (Evolution) der Lebewesen, die durch natürliche Auslese (Selektion) der im „Kampf ums Dasein" an ihre Umwelt jeweils am besten angepaßten Arten und durch deren Vererbung erfolge. Die Vielfalt der unterschiedlichen Anpassungen entsteht dem D. zufolge durch „zufällige" Abweichungen (später so genannte Mutationen) der Erbanlage einzelner Nachkommen gegenüber der Elterngeneration. Die ältere Form der Abstammungslehre (Deszendenztheorie), bes. von J. de Lamarck (1809) vertreten, nahm noch die Vererbung „erworbener Eigenschaften" an.

Dasein, von Chr. Wolff eingeführte Übersetzung von lat. existentia. Die scholastische Philosophie unterscheidet beim Seienden ontologisch das D. als Wirklichsein (Existenz als Aktualität) und das Sosein oder Wesen (essentia, Essenz als Realität). Vgl. ↗Akt, ↗Wirklichkeit. – Bei Kant wird D. zu einer der Kategorien der Urteilsmodalität. D. besagt hier nicht eine zum Begriff (eines Gegenstandes) selbst gehörige weitere Bestimmung, es ist kein „reales Prädikat", sondern lediglich die Setzung eben dieses Dinges in einer Verstandeshandlung (Urteil), die sinnliche Affektion und Anschauung voraussetzt. – In der Existenzphilosophie bezeichnet D. den Menschen in seinem Sich-selbst-Ergreifen angesichts der nicht gegenständlich greifbaren Transzendenz (Jaspers), den Menschen, sofern es ihm um sein eigenes Seinkönnen geht, aber im Verstehenshorizont von Sein überhaupt: er ist seinsverstehend das „Da" des „Seins" (Heidegger). ↗Existenz.

Deduktion (von lat. deducere, herleiten), die formallogische Ableitung (↗Schluß; ↗Syllogismus) des Besonderen aus dem Allgemeinen. Gegensatz: Induktion. – Kant unterscheidet zwischen empirischer D., die verdeutlicht, wie ein Begriff durch gegenständliche Erfahrung und Reflexion gewonnen wurde, und transzendentaler D., die zeigt, wie sich Begriffe a priori, nämlich die Verstandeskategorien, auf Gegenstände beziehen können.

Definition (von lat. definire, begrenzen), die Bestimmung eines Begriffs und damit der mit ihm gemeinten Sache durch Angabe aller notwendigen Merkmale und eines übergreifenden Bedeutungsfeldes, aus dem diese Merkmale den Begriff bzw. die Sache herausheben, in der scholastischen Tradition durch Angabe der nächsthöheren Gattung (genus proximum) und des kennzeichnenden Artunterschieds (differentia specifica). Bei der Real-D. geht es somit vor allem um den wesentlichen Begriff bzw. das zu begreifende Wesen einer Sache. Die Nominal-D. dagegen legt die Bedeutung eines neu eingeführten Begriffs(wortes) und seinen geregelten Gebrauch fest. – Da jede D. ein weiteres Bedeutungsfeld voraussetzt, das selbst definiert werden sollte, führt die Reihe der D.en schließlich auf nicht mehr in dieser Weise definierbare Grundbegriffe und Grundsachverhalte. An die Stelle der D. tritt der explikative Aufweis der unumgänglichen Vorausgesetztheit.

Deismus (von lat. deus, Gott), der Glaube an einen transzendenten und persönlichen Gott, der zwar die Welt mit ihren Gesetzen schuf, jedoch keinen weiteren Einfluß in das Weltgeschehen (Natur und Geschichte) ausübt. Vgl. dagegen ↗Theismus. – Geschichtlich ist der D. die Vernunftreligion der ↗Aufklärung. Sie ging im 17. Jh. von England aus (Hauptvertreter Herbert von Cherbury, 18. Jh.: die „Freidenker" Toland, Collins, Tindal) und griff bald auf Frankreich über (Voltaire und die Enzyklopädisten), wo sie z. T. zum Atheismus führte. Der D. kam erst Mitte 18. Jh. auch in Deutschland auf (bes. im Zusammenhang mit der Herausgabe der sog. „Wolfenbüttler Fragmente" des Reimarus durch Lessing).

Demiurg (griech. demiurgos, Werkmeister), bei Platon der göttliche Weltbildner, der im Blick auf die Ideen den chaotischen Raum zur Welt gestaltet. Bei Plotin ist er der weltdurchherrschende Geist oder auch die Weltseele. Manche Gnostiker unterscheiden von Gott den D.en als ein unter ihm stehendes Weltschöpfungsprinzip.

Demokrit, griech. Philosoph der ↗Vorsokratik, um 460–370 vC. in Abdera (Thrakien) lebend. Ahnherr des Atomismus. Atome sind die kleinsten materiellen Bausteine der Wirklichkeit, qualitativ gleichartig, quantitativ verschieden. Zwischen ihnen ist leerer Raum. In ewiger Wirbelbewegung vermischen, ballen und entmischen sie sich (Entstehung und Vergehen der „Dinge"). Auch die Seele besteht aus (bes. feinen) Atomen. Die Vorgänge in ihr (Wahrnehmen, Denken usw.) sind mechanische Bewegungen, verursacht durch die Ausflüsse der Dinge. Deshalb gilt D. auch als Vater des Materialismus. Seine eudaimonistische Ethik lehrt als höchstes Ziel statt Sinnengenuß und äußere Güter vielmehr die heitere Ruhe durch Maßhalten und Gesetzestreue.

Denken, die den Menschen kennzeichnende Fähigkeit, sinnliche Augenblicks- und Einzeleindrücke und Wahrnehmungen in nichtsinnlicher (geistiger) Mitvergegenwärtigung zu überschreiten und sie einzuordnen in übereinzelne, allgemeine Bedeutungsfelder und -zusammenhänge, welche die Einzelwahrnehmungen ordnen und zur ↗Erfahrung der Wirklichkeit zusammenfügen. Im Denken als Überschreiten und zurückkommend Ordnen bekundet sich ↗Freiheit des Menschen.

In der metaphysisch-philos. Tradition und ihren Fortbildungen besagt Erfahrung die ↗Erkenntnis von etwas *als* etwas, d. h. in seinem begrifflich (↗Begriff) faßbaren bestimmten ↗Wesen innerhalb der wesentlichen und grundlegenden Ordnung des ↗Seins, die zugleich Ordnung des D.s ist; das Vermögen des Überschreitens (Transzendenz), des Voraushaltens der Ordnungsbeziehungen (Transzendentalien, Kategorien, Ideen u. ä.) und des Einordnens in diese ist hier der ↗Geist (nous, intellectus). In der neuzeitlichen Selbstinterpretation ist es das vernünftig-verständige ↗Bewußtsein des Subjekts; das D. richtet sich hier nicht primär auf das, „was" etwas ist, sondern „wie" es sich vorstellbar verhält; und die vorausgehaltene Bedeutungsgrundordnung ist nicht als ein (auch) inhaltlich ↗a priori bestimmtes Sinnganzes aufgefaßt, sondern zunehmend nur als formallogische Regelungsstruktur des D.s (vgl. ↗Logik), während die inhaltlichen allgemeinsten Grundvorstellungen und Grundaussagen den Charakter von zweckmäßig gemachten und ersetzbaren Voraussetzungen (Hypothesen) erhalten.

D. als Mitvergegenwärtigung des Ordnungsganzen wird in der platonisch-aristotelisch geprägten Philosophie als D. der Vernunft und oft in Analogie zum sinnlichen Sehen als „geistige" ↗Anschauung (Intuition) aufgefaßt, dabei unterschieden (nicht getrennt) vom ↗diskursiven D. des Verstandes im Fortschreiten des Erkennens (↗Wissenschaft) und von der sinnlichen Anschauung. Kant trennt scharf, deshalb sind D. und seine (Vernunft-)Gedanken notwendig zu denken, aber nicht verständig-gegenständlich zu erkennen. Für Hegel ist gerade das vollständig durchgeführte D. des D.s (der aristotelischen ↗Bewegung des Geistes, noesis noeseos) absolute Erkenntnis (Wissenschaft) aller Wirklichkeit. Für Heidegger dagegen ist die ursprüngliche Sache des D.s nicht das D., sondern das Sein in seiner Differenz, die in keine Identität aufzuheben ist. D. ist „An-Denken" ans Sein selbst.

Deontologie (von griech. deon, Pflicht, logos, vernünftige Rede), Pflichtenlehre. Deontologische Ethik: eine Ethik, die (wie z. B. die Kants) sich allein auf Pflicht(en) gründet, wie z. B. die Kants (und nicht etwa auf erwünschte Folgen des Handelns, wie z. B. die Glücksethik [Eudaimonismus]).

Descartes, *René*, französ. Philosoph und Mathematiker, *1596 La Haye (Touraine), †1650 Stockholm. Obwohl D. das überlieferte Philosophieren, das (seit Parmenides, Platon und Aristoteles) fundamental bestimmt war durch eine selbstverständliche Verbundenheit von Sein und Denken (Geist, Vernunft), nicht schlechthin revolutionieren, sondern von einem unerschütterbaren Grund her sichern wollte, bedeutet er den entscheidenden Wendepunkt zur neuzeitlichen Metaphysik der Subjektivität. Durch den methodischen Zweifel an allem findet er als unbezweifelbares Fundament die unmittelbare Selbstgewißheit (darin an Augustinus erinnernd) im Vollzug des Denkens als existierende Substanz, als „Geist" (bei D. auch = „Seele", nicht als Seinsform eines belebten Körpers, sondern von ihm getrennt). „Cogito, ergo sum" (Ich denke, und das besagt auch schon: ich bin). Das endliche geistige Seiende (res cogitans finita) erweist sich als vorzügliche Substanz oder Subjekt; es ist der erste und nächste Ort der untrennbaren Verbundenheit von Denken und „Sein" („Meditationes de prima philosophia", 1641). An seiner Vorstellung (Idee) sind deshalb die Gewißheitskriterien der Wahrheit weiterer Vorstellungen, nämlich „Klarheit und Deutlichkeit", abzunehmen. Alle a priori gegebenen ständigen und unveränderlichen Grundvorstellungen (ideae innatae, „angeborene Ideen") erfüllen so diese Kriterien und sind also wahr, d. h., ihnen entspricht das Gedachte als selber wirklich Seiendes. Das gilt insbes. von der Idee Gottes als des unendlich und vollkommen denkenden Seienden (res cogitans infinita), das vom endlichen Denkenden in seinem sich davon abhebenden Sich-Wissen immer schon mitgewußt ist. Daran schließt sich bei Descartes der von Kant später so genannte und kritisierte ontologische Gottesbeweis (der ähnlich schon von Anselm von Canterbury u. a. geführt worden war): Zur Idee des Vollkommenen gehört notwendig dessen Dasein. Ebenso klar und deutlich = wahr ist die Idee der Welt, freilich nur als durch Ausdehnung bestimmtes endliches Seiendes (res extensa), als ein in seinen Teilen und deren mechanischer Bewegung mathematisch-quantitativ berechenbarer einziger Gesamtkörper (↗Mechanismus). Die Wahrnehmungsvorstellungen von scheinbar eigenständigen Qualitäten (später sog. „sekundären" Qualitäten) der sinnlichen Einzelerscheinungen erfüllen die Gewißheitskriterien nicht und sind deshalb auf quantitative Verhältnisse zurückzuführen („Principia philosophiae", 1644). – Eine ausgearbeitete Moralphilosophie hat D. nicht hinterlassen. Sie würde die Vollendung aller (auf der Metaphysik aufzubauenden) Wissenschaften voraussetzen. Bis dahin gelte die „provisorische Moral" auf der Basis der Überlieferung und der praktischen Erfahrung. – Als Mathematiker wirksam geworden durch Einführung des nach ihm benannten (Cartesischen) Koordinatensystems und Wegbereiter der Analytischen Geometrie. – Die in der Philosophie D.' sich stellenden Probleme führten zur Weiterentwicklung des ↗Rationalismus (Spinoza, Leibniz), dessen entschiedene Gegnerschaft der ↗Empirismus bildete.

Auf D. geht die Gewißheits- und Methodenproblematik in den neuzeitlichen Erkenntnistheorien zurück. Seit D. gibt es den Vorrang des psychologisch und transzendental betrachteten ↗„Subjekts" (vgl. ↗Bewußtsein) vor dem „Objekt". Mit der scharfen Trennung von Denken und ausgedehnter Materie, Geist und rein mathematisch-quantitativ-strukturierter Naturwelt (cartesischer Dualismus; Subjekt-Objekt-Spaltung) übte die Philosophie D.' entscheidenden Einfluß auf das neuzeitliche naturwissenschaftliche Denken und das damit verbundene technisch bestimmte Weltverhältnis.

Deskription ↗Beschreibung.

Destutt de Tracy, *Antoine Louis Claude,* französ. Philosoph und Politiker, * 1754 Paris, † 1836 ebd. Hauptvertreter des Sensualismus der französ. Aufklärung (im Anschluß an Condillac). Führte die Begriffsbezeichnung „Ideologie" ein, worunter er aber die „Wissenschaft der Ideen" im Sinne von Wahrnehmungsvorstellungen verstand, von denen her alles Erkennen vermittelt und bestimmt ist.

Deszendenztheorie (von lat. descendere, herabsteigen), Abstammungslehre. ↗Evolutionismus.

Determinismus (von lat. determinare, bestimmen), allg. die Auffassung der durchgängig gesetzmäßigen Bestimmtheit der Wirklichkeit, so daß alle Vorkommnisse aus ihren Wirkursachen her (↗Kausalität) erklärbar, deshalb auch zukünftige Ereignisse grundsätzlich vorhersagbar sind (vgl. ↗Laplacescher Geist); in diesem Sinn ist der D. weithin eine methodologische Voraussetzung der neuzeitlichen (Natur-)wissenschaft, nach der Quantentheorie jedoch nicht für den mikrophysikalischen Bereich, in dem vielmehr nur eine statistische Gesetzmäßigkeit veranschlagt werden kann. Im besonderen meint D. die Lehre, daß die menschlichen Willensbewegungen in ihrer Zielrichtung durch äußere oder innere Ursachen notwendig vorhe-

stimmt seien, so daß es ↗Freiheit des Willens nicht geben könne. Am entschiedensten ist der D. durchgeführt im System des Spinoza.
Deus sive natura (lat., Gott oder die Natur), die (pantheistisch genannte) Gleichsetzung von Gott und Natur bei Spinoza, da die Naturwelt notwendig aus dem Wesen Gottes hervorgehe (ein Attribut der göttlichen Substanz sei).
Deutscher Idealismus ↗Idealismus.
Dewey, *John*, amerikan. Philosoph, *1859 Burlington, †1952 New York. Prof. in Chicago und New York. Seine vom Pragmatismus bestimmte Philosophie gewann starken Einfluß insbes. auf das amerikan. Erziehungswesen. Ihr Hauptinteresse: den Lebenskreis des Individuums, der alles umschließt, was für den Einzelnen nützlich und notwendig ist, in Übereinstimmung zu bringen mit dem der Gesellschaft, welche die Lebensgestaltung des Individuums *und* des übergeordneten Ganzen (Demokratie) zweckvoll organisiert. Da alles Denken und Erkennen letztlich eine solche lebensdienliche Funktion hat, bezeichnete D. seine Philosophie auch als „instrumentalen Experimentalismus" oder „Instrumentalismus".
Dialektik (von griech. dialektike), wörtlich: Unterredungskunst; sie diente bereits in der Antike dem Philosophieren. Sokrates und Platon kritisieren die D. der Sophisten als bloße Überredungskunst. Bei ihm selbst und bei Aristoteles ist D. das Verfahren, durch Rede und Widerspruch das Wesen je eines Dinges, platonisch seine „Idee", zu bestimmen und begründend den Zusammenhang zu erhellen, in dem eine jede Idee, jedes Wesen in einer hierarchisch gestuften Seinsordnung steht. Aristoteles behandelt die Methode der D. zwar auch gesondert in seiner Logik, doch ist sie auch bei ihm nicht nur, wie in den philos. Schuldisputationen des Mittelalters, Logik vernünftigen Schließens, sondern zugleich Nachvollzug eines metaphysisch-ontologisch vorgegebenen Wirklichkeitsaufbaus. Dagegen sieht Kant nur die formale Seite der D., die nichts Wahres über den materialen Gehalt der Dinge auszusagen vermag: D. ist bei ihm „Logik des Scheins", seine „transzendentale D." will genau diesen Schein und die Widersprüche aufzeigen, in die sich Vernunft verfängt, wenn sie ihre Grundsätze und Begriffe, die zum Erkennen und fortgehenden Ordnen der Erfahrungsgegenstände dienen, über den begrenzten Erfahrungsbereich hinaus auf die unerkennbaren Dinge „an sich" selber und das unbedingte Ganze anwenden will (vgl. ↗Antinomien). Für Hegel, auf dem Höhepunkt des deutschen ↗Idealismus, ist gerade die D. (in den Dreischritten jeweils von These, Antithese und Synthese) der Weg des Erkennens des Absoluten und der Weg des Ab-

soluten selber: Es als Geist wird aus sich zu seinem Anderen, der Natur, und durch die Geschichte des menschlichen Geistes hindurch wird es zu sich selbst als absoluter Geist. Marx wandte die Hegelsche D. auf die Natur- und die menschlich-gesellschaftliche Entwicklung (Arbeitsteilung, Klassengegensätze, kommunistische versöhnte Gesellschaft) an und begründete den dialektischen (und historischen) ↗Materialismus. Gegenüber jeder sich so endlich in einer Identität schließenden D. vertritt Adorno eine offene, unabschließbare, „negative D."

Dialektischer Materialismus ↗Materialismus.

Dialektische Theologie, unter der Erschütterung des Ersten Weltkriegs (wie wenig später die ↗Existenzphilosophie) einsetzende Richtung der protestantischen Theologie, gegen die bis dahin herrschende liberale Theologie mit ihrer Vermittlungstendenz zwischen christlichem Glauben und bürgerlicher Kultur gerichtet, verstand selbst „Religion" als sublimen menschlichen Versuch, die unendliche Distanz zwischen Gott und Mensch, Offenbarung und Vernunft, Ewigkeit und Zeit selbstmächtig zu überbrücken. In dieser unendlichen Distanz und dennoch unbedingten Betroffenheit ist von Gott und seiner Offenbarung nur „dialektisch", in unmittelbaren Entgegensetzungen zu reden (exemplarisch: der Christ ist zugleich „Sünder und Gerechter"). Die d. Th. Ist Ausdruck einer Krise, die aber nicht nur als geschichtlich-zufällige Not, sondern als Grundsituation des Menschen mit der Notwendigkeit der Entscheidung verstanden wird. Führende Vertreter, mit teils unterschiedlichen Ausprägungen der d. Th.: K. Barth („Der Römerbrief", 1919), F. Gogarten, E. Brunner, R. Bultmann.

Dialog (griech. dialogos), Wechselrede, Gespräch. Das erste zusammenhängend überlieferte philos. Werk, das (sokratisch-)platonische, stellt sich in D.en dar. Häufig wird betont, diese Form ergebe sich notwendig aus dem Selbstverständnis und der Art des platonischen Philosophierens. Bei Platon ist aber das Erkennen an ihm selber auch als ein fortgehendes Gespräch „der Seele mit sich selbst". – Vom D. als wesentlich offenbleibendem Gespräch ist zu unterscheiden die Diskussion, wenn es in ihr z. B. um die überzeugende Begründung einer These, die Durchsetzung einer Auffassung durch Überwindung einer gegensätzlichen, jedenfalls um einen abschließend formulierbaren Konsens geht. Vgl. ↗Dialogische Philosophie.

Dialogische Philosophie, nach dem Ersten Weltkrieg hervorgetretene philos. Richtung, die (in Abkehr bes. vom Neukantianismus und gegen das ihrer Meinung nach den Menschen verdinglichende Schema der Intentionalität des Bewußtseins) nicht vom Subjekt als Urgegebenheit aus das Verhältnis zum anderen Menschen (dem anderen Subjekt) und zur Welt hervorgehen läßt. Sondern vorgängig und ursprünglich ist es die Beziehung auf das „Du", in der und aus der her das „Ich" sich erst als zur Verwirklichung gegeben und auch (so bes. bei Buber) die Welt als gemeinsame Aufgabe erfährt. Diese Beziehung realisiert sich vornehmlich in der Sprache als Gespräch (Dialog). Die Hauptwerke der d. Ph. entstanden im wesentlichen unabhängig voneinander in den Jahren 1917–23: H. Cohen, Religion der Vernunft aus den Quellen des Judentums (1919), F. Rosenzweig, Stern der Erlösung (1921), F. Ebner, Das Wort und die geistigen Realitäten (1921), M. Buber, Ich und Du (1923). Diesen Dialogikern ist in je eigener Weise ein stark religiöser Zug eigen: Das mitmenschliche Du wird fundierend überschritten auf das göttliche „ewige Du" (Buber). Die d. Ph. wirkte nachhaltig auf Pädagogik, Theologie, Religions- und Geschichtsphilosophie. – Anbahnungen des dialogischen Denkens erfolgten bereits im 18./19. Jh. bei J. G. Hamann, F. H. Jacobi, W. v. Humboldt und bes. L. Feuerbach. Insgesamt wendet es sich gegen die Monologik eines einsamen (sei es auch göttlichen) Geistes, Denkens, Bewußtseins, wie sie kritisch in der metaphysischen und transzendentalphilos. Überlieferung diagnostiziert werden kann.

Dianoetische Tugenden (von griech. dianoia, Denken, Urteilen), bei Aristoteles und ihm folgend in der Scholastik Tugenden des Menschen als denkendes, erkennendes, auf Wahrheit bezogenes Wesen: Wissen (episteme), Einsicht (phronesis), Weisheit (sophia), Verständigkeit (synesis), Kunst (d. h. Können, techne), Wohlberatenheit (eubulia). Unterschieden davon die ethischen Tugenden des Menschen als ordnende Herrschaft des sittlichen Wollens und Handelns auf das Gute hin.

Diderot, *Denis,* französ. Schriftsteller und Philosoph, * 1713 Langres, † 1784 Paris. Kam vom Deismus zum Naturalismus und materialistischen Atheismus der radikalen französ. Aufklärung, an deren literarischer Verbreitung er großen Anteil hat. Organisator und Verfasser zahlreicher Beiträge der französ. Enzyklopädie (↗Enzyklopädisten).

Differenz (von lat. differe, ([sich] unterscheiden), Unterschied, Verschiedenheit. Gegenbegriff zu Identität. In der Scholastik die numerische D. (differentia specifica): der Unterschied zwischen den zählbaren einzelnen Dingen derselben Wesensart, und die spezifische D. (differentia specifica): die Unterschiedsmerkmale einer Art gegenüber der mehrere Arten übergreifenden nächsthöheren Gattung. Bei

Heidegger: die ontische D. zwischen Seiendem und die ontologische D., die das Sein als Unterschied zum Seienden ist.

Dilthey, *Wilhelm,* * 1833 Biebrich, † 1911 Seis am Schlern. Prof. in Basel, Kiel, Breslau, Berlin. Gegen die naturwissenschaftlich gerichtete Elementenpsychologie entwickelte er eine „beschreibende Psychologie", die den ganzheitlichen Strukturzusammenhang des vielfältig sich äußernden seelischen Erlebens in seiner jeweiligen individuellen Gestaltung durch „Einfühlung" nachzuvollziehen und auszulegen suchte (vgl. ↗Hermeneutik). Sie eröffnete zugleich die Einsicht in dessen geschichtliche Wandelbarkeit und seine je epochentypische Weltansicht („Einleitung in die Geisteswissenschaften", 1883), die das gesamte kulturelle Leben einer Zeit durchformt (die drei Grundtypen: Naturalismus, objektiver Idealismus, Idealismus der Freiheit). In Korrektur und Ergänzung zu Kants (und der philos. Tradition) Annahme einer apriorisch-zeitlos gültigen Kategorialität des Erkennens sollte diese „Kritik der historischen Vernunft" die „realen Kategorien des Lebens" herausarbeiten. Mit seinem Begriff des Lebens als des gemeinsamen Grundgeschehens, das sich in der Geschichte mannigfach ausdrückt, begründete D. eine bestimmte Richtung innerhalb der ↗Lebensphilosophie über den Kreis unmittelbarer Schüler (M. Frischeisen-Köhler, Th. Litt, E. Nohl, E. Spranger) hinaus. Sein Begriff des Verstehens (seit D. in Gegensatz gestellt zum naturwissenschaftlichen Erklären) wurde weithin bestimmend für die Geisteswissenschaften. Deren Methodik beruht nach D. im Vergleichen, nicht auf objektiver Wertung, da alle Normen geschichtlich bedingt sind (↗Historismus). In der Thematik der Geschichtlichkeit zeigen sich Fortwirkungen D.s insbes. auch bei Heidegger und Gadamer.

Ding, bezeichnet zunächst ein sinnlich antreffbares Einzelnes, dann einen sachlichen Zusammenhang, schließlich jegliches, was ist, und seine sachliche Bestimmtheit. Dem entspricht die sprachliche Verwandtschaft von „D." und „Denken": D. ist das, woran man denkt (lat. res von reri, rechnen, meinen, urteilen). In der scholast. Philosophie gehört „res" zu den transzendentalen Seinsbestimmungen für jegliches, was ist. Doch kann das denkende Wesen selber nur in einem uneigentlichen Sinn D. genannt werden. Bes. in der Neuzeit entsteht daraus eine Problematik, da Descartes das denkende Wesen als „res cogitans" (denkendes D.) verstanden hatte. – In einem begrenzteren Sinn meint D. nur das, was sinnlich-wahrnehmbar in Raum und Zeit begegnet („Welt der D.e"). Kant unterscheidet demgemäß philos. D. als Erscheinung und Gegenstand (Phänomen, Objekt) für ein wahrnehmendes und erkennendes Subjekt und das unerkennbare, aber denknotwenige „D. an sich" (Noumen).

Dingler, Hugo, * 1881 München, † 1954 ebd. Mathematiker, Wissenschaftstheoretiker. 1920 Prof. in München, 1932 Darmstadt, 1934 München. Suchte eine streng methodische Begründung der Wissenschaft durch philos. Analyse aller unerläßlichen Schritte und Mittel im Erkenntnisvorgang als einer Handlung. In der Nähe zu seinem „Operationismus" steht der Operationalismus P. W. Bridgemans und insbes. der Konstruktivismus der Erlanger Schule.

Diogenes Laërtios, griech. Schriftsteller, verfaßte um 220 nC. zehn Bücher über „Leben, Lehre und Aussprüche berühmter Philosophen"; eine der wichtigsten Materialsammlungen für unsere Kenntnis der antiken Philosophie.

Diogenes von Sinope, griech. Philosoph, um 412–323 vC. Genannt „der Hund"; der „Philosoph der Tonne". Schüler des Antisthenes, der athenischen Schule der Kyniker zugehörig. Forderte Frauen- und Kindergemeinschaft. Übersteigerte das Ideal der Bedürfnislosigkeit, mißachtete Moral und Konvention, wurde zum Urbild kynischer Schamlosigkeit („Zynismus").

Dionysios Areopagita, vorgeblich Schüler des Paulus, Pseudonym eines Ende 5. oder Anfang 6. Jh. lebenden Verfassers („Pseudo-D.") mystischer Schriften, in denen, in Anlehnung an Proklos, Neuplatonismus und christliche Lehre verbunden sind. Sie beeinflußten in der lateinischen Übersetzung des Johannes Skotus Eriugena tiefgreifend die gesamte mystische Philosophie und negative Theologie des Mittelalters.

dionysisch ↗apollinisch.

diskursiv (von lat. discurrere, hin und her laufen), Bezeichnung zur Charakterisierung des menschlichen Verstandes und seines Erkennens in Begriff, Urteil, Schluß, zugleich Signum seiner Endlichkeit, weil er nicht, wie das göttliche Denken, alles zugleich gegenwärtig hat (intuitiv; vgl. ↗Intuition, ↗Anschauung), sondern von einem zum andern gehen muß und das Ganze nur im Durchgang durch die Teile klarer erfaßt.

Docta ignorantia (lat., gelehrte Unwissenheit), die über sich selbst belehrte Unwissenheit und das Nicht-wissen-Können, nämlich hinsichtlich der Wahrheit im Ganzen, bes. des Wesens Gottes. Dem Sinn nach im neuplatonisch mitgeprägten Denken von Augustinus, Dionysios Areopagita, Bonaventura zu finden, wörtlich dann bei Nikolaus von Kues zur Kennzeichnung des sich seiner Endlichkeit bewußten und bescheidenen menschlichen Erkennens angesichts der nicht in einen Begriff zu fassenden göttlichen Wahrheit (↗Coincidentia oppositorum).

Dogmatismus (von griech. dogma, Meinung, Lehre), allg. das Festhalten an Lehrsätzen, ohne ihre Begründungsbedürftigkeit und -möglichkeit und ggf. Widerlegbarkeit in Betracht zu ziehen. Kant bezeichnete den cartesisch-leibnizschen Rationalismus als D., dem er seine Philosophie als kritische („Kritizismus") gegenüberstellte, da sie grundlegend die Reichweite und Grenzen möglicher menschlicher Erkenntnis untersuchte.

Doppelte Wahrheit, eine innerhalb des Averroismus (nicht von Averroës selbst) vertretene Lehre, daß eine philos. Erkenntniswahrheit und eine theologishe Offenbarungswahrheit in Widerspruch stehen und dennoch beide zugleich „wahr" sein können.

Driesch, *Hans,* * 1867 Bad Kreuznach, † 1941 Leipzig. Zoologe, Naturphilosoph. Prof. in Köln und Leipzig. Der Schüler Haeckels rückte von dessen neodarwinistischer Lehre ab, indem er den darin herrschenden Mechanismus zu überwinden und in seiner Philosophie des Organischen die ganzheitliche Formkraft und Zielgerichtetheit des Lebens herauszustellen suchte (↗Vitalismus).

Dualismus (von lat. dualis, auf zwei bezogen), eine Lehre, wonach die Wirklichkeit aus zwei unterschiedlichen Seinsbereichen besteht. Der extreme D. stellt diese Bereiche unverbunden neben- und gegeneinander und nimmt als gleichursprünglich zwei völlig verschiedene, gegensätzliche und oft auch einander feindliche Seinsgründe an, so religionsgeschichtlich bes. in der Gnosis (Lichtseele und Körper) und im Manichäismus (das [gute] Licht und die [böse] Finsternis). Unter solchem Einfluß behauptet der Platonismus die ewige Materie neben dem göttlichen Demiurgen. In abgeschwächtem Sinn ist jede philos. Lehre durch einen D. gekennzeichnet, die im Gegensatz zum strengen ↗Monismus an den Grundunterscheidungen von Geist und Sinnlichkeit, Form und Materie usw. festhält, nicht aber ihre unversöhnliche Gegensätzlichkeit behauptet. So verstanden läßt sich jede Gestalt der abendländisch-europäischen Metaphysik als (auf einem prinzipiellen Monismus beruhender hierarchischer) D. kennzeichnen. Eine besondere Schärfe erfuhr er im ↗Cartesianismus (Trennung von Seele, Bewußtsein, Denken einerseits und Körperwelt, Materie, Ausdehnung andererseits).

Duns Skotus, *Johannes,* eine der Hauptgestalten der Scholastik, * um 1266 in Schottland, † 1308 Köln. Franziskaner, lehrte in Oxford, Cambridge, Paris und Köln. Trat durch scharfsinnige Kritik an der Philosophie des Thomas von Aquin, der arabischen Aristoteleskom-

mentatoren und insgesamt des Aristotelismus hervor. Seine Lehre, die auf dem Augustinismus aufbaute, begründete die jüngere Franziskanerschule der Skotisten.
Den Skotismus kennzeichnet die Einschränkung des philosophisch beweisbaren, natürlichen Wissens zugunsten des Offenbarungsglaubens. Der Wille, dessen Freiheit bes. betont wird, hat den Vorrang gegenüber dem erkennenden Verstand (mittelalterlicher ↗Voluntarismus): Er entscheidet über das Verhältnis zum höchsten Gut und ist somit Prinzip der Glückseligkeit. Denn Gott ist der Offenbarung gemäß primär Wille (Güte, Liebe) und als solcher der schöpferische Grund der Welt. – Nach skotistischer Erkenntnislehre kommt jedem Einzelding eine individuelle Form zu („haecceitas"), die als solche unmittelbar erkannt wird. Diese, nicht wie im Thomismus die unerkennbare Materie, ist der Grund der Vereinzelung (Individuationsprinzip). Zwischen haecceitas und allgemeiner Wesensform besteht ein nur formaler Unterschied. Gegenüber der Analogie des Seins, wie im Thomismus vertreten, behauptet D. S. die Univozität des Seinsbegriffs (eindeutige und gleich-inhaltliche Bedeutung von „Sein" in bezug auf das unendliche wie das endliche Seiende), wobei der Unterschied und die Vielfältigkeit der Wesenheiten aber gewahrt bleiben. – Über die skotistische Schule im engeren Sinn hinaus (Petrus von Aquila, Johannes von Ripa u. a.) war D. S. von Einfluß insbes. auf Wilhelm von Ockham.

Durkheim, *Émile,* französ. Soziologe, * 1858 Épinal, † 1917 Paris. Nach ihm ist das Individuum durch die Regeln des gesellschaftlichen Zusammenlebens („Kollektivbewußtsein") durchgängig bestimmt. Wegen dieser gesellschaftlichen Funktionalisierung aller (religiösen, moralischen usw.) Verhaltensweisen als Funktion der Gesellschaft wurde seine Lehre als Positivismus und Soziologismus kritisiert.

Dynamis (griech., Kraft), das Vermögen und seine Möglichkeit (lat. potentia) im Unterschied zur Wirklichkeit (griech. energeia, lat. actus, actualitas). In der aristotelischen Tradition sind d. und energeia, ↗Akt und Potenz, das Grundbegriffspaar zur Erhellung der ontologischen Konstitution des endlichen Seienden.

E

Ebner, *Ferdinand,* * 1882 Wiener Neustadt, † 1931 Gablitz. Philosoph und Pädagoge. Überwindet die „Ich-Einsamkeit" des Menschen, indem er dessen Existenz im Verhältnis vom „Ich" zum „Du", letztlich zum Du Gottes, gegründet sieht. Dieses Verhältnis hat seine Realität im „Wort", in der Sprache. – Mitarbeiter an der Zeitschrift „Der Brenner" (1920–1932). – ↗Dialogische Philosophie.

Eckhart, *Meister Eckhart,* der herausragende mystische Denker des Mittelalters, * um 1260 Hochheim bei Erfurt oder Gotha, † um 1328 Köln. Dominikaner. Lehrte zeitweilig in Paris und Köln; Provinzial der deutschen Ordensprovinz, Prediger in Klöstern im Elsaß und in der Schweiz. – In E. begegnet eine der ursprünglichsten Gotteserfahrungen der abendländisch-europäischen ↗Mystik. Sie drückt sich aus im tätigen Leben wie im Bedenken und bemüht sich in je neuen sprachlichen Versuchen, Abhandlungen und insbes. auch Predigten, um Klärung und Mitteilungsmöglichkeit. Dabei zeigt sich, mit der Prägekraft seiner Sprache, zugleich die Grenze des Sprechens, für den Ursprung und Ort dieser Erfahrung, die wesentlich nur im „Schweigen" geschehen kann, das gemäße Wort zu finden. E.s Denken nährt sich aus der augustinisch-platonischen, aber ebenso der erneuerten aristotelischen Überlieferung (Albert d. Gr., Thomas von Aquin). Sein Zentralgedanke: Der Mensch soll aller Dinge und Bilder der Dinge, ja auch der Wort- und Begriffsbilder von Gott „ledig" werden und weder im Wissen noch Wollen, noch Tun auf sich bestehen, vielmehr auch noch von sich „lassen". In dieser „Abgeschiedenheit" erst wird er wahrhaft eins mit Gott (und der Welt und sich selbst), nämlich mit dem Ursprungsgeschehen, in dem Gott sich selbst und seine Schöpfung, Welt und Mensch, gebärt. So ist die Abgeschiedenheit keine Flucht und Preisgabe, sondern wird zur Grundhaltung eines gewandelten tätigen Umgangs mit der Welt, mit Gott und sich selbst in „Gelassenheit". Der Ort dieser Erfahrung ist der ewige (Ab-)Grund der Seele (Seelenfünklein); in ihm und aus ihm wird Gott und die Seele als Sohn Gottes geboren, da ihr Leben im Grunde eins ist mit dem Leben Gottes. – Die päpstliche Verurteilung von 28 Sätzen 1329 ist in der Deutung umstritten. E. starb vor Prozeßende. –
Unmittelbaren Einfluß hatte E. auf Seuse und Tauler. Stark von ihm angeregt sind Nikolaus von Kues, J. Böhme, Angelus Silesius, F. v.

Baader u. a. Auch in der Gegenwart ist seine Nachwirkung (z. B. bei Heidegger) wahrzunehmen.

Egoismus (von lat. ego, ich), von Chr. Wolff eingeführter Begriff im Sinn von Solipsismus (der Lehre, daß allein „Ich selbst", mit meinem Bewußtsein, bin und alles andere lediglich in meiner Vorstellung sei). Im 19. Jh. bildet er sich zu der engeren vorherrschenden Bedeutung im ethischen Verständnis heraus: Ichsucht, Selbstsucht im Denken und Handeln. Gegensatz: Altruismus.

Ehrenfels, *Christian von,* * 1859 Rodaun (Niederösterr.), † 1932 Prag. Ebd. Prof. Schüler Meinongs und Brentanos. Mitbegründer der modernen Wertphilosophie. Sein Begriff der „Gestaltqualität" (↗Gestalt) bereitet die Überwindung der mechanistischen Assoziationspsychologie durch die Ganzheitspsychologie vor.

Eidos (griech.), ursprünglich die Schau, dann auch das Geschaute, die Erscheinung oder Gestalt. Bei Platon philosophisch die der Erscheinung maßgebend zugrundeliegende ↗Idee. In der Husserlschen Phänomenologie die im reinen Bewußtsein sich zeigende Wesensgestalt eines Gegenstandes.

Einbildungskraft, allg. das Vermögen, sinnlich Gegebenes auch ohne seine unmittelbare Gegenwart (z. B. in der Erinnerung) vorzustellen und neue Vorstellungsbilder hervorzubringen. In der aristotelischen Tradition die phantasia (griech.) oder imaginatio (lat.), zwischen Wahrnehmung und Denken stehend. Kant versteht diese E., auch die künstlerisch-dichterische, als bloß reproduktive, weil auf sinnliche Rezeption angewiesene E., die den empirischen Gesetzen der Assoziation untersteht. Davon unterscheidet er die eigentlich produktive oder transzendentale E., die aufgrund ihrer Spontaneität selbst gesetzgebend ist, indem sie die apriorische Einigung alles mannigfaltig Anschaubaren durchführt und so gegenständliche Erfahrungserkenntnis ermöglicht. So steht sie ähnlich auch bei Kant zwischen Sinnlichkeit und Verstand. Seine Lehre von der E. wurde bedeutsam für den deutschen Idealismus, bes. für Schelling.

Einheit und Vielheit, in der Philosophie seit den Vorsokratikern Grundfrage der Zusammengehörigkeit mehrerer Teile oder Momente zu einem einzelnen Ganzen oder mehrerer Einzelner in einem Bereich, insbes. im Ganzen der „Wirklichkeit überhaupt". (Vgl. u. a. ↗Individuum, ↗Allgemeines, ↗Wesen, ↗Gattung, ↗Welt, ↗Sein.) – Für Parmenides war V. lediglich Wahrnehmungsschein, in der Wahrheit des Denkens ist nur und einzig das eine „Sein" gegenwärtig. Andere, vor allem seit Platon und Aristoteles, suchen das Viele in seiner relativen Eigenständigkeit innerhalb einer E. zu begründen.

Die Frage nach den „ersten Gründen und Ursachen" führt dabei weithin dazu, die E. aller V. in einem „höchsten" oder allerersten Einen zu gründen (Logos, Nous, Geist, Gott, in der Neuzeit auch transzendentale Subjektivität, absolutes Bewußtsein u. a.). Das Verhältnis E. und V. wird unterschiedlich ausgelegt als Partizipation, Emanation, Schöpfung, Konstitution u. ä. Insofern ist dieses klassische E.sdenken zumeist ein, wenn auch gemäßigter oder relativer, ↗Monismus (im Gegensatz zu einem absoluten Monismus wie zum extremen ↗Dualismus). In neuzeitlichen und modernen Auffassungen von E. als ↗System, teilweise auch ↗Struktur, scheint das viele Einzelne mit seiner E., die mit den Begriffen (endliche) Substanz, (individuelles) Subjekt, (menschliche) Person angezielt war, als bloße Funktion und Schnittpunkt von Relationen zu verschwinden. Andererseits meldet sich auch, gegen die überkommene Seins- und Geistbegründung, ein Freiheitsgedanke, der die Freiheit des Einzelnen als unzurückführbar auf eine schon vorgegebene E.sverordnung (im Sinn von „Vereinheitlichung) versteht, vielmehr in ihrer Autonomie und Selbstursprünglichkeit, zumal in Gegenwendung zu totalisierenden Ganzheits- und Geschlossenheitsvorstellungen. Er unterstreicht schließlich, daß Freiheit nur in einer mehrfältigen Beziehung von Freiheiten möglich ist (Dialog, Kommunikation, Partnerschaft, gegebenenfalls auch in Konkurrenz und Widerspruch). Für den gegenwärtigen ↗Pluralismus (gegen den Monologismus, Monoprinzipialismus, Logozentrismus usw.) stellt sich dabei das Problem, wie V. bewahrt werden kann vor der Übermächtigung durch eine umschließende Identität, worin die Unterschiede unberücksichtigt bleiben, andererseits nicht preisgegeben wird an den Zerfall, in dem die Differenzen nicht mehr vermittelbar sind und Freiheit zur bindungslosen Willkür wird. „E. *in* V." gibt nicht eine Lösung, sondern formuliert eine Aufgabe, die zwar auch, aber nicht primär ein theoretisches, sondern ein lebenspraktisches Problem ist von vielen in einer gemeinsamen geschichtlichen Situation Betroffenen.

Eklektizismus (von griech. eklegein, auswählen), Bezeichnung zur Charakterisierung eines Denkens, das kaum eigene Ursprünglichkeit und Neuartigkeit aufweist als vielmehr verschiedene Elemente überlieferter Anschauungen auswählend miteinander verbindet. Eklektiker: der in solcher Weise Denkende.

Eleaten, griech. Philosophenschule des 6. und 5. Jh. vC in Elea (Velia in Unteritalien), begründet durch Xenophanes, Hauptvertreter Parmenides und Zenon.. Sie lehrten die Einheit, Ewigkeit und Unveränderlichkeit des Seins und die Selbigkeit von Sein und Denken. Vielheit, Entstehen und Vergehen der Dinge beruhen danach auf der Täuschung der Sinneswahrnehmung. Zenon suchte die Lehre durch seine Beweise gegen die Bewegung (Zenonische Paradoxien) logisch zu begründen.

Elemente (von lat. elementum, Übersetzung von griech. stoichos, Glied in einer Reihe), Empedokles nennt als Grundstoffe der Gesamtwirklichkeit die „vier E." Feuer, Wasser, Luft und Erde, zuvor wurden sie auch in anderer Auswahl und Zahl genannt. Die Vorsokratiker suchten z. T. nach einem einzigen Urstoff (bei Thales: Wasser), Demokrit statt dessen die unendliche Vielzahl der „Atome", Platon führte die E. auf vier wandelbare geometrische Grundprägungen der Urmaterie zurück.

Eliade, *Mircea,* rumän.-amerikan. Religionswissenschaftler, * 1907 Bukarest, † 1986 Chicago. Ebd. 1958 Prof. Verbindet geschichtlich-hermeneutische und phänomenologische Methode in der Erforschung des Mythos (geprägt durch den Gedanken der „ewigen Wiederkehr" [1953]), des Verhältnisses zwischen dem „Heiligen" und dem „Profanen" (1957) und der „Geschichte der religiösen Ideen" (3 Bde., 1979–90).

Emanation (von lat. emanare, ausfließen), in der Philosophie der Ausfluß des Niederen aus dem Höheren, kennzeichnet eine Sonderform (Emanatismus) der pantheistischen Welterklärung, vor allem die im Neuplatonismus vertretene Lehre, wonach die Welt durch den Überfluß des göttlichen Einen aus seiner Fülle in die weltliche Vielheit entstanden sei. Fortwirkend in der Neuzeit insbes. bei Giordano Bruno.

Emanzipation (von lat. emancipatio, Freilassung), im röm. Recht die Freilassung eines Kindes aus der väterlichen Gewalt, seit dem 18. Jh. die Befreiung aus der Herrschaft gesellschaftlich-politisch-religiöser Autoritäten und aus unterdrückend empfundenen Ordnungen, bei Marx verallgemeinert zur „E. des Menschen" von den in seiner Geschichte selbst hervorgebrachten Entfremdungsbedingungen. Von daher ist der E.sbegriff in weite Bereiche der Sozial-, Politik- und Erziehungswissenschaft eingegangen. Er bewahrt seine kritische Funktion, wenn er nicht nur negativ die Befreiung von ..., sondern positiv die Befreiung zu ... bedeutet und dabei nicht die illusionäre Vorstellung einer Selbstvollendbarkeit verbindet.

Empedokles von Akragas (= Agrigent in Sizilien), griech. Philosoph und Arzt, um 490–430 vC. Entstehung und Vergehen der Dinge geschehen nach ihm aus den vier Elementen Feuer, Luft, Wasser, Erde durch Anziehung („Liebe") und Abstoßung („Haß") in ewig sich wiederholendem Wechsel. Sein Grundsatz: Gleiches kann nur durch Gleiches erkannt werden.

Empirie ↗Erfahrung.

Empiriokritizismus (von griech. empeiria, Erfahrung), „erfahrungskritische" Richtung der Erkenntnistheorie, die alle Gegenständlichkeit (Objektivität) zurückführt auf psycho-physische Empfindungszustände des Subjekts. Begrifflichen Vorstellungen, die nicht auf Sinnesempfindungen reduzierbar sind, kommt keine Wahrheit, höchstens vorläufiger Nützlichkeitswert zur Selbsterhaltung und Durchsetzung zu. Hauptvertreter: Avenarius, Mach (↗Positivismus).

Empirismus (von griech. empeiria, Erfahrung), allg. vorrangig erkenntnistheoretisch interessierte philos. Richtung, die alle Erkenntnis nur aus dem in der sinnlich-vermittelten Erfahrung Gegebenen ableiten will, das auf diese Weise Nichterfahrbare für nicht seiend, nicht „gegeben" oder jedenfalls nicht erkennbar erklärt (Positivismus, Agnostizismus). Der E. führt oft zum Sensualismus, der nur die Erfahrung durch die äußeren Sinne für erkenntniskonstitutiv hält, und metaphysisch zum Materialismus. Indem der E. vorweg darüber entscheidet, was Erfahrung, Gegebenheit, Erkennen bedeuten, diese Bedeutung aber selbst nicht durch Erfahrung in diesem Sinn gegeben ist, stellt er sich nicht der Frage nach den aller Erfahrung selber zugrundeliegenden Voraussetzungen (Problem des Apriori). Der extreme Gegensatz zum E. ist der ↗Rationalismus, für den Erkenntnis nur in der Reflexion des Denkens auf sich selbst zu gewinnen ist. – Als philos. Richtungsbezeichnung taucht „E." im 18. Jh. auf. Der Sache nach kommt er in der Geschichte der Philosophie wiederholt vor (so bei Stoikern und Epikureern und im mittelalterlichen Nominalismus). Seine neuzeitliche Grundgestalt geht insbes. von F. Bacon, Hobbes, Locke und Hume aus. Kant hatte die Einseitigkeiten des Rationalismus und E. durch gegenseitige Begrenzung in seiner kritischen Philosophie zu überwinden gesucht. Über den Empiriokritizismus (Avenarius, Mach) entwickelte sich eine moderne, das Aprioriproblem mit aufnehmende und wesentlich modifizierte Form, der logische E. (auch logischer Positivismus) des ↗Wiener Kreises, der zugleich eine Entwicklungslinie der ↗Analytischen Philosophie darstellt.

Endlichkeit, die Begrenztheit und Eingeschränktheit von etwas nach Raum, Zeit, Kraft usw., allg. in seinem Sein. In der griech. Philosophie kommt E. einem Seienden zu, das eine Gestalt und somit eine gewisse innere Voll-endung aufweist (vgl. ↗Apeiron), doch ist bei

Platon (Agathon, das Gute) und Aristoteles (Nous, der Geist) das Göttlich-Unendliche gerade das, was über solchen Grenzen hinaus ist. Christlich-mittelalterlich wird E. zum Seinscharakter (↗Kontingenz) all dessen, das seinen letzten Grund nicht in sich selber, sondern im unendlichen Gott hat. Die E. als unübersteigbare Eingeschränktheit alles menschlichen Erkennens betont in der Neuzeit Kant, für den der Mensch aber als sittlich-handelndes Wesen zugleich von einer unendlich-unbedingten Forderung betroffen ist. Innerhalb des deutschen Idealismus begreift Hegel die E., da sie stets auf Unendlichkeit verweist, als eben deshalb auch aufzuhebende. Die Existenzphilosophie sucht die E. des menschlichen Daseins als unaufhebbare herauszustellen, wobei z. T. durchaus ein wesenhafter Bezug des endlichen Menschen zur Unendlichkeit (Transzendenz o. ä.) hervorgehoben wird (so bes. bei Jaspers), aber E. dabei nicht als mindere und somit rückholend zu entgrenzende Seinsgestalt der Unendlichkeit verstanden wird. Vor allem im Zusammenhang mit dem Problem der Geschichte wird die E. als Geschichtlichkeit des Menschen und seiner Welt in jeweiliger zeitbestimmter Situation aufgefaßt. Demgegenüber sucht Heidegger in seinem späteren Denken E. nicht mehr „anthropologisch" und auch nicht aus einem besonderen Bezug zu einer Unendlichkeit zu verstehen, sondern als E. des Seins selber und seiner Geschichte (Seinsgeschichte).

Energeia (griech., das Im-Werk-Stehen), Grundbegriff bei Aristoteles, teilweise gleichbedeutend mit ↗Entelechie gebraucht, bezeichnet die Wirklichkeit als den Verwirklichungsvollzug einer Möglichkeit (↗Dynamis, ↗Akt).

ens (lat.), in der scholastischen Philosophie gebräuchliches Partizip von esse (sein), also „seiend", substantiviert: das Seiende. Gehört zu den transzendentalen Seinsbestimmungen (↗Transzendentalien) und meint das Seiende im Blick allein darauf, *daß* es „ist", d. h. den ↗Akt des Seins vollzieht. Häufige Unterscheidungen: e. reale (von unserem Denken unabhängig selbst existierend), e. rationis (im Denken da-seiend), e. quo (ein ontologisches Prinzip, „wodurch" ein Seiendes ist), e. quod (das ontisch-begründete Seiende als das Resultat seiner Gründung durch sein ontologisches Prinzip, sein e. quo bzw. die entia quibus).

Entelechie (griech. entelecheia, das, was die Vollendung als Ziel [telos] in sich hat), bei Aristoteles die zielstrebige Tätigkeit und bes. das Prinzip dieser Tätigkeit, die wirkende ↗Form eines Seienden, vornehmlich eines Lebewesens (hier ist die Seele die Erst-E. eines durch sie belebten Körpers). – Leibniz nennt die ↗Monaden auch E.n, da ihnen in ihrem Vorstellungsstreben eine gewisse Vollkommenheit innewohnt (nämlich die Vorstellung des Universums aller Monaden).

Entfremdung (Entäußerung), zunächst ein Begriff aus dem Sachenrecht: alienatio (lat.) meint die Weggabe einer Sache in fremden Besitz. In der philos. Bedeutungsgeschichte von E. sind bes. wichtig die naturrechtlichen Theorien des „Gesellschaftsvertrags" im 18. Jh. Alienatio meint hier die (hypothetisch vorgestellte) Übertragung ursprünglicher Freiheitsrechte des Individuums auf eine darüber stehende Macht (Gesellschaft, Staat). Durch Hegel erhält der Begriff Entäußerung oder E. metaphysischen Sinn und Anwendung auf konkrete geschichtlich-gesellschaftliche Entwicklungen. Die Naturwelt ist die Selbstentäußerungsgestalt der absoluten Idee (Gottes, des Geistes). Aus der Natur her erhebt sich die menschliche Bewußtseins- und Geistgeschichte, und in dieser ist der „sich entfremdende Geist" näherhin die Stufe der „Bildung", das Auseinanderfallen von Innerlichkeit und geschichtlich-wirklichem Äußeren, eine Diskrepanz, die als „absolute Freiheit und Schrecken" in der Französ. Revolution endet. Abgesehen von dieser auf dem Weg des zu sich kommenden Geistes überwundenen E. gehört E. aber zum Wesen der ↗Arbeit und damit auch des Menschen: das Werk löst sich vom Arbeitenden ab, stellt sich ihm äußerlich gegenüber, die Vereinigung geschieht „ideell" in der sich erhebenden neuen Bewußtseinsgestalt. Für Marx dagegen gehört E. nicht zum (unbeseitigbaren) Wesen der Arbeit und des Menschen. Sondern sie kennzeichnet zerrissene sozial-ökonomische Verhältnisse, in denen alle Dinge, Produkte, die Arbeit und die Arbeitenden zur tauschbaren fremden „Ware" gegeneinander geworden sind, zugespitzt im Kapitalismus, wo zuletzt der revolutionäre Umschlag erfolgt und die „reale" Aneignungs- und allseitige Versöhnungsgeschichte beginnt. – Im Anschluß an Feuerbachs Hegelkritik, die auch Marx beeinflußt hatte, will die anthropologisch ansetzende Religionskritik alle Jenseitsvorstellungen (einschließlich die Gottes) als E.phänomen, als Projektionen des menschlichen Wesens, seiner Sehnsüchte und Wünsche, begreifen. – Heideggers existentiale Interpretation des „Man" kann als philos. Analyse der E.serfahrung gesehen werden.

Entmythologisierung, von R. ↗Bultmann eingeführte Bezeichnung für das (bei ihm durch Heideggers Existentialanalyse angeregte) hermeneutische Unternehmen, die neutestamentliche Botschaft dem modernen menschlichen Verstehen aufzuschließen, indem die Glaubens- und Verkündigungssprache von den mythologischen Weltvorstellungen, die sie mitgeprägt haben, gelöst und ihre orientierende Grundbedeutung für das christlich-menschliche Dasein, das die Weltbefangenheit durchbricht, herausgehoben wird.

Entscheidung, zumeist als „Wahl" des freien Willens unter mehreren Handlungsmöglichkeiten verstanden. Von Kierkegaard und dem existenzphilos. Denken her in einem strengeren Sinn jedoch die Urwahl, in welcher der Handelnde seine eigene grundsätzliche Wesens- und Sinnmöglichkeit als die für ihn und sein Leben gerade notwendige ergreift, die damit Bahn und Umkreis für weitere Wahlmöglichkeiten vorzeichnet und sich in der so begründeten Lebensführung bewähren können muß: der fundamentale und höchste Akt der ↗Freiheit.

Die (sozialwissenschaftliche) *Entscheidungstheorie* sucht Regeln zu formulieren für „rationale" E.en angesichts mehrerer Wahlmöglichkeiten in einer gegebenen Situation. Unter „rational" wird dabei die (vernünftige) Handlungsbezogenheit auf einen Zweck im Sinn größtmöglichen Nutzens verstanden. Damit ist freilich bereits eine Grund-E. zu einem bestimmten Vernunftverständnis und Lebenssinn vorausgesetzt.

Entwicklung ↗Evolution.

Enzyklopädisten (von griech. enkyklios paideia, Bildungskreis, Enzyklopädie), die Begründer, Mitarbeiter und Herausgeber der 1751–72 unter der Leitung von Diderot und (bis 1757) d'Alembert erschienenen „Encyclopédie ou Dictionnaire raisonné des sciences, des arts et des métiers" (24 Bde., bis 1780 weitere 7 Bde.). Zu den Mitarbeitern gehörten u. a. Rousseau und Voltaire, Condillac, Helvetius, Holbach. Die Enzyklopadie kennzeichnet den Durchbruch der französ. Aufklärung.

Epigenese (von griech. epigenesis, nachträgliche Entstehung), in der Lehre von der biologischen Entwicklung aus dem Keim die seit dem 18. Jh. (Ch. Wolff) sich durchsetzende Auffassung, daß die Gewebe und Organe eines Lebewesens sich aus einem zunächst ungeordneten Keimstoff erst während der Entwicklung bilden. Gegensatz: die zuvor verbreitete Präformationstheorie (der u. a. Leibniz, aus seinem Verständnis der Monade her, zustimmte), wonach alle Teile des ausgewachsenen Lebewesens bereits im Keim oder Ei noch unentfaltet enthalten sind.

Epiktet, griech. Philosoph, * um 50 nC. Hierapolis (Phrygien), † um 138 Nikopolis in Epirus. Der späteren Stoa zugehörig. Gründete ebd. nach seiner Vertreibung aus Rom (Philosophenverfolgung durch Domitian um 90) eine eigene Schule. Von Seneca beeinflußt. Fordert Seelenstärke im Ertragen der Lebensschwierigkeiten als von Gott auferlegter Prüfungen, Mitleid, Vergebungsbereitschaft (Parallelen zur christlichen Lehre).

Epikur, griech. Philosoph, * 341 vC. Samos, † 270 Athen. Gründete ebd. 306 eine eigene Schule. Baute seine individualistisch-hedonistische Ethik auf dem Sensualismus und Atomismus Demokrits auf. Ziel ist die „Seelenruhe" (ataraxia = Ungestörtsein) durch Abwägung der Genüsse und Selbstbeherrschung. Zu seinen zahlreichen Anhängern gehören u. a. Lukrez und Horaz.

Epistemologie (von griech. episteme, Wissen, Wissenschaft), ↗Erkenntnistheorie, ↗Wissenschaftstheorie.

Epoché (griech., An[sich]halten), in der antiken Schule der Skeptiker und bei Stoikern die Anweisung zur Urteilsenthaltung aufgrund persönlichen Unvermögens des Erkennens oder der Unmöglichkeit der Erkenntnis prinzipiell ungewisser Dinge. Bei Husserl meint E. den ersten Schritt der phänomenologischen Methode, nämlich das Außervollzugsetzen des natürlichen Glaubens an das bewußtseinsunabhängige Sein der Welt und Abstandnahme von allen bisherigen Meinungen, um das reine Wesen und wesentliche Zusammenhänge der Phänomene im reinen Bewußtsein beschreiben zu können.

Epoche im geschichtlichen Verständnis meint einen Zeitabschnitt (Ära), dessen Anfang und Ende durch einen Sinn bestimmt sind, der alle von ihr umfaßten Erscheinungen und Vorgänge prägt. Bei Heidegger soll Epoche bes. jene Geschichtszeit bezeichnen, die durch das Ansichhalten (Selbstverbergung) der Wahrheit des Seins gekennzeichnet ist, aber damit gerade durch ein bestimmtes durchgängiges Seins- und Weltverstehen: die Epoche der Metaphysik.

Erdmann, *Johannes Eduard,* * 1805 Wolmar (Livland), † 1892 Halle. Ebd. Prof. seit 1836. Bedeutender Philosophiehistoriker aus der (rechtshegelianischen) Schule Hegels.

Erfahrung, diejenige Weise der Erkenntnis, die nicht erst aus dem diskursiven und schlußfolgernden Denken hervorgeht, sondern aus der unmittelbaren Aufnahme (Anschauung, Wahrnehmung usw.) eines Gegebenen. Aufgrund dieser Unmittelbarkeit, sofern in ihr die Gegenwart des Erfahrenen sich unwiderstehlich bezeugt, eignet der E. eine ausgezeichnete ↗Evidenz. Man unterscheidet gewöhnlich äußere und innere E. Zur äußeren E. gehören alle sinnlichen Anschauungen und Sinneswahrnehmungen dessen, was „von außen" räumlich-zeitlich begegnet, zur inneren E. sowohl das Erfassen der eigenen seelischen und leiblichen Zustände als auch, wie im Bereich z. B. religiöser, sittlicher u. a. E., das Innewerden von Nichtsinnlichem, das gleichwohl den Erfahrenden „wirklich" berührt und trifft.

Der E.sbegriff des ↗Empirismus ist zu eng, schon deshalb, weil zur vollen E. außer der Gegenwart eines Gegebenen dessen Einordnung in ein Bedeutungsfeld gehört, das vorgängig (↗a priori) verstanden ist oder jedenfalls nicht in gleicher Weise erfahren wird wie das Sinnlich-Wirkliche. Am Problem einer solchen E. vorgängiger Grundbedeutungen (d. h. eines Apriori) zeigt sich, daß der E.sbegriff kein univoker, sondern selber ein analoger Begriff ist. Kant, der die Entwicklung der Erkenntnistheorie entscheidend mitbestimmt hat, kennt zwar keine E. eines geschichtlich wandelnden Apriori, das bei ihm vielmehr die Bedeutung einer unveränderlichen Bewußtseinsstruktur hat und alle (natur)wissenschaftlichen E.serkenntnisse bedingend ermöglicht. Aber er kennt, neben dieser auf Wahrnehmung sinnlicher Daten angewiesenen E., eine Art nichtsinnlicher E.: nämlich das Innewerden des unbedingten Anspruchs des Sittengesetzes (des einzigen „Faktums der reinen [sittlich-]praktischen Vernunft").

Erinnerung, bei Platon ↗Anamnese.

Eriugena, *Johannes Skotus,* * um 810 in Irland, † um 877 in Frankreich. Überragender Denker des 9. Jh. Um 845 von Karl dem Kahlen nach Paris berufen. Vermittelte als Übersetzer und Kommentator (bes. des Dionysios Areopagita) neuplatonisches Gedankengut an die westeuropäische Frühscholastik. In seinem HW „De divisione naturae" (um 866) ist Gott die „überwesentliche Einheit" (deshalb auch als „Nichts" zu bezeichnen), die sich trinitarisch entfaltet und die Welt der Dinge aus sich hervorgehen läßt. Im Unterschied zu Plotin wird dieser Hervorgang (Emanation), die Selbstoffenbarung Gottes (Theophanie), als willentlicher Schaffensakt verstanden. Alle Dinge streben zurück zu Gott. Mit der Menschwerdung Gottes beginnt die wirksame Rückholung der Vielheit der Dinge in die göttliche Einheit, am Ende geschieht die Befreiung von Sünde und Tod. – Seine spiritualistische Lehre wurde als pantheistisch 1210 und 1225 kirchlich verurteilt.

Erkenntnis, die Identifikation insbes. eines sinnlich gegebenen Einzelnen mit seiner allgemeinen Bedeutsamkeit (vgl. ↗Allgemeines) und die Bestimmung dieser durch weitere allgemeine charakteristische Züge. E. ist so eine Weise des ↗Denkens, die auf ↗Erfahrung aufbaut, über sie hinausgeht und sich auf sie zurückbezieht. Sie ist nicht nur passive Hinnahme von Gegebenem, sondern geleitet von einem vorgängigen (↗a priori) Verstehen, was und wie das Gegebene möglicherweise ist. Dieses „Apriori" legt die E.metaphysik seit Platon aus als das ↗Wesen, das im ↗Begriff gefaßt wird, dessen Gewinnung platonisch als ↗Intuition, aristotelisch als ↗Abstraktion ausgelegt wird und den Bedeutungsort im Gefüge des Ganzen des Seienden angibt. Im begrifflich faßbaren Wesen liegt begründet, warum und als was sich etwas in diesem Ganzen zeigt. Voraussetzung ist somit die Eröffnetheit dieses Ganzen (Welt, Sein) in seiner allgemeinsten Ordnung (aristotelisch-scholastisch: in den ↗Kategorien und ↗Transzendentalien) für den Erkennenden, d. h. den ↗Geist. In der von Parmenides erstmals genannten Zusammengehörigkeit (Identität) von Sein und Denken ist E. die Übereinstimmung von Erkennendem und dem zu erkennenden Seienden (adaequatio), d. h. das Geschehen der ↗Wahrheit im ↗Urteil. Gewinnung und Verbindung der E. (E.urteile) in einem bestimmten Wesensbereich oder in der Wirklichkeit im Ganzen sind Aufgabe der Wissenschaft bzw. (metaphysischen) Philosophie. Da der erkennende Geist im Maße, in dem er beim Wesen und Sein ist, er selbst („bei sich") ist, geschieht im E.gang die Rückkehr des Geistes zu sich selbst (reditio in se ipsum).

Die geistmetaphysische Tradition bestimmt auch noch untergründig die neuzeitliche Wendung zur Philosophie der Subjektivität (vgl. ↗Transzendentalphilosophie). Freilich wandelt sich die Sein-Geist-Identität zu der von Sein und Bewußtsein, Objektivität und vorausentwerfender (weltkonstituierender und schließlich – konstruierender) Subjektivität. In diesem Zusammenhang erlangt deshalb die ↗Methode zentrale Bedeutung für die Sicherung und Durchführung des Erkennens, insbes. in den einzelnen Wissenschaften und ihrer ↗Theorie und Praxis. Diese verstehen sich nicht mehr als Wesenswissenschaften, sondern vorrangig als empirische Wissenschaften, die auf ein Wissen zielen, warum und wie beobachtbare Erscheinungen (Gegenstände, Ereignisse) sich in allgemeinen gesetzlichen Beziehungsgefügen (Systeme, Strukturen) so zeigen, wie sie sich zeigen.

Erkenntnistheorie, allg. jede philos. Reflexion auf Ursprung, Wesensart, Reichweite usw. des Erkennens, insbes. aber eine seit Mitte 19. Jh. ausgebildete philos. Disziplin, die (unter meist fragwürdiger Berufung auf Kants Erkenntniskritik) sich als Grund- und Hauptdisziplin alles philos. Denkens verstand und das Erkennen als dreigliedrige Relation zwischen Erkennendem (Subjekt), Erkenntnisgegenstand (Objekt) und Erkenntnisinhalt faßte. Vorbereitet bereits durch Descartes' Trennung zwischen res cogitans und res extensa (neuzeitliche „Subjekt-Objekt-Spaltung"), setzte diese E. eine vorgängige Differenz zwischen Bewußtsein und „Außenwelt" voraus, um durch Analyse der Sinnes- und Verstandesvermögen zu klären, wie und ob das Bewußtsein durch seine Vorstellungen zu den „äußeren" Gegenständen gelangen und sich der Übereinstimmung oder wenigstens Annäherung versichern könne. Vor allem für den Empirismus und seine sensualistisch-psychologisierenden Ausprägungen entstand ein unlösbares Problem, sofern eine schlechthinnige „Transzendenz" von Sein, Gegenständlichkeit, Wirklichkeit gegenüber einem Bewußtsein mit seinen ihm immanenten Vorstellungen und Empfindungen angesetzt wurde (so in der transzendentalpsychologischen E. von J. F. Fries, im Empiriokritizismus von Avenarius und Mach u. a.). Die E.n des Neukantianismus sahen das Erkennen deshalb wieder aus einer apriorischen Grundübereinstimmung (transzendental-begrifflicher und sinnbedeutsamer, werthafter Art) von Subjektivitäts- und Objektivitätsstruktur her ermöglicht, so auch die E.n verschiedener „realistischer" Richtungen (N. Hartmann) und der Phänomenologie (Husserl), z. T. in kritischer Erneuerung des metaphysisch-ontologischen Gedankens der Identität von Sein und Denken bzw. der ursprünglichen Korrelativität von „Welt" und „Bewußtsein" statt eines an sich weltlosen Ich und einer bewußtseinsfremden Außenwelt. Insbes. in der Lebens- und der Existenzphilosophie und davon mitbestimmten Entwicklungen wird die Erkenntnisfrage hineingenommen in die fundamentalere Frage nach der Wahrheit der Lebenswelt und des menschlichen Daseins je in seiner geschichtlichen Welt. Fragen der E. im engeren Sinn sind weithin eingegangen in die Spezialdisziplin der Wissenschaftstheorie.

Erklären, das Rückführen eines in Frage stehenden Sachverhalts oder Vorgangs auf eine allgemeine (kausale oder statistische) Gesetzlichkeit, wobei das zu Erklärende als einfügbar in den Gesetzeszusammenhang, als „Fall" begriffen wird. Seit Dilthey wird vielfach das E. als charakteristisch für die ↗Naturwissenschaften dem ↗Verstehen als Methode der ↗Geisteswissenschaften gegenübergestellt.

Erlanger Schule des Konstruktivismus, durch P. Lorenzen begründete wissenschaftstheoretische Richtung, die, in Entsprechung zur Auffassung, daß Erkenntnis in der Mathematik auf der Konstruktion ihrer Gegenstände beruht, für alle Wissenschaften die methodische (Re-)konstruktion der wissenschaftlichen Begriffssprache und Gegenstände aus der alltäglichen Sprache und ihrem praktisch-gegenständlichen Gebrauch fordert. Weitere Vertreter W. Kamlah, K. Lorenz u. a.

Erlebnis, ursprünglicher Bewußtseinsvorgang, insbes. jener, in dem etwas mit betonter Sinn- und Wertbedeutung (positiv oder negativ) den Menschen (be)trifft. Das E. ist durch Unmittelbarkeit und emotionale Bewegtheit ausgezeichnet, schließt jedoch eine gedankliche

Durchdringung und Verarbeitung nicht aus. Dilthey hat E., Ausdruck und Verstehen als wesentliche Momente der Methode der Geisteswissenschaften aufgefaßt.

Eros (griech. Liebe, lat. amor), in der griech. Mythologie bei Hesiod Sohn des Chaos, Gott der kosmischen und menschlichen Zeugungskraft, später Sohn des Ares und der Aphrodite. Bei Platon Mittler zwischen dem Sinnlichen und dem Geistigen, das Streben nach Schönheit (aufsteigend: des schönen Leibes zur Schönheit der Seele usw. bis zum „Schönen selbst", d. h. aber auch zum Wahren und Guten), der Antrieb zur philos. Erkenntnis. ↗Anamnese.

Erscheinung ↗Phänomen, vgl. ↗Schein.

Erzählung ↗narrativ.

Essentia (lat.), Essenz, ↗ Wesen.

Essentialismus (von lat. essentia, Wesen), seit É. Gilson üblich gewordene Bezeichnung einer Lehre, die in der Trennung von sinnlich Wirklichem und übersinnlich Wesentlichem eben der ewigen und unwandelbaren Wesensordnung allein wahrhaftes Sein zuspricht und das bloß Tatsächliche als zeitlich Entstehendes und Vergehendes als nicht oder nicht eigentlich Seiendes abwertet. Kritisch gebraucht zur Kennzeichnung der Einseitigkeit der parmenideisch-platonischen Tradition. Extreme Gegenpositionen: ↗Aktualismus, Existentialismus (↗Existenzphilosophie).

Ethik (von griech. ethos, Gewohnheit, Sitte), als philos. E. oder Moralphilosophie der grundlegende Teil der praktischen Philosophie. Ihr Thema ist das ↗Gute als Leitgedanke „rechten Handelns" und damit sittlichen Lebens (↗Sittlichkeit). Je nach der näheren Bestimmung dieses letztbestimmenden Ziels unterscheiden sich die E.formen des ↗Eudaimonismus (Glücks-E.), ↗Hedonismus (Lust-E.), ↗Utilitarismus (Nutzen-E.), nach dem Ursprung der Verpflichtung die autonome (↗Autonomie) und heteronome E. (↗Heteronomie), nach dem Bezug auf den einzelnen oder die gesellschaftliche Verbundenheit die ↗Individual-E. und ↗Sozial-E., nach dem beständigen und allgemeinen oder wandelbaren und besonderen Gültigkeitscharakter der ethischen Gebote die ↗Wesens-E. und ↗Situations-E., nach der Bewußtseinshaltung und -absicht die Pflicht- oder Gesinnungs-E. (deontologische E., vgl. ↗Pflicht), Erfolgs-E. (z. B. auf Lebenserhaltung und -durchsetzung gerichtet, wie eine an den ↗Darwinismus anknüpfende evolutionistische E.) und ↗Verantwortungs-E. Vor allem letztere setzt sich fort in Konkretisierungen auf bestimmte, heute bes. bedeutsame Handlungsgebiete hin wie ↗Wissenschafts-E., ökologische, medizinische E. usw. Meist sollen inhaltliche Handlungsregeln begründet werden (materiale E.), im Gegensatz zu einem reinen ethischen Formalismus, wie er der Kantischen Pflicht- oder Gesinnungs-E. insbes. von seiten der phänomenologischen materialen Wert-E. (M. Scheler; ↗Wert, ↗Wertphilosophie) vorgeworfen wurde. Zur philos. E. gehört stets ein wie immer zu begründender apriorischer Forderungsanspruch (normative E.); eine rein empirische E. (deskriptive E.) kommt nur zu Aussagen darüber, welche Moral tatsächlich herrscht und wie das Handeln wirklich „ist", nicht aber, was grundsätzlich als moralisch zu gelten habe und wie das Handeln „sein solle". Die E. der analytischen Philosophie beschränkt sich auf die sprachanalytische Untersuchung des Gebrauchs moralischer Ausdrücke, Aussagen und Argumentationsweisen („Meta-E."; R. M. Hare u. a.); wo sie normative Einsichten anstrebt, neigt sie dem Sozialutilitarismus zu (J. Rawls u. a.). – Alle E. ist mitbestimmt von einem Grundverständnis des Wesens des Menschen. Dieses wurzelt seinerseits in einem tatsächlich gelebten geschichtlichen Ethos (Lebensgrundhaltung, Charakter), auf das sich die E. kritisch zurückbezieht. Daher die Schwierigkeit, heute eine E. im traditionellen Sinn zu formulieren, nachdem jede Wesensbestimmung, insbes. des Menschen (vgl. ↗Anthropologie), fragwürdig geworden und die kritische Reflexion der E. in besonderem Maß Ausdruck einer Krise des Ethos ist.

Philosophisch-ethische Fragen stellten sich in der Antike in Reaktion auf die Auflösung der tradierten Sitten (πSophisten) als Versuch rationaler Begründung von Handlungsnormen. In den Mittelpunkt tritt die E. bei Sokrates und den ↗Sokratikern, in der Stoa und der Schule Epikurs. Als eigenständige Disziplin gegenüber der theoretischen Philosophie, mit der sie bei Platon eine Einheit bildete, wurde sie von Aristoteles begründet, freilich in breitester sozialethischer Bedeutung und deshalb mit seiner „Politik", überhaupt der praktischen Philosophie (noch) gleichgesetzt. Durch die Antike und das Mittelalter herrschte die Überzeugung, daß die sittliche Ordnung in der Wesensordnung der Welt gegeben und diese eine Erscheinung des ewigen göttlichen Gesetzes sei (vgl. ↗Naturrecht). Die Philosophie der Neuzeit (vgl. ↗Aufklärung) löst die E. von dieser onto-theologisch aufgefaßten Wesensordnung und sucht die sittlichen Regeln meist aus psychischen Faktoren (natürlichen Trieben u. ä.) abzuleiten oder aber aus der nun als Vernunft verstandenen Natur des Menschen (Naturrecht als rationales oder Vernunftrecht). Gegen den Naturalismus will Kant die absolute Geltung der Sittlichkeit sichern durch Gründung auf die reine Vernunft in ihrer sittlich-praktischen

Selbstbestimmung. Den formalen Charakter seines ↗Kategorischen Imperativs will die Wertphilosophie überwinden, indem sie das Prinzip einer materialen E. in einem idealen Wertreich behauptet. Die zeitlose Gültigkeit sittlicher Normen bestreitet u. a. der Historismus, sie wird aber jedenfalls in Frage gestellt durch die geschichtliche Erfahrung. Diese Frage steht im Zusammenhang mit der, wie das Verhältnis von Normativität und Faktizität, Vernunft und Natur, Allgemeinheit und Einzelheit, Apriorität und Aposteriorität/Empirie zu denken sei.

Ethos (griech., Sitte, Sinnesart, Gewohnheit), die durch natürliche Anlagen und überkommene oder erworbene Überzeugungen, Gepflogenheiten, Verhaltensweisen gekennzeichnete Lebensgrundhaltung („Charakter") eines Einzelnen und einer Gruppe von Menschen. Die ↗Ethik ist die begriffliche Begründung, Rechtfertigung und Kritik des E.

Eudaimonismus (von griech. eudaimonia, Glückseligkeit), philos.-ethische Lehre, die das handlungsleitende letzte Ziel und höchste Gut des Menschen im Glücklichsein sieht. Unterschiedlich sind die jeweiligen Bestimmungen des „Glücks" (Sokrates: das tugendhafte Leben; Kyrenaiker u. a.: die Lust, ↗Hedonismus, vgl. auch ↗Utilitarismus). Entschiedenster Gegner des E. ist Kant in seiner Ethik der unbedingten Pflichterfüllung.

Eudämonie (griech. eudaimonia), Glück, Glückseligkeit. Bei Platon erfüllt sich die E. in der sinnen- und leibfreien Schau der Ideen und des Guten, in der Ethik des Aristoteles dagegen ist sie das geglückte gute Zusammenleben in der Polis (Staat). Kant kritisierte jede an einer Glücksvorstellung als höchstes Ziel orientierte Ethik. ↗Eudaimonismus.

Euklid, 1) von Megara, griech. Philosoph, einer der ältesten Schüler von Sokrates. Er verband dessen Lehre vom „Guten" mit der eleatischen Philosophie (Parmenides) des „Einen". Gründer der Schule der Megariker (Eubulides, Diodoros, Kronos u. a.).
2) der Mathematiker, um 300 vC. in Alexandrien. Seine 13 Bücher „Elemente" (stoicheia), ergänzt durch die „Data", eröffneten die klassische Epoche der griech. Mathematik und wirken bis in die Gegenwart herein („Euklidische Geometrie"). Ihr logischer Aufbau (Definition, Postulate, Axiome, Konstruktionen, Beweise) diente als Vorbild exakter Wissenschaftlichkeit.

Evidenz, Offensichtlichkeit, Augenscheinlichkeit. Der griech. Begriff energeia wird mit dieser Bedeutung von Cicero lat. übersetzt (evidentia). Er meinte ursprünglich die sinnliche unmittelbare Gegenwart, später auch die gedanklich vermittelte zweifelsfreie Einsicht in einen Sachverhalt, in dem dessen Gründe und die Begründungskriterien selbst „eingesehen" sind. So insbes. in der Husserlschen Phänomenologie die „originäre Selbstgegebenheit" eines Phänomens im reinen (intentionalen) Bewußtsein als Erfüllung der vorab im Bewußtsein bereitgehaltenen Kriterien, d. h. als vollständige Adäquation beider.

Evolution (von lat. evolvere, herauswickeln, entfalten), das schrittweise allmähliche Hervorgehen eines (höheren) Zustandes aus einem vorhergehenden (niederen), in dem der neue jedoch schon vorbereitet (angelegt) war, gewöhnlich, bes. wenn der kontinuierliche Zug der E. betont wird, der Revolution gegenübergestellt, deren plötzlicher „Umschlag" jedoch auch noch in vorhergehenden Bedingungen vorbereitet und evolutiv gesehen werden kann. So ist E. (neben oder einschließlich Revolution) Kennzeichen des ↗Fortschritts. – Anklingend im mittelalterlichen Begriff der creatio continua (die fortgehende Schöpfung nach der „Schöpfung aus dem Nichts"), erfährt der Gedanke der E. philos. seine Begründung und Ausarbeitung vor allem im deutschen Idealismus. So ist bei Hegel Entwicklung im ganzen das Werden des Geistes im Fortgang von sich weg zur Natur und durch deren Gestaltungen und die menschlich-geschichtlichen Bildungen hindurch zu sich selbst. Zugrunde liegt, auch für Hegel, das aristotelische Verständnis von Bewegung als Überführung von Potenz (die anfänglich schon gegebenen Möglichkeiten und Vermögen) in Akt (die vollendete Wirklichkeit als Verwirklichung des anfänglich Möglichen). Mit dem geschichtlichen Denken im 19. Jh. in der theoretischen Selbstreflexion der empirischen Geschichtswissenschaft beginnt aber auch philos. die Rückführung von ↗Geschichte auf das Muster einer durchgängigen Entwicklung problematisch zu werden (vgl. ↗Historismus). – Am erfolgreichsten arbeitet mit dem E.sbegriff die Biologie (Lamarck, insbes. Darwin; vgl. Nietzsche im Zusammenhang seiner Hegelkritik: „ohne Hegel kein Darwin"). ↗Evolutionismus.

Evolutionismus, die Lehre, wonach die Entwicklung (↗Evolution) das alle Wirklichkeit bestimmende oberste Gesetz ist, so daß die unterscheidbaren Seinsbereiche (Materie, Leben, Geist) als Stufen des Entfaltungsprozesses der Natur und seiner Fortsetzung in die menschliche Geschichte hinein verstanden werden. Der Entwicklungsgedanke klingt schon früh an, seine eigentliche Ausbildung erfährt er seit dem 17./18. Jh. Der biologische E. (Deszendenztheorie, Abstammungslehre der Arten) wurde begründet durch J. de Lamarck und vor allem Ch. Darwin (↗Darwinismus), der soziologische durch H. Spencer, der kultur- und religionsgeschichtliche durch J. J. Bachofen. Philos.-metaphysisch wurde das evolutionistische Denken vorbereitet durch Leibniz und erreichte seinen Höhepunkt im deutschen Idealismus, insbes. in Hegels dialektischer Philosophie des absoluten Geistes, und in der Umdeutung Hegels seit Marx im dialektischen und ökonomisch-historischen Materialismus.

Ewigkeit, Gegenbegriff zu Zeit und Zeitlichkeit. Ursprünglich von der Erfahrung der Endlichkeit und Vergänglichkeit bes. des menschlichen Lebens her gewonnen. Wortgeschichtlich hängt „E." mit „Äon" (griech. aion) zusammen. Bei Platon, ähnlich bei Aristoteles, bedeutet E. (Äon) die bestimmende und sinngebende Macht, die über Zeit herrscht und in ihr gegenwärtig ist. Die erstmalige Definition durch Boethius: aeternitas est interminabilis vitae tota simul et perfecta possessio (E. ist der vollständige und vollendete Besitz unbegrenzbaren Lebens). Philosophisch bedeutet E. nicht einfachhin endlose Dauer (in die hinein dann psychologisierend auch z. B. die „ewigen", „zeitlosen" logischen und ethischen Wahrheiten gesetzt werden können), sondern das unbedingte Wirklichsein, das nicht unter Bedingungen der Zeit (Entstehen, Vergehen) verschwindet. In der platonisch-aristotelischen Tradition ist dies wiederholt gedacht im „nunc stans" (Albertus Magnus mit Berufung auf Boethius) und „Nu" (Eckhart) Gottes. Gegenbegriff zu Zeit ist aber E. auch nicht im Sinne der Ausschließung. Beide sind aufeinander bezogen. Schelling: „Die wahre E. ist nicht, welche alle Zeit ausschließt, sondern welche die Zeit ... sich unterworfen enthält." Ähnlich ist für Hegel die E. des Begriffs (des Gedankens, des Geistes), da er selbst sich in den Welterscheinungen realisiert, die „Macht über die Zeit". Geschichtliches, insbes. auch existenzphilos. Denken betont die Gegenwart von E. in der Zeit oder die Berührung von Zeit und E. im ↗Augenblick.

exakt (von lat. ex, aus, agere, tun, handeln), allg.: genau, präzis. Exaktheit ist notwendige Eigenschaft von Aussagen und Feststellungen der Einzelwissenschaften, insbes. der Mathematik und der empirischen (Natur-)Wissenschaften, die quantifizierend vorgehen und durch Definition und Operation eindeutig bestimmte (univoke) Begriffe verwenden. Die sog. e.en Wissenschaften sind aber deswegen nicht die allein „streng wissenschaftlich" arbeitenden. Die Strenge einer Wissenschaft und damit ihre Methode bestimmen sich aus der Angemessenheit an ihre Sache, die sie in den Blick nehmen wollen. So kann eine Wissenschaft, obwohl sie sich streng an ihre sachliche

Aufgabe hält (z. B. Geisteswissenschaft), von einer e.en Wissenschaft her gesehen durchaus „unexakt" erscheinen.

existentiell (auch existenziell; von lat. existere, heraustehen), unmittelbar den einzelnen (Menschen) in seinem Dasein (↗Existenz) betreffend, im Unterschied zu *existential* (existenzial), zum menschlichen Dasein als solchem gehörig. In Heideggers (Fundamental-)Ontologie sind die Grundweisen des Daseins die *Existenzialien*. Das Begriffspaar entspricht dem von ontisch und ontologisch.

Existenz (von lat. existere, heraustehen), allg.: Dasein, Vorhandensein, Wirklichkeit. In der aristotelisch-scholastischen Tradition meint E. (lat. existentia) das ↗Dasein des aus seinen Gründen heraus in seinen Selbstand getretenen Seienden, die Verwirklichung seines So-Seins oder Wesens (vgl. ↗Akt). In der ↗Existenzphilosophie, in Anknüpfung an Kierkegaard, bedeutet E. die dem menschlichen Dasein (nur ihm) eigentümliche Vollzugsweise, sein Sein frei übernehmen zu müssen und zu können. In Heideggers Existentialphilosophie sind die charakteristischen Bestimmungen dieses menschlichen Seins die *Existenzialien* (u. a. Befindlichkeit, Verstehen, Rede, Grundexistenzial: die Sorge). Anderes in der Welt begegnendes Seiendes ist gekennzeichnet durch Zuhandensein bzw. Vorhandensein; die Seinsbestimmungen dieses Seienden sind die Kategorien. Später deutet Heidegger das menschliche Dasein als „Ek-sistenz", das Hinausstehen in die Offenheit des Seins und „ekstatische" Innestehen in dessen Wahrheit.

Existenzphilosophie, Sammelbegriff für sehr verschiedene philos. Richtungen, die nur formal darin übereinkommen, daß sie unter „Existenz" nicht Dasein von etwas überhaupt, sondern die Vollzugsweise des menschlichen Daseins verstehen und diese ↗Existenz ihr zentrales Thema ist.
Gegen Hegels Philosophie der absoluten Geistidee und die abendländische „Wesensphilosophie" (πEssentialismus, ↗Substantialismus) im ganzen mit ihrem Vorrang des beständig Allgemeinen vor dem zeitlich Einzelnen stellte die E. den einzelnen Menschen, seine Freiheit und geschichtliche Selbstverwirklichungsaufgabe in den Vordergrund. Vorbereitet vom Geschichtsdenken der Romantik, vom Freiheitsdenken Schellings, von der Lebensphilosophie Nietzsches und Bergsons, erhielt sie den nachhaltigsten Anstoß durch die Existenztheologie Kierkegaards, der die „Existenz" (hier erstmals so gebraucht) im unvertretbaren Selbstsein des Einzelnen vor Gott sah. Weitere Einflüsse kamen von Diltheys Geschichts-

hermeneutik, Husserls Phänomenologie und Schelers Anthropologie.
Der eigentliche Anreger der E. *in Deutschland* ist ↗Heidegger, der sich aber gegen diese Bezeichnung für seine Philosophie verwahrt. Seine existentialphilos. Analysen des menschlichen Daseins („Sein und Zeit", 1927) zielten bereits auf eine neue Seinsphilosophie ab. Das Wesen des Menschen ist (so später verdeutlicht) „Ek-sistenz", d. h. Aus-stand ins Sein, und nur vom Sein selbst her voll zu verstehen. ↗Jaspers dagegen vertritt eine E. des „Scheiterns". Zur wahren Existenz als unverstelltem Verhältnis zu sich selbst und zur Transzendenz kann der Mensch nur in den „Grenzsituationen" (Kampf, Leiden, Tod, Schuld) gelangen: In diesen leuchtet Transzendenz auf, sofern sich in ihnen etwas bekundet, das nicht verfügbar zu machen ist (woraus sich das Scheitern ergibt).
In der E. *in Frankreich,* von der deutschen E. stark beeinflußt, vertritt ↗Sartre einen „atheistischen Existentialismus", dem gemäß der Mensch die bestimmungslose Existenz ist, die seinem Wesen „vorausgeht" (wogegen in der klassischen Philosophietradition die existentia der essentia folgt), das er in absoluter, d. h. hier durch „Nichts" gehaltener Freiheit erst schafft, ohne es je zu erreichen. Diese Freiheit fordert die Absage an den Gottglauben (postulatorischer ↗Atheismus). Bei ↗Camus ist in der Absurdität des Lebens dessen Würde nur im Aufstand gegen die Sinnlosigkeit und Sinnzerstörung zu wahren. Eine christliche E. entwarf ↗Marcel, der Gedanken Pascals aufgriff und, in der Nähe auch zu M. Blondel, eine bis auf Augustinus zurückreichende Linie christlicher Tradition vertiefte.

Explikation (von lat. explicare, ausfalten), allg. die Erklärung eines Begriffs und des in ihm (implizit, eingefaltet) gemeinten Sachverhalts zur deutlichen Unterscheidung von einem anderen. – Grundsätzlich hat die philos. Reflexion als transzendentale Analyse eines Apriori (↗a priori) stets explikativen Charakter.

Extension (von lat. extensio, Dehnung, Erstreckung), in der modernen Logik der Begriffsumfang (auf welche Menge von Gegenständen eine Begriffsbezeichnung zutrifft) im Unterschied zu seiner Intension, dem Begriffsinhalt, seiner Bedeutung in sich. – Nach der klassischen Logik stehen Inhalt und Umfang eines Begriffs im umgekehrten Verhältnis. Je umfangreicher (allgemeiner) er ist, desto ärmer an Merkmalsbestimmungen.

F

Faktum (von lat. facere, machen, tun), wörtlich: das Gemachte; die Tatsache. Dazu: *faktisch*, tatsächlich; *Faktizität*, Tatsächlichkeit. – F. meint ein Gesetztes, nicht mehr rückgängig zu Machendes. Ein F. kann in seiner Genese beschrieben und auf die hin befragt werden, nicht aber logisch abgeleitet werden. Deshalb gibt es Fakten im strengen Sinn im Freiheitsbereich menschlich-geschichtlichen Handelns, das verwiesen ist auf das, was bereits F. ist. Nur in weiterem Sinn ist auch alles nicht durch menschliches Handeln wirklich Gewordenes ein F. (durch göttliche Schöpfung oder die Natur Geschaffenes). Nach Kant ist die Urteilshandlung, die sich auf Sinnlich-Gegebenes als Wirkliches bezieht, eine „Setzung". Und es gibt für ihn ein (unsinnliches) F. der reinen Vernunft, den sittlich-unbedingten Sollensanspruch der Praktischen Vernunft und damit der Freiheit. Für Kierkegaard gründet der christliche Glaube im paradoxen F. der Menschwerdung Gottes. In Heideggers Existentialanalyse als „Hermeneutik der Faktizität" bedeutet diese die „Geworfenheit" des menschlichen Daseins, das sich je in einer gegenwärtigen geschichtlich-konkreten Situation findet; deren Vorgegebenheit kommt aus der Vergangenheit her und bestimmt die zukünftigen Möglichkeiten, die zu entwerfen ihm aufgegeben sind, mit. Der Entwurf ist ein geworfener. Er entspringt der Auslegung einer faktischen Situation. „Dasein existiert faktisch."

Falsifikation (von lat. falsus, falsch, facere, machen, tun), das als falsch Erweisen einer Aussage, Beurteilung, Theorie, deren Widerlegung. Hierzu: *falsifizieren*, als unhaltbar herausstellen. – Nach dem ↗Kritischen Rationalismus (Popper) können erfahrungswissenschaftliche (synthetische) Aussagen und Theorien nie endgültige Bestätigung (Verifikation), das hieße Gewißheit, erlangen, wohl aber durch neue, den bisherigen Feststellungs- und Erklärungsrahmen sprengende Beobachtungen endgültig widerlegt werden. Sie bleiben insofern stets nur, bis zu einer F. bewährte, Hypothesen. Diese wissenschaftstheoretische Theorie, daß alle erfahrungswissenschaftlichen Theorien grundsätzlich müssen widerlegt werden können *(Fallibilismus)*, geht zurück auf Ch. S. Peirce. Vgl. ↗Induktion.

Fatalismus (von lat. fatum, Götterspruch), „Schicksalsglaube", die Überzeugung, alles Geschehen in der Welt sei notwendig bestimmt, so daß es wie in der Natur auch in der Geschichte keine Freiheit gebe. Jacobi, Kant u. a. kritisierten Spinozas System als F. Dagegen lehrte Nietzsche einen F. („amor fati", die Bejahung zuhöchst der notwendigen „Wiederkehr aller Dinge").

Feuerbach, *Ludwig,* * 1804 Landshut, † 1872 Rechenberg bei Nürnberg. Schüler Hegels. Mit seiner Kritik an Hegels Philosophie (= „verkappte Theologie") und am Christentum den („linken") Junghegelianern und ihrer atheistischen Hegeldeutung zugehörig, aus der die materialistische Natur- und Geschichtsauffassung hervorging. In Umdrehung von Hegels absoluter Geistphilosophie sind für F.s Sensualismus das sinnliche Einzelwesen und die leibhaft vermittelten natürlichen und menschlichen Beziehungen das eigentlich Wirkliche. „Geist" ist „universale Sinnlichkeit". Das göttlich Absolute der Philosophie und Religion ist „Projektion" des menschlichen Wesens in ein Jenseits aus der Vollkommenheitssehnsucht des Herzens. Die göttlichen „All"-Prädikate sind dem diesseitigen menschlichen Wesen zurückzugeben und in fortgehender Geschichte zu realisieren („Das Geheimnis der Theologie ist die Anthropologie"; „Homo homini deus"). Die Liebe zu Gott ist die sich selbst mißverstehende unendliche Liebe zum Menschen und zu Glück gewährendem gemeinsamem Leben („Ich und Du", diese Einheit, „ist Gott"). – Marx vor allem entnahm F. entscheidende Anregungen, obgleich er dessen „idealistische" Leib- und Sinnlichkeitsauffassung kritisierte.

Fichte, 1) *Immanuel Hartmann,* * 1796 Jena, † 1879 Stuttgart. Prof. in Bonn und Tübingen. Vertreter des spekulativen Theismus (neben Ch. H. Weiße u. a.), einer natürlichen Trinitätslehre und der Lehre der Apokatastasis. Biograph und Hrsg. der Werke seines Vaters Johann Gottlieb F.

2) *Johann Gottlieb,* * 1762 Rammenau (Oberlausitz), † 1814 Berlin. Prof. in Jena (1799 im „Atheismusstreit" entlassen), Königsberg, Erlangen, seit 1810 Berlin. Er knüpft an Kants Lehre von der transzendentalen Synthesis der Apperzeption an, wonach die Bewußtseinsform des „Ich denke" als ursprüngliche Einigung sinnlicher und begrifflicher Vorstellungen die grundlegendste Bedingung dafür abgibt, daß Erfahrung und Erkenntnis von Gegenständen möglich sind. F. läßt alle Erkenntnisse nicht nur der Form, sondern auch dem Inhalt nach aus der reinen Tätigkeit des nun absolut verstandenen „Ich" entspringen. In dialektischem Dreischritt setzt das „Ich" sich selbst (Thesis) und das „Nicht-Ich" (Antithesis) und umgreift schließlich beide (Synthesis), indem es sich in „intellektueller Anschauung" dieser seiner Tätigkeit vor sich als das reine = absolute Ich, als den Grund beider bringt. Alles weltliche Sein ist so Produkt

der ursprünglichen „Tathandlung" des Ich. Sie ist Akt unbedingter Freiheit, dessen Notwendigkeit und Entfaltung F. in wiederholten Ausarbeitungen seiner „Wissenschaftslehre" seit 1794 einsichtig zu machen suchte. Die Selbstbegrenzung des Ich, d. h. seiner Freiheit, ist nötig, damit die Freiheit praktisch werde. Die Naturwelt ist das „versinnlichte Material der Pflicht"; an ihm hat sich das sittliche Wollen und Handeln des einzelnen empirischen Ich gemäß der moralischen Weltordnung (die mit „Gott" gleichzusetzen ist und in Gott den Grund ihrer Vereinbarkeit mit der Naturwelt hat) zu bewähren („System der Sittenlehre", 1798; „Die Bestimmung des Menschen", 1800). Durch diese sittliche Gestaltung der Welt und seiner selbst kehrt es in unendlicher Annäherung zu seiner Reinheit und Absolutheit zurück. So sucht F. den Bruch zwischen theoretischer und praktischer Vernunft bei Kant zu überwinden und wandelt insgesamt dessen kritischen Idealismus in einen subjektiven um. Damit eröffnet er das spekulative Denken des deutschen ↗Idealismus.

Ficinus, *Marsilius,* italien. Philosoph, * 1433 Figline, † 1499 Careggi. Übersetzer und Vermittler Platons und Plotins, führender Denker der Florentiner Akademie. Suchte die platonisch-neuplatonische Philosophie (wieder) in die christliche Theologie einzubringen.

Fiktion (von lat. fingere, gestalten, erdichten), Erdichtung; eine Vorstellung, die vom Bewußtsein ihrer Irrealität begleitet ist, in Kunst und Dichtung ihren legitimen Ort hat, in der Wissenschaft als nützliches Mittel der Forschungspraxis dienen kann (aber, wo dieses Bewußtsein fehlt, kritisch als bloße F. herauszustellen ist): so nach dem *Fiktionalismus* H. Vaihingers, seiner Philosophie des ↗Als-ob.

Finalität (von lat. finalis, auf das Ziel, den Zweck bezogen), Sinngerichtetheit, Zweckmäßigkeit; das Bestimmtsein von etwas von seinem Ende als seiner Voll-endung (lat. finis, Ende, als Übersetzung von griech. telos, Ziel) her. – In der auf Aristoteles zurückgehenden scholastischen Lehre von den vier „ersten Gründen und Ursachen" des endlichen Seienden (Materie, Form, Wirkursache, Zielursache) einen Vorrang. In der Neuzeit (Descartes) erfolgte im Blick auf die Natur insbes. in den Naturwissenschaften zunehmend die Verengung der vierfachen Ursächlichkeit auf die Wirkursächlichkeit (vgl. ↗Kausalität, ↗Mechanismus). Für Kant gilt es jedoch als vernünftig, insbes. in der lebenden Natur Zweckmäßigkeit anzunehmen, obzwar das wissenschaftliche Verstandeserkennen nur die Reihe der Wirkursachen zu verfolgen hat. Darüber hinaus ist die sinnvolle Einheit aller Dinge überhaupt eine notwendige, freilich nur regulative

Idee: „als ob" die Welt nach der Absicht einer höchsten (göttlichen) Intelligenz eingerichtet wäre.

Fink, *Eugen,* * 1905 Konstanz, † 1975 Freiburg i. Br. 1948 Prof. in Freiburg. Schüler Husserls. Nahm in seinen Untersuchungen zu menschlichen Grundphänomenen (Spiel, Glück, Tod u. a.) Anregungen auf von Heidegger; suchte diesem gegenüber neben der Zeit den Raum als gleichursprünglich zum In-der-Welt-Sein des menschlichen Daseins gehörig aufzuweisen.

Fischer, *Kuno,* * 1824 Sandewalde (Schlesien), † 1907 Heidelberg. Prof. in Jena und Heidelberg. Hegelianer der zweiten Generation, der jedoch verstärkt auch auf Kant zurückgriff. Bekannt durch seine philosophiegeschichtlichen Schriften, insbes. philos. Biographien.

Folgerung, Folge, ↗Schluß.

Form (lat. forma), in der aristotelisch-thomistischen Philosophie beim in der raum-zeitlichen Welt vorkommenden Seienden das vorrangige Seinsprinzip, das als substantielle F. (griech. eidos, morphe) den geistigen Wesensgrund eines Seienden meint, das der Art nach bestimmte Allgemeine im Unterschied zum Einzelseienden, und als akzidentelle Form die Bestimmung der weiteren, mit dem Wesen nicht schon notwendig verbundenen Eigenschaften und Merkmale des jeweilig Seienden. (Demgegenüber lehrte Duns Skotus eine individuelle Form, die selber Individuationsprinzip ist.) Als substantielle wie akzidentelle ist F. auf die sog. erste ↗Materie als Individualisierungsprinzip bezogen, zu der sie im Verhältnis steht wie ↗Akt zur Potenz. Die Form hier nur als die Materie formende mit dieser zusammen (↗Hylemorphismus) wirklich. (Die Engel, aristotelisch die Sphärengeister sind materielos und deshalb je als Art bzw. Gattung individuell existierend, jedoch mit Möglichkeit „gemischt", verwirklichte Möglichkeit). Gott ist schlechthin reine Form und als diese actus purus. – Im Blick auf die lebende Natur ist die Seele die Wesensform eines Leibes, erste ↗Entelechie, die einen Körper in eine grundsätzliche Vollendung (die F. des Beseelt-, d. h. Lebendigseins) bringt. Sie existiert, da auf den zu beseelenden Körper angewiesen, nur bis zum Tod des ganzen Lebewesens und ist auch als geistige Seele beim Menschen während der Lebenszeit wirklich nur als forma formans. Der Geist aber ist forma formarum, d. h. alles Sein (menschlich der Möglichkeit nach, göttlich der Wirklichkeit nach) umfassendes Bei-sich-selbst-Sein.

In der Neuzeit löst sich zunehmend der so gesehene Zusammenhang von Materie und Geist, Körper und Seele. Leibniz sucht ihn auf dem Boden der Monadenlehre neu zu denken. Bei Kant ist F. ein Reflexionsbegriff (vgl. ↗Amphibolie) und bedeutet: apriorische Ordnungseinheit nicht des (unerkennbaren) Seins der Dinge an sich selbst, sondern der Erscheinungen und Gegenstände für das sinnlich-empfindende und verständig erkennende Subjekt (Raum und Zeit als Anschauungsformen der Sinnlichkeit, die Kategorien als Begreifensformen des Verstandes).

Fortschritt, eine Bewegung vom Niederen zum Höheren, stetig (Evolution) oder sprunghaft (Revolution). Die F.svorstellung ist genommen von der körperlich-räumlichen Annäherung von einem Ausgangspunkt aus zu einem End-(Ziel-)punkt hin. Gewöhnlich beinhaltet die Behauptung des F.s eine Wertung, das Fortgeschrittene in der Naturentwicklung (vgl. ↗Evolutionismus) wie auch in der menschlichen Geschichte gilt als das Höherwertige. Die europäische Aufklärung war bewegt vom Gedanken des F.s in der Beherrschung der Natur und der Heraufführung der Humanität im individuellen und sozialen Leben. Nach Kant ist die Bestimmung der Menschheit „unaufhörliches Fortschreiten", obwohl sich dieser (ethisch verstandene) F. nicht empirisch-wissenschaftlich feststellen läßt. Die ↗Geschichtsphilosophie des deutschen Idealismus verstand metaphysisch die Weltgeschichte als fortschreitende Realisierung des Geistes und seiner Freiheit, die des Marxismus als F. zur allseitigen Natur- und Menschenversöhnung in der klassenlosen Gesellschaft. Die in sich bruchlose F.svorstellung der Geschichte ist wiederholt in Frage gestellt worden (Romantik, Schopenhauer, Nietzsche, Heidegger, Adorno/Horkheimer) und ist gegenwärtig in eine tiefe Krise geraten, zumal angesichts widersprüchlicher gesellschaftlich-politischer Entwicklungen und der Erfahrung, daß auch die zunehmende Beherrschung der Natur immer neue und andere Bedrohungen mit entstehen läßt.

Foucault, *Michel,* französ. Philosoph, * 1926 Poitiers, † 1984 Paris. 1960 Prof. in Clermont-Ferrand, 1968 Paris. Analysierte die Struktur und Herkunftsgeschichte („Archäologie") der modernen Bewußtseins- und Wissen(schaft)sformen, wie sie in den „Diskursen" der verschiedenen Sachgebiete greifbar werden, und die damit verbundenen gesellschaftlich wirksamen Macht- und Disziplinierungsstrategien (so bes. in den Bereichen der Psychiatrie, des Gefängniswesens, der Sexualität). Sein Denken wird vielfach in der Nähe zum Strukturalismus gesehen.

Frankfurter Schule, sozialphilos. Richtung, begründet von M. Horkheimer und Th. W. Adorno, hervorgegangen aus dem seit 1930 von Horkheimer geleiteten Institut für Sozialforschung in Frankfurt

a. M. (nach 1933 nach New York verlegt) mit dem Organ „Zeitschrift für Sozialforschung" (1932 in Leipzig, 1933–39 in Paris, 1939–42 in New York erschienen). Sie suchte Marx' sozialökonomischen Ansatz in Verbindung mit Freuds Psychoanalyse fruchtbar zu machen für eine ↗Kritische Theorie der (kapitalistischen) Gesellschaft. Weitere Mitglieder des Instituts: H. Marcuse, E. Fromm, W. Benjamin u. a. Vertreter in der zweiten Generation: J. Habermas, A. Schmidt u. a.

Frankl, *Victor E.*, Begründer der psychologischen Existenzanalyse und Logotherapie, * 1905 Wien, † 1997 ebd. 1955 Prof. in Wien, 1970 San Diego (USA). Personale Existenz ist vorrangig nicht lust- oder machtorientiert (gegen Freud und Adler), sondern auf Sinn gerichtet. Die Therapie neurotischer Störungen zielt auf die Anerkenntnis und bestimmte Füllung dieser geistig-existentiellen „inneren Sinnhaftigkeit" des menschlichen Daseins.

Frege, *Friedrich Ludwig Gottlob*, Mathematiker und Logiker, * 1848 Wismar, † 1925 Bad Kleinen (Mecklenburg). Seine im Gegensatz zu einer psychologischen Begründung der Logik stehenden Arbeiten zur Logik in ihrer Verbindung mit der Arithmetik hatten Einfluß auf Husserl, bes. auf Wittgenstein und Carnap, auf die Herausbildung der Semantik und allg. der analytischen Philosophie. Durch Verwendung von Symbolen lassen sich Aussagesätze in einer „Begriffsschrift" (1879) darstellen und ihre Ableitungen und Verknüpfungen rein formal, ohne bestimmte inhaltliche Bedeutungszuweisung, gewissermaßen rechnerisch vornehmen.

Freiheit, 1. *Stufen* der F.: a) Der Mensch ist dadurch ausgezeichnet, daß er nicht restlos in einen Naturzusammenhang eingebunden und determiniert, sondern sich ins Offene (↗Welt) gesetzt erfährt, nämlich vor die Aufgabe gestellt, selbst zu entscheiden, was und wie er sein will, und seine geschichtlichen Möglichkeiten hierfür zu bilden (↗Geschichtlichkeit). Dieser F. ist nicht auszuweichen. Der Verzicht auf die Übernahme der Aufgabe und die Bestreitung der Möglichkeit und Wirklichkeit von F. gründet selbst in einer ↗Entscheidung. Nur auf dem Boden und im Verstehenshorizont von F. kann sinnvollerweise von Verantwortung, Gewissen, Pflicht, Recht, Schuld, Versöhnung usw. gesprochen werden. Als mit dem Menschsein von selbst schon gesetzte (fundamentale) und den Menschen als Person konstituierende F. kann sie *personale F.* heißen. Da im Verständnis von Person der Mensch gerade nicht nur als Individuum aufgefaßt ist, das zusätzlich auch in Beziehungen zu anderen Individuen tritt, sondern zum Menschsein der Bezug zu anderen Personen konstitutiv gehört,

ist die personale F. in ihr selber kommunikative, dialogische F. zu und mit anderer F. – b) Die F. dazu, die Aufgabe der eigenen Wesensprägung ausdrücklich zu übernehmen, statt sich ihr versagen zu wollen, kann *positive* F. genannt werden: F. zu ... (nämlich zur F.). – c) Aus dem Freisein von einem geschlossenen Naturzusammenhang und der befreienden Grundentscheidung zur eigenen Lebens- und Sinngestalt ergibt sich die *negative* F., die darin beruht, in dem durch die Grundentscheidung umrissenen Spielraum diese oder jene Möglichkeit zu ergreifen oder zu lassen. – d) Das Ergreifen oder Lassen von Möglichkeiten (Handeln) bleibt immer mit darauf angewiesen, daß sowohl die Gegebenheiten in der Natur wie auch in den menschlichen Bezügen zwischen dem Einzelnen und den Anderen „mitspielen". So ist die F. immer eine situativ *begrenzte* F. Die Realisierung von bestimmten Absichten ist nicht möglich ohne entgegenkommende („glückliche") Umstände. – Diesen Stufen der F. entsprechen in der Lebenserfahrung die F.sphänomene der Entscheidungs-F. (a), der Willens-F. (b), der Wahl-F. (c) und der Handlungs-F. (d).
2. Die Antike verstand F. (griech. eleutheria) vornehmlich als F. der Polis und Teilhabe an ihrem unabhängigen und in sich selbst Sinn habenden Leben (πAutarkie). Das moderne F.sverständnis, das nicht ausschließlich, aber vor allem die F. des Einzelnen als individuelle F. betonte und aus ihr her das gesellschaftlich freie Miteinanderleben herzuleiten suchte, bildete sich erst in der Neuzeit aus dem ↗Autonomie-Anspruch des Menschen als des Subjektes. Für Kant ist F. keine theoretisch-wissenschaftlich zu erkennende Realität, wohl aber eine fundamentale sittlich-praktische. Der deutsche Idealismus denkt F., so vor allem Hegel, von der F. des Absoluten aus sich und zu sich her. Durch Kierkegaard angestoßen, hat im 20. Jh. bes. die Existenzphilosophie die F. thematisiert. Die als einseitig empfundene Betonung des Subjekts in seiner Einzelheit und Einzigkeit und auch des existenzphilos. verstandenen Daseins in seiner Einsamkeit suchte das dialogisch-philosohische und personalistische Denken zu überwinden.

Fremde, das (der Fremde), oft gleichbedeutend gebraucht für das Andere, den Anderen, das bzw. der in seiner ↗Andersheit „mir" (Ich, Bewußtsein, Subjekt) begegnet und sich als von mir unterschieden zeigt. Die Frage, wie insbes. der F. als anderes und fremdes Ich für mich gegenwärtig sein kann, wurde verschieden beantwortet: psychologisierend durch Analogieschluß (E. Becher) und durch Einfühlung (Th. Lipps), transzendentalphänomenologisch durch Wahrnehmung des Anderen in seiner Leiblichkeit als diejenige eines fremden

Ich (Husserl); die fremde Welt ist phänomenologisch dann das Unbestimmte, an das die eigene bestimmte Welt grenzt, das aber von den Grundzügen der bekannten eigenen Welt her dem Verstehen erschlossen werden kann. In Heideggers Existentialphilosophie ist das menschliche Dasein an ihm selber „Mitsein mit Anderen", seine Welt ist „Mitwelt", zu seinem Verstehen gehört schon das Verstehen des Anderen. Lévinas betont dagegen den „Anderen" in seiner ursprünglichsten Getrenntheit und unaufhebbar bleibenden Fremdheit, die in kein Verstehen, Begreifen, Schließen einzuholen ist, deshalb auch nicht in wahrnehmend-denkenden Begegnungen vor mich kommt, sondern in der ethischen Betroffenheit meiner durch ihn, in der er nahe ist und zugleich unendlich fern. – Andersheit und Fremdheit sind insbes. auch im Problemzusammenhang der Kulturbegegnung und des interkulturellen Gesprächs von Bedeutung.

Freud, *Sigmund,* Begründer der Psychoanalyse, * 1856 Freiberg (Mähren), † 1939 London. 1907 Prof. in Wien, 1938 nach England emigriert. Er trug entscheidend bei zur Überwindung der sinnfreien mechanistischen Assoziationspsychologie. Er erkennt insbes. in den Träumen nicht bewußt eingestandene und gewöhnlich untersagte Wunscherfüllungen wie auch Verkleidungen verdrängter traumatischer Erlebnisse. Neurotische Krankheiten, in denen sich solche unbewußten Konflikte äußern, sollen im psychoanalytischen Therapiegespräch durch Bewußtmachung in freier Assoziation geheilt (verarbeitet) werden. Hieraus entwickelt F. seine „metapsychologische" Lehre vom Aufbau der Persönlichkeit: Das „Über-Ich" als internalisierte elterliche Gebote und Verbote, in denen sich die Normen der Gesellschaft präsentieren; das „Ich" , vornehmlich als Bereich des Bewußtseins und des bewußten Verhaltens zu sich und zur Außenwirklichkeit, insbes. als Kontrollinstanz gegenüber Anforderungen und Wünschen; das „Es" als Bereich der unbewußten Wünsche und Triebe und der Verdrängungen in unbewältigten Konfliktfällen. – Schüler von F. (A. Adler, C. G. Jung, L. Binswanger) bildeten seine Ansätze fort und z. T. tiefgreifend um. – Die Ausweitung der psychoanalytischen Blickweise F.s auf religiöse und kulturell-gesellschaftliche Erscheinungen überhaupt hatte nachhaltigen Einfluß über Psychologie und Medizin hinaus auf die Humanwissenschaften (Anthropologie, Pädagogik, Sozialwissenschaften). ↗Tiefenpsychologie.

Freyer, *Hans,* * 1887 Leipzig, † 1969 Ebersteinburg. Soziologe und Kulturphilosoph. 1922 Prof. in Kiel, 1925 Leipzig, 1955 Münster. Von Lebensphilosophie und Neuhegelianismus beeinflußt. Kulturkritisch bedeutsam ist seine Darstellung der europäischen wissenschaftlich-technischen Rationalitätsgeschichte und seine Analyse des gegenwärtigen Zeitalters, das er beherrscht sieht von den Leitvorstellungen der „Machbarkeit der Sachen", „Organisierbarkeit der Arbeit", „Zivilisierbarkeit des Menschen" und „Vollendbarkeit der Geschichte".

Fries, *Jakob Friedrich,* * 1773 Barby, † 1843 Jena. Prof. in Heidelberg und Jena. Er gab eine psycholog.-anthropologische Deutung der Vernunftkritik Kants und gründete, unter Einfluß von F. H. Jacobi, die Religion auf die „Ahndung" des Übersinnlichen.

Fromm, *Erich,* Psychoanalytiker, * 1900 Frankfurt a. M., † 1980 Muralto. Von Freud ausgehend, betont er jedoch stärker als die individuellen inneren Konflikte die gesellschaftlichen Bedingungen der Genese seelischer Krankheiten.

Fundamentalismus (von lat. fundamentum, Grundlage), Richtung der amerikan. Theologie bes. im Luthertum, die seit dem Ersten Weltkrieg gegen Modernismus und Liberalismus ankämpfte und Rückkehr zu einem streng biblischen Offenbarungsglauben forderte. Von daher Bezeichnung für eine Haltung in Denken und sozialer Lebensgestaltung, die starr an jeder Frage entzogene Grundsätze gebunden erscheint und diese u. U. in militanter Weise durchzusetzen sucht. Im religiösen Bereich und insbes. in den Schriftreligionen ist dieser F. die Versuchung, das überlieferte „Wort" statt als befreienden Aufruf zur verantwortlichen Nachfolge vielmehr entlastungsfunktional als Mittel zur rücksichtslosen Verfolgung individueller und kollektiver Interessen zu gebrauchen.

Fundamentalontologie, Bezeichnung Heideggers für seine in „Sein und Zeit" (1927) vorgelegte existentiale Analytik des menschlichen Daseins als des Ortes, an dem das Sein in der Weise des Verstehens (menschliches Seinsverständnis) „da" ist. Erst auf diesem Grund, der durch die F. offengelegt wird, sollte dann die Frage nach dem Sein (Ontologie) entfaltet werden.

Fundamentum inconcussum (lat., das unerschütterbare Fundament), bezeichnet den von Descartes gesuchten, allem Zweifel standhaltenden, somit in seinem Wirklichsein sicheren Grund für alles darauf zu gründende gewiß wahre Erkennen; als Grundsatz formuliert: ↗Cogito, ergo sum („Ich denke, also bin ich").

Funktion (von lat. fungi, verwalten, durchführen), Grundbegriff in der Mathematik, Logik und bes. Soziologie, wo er „Leistungen unter dem Gesichtspunkt ihres Beitrags zur Erhaltung eines sozialen Systems" (N. Luhmann) bezeichnet, von hier aus übertragbar auf verschiedenste Wirklichkeitsbereiche, wenn diese oder Erscheinungen in ihnen als komplexe Systeme aufgefaßt werden. Philosophisch bedeutet F. einen eigenen Seinstypus der im Gegensatz steht zum Substanz-Sein: Substanz bedeutet Eigenständigkeit, Selbststand im eigenen wesentlichen Sein. F. meint dagegen: Sein und Bedeutung von einem anderen her und auf es hin zu haben, Sein im anderen. Funktionales Seiendes ist innerhalb eines Beziehungsganzen (System) durch und durch relational bestimmt.

G

Gadamer, *Hans-Georg,* *1900 Marburg. Prof. in Marburg, Leipzig, Frankfurt a. O., seit 1949 in Heidelberg. Von Schleiermacher, Dilthey und insbes. Heidegger her entwickelt G. eine explizit philos. ↗Hermeneutik. Ausgehend von der ästhetischen Erfahrung und Kunstbegegnung erweist sich „Verstehen" als „Einrücken in ein Überlieferungsgeschehen, in dem sich Vergangenheit und Gegenwart beständig vermitteln", nämlich der eigene Horizont (mit seinen zugangsermöglichenden „Vorurteilen") und der Wahrheitsanspruch der überkommenen Werke, die eine je andere, stets sprachlich konstituierte Erfahrungswelt bezeugen („Horizontverschiebung", „Wirkungsgeschichte"). „Wahrheit" ist ein geschichtlich offenes Sinngeschehen, das durch keine „Methode" in eine abschließende Fassung zu bringen ist.

Ganzes (griech. holon, lat. totum), ein Eines aus Vielem (seinen Teilen), die nicht nur zufällig angehäuft, sondern sich als innerlich verbunden und abgehoben von anderem zeigen: ein in Wahrnehmung und Erfahrung gegebenes Einzelseiendes und auch das sinnlich-anschauliche Bild von ihm, ontologisch sein allgemeines ↗Wesen, das die Verbindung der Bestandteile zu einer ihnen gegenüber neuen Bedeutung leistet, aber auch erkenntnislogisch der ↗Begriff mit seinen vereinigten Bestimmungsmomenten (vgl. ↗Allgemeines). Stets ist ein G. in seiner eigentümlichen Bedeutung („qualitativ") mehr als bloß die („quantitative") „Summierung der Teile" (vgl. ↗Gestalt). Das „ganzheitliche" Verstehen widersetzt sich dem (nur) zergliedernden Auffassen, das den wesentlichen Zusammenhang aus dem Blick verliert. – Die Philosophie fragt von ihrem griech. Anfang an nach „Allem" als Eines und G. (hen kai pan): das ist die eine geordnete ↗Welt wie zugleich das ordnende und vereinigende ↗Denken (Synthesis). Hegel: Nur „das Ganze ist das Wahre". Wo erfahrungsveranlaßt Kritik sich erhebt gegen eine Übermacht des geschlossenen Ganzen (als des totalen Systems) und gegen ein ihm korrespondierendes Ganzheitsdenken, ist mit den Titeln „offenes G.", „offenes System" die Aufgabe gestellt, die Bedeutsamkeit von Ordnung und die Möglichkeit mehrerer Ordnungswege neu zu bestimmen. Vgl. ↗Einheit und Vielheit.

Gassendi, *Petrus,* französ. Philosoph, * 1592 Champtercier bei Digne, † 1655 Paris. Gegner des Aristotelismus und der Philosophie Descartes'. Lehrte einen auf Demokrit und Epikur zurückgreifenden

Atomismus und verstand die neuzeitliche mechanistische Naturauffassung als vereinbar mit der christlichen Glaubenslehre.

Gattung (griech. genos, lat. genus), von Ch. Wolff übersetzte Bezeichnung für jene Allgemeinheit, die mehrere ↗Arten (species) übergreift. Die G. verhält sich zum darüberstehenden noch Allgemeineren (Obergattung) ihrerseits ähnlich wie eine Art. Die obersten G.en, die als „allgemeinste" keine mehr über sich haben, sind in der Ontologie und Erkenntnislehre die ↗Kategorien.

Gedächtnis, als sinnliches G. das Vermögen, Wahrnehmungen und auf sie folgende Verhaltensweisen, die nicht schon und nur im Instinkt gründen, als Eindrücke meist in besonderer Verknüpfung zu merken und anläßlich neuerlicher, mit den früheren in irgendeiner Ähnlichkeit verbundener („assoziierter") Wahrnehmungen zu reproduzieren. Das menschliche G. ist darüber hinaus als geistiges G. das Vermögen, auch von nichtsinnlichen Erlebnissen die Inhalte, die das Denken sammelt, geordnet zu bewahren. So ist es Vermögen des menschlichen Geistes oder Bewußtseins, in die Vergangenheit zurückzudenken, d. h. sich zu erinnern, und das als Vergangenes Gewußte in die Gegenwart des Wissens zu heben. – Platon deutet alles Erkennen als (Wieder-)Erinnerung (Anamnese). Ähnlich ist bei Augustinus das G. (memoria) die Kraft des menschlichen Geistes, Vergangenes gegenwärtig zu halten und ihm nachzudenken. Für Hegel geschieht die Herausbildung zum Wissen durch Rückstieg des Denkens in den tiefen „Schacht" des Bewußtseins.

Gefühl, Bezeichnung auch für Sinnesempfindung (Tast-, Hunger-G. u. a.), insbes. für Gemütsbewegung (Emotionen, vgl. ↗Affekt) und -verfassung (Befindlichkeit, vgl. ↗Stimmung). Oft neben Vernunft und Willen (als den „geistigen" Vermögen) zur Grundstruktur des Lebens und Erlebens gehörig aufgefaßt („Denken – Wollen – Fühlen"). Doch spielte in der philos. Tradition, bei dem Vorrang des theoretischen und rational-praktischen Weltverhältnisses, das G. infolge seiner engen sinnlich-leibhaften Gebundenheit und einer damit verbundenen bloß „subjektiven" Bedeutung zumeist eine untergeordnete Rolle.

Die G.smoral des 18. Jh. (Shaftesbury, Hutcheson) dagegen erhob das moralische G. zur Leitungsinstanz für sittliches Erkennen und Handeln (dagegen bes. Kant). Die G.sphilosophie des 18./19 Jh. (bes. Jacobi, Schleiermacher) sah im G., vor allem im Glaubens-G., den Ort ursprünglicher Wirklichkeits- und Sinnerfahrung (schärfster Gegner: Hegel). Nach Nietzsche wird sich in den Erregungszuständen der ursprünglich sinnlich-leibhafte Wille selber inne. Schelers Phänomenologie deutet das G. als (freilich doch geistig-intuitiv charakterisierte) Erschließung des Bedeutungsvollen, der „Werte".

Gefühlsphilosophie (auch Gefühlsmoral, Gefühlsethik; Emotionalismus), philos. Richtungen, in denen z. B. das moralische Gefühl als Instanz der Beurteilung von Gut und Böse gilt, so insbes. bei Shaftesbury und Hutcheson (Gefühlsmoral), oder das religiöse Gefühl zur entscheidenden Grundlage religiösen Lebens und theologischen Denkens erklärt wird (Gefühlsreligion, Gefühlstheologie), wie insbes. Hegel dies in seiner scharfen Kritik Schleiermacher unterstellt.

Gegensatz (lat. oppositio), das Verhältnis zweier sich ausschließender Begriffe oder Urteile. Näherhin: der *kontradiktorische* (oder absolute) G., schlechthinnige gegenseitige Negation (z. B. Sein – Nichtsein; vgl. ↗Widerspruch), der *konträre* G., der G. des größten Abstandes innerhalb eines gemeinsamen Bereichs (z. B. schwarz – weiß), der *polare* G. (↗Polarität).

Gegenstand, jegliches, was ist, nicht sofern es überhaupt ist, sondern sofern es „entgegensteht", nämlich einem vorstellenden Ich (Subjekt, Bewußtsein). ↗Objekt. – Für Kant gibt es einen G. nur, sofern er im Bewußtsein und von diesem als Einheit erstellt wird. Der Verstand verknüpft aufgrund der obersten Einheit der transzendentalen Apperzeption in Anwendung seiner Kategorien das Mannigfaltige der sinnlichen Anschauungen zum (Erkenntnis-)G. Während schon hier die Konstitution des G.es eine synthetische Listung der Subjektivität ist, wird der G. im deutschen Idealismus zunehmend nicht nur der Form, sondern auch dem Inhalt nach zu einem Erzeugnis des Bewußtseins, des Geistes. Die Husserlsche Phänomenologie, mit beeinflußt von Meinongs „Gegenstandstheorie"), unterscheidet G.sarten mit je eigenen Gegebenheitsweisen, denen unterschiedliche Bewußtseins- und Aktarten korrespondieren (z. B. realer G. der Wahrnehmung, idealer G. des Erkennens und der Wesensschau; bei Scheler weiter fortgebildet die Unterscheidung theoretischer G. und G. des Fühlens).

Gegenwart, im erfahrungsgegründeten Verständnis nicht der abstrakt vorgestellte ausdehnungslose „Jetztpunkt", sondern als Gegenwart von Gegenwärtigem, von erinnertem Vergangenen *als* Vergangenen und von erwartetem Zukünftigen *als* Zukünftigen eine (wenngleich „kurze") Zeitspanne, der gelebte ↗Augenblick. In der metaphysischen Tradition hat die G. einen Vorrang vor den beiden andern Zeitmodi (Augustinus: sie ist G. von G., Vergangenheit und Zukunft) und wird zum Grundcharakter von Sein: Sein im vollen Sinn meint Gegenwärtig-sein, Da-sein. Überhöht wird sie zur vollendeten G., der göttlichen ↗Ewigkeit (Boethius: nunc stans; Eckhart: das ewige Nu; Thomas von Aquin: die Allgegenwart Gottes; Hegel: die absolute G., die alle Zeit in sich begreift). Für Kant ist Zeit reine Anschauungsform, die im Unterschied zu den vorübergehenden Erscheinungen (gegenwärtig) „bleibt und nicht wechselt". Bei Husserl hat das G.sbewußtsein den Rang originären Zeitbewußtseins, das sich durch Retention des Vergehenden und Protention des Kommenden konstituiert. Heidegger kritisiert die metaphysische Seins- und Zeitauslegung als Reduktion auf den einen Zeitmodus G., wogegen er die existentiale Gleichursprünglichkeit der drei Modi (und dabei einen gewissen Vorrang der Zukunft) aufzuweisen sucht. – Für geschichtliches Denken stellt sich mit dem Ansatz einer gemeinsamen G. mehrerer Erfahrender das Problem der Gleichzeitigkeit des Ungleichzeitigen (u. a. insbes. im Blick auf interkulturelle Begegnungen).

Gehlen, *Arnold,* * 1904 Leipzig, † 1976 Hamburg. Prof. in Leipzig u. a., zuletzt in Aachen. Neben Scheler und Plessner Hauptanreger der modernen philos. Anthropologie. Nach ihm ist der Mensch (im Anschluß an Herder und Scheler, aber nun in betont biologischer und soziologischer Orientierung) das „Mängelwesen", das unter dem Druck seiner natürlichen Instinktschwäche durch Erfindung künstlicher Hilfsmittel, durch Technik diesen Mangel ersetzt, um sein Leben zu sichern. Demgemäß sind auch die sozialen Regelungen, die gesellschaftlichen Institutionen, Mittel zur Ermöglichung und Erleichterung der Handlungsorientierung (Kompensations- und Entlastungsleistungen).

Geist, in der Sicht der metaphysisch-philos. Tradition zunächst das Auszeichnende des Menschen: sofern er als endliches Lebewesen doch die mit seiner Sinnlichkeit und Leibhaftigkeit gegebenen Grenzen zu übersteigen vermag (↗Transzendenz), aufgrund seiner (platonisch) G.seele oder (aristotelisch) des G.es in der Seele, und zwar auf „alles", das ist im ↗ Sein, und auf das Ganze des Seienden, die ↗Welt, hin. In diesem Sinn ist G. Seinsverständnis, Welteröffnung und Selbstgegenwart des Menschen. Denn der Überstieg zu Sein und Welt ermöglicht zugleich die ständige Rückkehr im ↗Denken der allgemeinsten Seins- und Weltbestimmungen (↗Allgemeines), in der ↗Erkenntnis des Besonderen und in der Stellungnahme zum Einzelnen in seiner Besonderheit und zu sich selbst im eigenen menschlichen Wesen (↗Freiheit). Die Grundvollzüge des G.es sind demnach: die das Sein und die Ordnung der Welt denkende ↗Vernunft (griech. nous, lat. intellectus), der urteilende ↗Verstand (dianoia; ratio), der vom Blick in den Gesamtzusammenhang und vom Erkennen des Besonderen und Wesentlichen geleitete ↗Wille (orexis, boulesis; voluntas, appetitus). In dieser metaphysischen G.- und Seinsauslegung ist die menschliche G.tätigkeit verstanden als grundsätzlicher Nachvollzug einer vorgegebenen Seins- und Wesensordnung und damit als Nach- und Mitvollzug des weltgründenden (bildenden oder weltschaffenden) göttlichen G.es. In Gott als dem reinen G. (vgl. ↗actus purus) fallen die beim menschlichen G. unterscheidbaren Bewegungsweisen (Übersteigen und Rückkehr) und Tätigkeitsweisen (Denken, Erkennen, Wollen) „in eins", und die Differenz von Sein und G. ist vielmehr die ursprüngliche Identität des Seins-selbst als des Bei-sich-Seins des G.es.

Problemgeschichtlich: Die von Anaxagoras (G., nous, als das ordnende Prinzip des Kosmos), Parmenides (noein, Denken und Sein, einai – dasselbe), Heraklit (G., logos, als das immerwährende Gesetz alles Werdens) gegebenen anfänglichen Auslegungen durchziehen die gesamte Philosophiegeschichte. Bei Platon ist G.leben theoria, Schau der ewigen Ideen, zu der hin die geistige Seele im Erkennen (Anamnesis) unterwegs ist, bei Aristoteles die noesis noeseos (Denken des Denkens) des göttlichen G.es, nach dessen Sein alles Seiende strebt, der als das Ewige in die sterbliche Seele des Menschen wie „von außen" einbricht und dem sich das philos. Erkennen (nur) nähert. Augustinus versteht den menschlichen G. (mens, animus) als die von Gott ausgehende Einstrahlung in die menschliche Seele, die diese und alles ihr Begegnende in das Licht der Wahrheit bringt (↗Illuminationslehre). Ähnlich ist er für Thomas von Aquin das lumen naturale (natürliches Licht des G.es) als Teilhabe (Partizipation) am Licht des göttlichen G.es.

In der Neuzeit mit der Trennung von Sein und G., Materie und Denken wandelt sich die Bedeutung von G. zunehmend zu der des ↗Bewußtseins und Selbstbewußtseins des Subjektes, dem die Welt als das an ihm selber ungeistige Außen (Descartes) oder als erst durch Bewußtseinsleistung zu konstituierende Objektwelt (Kant) gegenübersteht. Für Hegel, der diese Trennungen als abstrakte in der Fixierung des Verstandes auf seine Endlichkeit begründet sieht und vernünftig denkend zu überwinden sucht, ist G. das eine (nun geschichtlich-dialektisch interpretierte Absolute, das aus seiner Entäußerung zur Naturwelt sich zu sich zurückwendet, indem es sich als subjektiver G. im einzelnen Menschen, als objektiver G. in den Formen der Gesellschaft (Recht, Sittlichkeit, Staat), als absoluter G. in den großen Bildungen der Geschichte (Kunst, Religion, Phi-

losophie) konkretisiert und zuletzt im absoluten Wissen (das Ganze-Wissen als Sich-selbst-Wissen) bei sich ist.
In der Kritik an der G.metaphysik (bes. Hegels) betont Kierkegaard die unaufhebbare Faktizität des menschlichen G.es (der Mensch ist „existierender G."). Marx, im Ausgang von Feuerbach, sieht in der G.konzeption die Entfremdung des Bewußtseins des gesellschaftlich arbeitenden sinnlichen Menschen; Nietzsche kritisiert sie als die lebensverneinende (das „Werden" auf ein ewiges „Sein" hin feststellende) Gestalt des Willens, der er den „G. der Erde" entgegensetzt; nach Klages zerstört der aufs Allgemeine zielende G. die Beziehung des Lebens und Erlebens auf das Konkrete und ist so der „Widersacher der Seele". Der späte Scheler versteht G. als das dem Leben entgegengesetzte Prinzip, dessen Ohnmacht aber im Menschen mit der Macht des Dranges kompromißhaft zusammenkommt. – Das metaphysische G.thema wandelt sich einerseits in das Problem der ↗Geschichte und Geschichtlichkeit des endlichen menschlichen G.es, der offenbar nicht restlos in seine Endlichkeit verfangen sein kann, wobei die auf Hegel zurückgehende Unterscheidung des G.es je einer Zeit und des oberflächigen Zeit-G.es bedeutsam bleibt. Und es geht andererseits ein in die Frage der ↗Anthropologie nach der Naturherkunft des Menschen, an dem dennoch eine entscheidende Differenz gegenüber der Natur sichtbar sein soll, die das spezifisch Menschliche kennzeichnet.

Geisteswissenschaften, eine Gruppe innerhalb der Erfahrungswissenschaften, welche die Erscheinungen der Welt, sofern sie nicht der Natur, sondern dem menschlich-geschichtlichen Geist entstammen, erforschen und deshalb sich auch methodisch von den Naturwissenschaften unterscheiden. Der Raum der G. ist so die Geschichte in ihren Bereichen (Philosophie, Religion, Sprache, Literatur, Kunst, Recht, Gesellschaft usw.). Hegel unterschied neben seiner Logik als Wissenschaft der reinen Idee (des Denkens) die Wissenschaften der Natur und des Geistes, freilich von einem durchgängigen geschichtsphilos. Erfahrungsverständnis her. Um die theoretische Grundlegung der G. als empirischer Wissenschaften, wie sie sich auch als historische Wissenschaften ausgebildet hatten und in denen der Erfahrungsbegriff von der hegelschen Bedeutung gelöst erschien (hierzu: E. Rothacker, Logik und Systematik der G., 1926, ³1948), bemühte sich bes. ↗Dilthey: Naturwissenschaften „erklären" Dinge und Vorgänge als wiederholbare „Fälle" aus einem allg. kausalgesetzlichen Zusammenhang der Natur, G. suchen geschichtlich einmalige Zeugnisse und Ereignisse aus ihrem übergreifenden geistigen Sinnzusammenhang her zu „verstehen". Ähnlich stellt u. a. ↗Rickert den Naturwissenschaften mit ihrer „generalisierenden" Methode, die von der Individualität und ihrem Wert absieht, die Geschichts- allg. die ↗Kulturwissenschaften gegenüber: Deren „individualisierende" Methode will das Individuelle in seiner geschichtlich-kulturellen einmaligen Bedeutung, seiner Stellung in einem Wertzusammenhang erkennen. Entsprechend unterscheidet W. ↗Windelband zwischen „nomothetischen" oder Gesetzeswissenschaften und „ideographischen" oder Ereigniswissenschaften. Über diese Bestimmungen hinausgehend hat die ↗Hermeneutik in Fortführung von Ansätzen Schleiermachers und Diltheys die G. und die ihnen eigene Erkenntnisweise des ↗Verstehens zu thematisieren gesucht. Für J. Ritter u. a. haben die G. den Geschichtsverlust der modernen, vorherrschend naturwissenschaftlich-technisch geprägten Welt zu kompensieren.

Geltung, in der Wertphilosophie des 19. Jh. (Lotze) wichtig gewordene Bezeichnung für eine bestimmte Wirklichkeitsart, das „Gelten" (neben der Seinswirklichkeit und Ereigniswirklichkeit). Ähnlich auch der Neukantianismus: Tatsachen existieren, die nicht-realen, irrealen Werte dagegen (auch die objektiven) „gelten" (Rickert).

Gemeinschaft, eine „innerlich" durch Übereinstimmung im Lebensgefühl und in den Maßstäben des Denkens und Handelns verbundene Gruppe (Familie, Gemeinde, religiöse G.en u. a.). Schon im 19. Jh. (bes. in der Romantik) beginnt die kritische Unterscheidung von G. und Gesellschaft, die schließlich bei F. Tönnies zur scharfen Entgegensetzung führt: Gesellschaft ist dann nur die „äußerliche", zweckrational hergestellte Beziehungsordnung individualistischer Interessen. Das Begriffspaar steht in manchem in Parallele zu dem von Kultur und Zivilisation. Soziologie und Sozialphilosophie setzen demgegenüber heute meist eine mehrfache Stufung zwischen G. und Gesellschaft nach Intimitätsgraden an oder verzichten auf den Begriff G., der freilich, sei es auch in ausgeweiteter Form (z. B. „Sprach-G.", „Kommunikations-G.") stets auch wiederkehrt.

Gemeinwohl (lat. bonum commune), das Wohl des Ganzen eines Gemeinwesens, das sich zwar von den Interessen des Einzelnen unterscheiden und ihnen entgegengesetzt sein kann, dennoch das ist, durch dessen Teilhabe und Mitwirkung das rechte Wohl auch des Einzelnen nur gewährleistet ist. Nach Platon und Aristoteles beruht es in der Ausrichtung der sozialen gesetzlichen Ordnung auf das „Gute" und der davon herzuleitenden Gerechtigkeit und Gleichheit. In der Scholastik des Mittelalters verbunden mit der Lehre vom höchsten Gut, Gott, und seinem ewigen Gesetz (lex aeterna), in der Aufklärung mit der vom ↗Naturrecht (Pufendorf, Thomasius) und vom Gesellschaftsvertrag (Hobbes u. a.). Die genaueren inhaltlichen Bestimmungen des Guten, des Wohls, der Gerechtigkeit und Gleichheit sind geschichtlichen Wandlungen unterworfen. Gegenüber der einseitigen Betonung des Vorrangs des Allgemeinen (wie im Kollektivismus) oder des Individuellen (Individualismus) hat der Gedanke des G.s kritische Bedeutung.

Generalisierung (von lat. generalis, auf die Gattung bezogen, allgemein), der Fortgang vom Besonderen zum Allgemeinen, insbes. im induktiven Schluß; ↗Induktion.

Generatio (lat. Übersetzung von griech. genesis, Entstehung, [Er]zeugung), allg. die Entstehung, insbes. des Lebendigen. Auf Aristoteles zurück geht die Unterscheidung in *g. aequivoca*, die Erzeugung aus dem auch dem Wesen nach Verschiedenen (z. B. die Ur- oder Spontanzeugung niederer Lebewesen aus dem Schlamm durch den Einfluß der wärmenden Sonne, heute: die Evolution des Lebens aus anorganischer Materie aufgrund chemisch-physikalischer Gesetze) und die *g. univoca* durch ein Lebewesen, das nur individuell verschieden, dem Wesen nach gleich ist („Der Mensch zeugt den Menschen").

Gentile, *Giovanni,* italien. Philosoph und Pädagoge, * 1875 Castelvetrano, † 1944 Florenz (als Anhänger des Faschismus von Widerstandskämpfern erschossen). Im Anschluß an Spaventa, Fichte, Hegel entwickelte er seine Philosophie des „aktualistischen Idealismus": Alles Reale ist dem schöpferisch hervorbringenden Akt des Geistes immanent.

Gerechtigkeit (griech. dikaiosyne, lat. iustitia), a) oberstes Prinzip des Rechts (in Rechtsetzung und Rechtsprechung), so daß dieses sich an der Forderung der G. ausrichten muß, um „richtiges" (sittlich begründetes) Recht zu sein, b) als menschliche Tugend die sittliche Grundhaltung, die im Zusammenleben mit anderen jeden gleich behandelt (↗Gleichheit), d. h. aber auch, jedem das ihm Zustehende (das „Seine") zukommen läßt. In der Naturrechtslehre ist deshalb G. der oberste Grundsatz des überpositiven, das gesetzte Recht erst rechtfertigen könnenden ↗Naturrechts, und in der ethisch-philos. Tradition oft als die grundlegende der Kardinaltugenden genannt, so bei Platon und Aristoteles, wo sie als vierte den Einklang der drei übrigen (Weisheit, Tapferkeit, Maßhaltung) leistet. Näherhin werden gewöhnlich unterschieden: die Tauschgerechtigkeit (iustitia commutativa) zwischen Einzelnen; die allgemeine oder gesetzliche

G. (iustitia generalis, legalis) im Verhältnis der Einzelnen zum sozialen Ganzen unter dem Richtmaß des Gemeinwohls; die austeilende G. (iustitia distributiva) im Verhältnis vom sozialen Ganzen zu den Einzelnen, die am Gemeinwohl teilzuhaben berechtigt sind.
– Was inhaltlich genauer unter „gleich" verstanden und als das „Seine" anerkannt wird, ist nicht für alle Zeiten festzulegen, sondern Aufgabe einer je geschichtlichen Entscheidung.

Geschichte, der zeitliche Geschehenszusammenhang eines menschlichen Lebens (Lebens-G.) und umfassenderer regionaler Lebensgemeinschaften bis hin zur Menschheits-G. (Universal-G., Welt-G.). Er ist wesentlich durch vergangene, nicht mehr rückgängig zu machende Ereignisse bestimmt, worunter erinnerbar bes. solche herausragen, die dem Verlauf entscheidende Anfänge, Wendungen, Abschlüsse brachten. Doch ist G. nicht nur ein vergangener purer Tatsachenbestand. Vielmehr, weil in der ↗Geschichtlichkeit des Menschen gründend, wirkt er einmal in den Ereigniszusammenhang der Gegenwart (Gegenwarts-G.) hinein fort, nicht als schlechthin zwingend, aber den Raum der Lebensmöglichkeiten beschränkend; sodann ist das geschichtlich Vergangene stets je gegenwärtig nur in einer bestimmten Sinnauslegung (Perspektivik) seiner Bedeutung; und ferner begrenzt, aber auch eröffnet die Vergangenheits- und Gegenwarts-G. zukünftige geschichtliche Ereignisse und neue Bedeutungsauslegungen. Darin bekundet sich die für die Geschichtlichkeit und G. konstitutive endliche ↗Freiheit der Entscheidung zu dem, was der Mensch sein und wie er die Gestalt seines Lebens und Zusammenlebens denkend und handelnd als wirkliche will. – Die sprachliche Darstellung und Weitergabe wird ebenfalls G. genannt. Sie ist in der Zeit der mißverständlich so gen. Vor-G. mündliche Überlieferung und der Sinnzusammenhang der erzählten Ereignisse („Geschichten") durch den Mythos geleitet. Die schriftsprachliche Überlieferung beginnt bei den Griechen (Herodot, Thukydides) und Römern (Livius, Tacitus) und führt über die Chroniken des Mittelalters zu den Anfängen wissenschaftlicher G.sschreibung in der Aufklärung mit dem allgemeinen Deutungsmuster des Fortschritts zur Humanität, zur Romantik mit der Betonung der je eigenen Bedeutung historischer Individualitäten, schließlich zur G.swissenschaft des 19. Jh., die ihre Theorie der G. und ihre kritische Methode selbst grundzulegen sucht (Ranke, Droysen). Dies geschieht in Abkehr von geschichtsphilos. Systemkonstruktionen der G. als prinzipiell, von einem Anfang an auf ein (einziges) Ziel hin, festgelegt zu denkende und zu erkennende Entwicklung (↗Evolution). Angesichts der Probleme, die sich im Blick auf G. als fortgehendes Werden ohne haltgebende absolute Erkenntniswahrheiten und handlungsverpflichtende Normen erheben und die im ↗Historismus ins Bewußtsein dringen, bleibt G.sphilosophie dennoch nötig. Sie sucht den Gegensatz von Absolutheitsforderung und Relativität der geschichtlich erscheinenden Lebens- und Weltauffassungen zu überwinden im Begriff der Geschichtlichkeit (zurückgehend auf Dilthey und Yorck von Wartenburg [Briefwechsel, hrsg. 1923], zu einem Grundbegriff im existenzphilos. Denken geworden). Zugleich bemüht sie sich mit dem Begriff des ↗Verstehens um die methodische Grundlegung der auf G. gerichteten ↗Geisteswissenschaften (Dilthey, Gadamer; ↗Hermeneutik). Auch die Einsicht, daß *die* G. nur in der Pluralität von perspektivisch erinnerbaren und erzählbaren Geschichten verläuft (A. Danto, W. Schapp, H. Lübbe u. a.), läßt die alte Frage nach Ursprung, Ziel, Sinn der G. nicht verstummen (vgl. K. Jaspers, Vom Ursprung und Ziel der G., 1949).

Geschichte der Philosophie ↗Philosophiegeschichte.

Geschichtlichkeit, der das Menschsein kennzeichnende Grundzug, 1. sich in einer ihm schon vorgegebenen Welt zu finden, die sowohl durch fortwirkende, nicht mehr rückgängig zu machende Vergangenheit als auch durch die noch nicht entschiedenen, aber unausweichlich zu entscheidenden Zukunftsmöglichkeiten mitbestimmt ist, 2. in der Spannung zwischen Verfügtheit und Freiheit diese jeweils gegenwärtige Welt in aneignender oder auch distanzierender Auseinandersetzung zu übernehmen und damit 3. sich selbst seine wesentliche Gestalt geben und verwirklichen zu müssen und zu können. Die geschichtliche ↗Gegenwart ist so die Entscheidungszeit, in der das, was schon wirklich ist, als Chance für zukünftig Mögliches ergriffen oder verfehlt wird (↗Augenblick, ↗Kairos). Der Begriff G., vorgebildet im Geschichtsdenken des 19. Jh. (bes. bei Hegel), tritt hervor im Briefwechsel Dilthey – Yorck von Wartenburg (hrsg. 1923), wo er die „generische Differenz von Ontischem und Historischem" kennzeichnet. Zentrale Bedeutung erhält er vor allem in der ↗Existenzphilosophie (Heidegger, Jaspers) und der philos. ↗Hermeneutik (Gadamer).

In dieser Sicht wurzelt ↗Geschichte in der G. des Menschen. Sie ist Welt- und zugleich Wesensgeschichte des Menschen. „Historisch" sind demnach jene Ereignisse, mit denen tiefgreifend ein Wandel der Welt (↗Epoche) geschieht und darin der Wesensgestalt des Menschen, wie sie sich in den Bildungen der Kunst, der Religion, der Politik usw. darstellt. Die G. sprengt jede Festlegung des Denkens und

Handelns auf überzeitliche Wissens- und Wertsysteme. Die damit vorausgesetzte G. auch der Wahrheit führt nicht zwangsläufig in den Relativismus. Die sich bescheidende Einsicht, daß kein menschliches Welt- und Selbstverständnis als einzig und allein maßgeblich wahres bestehen kann (⁊Historismus), soll verbunden sein mit der Anerkenntnis, daß jede Epoche unbeliebig-unwiederholbar und damit *als* zeitliche *absolut* ist, d. h. einen unbedingten Wahrheits- und Gültigkeitsanspruch bezeugt.

Geschichtsphilosophie, die philos. Frage nach Wesen und Sinn der Geschichte und ihre Erhellung durch ein vernünftig begründetes „Bild" von der ⁊Geschichte im ganzen. Als eigene Disziplin bildete sie sich erst seit dem 17./18. Jh. heraus (den Begriff prägte Voltaire). – Die Antike kannte keine solche G. Sie faßt Geschichte in Analogie zur Natur als kreisläufig wiederholtes („zyklisches") Geschehen in Aufgang und Niedergang. Im hebräisch-biblischen, messianischen Glaubensverständnis dagegen ist sie als eine einmalig zielgerichtete („lineare") Geschichte Gottes mit seinem Volk erfahren. Der christliche Glaube erweitert ihre Bedeutung menschheitsgeschichtlich und versteht sie als Ereigniszusammenhang von Schöpfung und Fall, dem alten Bundesschluß, dem neuen durch Menschwerdung, Tod und Auferstehung Christi, und seiner noch ausstehenden Wiederkunft. Entscheidend wird die Selbstklärung dieses Heilsgeschichtsglaubens mit Begriffsmitteln der überlieferten griechischen Metaphysik in der Geschichtstheologie Augustins. Mit Joachim von Fiore beginnt die inhaltliche Verbindung von Heilsgeschichte und Weltgeschichte. In der ⁊Aufklärung löst sich die Geschichtsauffassung von den theologischen Bindungen, weshalb die entstehende G. später als „Säkularisierung" der Geschichtstheologie interpretiert werden konnte (K. Löwith), sie ist aber im Unterschied zu dieser weitesthin durch den (weltimmanenten) Fortschrittsoptimismus geprägt. Für Kant läßt sich ein Sinnzusammenhang der Geschichte im ganzen und bes. ihr Fortschritt nicht wissenschaftlich begründen, er sieht aber hoffen lassende „Geschichtszeichen" (Französ. Revolution) und hält an der Idee einer weltbürgerlichen Gesellschaft und eines ewigen Friedens fest. Herder nimmt Ansätze u. a. Vicos (Kulturzyklentheorie) auf, widerspricht der Fortschrittsbehauptung (der göttliche Geschichtsplan des „Ganzen" bleibt uns verborgen), will die unvergleichliche Eigenbedeutung des geschichtlich Individuellen und der einzelnen Epoche anerkennen und wirkt damit insbes. auf die Romantik. Die G. des deutschen Idealismus findet ihre geschlossenste Gestalt in Hegel: Durch die menschliche Geschichte geschieht die Bewußt- und Selbstbewußtwerdung als Zu-sich-Kommen des absoluten göttlichen Geistes. Dagegen die von Marx ausgehende materialistische G.: Geschichte ist der durch Arbeits- und gesellschaftliche Klassenteilung gekennzeichnete materielle Produktionsprozeß mit dem Ziel der versöhnten klassenlosen Gesellschaft und der Versöhnung mit der Natur. Die positivistische Geschichtsauffassung Comtes will im Geschichtsgang einen Fortschritt vom religiösen über das metaphysische zum wissenschaftlichen Zeitalter erkennen. Von einer durchgängigen Gesetzlichkeit eines einzigen Prozesses und den damit verbundenen „metaphysischen" Voraussetzungen rücken die theoretischen Begründungen der empirischen Geschichtswissenschaft seit dem 19. Jh. (Ranke, Droysen) zunehmend ab. Auch im Neukantianismus der Südwestdeutschen Schule mit seiner methodologischen Begründung der Geschichts- und Geisteswissenschaften ist eine Universalgeschichte kaum Thema. Mit dem Vordringen kulturmorphologisch vergleichender und erneut die Kreisläufigkeit heraushebender Betrachtungsweise (Frobenius, zuletzt bes. Toynbee) kommen die Verfallsphänomene in Geschichtsprozessen in den Blick (Nietzsche, Spengler). Seit Dilthey wird das „Verstehen" des Geschichtlichen zentrales Thema, und angesichts der Pluralität der geschichtlichen Welten wird das Problem des ↗Historismus bewußt (Troeltsch). Den damit andrängenden Relativismus zu vermeiden und die Vereinbarkeit von absoluter Sinnforderung und zeitlich-wandelbarer Erfahrungssituation zu denken bemüht sich die philos. ↗Hermeneutik mit dem Begriff der Geschichtlichkeit.

Gesellschaft, im weiten Sinn das Zusammenleben von Menschen, insofern es durch bestimmte Regeln für die Beziehungen und Verhaltensweisen zu einer gewissen Einheit geordnet ist (in Familienform, Sitte, Recht, Produktionsweise usw.), im engeren Sinn bezeichnet G. die Form, wie Über- und Unterordnungsverhältnisse geregelt sind (Kasten-G., Stände-G., Klassen-G. usw.). Da diese G.sordnung ihren wesentlichen Ausdruck im Recht findet, verengte sich der Begriff im 19. Jh. auf den der „bürgerlichen G.", d. h. auf die Form, wie die (bes. wirtschaftlichen) Privatinteressen der Einzelnen rechtlich unter Berufung auf die staatliche Autorität (aber ohne der eigentlichen staatlichen Sphäre anzugehören) zu geregeltem Austrag kommen. – Die G. kommt nicht nachträglich zum individuellen Menschsein hinzu (wie in der hypothetisch vorgestellten Übertragung von ursprünglichen Freiheitsrechten der Individuen durch G.svertrag bei Rousseau u. a.). Der Mensch ist grundsätzlich von seinem Wesen und tatsächlich durch seine Geburt in die G. einbezogen, freilich ohne daß er als bloße Funktion des gesellschaftlichen Ganzen aufgefaßt werden dürfte.

Gesetz, allg.: jede Regel oder Norm des Geschehens in Natur oder geschichtlich-gesellschaftlichem Leben, des Denkens oder des Handelns, in einer Vielzahl unterscheidbarer Bedeutungen, z. B.: der Form nach empirische und apriorische G.e, Wahrscheinlichkeits- und Notwendigkeits-G.e; dem inhaltlichen Bezug nach Natur-G.e (der Physik im weitesten Sinn) und solche des Denkens (der Logik) und des der Freiheit entspringenden Handelns (der Ethik) mit je weiteren Unterteilungen (im Handlungsbereich z. B. moralisches, politisches, Rechts-G. usw.). Der Begriff ist ursprünglich aus dem griech. Rechtsdenken (vgl. ↗Nomos) hervorgegangen und zeigt sich dann mit seinen mehreren Anwendungsmöglichkeiten als analoger Begriff.

Gestalt, in der Geschichte der Ästhetik vorgebildeter Begriff, von Ch. von Ehrenfels in die Psychologie (*Gestaltpsychologie, Gestalttheorie*; „Über G.qualitäten", 1890) eingeführt, steht in der Nähe zu dem des ↗Ganzen. Die G. hat eine eigene Qualität, die nicht nur die Summierung der Eigenschaften der Teile ist (1. Ehrenfels-Kriterium), aber zerstört wird durch Veränderung auch nur eines Teils, jedoch erhalten bleibt, wenn sämtliche Teile gleichmäßig (bei Wahrung der Proportionen) verändert werden.

Geulincx, *Arnold,* niederländ. Philosoph, * 1624 Antwerpen, † 1669 Leiden. Lehrte in Löwen und Leiden. Er bildete die Philosophie Descartes' zum (später so genannten) ↗Okkasionalismus um und suchte damit die Problematik des cartesischen Dualismus zu lösen: Seelische und körperliche Vorgänge verhalten sich wie zwei Uhren, die durch Gott fortwährend auf Gleichlauf abgestimmt werden.

Gewalt, nach Kant, der die Naturrechtsdiskussion um ↗Macht und G. klärt, ist die Macht dann G., „wenn sie auch dem Widerstande dessen, was selbst Macht besitzt, überlegen ist", wodurch erst auch die bürgerliche Rechtsordnung (Freiheit unter Gesetzen) gegen die Einzelinteressen durchgesetzt werden kann. Nach Hegel ist G. das „Äußerliche" der Macht, ihre „Erscheinung", insbes. als Verfügung über Besitz und als Staats-G. gegen die Verletzung rechtmäßiger Eigentumsverhältnisse. Marx setzt der politischen G. des Staates der besitzenden Klasse die revolutionäre G. des Proletariats zur Herbeiführung der klassenlosen und somit „gewaltfreien" Gesellschaft entgegen. – Da legitime (in demokratischen Gesellschaften durch Volksentscheidungen legitimierte) Macht in bestimmten Konfliktfällen nicht auf G. verzichten kann, muß deren Ausübung kontrolliert und beschränkt werden. Vorzügliches Mittel hierzu (seit Locke und bes. Montesquieu, vorgebildet bereits bei Aristoteles) ist die G.enteilung (Legislative, Jurisdiktive, Exekutive).

Gewissen, ursprüngliches, wenn auch schwer zu fassendes Phänomen in der Auseinandersetzung des Einzelnen mit sich und den Mitmenschen. Von Sokrates beschrieben als innere „Stimme" (↗Daimonion), die warnt, bei der aber weder das Woher unmittelbar deutlich noch das inhaltlich Gesagte genau angebbar ist. Diese wesentliche Unbestimmtheit bleibt, auch wenn das G. formal-abstrakt gekennzeichnet werden kann: sein Ruf-Charakter, seine Unverwechselbarkeit, seine Bezogenheit auf das Handeln im Lebenszusammenhang im ganzen, das „schlechte G." als auffälligste Weise der G.serfahrung (Vorrang des Differenzerlebnisses im „Innersten" des Menschen) u. a. Bezüglich des Woher des G.srufs sind deshalb auch unterschiedliche Deutungen der „Stimme" möglich. In der christlichen Glaubenstradition und der damit verbundenen metaphysischen Philosophie ist sie der Anruf Gottes, in der Existenzphilosophie ist es (bes. bei Heidegger) das menschliche Dasein selbst, das sich in seine eigentlichen Möglichkeiten vor-ruft. Beidemal aber wird ein ausdrücklicher Bezug des G.s zu ↗Freiheit und ↗Willen herausgehoben und seine grundlegende sittliche Bedeutung dafür, daß ↗Verantwortung erfahren und eingefordert werden kann. Doch darf das G. nicht schlechthin mit den Inhalten des sittlichen Bewußtseins gleichgesetzt werden, das stets mitgeprägt ist durch gesellschaftliche Entwicklung, Bildung, Erziehung usw. Das G. ist zwar immer in konkret-geschichtlicher ↗Situation. Die restlose Rückführung des G.s jedoch auf das „Milieu", wenn es z. B. ausschließlich empirisch-psychologisch als Ergebnis der Internalisierung gesellschaftlicher Normen verstanden wird, beseitigt das G.sphänomen ebenso wie eine verengte Situationsethik die für das G. wesentliche mitmenschliche Verantwortlichkeit. Die Möglichkeit objektiv unrichtiger G.sentscheidung (nämlich bei mangelhaft gebildetem inhaltlichem Wissen oder Irrtum des urteilenden sittlichen Bewußtseins) schränkt die G.sfreiheit in bestimmten Fällen (und nur in bezug auf die öffentliche Ausübung) ein. Andererseits begründet die Unbedingtheit des G.s in Grenzfällen (bei Einsicht in die Unsittlichkeit einer Anordnung) ein Widerstandsrecht des Einzelnen gegenüber der auftretenden Autorität.

Gewißheit, die Sicherheit des Erkenntnis-Subjekts hinsichtlich der restlosen sachlichen Begründetheit und damit Unbezweifelbarkeit seiner Erkenntnis (Urteil, Aussage) über einen gegenständlichen („objektiven") Sachverhalt (vgl. ↗Evidenz). Die G. ist so G. über die ↗Wahrheit als Übereinstimmung der Vorstellungen im Bewußtsein und der Sache selber. In der Antike (Platon) und im Übergang von ihr zum Mittelalter (Augustinus) wird die G. bes. bei der Abwehr des Skeptizismus zum Thema. In der neuzeitlichen Philosophie seit Descartes, die vom ↗Bewußtsein und seiner Selbstleistung ausgeht, wird G. (lat. certitudo) zu einem philos. Fundamentalbegriff. Je nach der Gegebenheits- bzw. Vermittlungsweise der Gründe für die mit G. behauptete Wahrheit der Urteile oder Sätze werden u. a. unterschieden (nach Vorzeichnung bei Kant) die assertorische G. empirischer, auf Erfahrung angewiesener Aussagen und die apodiktische G. logischer Aussagen, die nur dem Prinzip des zu vermeidenden Widerspruchs unterstehen.

Gigon, *Olof,* Schweizer Philosoph, * 1912 Basel, † 1998. 1939 Prof. in Freiburg i. Ü., 1948 Bern. Bedeutender Philosophiehistoriker, insbes. der antiken Philosophie, deren Beitrag zur Klärung gegenwärtiger systematischer Problemstellungen er zu erschließen suchte.

Gilson, *Étienne,* französ. Philosoph, * 1884 Paris, † 1978 Cravant. Lehrte in Paris und Toronto. Einer der führenden Erforscher der mittelalterlichen Geisteswelt.

Gleichheit, 1) die Übereinstimmung von Unterschiedenem im gemeinsamen Wesen (Wesens-G.; vgl. ↗Identität), 2) in der Staats-, Rechts- und Sozialphilosophie benennt G. ein grundlegendes Problem der Stellung des Einzelnen im politischen und gesellschaftlichen Gefüge. Die Forderung der G. gründet sich auf die „allg. Menschennatur" (↗Naturrecht), daß nämlich alle denselben sittlichen Verpflichtungen unterworfen, aber gleicherweise mit ursprünglichen Rechten ausgestattet (in theologischem Verständnis als Geschöpfe „vor Gott gleich") sind. Angesichts der tatsächlichen Un-G. im gesellschaftlichen Leben wird deren Entstehung erklärungsbedürftig. Rousseau z. B. führt sie auf die Kulturentwicklung zurück. Sie rührt hauptsächlich her von Unterschieden des ererbten und erworbenen Besitzes. Totale G. ist zwar schon wegen unterschiedlicher individueller Naturanlagen nicht zu verwirklichen. Aber in der Bedeutung der G. vor dem Gesetz, der Stimmen-G. usw. wurde sie seit der Französ. Revolution (Erklärung der allgemeinen Menschenrechte, 1789) als Grundrecht in die modernen Verfassungen aufgenommen, verbunden mit der Idee der Chancen-G. und der G. der menschlichen Würde eines jeden.

Glockner, *Hermann,* * 1896 Fürth, † 1979 Braunschweig. 1930 Prof. in Heidelberg, 1933 Gießen, 1951 Braunschweig. Untersuchungen zum deutschen Idealismus und insbes. Hegel, Hrsg. einer Gesamtausgabe Hegels (20 Bde., 1927 ff.) und eines Hegel-Lexikons (2 Bde., 1936–39).

Glück, das Eintreffen eines zwar erhofften, aber unwahrscheinlichen, jedenfalls nicht durch Planungs- und Verwirklichungsvermögen allein herbeizuführenden günstigen Ereignisses oder günstiger Umstände (G. haben), insbes. aber der Zustand der menschlichen Wesenserfüllung, der die Wünsche und Bestrebungen gelten (das Glücklichsein; griech. eudaimonia [↗Eudämonie], lat. beatitudo). Was näherhin die Glückseligkeit ausmacht (Besitz, Ehre, Lust oder Gemütsruhe usw.), wird in den eudämonistischen Formen der Ethik unterschiedlich bestimmt. Kant setzt jedem ↗Eudämonismus seine Ethik der Pflicht entgegen, wonach die Pflichterfüllung „Befriedigung" gewährt, Glückseligkeit aber direkt erstrebt und selbst geleistet, sondern nur erhofft werden kann, daß sie (von Gott) „hinzugegeben" werde.

Gnosis (griech., Erkenntnis), bei Platon Erkenntnis des Wahren, insbes. der Idee des Guten. In der griech. Übersetzung der hebräischen Bibel (Weisheitsliteratur) Erkenntnis Gottes und Einsicht in die Ordnung des rechten Lebens. Ähnlich im Neuen Testament (Paulus) und bei den Apostolischen Vätern die Erkenntnis vor allem der christlichen Glaubensgeheimnisse in der Erleuchtetheit durch den Heiligen Geist.

Die außerchristliche G., oft kritisch abwehrend als Gnostizismus bezeichnet, vereinigt jüdische, christliche, persische, babylonische, ägyptische, griechische Elemente in einer Vielzahl von gnostischen Systemen. Sie verstand sich als rational nicht zu vermittelnde, mystisch-spekulative Weisheitslehre, durch die ihre Adepten Erlösung gewinnen. Sie ist weithin geprägt durch einen extremen ↗Dualismus (der [göttliche] Geist, das Gute, die Materie, das Böse) und durch die Deutung der Weltentstehung als ↗Emanation. Der Logos (Christos) lehrt den Weg des Aufstiegs des menschlichen Geistes durch Überwindung und Abscheidung des Materiellen, in Stufen vom fleischlichen (Hyliker) über das seelische (Psychiker, auch Pistiker = einfacher Gläubiger) zum geistigen Wesen der Eingeweihten (Pneumatiker). Die G. blühte bes. im 2. Jh. nC. und ging im 3. Jh. im Manichäismus auf. Die ältesten Gnostiker sind u. a. Simon der Magier und Menander, beide aus Samaria, später in Alexandrien Basilides und Valentinus, in Syrien Saturninus, Tatian, Julius Cassianus, Marcion, Karpokrates u. a. Schriften sind wenige erhalten. Viele gnostische Lehren sind in den Schriften der diese Gnostiker bekämpfenden Kirchenväter berichtet (Justin, Irenäus, Tertullian, Hippolyt u. a.). Neben der G. im Sinn des Neuen Testaments vertraten bedeutende Theologen und Philosophen auch Lehren, die im Zusammenhang stehen mit diesen gnostischen Systemen (Origenes bes. und Klemens von Alexandrien). Die G. blieb eine wiederholt durchbrechende Grundhaltung in der europäischen Geistesgeschichte, im Mittelalter bei den Albigensern, den Spiritualen, in der Neuzeit in verschiedenen Formen des „Geistchristentums", im 19. Jh. in der von H. P. Blavatsky und H. S. Olscott begründeten Theosophie und danach in der Anthroposophie R. Steiners.

Gorgias aus Leontinoi (Sizilien), griech. Philosoph, um 483–375 vC. Schüler des Empedokles. Repräsentant der ↗Sophistik. Sein skeptischer Dreischritt: 1. Es ist nichts; 2. wäre etwas, könnte es doch nicht erkannt werden; 3. wäre etwas und könnte es erkannt werden, so wäre die Erkenntnis doch nicht mitteilbar.

Gott (griech. theos, lat. deus), aus der religiösen Erfahrung und ihrer Sprache ins philos. Denken übernommene Benennung für den Ursprung, von dem her und auf den zu (als ↗Grund und ↗Ziel) alles, was ist, Ordnung und Sinn hat und der in der metaphysischen Philosophie vom menschlichen Welt- und Selbstverstehen aus als ↗Sein und ↗Geist ausgelegt wird. Die unterschiedlichen näheren Bestimmungen stehen stets in einem Bezug je zu einer geschichtlich sich wandelnden religiösen Erfahrungs- und Sprachwelt des Menschen. So wird bei den Vorsokratikern in der Loslösung vom polytheistischen Mythos, aber im Bemühen, gegen die beginnende Skepsis die Gegenwart des Göttlichen in der Welt zu wahren, der Urgrund (Anaximander), das unwandelbare Sein (Parmenides), der Logos (Heraklit), der Nous (Anaxagoras) als G. oder Göttliches bezeichnet. Für Platon ist G. der Demiurg, der im unverstellten Blick auf die Ideen aus dem chaotischen Raum die Welt bildet, für Aristoteles das reinste und höchste Wirkliche (energeia) als das in sich selbst ruhende Denken des Denkens (noesis noeseos), zu dem alles bewegliche (aus Möglichsein und Wirklichsein „gemischte") Seiende hinstrebt wie das Liebende zum Geliebten. Plotin und der Neuplatonismus verstehen G. als das überseiende Ur-Eine, aus dem in einer Stufenfolge von Wesenheiten die Vielheit des Seienden ausfließt (Emanation). In der christlichen Philosophie der ausgehenden Antike und des Mittelalters ist, wie auch in der arabisch-islamischen und jüdischen, G. der überweltliche Schöpfer (der in biblischer Bezeugung die Welt „aus nichts" schuf). Für Augustinus ist er die Wahrheit selbst, der den menschlichen Geist erleuchtet (illuminatio). Anselm von Canterbury denkt ihn als den, der das Nur-Gedachtsein durch den menschlichen Geist unendlich übersteigt, so daß Gottes Sein wesensnotwendig sein Dasein besagt. In der Scholastik (Thomas von

Aquin) ist G. der aus sich selbst Seiende, der nicht Sein „hat", sondern notwendigerweise das Sein selbst „ist" (ipsum esse subsistens), sich in vollkommener Wirklichkeit (ohne „Mischung" mit Möglichkeit) besitzt (actus purus, ↗Akt) und vom Endlichen aus nur in analoger Weise (↗Analogie) erkannt werden kann (vgl. ↗Gottesbeweis). Die Spannung in der Einheit und zugleich Unterschiedenheit des Seins G.es und des weltlichen Seins wird ausdrücklich in der Lehre des Nikolaus von Kues von der göttlichen Wahrheit als ↗coincidentia oppositorum, sie erscheint gelöst in der mystischen Einigung der Seele mit Gott (Eckhart; ↗Mystik). Sie bricht auseinander im neuzeitlichen ↗Deismus, der G. als Schöpfer der Welt, aber ohne weiteres Eingreifen in sie hinein, auffaßt, und fällt zusammen im ↗Pantheismus, der G. und Welt in eins setzt. Die Spannung bleibt ebenso nicht gewahrt, wo G. als das Ersterkannte verstanden wird, in dem alles andere, das geschaffene Weltliche, erst erkennbar ist (↗Okkasionalismus und ↗Ontologismus); oder wo das Dasein G.es schlechthin (↗Atheismus) oder jedenfalls seine Erkennbarkeit (↗Agnostizismus) bestritten wird. Nach Kant ist G. nicht in theoretischer Reflexion zu erkennen, jedoch ein notwendiger Vernunftgedanke, und im Zusammenhang des Handelns aus Freiheit muß seine Realität in „sittlich-praktischer" Absicht postuliert werden. In Hegels dialektischem Idealismus ist G. das Absolute, das durch seine Selbstentäußerung in die Natur und zurück in der menschlichen Geistgeschichte als absoluter Geist zu sich kommt. Kierkegaard betont die gedankliche Unvermittelbarkeit von G. und Welt im christlichen Glaubensparadox der Menschwerdung G.es (vgl. ↗Dialektische Theologie). Feuerbach führt den G.esgedanken auf die entfremdende Selbstprojektion des menschlichen Sichdenkens und die Theologie in die Anthropologie zurück, Marx auf entfremdete gesellschaftlich-wirtschaftliche Produktionsverhältnisse, deren Revolutionierung ihn und die Theologie absterben lassen soll. Nietzsche interpretiert das G.denken als den schwachgewordenen Willen zur Macht, den zur Herrschaft gelangten Widerwillen gegen die Welt und ihrer Zeitlichkeit zugunsten eines illusionären ewigen Jenseits. Für (bes. den frühen) Wittgenstein ist G. wie der Sinn der Welt außerhalb der Welt, einer der Namen, die das „Mystische" nennen, das „es gibt", aber wovon nicht sinnvoll zu reden, worüber zu schweigen ist. Heidegger sieht in der metaphysisch-theologischen Gleichsetzung von Sein und G. und „höchstem Seienden" den Ausdruck der Seinsvergessenheit und der Entgöttlichung.

Gottesbeweis, Durchführung und Ergebnis eines Gedankenganges, durch den die Erkenntnis des Daseins Gottes sicher begründet werden soll, ohne Berufung auf übernatürliche Erleuchtung, sondern rein auf dem Vernunftweg. Die bedeutendsten G.e: Anselm von Canterburys später (seit Kant) so genannter ontologischer G. folgert aus dem Begriff Gottes („worüber hinaus Größeres nicht gedacht werden kann"), daß darin notwendig sein Dasein mitgedacht wird und er deshalb nicht nur gedacht sein kann, sondern auch „ist" (sonst wäre der Begriff von ihm nicht der, worüber hinaus ...). Diesem apriorischen G., der seit der Scholastik wiederholt abgelehnt, aber auch erneut aufgegriffen wurde, stellt Thomas von Aquin, teilweise in aristotelischer Weiterführung, fünf G.e a posteriori (quinque viae) gegenüber: aus dem Bewegtsein (sog. kosmologischer G.), Bewirktsein (Kausalbeweis), zufälligen So- und Dasein (Kontingenzbeweis), mehr oder weniger Vollkommensein (Stufenbeweis, der am stärksten platonische Denkweise zeigt) und dem Geordnetsein aller endlichen Dinge wird ein erstes Bewegendes, eine erste Ursache, ein absolut notwendiges, ein vollkommenes Sciendes, ein erster Ordner erschlossen. Zu beachten ist, daß die Begriffe „Bewegendes", „Ursache" usw. nicht in der Ebene univoker Bestimmungen des Endlichen liegen, sondern in analoger Bedeutung (↗Analogie) genommen sind. – Descartes stützt sich, Anselm ähnlich, auf den ontologischen Beweis, folgert aber auch ähnlich wie schon Augustinus aus dem sich als endlich wissenden Selbstbewußtsein das notwendig mitgewußte unendlich-bewußt Seiende. Kant führt alle G.e auf den ontologischen zurück und spricht diesem die Beweiskraft ab (in scharfer Trennung von Sein als Dasein und, sei es auch notwendig, Gedachtsein im Denken). Dagegen ist für ihn der moralische G. gültig: Gottes Dasein als Garant der Einheit von selbstgeleisteter Sittlichkeit des Menschen und erhoffbarer, von Gott hinzuzugebender Glückseligkeit. Hegel rehabilitiert den anselmischen G. als (wenngleich noch unentfaltete) Weise, wie die Erhebung des Menschen zu Gott sich für das Denken darstelle.

Grabmann, *Martin,* * 1875 Winterzhofen, † 1949 Eichstätt. Prof. in Eichstätt, Wien, seit 1918 München. Herausragender Erforscher der mittelalterlichen Philosophie und Theologie. Grundlegend u. a. seine „Geschichte der scholastischen Methode" (2 Bde., 1909–11).

Grenzsituation, von Jaspers eingeführter Begriff zur Kennzeichnung der in der Lebenserfahrung herausgehobenen Situationen, in denen das menschliche Dasein an die Grenze seiner objektivierenden Erkenntnis und seiner handelnden Verfügungsmacht stößt und „scheitert" (Kampf, Schuldigwerden, Leiden, Tod u. a.). Insofern der

Mensch überhaupt stets in Situationen gestellt ist, ist das Dasein im ganzen G., die er nicht selbst schlechthin geschaffen hat oder beseitigen kann. G.en eröffnen ihm die Möglichkeit, sich selbst als Existenz auf Transzendenz hin zu ergreifen (oder sich zu verlieren).

Grotius (de Groot), *Hugo*, niederländ. Jurist und Theologe, * 1583 Delft, † 1645 Rostock. Einer der ersten Vertreter der rationalistischen Naturrechtstheorie der Aufklärung, Systematiker des Staats- und Völkerrechts, von bestimmendem Einfluß auf die spätere Entwicklung (Pufendorf, Thomasius u. a.).

Grund (griech. arche, lat. principium, ratio, fundamentum), allg. das, wovon etwas anderes als Folge (oder, wenn G. im Sinn von Ursache gebraucht, als Wirkung) abhängt und ohne das es nicht sein oder gedacht werden kann. Demnach wird unterschieden:

a) in logischer Bedeutung der Erkenntnis-G. Damit ein Urteil (Aussagesatz) seiner Wahrheit gewiß sein kann, muß es durch unmittelbare Evidenz der beurteilten Sache oder durch ein anderes gewiß wahres Urteil begründet sein, aus dem es folgt und seine Wahrheit bewiesen ist. Die aufsteigende Reihe der Urteilssätze führt zu den allgemeinen Sätzen (Gesetzen) eines Sachbereichs und darüber hinaus zu letzten G.sätzen, die nicht mehr begründbar sind und einer Begründung nicht bedürfen, vielmehr unmittelbar einleuchten (z. B. Satz der Identität, des Widerspruchs usw.). In der metaphysisch-ontologischen Philosophietradition haben die obersten G.sätze als logische (des Denkens) deshalb zugleich reale (das Sein betreffende) Bedeutung. (Die schärfere Unterscheidung von „nur" logischem G. und realem Grund ergibt sich erst im Verlauf der neuzeitlichen Trennungsgeschichte von Denken und Sein, Logik und Ontologie).

b) Seins-G., Real-G., Sach-G. Vom vorsokratischen Beginn an ist Philosophie geleitet von der Frage nach dem G. Nach Aristoteles' „Erster Philosophie" geht sie auf die ersten Gründe des Seienden als solchen. Ihn weiterführend, lehrt die Scholastik (Thomas von Aquin) die vierfache Kausalität (πCausa), die im nachcartesischen Mechanismus auf die Effizienz-(Ursache-Wirkungs-)Kausalität eingeschränkt wird. Die Frage nach den Gründen führt metaphysisch-ontologisch zurück auf den ersten und letzten G., das Sein, und damit, in dieser Überlieferung, auf Gott. Für Descartes wird zwar das seiner selbst gewisse Bewußtsein der nächste sichere G. (↗fundamentum inconcussum) und sein ↗„cogito, ergo sum" zum ersten G.satz, doch gehört zu diesem Selbstbewußtsein unablösbar die Gewißheit auch des göttlichen unendlichen (Bewußt-)Seins als des G.es alles Endlichen. In Leibniz' „Satz vom zureichenden Grund" (nichts ist ohne G.) findet dieser Reflexionsgang seinen neuzeitlichen Ausdruck. Bei Kant hat dieser Grundsatz Gültigkeit nur für Gegenstände in der Erscheinungswelt, „G." erhält die Bedeutung von „Bedingung der Möglichkeit der [Erfahrungs-]Erkenntnis". Bei Schopenhauer kennzeichnet er die vierfache Gesetzlichkeit (physisch, logisch, mathematisch, ethisch) des die Welt vorstellenden Bewußtseins. Durch die Mystik hindurch (Dionysios Areopagita, Eckhart, Böhme, mit Nachwirkung bei Schelling) zieht sich freilich der Gedanke des (göttlichen) G.es (der selbst keinen G. mehr hat) als des ↗Abgrunds. Für Heidegger ist die (menschliche) Freiheit als Freiheit des Gründens und Begründens *der* G., der, weil als endlich-geschichtlicher seiner selbst nicht schlechthin mächtig (vgl. ↗Geschichtlichkeit), sich als „Abgrund des Daseins" erweist. Von hier aus zeigt sich Metaphysik (für den späteren Heidegger) als Begründungsdenken im Sinn des Wissens um die wiederholbare Herstellbarkeit des Seienden aus seinen Wesens- und Seinsgründen und somit als Vorbereitungsgeschichte der neuzeitlichen Wissenschaft und Technik.

Guardini, *Romano,* * 1885 Verona, † 1968 München. Theologe und Religionsphilosoph. Prof. in Breslau, Berlin, Tübingen, München. Eindringlicher Deuter großer Gestalten aus Philosophie und Dichtung (Augustinus, Pascal, Hölderlin, Rilke u. a.), Lehrer weltoffener Glaubenswirklichkeit in der Einheit und Unterschiedenheit des Weltlichen und Christlichen.

Gut (das Gute), im Gegensatz zum ↗Bösen das positive sittliche Prädikat des menschlichen Willens, wenn er mit sich selbst und d. h. mit dem, was er im Grunde will (nämlich das G.e), übereinstimmt. Was genauer das G.e sei, wird unterschiedlich bestimmt. Für Platon ist es die „Idee der Ideen" (agathon) bzw. die göttliche, Glückseligkeit (eudaimonia) gewährende Schau (theoria) dieser ewigen Wesensordnung der Erscheinungswelt. Die Ausrichtung des gemeinsamen Lebens im Staat darauf hin läßt auch den Einzelnen am G.en teilhaben. Aristoteles betont gegenüber der göttlichen theoria bes. dieses ethisch-politische „menschlich G.e" für die Lebenspraxis. In der Scholastik (Thomas von Aquin) ist das G.e transzendentale Bestimmung des Seins jedes Seienden; es ist in dem Maße gut, als ihm Seinsfülle eignet und dieser gemäß zu erstreben ist, in einer Stufung der Güter bis zum „höchsten G." (summum bonum), Gott, dessen Erlangung ewige Seligkeit (beatitudo) bedeutet. Die antike und mittelalterliche Ethik ist so weithin Ethik einer dem Wollen/Handeln vorgegebenen ontologischen Wesensordnung des G.en und der Güter. In der Neuzeit unterscheidet Kant scharf das relativ G.e als das bloß Nützliche vom unbedingten G.en und kritisiert jeden Eudämonimus, der das G.e in ein Prinzip der Beglückung setzt (sei es ewige Seligkeit oder irdische Lust [Hedonismus], oder Befriedigung des Ehr- und Machtstrebens usw.), als Heteronomie. Für seine autonome Ethik ist das menschlich „höchste G." (supremum) allein der sich durch Pflicht gegenüber dem eigenen unbedingten Sittengesetz selbst bestimmende Wille, das ganze oder „vollendete G." (consummatum) aber die Einheit von selbstverwirklichter Sittlichkeit mit der von Gott erhoffbaren Glückseligkeit. Die im 19. Jh. aufkommende Wertphilosophie bes. des Neukantianismus knüpft an Kant an. Gegen den „Formalismus" der Kantischen Ethik stellt M. Scheler seine „materiale" (inhaltliche) Wertethik. – Im Begriff des ↗Wertes tritt hervor, daß unter den Bedingungen des neuzeitlichen Selbstverständnisses des Menschen als Subjekt das G.e zwar jeweils durch ein menschliches Ein- und Abschätzen bestimmt wird, dieses aber der individuellen Beliebigkeit entzogen und durch Werte in einer allg. gültigen Ordnung Orientierung erhalten soll. In einer pluralistischen Gesellschaft ist eine Verpflichtung auf ein inhaltlich bestimmtes höchstes G. nicht möglich; eine restlose Funktionalisierung des G.en aber als Mittel zum Zweck der Aufrechterhaltung oder Neubegründung einer sozialen Ordnung nimmt dem G.en den Absolutheitscharakter, der damit gemeint ist, daß ein ethisch gutes Handeln in sich selbst soll sinnvoll sein können.

H

Habermas, *Jürgen,* * 1929 Düsseldorf. 1961 Prof. in Heidelberg, 1964–1971 und seit 1983 in Frankfurt a. M. Er unterscheidet die „erkenntnisleitenden Interessen" der Naturwissenschaften (an der Verfügung über die Natur), der historisch-hermeneutischen Wissenschaften (an der intersubjektiven Verständigung) und der Handlungswissenschaften (an der Emanzipation des Menschen aus naturwüchsigen Zwängen). Nach seiner Theorie der sozialen Kommunikation bildet sich Wahrheit heraus als Übereinstimmung (Konsens) in einem universalen, freilich „herrschaftsfreien" Gespräch.

Haeckel, *Ernst,* * 1834 Potsdam, † 1919 Jena. Zoologe und philos. Schriftsteller. Prof. in Jena. Sein Grundgesetz: Die Ontogenese ist die abgekürzte Phylogenese. Die Ausweitung seines darwinist.-evolutionistischen Forschungsansatzes zu einer wissenschaftlichen „Weltanschauung", in der „Die Welträtsel" (1899) und „Die Lebenswunder" (1904) restlos erklärt sind, fand seinerzeit als Religionsersatz großen Anklang.

Haecker, *Theodor,* * 1879 Eberbach (Württember), † 1945 Ustersbach bei Augsburg. Philos. Schriftsteller und Kulturkritiker. Mitarbeiter der Zeitschriften „Brenner" und „Hochland". Übersetzer und eindringlicher Deuter von Kierkegaard, Newman, Vergil u. a.

Hamann, *Johann Georg,* * 1730 Königsberg, † 1788 Münster (Westfalen). Wegen der „Dunkelheit" seiner oft aphoristisch anmutenden philos.-theologischen Schriften „Magus aus dem Norden" genannt. Seit einem Erweckungserlebnis in London 1758 (bei Bibellektüre) ist sein Denken bewegt von der Glaubenserfahrung und dem Gedanken der „Herunterlassung" Gottes im Schöpfungs-, Menschwerdungs- und Erlösungsgeschehen. Gegen die Einseitigkeit der Aufklärung, ihre abstrakte Vernunft und ihren Systemzwang gewendet, betont er die Verschränktheit von Vernunft und Sinnlichkeit/Leibhaftigkeit, die ursprüngliche Bestimmtheit des Erkennens durch Empfindung und Gefühl, die Einheit von begrifflich Allgemeinem und wahrnehmbar Einzelnem im Zeichen, insbes. im Wort. Von daher stehen die Probleme der Sprache wie der Geschichte im Vordergrund. Hochgeschätzt zu seiner Zeit (Jacobi, Herder, Goethe). Von starkem, wenn auch nicht immer offen zutage liegendem Einfluß dann auf die Romantik und den deutschen Idealismus (Schleiermacher, Hegel, Schelling).

Handlung, im Unterschied zu den Erscheinungsverläufen in der Natur (und auch den natürlichen organischen und psychischen Vorgängen beim Menschen) das bewußt zweckgerichtete, willentliche Einwirken des Menschen in die naturale und soziale Lebenswirklichkeit. In der Antike, bei Platon und bes. Aristoteles, bedeutet das Handeln als ↗Praxis die Gestaltung eines in sich selbst sinnvollen Lebensraums, vor allem die ethisch-politische Praxis, die unter dem Maß des Guten auf die Wirklichkeit des Staates (polis) gerichtet ist. Praxis wird dabei unterschieden von der Herstellung eines Werks, das nicht selbstzwecklich ist, sondern weiterer Verwendung dient (poiesis; vgl. ↗Technik), und vom selbstzwecklichen Wissenschaffen um des Wissens willen (theoria, vgl. ↗Theorie). In der Neuzeit wird zunehmend die Gebrauchsgüterherstellung (Produktion und Verteilung aller Mittel zum Lebensunterhalt) in das H.sverständnis mit einbezogen. Andererseits konnte in der antiken Philosophie das erkennende Denken selber als Praxis im höchsten Sinn angesehen werden, nachklingend noch in den neuzeitlichen Ansätzen der grundlegenden Vorstellungstätigkeit des Bewußtseins, bes. in Fichtes ursprünglicher „Tathandlung" des sich und sein Anderes setzenden Ich, in Hegels Gedanken der Tätigkeit des absoluten Geistes und, bei Betonung des Denkens als Sprechens, in neueren Theorien der Sprachhandlung (Austin u. a.) und allg. des kommunikativen Handelns (Habermas). – H. im strengen Sinn ist durch ↗Entscheidung charakterisiert, die sich in H.sregeln und deren Institutionalisierung niederschlägt und so Realisierung der endlichen ↗Freiheit ist. Deshalb stehen nach dem traditionellen H.sverständnis die H.szwecke im Horizont eines grundlegenden Lebens- und Weltsinns: Philosophie der H. ist stets auch ↗Ethik. Für neuere H.stheorien, insbes. systemtheoretisch begründete, entfällt weithin dieser Freiheits- und Ethikbezug. Andererseits machen sie betonter auf die Eingelassenheit menschlichen Handelns in ein Miteinanderhandeln (soziale Interaktion) aufmerksam, in welchen Zusammenhang zukünftig stärker auch die Natur (also nicht nur als „Objekt" von H.ssubjekten) mit einzubeziehen ist.

Harmonie (griech. harmonia), Einklang, Zusammenstimmen von Unterschiedenem. Aus dem Studium der musikalischen H.n bildet sich bei den Orphikern der Gedanke einer harmonischen Einheit des Weltalls, der sich bis zu Keplers „Harmonice Mundi" durchzieht und eine philos. herausragende Fassung in Leibniz' ↗prästabilierter Harmonie fand.

Hartmann, 1) *Eduard von,* * 1842 Berlin, † 1906 ebd. Lebte als Privatgelehrter in Berlin. Seine „Philosophie des Unbewußten" (3 Bde., 1869) nimmt ihren Grundbegriff von Schelling und verbindet ihn mit Gedanken Hegels und Schopenhauers: Der Weltgrund, das Absolute, ist Wille und Geist, aber seiner selbst „unbewußt". Der Sinn der Geschichte liegt darin, den Willensakt der Weltsetzung vernünftigerweise und bewußt zurückzunehmen.

2) *Nicolai*, * 1882 Riga, † 1950 Göttingen. Prof. in Marburg, Köln, Berlin, Göttingen. Anfangs dem Neukantianismus (Marburger Schule) zugehörig, versteht er in Gegenwendung dazu und unter Einfluß von Husserl Erkenntnis nicht als Gegenstände konstituierend, sondern als Erfassen einer unabhängigen Realität. Von hier aus entwirft er seine neue, metaphysikfrei-unspekulative Ontologie. Nach ihr ist die reale Welt in Schichten (materiell, physisch, seelisch, geistig) aufgebaut, wobei die untere jeweils von der höheren überformt bzw. überbaut wird und jede durch eine eigene Kategorialität in sich einheitlich und gesetzlich bestimmt ist („Der Aufbau der realen Welt", 1940). Ontologie ist wesentlich Kategorienanalyse. H.s Lehre vom Seinsmodus des „idealen Seins", dem Wertvollen als dem Wahren und dem Guten, wurde fruchtbar für die Behandlung des Erkenntnisproblems, bes. der Ethik und allgemein der Werttheorie („Ethik", 1926; „Das Problem des geistigen Seins", 1933).

Hedonismus (von griech. hedone, Lust), in der Ethik die Lehre, daß die Lust das höchste Gut und Ziel des menschlichen Handelns sei, wobei Lust sehr unterschiedlich (als sinnliche und/oder geistige) bestimmt sein kann; eine Abart des ↗Eudämonismus. Hauptvertreter Aristippos aus Kyrene, Theodoros, Hegesias, Epikur, in der Neuzeit J. Bentham, J. St. Mill (Utilitarismus).

Hegel, *Georg Wilhelm Friedrich,* * 1770 Stuttgart, † 1831 Berlin. Studierte in Tübingen (Freundschaft mit Hölderlin und Schelling) Philosophie und Theologie. Hauslehrer (Berner Zeit der theolog. Jugendschriften), Privatdozent in Jena (Entwürfe zur Logik, Metaphysik, Naturphilosophie; „Phänomenologie des Geistes", 1807), Gymnasialdirektor in Nürnberg („Wissenschaft der Logik", 1812–16, „Enzyklopädie der philos. Wissenschaften", 1817, ^{3}1830). 1816 Prof. in Heidelberg, 1818 Berlin, wo er einflußreichst wirkte (↗Hegelianismus). „Vollender des deutschen Idealismus". – In den Frühwerken setzt sich H. mit der Aufklärung, Kant und Fichte auseinander. Nach der Lösung aus Schellings Einfluß tritt in seinen Hauptwerken eines der bedeutendsten Systeme der abendländischen Philosophie hervor. Grund der Welt und Prinzip seines Systems ist das Absolute (Idee, Weltvernunft, Gott), das dreifach Thema wird:

1. Die absolute Idee „an und für sich" zeigt H.s *Logik*. Sie ist weder nur formale noch, wie bei Kant, transzendentale Logik der endlichen, sondern kategoriale Strukturanalyse der unendlichen Vernunft als des Seinsgrundes alles Seienden und also in eins damit Ontologie. Sie ist zugleich Theologie als „Darstellung Gottes, wie er in seinem ewigen Wesen vor Erschaffung der Natur und eines endlichen Geistes ist". – 2. Die Verwirklichung des Absoluten durch seine „Entäußerung" (bei H., anders als später bei Marx, gleichgesetzt mit „Entfremdung") in sein „Anderssein", d. h. zur Natur, behandelt die *Naturphilosophie*. – 3. Das Absolute in seiner Rückwendung aus dem Anderssein zu sich (indem es die Natur als *seine eigene* Fremdgestalt und damit sich selbst als Geist wissend begreift) ist Thema der *Geistphilosophie*. Der Geist erscheint als „subjektiver" im einzelnen Menschen, als „objektiver" in den gesellschaftlichen Ordnungen (Sittlichkeit, Recht und bes. Staat), schließlich als „absoluter" in den großen geschichtlichen Gestaltungsweisen Kunst, Religion, Philosophie. Die Darstellung eben dieser Erscheinungsformen ist die *„Phänomenologie des Geistes"*. Die Geschichte des Geistes in seinen höchsten Erscheinungsweisen zeigt insbes. die *„Philosophie der Geschichte"*. Alle Verwirklichung des Absoluten, als Natur wie als Geist, und alle Geschichte dieser Verwirklichung geschieht dialektisch: Jedes gesetzte Stadium (These) treibt seinen Gegensatz (Antithese) hervor, beide heben sich in der folgenden Synthese auf („Aufhebung" als Verneinung, Bewahrung und Erhöhung zugleich) – so wie auch jeder Begriff seinen Gegenbegriff erzeugt und beide im Überbegriff aufgehoben sind. Die ↗Dialektik als Methode ist zugleich die Dialektik des Lebensgeschehens des Absoluten selbst. Hatte die Kunst als sinnliche Erscheinung des absoluten Geistes ihre Vollendung in der griech. Antike, die Religion als Vor- und Gegenüberstellung des Absoluten sie im Christentum, so sind beide aufgehoben in der Philosophie, die sich im Wissen des Absoluten als absolutes Wissen vollendet (und damit nicht mehr nur „Liebe zur Weisheit, zum Wissen" ist). In ihm begreift sich am Ende das Absolute selbst als das, was es ewig von Anfang an ist: Logos.

H.s heraklitisch gestimmte Philosophie läßt sich von der aristotelischen Tradition her als Onto-Theologik verstehen, welche die neuzeitliche Philosophie der Subjektivität (Descartes, Leibniz, Kant, Fichte) als wesentliches Moment in sich aufnahm. Systematisch konnte sie als Pantheismus und Panlogismus angesprochen werden, historisch als säkularisierte christliche Eschatologie. In der gegenwärtigen Auseinandersetzung mit der Metapysik als solcher stellt H. einen herausragenden kritischen Bezugspunkt dar (u. a. sein Verständnis von Wahrheit/Wirklichkeit als System, die Identifizierung von System und Geschichte, die Auslegung von Geschichte als Entwicklung eines geschlossenen Ganzen, worin das Einzelne nur Funktionsbedeutung habe).

Hegelianismus, Sammelbezeichnung für auf Hegel sich berufende bzw. von ihm abhängige philos. Richtungen. Hegels Schule spaltete sich bald nach dessen Tod (1831) in die sog. Hegelsche Linke (Junghegelianer) und Rechte (Althegelianer). Ursache waren zunächst religions-, dann rechts- und staatsphilos. Auseinandersetzungen. Die Rechte hielt an der christlichen Orientierung fest und betonte die Vernünftigkeit im bestehenden Staats- und Rechtssystem und seine Entwicklungsfähigkeit; die Linke bildete Hegels Philosophie des Geistes einschneidend um und forderte die Überwindung der Religion und die politische revolutionäre Veränderung. Vertreter der Rechten: G. Gabler, H. F. Hinrichs, K. F. Göschel, C. L. Michelet u. a., aus ihr gingen auch die bedeutenden Philosophiehistoriker hervor: J. E. Erdmann, K. Fischer, K. Rosenkranz. Vertreter der Linken: D. F. Strauss (auf ihn gehen die Bezeichnungen des Rechts- und Links-H. zurück), A. Ruge, M. Stirner, B. Bauer, L. Feuerbach, M. Hess und (bedingt) K. Marx. – Unmittelbare Fortwirkungen hatte Hegels Philosophie auch u. a. in England (McTaggart, Bradley), Rußland (Bakunin, Belinskij, Herzen), Italien (Croce, Gentile). Für das 20. Jh. vgl. ↗Neuhegelianismus. – Hauptanknüpfungsthema war weitesthin weniger Hegels Logik als vielmehr seine Geschichts-, Religions- und Rechtsphilosophie.

Heidegger, *Martin,* *1889 Meßkirch (Baden), † 1976 Freiburg i. Br. 1923 Prof. in Marburg, 1928 in Freiburg. – Sein Hauptwerk „Sein und Zeit" (1927) ist methodisch der Phänomenologie Husserls verpflichtet. Aber „die Sache selbst", die in Frage steht, ist hier der „Sinn von Sein". Er kann freilich nicht in einer Restauration der alten metaphysischen Ontologie erhellt werden. Die „Seinsfrage" muß erst vorbereitet werden in einer fundamentalontologischen Analyse des menschlichen Seinsverständnisses, das als „Da" des Seins („Dasein") den Boden für sie bildet. Indem die „Zeit" als Horizont aller seinsverstehenden Vollzüge aufgewiesen wird, bedeutet dies die ontologische Wendung der bes. mit Dilthey aufgeworfenen Thematik der Geschichtlichkeit. Und insofern H. das Dasein als durch „Sorge" um sein je eigenes Sein-Können ausgezeichnet sieht, werden Impulse des bes. durch Kierkegaard theologisch initiierten Existenzdenkens philos. fruchtbar gemacht. Wenngleich der Mensch also nicht primär als erkennendes Subjekt (Bewußtsein gegenüber der Welt), sondern als sorgende Existenz (Dasein in der Welt) und das Seiende nicht als vorhandenes Objekt, sondern als zunächst zuhandenes „Zeug" angesetzt werden (und damit dem neuzeitlichen Pragmatismus erst seine philos. Ursprungsdimension aufgezeigt wird), bleibt „Sein und Zeit" noch im Bannkreis transzendentalsubjektiver Überlieferung.

Die späteren Schriften bezeugen H.s Denken in der sog. „Kehre" (entscheidende Schritte, niedergeschrieben 1936–38, zeigen die posthum erschienenen „Beiträge zur Philosophie", 1989). „Sein" wird nicht mehr als Entwurf vom „Dasein" her verstanden, sondern als „Geschick" der Seins- und Wahrheitsgeschichte, worin dem Menschen erst jeweils die Möglichkeit seines epochal-zeitlichen Welt- und Selbstverständnisses eröffnet wird. H.s Analysen abendländisch-europäischer Metaphysikgestalten zeichnen dabei diese Seins = Wahrheits-Geschichte als Geschichte gerade der Seinsverbergung und des Wahrheitsentzugs, worin zunehmend das erkennbare und behandelbare Seiende für den Menschen in den Vordergrund rückte und dieser als Subjekt jenes als Objekt auf sich zu vorstellen konnte. Wissenschaft und Technik sind dann konsequente Ausprägung der Metaphysik, und Metaphysik ist Denken in der Offenbarkeit des Seienden und Verdecktheit des Seins. Die seit dem 19. Jh. (bes. bei Nietzsche) auftauchende und kultur- und gesellschaftskritisch gekleidete Sinn- bzw. Sinnlosigkeitskritik (Nihilismus-Problem) wird umgewendet in ein Bedenken der Krise des Seins selbst: Dessen Entzugsgeschichte schlage im Stadium äußerster Verbergung möglicherweise um in eine neue Geschichte der Offenbarkeit des Sinnes des Seins selbst, der Wahrheit und damit der wesentlichen Zukunft des Menschen und seiner (auch wissenschaftlichen und technischen) Welt. Weil diese Geschichte nicht – auch nicht in einer dynamisierten (evolutiven, dialektisch geschlossenen) Metaphysik – in einem „System" versicherbar ist, versteht sich H.s Denken als in der Armut eines „Advents" stehendes und vorläufiges.

„Sein und Zeit" wurde, entgegen H.s Intention, für die Ausbildung der Existenzphilosophie und des Existentialismus in Anspruch genommen, auch als Beitrag vornehmlich zur Anthropologie eingeschätzt. H.s Denkweg von der Bewußtseinsphänomenologie Husserls her zur Daseinsphänomenologie und schließlich zu einer Phänomenologie der geschichtlich-epochalen Seinskonstellationen übte über die Philosophie hinaus eine geistige Wirkung aus, die ihn zu einem selbst noch im Widerspruch meistbeachteten Denker des 20. Jh. werden ließ.

Heilig (das Heilige), bezeichnet die Macht und Herrlichkeit Gottes und des Göttlichen und ihren Erscheinungsbereich in der Welt, aber in Abgrenzung gegenüber dem nur Weltlichen, „Pro-fanen" (das lat. sanctus, heilig, kommt von sancire, umgrenzen). Kant nennt allein Gott den H.en, da bei ihm der Wille „an sich gut", d. h. vollkommen identisch ist mit dem Sittengesetz, während der menschliche Wille noch in Differenz steht zu diesem seinem eigenen Vernunftgesetz als dem Sollen, der Pflicht. Bei R. Otto ist das H. Grundkategorie religiöser Erfahrung: das, freilich mit sittlich-personalen Momenten durchdrungene, „Numinose" (tremendum et fascinosum), bei Scheler ist es der höchste Personwert, das Heilgewährende. Für Heidegger, Hölderlin interpretierend, nennt der Dichter das H. die Wohnstatt Gottes; der Denker sagt das Sein, in das hinein das H. als wesentlicher Bereich gehört.

Heimsoeth, *Heinrich*, * 1896 Köln, † 1975 ebd. 1922 Prof. in Marburg, 1923 Königsberg, 1931 Köln. Kam von der neukantianischen zu einer metaphysisch orientierten Kantdeutung. Verfasser metaphysikhistorischer Darstellungen (u. a. „Die sechs großen Themen der abendländischen Metaphysik", 1922).

Helvetius, *Claude Adrien*, französ. Philosoph, * 1715 Paris, † 1771 ebd. Vertreter einer sensualist.-utilitaristischen Ethik der Aufklärung: Quelle alles Handelns ist der „Egoismus", seine Norm (durch Erziehung und Gesetzgebung durchzusetzen) ist das allgemeine Wohl.

Heraklit, griech. Philosoph aus Ephesos, um 544–483 vC. Beiname: „der Dunkle". Nach H. beruht das Wesen der Weltwirklichkeit in der Spannung und dem Widerstreit, aber darin zugleich in der Harmonie des Gegensätzlichen, das jeweils in sein Gegenteil umschlägt (Nacht – Tag, Warmes – Kaltes, Leben – Tod usw.: „Der Streit ist der Vater aller Dinge"). Das Bleibende ist gerade der Wechsel (später geprägte Formel hierfür: „panta rhei – alles ist im Fluß"). Die Gegensätze und ihr Umschlag sind Wesen und Werk des „Logos", worin sie geeint sind (im Hören auf den Logos ist es „weise, zu sagen: Alles ist eins"). In bilderreicher Sprache nennt er ihn auch den lenkenden Blitz oder – zugleich zurücknehmend – Zeus. Als Philosoph des „Werdens" wird H. oft Parmenides, dem Philosophen des „Seins", entgegengestellt. Doch ist für H. die unaufhörliche Bewegung mit ihrer Dialektik das ewig-ruhende Seinsgesetz. – Den Gedanken der Dialektik nimmt Hegel auf und bildet ihn weiter. Den

Gedanken des Werdens führt Nietzsche in seiner Deutung der Welt als plurales Macht- und Willensgeschehen fort.

Herbart, *Johann Friedrich,* * 1776 Oldenburg, † 1841 Göttingen. Prof. in Königsberg und Göttingen. Von seiner Deutung Kants im Sinn eines kritischen Realismus her bestimmt H. die Philosophie als Klärung (Logik), Berichtigung (Metaphysik) und Ergänzung (Ästhetik und Ethik) begrifflichen Erkennens. Seine Pädagogik und Didaktik waren im 19. Jh. von großem Einfluß.

Herder, *Johann Gottfried von,* * 1744 Mohrungen (Ostpreußen), † 1803 Weimar. Begründer der deutschen Geschichtsphilosophie, Wegbereiter allg. des im 19. Jh. aufbrechenden geschichtlichen Denkens; weniger methodisch-systematisch als gedankenreich, Anreger auf vielen Gebieten der Geisteswissenschaften, bes. der Literaturwissenschaft. Neben Hamann u. a. einer der entschiedensten Gegner der Aufklärung und Kants („Metakritik zur Kritik der reinen Vernunft", 1799). Von starker Wirkung auf Sturm und Drang und insbes. auf die deutsche Romantik. H.s Grundgedanke (auch unter dem Einfluß von Spinoza) der Einheit der göttlich-weltlichen Wirklichkeit umfaßt Natur und Geschichte als gesetzmäßig verlaufende, gerade damit aber in sich sinnvoll gestufte Entwicklung. Die höchste Erscheinungsform der Natur ist der Mensch mit seiner Denk- und Sprachschöpfungsfähigkeit. Seine Vernunft ersetzt seine Schwäche gegenüber dem instinktsicheren Tier (der Mensch als „Mängelwesen" und Ersatzmittelerfinder, ein Ansatz, der in der modernen, vor allem biologisch orientierten Anthropologie in technisch-rationaler Bedeutungsrichtung um- und fortgebildet wurde). Poesie ist die Ursprache der Menschheit. In der Sprache kommt die Natur, die außermenschliche und die menschliche, zu Wort. Dadurch erst wird Geschichte begründet als Erinnerung, Tradierung von Erfahrungen und vielfältig wiederholter Versuch fortschreitender Realisierung von Humanität.

Hermeneutik (von griech. hermeneutike techne, Auslegungskunst; hermeneuein, lat. interpretari, auslegend erklären), Lehre vom ↗Verstehen durch Auslegung (Interpretation) von Texten und anderer geschichtlicher Zeugnisse. Ursprünglich eine Kunstlehre als System und Kanon von Regeln zur Auslegung insbes. biblischer Texte. Sie entstand aus der Erfahrung der Entfernung gegenüber der Vergangenheit aufgrund gewandelter Sprach- und Denkgewohnheiten, dem Fragwürdigwerden der Überlieferung und der Notwendigkeit, eine verfälschende Vergegenwärtigung auszuschließen. Im 19. Jh. erlangt diese Problematik mit Schleiermacher einen ersten Höhepunkt.

Seither geht es in ihr um den Aufweis der historischen Differenz (zwischen Ausleger und Auszulegendem) und der Notwendigkeit, Sätze und Bedeutungen zurückzubinden in den lebensweltlichen Zusammenhang, dem sie entstammen, um das Ganze dieser Welterfahrung und ihre Einzelaussagen gegenseitig zu erhellen. Für Dilthey beruht die Möglichkeit dieses Verstehens in der Verbundenheit aller Individualitäten durch das „All-leben", dessen Erscheinungen sie sind. In Anknüpfung an Heidegger (dessen existential-ontologische Analyse des Verstehens und des zu ihm gehörigen hermeneutischen Zirkels) sucht Gadamer eine Neufundierung: Der Horizont und das aus ihm her zu Deutende können als Vergangenes nie in völlig „objektivierender" Weise vermittelt werden. Der hermeneutische Vorgang im Verstehen ist ein wirkungsgeschichtliches Geschehen, in dem das eigene Vorverständnis und das vergangene Weltverständnis, das sich in den geschichtlichen Zeugnissen ausspricht, „verschmelzen" und so einen grundsätzlichen Verständniswandel herbeiführen. H. wird zur philos. Fundamentaldisziplin, die den Menschen als endlich-geschichtliches Wesen ansetzt, das sich und seine Welt je neu und anders zur Sprache bringt. – Vgl. ↗Geisteswissenschaften.

Hermetik, ursprünglich die Geheimlehre um den ägyptisch-hellenistischen Gott „Hermes Trismegistos", von Einfluß auf frühchristliche Schriftsteller, gnostische Strömungen, jüdische Mystik, die mittelalterliche Alchemie und bis weit in die Neuzeit hinein. – Heinrich Rombach stellt seine H. der Hermeneutik entgegen, die bei aller Anerkennung des Abstands zwischen historischen Individualitäten doch eine Verstehensvermittlung der anderen und fremden Welt sucht (und insofern der seit den Griechen bestimmenden „apollinischen" Denkweise verhaftet bleibt), wogegen die H. die Differenz so betont, daß keine Vermittlung (Annäherung und daraus hervorgehende kontinuierliche Wandlung) möglich und sachgerecht ist; vielmehr nur im Einsprung in die andere Erfahrungs- und Lebenswelt geht deren Verständnis auf und wird im Rücksprung in die eigene zum fruchtbaren Anstoß.

Herrigel, *Eugen,* *1884 Lichtenau b. Kehl, †1955 Garmisch-Partenkirchen. 1926 Prof. in Heidelberg, 1924–1929 Sendai (Japan), 1929 Erlangen. Aus der Südwestdeutschen Schule des Neukantianismus herkommend, suchte er ostasiatisches Denken, bes. den Zen-Buddhismus, für das westliche Verständnis aufzuschließen.

Herrschaft, die institutionalisierte Form gesellschaftlich-politischer Machtausübung, wesentlich aufgrund eines Autoritätsanspruchs und der Anerkennung dieser Autorität (M. Weber). Von Aristoteles in Analogie gesehen zur H. der Vernunft über die sinnlichen Begierden, in der christlichen Geschichte lange theologisch legitimiert („von Gottes Gnaden), seit der neuzeitlichen Aufklärung aus natürlichen Vorgegebenheiten und gesellschaftlichen Prozessen (Naturrecht, Gesellschaftsvertrag) erklärt, moralisch kritisiert, als Ungleichheit der Menschen bildende Erscheinung revolutionär zu beseitigen gesucht, in demokratischen Verfassungen auf die Volkssouveränität, ihren Auftrag an funktionale Instanzen (Verwirklichung des Gemeinwohls) und deren Kontrolle (Gewaltenteilung) zurückgebunden. – Bei Hegel sind H. und Knechtschaft der die Weltgeschichte bestimmende und vorantreibende Gegensatz, der sich mit der Realisierung der Freiheit in der gegenseitigen Anerkennung aller auflöst. – Zunehmend in Vordergrund kritischer Sicht rückt H. als exzessive Beherrschung der Natur durch Wissenschaft, Technik, Industrie mit den Rückwirkungen auf das menschliche Leben. Bereits Scheler sah im einseitigen H.swissen und -streben über die Natur und über die sozialen Vorgänge, wenn der Zusammenhang mit dem „Bildungs-") und dem „Heilswissen" verlorengeht, den Irrweg, der den „Aufstand der Dinge" provozieren wird, wenn er keine rechtzeitige Korrektur erfährt.

Heteronomie (von griech. heteros, anders, nomos, Gesetz), Fremdgesetzlichkeit, Fremdbestimmung. Nach Kant die Form des Willens, in der er sich nicht selbst das (sittliche) Gesetz seines Handelns gibt, sondern „der Willkür, nämlich Abhängigkeit vom Naturgesetz, irgendeinem Antrieb oder Neigung zu folgen", unterliegt. Gegensatz ↗Autonomie.

Heuristik (von griech. heuriskein, finden), Methode des insbes. wissenschaftlichen Findens und Erfindens. Kant nennt u. a. die Vernunftideen, da sie zwar keine gegenständliche Erkenntnis ermöglichen, aber als regulative Prinzipien dem Erkenntnisfortgang dienen, heuristische Begriffe (im Unterschied zu ostensiven, objektiv aufweisenden Erklärungsbegriffen). Bezeichnet heute allg. Forschungsprogramme, -modelle und -wege, die, ohne gesicherte Zielvoraussetzungen, sich doch als fruchtbar für den Erkenntnisgewinn einschätzen lassen.

Hirschberger, *Johannes,* *1900, Österberg bei Greding (Franken), †1990 Oberreifenberg (Taunus). 1939 Prof. in Eichstätt, 1953 Frankfurt a. M. Verdient um die themengeschichtliche Erforschung der Philosophie („Geschichte der Philosophie", 2 Bde., 1949–53), insbes. des oft verdeckten Platonismus im aristotelischen Überlieferungsstrom.

Historischer Materialismus ⟶Materialismus.
Historismus (von lat. historia, Geschichte), auch Historizismus, eine aus der philos. und historisch-wissenschaftlichen Thematisierung der Geschichte im 19. Jh. hervorgegangene Denkweise, die sich dann bes. im Diltheyschen ⟶ „Verstehen" der geschichtlichen Erscheinungen aus epochal unterschiedlichen und sich wandelnden Sinnzusammenhängen des Lebens ausprägte. Dilthey wollte dieses erwachte historische „Bewußtsein der Relativität alles geschichtlich Wirklichen bis in seine letzten Konsequenzen" entwickelt wissen, um im Relativen doch das Allgemeingültige zu finden. Während aber sein Begriff des Lebens und des Lebendigen die Problematik des H. eher verhüllte, wurde sie von E. Troeltsch scharf formuliert: H. bedeutet „die Historisierung unseres ganzen Wissens und Empfindens der geistigen Welt ... Wir sehen hier alles im Flusse des Werdens, in der endlosen und immer neuen Individualisierung, in der Bestimmtheit durch Vergangenes und in der Richtung auf unerkanntes Zukünftiges. Staat, Recht, Moral, Religion, Kunst sind in den Fluß des historischen Werdens aufgelöst und uns überall nur als Bestandteil geschichtlicher Entwicklungen verständlich. Das festigt auf der einen Seite den Sinn für die Wurzelung alles Zufälligen und Persönlichen in großen, breiten, überindividuellen Zusammenhängen und führt jeder Gegenwart die Kräfte der Vergangenheit zu. Aber es erschüttert auf der anderen Seite alle ewigen Wahrheiten, seien sie kirchlich-supranaturaler und darum von der höchsten autoritativen Art, seien es ewige Vernunftwahrheiten und rationale Konstruktionen von Staat, Recht, Gesellschaft, Religion und Sittlichkeit ... Der H. ist die eigentümliche moderne Denkform gegenüber der geistigen Welt, die von der antiken und mittelalterlichen, ja auch der aufgeklärt-rationalen Denkweise sich grundsätzlich unterscheidet." Troeltsch sieht die Lösung des H.problems, die nicht in einem Zurück hinter den H. zu finden ist, in einer „neuen Berührung von Historie und Philosophie". In dieser Richtung liegt der Begriff der ⟶Geschichtlichkeit, in dem der Relativismus zu überwinden gesucht wird, ohne im H. sich zeigendes Bewußtsein des historischen Wandels zu verleugnen. – Als H. oder Historizismus wurde aber auch die spekulativ-konstruktive Geschichtsauffassung bezeichnet, so im 19. Jh. in bezug auf den deutschen Idealismus, oder überhaupt die Annahme, daß das geschichtlich-gesellschaftliche Leben bestimmten göttlichen oder natürlichen Sinngesetzen unterworfen seien, so von K. Popper in kritischer Wendung bes. gegen Platon, Hegel und Marx.

Hobbes, *Thomas,* engl. Philosoph, * 1588 Malmesbury, † 1679 Hardwick. Vertrat eine nominalist.-empiristische Philosophie: Namen bezeichnen zunächst nur begriffliche Vorstellungen, nicht die Dinge mit ihren Eigenschaften selbst. Die sog. dinglichen Qualitäten sind deshalb lediglich „subjektiv". Allein die Vorstellungen von Ausdehnung, Quantität und Bewegung der Dinge haben „objektive", reale Bedeutung (darin mit der cartesisch-rationalistischen Naturauffassung übereinstimmend). Alle Erkenntnis aber hat ihren Ursprung in der sinnlichen Wahrnehmung (gegen den Rationalismus). Weil gänzlich einbezogen in das Naturgeschehen, ist der Wille nicht frei, sondern kausal determiniert, und zwar durch den Selbsterhaltungstrieb. Im „Naturzustand" herrscht deshalb „Krieg aller gegen alle" („Homo homini lupus" – der Mensch ist des Menschen Wolf = Feind). Im Selbsterhaltungsinteresse liegt es, ihn durch den „Staatsvertrag" zu beenden; die Individuen verzichten auf die Durchsetzung des eigenen Willens und übertragen zum gemeinsamen Schutz alle Gewalt auf den Staat, indem sie sich dem „Leviathan" unterwerfen. Diese auf einer naturalistischen Ethik basierende Gesellschafts- und Staatslehre übte nachhaltigen Einfluß aus.

Hoffmeister, *Johannes,* * 1907 Heldrungen, † 1955 Bonn. Germanist und Philosoph. 1948 Prof. in Bonn. Arbeiten über die Goethezeit, Untersuchungen insbes. zu Hegel, seit 1930 Hrsg. der von G. Lasson (1907 ff.) begonnenen kritischen Hegel-Gesamtausgabe.

Hoffnung (griech. elpis, lat. spes), die Erwartung, daß etwas als gut und erfüllend Gewünschtes eintreffe oder erreicht zu werden gelinge (Platon: die H. der Seele auf die Reine Schau der Wahrheit, der Ideen, nach dem Tode). Ausgeprägt ist das H.sdenken und seine Zukunftsgerichtetheit in der alt- und neutestamentlichen Heilserwartung. Augustinus betont den Jenseitsbezug der H. Für Thomas von Aquin, in aristotelischer Anknüpfung, ist sie die Tugend der Mitte zwischen Hochmut und Überdruß. Luther unterscheidet scharf zwischen menschlicher Hoffnung im Raum prinzipieller Verfügbarkeit und christlicher Hoffnung, die der göttlichen Verheißung vertraut. In der philos. Denkgeschichte bleibt im ganzen gesehen die H. dem untergeordneten Bereich der Affekte, Gefühle, Passionen zugewiesen, insbes. im neuzeitlichen Rationalismus (Descartes, Spinoza). Bei Kant (vgl. seine drei Grundfragen: Was kann ich wissen, was soll ich tun, was darf ich hoffen?) erhält H. eine herausragende Bedeutung im Blick auf den theoretisch nicht vergewisserbaren, nur in H. anzunehmenden Fortschritt der Geschichte (zu „H.szeichen" gehört für ihn die Französ. Revolution) und darüber hinaus auf die Einheit von selbstgeleisteter Sittlichkeit und dazugegebener ewiger Glückseligkeit. Den stärksten Impuls erhielt die Philosophie der H. neuerdings durch das aus jüdisch-christlichen und marxistischen Wurzeln genährte Denken Blochs: H. als „Prinzip" der Welt-, der Natur- und Menschheitsgeschichte, dieser immanent, aber sie in Transzendenz nicht „nach oben", sondern „nach vorne" bewegend.

Höhlengleichnis, in Platons „Der Staat", 7. Buch, die Darstellung des Aufstiegs von der unsicher-trügerischen und an Seinsvollkommenheit geringeren Welt der sinnlichen Wahrnehmung, des Werdens, zur „wahren" Welt des unwandelbaren Seins, der Ideen, die dem Denken gegenwärtig ist. Die in der Sinnlichkeit Befangenen (in der „Höhle") sehen nur die Schatten von Abbildern der urbildlichen reinen Wirklichkeit. Diese ist nur durch Aufstieg ans Sonnenlicht des Geistes zu erreichen (Sonne als Bild für die Idee der Ideen, das Gute). Steht im Zusammenhang mit dem Sonnen- und dem Liniengleichnis (ebd. 6. Buch).

Holbach, *Paul Heinrich Dietrich von,* französ. Philosoph, * 1721 Edesheim (Pfalz), † 1789 Paris. Unter den ↗Enzyklopädisten der extremste Vertreter des Atheismus und Materialismus der Aufklärung.

Horizont (von griech. horizein, abgrenzen), ursprünglich der Gesichtskreis des sinnlich-wahrnehmenden Sehens, seit dem Neuplatonismus herausgebildet als „Grenze" zwischen den verschiedenen Seinsbereichen (Philon u. a.: Der Mensch ist das Grenzwesen zwischen sterblicher und unsterblicher Natur, zwischen Ewigkeit und Zeit), gewinnt in der Neuzeit über die astronomische Bedeutung von H. dann die des geistigen Gesichtskreises, der perspektivischen Einschränkung (Leibniz) und gegenständlichen Begrenzung (Kant) des menschlichen Erkennens. Besonderen Rang erhält der Begriff in und seit Husserl: Philos.-phänomenologische Analyse ist wesentlich Explikation der Sinn-H.e des Verstehens, Erkennens, Erlebens, wobei der umfassende („Universal"-)H. die „Welt" ist. Die Zeitlichkeit (Geschichtlichkeit) der H.e betont bes. Heideggers existentiales und später seinsgeschichtliches Denken sowie die gesamte hermeneutische Philosophie (vor allem Gadamer: Das geschichtliche Verstehen geschieht in einem Prozeß fortgehender „H.verschmelzung" und „H.verschiebung"; ↗Hermeneutik).

Horkheimer, *Max,* * 1895 Stuttgart, † 1973 Nürnberg. 1930 Direktor des Frankfurter Instituts für Sozialforschung, 1933 Emigration, 1949 Rückkehr aus USA nach Frankfurt. – Mitbegründer der ↗Kritischen Theorie der ↗Frankfurter Schule. Analysierte insbes. die gesellschaftlichen Herrschaftsbedingungen auf die in ihnen wirkende „instrumentelle Vernunft" hin („Kritik der instrumentellen Vernunft", 1967). Entgegen dem Anschein geradliniger Fortschrittsgeschichte durch Unterwerfung der Natur und rationale Gesellschaftsorganisation nimmt Entfremdung zu („Dialektik der Aufklärung", 1947, zus. mit Adorno). In seiner Spätzeit wird für ihn humanitätsbedeutsam wichtig die „Sehnsucht nach dem ganz Anderen".

Huizinga, *Johan,* niederländ. Kulturhistoriker, *1872 Groningen, †1945 De Steeg. Seit 1915 Prof. in Leiden. Für die kulturanthropologische Forschung anregend seine Untersuchungen über das Spiel als Ursprung der Kultur („Homo ludens", 1938).

Humanismus (von lat. humanum, das Menschliche), 1. geistesgeschichtlich zunächst der Renaissance-H. im 15.–16. Jh. mit seiner Wiederanknüpfung an die antike Kultur und sein neues (weltliches) Bildungsideal. Sodann der um 1800 einsetzende Neu-H. als durch philos. Anstöße (Leibniz, Fichte, Herder) befruchtete literarisch-künstlerische Strömung (Goethe, Schiller, W. v. Humboldt, Winckelmann) mit ihrem an der griech. Klassik maßnehmenden Ideal des umfassend entfalteten Individuums. Schließlich der von W. Jaeger angestoßene „Dritte H." in den dreißiger Jahren des 20. Jh., der die Erneuerung der antiken Bildungsidee in Verbindung mit der Vertiefung der klassisch-philologischen Studien anstrebte. 2. allg. der Versuch, aus einem Wesensbegriff des Menschen Ordnungsprinzipien für das Leben des Einzelnen und der Gesellschaft abzuleiten. Mit dem spätneuzeitlichen Fraglichwerden des überkommenen Wesensbegriffs und je nach der primären Sinnbestimmung von menschlichem Leben unterscheiden sich vielfältige Humanismen (christlicher, personalistischer, existentialistischer, marxistischer, strukturalistischer usw. H.). Alle Arten von H. bezieht Heidegger in seine Metaphysikkritik ein: Sofern Metaphysik das Wesensdenken ist, das alles Seiende nur auf sich zu stellt, werde der Denkende (Mensch) zum maßgebenden Mittelpunkt für das Sein alles Seienden und humanistisch das Wesen des Menschen gerade nicht hoch genug (nämlich in bezug zum geschichtlich sich zusprechendem „Sein selbst") angesetzt. – Vgl. auch ↗Anthropozentrismus.

Humanwissenschaften, Sammelbezeichnung für alle Wissenschaften vom Menschen in seinen geistigen, seelischen, leiblichen, seinen individuellen und sozialen, naturhaften und geschichtlichen Erscheinungen.

Humboldt, *Wilhelm von,* *1767 Potsdam, †1835 Berlin (älterer Bruder des Naturforschers Alexander von H.). Als Sektionsleiter im preußischen Innenministerium Begründer der Berliner Universität (1810),

Reformer des gesamten Schulwesens unter dem Ideal (neu-)humanistischer Bildung. Mit seinen Abhandlungen über die Sprache als Werk (Ergon) und Tätigkeit (Energeia) des Geistes und über die Unterschiedlichkeit der jeweils das Denken prägenden Sprachstämme wurde er zum bedeutenden Anreger der vergleichenden Sprachwissenschaft, der modernen Sprachphilosophie, der Linguistik und Semantik (Einfluß auf Weißgerber, de Saussure, Wittgenstein).

Hume, *David,* schott. Philosoph und Historiker, *1711 Edinburgh, †1776 ebd. Hauptvertreter des radikalen ↗Empirismus der Aufklärung in England. Das Denken ist ohne eigene Spontaneität und ursprüngliche Inhaltlichkeit. Vorstellungen (ideas) sind nur blassere Bilder der vorausgehenden und lebhafter empfundenen sinnlichen Eindrücke (perceptions), also rein aposteriorischen Ursprungs. So stammt z. B. die Kategorie der Kausalität aus „wiederholter Erfahrung" und stellt eine nur assoziative, zur Gewohnheit gewordene (subjektive) Verbindung von Vorstellungen dar. Ähnlich werden der Substanzbegriff allg. und bes. der Gottesbegriff in psycholog.-kritischer Weise aus dem Bereich der Beweisbarkeit und (objektiven) Gewißheit ausgeschlossen. Entsprechend ist die „Seele" nur als Bündel von Eindrücken, Empfindungen, Vorstellungen aufzufassen. Durch H. wurde Kant aus seinem „Schlummer" des dogmatischen Rationalismus geweckt, zugleich suchte er gegen H. die apriorischen Bedingungen des Erkennens neu herauszustellen.

Husserl, *Edmund,* *1859 Proßnitz, †1938 Freiburg i. Br. 1906 Prof. in Göttingen, 1916 Freiburg. Der Begründer der ↗Phänomenologie. Angeregt von Bolzano und seinem Lehrer F. Brentano und ausgehend von philos.-mathematischen und logisch-psychologischen Studien suchte H. den Empirismus und Psychologismus zu überwinden und die Philosophie als apriorische „strenge Wissenschaft" radikal neu zu begründen. In seinen „Logischen Untersuchungen" (2 Bde., 1900–01) entwickelt H. erstmals das methodische Prinzip der korrelativen (objektiv-subjektiven) Betrachtungsweise, die er systematisch begründet und in ihren Stufen der eidetischen und transzendentalen Reduktion entfaltet in den „Ideen zu einer reinen Phänomenologie und phänomenologischen Philosophie" (1913). Diese Betrachtungsweise setzt bei den Phänomenen, „den Sachen selbst" in ihrer anschaulichen Selbstgegebenheit, an und untersucht das wesenhafte Zueinander von ganzheitlichem Gegenstand (hierin zunächst verwandt den Bemühungen Ch. v. Ehrenfels' und Meinongs) und Akt, Inhalt und Erlebnis, „Noema" und „Noesis", von Erfüllung und Intention auf dem Grund des (in Wahrheit speku-

lativen) Prinzips der ↗Intentionalität des reinen Bewußtseins. Dessen Strukturen wiederum haben ihr letztes Fundament in einem überindividuell-überzeitlichen, aber zeitstiftenden „absoluten Ego". So mündet H.s Philosophie als „universale Bewußtseinsphänomenologie" in einen transzendentalen Idealismus. Weniger diese Transzendentalphilosophie als vielmehr die phänomenolog. Methode H.s mit ihrem Ansatz beim „Gegebenen" gewann größten Einfluß auf das philos. Denken (Scheler, N. Hartmann, E. Stein, Heidegger, Rombach und viele andere).
In der Spätphilosophie H.s wird angesichts der „Krisis der europäischen Wissenschaften ..." (1936) insbes. die in Selbstverständlichkeit vorgegebene „Lebenswelt" thematisch, damit das Verdeckungsverhältnis der sich objektivistisch mißverstehenden Wissenschaften zum lebensweltlichen Boden, dem alles Verhalten und auch die Wissenschaften entspringen, und somit die Geschichte der gelebten Welt. Die Überwindung dieser Krise durch Rückbindung der Wissenschaft und ihres Selbstverständnisses ins Weltleben ist die therapeutische Aufgabe der Phänomenologie, die den geschichtlichen Sinn des europäischen Menschentums und der Menschheit herauszustellen hat. Die in dieser Weise aufgeworfene Lebensproblematik hat über die Philosophie hinaus die Humanwissenschaften befruchtet (in der Soziologie z. B. A. Schütz). – Der Nachlaß H.s wird verwaltet und bearbeitet („Husserliana") vom H.-Archiv in Löwen (gegr. 1939).

Huxley, *Thomas Henry*, engl. Naturforscher, * 1825 Ealing, † 1895 London. Prof. in London. Einer der ersten Verteidiger der Lehre Darwins. Prägt den Begriff „Agnostizismus" für die Haltung gegenüber metaphysischen, theologischen, religiösen Fragen: daß sie sich nämlich wohl stellen, aber niemals mit Anspruch auf Wahrheitsbedeutung beantwortbar seien.

Hylemorphismus (von griech. hyle, Holz, Stoff, und morphe, Form), im 19. Jh. aufgekommene Bezeichnung für die von Aristoteles begründete und in der mittelalterlichen Scholastik weitergeführte Lehre, der zufolge alles raumzeitliche körperliche Seiende aus den ontologischen Prinzipien Materie und Form konstituiert ist.

Hylozoismus (von griech. hyle, Holz, Stoff, und zoe, Leben), im 17. Jh. geprägte Bezeichnung für die in der Vorsokratik vertretene Lehre, wonach alle Dinge aus einem an ihm selber lebendigen Urstoff (Thales: Wasser; Anaximenes: Luft; Heraklit: Feuer) entstanden sind.

Hypothese (griech. hypothesis, Voraussetzung), für eine Schlußfolgerung zugrunde gelegte Annahme, ↗Voraussetzung, die, ohne von anderen (Grund-)Sätzen her bewiesen oder durch Erfahrung bestätigt (verifiziert) zu sein, dem Forschungs- und Erklärungsfortgang dient. Dem Kritischen Rationalismus Poppers zufolge haben alle empirisch-wissenschaftlichen Theorien mit ihrer „allgemeinen" Gültigkeit nur hypothetischen Charakter; sie sind aber nie endgültig zu verifizieren, da nicht alle möglichen Einzelfälle beobachtet werden können, doch ggf. durch nur eine Beobachtung zu widerlegen (falsifizieren).

I

Iamblichos aus Chalkis (Koilesyrien), griech. Philosoph, * um 250 nC., † um 330. In Apameia Begründer der syrischen Schule des Neuplatonismus. Schüler Porphyrios'. Baute dessen Lehre durch Vermehrung der Wesensstufen (Hypostasen) in der Emanation der Welt aus dem Ureinen weiter aus.

Ich (lat. ego), der Einheitsgrund der Akte (gewöhnlich unterschieden: des Fühlens, Wollens, Denkens), in denen das menschliche ↗Bewußtsein zwar zunächst „bei anderem" (der Welt der Dinge und Mitmenschen) ist, aber in der Rückwendung auf sich, im ↗Selbstbewußtsein, als dieser Einheitsgrund „bei sich" ist. Ausdrückliches Thema wird das I. erst in der Neuzeit, bei Descartes zwar noch als geistige Substanz (res cogitans) gefaßt (vgl. dagegen ↗Aktualismus), die aber für das Erkennen alles anderen sich selber als erste und zunächst einzige zugrunde legt, als ↗Subjekt. Kant unterscheidet das empirische I. (Subjekt), das in der Selbstwahrnehmung für das Erkennen als Objekt (aber nicht als [unerkennbares] I.-an-sichselbst) gegeben ist, und das philos. analysierbare I. als die ursprüngliche, nicht hintergehbare, synthetische Einheit des Bewußtseins (↗Transzendentalphilosophie). Der deutsche Idealismus will das I. in seiner Genese als absolutes I. begreifen (Fichte: das Ich setzt sich und das Nicht-I.). Kierkegaard stellt diesem abstrakt-spekulativen sein existentielles Verständnis des I. entgegen, das durch seine Lebensstadien hindurch sich als ↗Selbst gewinnen soll (aber sich verfehlen kann) (↗Existenzphilosophie). Die ↗Dialogische Philosophie (bes. Buber) betont gegenüber dem Subjekt-Objekt-Verhältnis als vorrangig die I.-Du-Beziehung (anklingend bereits bei Feuerbach), aus der her sich das I. zuallererst konstituiert. Wesentliche Anstöße für die Aufgabe, den Zusammenhang von I., Bewußtsein, Selbst zu denken, kommen aus der Psychoanalyse (Freuds Unterscheidung des Über-I., des I. und des Unbewußten). – Vgl. auch ↗Andersheit, ↗Fremdes.

Ideal, Neubildung aus dem griech. idea (Aussehen), die Vorstellung von einem Einzelnen, das mit der Wesensvollkommenheit (Idealität) seiner Idee gänzlich übereinstimmt, in der Wirklichkeit (Realität) so freilich nie erreicht, aber erstrebt wird. I. der reinen Vernunft oder transzendentales I.: bei Kant Gott als das gedachte vollkommenste („allerrealste") Wesen.

Idealismus (von griech. idea, Aussehen, vgl. ↗Idee), der Grundcharakter der abendländischen ↗Metaphysik, die der maßgebenden Idee seins- und erkenntnismäßig den Vorrang gibt vor den unmittelbar wahrzunehmenden Dingen (Erscheinungen). Je nach der philos. Deutung der „Idee" unterscheiden sich die vielfältigen idealistischen Ausprägungen und Richtungen. Die bedeutendsten sind:
1. Der ontologische oder platonische I. Für ihn ist Idee das in der Vernunfterkenntnis im voraus erblickte beständige übersinnliche Aussehen dessen, was in der wechselnden sinnlich vermittelten Erfahrung gesehen wird. Mit dieser von Platon stammenden Unterscheidung zweier Seinsbereiche, des partizipierenden (πPartizipation) Bereichs der sinnlich-vergänglichen („realen") Einzeldinge (mundus sensibilis) und des Bereichs des übersinnlichen, beständigen und übereinzelnen („idealen") Wesens und Seins (mundus intelligibilis), ist die Metaphysik grundgelegt.
2. Der theologische I. faßt die Ideen insgesamt als den ewigen Plan des Schöpfergottes (Augustinus, Thomas von Aquin). Sie sind die beständigen Gedanken des göttlichen Geistes, in denen die zeitlichen veränderlichen Dinge der geschaffen Welt gründen und dadurch ihre Zeitweiligkeit und Erkennbarkeit haben.
3. Der philos.-psychologische I. der Neuzeit (Descartes, Locke, Hume), der die Idee als „Vorstellung" versteht, durch welche die Dinge der Welt im menschlichen Bewußtsein repräsentiert werden. „Bewußtseinswelt" und „wirkliche Welt" werden scharf getrennt (↗Dualismus). Die Idee gehört jetzt dem Bereich des Subjekts an, dem „Innen", und vermittelt kraft ihres Korrespondenzcharakters zum „Außen", zur Objektivität. Der I. wird zur Philosophie der ↗Subjektivität.
4. Der transzendentale I., begründet durch Kant. Die Idee wird hier von der realen psychischen Vorstellung zu einer apriorischen Bedingung der Möglichkeit von Bewußtsein. Die Bewußtseinswelt wird überschritten, freilich nicht (wieder) in ein „Jenseits" (den Bereich der Gedanken Gottes) hinaus, sondern zu den vorbewußten, in der Struktur endlicher Subjektivität liegenden Geltungsgrundlagen jeder möglichen endlichen Erkenntnis zurück. Die ideelle Welt dieses I. ist so der Bereich der Bedingungen der Möglichkeit endlicher, d. h. gegenständlicher Erfahrung und endlicher, d. h. an sittliche Normen sich bindender Handlung. „Idee" im strengen Sinn aber meint die Vernunftbedingungen: die Entwürfe je einer in der Erfahrung nie antreffbaren Totalität, die als notwendiges Regulativ das theoretische Erkennen und als unbedingte Norm das praktische Handeln leitet.

5. Der absolute I., auch deutscher I. (Fichte, Schelling, Hegel), führt im Rückgang in die Subjektivität nicht, wie Kant, zu den Grundlagen endlicher, sondern aller Erkenntnis: die Subjektivität entdeckt und begreift sich in ihrem Grund als das Absolute selbst. Sie kommt in ihrem Durchgang durch ihre Bewußtseinsformen nicht nur zu Vernunftideen als regulative Bedingungen fortgehenden Erkennens, sondern erfährt sich selbst als *die* Idee, als den einen absoluten und immanenten Einheitsgrund, aus dem heraus alle Scheidungen (in das empirische Subjekt und Objekt, Geist und Natur, Natur und Geschichte usw.) erst frei hervorgehen.

Ideation (von griech. idea, Aussehen), in Husserls Phänomenologie die Wesensanschauung und Begriffs-(Ideen-)Bildung (Ideierung).

Idee (von griech. eidos, idea, Aussehen; griech. idein, sehen), ursprünglich die sinnlich gesehene Erscheinungsgestalt eines Wahrgenommenen, dann der nichtsinnliche Anblick seiner geistigen Bedeutung, d. h. der Begriff seiner wesentlichen Bestimmungen. Bei Platon sind die I.n die ewigen, in der intelligiblen Welt beheimateten Urbilder (deren „I. der I.n" das „Gute" ist), die in der Erscheinungswelt nur schattenhaft nachgebildet sind und im Erkenntnisvorgang ausdrücklich erinnert werden (Anamnese). Bei Augustinus (Anschluß an den Neuplatonismus) sind sie die Urgedanken alles Geschaffenen im Geist Gottes. Seit Descartes, der eingeborene, scheinbar von außen kommende und vom Bewußtsein selbst gemachte I.n unterscheidet, wird das menschliche Bewußtsein zum primären Raum der I.n (= Vorstellungen). Nach Locke stammen alle I.n aus der Erfahrung. Kant nennt I.n nur die reinen Vernunftbegriffe (im Unterschied zu den Verstandeskategorien), in denen ein Unbedingtes und Ganzes gedacht, jedoch nicht erkannt wird; sie sind nur regulative Prinzipien der theoretischen (Welt, Seele, Gott), aber Postulate der sittlich-praktischen Vernunft. Im deutschen Idealismus ist I. die Erscheinung des Absoluten in der Realität (Fichte), Potenz des selber werdenden Absoluten (Schelling), das Absolute selber, das sich dialektisch aus sich zu sich in seiner konkreten Totalität entwickelt (Hegel). In der Husserlschen Phänomenologie bedeutet I. die im transzendentalen Bewußtsein konstituierte und in der Wesensschau erfaßte Gegenstandseinheit.

Ideengeschichte, oft mit Geistesgeschichte gleichbedeutend gebraucht, die Darstellung der ideellen Kräfte einer geschichtlichen Welt. Zurückgehend auf den deutschen Idealismus (Hegels Lehre vom „objektiven Geist"), wurde sie von Dilthey wieder aufgenommen und erfuhr in der Kontroverse Naturwissenschaft–Geisteswissenschaft im ersten Drittel des 20. Jh. (Rickert, Windelband, später Rothacker) eine neuerliche theoretische Grundlegung.

Identität (von lat. idem, dasselbe), Selbigkeit. Gegensatz: Differenz. Als schlechthinnige I. formuliert im I.sprinzip (Satz der I.): Ein jedes ist es selbst (mit sich selbst identisch). Partielle I. meint die Selbigkeit von unterschiedenem Einzelnen in bestimmten Eigenschaften, im allg. Artwesen oder einem geschichtlich Allgemeinen (z. B. einer Kultur) usw. Das von Leibniz aufgestellte principium identitatis indiscernibilium besagt, daß es nicht zwei oder mehrere Dinge gibt, die sich in nichts voneinander unterscheiden. – Bemerkenswert ist, daß sich I. offenbar nur in Negation der Verschiedenheit, also von dieser her, denken läßt (so schon im transzendentalen Begriff des „unum" in der Scholastik). Bei Schelling ist das Absolute schlechthinnige Indifferenz. Für Hegel steht am Anfang des dialektischen Ganges des philos. Denkens (und des Wirklichkeitsgeschehens im ganzen) die „I. der I. und Nichtidentität" als erste, noch abstrakte Fassung des Absoluten. – Die metaphysikbestimmte Geschichte läßt sich weithin als Geschichte des I.sdenkens verstehen, sofern hier die grundsätzliche I. von Geist (Vernunft und Wille) und Sein den Verstehenshorizont abgibt. Metaphysikkritisch wird hierin eine universale anthropo- und egozentrische Fixierung und Vereinnahmung gesehen, wogegen die Differenz zum uneinholbaren Anderen (↗Andersheit) und Fremden zu wahren sei. – ↗Identitätsphilosophie.

Identitätsphilosophie (von lat. idem, dasselbe), Schellings Bezeichnung für seine Philosophie (in der Zeit 1801–06), für die nach dem Vorbild Spinozas „alles, was ist, an sich Eines ist", nämlich die unterschiedslose Einheit (Identität, Indifferenz) von Natur und Geist, Realität und Idealität, Notwendigkeit und Freiheit in der „absoluten Vernunft"; kritisch gegen Kants Trennungen und Fichtes nur „subjektiven Idealismus" gerichtet und sich selbst als „objektiven Idealismus" verstehend. – In einem weiteren Sinn kann die Metaphysik insgesamt als Identitätsdenken aufgefaßt werden, das in seiner Geschichte durch Parmenides („Denken und Sein – dasselbe") eröffnet wurde und über Hegels konsequenteste und umfassendste geistmetaphysische Gestaltgebung hinaus untergründig weiterwirkte.

Ideologie (Neubildung aus dem Griech.; wörtlich: Ideenlehre), 1. von Destutt de Tracy geprägte Bezeichnung für die von Condillac begründete sensualistische Philosophie, die in Frankreich um 1790 politischen Einfluß erlangte; 2. eine „gruppenbezogene Wahrheitsüberzeugung, die ihre Kraft nicht Wahrheitsgründen, sondern praktischen Interessen verdankt" (H. Lübbe), „eine scheinwissenschaftliche Interpretation der Wirklichkeit im Dienste einer praktisch-gesellschaftlichen Zielsetzung, die sie rückläufig legitimieren soll" (R. Lauth); 3. von Marx eingeführt zur Bezeichnung für jede Art von Welt- und Lebensanschauung (das Gesamt von Religion, Philosophie, Recht, z. T. auch Wissenschaft usw.) einer Epoche und Gesellschaft, deren Vorstellungen ohne substantiellen Wahrheitsgehalt und vielmehr nur verschleiernde Widerspiegelungsphänomene („Überbau") der jeweiligen ökonomischen Verhältnisse (des „Unterbaus") und politischen Interessen der herrschenden Klasse sind. – Die Behauptung oder der Nachweis, daß eine Anschauung I. sei, hat eine kritische Funktion. Ausdrücklich wird dies in der Neuzeit erstmals mit Bacons Idola-Lehre (↗Idol).

Idol (von griech. eidolon, Trugbild, Götzenbild), Grundbegriff in F. Bacons Lehre von den Vorurteilen. Er unterscheidet: 1. idola tribus, Vorurteile des menschlichen Stammes, d. h. in seiner allgemeinen Veranlagung liegend (anthropomorphes Konstruieren statt Beobachtung); 2. idola specus, Vorurteile der Höhle, die dem Einzelnen durch Erziehung usw. innewohnen, 3. idola fori, Vorurteile des Marktes, d. h. der gesellschaftlichen Öffentlichkeit; sie entstehen durch die Vermittlung der Sprache; 4. idola theatri, Vorurteile des Theaters, die entstehen, indem man autoritätsgläubig vorgeführten Anschauungen folgt (kritisch bes. gegen die aristotelisch-metaphysische Philosophie gerichtet).

Illuminationslehre (von lat. illuminatio, Erleuchtung), Bezeichnung für die von Augustinus und Bonaventura vertretene Lehre, wonach wie die sinnlichen veränderlichen Dinge nur in einem „körperlichen, äußeren" Licht, so auch die unveränderlichen ewigen Wesenswahrheiten nur in einem „geistigen, inneren" Licht gesehen und erkannt werden können. Dieses Licht ist nicht gleichzusetzen mit dem gnadenhaften lumen supranaturale im Sinn der Offenbarungstheologie oder dem lumen naturale des intellectus agens wie in der Philosophie des Thomas von Aquin, sondern als besondere Form der Einstrahlung ewiger Wahrheiten in den menschlichen Geist durch den göttlichen Geist aufzufassen.

immanent (von lat. immanere, innebleiben), darinbleibend, einwohnend. Gegensatz: transzendent. Bei Kant: innerhalb der Grenzen möglicher Erfahrung bleibend. Das den Gang der Hegelschen Dialektik kennzeichnende „i.e Hinausgehen" nimmt den Gegensatz von Immanenz (Darinbleiben, Enthaltensein) und Transzendenz in eins zusammen (denn wer eine Grenze denke, habe sie schon auch überstiegen). – Der Pantheismus verneint die Überweltlichkeit

Gottes und lehrt seine restlose Identität mit der oder Immanenz in der Welt.

Immanenzphilosophie (von lat. immanere, innebleiben), von W. Schuppe, M. R. Kaufmann u. a. Ende des 19. Jh. vertretene philos. Richtung, die Wirklichkeit und Bewußtsein gleichsetzte, in Berkeley, Hume u. a. ihre Vorläufer sah und sich als antimetaphysisch und positivistisch verstand. Kam in manchen Zügen überein mit dem Empiriokritizismus R. Avenarius' und E. Machs.

Immoralismus (von lat. moralis, sittlich), allg. die Anschauung, es gebe keine grundsätzliche moralische Verpflichtetheit, das sittliche Bewußtsein sei vielmehr eine Selbsttäuschung. Nach Nietzsche sind alle (bisherigen) Morallehren nur Verstellungen des „Willens zur Macht", die es zu entlarven gelte, um jenseits der Lüge von Gut und Böse wahrheits- und wirklichkeitsgemäß zu leben.

Imperativ (von lat. imperare, herrschen, befehlen), Gebot. Kant unterscheidet hypothetische (das sind sowohl problematische wie auch assertorische) I.e, die eine Handlung als möglicher- oder wirklicherweise gut (dienlich) für die Verwirklichung eines vorausgesetzten Zwecks gebieten, der dabei aber stets ein bedingter, als Mittel auf weitere Zwecke usw. verweisender Zweck ist, also keine schlechthinnige (apodiktische) Allgemeingültigkeit hat, vom absolut jederzeit gültigen ↗Kategorischen Imperativ. Für das geschichtliche Denken stellt sich die Frage nach historischen I.en, die nicht zeitlos, sondern in geschichtlicher Situation, und dennoch absolut verpflichtend das für gerade diese Zeit Notwendige zu tun gebieten (M. Müller).

Implikation (lat. implicatio, Verflechtung, Eingewickeltsein), das Eingeschlossensein eines Sachverhalts oder eines Gedankens in einem anderen. Gegensatz: Explikation, Ausfaltung.

Indeterminismus (von lat. determinare, bestimmen), die Lehre von der „Unbestimmtheit" der physischen oder psychischen Vorgänge durch das Kausalgesetz, insbes. die Lehre, daß der menschliche Wille nicht ursächlich und lückenlos durch Motive, charakterliche Anlagen, gesellschaftliche Verhältnisse, Situationen usw. bestimmt sei.

Individualethik, eine Ethik, die von den Pflichten des einzelnen Menschen gegenüber sich selber im Blick auf die Verwirklichung sittlichen Lebens handelt, im Unterschied zur Sozialethik. Wenn gegeneinander isoliert durchgeführt, verkennen beide die wesentliche Bezogenheit des Einzelnen als Person auf die Gesellschaft und umgekehrt.

Individualismus (von lat. individuum, das Ungeteilte), im 18. Jh. aufgekommener Begriff, bezeichnet in seiner positiven Bedeutung die in der Einzigartigkeit eines jeden Menschen verankerte Behauptung seiner Eigenart und seines Eigenrechts auf freie Entfaltung („Liberalismus"). Gegensatz: der doktrinäre Sozialismus, Kollektivismus. Negativ-kritisch meint I. den absoluten Vorrang des Einzelnen so, daß dessen gleichwesentliche soziale Bezogenheit geleugnet wird. Dieser I. führt zur Auflösung der Gesellschaft überhaupt („Anarchismus") oder ihrer Überführung in einen bloßen Zweckverband als Mittel zum Ausgleich individueller Interessen. Die in der menschliche Freiheit gründende Unvertretbarkeit und Verantwortlichkeit, die gerade objektive Bindungen und Gemeinschaftsformen voraussetzt, betont dagegen der Personalismus, der mit seinem Verständnis von Person hinter den Gegensatz von I. und Kollektivismus zurückzugehen sucht.

Individualität (von lat. individuum, das Ungeteilte), Inbegriff der Eigenschaften oder Merkmale, durch die sich etwas als „Dies-da" (Individuum in seiner Einzigkeit) darstellt, insbes. die I. eines Menschen (Persönlichkeit).

Individuation (von lat. individuum, das Ungeteilte), die „Besonderung" (eigentlich: Vereinzelung) des allgemeinen Wesens zum Einzelseienden (Individuum). – I.sprinzip, der in der Philosophiegeschichte unterschiedlich gesehene Grund für die I.; in der an Aristoteles anknüpfenden Tradition, so in der Scholastik (Thomas von Aquin), ist es die Materie (materia prima; vgl. ↗Form), bei Duns Skotus dagegen die individuelle Form (haecceitas).

Individuum (lat., das Ungeteilte), das Einzelseiende in seiner Einzigkeit gegenüber dem Allgemeinen (Artwesen, Gattung). I. in einem besonderen Sinn ist der Mensch als Person in seiner Individualität und zugleich wesentlichen Verbundenheit mit anderen (Gesellschaft).

Induktion (von lat. inducere, hineinführen), die Methode, die vor allem in den Erfahrungswissenschaften, von mehreren Einzelfällen auf ein allgemeines, zunächst hypothetisch angenommenes Gesetz schließt, das auch für nichtbeobachtete gleichgeartete Fälle Gültigkeit habe. Gegensatz: Deduktion. Logisch notwendig ist die I. allein dann, wenn alle möglichen Fälle bekannt sind. In den Erfahrungswissenschaften ist dies nie gegeben (↗Kritischer Rationalismus, ↗Verifikation). – In der Neuzeit wurde die I. durch Baco von Verulam, später bes. durch J. S. Mill herausgebildet und damit das experimentierende Vorgehen der Naturwissenschaften vorbereitet.

Information (lat. informatio, Formung, Gestaltung), in der aristotelisch-scholastischen Philosophie die Prägung der Materie durch die

↗Form. Seit Cicero allg.: Bedeutungserklärung, Mitteilung. Heute Grundbegriff der Kommunikationswissenschaften, bes. der Informatik. Er meint hier die Überführung eines bestimmten Bewußtseinsinhaltes (Wissen, Kenntnis) durch Kodierung in eine geordnete Zeichenfolge im Medium der Sprache oder auf einem physikalischen Träger, die Versendung und die Dekodierung bei Empfang in eine inhaltlich verständliche Mitteilung mit Handlungsbedeutsamkeit. Darüber hinaus wird der Begriff zunehmend wichtig allg. in den Naturwissenschaften und bes. in der Biologie (Erb-I.en des genetischen Kodes zur Organismusbildung). – Angesichts der Ausweitung medientechnischer Möglichkeiten im Übergang von der Industrie- zur I.sgesellschaft ist zu beachten, daß schon bei der Sammlung und Aufbereitung die Selektion (Auswahl) eine entscheidende Rolle spielt; um so nötiger haben deshalb Bildung und Erziehung heute die Urteilsfähigkeit einzuüben, „in der Fülle das Wesentliche, in der Masse der I.en das Wissenswerte zu erkennen" (H. Markl). Über-I. bedeutet im gleichen Maß Desinformation.

Institution (von lat. instituere, errichten, anordnen), Ordnungsform zur Regelung der Beziehungen zwischen Einzelnen und Gruppen und der Gesellschaft (z. B. Ehe und Familie, im Erziehungswesen und Bereich der Wirtschaft usw., rechtliche, politische, religiöse, allg. kulturelle I.en). I.en vermitteln unterschiedliche gesellschaftliche Kräfte miteinander, „entlasten" vom Druck je augenblicklicher neuer Handlungsentscheidung und „stabilisieren" Spannungen (A. Gehlen). Die I.en ausschließlich in der Perspektive ihrer Funktionalität, als soziale „Systeme" (N. Luhmann) und nicht auch als repräsentative Gestaltung und Ausdruck eines gemeinsamen Lebenssinns (vgl. ↗Freiheit) zu sehen, blendet einen wesentlichen Zusammenhang menschlichen Miteinanders aus. Diese Sicht kann selber als Ausdruck einer Sinnkrise beurteilt werden, in der die I.en zunehmend unter den Zwang fortgehender „Legitimation" geraten (J. Habermas). Zugleich treten die Gefährdungsmöglichkeiten der I.en hervor (u. a. Totalisierungsanspruch von seiten der I.en, aber auch ihre Erlahmung durch Überforderung, durch sich steigernde Leistungserwartung gegenüber den I.en).

Instrumentalismus (von lat. instrumentum, Werkzeug), Bezeichnung zunächst für den ↗Pragmatismus J. Deweys, dann allg. für die vielfältig ausgeprägten Auffassungen, das Erkennen mit seinen Bewußtseinsvorstellungen erfasse nicht die Wirklichkeit selber, sondern diene lediglich als Mittel zu ihrer theoretischen und technisch-praktischen Bewältigung.

Intellectus agens (lat.), in der Scholastik im Anschluß an Aristoteles der menschliche „tätige Geist" (Vernunft, Verstand), der als apriorisches Verstehen des kategorialen, modalen und transzendentalen Sinnes von „Sein" intentional auf alles Seiende gerichtet ist. Er faßt abstrahierend aus den sinnlich vermittelten Wahrnehmungsbildern die geistig bedeutsamen Wesensbilder in ihren Begriff und prägt sie dem intellectus possibilis oder passivus, dem „möglichen Geist", ein.

Intellectus archetypus (lat., der urbildliche Intellekt), bei Kant und im deutschen Idealismus der intuitive göttliche (urbildlich-schöpferische) Verstand im Unterschied zum menschlichen, nachbildlichen Verstand.

Intellekt (von lat. intellectus), Geist, Vernunft, Verstand, allg. das nichtsinnliche Erkenntnisvermögen.

Intellektualismus (von lat. intellectus, Geist, Vernunft, Verstand), Bezeichnung allg. für die philos. Grundhaltungen, die dem Geist als Intellekt und seinem Bezug auf „das Wahre" den Vorrang und die Bestimmungsmacht zuerkennen gegenüber dem Willen und seinem Bezug auf „das Gute" (erst recht gegenüber dem Gefühlsleben). Gegensatz: der ↗Voluntarismus (aber auch der Emotionalismus, vgl. ↗Gefühlsphilosophie). Die Tradition der metaphysischen Philosophie war seit ihren Anfängen vorwiegend intellektualistisch geprägt.

Intellektuelle Anschauung, im deutschen Idealismus (Fichte, Schelling) geprägter Begriff einer unmittelbar-geistigen Erfassung (↗Anschauung) der Wirklichkeit in ihrer absoluten Realität und des Absoluten selbst. Die Möglichkeit einer i. A. für das endliche menschliche Erkenntnisvermögen war zuvor von Kant bestritten worden; sie wäre nur bei einem ↗Intellectus archetypus gegeben.

Intelligenz (von lat. intellegere, einsehen, merken), allg. Einsicht, Erkenntnis(-vermögen). Bei Thomas von Aquin sind die I.en die Engelwesen, im 13. Jh. gleichgesetzt mit den aristotelischen Sphärengeistern. Seit dem 19. Jh. bildet sich die Bedeutung von (technisch-)„praktischer I." als ein nicht auf Instinkt zurückführbares Vermögen der Bewältigung von neuen Aufgaben und Lebenssituationen heraus, von M. Scheler als „organisch gebundene" I. bezeichnet (im Unterschied zum Geist, der sich von dieser Bindung distanzierend abzulösen vermag).

intelligibel (lat. intelligibilis, von intellegere, einsehen, merken), in der platonisch-aristotelischen Tradition dasjenige, was nur durch den Geist (Vernunft, Verstand) zu denken und erkennbar ist: das selbst nicht-sinnliche Wesen und Sein des sinnlich-wahrnehmbaren (sensiblen) Seienden. Bei Kant ist die Welt des Intelligiblen (mundus intelligibilis, griech. kosmos noetos) zwar als noumenale und „übersinnliche" zu denken, nicht jedoch wie die Erscheinungen der Sinneswelt (mundus sensibilis, griech. kosmos aisthetos) gegenständlich zu erkennen, da Erkenntnis sinnliche Anschauung voraussetzt. Nach Kants praktischer Philosophie ist ihre Realität jedoch, als moralische Welt, in sittlich-praktischer Absicht notwendig zu postulieren.

Intension (lat. intentio, Anspannung, Absicht), in der modernen Logik der Begriffsinhalt im Unterschied zum Begriffsumfang (↗Extension).

Intention (lat. intentio, Anspannung, Absicht), die Aufmerksamkeit des Geistes oder Bewußtseins auf einen Gegenstand. In der Scholastik gebrauchter Begriff in bezug sowohl auf das Handeln wie auf das Denken (Erkennen), wobei gilt: „quod est primum in intentione, est ultimum in exsecutione" (Thomas von Aquin; das Erste der Absicht nach ist das Letzterreichte in der Ausführung). Durch Brentano der phänomenologischen Philosophie vermittelt. So ist bei Husserl die *Intentionalität* Grundzug des reinen Bewußtseins, das in seinen Akten (Noesen) die „gemeinten" gegenständlichen Sinngehalte (Noema) konstituiert.

Interdisziplinarität (von lat. inter, zwischen, disciplina, Wissenschaftsgebiet), bezeichnet die Zusammenarbeit verschiedener Wissenschaften unterschiedlicher theoretischer Grundlagen und perspektivischer Zugangsweisen auf gemeinsamen Gegenstandsfeldern. Die Notwendigkeit der I. folgt einmal aus der zunehmenden Spezialisierung bes. der Natur- und der Gesellschaftswissenschaften und der wachsenden Unüberschaubarkeit und Undurchsichtigkeit ihres Gesamtzusammenhangs; zum anderen aus der Verflechtung aller Lebensbereiche, die sich in der Komplexität auch der Handlungsgegenstände im einzelnen widerspiegelt. Für I. wird vielfach auch Transdisziplinarität gebraucht. Probleme der I. stellen sich für die Verständigung der Wissenschaften aus der Verschiedenheit der besonderen Sprachen (damit des Denkens), die nicht mehr durch eine einzige Grundwissenschaft zu beseitigen ist, weder durch eine sich verabsolutierende Einzelwissenschaft noch durch eine überkommene metaphysische oder transzendentalphilosophische Reflexion. Bemühungen um Lösung durch Theorie und Praxis einer Meta-sprache dokumentieren, daß die Philosophie der Sprache die Rolle der früher metaphysischen oder transzendentalphilosophischen Grundlegung zu übernehmen begonnen hat.

Interesse (lat. interesse, dazwischen sein), aus dem römischen Recht herkommender Begriff, dort den Gegenstand einer Auseinandersetzung und die damit verbundenen Ansprüche bezeichnend. In der

Folgezeit entwickelten sich weitere Bedeutungen, mit dem Grundzug zunächst der materiell-ökonomischen und gesellschaftlichen Nutzens- und Vorteilsabsicht, dann auch der uneigennützigen mitmenschlichen Anteilnahme, im 18. Jh., bes. im ästhetischen Bereich, der durch das „Interessante" erregten Aufmerksamkeit. Kant teilt I. (Wohlgefallen) mehrfach: in das sinnlich-bedingte I. an empirisch-gegenständlichen Inhalten; in das reine Vernunft-I. als moralisch-praktisches aus der Achtung für das unbedingte Sittengesetz und als spekulatives an der systematischen Einheit des Denkens und Erkennens, beide vereinigt in den „drei Fragen: Was kann ich wissen? Was soll ich tun? Was darf ich hoffen?" (die Entfaltungen der Hauptfrage sind „Was ist der Mensch?"); schließlich in das ästhetische I. als „uninteressiertes Wohlgefallen". Hegel sucht subjektive Vernunft und objektive Gehalte zu vereinigen: durch die I.n der Einzelnen wirkt die „List der Vernunft", das wahrhaft Allgemeine gegenständlich zu konkretisieren. Bei Kierkegaard ist I. die Leidenschaft der menschlichen Existenz als zeitlich-endlicher in ihrer Unmittelbarkeit zum Unendlich-Ewigen. Marx unterscheidet die wahren menschlichen I.n gegenüber den subjektiv-einzelnen I.n unter der Bestimmtheit durch objektive Klassen-I.n. Habermas sieht vortheoretisch-praktische, „erkenntnisleitende I.n" als I. an der Beherrschung der Natur in Naturwissenschaft und Technik, als I. an Verständigung (Kommunikation) im sozialen Handeln und entsprechend in den geschichtlich-hermeneutischen Wissenschaften, und als emanzipatorisches I., das beide I.n in der Selbstreflexion vermittelt und auf die Realisierung von Freiheit zielt.

Interpretation (von lat. interpretari, erklären, deuten, übersetzen; griech. hermeneuein), die zum ↗Verstehen führende Auslegung insbes. von Texten, darüber hinaus von allen Werken, in denen sich menschlich-geschichtliches Leben äußert. Ursprünglich im Bereich des Rechts (Auslegung von Gesetzen) und der biblischen Exegese geübt, dann allg. in die Geisteswissenschaften übernommen. – ↗Hermeneutik.

Intersubjektivität (von lat. inter, zwischen, subiectum, das darunter Liegende), das Kennzeichen von (wissenschaftlichen) Aussagen, die grundsätzlich für jedes Subjekt einsehbar und nachprüfbar sind, somit gleichbedeutend mit Allgemeingültigkeit.

Intuition (lat. intuitio, ↗Anschauung), in der Erkenntnislehre die unmittelbare Einsicht in von sich selbst her sich zeigende Sachzusammenhänge und Wesensverhältnisse. Bei Platon die ursprüngliche und in der Anamnese erinnerte Ideenschau, in der aristotelischen

Tradition die unmittelbar gegebene Selbstverständlichkeit der apriorischen Grundformen des Geistes als zugleich die des Seins (so bei Thomas von Aquin: Kategorien, Modalitäten, Transzendentalien). Im Unterschied dazu: das ↗diskursive Erkennen, das eine Evidenz erst durch logische Vermittlung gewinnen kann.

Ionische Philosophie, die Philosophie der ältesten, den ionischen Kolonien Kleinasiens entstammenden Denker der Vorsokratik, bewegt von der Frage nach dem Ursprung (arche) der Physis (Natur, daher auch ionische Naturphilosophen genannt), den sie als „Urstoff" verstanden, wie Thales (das Wasser), Anaximenes (die Luft) oder als das „Grenzenlose" (apeiron), wie Anaximander.

Ironie (griech. eironeia, Verstellung), Verhaltensweise und insbes. sprachliche Ausdrucksart eines Menschen, der die Aussage eines anderen scheinbar ernst nimmt, aber zugleich durch Mimik, Diktion, In-Frage-stellen usw. seine Zustimmung wieder zurücknimmt. Sokratische I.: von Kierkegaard stammende Bezeichnung für Sokrates' Verstellung („Ich weiß, daß ich nichts weiß") gegenüber dem Gesprächspartner auf dem Weg der Wahrheitssuche. Sokrates selbst spricht von Mäeutik Hebammenkunst). Romantische I.: unter dem Einfluß Fichtes bes. von Schlegel propagierte Bewußtseinshaltung in der unauflösbaren Spannung zwischen dem Unendlichen und Idealen einerseits, der endlichen ungenügenden Wirklichkeit (auch der eigenen Schöpfungen) andererseits. Von Hegel und Kierkegaard als nur negative Haltung kritisiert, die auf spielerische Vernichtung des Endlichen hinauslaufe.

irrational (lat. irrationalis, unvernünftig, unverständlich), das dem Denken und Erkennen nicht Faßbare. Vom Verständnis von Ratio hängt ab, was jeweils negativ das I.e bedeutet: oft der Bereich der Triebe, Leidenschaften, Gefühle, bei deren Beherrschung der Verstand Widerstand erfährt, dann auch die Materie, die, sollte sie auch strukturell (logisch) mit der rationalen Ordnung übereinstimmen, als solche doch nicht restlos in begriffliches Denken einholbar ist, in einer ↗Andersheit ihm gegenüber bleibt. Der deutsche Idealismus (bes. Hegel) sah das I.e nur bezogen auf den endlichen Verstand. Die unendlich sich bestimmende Vernunft hebt mit der Endlichkeit den Verstand und das für ihn i. Erscheinende auf.

Irrationalismus (von lat. ratio, Verstand, Vernunft), Kennzeichnung der Gegenpositionen zum ↗Rationalismus, insbes. zu dem der Aufklärung. Die genauere Bestimmung ist abhängig davon, was unter Rationalismus verstanden wird. Allg. meint I. die geistige Grundhaltung, die dem begrifflichen Denken mißtraut oder über den Verstand hinausgehende Erkenntniskräfte annimmt (wie z. B. Intuition oder Emotionen), weil sie die Begründetheit und Verfaßtheit der Wirklichkeit selbst als irrational bestimmt. So werden oft Schopenhauer, Nietzsche, E. v. Hartmann, die Lebensphilosophie dem I. zugerechnet, da sie den Ursprung des Seins aller Dinge als blinder Wille, Lebensdrang o. ä. auslegten. – Vgl. auch ↗Voluntarismus.

Isomorphie (von griech. isos, gleich, morphe, Form), Gleichförmigkeit, die verhältnismäßige Gleichheit bes. von räumlichen Figuren bei maßstabsgerechter Abbildung, Vergrößerung, Verkleinerung. Bei Wittgenstein meint I. insbes. die Identität der logischen Struktur von sinnvollen Sätzen (Sprache) und von (möglichen und wirklichen) Sachverhalten, die durch eben diese Sätze nicht sinnlich, sondern gedanklich abgebildet werden. ↗Abbildtheorie.

J

Jacobi, *Friedrich Heinrich,* * 1743 Düsseldorf, † 1819 München. 1807–12 ebd. Präsident der Akademie der Wissenschaften. Mit Rousseaus Denken vertraut, mit Goethe, Hamann, Herder u. a. in Beziehungen. Kritiker Mendelssohns, Kants (u. a. seines Ding-ansich-Begriffs, ohne den man nicht in Kants Philosophie hineinkommen und mit dem man nicht in ihr bleiben könne; Wirkung auf Hegel), Fichtes und Schellings (beider Denken sei „umgekehrter Spinozismus"). Wurde neben Hamann zum Wortführer der gegen den Rationalismus der Aufklärung gerichteten Gefühls- und Glaubensphilosophie. Wirkte auf den Sturm und Drang, Schiller, Jean Paul und die Romantik (bes. mit dem Ideal der „schönen Seele"), im theolog. Bereich bis in die Tübinger Schule (J. v. Kuhn) und zu Schleiermacher. Die Verstandeserkenntnis erfasse nur das Nichtgöttliche, Endliche und führe, wie bei Spinoza, notwendig zum Atheismus. Jeder Beweis setzt nach J. das Unbeweisbare, jedes Wissen das Glauben voraus. Allein in der Gewißheit des Glaubens, des Gefühls (auch: des Herzens oder der „Vernunft") ist das Göttliche, Unendliche gegenwärtig.

Jaeger, *Werner,* * 1888 Lobberich, † 1961 Boston. Altphilologe und Historiker. Prof. in Berlin, Chicago, Cambridge. Philosophisch bedeutsam seine Schrift „Aristoteles" (1923). Deutete das frühe Christentum auf dem Hintergrund des griech. Bildungsgedankens (1963) und entwickelte seine (neu-)humanistische Bildungsidee in „Paideia" (3 Bde., 1934–37).

James, *William,* amerikan. Philosoph, * 1842 New York, † 1910 Chocorua (New Hampshire). „Radikaler Empirist", Begründer (neben Ch. S. Peirce) einer ↗Pragmatismus genannten Richtung, nach der Praktikabilität (Umsetzbarkeit in tätiges Leben) Kriterium der Wahrheit ist. In der Metaphysik lehrte J. einen Pluralismus ursprünglicher, aber miteinander verbundener Wesen und Kräfte.

Jansenismus, nach ihrem Hauptvertreter Cornelius Jansenius (1585–1638) benannte theologisch und philos. in sich vielschichtige katholische Erneuerungsbewegung im 17. und 18. Jh. in Frankreich und Belgien, die sich (in umstrittener Weise) auf Augustinus' Lehre von der göttlichen Gnade und der Unmittelbarkeit des Menschen zu Gott berief, Selbständigkeit gegenüber Kirche und Staat forderte und in Gegnerschaft bes. zu den Jesuiten stand. Philos. bedeutende Anhänger: A. Arnauld („Logique de Port Royal", 1662) und B. Pascal („Lettre à une provincial", 1556/57).

Jaspers, *Karl,* * 1883 Oldenburg, † 1969 Basel. Anfänglich Psychologe, 1921 Prof. für Philosophie in Heidelberg (1937–45 aus polit. Gründen amtsenthoben), 1948 Basel. Im deutschen Sprachraum neben dem frühen Heidegger der bedeutendste Vertreter der ↗Existenzphilosophie. Angeregt vor allem von Pascal, Kierkegaard, Nietzsche, bes. aber Kant, durchbricht er das nur objektivierende Wissenschaffen und deskriptive Philosophieren, indem er die philos. Denkbewegung als Appell an den Menschen versteht, seine Existenz in geschichtlicher Situation zu übernehmen und in nicht abbrechender Kommunikation zu verantworten. Die Grundfrage der Philosophie ist zwar stets die nach Sein und Menschsein und dem Bezug zueinander. Aber das Gefragte läßt sich weder vergegenständlichen noch abschließend thematisieren. Es ist das Umgreifende schlechthin in seinen mehrfachen Grundweisen (wir selber als Dasein, Bewußtsein überhaupt, Geist; und die Welt). Die innerste Möglichkeit unserer selbst ist die Existenz(= Selbst-)werdung; das äußerst Wirkliche, aber ebensowenig erscheinend und verfügbar, ist das Sein als Transzendenz der Welt. Das Band, wodurch die Existenz an die Transzendenz gehalten wird, ist die Vernunft. Sie lebt aus der Erfahrung der Grenze endlichen Wissens und Handelns. Diese Erfahrung bricht auf in den unbeseitigbaren „Grenzsituationen" (insbes. Tod, Leiden, Kampf, Schuld), in denen der Mensch „scheitert", aber gerade im Innewerden der uneinholbaren Transzendenz („Gottes") er selbst zu werden vermag in der Wahrheit seiner endlichen Existenz. Wo immer sich dieses Innewerden ausspricht, handelt es sich nur um vom endlichen Subjekt entworfene bedingte Zeichen („Chiffern") für das Unbedingte. Sie müssen deshalb für das philos. Denken „in der Schwebe", nämlich fragewürdig bleiben. Der „philos. Glaube" weiß sich mit dem Uranliegen der Religionen identisch, aber ihre Lehr-Aussagen im Sinne endgültiger Antworten (wie auch diejenigen überkommener metaphysischer Systeme oder gar wissenschaftlich sich verstehender Weltanschauungen usw.) müssen ihm als menschliche Fixierungen eines absolut Unfixierbaren erscheinen, welche die existentielle Eigentlichkeit des Einzelnen und die freie Kommunikation des sozialen Lebens verhindern.

Joachim *von Fiore,* * um 1130 Celico bei Cosenza, † 1202 Fiore (Kalabrien). Zisterzienser, als Gründer des Klosters in Fiore Urheber der Kongregation der Floriazenser. Mit seiner Lehre von den drei Zeitaltern (das alttestamentliche des Vaters, das neutestamentliche des

Sohnes und seiner Kirche und das kommende des Heiligen Geistes und einer Mönchskirche, das sich auf die Geheime Offenbarung zurückbezieht) beginnt die inhaltliche Verbindung von heilsgeschichtlichem Glauben und säkularer, weltgeschichtlicher Ereignisdeutung. Nachwirkungen seiner Geschichtsauffassung sind bis in die Neuzeit und Gegenwart (Hegel, Schelling u. a.; „Drittes Reich"-Idee) zu verfolgen.

Jüdische Philosophie, aus der Begegnung der jüdisch-religiösen Erfahrungswelt mit der griech.-antiken, arabisch-islamischen und christlich-mittelalterlichen Philosophie. Erste Wirkung entfaltete Philon von Alexandrien (1. Jh. vC.). Erst seit dem 8. Jh. tritt J. P. neben der arabisch-islamischen stärker hervor. Hauptgestalten: die Neuplatoniker Isaak Israeli, Saadja ben Joseph, Salomon ibn Gebirol (Avicebron), bes. dann Moses Maimonides (12. Jh.), Levi ben Gerson (13./14. Jh.). In der Neuzeit hatte stärkste Wirkung die -freilich nicht mehr auf die jüdische Glaubensherkunft zurückbezogene – Philosophie Spinozas (17. Jh.); Moses Mendelssohn (18. Jh.) dagegen suchte die Übereinstimmung des jüdisch-biblischen Glaubens aufzuweisen und beeinflußte nachhaltig die kulturelle Entwicklung des Judentums. Bedeutsam ist die Rückbesinnung des späten H. Cohen (1842–1918) auf die jüdischen Glaubensquellen, insbes. aber das religionsphilos. Denken F. Rosenzweigs (1886–1929) und M. Bubers (1878–1965) entscheidender Beitrag zur Dialogischen Philosophie. Wesentlich von der religiösen Tradition des rabbinischen Judentums getragen ist die betont ethische Philosophie E. Lévinas' (1906–95).

Jung, *Carl Gustav,* * 1875 Kesswyl (Schweiz), † 1961 Zürich. Psychiater, Prof. in Basel. Zunächst S. Freud und seiner Psychoanalyse verbunden, entwickelte J. dann seine eigene „Analytische" oder „Komplexe Psychologie". Sie erweitert die sexuell betonte „Libido" zu einer allgemeinen „Lebensenergie" und ergänzt das individuelle Unbewußte durch das kollektive. Die individuelle und kollektive Ausdifferenzierung der Lebensenergie wird faßbar in den symbolischen Vorstellungen. Sie sind geschichtlich variable Ausdrucksformen von „Archetypen" (unbewußten Deutungs- und Verhaltensmustern). In der Aktualisierung des Unbewußten, insbes. des Archetypus „Selbst" (das, im Unterschied zum Bewußtseins-Ich, das Ur- und Zielbild eines ganzheitlichen, alle seelischen Faktoren und die Welt umfassenden Menschseins bedeutet), geschieht die Persönlichkeitswerdung („Individuation"). J.s Archetypenlehre hatte starken Einfluß auf die Religionspsychologie, die vergleichende Religionsgeschichte und vor allem die Mythenforschung.

K

Kairos (griech.), bei Hesiod u. a., Aristoteles und den Stoikern der durch günstige Umstände ausgezeichnete Raum- und Zeitort, der rechte Augenblick (Angemessenheit von Naturverlauf und Handlungsabsicht). Neutestamentlich die durch Gott verfügte Erfüllung (pleroma) einer Zeit (bes. der Menschwerdung Gottes). So auch bei Kierkegaard der Augenblick der Entscheidung. Seit P. Tillich (Kairos, 1922) erhält der Begriff („Einbruch der Ewigkeit in die Zeit") breitere religions- und geschichtstheologische Bedeutung, sodann insbes. im Existenz- und Seinsgeschichtsdenken Heideggers. Bei M. Müller ist K. die Zeit des „Ineinsfalls" (Symbols) von unbedingter, aber geschichtlicher Forderung und menschlicher Freiheit im geglückten Werk (der Religion, Politik, Kunst usw.), in dem eine Zeit ihre Wahrheit und Gegenwartsgestalt findet.

Kalokagathie (von griech. kalos kai agathos, schön und gut), das griech. Bildungsideal der Einheit von schön gestalteter Erscheinung und edler Gesittetheit, neu belebt durch das ästhetische Denken des 18. Jh. im Ideal der „schönen Seele" und „moralischen Schönheit" (bes. Schiller, Wieland).

Kant, *Immanuel,* * 1724 Königsberg, † 1804 ebd. Prof. in Königsberg. Seine „kritische Philosophie" bedeutet den entscheidenden Einschnitt in der neuzeitlichen Philosophiegeschichte.
K. wendet sich gegen den Rationalismus der Leibniz-Wolffschen Metaphysik (als dogmatischer) wie gegen den ebenfalls unreflektierten Empirismus. Seine Reflexion auf die Grundlagen aller Erkenntnis überhaupt ist die erste tiefgreifende Besinnung auf die Möglichkeiten und Grenzen des endlichen Menschen, sicheres „Wissen" zu erlangen („Kritik der reinen Vernunft", 1781). Erkenntnis des Seienden, „wie es an ihm selbst sei" („Ding an sich"), ist für uns nicht nur faktisch, sondern grundsätzlich unmöglich. Möglich ist nur gegenständliche (objektive) Erkenntnis, nämlich des Seienden, wie es unter den Erkenntnisbedingungen des endlichen Subjekts als eines sinnlichkeitsverhafteten Geistwesens und dennoch allgemeingültig diesem erscheint („Kopernikanische Drehung"). Es sind die transzendentalen Strukturbedingungen der Sinnlichkeit („Raum" und „Zeit" als Grundordnungsformen der Empfindungen zu Anschauungen) und des Verstandes („Kategorien" als begriffliche Grundformen der Konstitution von Anschauungen und Erscheinungen zu Ge-

genständen). Das Fortschreiten der (empirischen, und zwar bei K. naturwissenschaftlichen) Gegenstandserkenntnis wird ermöglicht und geleitet durch die regulativen „Ideen" der Vernunft (Welt, Seele, Gott), die denknotwendig (Noumenon) sind, aber selbst nie Erscheinung (Phänomen) und Erkenntnisgegenstand werden können. Die bisherige „generelle Metaphysik" (Ontologie) wandelt sich zur transzendentalen Lehre der Erkenntnis- und Gegenstandsbedingungen. Diese gehen aller Erfahrungserkenntnis (den empirisch-synthetischen Urteilen) sachlich vorher und ermöglichen deshalb auch synthetische Urteile a priori (in der Mathematik und in der Philosophie, diese als transzendentale Reflexion verstanden). Der bisherigen „speziellen Metaphysik" (von der Welt, der Seele, Gott) wirft K. vor, je ein ungegenständlich Unbedingtes, das nur zu denken ist, wie ein erkennbares Objekt zu behandeln. Nicht in der theoretischen, erst in der praktischen Philosophie wird dem zu denkenden Unbedingten und Ganzen eine (sittlich-praktische) „Realität" zugesprochen, aber eben nicht für das Erkenntnis-, sondern das Handlungsbewußtsein („Kritik der praktischen Vernunft", 1788). Der Wille bindet sich als ethischer an den unbedingten Anspruch, sittlich gut zu handeln, damit an das absolute Gesetz seiner selbst (vgl. ↗Kategorischer Imperativ). Er ist dann nicht durch endliche Gegenstände und durch Glücksanreize fremdgetrieben (heteronom), sondern weiß sich als in Freiheit sich selbst bestimmend (autonom). Darauf beruht der religiöse (postulierende) Glaube an die Unsterblichkeit als steten Fortschritt zum Guten und an Gott als Garanten des „höchsten Gutes", der Einheit frei verwirklichter Sittlichkeit und ihr hinzugegebener, aber verdienter Glückseligkeit in der vollendet moralischen Welt, dem „Reich Gottes". Diese moralische „Religion innerhalb der Grenzen der bloßen Vernunft" (1793) ist Beurteilungskriterium jeder historisch auftretenden Religionserscheinung. Die als Kluft empfundenen Trennungen K.s (zwischen Erkennen und Denken, Sinnlichkeit und Verstand, Verstand und Vernunft, theoretischer Wissens- und praktischer Handlungsvernunft), die er in seiner „Kritik der Urteilskraft" (1790) zu verbinden sich selber bemühte, suchte der deutsche Idealismus (Fichte, Schelling, Hegel) zu überwinden, im Ausgang von K. und seiner präzisen Problemstellung innerhalb der Aufklärungsgeschichte der neuzeitlichen Subjektivität, aber spekulativ über ihn hinausgehend.

Kantianismus, die unmittelbare Wirkung, Verbreitung und Weiterführung der Philosophie Kants in den achtziger und neunziger Jahren des 18. Jh. durch J. Schulz, K. L. Reinhold, G. S. A. Mellin,

S. Beck, S. Maimon, F. Krug, H. Fries u. a. Die Vorherrschaft in der philos. Diskussion der Zeit übernahmen bald die Entwürfe des deutschen Idealismus (Fichte, Schelling, Hegel), die den K. entscheidend umbildeten und ablösten. Die Wiederanknüpfung an Kant erfolgte ab Mitte 19. Jh. durch den Neukantianismus.

Kardinaltugenden, die (zumeist vier) Haupttugenden, im Anschluß an Platon: Weisheit (griech. sophia, lat. sapientia), Tapferkeit (andreia, fortitudo), Besonnenheit (sophrosyne, temperantia), Gerechtigkeit (dikaiosyne, iustitia), letztere als Tugend des rechten Verhältnisses der drei ersten zueinander. Seit Thomas von Aquin werden sie oft mit den (christlich-theologischen) Tugenden Glaube, Hoffnung und Liebe verbunden.

Karneades *von Kyrene* (Nordafrika), griech. Philosoph, 214–129 vC. Begründer der platonischen „neuen Akademie". Ausgehend von der Ungewißheit der Sinneserkenntnis, bestreitet K. (gegen die Stoiker, bes. Chrysippos) ein endgültiges Wahrheitskriterium und entwickelt statt dessen die (erste durchgeführte) Wahrscheinlichkeitslehre.

Kategorie (griech. kategoria, ursprünglich Anklage, dann Aussage, eigenschaftliche Beurteilung), bei Aristoteles und in der aristotelisch geprägten Philosophietradition die Grundseins- und zugleich die Grundaussageweisen (Grundbegriffe) des Seienden, die als oberste Gattungen zwar eindeutig (univok) und gegeneinander scharf abgegrenzt (finit), selbst nicht definierbar sind, aber die Definition der aposteriorischen (empirischen) Begriffe ermöglichen. Gewöhnlich ↗Substanz und die neun ↗Akzidenzien. Die K.n bilden mit den Modalbegriffen und den Transzendentalien den apriorischen (↗a priori) Verständnishorizont des Seins für den menschlichen Geist. Bei Kant erfolgt ein entscheidender Einschnitt: K.n sind apriorische Grundbegriffe nur des (empirisch) erkennenden Verstandes und Grundweisen der Konstitution der Gegenstände; Raum und Zeit sind nicht mehr als (akzidentelle) K.n, sondern Grundanschauungsformen der reinen Sinnlichkeit; die Modalbegriffe dagegen sind den K.n eingeordnet. Der deutsche Idealismus sucht die K.n aus ihrer Genese her zu begründen; für Hegel ist schließlich die absolute Idee (die prozessual verstandene Einheit von Denken und Sein) die K. aller K.n. Im Zug der Entfaltung der empirischen Wissenschaften bildete jede Wissenschaft ihre eigenen Grundbegriffe (K.n) aus. Übergreifende K.nlehren entwickelten Husserl und N. Hartmann. Heidegger unterschied von den K.n als Seinsbestimmungen des außermenschlichen Seienden diejenigen des menschlichen Daseins (Existentialien; ↗Existenz). Für die analytische Philosophie stellt sich das K.nproblem innerhalb der Analyse der Sprache und des sich in ihr ausdrückenden Denkens.

Kategorischer Imperativ, in Kants Ethik das unbedingt verpflichtende, durch keinen endlichen empirischen Inhalt eingegrenzte Sittengesetz (das als Faktum der reinen Vernunft in der „Achtung" vernommen wird) bzw. dessen satzhafte Formulierungen. Die bekannteste lautet: „Handle so, daß die Maxime deines Wollens jederzeit zugleich als Prinzip einer allgemeinen Gesetzgebung gelten könne". ↗Imperativ.

Kausalität (von lat. causa, Ursache), Ursächlichkeit, Ursache-Wirkungs-Zusammenhang. Im Anschluß an Aristoteles lehrte die Scholastik eine vierfache K. (Form und Materie, Effizienz- und Zielursache; ↗Causa). Dabei ist jedes endliche (kontingent) Seiende im ganzen als gegründet und also abhängig vom allein aus sich notwendigen göttlichen Seinsgrund aufgefaßt. In der Neuzeit (Descartes) rückt zunehmend das Verhältnis der Effizienzursache zu ihrer Wirkung in den Vordergrund. Bei Leibniz steht das Reich dieser Wirkursächlichkeit, dem naturwissenschaftliche Erkenntnis angemessen ist, in prästabilierter Harmonie mit dem Reich der Zwecksächlichkeit (↗Finalität), das dem Freiheits- und Handlungsbewußtsein gegenwärtig ist. Hume faßt die Rückbeziehung einer Wirkung auf eine Ursache als empirisch-zeitliche („post hoc"), die aus Gewöhnung an gleichartige Wiederholung zu einem nur assoziativ begründbaren Ursache-Wirkungs-Gesetz („post hoc") verallgemeinert werde. Kant hält gegenüber Hume und dem Empirismus an der Apriorität der ↗Kategorie Ursache(-Wirkung) fest, die erst die Objektivität empirischer Verstandeserkenntnis sichert. Im Bereich der sittlich-praktischen Handlungsvernunft gibt es für ihn eine analoge „K. durch Freiheit", d. h. durch das Vermögen, ursprüngliche Anfänge zu setzen. – Ob der K.sbegriff der Naturwissenschaften im Bereich der Quantenphysik, vor allem im Zusammenhang mit der Heisenbergschen Unschärferelation, eine prinzipielle Aufhebung (es gibt „objektiv" keine Vorausbestimmtheit des Geschehens) oder nur eine einschränkende Modifikation („subjektiv" sind keine einzelfallgültigen, sondern nur statistische Voraussagen möglich) bedeutet, wird kontrovers diskutiert.

Kelsos, griech. Philosoph des 2. Jh., dem „mittleren Platonismus" zuzuordnen. Lehrte die Unerkennbarkeit des einen Gottes und ein Pantheon der in den Religionen verehrten Mächte. Gegner des Christentums. Sein verlorenes Werk „Alethes Logos" („Wahre Lehre") ist aus der später von Origenes verfaßten Gegenschrift erkennbar.

Keyserling, *Hermann von,* kulturphilos. Schriftsteller, * 1880 Livland, † 1946 Innsbruck. Gründete 1920 in Darmstadt die „Schule der Weisheit", forderte gegen die bloße „Verstandeskultur" die Erneuerung der europäischen Lebenswirklichkeit aus dem Geist insbes. indisch-chinesischer Weisheitstraditionen.

Kierkegaard, *Sören Aabye,* * 1813 Kopenhagen, † 1855 ebd. Nach theolog. und philos. Studium in Kopenhagen und Berlin (Hörer Schellings) Schriftsteller in Kopenhagen. Wirkte insbes. nach dem Ersten Weltkrieg auf die theolog. und philos. Erneuerungsbewegungen (bes. ↗Dialektische Theologie, ↗Existenzphilosophie). K. stellt sich, häufig in der Sprache der Ironie (Bezug auf den „subjektiven Denker" Sokrates), gegen die romantische Lebensanschauung als Flucht vor der Wirklichkeit in eine Scheinwelt und gegen die untergründig verwandte idealist.-spekulative Lehre eines allgemeingültigen („objektiven") Wahrheitssystems (bes. Hegel). Dieses ebne die gegensätzlichen Möglichkeiten ein und hebe die freie Entscheidung überhaupt auf. Gegenüber dem „metaphysischen Attentat auf die Ethik" ruft er zur „Wahrheit je für mich" auf, wie sie den Einzelnen in der unmittelbaren („subjektiven") Erfahrung seiner Verantwortung anspricht und in Forderungen, die für ihn allein schlechthin verbindlich sind.

Der „Einzelne" läßt sich nicht durch bloße Erinnerung (das Wissen um übergreifende Geschichtszusammenhänge) zum Ausgleich der Gegensätze verführen, sondern vollzieht in existentieller Bewußtheit ständig die Wiederholung, im Augenblick sich vor einem Entweder-Oder entscheiden zu müssen („Die Wiederholung", 1843; „Der Augenblick", 1850; „Entweder-Oder", 1843). Aus der Freiheit reiner Möglichkeiten und damit auch des Schuldigwerdens erwächst die *Angst* und ihre Konsequenz, die *Verzweiflung* („Der Begriff der Angst", 1844; „Die Krankheit zum Tode", 1849). Die Entscheidung ist kein Übergang, sondern ein Sprung in „Furcht und Zittern" und deshalb ein Wagnis. Es nimmt seine Kraft aus dem Glauben. Dieser ist dem Gewißheit verlangenden Denken ein Widerspruch, Wagnis, Paradox und Ärgernis.. Das Paradox schlechthin ist der christliche Glaube, daß der ewige Gott, der ganz „Andere", in der zeitunterworfenen Welt Mensch wurde („credo quia absurdum est"). Im Glauben an dieses Un-denkbare geschieht so die Lösung von der Welt und das einsame Stehen des Menschen vor Gott („In der Religion gibt es kein Publikum"). In der Nachfolge Christi wird der Einzelne selbst zum Ärgernis, wie umgekehrt er selbst in und an der Welt leidet („Philos. Brosamen", 1844; „Abschließende unwissenschaftliche Nachschrift", 1846). Die naive („ästhetische"), die ethische und die religiöse (zuäußerst christliche) Lebensgrundhaltung sind die „Stadien auf dem Lebensweg" (1845), nämlich zu einem „Selbst" (als einem „Verhältnis, das sich zu sich selbst verhält"). – Weil in der dänischen Staatskirche, wie überhaupt in der Christenheit, die christliche Religion des Widerspruchs und des Schmerzes zu einer Religion der Milde und des Ausgleichs verfälscht worden sei, bekämpft sie K. unermüdlich und streitet für die notwendige „Einübung im Christentum" (1850).

Klages Ludwig, * 1872 Hannover, † 1956 Kilchberg bei Zürich. Trug wesentlich bei zur wissenschaftlichen Grundlegung der Graphologie, Charakterologie, Ausdruckspsychologie. Innerhalb der lebensphilosophischen Strömungen kritisierte er, anknüpfend an die romantische Naturauffassung (C. G. Carus, Bachofen, Nietzsche), die vorherrschend rationalistisch geprägte Kultur. Gegenüber dem ins Allgemeine und Abstrakte zielenden Erkennen betonte er die im „Lebensgefühl" unmittelbar gewisse Konkretheit des seelischen Lebens und seine Wurzeln im mütterlichen Nährboden „Erde", die durch den „Geist" zerstört würden („Mensch und Erde", 1926; „Der Geist als Widersacher der Seele", 1929–32).

Klemens, Titus Flavius, von Alexandrien, ca. 150–215 nC. Wahrscheinlich aus Athen; um 200 in Alexandrien. Erster christlicher gelehrter Theologe und Philosoph. Beeinflußt insbes. von Platon, der Stoa und Philon, versuchte er das griech. Logos-Denken in einer christlichen Gnosis fruchtbar zu machen. Gott kann nur negativ erkannt werden: als unendlich, namenlos, bedürfnis- und leidenslos. Der christl. Gnostiker gleicht dem Bild der stoischen Weisen; er zeichnet sich aus durch ↗Apathie, die er auf dem Weg der Askese erlangt und die ihn stufenweise zur Vereinigung mit Gott führt.

Kollektivismus (von lat. colligere, sammeln), im 19. Jh. im Raum der sozialistischen Bewegung gebildeter Begriff, bezeichnet in kritischer Wendung eine Weltanschauung, in der der Einzelne nur noch Glied in einem gesellschaftlichen Ganzen (Kollektiv) ist und seine persönliche Eigenständigkeit verloren hat. Ebenso einseitiger Gegensatz hierzu: Individualismus. Die Selbstbedeutsamkeit des Einzelnen und sein ihm zugleich wesentlicher Bezug zur Gesellschaft sucht der Personalismus zu verbinden.

Kommunikation (lat. communicatio, Mitteilung, Austausch, Gemeinschaft u. ä.), im mittelalterlichen Denken vorwiegend in theologischem und schöpfungsphilos. Zusammenhang gebraucht (Thomas von Aquin, Nikolaus von Kues), der Sache nach als zwischenmenschliche Beziehung und Gemeinschaft steht K. im Zentrum der ↗Dialogischen Philosophie (Buber in Anknüpfung an Feuerbach, Rosenzweig, Ebner u. a.). Zu einem Grundbegriff wird K. in der ↗Existenzphilosophie K. Jaspers'. Er unterscheidet die objektive K. als Daseins-K. aus vitalen Interessen, als Bewußtseins-K. in der Verbundenheit der Menschen im Erkennen und erkenntnisgeleiteten Handeln, als Geistes-K. durch die Gemeinsamkeit der Idee eines Ganzen; und die existentielle K., die aus dem Ungenügen dieser begrenzten und gesonderten K.sweisen her als notwendig erfahren wird und in welcher der M. in seiner Ganzheit betroffen und gefordert ist, in zwischenmenschlicher Beziehung, in der Spannung zwischen Selbstsein und Hingabe, im „liebenden Kampf" er selbst, sich selbst zu werden. Die K. ist in allen ihren Formen universale Bedingung des Menschseins und Ursprung des Philosophierens. – Von hier aus gesehen befassen sich die K.swissenschaft und -forschung vor allem mit den gesellschaftlich-organisatorischen und technischen Bedingungen „objektiver" (nicht existentieller) K.

Kompromiß (von lat. compromittere, versprechen, übereinkommen), im römischen Recht die Verabredung zweier Parteien, einen Rechtsstreit durch einen Schiedsspruch beizulegen, dann dieser Schiedsspruch selbst. In demokratisch-pluralistischen Gesellschaften ist K. der Ausgleich konkurrierender Interessen so, daß unter Verzicht auf eine volle Verwirklichung je der Zielvorstellung eine Einigung auf ein beiden Interessen noch annähernd gerecht werdendes Ziel zustande kommt. Insofern gehört der K. zum Wesen des Politischen. Im geschichtlichen Denken ist K. zu verstehen als Vermittlung von Unterschieden in je einer Mitte, in der sie zugleich anerkannt und bestehenbleiben und die als die Wahrheitsgestalt einer geschichtlichen Situation zwischen idealistischer Absolutheit und positivistischem Relativismus hervorgeht (M. Müller).

Konditionalismus (von lat. conditio, Bedingung), von M. Verworn begründete philos. Lehre, die den Begriff der Kausalität bzw. der Ursache durch den der Gesamtheit von Bedingungen ersetzt (so ähnlich schon bei D. Hume und bei E. Mach).

Konfuzianismus, auf Kungfutse (chines. Meister, 552–478 vC.) zurückgehende, von seinen Nachfolgern weiterentwickelte und durch Elemente anderer chines. Schulen bereicherte Lehre, die mit ihren ethischen Verpflichtungen und rituellen Vorschriften in China und darüber hinaus (Korea, Japan, Vietnam) im ostasiatischen Raum großen Einfluß auf die Lebenshaltung und -führung erlangte. Im Mittelpunkt steht das Verhältnis zwischen dem gerechten Herrscher, der die kosmische Ordnung vermittelt, indem von ihm die Kraft der guten Lebensordnung ausgeht, und dem in Gesetzestreue geübten Volk, zwischen Ahnen und Nachkommen, Eltern und den Pietät schuldenden Kindern, Lehrern und Schülern usw. Ziel ist die Harmonie von Himmel, Erde und Menschen.

konkret (von lat. concrescere, zusammenwachsen), meint die Seinsverfassung des endlichen Einzelseienden, das sich aus seinen Grundbestimmungen (aristotelisch-scholastisch: Materie und Form, Möglichkeit und Wirklichkeit, Wesen und Dasein) zusammensetzt; oder das sinnlich-wahrnehmbare Einzelgegenständliche, das durch Bedingungen seiner Möglichkeit (kantisch: Anschauungen und Begriffe) konstituiert ist. Gegensatz: abstrakt. Für Hegel bleibt das Einzelne ohne die übergreifenden allgemeinen Zusammenhänge wie auch das Allgemeine ohne seine Bestimmung zum besonderen Einzelnen abstrakt. Das wahrhaft Seiende ist das „Ganze", das K.-Allgemeine.

Konstitution (von lat. constituere, errichten), Aufbau, Zusammenfügung. In der scholastischen Philosophie die Hervorbringung des endlichen sinnlich-wahrnehmbar Seienden (Ontischen) durch die (ontologischen) Seinsprinzipien Form und Materie. In der neuzeitlichen Bewußtseinsphilosophie, insbes. der Transzendentalphilosophie (Kant) und transzendentalen Phänomenologie (Husserl), Bezeichnung für die Prinzipien, Formen, Akte, in denen das Bewußtsein die Gegenstände seiner Erfahrung und die hierbei bedingenden Momente ↗a priori in seiner philos. Selbstanalyse vor sich und für sich aufbaut. Kant unterscheidet konstitutive Prinzipien usw. (z. B. die Kategorien des Verstands) von nur regulativen (die notwendig zu denkenden, aber nicht auf Erscheinungen innerhalb der Welt anwendbaren Ideen der Vernunft).

Konstruktivismus (von lat. construere, errichten), 1. an Kants Lehre von der mathematischen als apriorisch-synthetischer Erkenntnis, die ihre (geometrischen und arithmetischen) Gegenstände in den reinen Anschauungen von Raum und Zeit konstruiert, anknüpfende Grundlagentheorie der Mathematik („mathematischer Intuitionismus"), begründet am Anfang des 20. Jh. von L. E. J. Brower. Von hier ausgehend fordert u. a. die „Konstruktive Wissenschaftstheorie" (P. Lorenzen, 1974; ↗Erlanger Schule) die methodische Konstruktion der Gegenstände als allgemeines Kriterium für wissenschaftliche Erkenntnis. – Das konstruktivistische Denken entspricht der in der Neuzeit durchbrechenden wissenschaftlich-technischen Rationalität der „setzenden" Vernunft gegenüber dem in der klassisch-metaphysischen Tradition vorherrschenden Selbstverständnis einer „vernehmenden Vernunft" (die in diesem Zusammenhang oft als Anschauung des „Realismus" bezeichnet wird). – Eine bes. Ausprägung zeigt z. B. 2. der „radikale K.", begründet von H. Maturana (*1928) und P. Watzlawik (*1921): Die Wirklichkeit in ihrem Bedeutungszusammenhang (Welt) ist nicht, wie sie an sich ist, zugänglich, sondern als erlebte, erfahrene und erkannte in unserer Vorstellung (konstruiert) aufgrund von physiologischen, psychologischen, sozialkulturellen Bedingungen.

Kontingenz (von lat. contingere, berühren, [ein]treffen), in der scholastischen Philosophie die wesentliche (substantielle) Endlichkeit eines Seienden, die sich darin zeigt, daß es als Ganzes auch nicht sein könnte; seine Nicht-Notwendigkeit (zu unterscheiden von der Zufälligkeit im Sinn des ↗Akzidens) und Bedingtheit, mit der es als Geschaffenes mitsamt seinem Kausalzusammenhang in der Reihe der endlichen Ursachen und Wirkungen letztlich auf ein Unbedingtes und Notwendiges verweist (↗Gottesbeweis aus der K.).

Konventionalismus (von lat. conventio, Übereinkunft), Bezeichnung für eine Lehre, nach der die Bildung der Begriffe, die Zugrundelegung von Axiomen, die Aufstellung von Hypothesen u. a. nur eine Übereinkunft der Mitglieder einer Sprach- und Handlungsgemeinschaft seien, vor allem zum Zweck der Naturerkenntnis und -beherrschung (vgl. ↗Instrumentalismus, ↗Pragmatismus).

Konzeptualismus (von lat. conceptus, Begriff), die auf Wilhelm von Ockham zurückgehende Lehre, nach der das in den begrifflichen Vorstellungen gefaßte Allgemeine (↗Universalien) nicht in der Seinsordnung des Seienden selbst, sondern nur als dem menschlichen Geist natürlicherweise zugehöriges Begriffszeichen existiert. Dem ↗Nominalismus verwandt. Vgl. ↗Universalienstreit.

Kosmologie (von griech. kosmos, Ordnung, Weltall), die Lehre von der Welt, ihrem Aufbau, Grund- und Zielprinzip. Lange in den Zusammenhang der metaphysischen Thematik von Sein und Denken, der geistig erkennbaren und sinnlich wahrnehmbaren Welt, des göttlichen und des menschlichen Geistes verflochten, wurde sie in der Neuzeit von Ch. Wolff als eigenständige philos. Disziplin der metaphysica specialis (rationale Theologie, rationale Psychologie und rationale K.) gefaßt. Kant kritisiert diese rationale K., indem er die Widersprüchlichkeit (Dialektik, Antinomien) der kosmologischen Ideen nachzuweisen sucht. Aus ihnen kann z. B. räumliche Endlichkeit und zeitlicher Anfang der Welt wie auch das Gegenteil (Grenzenlosigkeit und Anfanglosigkeit) abgeleitet werden. Dem Widerspruch ist nur zu entgehen in der transzendental-kritischen Einsicht, daß „Welt" im ganzen nur ein notwendiger Vernunftbegriff ist, aber kein in sinnlicher Raum-Zeit-Anschauung gegebener Erfahrungsgegenstand für den wissenschaftlich-objektiv erkennenden Verstand. Die Einteilung hatte Nachwirkungen über Kant bis in den deutschen Idealismus. Im Gang der Naturwissenschaften bildete sich die empirische K. zu einer selbständigen Disziplin heraus, die mit Methoden der Astrophysik die Entstehung des Universums erforscht. Ein philos. Gesamtsystem der Weltwirklichkeit unter Berücksichtigung der naturwissenschaftlich-perspektivischen Zugangsweise entwarf A. N. Whitehead.

Krings, *Hermann,* *1913 Aachen. 1958 Prof. in München, 1960 Saarbrücken, 1968 München. Sein Weg führte von der Untersuchung der Ordnungsidee im mittelalterlichen Denken („Ordo", 1939) über ontologische Grundfragen („Fragen und Aufgaben der Ontologie", 1954) zur Analyse der Struktur endlichen Erkennens, Wissens und Seins („Transzendentale Logik", 1964) und konzentrierte sich schließlich bes. auf das Thema der Freiheit in ihren personalen, gesellschaftlichen und philos.-theologischen Bezügen („System und Freiheit", 1980).

Kriterium (von griech. krinein, unterscheiden), Unterscheidungsmerkmal. In Erkenntnistheorie und Logik vor allem Kennzeichen für die Wahrheit oder Falschheit von Urteilen bzw. Aussagen. Für Descartes sind Klarheit und Deutlichkeit (claritas et distinctio) Kriterien der Gewißheit der Wahrheit von Vorstellungen (d. h. der Übereinstimmung mit der Wirklichkeit). Nach Kant ist die Widerspruchsfreiheit (Übereinstimmung des urteilenden Erkennens mit den Regelungsgesetzen des Verstandes) negatives, nämlich formales Wahrheits-K., das für bloß analytische Urteile völlig genügt; ein materiales (inhaltliches) für empirisch-synthetische anzugeben ist nicht möglich. Im logischen Positivismus (Carnap im Ausgang von Wittgenstein) galt eine Diskussion dem K. für sinnvolle Aussagen (empirisches Sinn-K.) und dem Problem ihrer Verifikation (vgl. auch ↗Falsifikation).

Kritischer Rationalismus, von K. Popper ausgehende, bes. von K. Albert u. a. vertretene wissenschaftstheoretische Richtung. Vom neuzeitlichen ↗Rationalismus letztgewisser und zeitlos gültiger Wahrheiten zu unterscheiden, aber auch vom Rationalismus Kants, der wissenschaftliche Erkenntnis zwar auf die sinnliche Erfahrungswelt einschränkte, aber an ihrer Letztverbindlichkeit und Allgemeingültigkeit festhielt. Der K. R. dagegen bestreitet die Möglichkeit der absoluten Begründung auch empirisch-wissenschaftlicher Aussagen. Denn diese, als All-Aussagen und in ihrer Gesamtheit jeweils als eine Theorie, beziehen sich zwar auf bestimmte Einzelaussagen (Beobachtungssätze), können aber durch die immer nur endlich-vielen Beobachtungen (Problem der Induktion) niemals endgültig bestätigt (verifiziert), wohl aber durch eine einzige Beobachtung ggf. widerlegt (falsifiziert) werden. Bis dahin bleiben sie bestenfalls bewährte Hypothesen auf Zeit. Mit der Ersetzung des Verifikations- durch das ↗Falsifikations-Prinzip als Kriterium empirisch-sinnvoller Sätze (Fallibilismus) setzt sich der K. R. auch vom logischen ↗Positivismus ab, mit dem er in der Bestreitung der Metaphysik als sinnvoller Aussagen (weil nicht empirisch überprüfbar) und in der Ausklammerung sinn- und wertbezogener Lebensfragen aus dem Bereich wissenschaftlicher Erkenntnis (vgl. ↗Positivismusstreit) einig ist.

Kritische Theorie, die von M. Horkheimer zusammen mit E. Fromm und H. Marcuse in den dreißiger Jahren des 20. Jh. entwickelte, bes. auch durch Th. Adorno mitgeprägte Untersuchung, Erklärung und Kritik der fortgeschrittenen Industriegesellschaft. Diese ↗„Frankfurter Schule" verbindet philos. Reflexion mit empirischer Sozialforschung und setzt sich sowohl von einem metaphysischen Wissensverständnis ab, das die geschichtliche Wirklichkeit auf zeitlose Wahrheiten hin überfliegt, wie auch bes. von der szientistisch-positivistischen Auffassung, worin Wissenschaft auf Beherrschung der Natur eingeschränkt ist („eindimensionale, instrumentelle Vernunft"), ihre historisch-soziale Bedingtheit undurchschaut bleibt und darüber hinausgehende Sinnfragen ausgeklammert werden (↗Positivismusstreit). Sie knüpft methodisch an Marx an, aber auch an Freuds Konfliktlehre in der Blickrichtung auf gesellschaftliche Herrschafts-, Zwangs- und Ungerechtigkeitsverhältnisse, in denen das individuelle Glücksstreben unterdrückt und verdrängt wird. Sie will die Widersprüche bloßlegen, in die sich die neuzeitliche Aufklärung dialektisch verfangen hat, sofern sie einerseits die Befreiung des menschlichen Lebens durch wissenschaftlich- und technisch-rationale Verfügung über die Natur erstrebte, andererseits dieser Emanzipationsprozeß selbstzerstörerisch sich verkehrt dadurch, daß diese Rationalität mit ihrem Diktat allgemeiner Begriffe und Gesetze alles unterschiedlich-individuell Natürliche der Gegenstände wie der Subjekte selber aufzehrt (Adorno). Indem die Weiterentwicklung der K. T. gesellschaftliche Prozesse schließlich als im weitesten Sinn sprachliche Kommunikationsvorgänge (Diskurse; J. Habermas) versteht, sucht sie die Pathologien gegenwärtiger Kommunikation aufzudecken und durch die Konzeption idealer Sprachhandlungsformen ein Regulativ bereitzustellen für die Entwicklung in Richtung einer herrschafts- und zwangsfreien Diskussion und damit eines freien und guten Lebens.

Kritizismus, Bezeichnung Kants für seine kritische Philosophie, die gegenüber dem blinden Vertrauen des „Dogmatismus" (der rationalistischen Metaphysik) in die Erkenntnisfähigkeit der Vernunft zuerst einmal Bedingungen und Reichweite der menschlich-endlichen Vernunfterkenntnis zu untersuchen forderte.

Kroner, *Richard,* * 1884 Breslau, † 1974 Mammern (Kt. Thurgau). 1919 Prof. in Freiburg i. Br., 1924 Dresden, 1929 Kiel, 1934 Frankfurt a. M. Der Südwestdeutschen Schule des Neukantianismus zugehörig, später mehr der Philosophie Hegels zugewandt.

Kuhn, *Thomas Samuel,* amerikan. Wissenschaftshistoriker und Theoretiker, * 1922 Cincinnati (Ohio), † 1996 Cambridge (Mass.). Seine Untersuchungen zur Geschichte der Naturwissenschaften suchen zu zeigen – mit Bedeutung auch für die Geisteswissenschaften –, daß wissenschaftliche Erkenntnis nicht kontinuierlich fortschreitet, sondern durch krisenhafte Sprünge in der Modell- und Grundbegriffsbildung („Paradigmenwechsel") hindurch geschieht.

Külpe, *Oswald,* * 1862 Candau (Kurland), † 1915 München. Prof. in Würzburg, Bonn, München. Seine psychologische Erforschung der begrifflichen Bearbeitung von Wahrnehmungsvorstellungen („Denkpsychologie") verband sich mit der Annahme einer bewußtseinsunabhängigen, aber nicht als solche selber darstellbaren Wirklichkeit („Kritischer Realismus").

Kultur (von lat. colere, anbauen, pflegen; cultura agri, Ackerbau; seit Cicero auch cultura animi, Pflege des Geistes [durch Philosophie]), im weiten Sinn die durch den Menschen geschehende Gestaltung der Natur zur (menschlichen) Welt, wobei er zugleich seine eigene Natürlichkeit kultiviert (zu seiner „zweiten Natur" fortbildet). Seit Herder geläufig als geschichtlich sich ausbildende (auch wieder vergehende) Lebensgestalt eines Volkes (einer Volksgruppe, Völkergemeinschaft u. ä.), wie sie sich in den Werken und Institutionen der Religion, Kunst, Politik, Wirtschaft usw. gegenständlich äußert, aber nur so lange lebendig ist, als diese „objektive K." zugleich stets zurück- und aufgenommen ist in das Verstehen und Verhalten (Bildung, Gesittung, „subjektive K.") der Angehörigen der K. Neben der Vielfalt sich ausfaltender K.wissenschaften seit dem 18./19. Jh. (K.geschichte, empirische K.anthropologie, -soziologie, -pädagogik usw.) bildete sich in den ersten Jahrzehnten des 20. Jh. die K.philosophie heraus, bes. in der Südwestdeutschen Schule des Neukantianismus (Windelband, Rickert; eigenständig Cassirer), in lebensphilos. Strömungen (mit Anknüpfung an Dilthey bei Litt und Rothacker; mit Berufung auf Nietzsche bei Spengler) und auf der Grundlage einer philos. Anthropologie (Gehlen). – Im deutschen Sprachraum (nicht im außerdeutschen, bes. angloamerikanischen Bereich) wurde dabei weithin zwischen K. und Zivilisation unterschieden, wobei letztere dann die Gesamtheit der nur zweckrationalen, technisch-organisatorischen Einrichtungen zur Daseinsbewältigung bezeichnen soll. – Aus der Sprachgebundenheit und damit auch Sprachverschiedenheit der K.en, worin sich unterschiedliche Denkformen, Lebensgrundhaltungen und Weltverständnisse bekunden, und andererseits der „globalen" Verflechtung her ergeben sich Aufgaben und Schwierigkeiten des interkulturellen Dialogs (Probleme der Identitätsbewahrung, der Abwehr [euro-, anglo- usw.] zentristischer Ansprüche, der Übersetzbarkeit nicht technisch-funktionaler, sondern für den Lebens- und Weltsinn bedeutsamer Symbolsprache usw.). – Vgl. ↗Einheit und Vielheit, ↗Pluralismus.

Kunst (griech. techne, lat. ars), ursprünglich und im weitesten Sinn jedes überlegte Herstellen eines Werkes durch den Menschen im Unterschied zum Entstehen der Dinge in der Natur aus der Natur „von selbst", im engeren Sinn von solchen Werken, die nicht dem technisch-praktischen Gebrauch dienen, sondern als solche und in sich selber sinnvoll (selbstzwecklich) sind. Deshalb ist K. (wie die Religion) in der philosophischen Tradition früh und wiederholt bes. ausdrücklich Thema geworden. – Platon kritisiert die K., bes. Dichtung, als Nachahmung (mimesis) der Dinge, die ihrerseits nur Nachahmung der Ideen sind, und somit als deren schwächsten und trügerischsten Abglanz. Für Aristoteles dagegen ist K. Mimesis der in der Natur (physis) wirkenden Formungsmacht selber und somit Vollendung dessen, was in der Natur unvollendet bleibt. Thomas von Aquin faßt die gestalthafte Vollendetheit, Harmonie und Klarheit eines Werkes – wie eines jeden Seienden in der göttlichen Schöpfung – im Begriff der ↗Schönheit als transzendentaler Seinsbestimmung wie Wahrheit und Gutheit. Aber erst in der Neuzeit begründet A. Baumgarten eine eigene philos. Disziplin, die das „Schöne" eingeschränkt auf die sinnlich anschaubare Erscheinungsgestalt in der Wahrnehmung (griech. aisthetis) thematisiert. In der Folge ist die philos. Reflexion auf die K. Teil der ↗Ästhetik (bedeutende Stationen in der Diskussion: Kant und Schiller). Der deutsche Idealismus bindet das „Schöne" wieder zurück an die Wahrheitsfrage: Hegel versteht Schönheit als das sinnliche Erscheinen der absoluten Idee, des absoluten Geistes, und da dieses Erscheinen im Vergleich zur Natur ursprünglicher in der K. geschieht, wird die Ästhetik aufgehoben in eine metaphysische Philosophie der K. Auch bei Nietzsche ist K. eine „metaphysische Tätigkeit", Manifestation des apollinisch-dionysischen Lebens als des Willens zur Macht. Während in vielfältig weiteren philos.- (und psychologisch-)ästhetischen Theorien die K. in Bezug gesetzt wird auf ein menschliches Vermögen, z. B. das Streben nach Schönheitsgenuß oder fiktiver Ergänzung der Wirklichkeit, versteht Heidegger K. als Weise, wie sich die Wahrheit einer geschichtlichen Welt und eines menschlichen Daseins „ins Werk setzt". In dem Maße, als heute „Welt" als verbindendes Sinnganzes zu zerfallen scheint, tritt anstelle des Ganzheitscharakters der K. im traditionellen Verständnis ein partieller, fragmentarischer, experimentierender Zug und gegenüber einer positiven Versöhnung eher die negative Funktion der Kritik an der Wirklichkeit des menschlich-gesellschaftlichen Lebens und seiner Welt (Adorno).

Künstliche Intelligenz, im Zusammenhang der Entwicklung der Kybernetik, Computer- und Informationstechnologie heraufgekommene Bezeichnung (anfänglich auch: maschinelle I., maschinelles Denken) für das in Analogie zur menschlichen I. aufgefaßte Leistungsvermögen von Rechenautomaten, im Rahmen eines eingegebenen Programms gestellte Aufgaben selbsttätig zu lösen, und zwar in einer der Datenfülle und Bearbeitungsgeschwindigkeit nach so optimalen Weise, wie sie der menschlichen I. (dem Denken des menschlichen „Gehirns") nicht möglich ist. Dazu gehört, in fortgeschrittener Entwicklung, auch die selbständige Optimierung des Programms und in dessen Rahmen die Erstellung besonderer Programme im Blick auf die Art der Aufgabenstellung selber. Streitfrage ist die Bedeutung dieser Analogie für den Begriff des menschlichen Denkvermögens (Vernunft, Verstand; Bewußtsein) im ganzen. Von der philos. Tradition her gesehen handelt es sich bei der k. I. um die Mittel-Zweck-Rationalität, die (z. B. in der Terminologie Kants) der technisch-praktischen Vernunft zuzuordnen und zu unterscheiden ist von einer sittlich-praktischen Vernunft als kritischer Instanz der Bewertung von Zwecken selber.

Kybernetik (von griech. kybernetike techne, Steuermannskunst), von N. Wiener (1894–1964; Cybernetics, 1948) begründete Wissenschaft der Steuerungs- und Kommunikationsvorgänge im tierischen Organismus und in der Maschine. Das mathematisch-logisch beschreibbare kybernetische Modell der Selbststeuerung in prozessualen Systemen (Regelkreise, Vergleich von Ist- und Sollwert) wirkte stark auf die Entwicklung der Automationstechnik, der Informationstheorie und allg. der Kommunikationswissenschaften, der Neurophysiologie u. a.

Kyniker (von griech. kyon, Hund), griech. Philosophenschule, von dem Sokratesschüler Antisthenes gegründet, abwertend so benannt wegen ihrer Lebensweise, die durch die ethische Forderung der Bedürfnislosigkeit und inneren Freiheit (Autarkie) bestimmt war und gesellschaftlichen Selbstverständlichkeiten (wie Streben nach Gütern usw.) absagte. – Der Begriff „Zynismus" ist davon abgeleitet. Berühmte K.: Diogenes von Synope, Monimos, Krates aus Theben.

Kyoto-Schule, bedeutende Schule des japanischen Denkens mit dem Zentrum in Kyoto. In Abhebung von der die europäische Philosophie eher nur übernehmenden philos. Forschung sucht die K. ostasiatische, bes. buddhistische Wirklichkeitserfahrung und Denktraditionen in kritischer Anknüpfung an die europäische Tradition philos. zu erläutern und neuzufassen. Grundgedanke ist das „absolute Nichts" (zettai mu) als der abgründige Ursprung aller Wirklichkeit, der selbst nicht kategorial faßbar ist und allen differenzierten Gestalten des Seienden vorausliegt, sie umfaßt und durchzieht. Dieser Gedanke führt zu einer expliziten, von einer außereuropäischen Herkunft bestimmten Kritik der europäischen Substanz- und Subjektontologie bzw. Ontotheologie. Die K. geht zurück auf Kitarô Nishida (1870–1945) und seinen Nachfolger und Kritiker Hajime Tanabe (1885–1962). Deren eher spekulatives Denken erfuhr wesentliche Konkretisierungen und Weiterführungen durch Shinichi Hisamatsu (1889–1981), Keiji Nishitani (1900–90), Masaki Kôsaka (1900–69), Toratoro Shimomura (1900–1995), Iwao Koyama (1905–1993), Shigetaka Suzuki (1907–88), Yoshimori Takeuchi (*1913), Kôichi Tsujimura (*1922), Shizutera Ueda (*1926). – ↗Ostasiatisches Denken.

Kyrenaiker, von dem Sokratesschüler Aristippos von Kyrene begründete Schule, Vertreter des Hedonismus. Zu nennen sind Arete, der jüngere Aristippos, Hegesias.

L

Lamettrie, *Julien-Offray de,* französ. Philosoph, * 1709 St-Malo, † 1751 Berlin. Vertreter eines radikalen Materialismus und Atheismus. Nach Entlassung aus französ. Dienst (Militärarzt) von Friedrich II. in Preußen aufgenommen. Übertrug die cartesianische Vorstellung von den Tieren als Automaten (Maschinen) auf den Menschen („L'homme machine", 1748).

Landgrebe, *Ludwig,* * 1902 Wien, † 1991 Köln. 1946 Prof. in Hamburg, 1947 Kiel, 1956 Köln. Schüler Husserls, stark angeregt auch durch Heideggers Existentialphilosophie, Metaphysikdeutung („Phänomenologie und Metaphysik", 1949) und Geschichtsthematik („Phänomenologie und Geschichte", 1968).

Laplacescher Geist, die Vorstellung des französ. Mathematikers und Astronomen Pierre Simon de Laplace (1749–1827), ein (Welt-)Geist könne aus den Gegebenheiten des gegenwärtigen Weltzustandes alle Zustände in Vergangenheit und Zukunft aufgrund der durchgängigen kausal-mechanistischen Determiniertheit des Weltverlaufs schließen.

Lask, *Emil,* * 1875 Wadovice (Österreich), † 1915 (gefallen in Galizien). Suchte, aus der Badischen Schule des Neukantianismus herkommend, diesen durch eine neue Metaphysik des Geistes zu überwinden.

Lasson, *Georg,* * 1862 Berlin, † 1932 ebd. Durch seine Hegelforschungen mitwirkend an der Herausbildung des Neuhegelianismus. Hrsg. einer kritischen Hegelausgabe (Sämtliche Werke, 1907 ff., fortgeführt seit 1930 von J. Hoffmeister).

Lavelle, *Louis,* französ. Philosoph, * 1883 St-Martin-de-Villeréal (Périgord), † 1951 Parranquet. Prof. in Paris (Nachfolger Bergsons). Mit R. Le Senne zusammen Begründer der „Philosophie de l'Esprit". Grunderfahrung ist die Teilnahme des Einzelnen am Ganzen, dem absoluten Akt Gottes, und zwar in den Weisen der freien Selbstgestaltung, des Gefühls für die Werte, des erkennenden und sittlichen Bewußtseins und der schöpferischen Vergeistigung aller menschlichen Grundvermögen.

Leben (griech. bios, zoe, lat. vita), in der metaphysisch bestimmten Philosophieüberlieferung allg. innerhalb der Natur im weitesten Sinn der Bereich desjenigen Wirklichen, das vom Nur-Materiellen, jewels von einem anderen her Bewegten, durch Selbstbewegung und Selbstgestaltung unterschieden ist. Es ist Ursprung und Ziel seiner Bewegung, und diese zielt letztlich auf die Verwirklichung seines eigenen Wesens hin (Teleologie, Finalität). Leben ist so durch Selbstbezug und Selbstunterscheidung gekennzeichnet (Innerlichkeit), damit aber zugleich durch Offenheit für anderes, Förderungsbedürftigkeit und Betreffbarkeit (bis hin zur Verletzbarkeit und Vernichtbarkeit; vgl. ↗Tod). Aus der Eigentümlichkeit des ↗Seele genannten Lebensprinzips (vegetative, animalische, menschliche Seele als geist- oder vernunftbegabte) und den entsprechenden L.svollzugsweisen (Ernährung und Fortpflanzung; Wahrnehmung; Denken usw.) ergibt sich eine qualitative Stufung: pflanzliches L. ist offen zu seinem Umfeld (Standort, „Biotop"), dessen Bedingungen gänzlich mit seinen eigenen verwoben sind; tierisches L. kann innerhalb seiner „Umwelt" von seinem Triebzentrum her Einzelnes als Triebbedeutsames wahrnehmen und instinktbegrenzt reagieren; menschliches L. öffnet sich zur Welt und vermag darin das Begegnende als ein solches und sich selbst zu erkennen und in Freiheit selbstbestimmt, d. h. vernünftig, zu handeln. Alle diese Weisen des L.s sind dabei verstanden als partielle und graduelle Verwirklichungen dessen, was im spekulativen L.sbegriff gemeint ist: die Fülle des L.s im ewig-vollkommenen Sein des göttlichen Geistes in seinem Selbstverhältnis und Verhältnis zur Welt. – Dieses Verständnis von L. hält sich in mehrfältigen Ausprägungen grundsätzlich durch seit der Antike (Aristoteles: die reine energeia der noesis noeseos) über das Mittelalter (Thomas von Aquin: der actus purus des intellectus divinus) bis zum deutschen Idealismus (Hegel: das vollkomme L. als Entfaltung seiner absoluten Idee und Rückkehr zu sich als absoluter Geist). Die nachhegelsche Philosophie betont die Zeit- und Sinnlichkeitsbestimmtheit auch des mensch-geistigen L.s (Feuerbach, Nietzsche) und z. T. bei stärkerer empirisch-biologischer Orientierung, die auch die Herkunft des menschlichen L.s aus der Natur zugleich mit seiner spezifischen Geist-, Vernunft-, Bewußtseins- und Selbstbewußtseinsdifferenz gegenüber dem natürlich-organischen L. mit einbezieht (vgl. ↗Anthropologie).

Lebensphilosophie, Bezeichnung vor allem für eine um 1900 entstandene in sich vielfältige Richtung. Das lebensphilos. Denken hat seine Wurzeln innerhalb der Aufklärung in der Betonung des praktischen Lebensinteresses gegenüber dem theoretisch-wissenschaftlichen (Rousseau u. a.), bahnte sich dann bes. an in der Romantik mit der Gegenstellung zum rationalen und auch spekulativen Philosophieren (u. a. F. Schlegel, Vorlesungen über die Philosophie des Le-

bens, 1827) und der Hinwendung zum Geschichtlich-Individuellen. Es wurde wirksam in den mannigfaltigen Bemühungen, das Leben in seiner konkreten Fülle vor der Verkürzung durch das Denken in Allgemeinbegriffen zu retten und das unaufhörlich Schöpferische, Irrational-Seelische im Menschen wahrzunehmen.
Eine besondere Ausprägung der L. kann in Bergsons Lehre vom „élan vital" („Sein als Lebensschwung"), von der „évolution créatrice" (schöpferische Entwicklung) und der Intuition als vor- und außerrationalen Erfassung des Wirklichen gesehen werden. In Deutschland ging von Dilthey eine geisteswissenschaftlich orientierte L. aus (G. Simmel, R. Eucken, E. Troeltsch u. a.), die den kosmisch-metaphysischen Lebensbegriff Bergsons auf das geschichtlich verstehende Leben und Erleben des Menschen einschränkte. Unter Umbiegung von Nietzsches Philosophie entwickelte sich eine mehr biologisch orientierte L. (O. Spengler, L. Klages). Lebensphilosophische Motive trugen in manchem zur Entstehung der Existenzphilosophie bei.

Leeuw, *Gerardus van der,* niederländ. Theologe und Religionsphänomenologe, * 1890 Den Haag, † 1950 Utrecht. 1918 Prof. in Groningen. U. a. von R. Otto beeinflußt. Insbes. seine „Phänomenologie der Religion" (1933) wirkte mit an der Begründung einer die geschichtlichen religiösen Erscheinungen vergleichenden und typologisch ordnenden Religionswissenschaft.

Legalität (von lat. legalis, gesetzlich), Recht- und Gesetzmäßigkeit, bei Kant die äußerlich feststellbare Übereinstimmung einer Handlung mit dem Gesetz ohne Berücksichtigung des Motivs. Er unterscheidet davon die Moralität (Sittlichkeit) einer Handlung, wenn sie (empirisch-objektiv nicht mit Sicherheit auszumachen) von der unbedingten Pflicht gegenüber dem Sittengesetz bewegt wird. ↗Autonomie.

Leib, der Körper, dessen Seinsform durch Beseelung (↗Seele) als ↗Leben bestimmt ist, der dadurch sich als L. eines Lebewesens erweist und durch den Tod nicht schlechthin wieder nur Körper, sondern Leiche wird. In der menschlichen Leiblichkeit zeigt sich ein zweifaches Verhältnis: einerseits „hat" der Mensch einen Leib, er ist Medium der Vermittlung zwischen Mensch und Mensch, Mensch und Welt, und er kann zum Gegenstand vielfältiger Untersuchung und Behandlung werden. Andererseits aber „ist" der Mensch sein L.; was im L. und mit dem L. geschieht, geschieht im Menschen und dem Menschen selber. – Bei Platon allerdings kommt der geistigen Seele der L. (als „Kerker" der Seele) erst äußerlich hinzu. Aristoteles dagegen stellt die innere, substantielle Einheit von Seele und L. heraus: sie sind nicht zwei getrennte Seiende, sondern die Seele ist die das konkrete Sein des Lebendigen erwirkende Wesensform des L.es (vgl. ↗Form, ↗Materie). Ähnlich versteht Thomas von Aquin die Unablösbarkeit beider in der Einheit des ganzen Menschen. In der Neuzeit treten im Gefolge Descartes' dualistische (Okkasionalismus) und monistische (Spiritualismus, Materialismus) Versuche in den Vordergrund, das „L.–Seele–Problem" zu lösen bzw. zu beseitigen. Z. T. vorbereitet durch Feuerbachs und Nietzsches vorrangige Betonung der Sinnlichkeit und Leibhaftigkeit gegen die geistmetaphysische Philosophie (bes. des deutschen Idealismus) und methodisch beeinflußt durch die Husserlsche Phänomenologie, wurde in der französ. Philosophie (Marcel, Sartre, bes. Merleau-Ponty) die konkrete Einheit des Menschen betont, die nicht in eine Dualität von L. und Seele auseinanderzureißen ist. Beide sind als solche nur Abstraktionen, sie sind nur wirklich als Momente des L.es, der die vermittelnde Mitte ist.

Leib-Seele-Problem, die zur Klärung sich stellende Frage nach dem Verhältnis zwischen ↗Leib (L.) und ↗Seele (S.) des Menschen, wobei einerseits eine Unterschiedenheit, andererseits ein Zusammenhang (logisch-begriffliche und seinsmäßig-reale Verbundenheit) vorausgesetzt wird. Materialistische Lösungen (so z. B. bereits im antiken Atomismus) reduzieren S. und seelische Vorgänge auf eine besondere Seinsart, Organisationsform und Komplexität von Körperlichkeit (Materie) und materiellen Prozessen; spiritualistische (extrem „idealistische") Lösungen fassen körperliche Erscheinungen nur als Vorstellungen in der S. auf (in der Neuzeit z. B. Berkeley) oder führen sie auf eine unklare und undeutliche Vorstellungsart zurück (Leibniz). Platon hatte zwar (wie ähnlich die Pythagoreer) die Selbständigkeit und Ewigkeit der S. bzw. des „geistig-vernünftigen Teils" in ihr gegenüber der Sterblichkeit des Körpers gelehrt; die Körperwelt selber ist aber Ab- und Nachbildung (wenn auch unvollkommene) der geistigen Ideenordnung, und darin gründet, daß der S. mit der Bindung an den L.körper die weiteren Seelenvermögen zuwachsen, durch die sie auch in die Körperwelt einwirkt. Von Aristoteles her wurde dagegen die S. von vornherein als Belebungsprinzip, als Seinsform („Leben") eines materiellen Körpers verstanden, der dadurch erst zu einem „L." wird, wobei der christliche Aristotelismus sie überdies auch als selbständig sein könnende („substantiale" Form) und unsterbliche S. annahm, während für Aristoteles die S. mit dem L. als sterblich galt.

Schärfstens und als eigentliches L.-S.-P. erhebt sich die Streitfrage erst im Gefolge von Descartes' radikaler Substanzentrennung (Dualismus) von Geistseele, jetzt als von jeder Körperlichkeit völlig losgelöstes „Bewußtsein" aufgefaßt, einerseits und an sich selber bewußtloser und gänzlich geistfreier Materie andererseits, so daß der sogenannte L. wie die Körperwelt im ganzen nur als „Maschine" (mechanische Apparatur) begriffen wird. Im Blick darauf ist eine „Wechselwirkung", wie sie Descartes (in der Zirbeldrüse) annahm, nicht einsichtig zu machen. Der Okkasionalismus suchte die Lösung durch die Annahme eines jeweiligen Eingreifens Gottes (Malebranche, Geulincx), Leibniz durch die Annahme einer mit der Schöpfung durch Gott prästabilierten Harmonie. Für Kant ist die Frage nach der Substantialität der S. (des „Ich"-Bewußtseins) und ihrem Verhältnis zum L. im Bereich des theoretisch-wissenschaftlichen Erkennens nicht zu beantworten. In psychologischen (G. Th. Fechner, W. Wundt u. a.) und naturwissenschaftlich orientierten Theorien (E. Mach u. a.) des 19. Jh. wird ein psychophysischer Parallelismus von seelischen und körperlichen Vorgängen und Erscheinungen vertreten. Die analytische Philosophie transformiert das L.-S.-P. metaphysik- und psychologismuskritisch weitgehend in das Problem der Möglichkeits- und Unterscheidungsbedingungen und des Sinns sprachlicher Beschreibung von Bewußtseinszuständen und -vorgängen und von physikalischen Phänomenen (G. Ryle, „The concept of mind", 1949).

Leibniz, *Gottfried Wilhelm von,* * 1646 Leipzig, † 1716 Hannover. Universaler Geist des 17. Jh., entwickelte unabhängig von Newton die Differential- und Integralrechnung, bestimmte erstmals die kinetische Energie als Produkt aus Masse und Geschwindigkeit (mv^2), konstruierte die erste brauchbare Rechenmaschine, regte die Gründung der Akademien der Wissenschaften zu Berlin, Wien und St. Petersburg an. Philosophisch suchte er antikes und mittelalterlich-teleologisches Denken mit moderner, naturwissenschaftlich-mechanischer Weltauffassung zu verbinden. Unmittelbar und in der Ausprägung durch Ch. v. Wolff wirkte seine Philosophie nachhaltig auf die Aufklärung des 18. Jh. und bes. auf Kant und den deutschen Idealismus.

L.' Metaphysik wollte die Probleme lösen, die sich aus dem cartesischen Dualismus (vgl. ↗Okkasionalismus), der spinozistischen Reduktion auf nur eine Substanz und auch der empiristischen Bestreitung rein rationaler Erkenntnismöglichkeit ergaben. Das Seiende (res, substantia, subiectum) erhält die ontologische Grundbestimmung des einfachen Einsseins („Monade"). Das Einfachsein (Unteilbarsein), das dennoch eine Mannigfaltigkeit beinhaltet, ist aber Wesenszug der „Vorstellung" (Perzeption als Akt und Inhalt), wogegen alles Räumlich-Zeitliche zusammengesetzt und damit teilbar erscheint. So sind nach L.' Monadenlehre (dargelegt in mehreren Abhandlungen, konzentriert in seiner „Monadologie", 1714) die Monaden mit Vorstellungskraft begabte metaphysische Kraftpunkte („Seelen"; es gibt nichts schlechthin Totes), einer äußerlichen Einwirkung aufeinander nicht fähig und nicht bedürftig („fensterlos"), da jede von ihrem eigenen Bedeutungsort aus (Perspektive) das gesamte Universum von Monaden vorstellt (repräsentiert, als „lebendiger Spiegel"). Sie sind unterschieden durch den Grad der Bewußtheit (Klarheit und Deutlichkeit), von der bewußtlosen oder unbewußten Vorstellungsart bis zum vollkommenen Erkennen der göttlichen Urmonade. In der demgegenüber unklareren und undeutlicheren (sinnlichen) Erkenntnisart sind die raum-zeitlichen Phänomene gegeben, die aber, als „Aggregate", wohlbegründet (bene fundata) sind in den zeitweiligen engeren Bedeutungsbeziehungen der sie konstituierenden Monaden. Schon bei der Schöpfung des Universums ist der Vorstellungsverlauf jeder Monade demjenigen jeder anderen angepaßt. Diese „prästabilierte Harmonie" herrscht auch als grundsätzliche Übereinstimmung zwischen den Betrachtungsweisen der Wirkursachen und der Zweckursachen, den Ordnungen der Notwendigkeit und der Freiheit, dem Reich der Natur und dem der Gnade, der Vernunft und dem Glauben. Für die Erkenntnis der reinen („logischen") Vernunftwahrheiten ist das oberste Prinzip das vom ↗ Widerspruch, für die („historischen") Tatsachenwahrheiten gilt zudem das vom zureichenden ↗Grund, das L. erstmals formuliert. Gott hat in seinem Erkennen (Verstand) alle möglichen Monadenwelten gegenwärtig, sein Wollen wählt diejenige als wirklich, die die größtmögliche Mannigfaltigkeit vereinigt: Die wirkliche Welt ist die beste aller möglichen. So ist auch das Übel begründbar aus dem Gesamtzusammenhang des Guten und um dessen ausgefalteten und abgestuften Reichtum willen („Essais de théodicée...", 1710; ↗Theodizee).

Leid, eine Grunderfahrung des menschlichen Lebens, worin dem Menschen mit seinem unendlichen Glücksstreben die Endlichkeit seines Daseins widerfährt, in äußerster Schärfe angesichts des Todes (vgl. ↗Grenzsituation). L. kann nicht in strengem Sinn „bewältigt", wohl aber nachdenkend akzeptiert und sein Sinn zu verstehen gesucht werden – der auch darin beruhen könnte, daß es in keinen sinnvollen (gemeint: zweckvollen) Zusammenhang einzuordnen ist und es vielmehr der im Leben unauflösbar zum Leben selbst gehörige Widerspruch ist (L. und Tod „mitten" im Leben). In den Religionen wird das L. unterschiedlich gedeutet. Im christlichen Glauben ist es Folge der Ursünde (Trennung vom göttlichen Leben). In der scholastischen Philosophie gründet es als physisches im moralischen ↗Übel (malum). Ausdrückliches Thema wird alles Übel und damit das Leiden in Leibniz' „Rechtfertigung Gottes" angesichts der Übel der Welt (↗Theodizee). Schopenhauer, in einer gewissen Nähe zum buddhistischen Verständnis, sucht die Erlösung vom Leiden in der „Verneinung" des Willens zum Leben (zum Sein), aus dem her das L. stammt. Nietzsche dagegen fordert die heroische Bejahung des Leidens, das sich dadurch in Lust an der Widersprüchlichkeit als der Lebendigkeit des Lebens umkehren soll.

Lessing, 1) *Gotthold Ephraim,* * 1729 Kamenz, † 1781 Braunschweig. Eine bedeutende Gestalt der deutschen Aufklärung im 18. Jh. Wegbereiter der deutschen Klassik. 1767 Dramaturg des Hamburger Nationaltheaters, 1770 Bibliothekar in Wolfenbüttel. – L.s Religions- und Geschichtsphilosophie suchte den „garstigen Graben" zwischen moderner Rationalität und religiöser Überlieferung zu überwinden. Zwischen „zufälligen Geschichtswahrheiten" und „notwendigen Vernunftwahrheiten" unterscheidend, versteht er Offenbarung und Ereignisgeschichte religiösen Glaubens lediglich als pädagogisch-didaktisches Mittel der von ihm allerdings als göttlich aufgefaßten Vernunft („Erziehung des Menschengeschlechts", 1751 ff.). Von daher begründet er die Forderung der religiösen Toleranz (Ringparabel in seinem Drama „Nathan der Weise"). Sinn der Geschichte ist die Annäherung an die Wahrheit (und Schönheit) als sittliche Idee in einer kommenden Zeit, in der die historischen Religionen aufgehoben sind in einem „neuen, ewigen Evangelium" aus dem Geist der Humanität.
2) *Theodor,* * 1872 Hannover, † 1933 Marienbad. Kulturphilosoph und Psychologe. Prof. in Hannover. Mit L. Klages befreundet. Von Schopenhauer und Motiven der Lebensphilosophie angeregt, verstand er Geschichte als Kampf des Geistes gegen das chaotische Leben: „Geschichte als Sinngebung des Sinnlosen" (1916).

Leukippos aus Milet, griech. Philosoph des 5. Jh. vC. Begründer des griech. Atomismus. Lehrer Demokrits.

Lévinas, *Emmanuel,* französ. Philosoph, * 1906 Kaunas (Litauen), † 1995 Paris. Studium in Straßburg, 1927–28 in Freiburg i. Br. (bei Husserl und Heidegger), nach dem Kriegsende in der Ausbildung jüdischer Religionslehrer tätig, 1964 Prof. in Poitiers, 1967 Paris. Sucht die abendländisch-europäische Metaphysik als Identitätsphilosophie, insbes. in der neuzeitlichen Gestalt des Subjektivitätsdenkens – ohne sie aufzuheben –, zu öffnen in die ursprünglichere (aber vergessene) Erfahrungsdimension der ethischen Verpflichtung durch den uneinholbar „Anderen". Das Subjekt als leibhaftes Bewußtsein (in seiner Spontaneität und Aktivität) ergreift arbeitend, erkennend und genießend das Sein alles Seienden und hebt es in sich auf, aber es liefert im gleichen Maß sich zugleich aus an die Totalität des Seins, seiner objektiven Systeme und Strukturen (in Natur und Gesellschaft), zu deren bloßem (Begleit-)Zeichen es wird. Beide Bewegungen laufen identifizierend auf ein „Selbes", grundsätzlich geschlossenes und in sich notwendiges Ganzes hinaus, das alle Differenzen übergreift und die Freiheit des Einzelnen unterläuft. Allein die Widerfahrnis (das „Antlitz") des anderen Menschen bricht in diese (seit Parmenides in vielfältigen Fassungen selbstverständlich gewordene) Geschlossenheit ein und diese auf, legt die Sinnlichkeit als Verwundbarkeit, Sterblichkeit, „Passivität" bloß und ruft den Menschen in die un-endliche Verantwortung für den verwundbaren und sterblichen „Anderen". Die Subjektivität erhält einen gewandelten Sinn: den der Stellvertretung (substitution), in welcher das Subjekt (sujet) ethisch sich selbst gegeben, weil befreit wird durch Unterwerfung (sujétion) unter den Anderen ohne Gewalt. So wird bei L. „das Subjekt aus dem Zeichen des Seins zum ‚Zeichen, das dem Anderen gegeben wird'" (L. Wenzler). Das metaphysische Denken wird damit erst entschieden auf den Weg des fortgehend Un-endlichen gebracht. – Das Werk L.' findet als radikal philos.-ethische Grundlegung und als eine der niveauvollsten Auseinandersetzungen im 20. Jh. mit der Metaphysiküberlieferung zunehmend Beachtung.

Lévi-Strauss, *Claude,* französ. Ethnologe, * 1908 Brüssel. Lehrte in Brasilien, New York, seit 1950 in Paris. Führender Vertreter des französ. ↗Strukturalismus. Wandte die Methode der linguistischen Sprachanalyse (F. de Saussure) auf die Erforschung der mythenbildenden Prozesse und Regelungsmechanismen gesellschaftlichen Zusammenlebens (bes. in indianischen Kulturen) an.

Lévy-Bruhl, *Lucien,* französ. Philosoph und Ethnologe, * 1857 Paris, † 1939 ebd. Prof. in Paris. Mitbegründer der Ethnosoziologie. Führte den Begriff des „prälogischen" Denkens ein, das, im Unterschied zum kausallogischen des rationalen Bewußtseins, auf die mystisch-partizipativen Beziehungen der Dinge gerichtet ist. Vorherrschend bes. bei den sog. Naturvölkern.

Liberalismus (von lat. liber, frei), als politischer Begriff in der Französ. Revolution aufgekommen, bezeichnet heute im weiten Sinn alle seit dem 18. Jh. auftretenden Bestrebungen auf geistigem, politischem, wirtschaftlichen Gebiet, denen es ursprünglich um die Befreiung der Einzelpersönlichkeit von überkommenen staatlich-politischen und kirchlich-religiösen Abhängigkeiten geht. – Ausgehend von der französ. und engl. Aufklärung und dann bes. von Kant, entwickelte der L. in seiner gesellschaftlich-theoretischen Ausprägung (Hobbes, Locke, Rousseau, A. Smith, J. S. Mill) ein Welt- und Menschenbild, das vom Vertrauen in die Leistungskraft der menschlichen Vernunft und an einen in der Gesellschaftsordnung realisierbaren Ausgleich der Einzelinteressen bestimmt ist. Rationale Einsicht und moralisches Verantwortungsbewußtsein sollen in zusammenwirkender Tätigkeit aller eine neue geistige, politische und wirtschaftliche Lebensordnung heraufführen, wenn jedem die volle Freiheit zugestanden wird, die sich nur an der Freiheit des anderen begrenzt. Durch die Anerkennung der Freiheit des anderen und der Notwendigkeit einer übereinzelnen Ordnung hebt sich der L. vom Individualismus ab, der seine ihm immanente ständige Gefährdung ist. Einen scharfen Gegensatz zum L. bildet der Sozialismus, der vielfach die gesellschaftliche Eingebundenheit und Organisierungsbedürftigkeit der Einzelnen vorrangig betont und in seiner doktrinären Form von der Tendenz zum Kollektivismus getrieben wird.

Liberum arbitrium (lat., freie Wahlentscheidung), benennt das bereits in Spätantike und Mittelalter (Augustinus, Anselm von Canterbury) unterschiedlich diskutierte und ebenso in der Neuzeit (Erasmus, Luther) umstrittene Problem der Wahlfreiheit. ↗Freiheit.

Lichtenberg, *Georg Christoph,* * 1742 Oberramstadt bei Darmstadt, † 1799 Göttingen. Physiker, philos. Schriftsteller, geistreicher Essayist und Aphoristiker. Scharfer Kritiker der pietistischen und überbetont gefühlshaften Zeitströmungen.

Lichtmetaphysik, allg. die Lehre, wonach das „Licht" der ermöglichende Grund des Erkennens und zugleich des Seins des Seienden selber ist. Die metaphorische Auslegung des denkenden Erkennens als geistige „Schau" ist grundlegend für die geistmetaphysische Tradition der Philosophie. Bereits in der Ideenlehre Platons (Sonnen- und Höhlengleichnis) angelegt, monistisch geprägt in Lehren des Neuplatonismus (Weltschöpfung als Emanation des Urlichtes), dualistisch in den Systemen der Gnosis (Licht und Finsternis als sich widerstreitende Seinsprinzipien), christlich bei Augustinus (Illuminationslehre) und in der scholastischen Unterscheidung des natürlichen und gnadenhaften Erkenntnislichts (lumen naturale und supranaturale), durchzieht die Lichtmetaphorik auch die neuzeitliche „Aufklärung" und den deutschen Idealismus und hält sich, zumeist unauffälliger, bis in die Gegenwart herein. – Eine mehr die naturwissenschaftliche Erfassung einbeziehende L. begründete R. Grosseteste (1175–1253): In seiner „Optik" ist das Licht der sinnlichen Wahrnehmung als der gründende Übergang vom reinen göttlichen Geist zur materiellen Welt die Urform der Körperlichkeit (so ähnlich u. a. bei Bonaventura).

Liebe, allg. dasjenige Hinstreben zu einem anderen, das in seiner geistigen (vergeistigten) Form im Unterschied zum triebhaft-sinnlichen Begehren nicht auf Aneignung und Einverleibung zielt, sondern auch in der Absicht auf das Gute für den anderen und in der Vereinigung mit ihm den anderen zugleich „sein" lassen will. In ihrer philos. Bedeutung von Platon als L. zum Guten (↗Eros) aufgezeigt. Bei Aristoteles entscheidend für das Verhältnis des göttlichen Geistes (nous) zur Welt, die er bewegt, indem er als das Geliebte (Vollkommensein) von ihr angezielt wird. Zentralbegriff im christlichen Denken (↗Kardinaltugend); vor allem bei Augustinus ist L. Bedingung des Erkennens (tantum cognoscitur, quantum diligitur; wir erkennen soviel, wie wir lieben), bewegt von der L. zu Gott als dem Guten, getragen von Gottes L. zur Schöpfung. In der Scholastik wird diese Grundauffassung – wenngleich zumeist unter deutlicherem Vorrang des Wahren und des Erkennens (im Verhältnis zum Guten und zum Streben) – weiter ausgefaltet, u. a. in der Differenzierung der Nächsten-L. und der wahren Selbst-L. Die frühmittelalterliche Mystik betont bes. die reine L. zu Gott (und nicht um eines Lohnes willen). Wie für Augustinus ist für Pascal das Herz (cor) Quell der L., nun aber stärker vom Erkenntnisvermögen abgesetzt („Das Herz hat seine Gründe, die der Verstand nicht kennt"). Bei Spinoza dagegen entspringt die geistige L. zu Gott (amor dei intellectualis) der adäquaten Gotteserkenntnis und ist Teil der Selbst-L. Gottes. In seiner Frühzeit ist es für Hegel die L., welche die Vereinigung der Gegensätze vollbringt. Für Feuerbach gründet sich die neue Philosophie auf die L., die das Sinnlich-Konkret-Einzelne im Natur- und vor allem zwischenmenschlichen Verhältnis hervortreten läßt. – Die L. hat in der willensmetaphysischen Überlieferung (vgl. ↗Voluntarismus) eher den Vorrang als in der intellektualphilos., in der die Affekte und Emotionen (Empfindungen und Leidenschaften) vornehmlich in der Perspektive der Notwendigkeit ihrer Beherrschung erscheinen.

Linguistik (von lat. lingua, Zunge, Sprache), allg. Bezeichnung für die Sprachwissenschaften (Grammatik, historisch und systematisch vergleichende Sprachwissenschaft, Sprachsoziologie usw.). Besondere Bedeutung gewann die L. für die philos. Sprachanalyse innerhalb der analytischen Philosophie, vor allem für die der normalen Sprache (R. Rorty [Hrsg.], The linguistic turn, 1967).
Lipps, *Theodor,* * 1851 Wallhalben (Pfalz), † 1914 München. Prof. in Bonn, Breslau, 1894 München. Gründete die philos. Logik, Ästhetik, Ethik auf die introspektive Psychologie (Wissenschaft von der inneren im Unterschied zur naturwissenschaftlichen äußeren Erfahrung). Verbreitete den Begriff der „Einfühlung" als Mit- und Nacherleben fremdseelischer Lebensvorgänge.
Litt, *Theodor,* * 1880 Düsseldorf, † 1962 Bonn. Philosoph und Pädagoge. Prof. in Leipzig, 1947 Bonn. Seine ethischen, geistes- und kulturgeschichtlichen Schriften nehmen Anregungen auf von Diltheys Hermeneutik und Hegels dialektisch durchgeführter Phänomenologie.
Locke, *John,* engl. Philosoph, * 1632 Wrington bei Bristol, † 1704 Oates. Hauptvertreter des ↗Empirismus der Aufklärung in England. Gegenüber Descartes bestreitet er die Angeborenheit von Ideen (menschliche Seele, Geist oder Bewußtsein: das ist anfänglich eine tabula rasa = leere Tafel). „Nihil est in intellectu, quod non ante fuerit in sensu" (Nichts ist im Verstand, was nicht zuvor in den Sinnen gegeben war). Alle Vorstellungen entstammen der „Erfahrung": der von außen bewirkten Wahrnehmung (sensation) und der auf sie gerichteten Selbstwahrnehmung (reflection). Erkenntnis geschieht als Bildung von Ideenkomplexen durch das Verstandesvermögen. L. führte die terminologische Unterscheidung ein (der Sache nach auf Descartes zurückgehend) in „primäre" (objektive), den Gegenständen selbst zuzuschreibende, und (subjektive) „sekundäre Sinnesqualitäten", die nur im Vorgang der Wahrnehmung zustande kommen („Essay concerning human understanding", 1680–90). – In den seiner empiristisch-erkenntnistheoretischen Entwicklung vorausgehenden Schriften lehrt er eine eudämonistische Ethik und eine individualistisch bestimmte liberale Staatslehre. Abweichend von Hobbes schreibt er dem „Naturzustand" bereits eine naturrechtliche Ordnung zu. Seine Lehre vom Staatsvertrag und von der Gewaltenteilung (Parlament als Legislative, der Monarch als Exekutive und Jurisdiktive) wurde von Montesquieu weiterentwickelt und dem kontinentalen Denken vermittelt. – L.s Philosophie war von großem Einfluß bes. auf Hume und wirkte u. a. auf Leibniz und Kant.

Logik (von griech. logos, Gedanke, Rede), allg. die Lehre vom Denken, dieses nicht verstanden als psychischer Vorgang, sondern hinsichtlich der apriorischen Gesetzlichkeit seiner Verbindungsformen und Denkinhalte, nach der es sich als „richtiges" Denken zu richten hat. Die Hauptunterscheidungen sind:
1. die klassische formale L., von Aristoteles begründet, geteilt in Elementarlehre (der Begriff-, Urteils-, Schlußformen [Syllogistik]) und Methodenlehre (insbes. der Beweisverfahren in der Wissenschaft). Sie wurde fortgebildet in der Stoa (Chrysippos aus Soloi) und der Scholastik (Abaelard, Ockham). In der Neuzeit wurde die bislang vorwiegend deduktive L. durch die induktive ergänzt (J. S. Mill; ↗Induktion). – Die formale L. handelt nicht ausdrücklich davon, wie und ob das darin Gedachte dem entspricht, was ist (dem Seienden, dem Gegenstand). Doch steht sie ihrem ursprünglichen aristotelischen Verständnis nach (als „Organon") in Einheit mit der Ontologie (Identität der Ordnung des Denkens und der des Seins). In dieser Überlieferungsbahn ist die L. des Denkens zugleich die L. der zu denkenden Sache selbst. Sofern dieses Identitätsverhältnis fragwürdig wird, tritt auf
2. die materiale oder reale L. als Lehre nicht nur des in sich stimmigen, sondern mit dem Seienden bzw. Gegenstand übereinstimmenden („wahren") Denkens. Damit steht diese L. in engster Nähe zu erkenntniskritischen Fragen. Kant nennt seine Untersuchung über den apriorischen Ursprung, die Reichweite und objektive Gültigkeit der Erkenntnis von Gegenständen „transzendentale L." und den Teil, der die begrenzte Reichweite sichert, „L. der Wahrheit" (im Unterschied zu dem Teil, der die Widersprüchlichkeit [Dialektik] des Denkens aufweist, wenn es über diese Grenze hinaus das ungegenständliche Ganze, Unendliche, Unbedingte wissenschaftlich zu erkennen vorgibt [„L. des Scheins"]). – Formale und materiale L. verstehen „Denken" als Denken oder Erkennen des endlichen Seienden (bzw. Gegenstandes) durch den ↗Verstand. Dem unendlichen und unbedingten Ganzen alles Endlichen zugewandt ist aber, der metaphysischen Tradition gemäß, die ↗Vernunft. Die Gesetzlichkeit im Zusammenspiel von Verstand und Vernunft untersucht dehalb
3. die metaphysische L. als Lehre vom (das Endliche transzendierenden) denkenden Erkennen des Seins im Ganzen und seines absoluten Ursprungs, wie weithin in Antike und Mittelalter in der Weise der Analogie („Gott ist die Wahrheit") oder bei Hegel in der Weise der Dialektik („Nur das Ganze ist das Wahre") oder bei Jaspers in der

Weise des an der Transzendenz scheiternden Denkens, das sie nur in Chiffren deuten kann, aber gerade dadurch ihr entspricht, wie es seine philos. L. als „Logik der Wahrheit" zu zeigen sucht;
4. die moderne formale (formalisierte, symbolische, mathematische) L., früher auch Logistik genannt, nach Anfängen bei Leibniz begründet von G. Boole (1815–64), fortgeführt durch G. Frege (1848–1925), C. S. Peirce (1839–1914), J. Łukasiewicz (1878–1956) und E. L. Post (entwickelten unabhängig voneinander eine mehrwertige L., die mehr als nur die zwei klassischen „Wahrheitswerte" [„wahr" und „falsch"] einbezieht) u. a., verfeinerte und erweiterte die klassische L., verwendet zur Darstellung der logischen Beziehungen und ihrer Relate den mathematischen ähnliche Symbole und führt die Schlußfolgerungen in einer den mathematischen Grundoperationen ähnlichen rechnerischen Weise durch. – Anwendung findet die moderne L. in mathematischer Grundlagenforschung, Überprüfung wissenschaftlicher Beweisführungen, Analyse der Sprache, Theorie der Information, Konstruktion von Rechen- und Steuerungsanlagen usw. Mehr noch als die klassische Logik zu ihren Zeiten stellt sie sich damit als das der modernen wissenschaftlich-technisch-industriellen Welt entsprechende „Organon" heraus.

Logischer Positivismus ↗Positivismus.

Logistik ↗Logik.

Logizismus (von lat. logicus, logisch), die Betonung der Eigenständigkeit des „Logischen" (des denkenden und erkennenden Bewußtseins) gegenüber einer psychologistischen, biologistischen, allg. naturalistischen Reduktion. Im weiteren Sinn umgekehrt die restlose Rückführung aller vor- und außergedanklichen Wirklichkeit auf eine rational-begriffliche Struktur.

Logos (griech.), im vorphilos. griech. Gebrauch Erklärung, Aussage, Wort. In der antiken Philosophie wird L. (in einer Bedeutungsverbundenheit von Sprache und Denken) früh zu einem Grundwort. Bei Heraklit ist L. die begründete Sage vom Grundgefüge der Welt, ihrer allgemeinsten Bestimmungen und insbes. diese Sinnordnung (Weltvernunft) selber, in der alles, was geschieht, gesammelt ist. Ähnlich, trotz Unterschiedlichkeit, bei Parmenides: „Denken" (also auch bedachtes Reden) und „Sein" besagen „dasselbe". Stärker eingeschränkt wird die Bedeutung von L. auf das begründende Erkennen und Aussagen bei Platon und Aristoteles, wie sich an der Herausbildung der aristotelischen Logik zeigt. Doch bleibt das „Logische" auch hier verbunden mit der ideellen Seinsordnung bzw. den Seinsweisen des Seienden als solchen, wie sie im Denken des Geistes (nous) vernommen werden. Das ↗„Allgemeine" des Begreifens ist zugleich das des Seins. Bei den Stoikern, z. T. wiederanknüpfend an Heraklit, ist L. zwar auch der menschliche L. des richtigen Denkens und Handelns (wovon die Logik, eingeschlossen die Rhetorik, und die Ethik handeln), aber dieser ist Teil des göttlichen L. des Kosmos. Bei Plotin schließlich ist der L. der Ausfluß aus dem göttlichen Geist (nous) in die Weltseele, wodurch die Formung und Ordnung der Vielheit in der kosmischen Einheit geschieht. In der späteren Geschichte wandelt sich die Bedeutung mit den Wort- und Begriffsgestalten des Intellekts bzw. der Ratio, des Geistes, des Bewußtseins, der Vernunft, des Verstandes. Seine Erneuerung unter neuzeitlichen Bedingungen findet der L.gedanke im deutschen Idealismus, bes. bei Hegel (der absolute Geist als die in der Welt erscheinende und sie durchherrschende Vernunft).

Logozentrik (von griech. logos, Gedanke, Rede, und kentron, „Zentrum"), 1. als „logozentrisch" oder „herakliteisch" kritisierte L. Klages die wissenschaftlich-rationale, objektivierende und lebensverarmende Geisteshaltung zur Wirklichkeit, im Unterschied zur „biozentrischen" oder „prometheischen", metaphysischen und lebensnahen Gesinnung. 2. Als „Logozentrismus" kritisierte J. Derrida die in der abendländisch-europäischen Philosophie herrschende Vorrangstellung des gesprochenen Wortes. Er unterliege dem Schein, daß die sprachlichen Zeichen unmittelbare Sachnähe und eine geschlossene, der Sache selbst korrespondierende Bedeutung hätten. Die geschriebene Sprache dagegen bekunde, daß fortlaufend jedes Zeichen immer nur auf andere Zeichen (jeder Text auf andere Texte) usw. verweise.

Lotze, *Rudolf Hermann,* * 1817 Bautzen, † 1881 Berlin. Prof. in Göttingen und Berlin. Von Leibniz beeinflußt. Erstrebte eine Verbindung von deutschem Idealismus und exakter Naturwissenschaft. Mitbegründer der modernen Wertphilosophie. Wichtig wurde seine Unterscheidung zwischen dem „Sein" der Dinge (und dem „Geschehen" der Ereignisse) einerseits und dem „Gelten" der Werte und Sinngehalte andererseits.

Löwith, *Karl,* * 1897 München, † 1973 Heidelberg. 1952 Prof. in Heidelberg. Studierte u. a. bei Husserl und Heidegger. Deutete die Geschichtsphilosophie als säkularisierte Geschichtstheologie, letztlich des jüd.-christlichen Heilsgeschichtsglaubens („Weltgeschichte und Heilsgeschehen", engl. 1949, dt. 1953), und sah in diesem Geschichtsdenken den Verlust kosmischer Zeiterfahrung und naturhafter Verbundenheit.

Lullus, *Raimundus* (Ramón Lull), katalan. Philosoph und Theologe, * um 1232 Palma de Mallorca, † 1315/16 (auf der Rückfahrt von Tunis). Sarazenenmissionar. Entschiedener Gegner des Averroismus, insbes. der Lehre von der „doppelten Wahrheit". Der geistigen Auseinandersetzung mit dem Islam sollte auch seine kombinatorische Logik dienen (ars generalis [magna]). Sie baute auf wenigen Grundbegriffen auf und stellte die begrifflichen Verhältnisse und Zusammensetzungen mit Hilfe mathematischer Zeichen dar. Der Gedanke einer Zeichenschrift für Begriffe und Urteile wurde später von Leibniz weiterverfolgt.

Lumen (lat., Licht), in der scholastischen Philosophie das l. naturale (auch l. rationis oder intellectus) als das dem menschlichen Geist (Vernunft, ↗intellectus agens) eigentümliche „natürliche Licht" des apriorischen (↗a priori) Verstehens des Seins und des dadurch ermöglichten Erkennens des Seienden je in seinem Wesen. Unterschieden vom l. supranaturale (auch l. fidei oder gratiae o. ä.), dem übernatürlich-gnadenhaften Licht des Offenbarungsglaubens. In der Neuzeit wandelt sich die Lichtmetapher in ihrem Bezug auf den Geist, der sich jetzt nicht mehr primär als Partizipation am göttlichen Wahrheitslicht, sondern als Licht der Vernunft des menschlichen Subjekts und seiner Selbstleistung im Erkennen und Handeln begreift. – Vgl. ↗Lichtmetaphysik.

Lust, Grundart von Gefühlen, bes. solchen, die eng mit sinnlich-leiblichen Empfindungen verbunden sind und als Triebbefriedigung (Genuß) erlebt werden, darüber hinaus aber auch sog. „geistige Gefühle" (z. B. Glücksempfinden [↗Glück]). Allgemeinster Gegensatz: Unlust. – In den Spielarten des Hedonismus gilt als erster Beweggrund des Handelns das L.streben, allg. im Eudämonismus das Glücksverlangen. Der Grad der Erfüllung wird zum Maßstab der sittlichen Bewertung. Dagegen rigoros Kants Pflichtethik. – S. Freud stellt dem das unbewußte Seelenleben bestimmenden L.prinzip das Realitätsprinzip des einsichtigen Bewußtseins gegenüber. H. Marcuse kritisiert das in der Industriegesellschaft herrschende Realitätsprinzip als Leistungsprinzip „im Namen des L.prinzips".

M

Mach, *Ernst,* * 1838 Turas (Mähren), † 1916 Haar bei München. Physiker und Philosoph. Prof in Graz, Prag, Wien. Neben R. Avenarius Hauptvertreter des ↗Empiriokritizismus. Wissenschaften beschreiben nur die gesetzmäßigen Zusammenhänge von Phänomenen (im Sinne von „Empfindungen"). Philosophie dient lediglich deren Vereinheitlichung.

Machiavelli, *Niccolò,* italien. Staatstheoretiker, * 1469 Florenz, † 1527 ebd. Seine beiden HW „Il principe" (1512/13; „Der Fürst") und „Discorsi" (vermutlich vor 1517/18; Betrachtungen über die erste Dekade des Livius) entwickeln erstmals eine Theorie des Staates, die für dessen Bildung und Erhaltung den Gebrauch der Macht jenseits von Recht und Moral vorsieht und auch die Religion nur als Mittel zur Lenkung des Volkes versteht. Denn die Menschen sind von Natur aus nicht vernünftig, sondern bösartig, und die Geschichte zeigt keinen Fortschritt, sondern steten Wechsel. Doch knüpft M. mit seiner Forderung der „virtù" (Willensstärke und Klugheit) des Machthabers zugleich an altrömische Tugenden und Ideale an. Die Lehre M.s blieb hinsichtlich ihrer letzten Sinnbestimmung von staatlicher Macht und menschlichem Leben zweideutig und umstritten. Sicherlich trug sie zur Ausbildung des absolutistischen Obrigkeitsstaates mit bei.

Macht (etymologisch verwandt mit mögen, vermögen; griech. dynamis, lat. potentia, potestas), im Unterschied zu den allgemeinen „Naturkräften", die nach Notwendigkeitsgesetzen wirken, das Vermögen des Menschen, ein selbstgesetztes Ziel unter gegebenen natürlichen und geschichtlichen Mitbedingungen zu verwirklichen, d. h. seinen Willen trotz Widerstände aus der Natur an ihm selber (Selbstmächtigkeit), in der umgebenden Natur (Naturbeherrschung) oder von seiten konkurrierenden Wollens anderer (gesellschaftliche M.) ggf. gewaltsam (↗Gewalt) durchzusetzen. Insofern die Erkenntnis der gegebenen Bedingungen dazugehört, kann gesagt werden, „Wissen ist M." (F. Bacon). – M. ist mit jedem sozialen Gebilde konstitutiv verbunden. Die Forderung ihrer „Legitimation" gründet darin, daß M. bestimmten ethischen Normen (zuhöchst der Gerechtigkeit) untergeordnet ist, ohne die sie (bes. im politischen und ökonomischen Bereich) in Willkür umschlägt. Dadurch soll den von ihr betroffenen Menschen der Spielraum ihrer Freiheit (statt der Enge ciner Ohnmacht) gesichert sein. Gewaltlose M., die nur auf allg. anerkannter Autorität (Glaubwürdigkeit, Kompetenz, sittlichem Charakter) des oder der M.ausübenden beruht, ist ein erfahrungsgeschichtlich nicht erreichbares Ideal. Als Steigerungsphänomen verstanden (vgl. Nietzsches „Willen zur M.") ist sie durch sich selber verführbar (Dämonie der M.; mit qualitativ und quantitativ zunehmenden Mitteln auch wachsende Gefahr des M.mißbrauchs). Seit der Aufklärung verstärkt sich deshalb auch das Interesse, theoretisch und praktisch durch Begrenzung der M. (Kontrolle, geregelten M.wechsel, Gewaltenteilung usw.) die „Zähmung der M." (B. Russell) herbeizuführen.

Mäeutik (griech. maieutike techne, Hebammenkunst), Sokrates' Bezeichnung für seine Methode, durch geschicktes Fragen den Partner im Gespräch zur Hervorbringung des Wissens, das schon im Grunde seiner Seele verborgen liegt, zu veranlassen. – Vgl. Platons ↗Anamnese; ↗Ironie.

Maimonides, *Moses* (Mose ben Maimon), jüdischer Philosoph und Theologe, *1135 Córdoba, †1204 Fostat (Alt-Kairo). Geistlicher Führer der Juden in Ägypten. Leibarzt des Sultans Saladin. Vom arabisch-islamischen Aristotelismus ausgehend suchte er die Glaubensgehalte der jüdischen Tradition systematisch begrifflich zu ordnen und vernünftig zugänglich zu machen, zugleich die absolute Transzendenz Gottes und den Vernunftüberstieg der Offenbarung aufzuzeigen. Seine Lehre war von großem Einfluß auch auf die christliche Scholastik (Thomas von Aquin).

Maine de Biran, *François Pierre,* französ. Philosoph, *1766 Bergerac, †1824 Paris. Anfänglich Atheist und Sensualist, später spiritualistischer Metaphysiker. Unter dem Einfluß Fichtes sieht er den geistigen Willen (das tätige Ich) und das, was als anderes von ihm bewegbar oder widerständig ist (Non-Moi; Leib und Naturdinge), als Urtatsache des Bewußtseins: Volo, ergo sum (ich will, und das besagt auch schon: ich bin).

Malebranche, *Nicolas de,* französ. Philosoph, *1638 Paris, †1713 ebd. Oratorianer. Indem er den Cartesianismus und den Augustinismus zu verbinden suchte, wurde er zum Hauptvertreter des später so genannten ↗Okkasionalismus (neben A. Geulincx) und des ↗Ontologismus. Die Entsprechung seelischer und körperlicher Vorgänge erfolgt nicht durch unmittelbare Wechselwirkung, sondern wird durch den je augenblicklichen Eingriff Gottes (der einzigen Ursache) bewirkt. Erkennen bedeutet: Erblicken der Ideen alles Wirklichen in Gott.

Manichäismus, Bezeichnung für eine auf den Perser Mani (3. Jh. nC.) zurückgeführte orientalische Religion, in der sich die extrem dualistische ↗Gnosis bes. ausprägte und die im 4. Jh. zu einer ernst genommenen Gefahr für das Christentum wurde. Der junge Augustinus war durch mehrere Jahre hindurch Anhänger des M.

Mannheim, *Karl,* * 1893 Budapest, † 1947 London. Mitbegründer der Wissenssoziologie. 1930 Prof. in Frankfurt a. M., 1933 emigriert. Suchte einen umfassenden („totalen"), nicht nur auf den ideologischen Gegner bezogenen Ideologiebegriff. Die gesellschaftliche Entwicklung ist eingespannt zwischen beharrender Ideologie und (die jeweilig gegebene Realität sprengender) Utopie.

Marburger Schule, von H. Cohen und P. Natorp begründete Richtung des ↗Neukantianismus. Sie suchte, an Kants transzendentale Deduktion anknüpfend, die logischen Bedingungen bes. der Naturwissenschaften und der Mathematik zu erforschen. Weitere Hauptvertreter: E. Cassirer, K. Vorländer, A. Liebert und anfänglich N. Hartmann.

Marc Aurel (Marcus Aurelius Antoninus), römischer Kaiser, * 121 Rom, † 180 ebd. Als Philosoph, beeinflußt durch Epiktet, Hauptvertreter der spätantiken Stoa. Seine aphoristischen „Selbstbetrachtungen" sind das letzte bedeutende Zeugnis dieser Richtung.

Marcel, *Gabriel,* französ. Philosoph und Dramatiker, * 1889 Paris, † 1973 ebd. Hauptvertreter der christlichen Existenzphilosophie. Gegenüber dem Idealismus als abstrakter, weil seinsvergessener Bewußtseinsphilosophie will M.s „konkrete Ontologie" von der menschlichen Grunderfahrung ausgehen, durch das „Sein", aller subjektiven Setzung vorgängig, gefordert zu sein, nämlich sich zu „engagieren". Deshalb kann das Sein nicht zum erkenntnistheoretischen „Problem" werden wie Gegenstände und ihre Zusammenhänge (die im Bereich des „Habens" liegen). Es ist vielmehr das „ontologische Mysterium". In der Reflexion als „Sammlung" auf diese Grunderfahrung des Seins alles menschlich, mitmenschlich und weltlich Wirklichen erst geschieht die Wiederherstellung der ursprünglichen Totalität des „Ich bin".

Marcuse, *Herbert,* * 1898 Berlin, † 1979 Starnberg. Studium u. a. bei Husserl und Heidegger in Freiburg i. Br. 1932 Mitgl. des Frankfurter Instituts für Sozialforschung. Während seiner Emigration in den USA lehrend. Mitbegründer der ↗Frankfurter Schule. Verband bes. seit den fünfziger Jahren deren ↗Kritische Theorie mit Freuds Lehre von der Triebstruktur und suchte die „repressive Toleranz" der kapitalistisch-industriellen Gesellschaft, ihre technische und konsumistische Funktionalität, aufzuzeigen.

Maréchal, *Joseph,* belgischer Philosoph, * 1878 Charleroi, † 1944 Löwen. Jesuit. Suchte, im Rückgriff auf transzendentalphilosophische, bes. kantische Ansätze eine Erneuerung und zeitgemäße Gestalt der thomistischen Philosophie.

Maritain, *Jacques,* franzö̈s. Philosoph, * 1882 Paris, † 1973 Toulouse. 1914 Prof. in Paris, 1939 emigriert, 1948 Prof. in Princeton. Schüler von Bergson und Driesch, wurde aber dann zum führenden Vertreter des Neuthomismus und allg. der katholischen Erneuerungsbewegung in Frankreich. Vorkämpfer eines christlichen, die kommunikative Personalität (statt der bloßen Individualität) betonenden Humanismus.

Marx, *Karl Heinrich,* * 1818 Trier, † 1883 London. M.' Entwicklung folgt seinem Interesse, Philosophie mit ihrem kritischen Wahrheitsanspruch gegenüber der defizienten Wirklichkeit durch revolutionäre Veränderung (nicht nur Reform) der realen gesellschaftlichen Verhältnisse unter den Menschen (und zur Natur) zu „verwirklichen". Nach Promotion in Berlin (1841, über Demokrit und Epikur) Journalist in Köln, 1943–45 in Paris, wo ein Großteil seiner philos. Jugendschriften entstand (darunter bes. die „Ökonomisch-philos. Manuskripte", 1844, hrsg. 1932). Nach Teilnahme an der Revolution 1948/49 in Deutschland Emigration nach London. Finanziell unterstützt von F. Engels, widmete er sich nationalökonomischen Studien, aus denen sein HW „Das Kapital" (Bd. 1, 1867, Bde. 2–3 hrsg. von F. Engels, 1885–94) hervorging, und spielte eine führende politische Rolle beim Aufbau der kommunistischen, allg. der sozialistischen Bewegung.

Anfänglich Junghegelianer, setzte M. gegen die Metaphysik des Seins als des Geistes („Idealismus", bes. Hegel) und unter dem Einfluß Feuerbachs das Wesen des Menschen in die selbstbewußte und sozial-kommunikative Sinnlichkeit/Leiblichkeit. Aber im Rückgriff auf Hegels Begriff der Arbeit (des Geistes) und gegen Feuerbachs Betonung der wahrnehmenden und dialogisch angelegten Sinnlichkeit gewinnt für M. fundamentale Bedeutung die leibhafte kooperative Arbeit, als gesellschaftlich organisierte Naturveränderung = Gütererzeugung (Produktion) zur Befriedigung der geistig-leiblichen, humanen Bedürfnisse. Zu diesen gehört die Arbeit selber: Selbstproduktion des Menschen als freie Entfaltung seines individuellen und sozialen Wesens. Mit der Arbeitsteilung, Bildung des Privateigentums und Trennung in Klassen jedoch begann der Prozeß der Entfremdung des Menschen von seinem Wesen, von sich und den anderen, von der Natur. Jegliches Wirkliche wird seines Eigenwertes beraubt und zur tauschbaren Ware, schließlich mittels der abstraktesten Ware, des Geldes, verrechenbar. Die Gesamtgeschichte verläuft gemäß der von Hegel übernommenen und auf Natur- und Gesellschaftsentwicklung übertragenen ↗Dialektik (dialektischer und historischer ↗Materialismus). Sie erbringt objektiven Reichtum, aber subjektive Verarmung. Der Höhepunkt wird erreicht in der kapitalistischen Industriegesellschaft. Hier erfolgt der Umschlag, der durch Revolution und Diktatur des Proletariats hindurch zum Absterben der reglementierenden Institutionen (bes. Staat, Religion), in die Freiheitsgeschichte und schließlich zur Versöhnung des Menschen mit den Menschen und mit der Natur führen soll. – Trotz Fehleinschätzungen, Prognoseirrtümern, ungelöster theorieinterner Problematik (bes. den Zusammenhang von notwendiger Entwicklungsgesetzlichkeit und Freiheitsgeschichte betreffend) und der historischen Ergebnisse dort, wo Grundgedanken von M. machtpolitisch realisiert wurden, bleibt seine philos. Bedeutung, einen der stärksten Anstöße gegeben zu haben zur kritischen Auseinandersetzung mit der metaphysisch geprägten Tradition und zur kritischen Selbstbesinnung der modernen Gesellschaft. – ↗Marxismus.

Marxismus, Sammelbezeichnung für die Lehre von K. Marx und deren Weiterführung, Ergänzung, Umformung, politische Realisierung. Die Differenzierung des M., bes. auch in seinen nationalen Ausprägungen, zeigt die Schwierigkeit einer adäquaten Auslegung von Marx. – Widerlegt ist M.' Prognose, das Proletariat werde sich in einem revolutionären Akt zum Subjekt der Geschichte machen. Kommunistische Revolutionen waren das Werk geschulter Berufsrevolutionäre, fanden nicht in fortgeschrittenen Industriestaaten, sondern feudal strukturierten und überwiegend agrarisch produzierenden Gesellschaften statt, oder der Kommunismus wurde nicht durch Revolution, vielmehr in der militärisch-politischen Folge des Zweiten Weltkriegs verbreitet. Dies und weitere Punkte (Überholtheit volkswirtschaftlicher Theoreme des „Kapital"; des Ansatzes und der Folgerungen seiner Religionskritik; des Hegelschen Gegensatzes Staat–Gesellschaft, den Marx als Negativfolie benutzte, u. a.) sind insofern eine Erklärung für die Vielfalt des M., als dieser sich seinem eigenen Begriff nach mit der gesellschaftlichen Praxis selbst wandeln muß, dafür aber die Kategorien nicht schon stets bereitstehen und so der theoretischen Auslegung ein breiter Spielraum bleibt, sofern sie nicht dogmatisch erstarrt ist („orthodoxer" M.). In unterschiedlicher Anknüpfung an Marx und teils andere philos. und wissenschaftliche Anschauungen einbeziehend wurde eine M.diskussion geführt u. a. bes. in Deutschland (Adorno, Horkheimer u. a., Frankfurter Schule), Frankreich (J. Hyppolite, A. Kojève,

L. Goldmann, R. Garaudy, H. Lefèbre; L. Althusser; Sartre; Merleau-Ponty), Italien (A. Gramsci u. a.), Jugoslawien (G. Petrovic u. a., Gruppe „Praxis" mit Zentrum in Zagreb), Polen (L. Kolakowski u. a.), in den ersten Jahrzehnten des 20. Jh. in Österreich (M. Adler u. a., „Austro-M.).

Materialismus, allg. die Anschauung, daß die Erscheinungswirklichkeit nicht durch ein Prinzip vor und über der sinnlich-vermittelten Erfahrung (Gott, Geist, Weltvernunft, Idee) bestimmt ist, sondern nur durch Stofflichkeit (Materie) und deren immanente Gesetzlichkeit (Kausalität, ggf. unter Einbezug einer Zielgerichtetheit, die jedoch erfahrungswissenschaftlich, ohne Rückgriff auf ein „transzendent-teleologisches" Prinzip, zu erklären sei). – Schärfster Gegensatz: ↗Spiritualismus.

1. Der methodische M. praktiziert diese Anschauung als (bes. natur-)wissenschaftliche Haltung unter der theoretischen Voraussetzung, die Welt sei ein geschlossener, quantitativ-mathematischer Kausalzusammenhang. Gegenüber dem lange vorherrschenden ↗Mechanismus wird das Problem der ↗Finalität durch die Grundvorstellung der „sich selbst organisierenden Materie" zu lösen gesucht.

2. Der ethisch-praktische M. kennzeichnet eine Lebensgrundhaltung, die im Genuß als Besitz, Gebrauch und Verbrauch insbes. von materiellen Gütern das Glück sucht.

3. Der metaphysische oder kosmologische und anthropologische M. ist die Verabsolutierung des methodischen M. zu einer Gesamtdeutung von Welt und Mensch. Bereits der antike Atomismus (Leukipp, Demokrit) entwarf eine mechanist.-materialistische Lehre, erneuert im 17. Jh. durch P. Gassendi und R. Boyle, im 18. Jh. ausgebildet zu einer Maschinentheorie der Welt und des Menschen (Hobbes, Lamettrie, Holbach). Im 19. Jh. setzte der M. zunächst ein mit der Kritik an der christl.-religiösen und -theologischen Überlieferung (B. Bauer, D. F. Strauß), insbes. am deutschen Idealismus (L. Feuerbach), fand seine verkürzende Popularisierung durch C. Vogt (für den sich das Denken zum Gehirn verhalte wie die Galle zur Leber), J. Moleschott und L. Büchner und seine philos. und politisch wirksamste Ausgestaltung im M. des Marxismus.

4. Der dialektische M., zurückgehend auf K. Marx und bes. F. Engels und fortgebildet durch G. W. Plechanow, V. I. Lenin u. a. („Diamat"), kehrt unter Beibehaltung der dialektischen Methode Hegels dessen Idealismus um: Nicht die Idee (das Absolute, Geist, Gott) begründet und bewegt die Wirklichkeit, sondern die Materie bewegt sich aus sich selbst und setzt sich im Menschen in das Denken und seine

Ideen um. Ihre Selbstbewegung wird jedoch nicht linear-mechanistisch, sondern evolutiv-dialektisch erklärt: materielle quantitative Änderungen schlagen in qualitative um. Den dialektischen M. führt, damit verbunden,
5. der historische M. fort in der Erklärung der Menschheitsentwicklung als grundlegend durch die gesellschaftlich-wirtschaftlichen Produktionsbedingungen (Eigentums- und Klassenbildung u. a.) bestimmte Geschichte der Bearbeitung der Natur („Materie") zur Befriedigung der menschlichen Bedürfnisse. Die politischen, rechtlichen, religiösen usw. Vorstellungen sind nur ideologischer „Überbau" der basalen sozialökonomischen Realität, und zwar während der Entfremdungs- und Zwangsgeschichte in der Form der Verstellung, bis auf dem Höhepunkt (in der kapitalistischen Ausbeutungsgesellschaft) der revolutionäre Umschlag erfolgt, zunächst in die Diktatur des Proletariats, sodann übergehend in die wahre Geschichte der Freiheit und der Versöhnung des Menschen mit sich, mit dem anderen Menschen und mit der Natur. ↗Marxismus.

Materie (lat. materia), Ciceros Übersetzung von griech. hyle. In der aristotelisch-scholastischen Tradition als materia prima (erste M.) das der geistigen ↗Form korrelative Seinsprinzip (↗Causa), aber ihr gegenüber bloße Potentialität, Passivität, Grund der relativen Nichtigkeit des Endlichen, und mit der Form zusammen erst das reale Wesen des endlichen Seienden hervorgehen lassend. Insofern sie in der Hinordnung auf die Form schon eine räumliche Vorzeichnung aufweist (noch ohne qualitative weitere Bestimmungen), ist sie als materia quantitate signata das Prinzip der ↗Individuation (Thomas von Aquin, bei Duns Skotus dagegen die haecceitas). Die materia secunda (zweite M.) ist die bereits durch die Wesensform geprägte M., die durch die akzidentellen Formen weiterbestimmt wird zur materia ultima (letzte M.) eines konkreten Einzelseienden. In der Neuzeit versteht Descartes die M. als selbständiges, nur durch Räumlichkeit und mechanistische Bewegbarkeit seiner Teile in der Zeit ausgedehntes Weltding (res extensa, ausgedehnte Substanz), Leibniz als eine Erscheinungsgestalt bzw. Stufe des (relativ unklaren und undeutlichen) Vorstellens der endlichen Monaden. Auch bei Kant bleibt M. bezogen auf das Vorstellen eines Subjekts, freilich – als Substanz (nur) in der Erscheinung – auf die sinnliche Anschauung, die vom begrifflichen Denken zu trennen ist und mit diesem zusammen erst Erkenntnis ermöglicht. Für Hegel ist M. als die dialektische Einheit von Raum, Zeit, Bewegung die „erste Realität" in der Selbstentäußerung der absoluten Idee zur Natur. Zu den Grundzügen des M.begriffs in seiner ontologisch-metaphysischen Geschichte gehören somit die Abständigkeit (Andersheit, Fremde) gegenüber dem Geist oder Bewußtsein (extrem gesteigert im Dualismus der Gnosis, gemindert in der Emanationslehre des Neuplatonismus), die Dunkelheit und Verschlossenheit gegenüber dem Licht und der Offenheit. – Mit der Ablösung vom ontologisch-metaphysischen Kontext entwickelte sich der M.begriff der Naturwissenschaften.

Mathematik (von griech. mathema, Wissenschaft), in Babylon und Ägypten aus ökonomisch-praktischen Erfordernissen entstandenes Rechen- und Meßverfahren, in der griech. Antike zu einer theoretischen Wissenschaft geworden (Thales, Pythagoras, bes. Euklid). Bei Platon sind die mathematischen, bes. geometrischen Sachverhalte beispielhaft für das nichtsinnliche Sein der Ideen. In der Neuzeit gewinnt die M. weithin Vorbildcharakter für das Gewißheitsstreben philos. Denkens (Descartes, bes. Spinoza [„more geometrico"], Leibniz) und steht in enger Verbindung mit der Ausbildung der modernen mathematischen Logik; vor allem erlangt sie entscheidende Bedeutung für die empirische Naturwissenschaft (Kant: Diese reicht nur so weit, wie in ihr M. angewandt werden kann) und die technische Naturbeherrschung.

Mathesis universalis (griech.-lat.), „alles umfassende Wissenschaft", auf Adrianus Romanus (1597) zurückgehende Bezeichnung, bei Descartes verwendet für seine Konzeption einer mathematisch-quantitativen Darstellung der von ihm als Gesamtkörper aufgefaßten „Welt", bei Leibniz die Logik, sofern sie auf mathematische Gegenstände (Größen) angewendet wird, bei Husserl die rein formale Logik.

Mechanismus (von griech. mechane, Werkzeug), die Anschauung, daß alles Naturgeschehen als mechanisch, d. h. kausal (nach dem Gesetz von Ursache und Wirkung) verlaufendes ohne Einbezug von Zweck-, Ziel-, Sinnbestimmungen erfolge und erklärbar sei. So vertreten schon im antiken ↗Atomismus und in der Neuzeit im ↗Cartesianismus (Descartes: auch Pflanzen und Tiere sind „Automaten").

Meditation (lat. meditatio, von meditari, überlegen), Betrachtung, Übung des Nachdenkens. Philosophisch die Besinnung auf die im alltäglichen Leben zumeist unausdrücklich und verstellt bleibenden Prinzipien des rechten Erkennens und Handelns. Seit Platon (↗Höhlengleichnis) verbunden mit dem Gedanken der Abkehr von Irrwegen, der Einkehr in den richtungsweisenden Grund der Seele (des Geistes, des Bewußtseins), worin diese Prinzipien aufscheinen (vgl. ↗a priori), und der Umkehr auf den Weg des Wahren und Guten: Diesen Sinn verdeutlichen Schriften u. a. von Augustinus, Anselm von Canterbury, Descartes (Meditationes de prima philosophia), Husserl (Cartesianische Meditationen).

Meinong, *Alexius,* * 1853 Lemberg, † 1920 Graz. Ebd. 1882 Prof. Schüler F. Brentanos. Mit seiner „Gegenstandstheorie" und der dazugehörigen Lehre von den (den Gegenstandsarten entsprechenden) Hauptklassen der Bewußtseinsakte wirkte er auf Husserls Phänomenologie und die neuere Werttheorie, fand aber auch Beachtung in England (B. Russell) und den USA.

Mendelssohn, *Moses* (Moses ben Menachem Mendel), * 1729 Dessau, † 1786 Berlin. Befreundet u. a. mit Kant und Lessing, den er gegen den Atheismusvorwurf verteidigte. Vertrat die Vernunftgemäßheit des jüdischen Glaubens, forderte zugleich allseitige religiöse Toleranz. Popularisierte die Philosophie der Aufklärung (bes. der Leibniz-Wolffschen Schule), wirkte stark auf die kulturelle Entwicklung des Judentums seiner Zeit.

Mensch (griech. anthropos, lat. homo), die Ausnahme aus allem, was in der Welt ist, insofern, als er 1. über alles, die Welt und sich selbst, sprechen und denken kann, 2. sein Dasein, Leben, Verhalten nicht einfachhin hat, sondern durch Denken und Handeln erst bestimmen und verwirklichen muß, wie seine Welt geordnet und was oder wer er selbst sein will und sein soll. Das sog. Vermögen des Denkens heißt in der philos. Tradition ↗Geist, Vernunft, Verstand, das des willentlichen (↗Wille) und verwirklichenden Handelns ↗Freiheit. Seit Aristoteles lautet die „klassische" Definition des M.en: zoon logon echon (das Lebewesen, dem der ↗Logos zu eigen ist; lat.: animal rationale, das vernünftige Tier). Aristoteles nennt ihn aber auch: physei politikon zoon (das Lebewesen, das von Natur her gesellig ist und nur in einer verfaßten Handlungsgemeinschaft sein Leben zu führen vermag; Thomas von Aquin: animal politicum oder sociale, sociabile). Doch bleiben in der metaphysischen Überlieferung Geist, Denken, Erkennen vorrangig für die Auslegung des Wollens, Handelns, der Freiheit (vgl. dagegen ↗Voluntarismus). Diese gründet in der (An-)Erkenntnis der göttlich vorgegebenen Wesensordnung der Welt und ist Freiheit des menschlichen Geistes, der sich als das Göttliche im M.en (in der ↗Seele seines ↗Leibes), als Mitteilung und Teilhabe (Partizipation) am weltbildenden schöpferischen göttlichen Geist versteht. So konnte der M. seit Boethius auch Darstellung der Welt im kleinen (Mikrokosmos), im Christentum allg. das Ebenbild des persönlichen Gottes (↗Person) genannt werden. In der neuzeitlichen

Aufklärung erfolgt eine Neubestimmung des Wesens des M.en, seiner Seele nun als vernünftige Bewußtseins- und Selbstbewußtseinsseele, seines Verhältnisses zur getrennten raumzeitlichen Welt, in die als Teil der eigene Leib (Körper) eingefügt wird, und seines Verhältnisses zum göttlichen Geist oder vollkommenen Bewußtsein (Descartes). Der Partizipationsgedanke tritt zurück, im Maße sich der M. als Subjekt begreift. Damit ändert sich das theoretische und praktische Welt- und Selbstverständnis des M.en, bes. durch die Entwicklung der empirischen Naturwissenschaften und der damit verbundenen technischen Beherrschungsmöglichkeiten, aber auch angesichts der im Zug der Emanzipation von überkommenen Autoritäten sich stellenden politisch-sozialen Ordnungsprobleme. Kant, für den die höchsten Fragen in der einen münden „Was ist der M.?", sucht den Menschen zu verstehen als Bürger zweier Welten, der sinnlich-gegenständlichen Welt des erfahrungswissenschaftlichen Erkennens und technisch-praktischen Handelns und der moralischen Welt, die für das sittlich-praktische Handeln der Selbstverwirklichung notwendig angenommen werden muß. Die Dichotomien Kants will der deutsche Idealismus überwinden; bei Hegel wird der Mensch innerhalb der Natur über die Natur hinaus höchste Erscheinungsgestalt des absoluten Geistes auf dem Gang nun *seiner* Selbstverwirklichung. Gegen diese idealistische und gesamte geistmetaphysische Interpretation mit ihrer philos.-theologischen Überhöhung wird bei Feuerbach in der anthropologischen Wende der Mensch zum Ausgang und Ziel seiner philos. Wirklichkeitsauslegung, bei Marx ist es der gesellschaftlich-produzierende M., bei Nietzsche der M. als Trieb- und Willenswesen; Geist, Vernunft, Verstand werden zu einem qualitativen Grundzug spezifisch menschlich wahrnehmender, ökonomisch arbeitender, leidenschaftlich wollender Sinnlichkeit und Leibhaftigkeit. Von der Romantik her entdeckt historisches Denken die Vielfalt der je einzel-epochalen „M.enbilder" und „Weltanschauungen". Die seit den zwanziger Jahren des 20. Jh. aufkommende Disziplin der philos. ↗Anthropologie sucht, in Berücksichtigung auch empirischer Forschung, die spezifisch menschliche Differenz zur außermenschlichen Natur schon an der biologischen Organisation und Situation aufzuweisen und auch das Bewußtsein und Selbstbewußtsein im Erkennen wie im Handeln aus den Lebens- und Überlebensbedingungen her einsichtig zu machen. Das existenzphilos. und geschichtlich-hermeneutische Denken sieht die grundsätzliche Seinsbestimmung des M.en in seiner ↗Existenz, der ↗Geschichtlichkeit all seiner Wirklichkeits- und

Selbstdeutungen, seiner Freiheit, in der er sich selbst mit seiner Lebens- und Selbstgestaltung überantwortet ist. Die Freiheit des Geistes tritt in den modernen Verständnissen des M.seins hervor als Geist der endlich-menschlichen und unausweichlichen Freiheit, die zugleich besagt, daß sie nie zu Ende kommt.

Menschenrechte (Freiheits-, Persönlichkeits-, Grundrechte), Rechte, die bei grundsätzlicher Anerkennung von positivem (gesetztem) Recht dem Einzelnen eine Sphäre sichern sollen, in der er unabhängig von der Macht des Staates oder anderer Institutionen selbstbestimmend leben kann. M. kommen dem Menschen „von Natur aus" zu. Sie stellen den Versuch einer wenigstens teilweisen Kodifizierung des ↗Naturrechts dar, haben aber innerhalb moderner Verfassungen weithin nur deklaratorische, keine positiv rechtsbegründende Bedeutung. Als vorstaatliches Recht sind sie ihrem Wesen nach uneinschränkbar und unverzichtbar („unveräußerlich"). – Basierend auf der Einsicht, daß das positive Recht „gerechtes" Recht sein soll und deshalb an der überpositiven Forderung des Rechten, des Guten maßnehmen muß (Platon, Aristoteles), wurden M. erstmals in der Spätantike (Stoa) als Folgerungen aus der allgemeinen Menschennatur, vornehmlich der Menschenwürde (Seneca), thematisiert. Wirksam für die weitere Entwicklung wurde die christliche Lehre von der Gottebenbildlichkeit des Menschen (christlicher Begriff der ↗Person). In der Aufklärung als Kampfmittel gegen gesellschaftlich-politische Unterdrückung anfänglich individualistisch gefärbt (Freiheitsrechte des Einzelnen, Recht auf Leben und Eigentum, Freiheit des Glaubens, der Meinung, des Gewissens), wurde ein bürgerlich-liberaler M.-Katalog erstmals formuliert in der Virginia-Bill of Rights 1776, über die Menschenrechts-Deklaration während der Französ. Revolution 1779 ging er der Sache nach ein in die modernen europäischen Verfassungen. Seit dem 19./20. Jh. drängte sich die Ergänzungsbedürftigkeit durch „soziale M." auf (Recht auf Arbeit, gerechten Lohn, Bildung, Erziehung usw.). Die Diskussion um korrelative „Menschenpflichten" hat zu berücksichtigen, daß zum Begriff des Rechts aus ihm selbst her derjenige der Pflicht gehört.

Merleau-Ponty, *Maurice Jean-Jacques,* französ. Philosoph, * 1908 Rochefort-sur-Mer, † 1961 Paris. 1950 Prof. ebd. Gründete zusammen mit Sartre 1945 die Zeitschrift „Le temps modernes". In seiner Philosophie, die phänomenologische und existenzphilosophische Sichtweise verbindet, betont er die unmittelbar sinnlich-leibhafte Wirklichkeitswahrnehmung und zugleich die je (sprach- und sozial-)geschichtliche Bestimmtheit der Welterfahrung.

Metapher (von griech. metapherein, hinübertragen), die „Übertragung" einer bildlichen Vorstellung von etwas aufgrund einer Verhältnisähnlichkeit (vgl. ↗Analogie) auf etwas anderes. Aristoteles: Das Alter verhält sich zum Leben wie der Abend zum ganzen Tag, also kann das Alter Abend des Lebens genannt werden. Inbes. dienen M.n auch zur Veranschaulichung begrifflicher Sinngehalte, deshalb wurde ihr Gebrauch (Metaphorik) vor allem in der Rhetorik und Poetik behandelt, kaum in der Logik und Erkenntnistheorie: die Alltagssprache ist zwar reich an M.n, wissenschaftlich-rationales Denken sucht sich von ihnen zu reinigen. Seit dem 18./19. Jh. nimmt das breitere philos. Interesse an der Metaphorik zu (Hamann, Herder u. a.). Nietzsche versteht das Erkennen und dessen „Wahrheit" selbst nur als metaphorischen Schein und „Lüge". H. Blumenberg betont wissensgeschichtlich die Bedeutung bestimmter M.n als erkenntnisbefördernde Denkmodelle, von gleichem Rang wie epochal leitende Grundbegriffe. Im übrigen ist zu beachten, daß z. B. „Begriff" und „Begreifen" – wie „Grund", „Ratio" usw. – ursprünglich selber M.n sind.

Metaphysik (von griech. meta ta physika, nach der Physik), Bezeichnung von Andronikos von Rhodos für die Schriften, die er bei der Herausgabe der aristotelischen Werke den „physikalischen" folgen ließ, von daher Titel für die von ↗Platon vorgezeichnete und von ↗Aristoteles entscheidend fortgebildete Grundgestalt der ↗Philosophie unserer Denkgeschichte (↗Abendländisch-europäische Philosophie).

Platons Philosophie als „theoria" galt dem in jeder sinnlichen Einzelwahrnehmung schon im voraus (a priori und intuitiv) miterblickten allgemeinen Wesen (Idee) und dessen Grundsinn (Idee der Ideen, das „Gute"). Aristoteles suchte eine „erste Philosophie", die ihm zufolge nicht wie das „poietische" und das „praktische" Wissen sich auf die Herstellung eines schönen oder nützlichen Einzeldinges bzw. eines bestimmten ethisch-politischen Gemeinwesens richtet, auch nicht nur auf das Wesen und seinen Sinn, sondern darüber hinaus auf das „Seiende als solches", d. h. im Blick auf das ↗„Sein". Dieses ist der „immer schon" verstandene Grund für alles der ↗Möglichkeit und ↗Wirklichkeit nach Seiende in der Welt und sein Wesen, für das Denken und die (nun a posteriori und abstraktiv, aus der Empirie schöpfende) Wesenserkenntnis, weshalb die M. im Verlauf ihrer Entwicklung die Bedeutung der „Grundwissenschaft" der Philosophie erlangte. Dieses allumfassende erstverstandene „Sein" wird „auf vielfache Weise ausgesagt", insbes. hinsichtlich der

Grundweisen, in denen das endliche wahrnehmbare Seiende aus seiner Bewegungsursache auf seinen Zielgrund hin gegründet ist und aus ↗Form und ↗Materie in sein Wesen hervorgeht (vierfache ↗Kausalität), und hinsichtlich der Grundweisen, in denen das Seiende nicht nur mit seinem Wesen (↗Substanz), sondern auch mit seinen zufälligen Bestimmungen (↗Akzidenzien) da ist (↗Kategorien). So thematisert die M. das Seiende 1. in seinem Sein (↗Ontologie), 2. sofern es als endliches in hierarchischer Stufung über sich hinaus auf ein Höchstes und Vollkommenes (das Göttliche) verweist (philos. ↗Theologie), 3. sofern es im Zusammenhang einer Wesensordnung der Welt im ganzen steht (philos. ↗Kosmologie), 4. sofern es einem ausgezeichneten Seienden geöffnet ist, der menschlichen geistigen Seele, die sich im Erkennen und Streben auf „alles" als das Ganze bezieht (philos. ↗Psychologie). Diese Themen sind durch Antike und Mittelalter hindurchverschränkt, erst in der Neuzeit, seit Ch. Wolff, wurden sie getrennten philos. Disziplinen (der metaphysica generalis und der dreigeteilten metaphysica specialis) zugeordnet. Systematisch-historische Grundzüge des metaphysischen Denkens: Von der platonischen Unterscheidung des sinnlich-werdehaft Einzelseienden und unwandelbar-wesenhaft Allgemeinen, der zeitlichen Erscheinungswelt (mundus sensibilis) und ewigen ideellen Ordnungswelt (mundus intelligibilis) her ist M. grundsätzlich ↗„Idealismus" mit dem Seinsvorrang des geistig Allgemeinen (↗Universalien) vor dem materiell Einzelnen, des Normativen vor dem nur Faktischen, der Beständigkeit/Ewigkeit vor der Zeit und dem Wandel. Vom aristotelischen Verständnis des Seins als Sein des göttlichen Geistes (nous, intellectus) her, der alle Vielfältigkeit und Differenzen übergreift, sie aus sich her begründet und sie auf sich zu versammelt, ist M. grundsätzlich onto-theologische ↗Identitätsphilosophie. Sie ist ferner, weil „Sein" hier zuhöchst in sich ruhendes Selbständigsein bedeutet (vorrangig gegenüber dem nur mitvorkommenden und veränderlichen akzidentellen Sein), gekennzeichnet als ↗Substanz-Denken. In der Neuzeit übernimmt die Rolle des alles Weltwissen gründenden, ermöglichenden und ordnenden göttlichen Geistseins das ↗Bewußtsein des (menschlichen) Subjekts (Hegel: die Substanz ist Subjekt geworden; neuzeitliche M. der Subjektivität). Zugleich erweitert und präzisiert sich das Substanzverständnis mit seiner Ganzheits- und Geschlossenheitsvorstellung zum Gedanken des ↗Systems, der im deutschen Idealismus die Vorstellungen von einer Evolution der Gesamtwirklichkeit aufnimmt und zum Gedanken des sich selbst entwickelnden Systems des Ganzen von Welt und Bewußtsein führt. Schließlich ist in all dem M. das transzendierende Denken über das Endliche und Einzelne hin zum übereinzeln und unendlich Allgemeinen, das selber das erste alles Übersteigende (⁊Transzendenz) ist, und insofern ist M. von Beginn an „transzendental" (vgl. die ⁊Transzendentalien in der Scholastik), in bestimmterem Sinn dann in der Neuzeit als Rückstieg in die bedingenden Möglichkeiten alles Erkennens (⁊Transzendentalphilosophie). Untergründig wirken die Leitgedanken der M. bis in die Gegenwart herein auch dort noch nach, wo das Wissensverständnis sich von den ausdrücklich metaphysischen Bestimmungen zu lösen sucht. – Vgl. auch ⁊Metapysikkritik.

Metaphysikkritik, allg. das Infragestellen, Bestreiten und Hinterfragen des Sinns metaphysischer Aussagen, wobei die kritische Gegenwendung einmal mit philos. Anspruch (⁊Philosophie) selber eine Grundentscheidung darüber impliziert, was der Mensch als erkennendes und handelndes Weltwesen und was die Wirklichkeit im ganzen seien, und zum anderen jeweils ein bestimmtes Verständnis von ⁊Metaphysik voraussetzt. Metaphysikkritische Haltungen und Äußerungen treten bereits im antiken Skeptizismus, Empirismus und Materialismus auf, im Spätmittelalter insbes. im Nominalismus. dann im Empirismus der frühen Neuzeit (gegen den metaphysischen Rationalismus) und in verwandten Richtungen (Sensualismus, Naturalismus), weithin verbunden mit dem naturwissenschaftlichen und vorwiegend technisch-praktischen Fortschrittsinteresse der Aufklärung. Hatte Kant kritisch die traditionell metaphysischen Fragen aus dem Zuständigkeitsbereich der theoretisch-erkennenden Vernunft (als hier nicht beantwortbar) herausgenommen und in den der sittlich-praktischen Vernunft verwiesen, so setzt die radikalere M. doch erst nach dem deutschen Idealismus und in Konfrontation bes. mit diesem ein. Hauptgestalten der M. des 19. Jh. sind Feuerbach und Marx (anthropologisch bzw. sozialökonomisch begründet gegen das wirklichkeitsverneinende metaphysische Transzendenzdenken, das ein Phänomen der „Selbstentfremdung" ist), Kierkegaard (theologisch begründet gegen die Metaphysik, die mit ihrer beanspruchten objektiven und allgemeingültigen „Wahrheit" ein „Attentat auf die Ethik", nämlich die existentielle Entscheidung des je Einzelnen bedeutet), Nietzsche (begründet in der Bejahung des endlos sich wiederholenden tragischschönen Weltschauspiels gegen die metaphysische Sucht nach ewiger Ruhe, die alles Werden stillstellen will), sodann der Positivismus (Comte u. a.), der im 20. Jh. eine Erneuerung erfährt im logischen Positivismus (u. a. Carnap: metaphysische Aussagen sind „sinnlos", die Probleme der Metaphysik „Scheinprobleme"). Einen eigenen Rang nehmen ein die metaphysikkritischen Auseinandersetzungen Heideggers (Geschichte des metaphysischen Seinsdenkens ist Geschichte gerade des „Seinsentzugs" und der Vergessenheit der „ontologischen Differenz", die das „Sein selbst" ist) und Lévinas' (Metaphysik in ihrer bisherigen, nämlich ontologischen Grundprägung ist exzessives Identitätsdenken, das alle Vielfalt und Unterschiedlichkeit in ein Selbes, das Sein oder das Bewußtsein usw., einholt und so die unaufgebbare ethische Differenz zum uneinholbar anderen Menschen verkennt und vergißt).

Metawissenschaften, allg. die wissenschaftliche Erforschung der sachlichen, logischen, sprachlichen, entwicklungsgeschichtlichen usw. Voraussetzungen der Forschungsdisziplinen selber („Wissenschaftsforschung", „Metascience"), teilweise in Entsprechung zur „Metaphysik" gebildete (und diese ersetzen wollende) Bezeichnung. – Metapsychologie nannte S. Freud die Herausarbeitung der Annahmen, auf die sich die psychoanalytische Theorie gründet. – Metaethik, in der analytischen Philosophie die Analyse der sprachlichen Form ethischer Sätze, Aussagen, Beurteilungen, Forderungen.

Methode (griech. methodos, Weg zu etwas hin), allg. das bestimmte Verfahren, um ein vorgesetztes Ziel zu erreichen. Die wissenschaftlichen M.n (der verschiedenen Natur-, Geistes-, Gesellschaftswissenschaften usw.) sind bestimmt durch den jeweiligen Vorwegentwurf (↗Theorie) der Gegenstandsregion, wodurch aus der konkreten Bedeutungsfülle dessen, was in der „ganzen" Lebenserfahrung als gegeben erscheint, nur besondere Eigenschaften und Verhaltensarten als objektiv interessierende und zu untersuchende ausgegrenzt werden. Damit sind auch die Grundbegriffe und Grundsätze einer ↗Wissenschaft definiert und die Gesamtheit der Verfahrensvorschriften, einschließlich der Überprüfung der Theorie selber. Methodologisch ganz allg. wird zwischen Induktion und Deduktion unterschieden, die beide hinsichtlich ihrer Begründung und Reichweite Thema erkenntnis- und wissenschaftstheoretischer Reflexion sind. – Der Versuch, die Vielfalt der Methoden auf eine einzige maßgebliche zu reduzieren, führt nicht zur Erweiterung, sondern zur Verengung der Erkenntnis- und Wissensmöglichkeiten. Deshalb erhebt sich in der Diskussion ausdrücklich die Forderung eines M.npluralismus (vgl. ↗Interdisziplinarität). – Wenn Philosophieren sich als ein Wissenschaffen in bezug auf das Ganze (Sein, Denken, Wirklichkeit und Bewußtsein überhaupt u. ä.) versteht, kann es nicht die eingrenzende Objektivität wie die Einzelwissenschaften aufweisen und seine (z. B. scholastische, transzendentalphilosophische, phänomenologische usw.) M. nicht als eine unter anderen M.n maßstäblich verglichen werden. Zur Philosophie gehört die Reflexion auch auf den Sinn von methodisch vorgehender Wissenschaft im Ganzen der Welt und des menschlichen Lebens.

Methodologie (von griech. methodos, Weg), Methodenlehre, in der aristotelischen Tradition Teilgebiet der Logik, dann seit dem 18. Jh. hervortretende selbständige Disziplin der Theorie wissenschaftlicher Methoden, meist nachträglich durchgeführt, da die Einzelwissenschaften ihre Vorgehensweise in der Forschung nach Maßgabe ihrer Möglichkeiten und Fragestellungen selbständig ausbilden.

Mill, *John Stuart,* engl. Philosoph, * 1806 London, † 1873 Avignon. Neben A. Comte der bedeutendste Vertreter des ↗Positivismus des 19. Jh. Begründer der induktiven Logik. Einzige Erkenntnisquelle ist die Erfahrung, die Methode der Erkenntnisgewinnung die Verallgemeinerung (Induktion). Wissenschaft ist nicht Ursachenforschung, sondern Erschließung gesetzlicher Zusammenhänge von Erscheinungen (Sinneswahrnehmungen). Die Geisteswissenschaften (Psychologie, „Ethologie" als Wissenschaft von den Charaktertypen, Sozialwissenschaft) unterstehen zwar der gleichen Methodik wie die Naturwissenschaften, erlangen jedoch nicht deren Sicherheit. Als Ethiker vertrat M. einen an J. Bentham anknüpfenden Sozialutilitarismus.

Modalität (von lat. modus, Art und Weise), bezeichnet in der scholastischen Philosophie (Thomas von Aquin, in Weiterbildung des Aristoteles) den ontologischen und logischen Status der Seinsweisen und entsprechenden Begriffe der Möglichkeit, Wirklichkeit und Notwendigkeit. Ihr Allgemeinheitsgrad liegt über den univoken Kategorien und unter den Transzendentalien. Kant jedoch ordnet sie unter die Kategorien ein. Sie sind bei ihm Grundweisen der Gegenständlichkeit der Gegenstände (nicht des Seins des Seienden „an sich"), weil sie das Verhältnis des Objekts zum erkennenden Subjekt ausdrücken, nämlich in der Weise des problematischen, assertorischen oder apodiktischen Urteils über einen Gegenstand.

Modell (von lat. modulus, Maß[stab]), in älterer und allgemeiner Bedeutung das maßgebliche Muster für die Erkenntnis und die Gestaltung eines Wirklichen (so z. B. die platonischen Ideen=Urbilder für den weltbildenden Demiurgen bzw. die Schöpfungsgedanken im göttlichen weltschöpferischen Geist, aber auch diese Weltbildung und -schöpfung selber im Vergleich mit dem menschlichen handwerklichen und künstlerischen Herstellen). In der Neuzeit tritt zunehmend eine Bedeutung in den Vordergrund, wonach M. die veranschaulichende Darstellung eines so selbst nicht unmittelbar wahrnehmbaren Wirklichen meint, insbes. in den Naturwissenschaften (z. B. das Newtonsche mechanische Welt-M. oder das Bohrsche Atom-M.), aber auch in den Geisteswissenschaften (z. B. die M.e eines zyklischen, linearen, dialektischen o. ä. Geschichtsverlaufs); als Konstrukt stimmt das M. zwar nicht schlechthin mit dem betreffenden Gegenstand, wie er selber „wirklich" ist, überein, aber doch so weitgehend, daß es die Erklärung und Berechnung seiner Erscheinungen bzw. deren Verstehen und Deutung ermöglicht. Besondere Bedeutung haben M.e und ihre Begriffsbestimmung in Mathematik und Logik. Vgl. ↗Heuristik,↗Sprache.

Möglichkeit (griech. dynamis, lat. potentia, possibilitas), eine der ↗Modalitäten. Ontologische M. kommt allem zu, was von seinem Wesen her Wirklichkeit (vgl. ↗Akt) erlangen kann; logische M. (die zugleich Mitbedingung in der ontologischen M. eines Seienden ist) besagt, daß etwas in sich (eben in seinem Wesen) denkbar, nämlich ohne Widerspruch ist. Bei Aristoteles und in der Scholastik ist M. (neben Wirklichkeit) ein Realprinzip des endlichen, kontingenten (nicht schlechthin notwendigen) Seienden. Bei Kant wird M. (wie die Modalitäten insgesamt) zu einer Kategorie der Gegenständlichkeit und ihrer Beurteilung durch den Verstand. – Im existenzphilos.-geschichtlichen Denken wird bes. die M. der Selbstergreifung der menschlichen Existenz (und ihres Sich-Verfehlens) betont (Jaspers) und ihr Zeitzusammenhang mit Vergangenheit und zu entwerfender Zukunft (Heideggers fundamentalontologische Analyse der Sorge des menschlichen Daseins um sein Seinkönnen). Zu einem zentralen Begriff wird die ontologische M. mit der auf sie gründbaren ↗Hoffnung bei Bloch.

Monade (von griech. monas, Einheit), aus der Antike (Pythagoras, Platon u. a.) über Mittelalter (Nikolaus von Kues) und Renaissance (G. Bruno) tradierter Begriff der letzten Einheiten, erlangt zentrale Bedeutung in Leibniz' Monadologie. M.n sind hier die einfachen „beseelten" Substanzen (Entelechien, gegen Descartes und Spinoza). Einfachheit besagt: nicht weiter teilbar. Sie sind nach Vorstellung (perceptio) und Streben (appetitus) hierarchisch gestuft und spiegeln (repraesentatio) die gesamte Welt aus ihrem jeweiligen Blickpunkt (Perspektivität). Aufgrund ihrer Einfachheit sind sie in sich beschlossen („fensterlos"), keiner Einwirkung von außen fähig und auch nicht bedürftig, sondern durch die schöpferische göttliche M. (monas monadum) in vollkommener gegenseitiger Übereinstimmung (prästabilierte Harmonie) ihres Vorstellens und Strebens. Der Begriff M. wurde später u. a. von Goethe verwendet und kehrt bei Husserl wieder.

Monismus (von griech. monos, eins), Einheitslehre. Von Ch. Wolff eingeführter Begriff für die Anschauung, die Gesamtwirklichkeit sei durch ein einziges, einheitliches substantielles Sein bestimmt. Gegensatz: Dualismus, Pluralismus. Als Arten des strengen M. gelten der Pantheismus (Gott und Welt sind eins), der Spiritualismus, sofern er alles Vielfältige unmittelbar und allein aus dem einen reinen Geist ableitet, der Materialismus, sofern er es gleicherweise einzig aus der Materie zu erklären sucht. Vgl. auch ↗Identitätsphilosophie.

Monotheismus (von griech. monos, eins, und theos, Gott), die Lehre von einem einzigen (persönlichen, überweltlichen, welterschaffenden und -lenkenden) Gott. Zu unterscheiden sind vom M. der Deismus und der Pantheismus; entgegengesetzt ist der M. dem Polytheismus (Vielgötterglaube). Religionen des strengen M. sind Judentum, Christentum, Islam.

Montaigne, *Michel Eyquem de,* französ. Schriftsteller und Philosoph, * 1533 Schloß Montaigne (Périgord), † 1592 ebd. Mit seinen „Essais" (1580–88) führt er den Essay als literarische Form ein. Philosophisch knüpft er an die antike Skepsis und die stoische Lehre von der Geringschätzung äußeren Besitzes an, wird zum Auftakt des neuzeitlichen Skeptizismus und bes. der moralistisch-humanistischen Tradition (↗Moralistik) Frankreichs. Orientierungshilfe in der Fragwürdigkeit und Widersprüchlichkeit des menschlichen Lebens bietet nach M. die Achtung der religiösen Tradition und die Anerkennung der gegebenen rechtlichen und politischen Ordnung.

Montesquieu, *Charles de,* französ. philos.-politischer Schriftsteller, * 1689 La Brède bei Bordeaux, † 1755 Paris. Wegbereiter der Aufklärung in Frankreich. Befürworter der konstitutionellen Monarchie; seine staatstheoretische Lehre von der Gewaltenteilung wirkte stark ein auf die Französische Revolution und allg. auf das moderne politische Denken.

Moore, *George Edward,* engl. Philosoph, * 1873 London, † 1958 Cambridge. Ebd. 1925 Prof. Anfänglich vom philos. Idealismus geprägt, dann in Gegenwendung (und neben B. Russell) einflußreichster Wegbereiter der analytischen Philosophie, bes. der Analyse der Alltagssprache, darunter vor allem auch der ethischen Aussagen. Kritisierte die Auffassung, in den Wirklichkeit beschreibenden Aussagen seien zugleich normative Begründungen enthalten, als „naturalistischen Fehlschluß".

Moral (von lat. mores, Sitten), 1. Sittlichkeit im weiteren Sinn der im Zusammenleben einer Gemeinschaft anerkannten Regeln, Sitten und Gebräuche und die Bereitschaft, sich ihnen als das „Schickliche" zu fügen, nahezu bedeutungsgleich mit ↗Ethos; 2) im engeren Sinn die Gesamtheit der Gebote für ein streng „pflichtgemäßes" Handeln und die ihm entsprechende Lebensgrundhaltung, so insbes. bei Kant; 3) im Sinn einer philos., auch theologischen Theorie dieser moralischen Gesetze und ihrer Begründung gleichbedeutend mit ↗Ethik.

Moralistik, die philos.-literarische Tradition bes. französ. Schriftsteller („Moralisten") des 17. und 18. Jh., die, weniger systematisch, vielmehr oft essayistisch und aphoristisch, Charaktere und Sitten schilderten, kritische Menschenkenntnis vermittelten und Maximen einer praktisch lebbaren Moral formulierten: Montaigne, La Rochefoucauld, La Bruyère u. a.

more geometrico (lat., nach Art der Geometrie), methodische Vorgehensweise Spinozas (nach dem Vorbild Descartes', seiner Zusammenfassung der „Meditationen" im Anhang) bei der Begründung und Darlegung seiner Ethik: von Definitionen und Axiomen her werden Lehrsätze deduziert, daran Folgesätze und Erläuterungen geknüpft. Ausdruck der Überzeugung, der „mos geometricus" sei für alle Wissenschaft vorbildlich.

Müller, *Max*, * 1906 Offenburg, † 1994 Freiburg i. Br. 1946 Prof. in Freiburg i. Br., 1960 München. Studium u. a. bei M. Honecker, Husserl und Heidegger. Vom neueren Geschichts- und Existenzdenken her suchte er die klassische Seins- und Geistmetaphysik aufzuschließen und sie in die Gestalt einer Philosophie der geschichtlichen Freiheit, die Metahistorik, zu transformieren („Existenzphilosophie. Von der Metaphysik zur Metahistorik", [1949] 4. erw. Aufl. 1986). Grundgedanke ist die transzendentale Erfahrung des Menschen („Philosophische Anthropologie", 1974), in personaler Auseinandersetzung und doch Gemeinschaftsleistung die je zu einer Zeit aufgegebene Welt als gemeinsames Lebens-Werk zu schaffen, in den großen Weisen der Politik, Religion, Kunst, Wissenschaft, deren Werke deshalb nie in einer bloß zweckfunktionalen, sondern in ihrer real-symbolischen, repräsentativen Sinnbedeutung zu verstehen sind („Erfahrung und Geschichte", 1971).

Mystik (von griech. myein, [Augen oder Lippen] schließen), a) als Erfahrung die Versenkung der Seele in ihren göttlich-unendlichen Grund (unio mystica, „Einswerden" mit dem Ursprung, d. h. mit dem, was alles Endlich-Vielfältige „im Grunde" ist), b) als Versuch der philos. und theologischen Auslegung die Reflexion über diese Erfahrung. – Als mystisch kennzeichenbare Phänomene sind in allen höheren Religionen überliefert. Begriffliche Fassung und Mitteilung bleiben stets „Stammeln" (L. Wittgenstein: das Mystische ist streng genommen das schlechthin „Unaussprechliche"), bewegen sich oft in Paradoxien oder verneinender Zurücknahme der (unvermeidlich endlichen) Bestimmungen (via negationis) und scheinen dem Monismus und Pantheismus nahe. In Indien tritt um 800 vC. in den Upanischaden die Lehre von der leidlosen Einheit von All und Seele auf. In China sind mystisch gedeutete Phänomene bezeugt im Buddhismus und Taoismus, in Japan im Zen-Buddhismus. Auf die christliche M. war von größtem Einfluß der Neuplatonismus (Plotin, Proklos), dessen Lehre vom Reinigungs-, Erleuchtungs- und Einigungsweg ihr durch Dionysios Areopagita vermittelt wurde. Im Zusammenhang mit der Schriftauslegung wurde die mystische Redeweise im Mittelalter theologisch und philos. wiederholt thematisiert (Johannes Skotus Eriugena, Hugo und Richard von St-Victor, Thomas von Aquin u. a.). Bedeutende Mystiker des christlichen Mittelalters: Johannes Tauler, Heinrich Seuse u. a.; der Höhepunkt aber zeigt sich in Eckharts spekulativer M. (das Nichts als das abgründige Selbst Gottes und daher auch der Welt und der menschlichen Seele). In der Neuzeit wirkte das mystische Denken J. Böhmes auf die Philosophie des deutschen Idealismus. Sofern der All-Einheits-Gedanke (einer ersten und letzten Identität) kennzeichnend ist für die spekulative Metaphysik (gegenüber dem auf unübersteigbare Differenzen bestehenden endlichen Verstandesdenken), gehört zu ihr stets auch ein „mystischer" Charakterzug.

Mythos (griech., Rede, Erzählung), überlieferte Erzählung (Mythe), die ein urzeitliches Ereignis vergegenwärtigt (Weltschöpfungs-, Götter-, Heilbringer-, Heldensagen), bes. die Gesamtheit der Mythen eines Volkes, in denen für den Menschen der Frühzeit, der alten Hochkulturen und noch in gegenwärtigen Kulturräumen, soweit das logisch-rationale Denken nicht vorherrschend geworden ist, das Naturgeschehen und die Lebensvorgänge der Gemeinschaft sinnfällig anschaulich gedeutet werden (vgl. ↗Symbol). Sie werden von dem her verständlich, was in der „Urzeit" sich als je einzelnes göttliches Geschehen ereignete, im M. erinnert, in Kult und Magie mit normativer Bedeutung für den täglichen Umgang mit Dingen und Menschen wiederholt wird. Auch dort, wo die logisch-begründende Denk- und Redeweise (↗Logos) des Allgemeinen die Vorherrschaft des M. durchbricht, kann er eine Erfahrung an der Grenze des begrifflich Sagbaren artikulieren (so in den platonischen Mythen, z. B. von der reinen Ideenschau der Seele vor ihrem Fall in die körperliche Erscheinungswelt). Deshalb werden der M. und seine „poetische Sprache" in der Romantik (Herder, Schlegel) und ihrer Fortwirkung ein vorrangiges Thema, insbes. dann bei Schelling und Nietzsche, in der Tiefenpsychologie (Freud: M. als Symbolisierung unbewußter Triebvorgänge, C. G. Jung: M. als Ausgestaltung der Archetypen des kollektiven Unbewußten). Die von der Phänomenologie beeinflußte Mythenforschung versteht den M. als Gestaltung einer ursprünglichen Erfahrung des Heiligen (R. Otto) und von daher in seiner Verbindung mit dem Kult (W. F. Otto, K. Kerényi). Sofern geschichtlich gesehen alle religiöse Sprache in einem Bezug zur mythischen steht, ist eine radikale ↗Entmythologisierung des religiösen Glaubens unmöglich; eine gewollte Remythisierung des modernen Bewußtseins dient andererseits, statt zu ursprünglichem M. zu führen, vielmehr nur der Verschleierung einer Ideologie.

N

Narrativ (von lat. narrare, erzählen), „erzählend", bezeichnet die Darstellungsform eines (erdichteten oder historisch berichteten) Geschehenszusammenhangs unter Bedeutungshinsichten und in zeitlicher Gliederung. Die Erzählform (Narrativität) wurde im französ. sprachwissenschaftlichen Strukturalismus (Lévi-Strauss) auf ihre Grundstruktur, Grammatik, Funktionsverteilung Verlaufsform usw. zu erforschen gesucht. Allg. für die Geschichtswissenschaft (A. Danto u. a.) und die Philosophiegeschichte bedeutsam, da sich die Frage stellt, ob Geschichte überhaupt und als *eine* systematisch (in rationaler Begründungsabsicht) „begriffen" oder vielmehr nur in der Mehrfältigkeit möglicher *Geschichten* „erzählt" werden kann (W. Schapp, H. Lübbe).

Natorp, *Paul,* * 1854 Düsseldorf, † 1924 Marburg. Philosoph und Sozialpädagoge. 1885 Prof. in Marburg. Schüler von H. Cohen. Mit ihm Hauptvertreter der Marburger Schule des Neukantianismus. In seiner Spätzeit, unter dem Einfluß von Fichte und Hegel, bewegt von der Frage nach dem letzten Sinngebenden, dem Denken und Sein einander zuordnenden Logos als der ursprünglichen Setzung des „Es ist".

Natur (lat. natura, von nasci, entstehen, geboren werden; griech. physis), die Gesamtheit des von sich her Aufgehenden und sich wirklich Zeigenden, umfaßte bei den Vorsokratikern zumeist noch das All dessen, was überhaupt ist (physis), wurde aber bald eingegrenzt auf einen bestimmten Wirklichkeitsbereich in Unterscheidung von anderen Regionen, bei den Sophisten als vorgegebene Ordnung gegenübergesetzt dem durch menschliche Setzung (nomos) für verbindlich erklärten Regelungsbereich; bei Aristoteles als das Selbstanfängliche und Selbstzielhafte insgesamt (aber auch als das allgemeine „Wesen" des ohne Zutun des Menschen wirklichen einzelnen Seienden) abgehoben von dem durch menschliche Kunst, technisch-poietisch, Hervorgegangenen. Im Mittelalter bedeutet N. die gesamte hierarchisch gestufte Schöpfung des transzendenten Gottes. Im neuzeitlichen Pantheismus Spinozas ist Gott und Natur(welt) als natura naturans und natura naturata dieselbe eine absolute Substanz („Deus sive natura"). Die neuzeitliche Aufklärung bringt im Gefolge des cartesischen Dualismus von ↗Materie und Bewußtsein und mit der Entwicklung der Naturwissenschaft ein zunehmend enttheologisiertes N.verständnis hervor. Insbes. im Empirismus, aber auch in der transzendentalphilosophischen Fassung Kants bedeutet N. vorrangig das Objekt quantifizierender wissenschaftlicher Forschung (Kant: „N. ist das Dasein der Dinge, sofern es nach allgemeinen Gesetzen bestimmt ist") und technisch-praktischer Beherrschung. Der N. als Reich der kausal verstandenen Notwendigkeit tritt gegenüber das Reich der zweckstrebigen Freiheit, der Geschichte, des Geistes, der Kultur. Die „prästabilierte Harmonie" (Leibniz) zerfällt in gegenseitige Fremdheit (Rousseau). Die kantische scharfe Entgegensetzung will Schiller ästhetisch, der deutsche Idealismus durch die Idee des Absoluten dialektisch-logisch vermitteln. So ist bei Hegel die N. die freie Selbstentäußerung des absoluten Geistes (↗Andersheit) um willen seines Werdens zu sich selbst. Gegen diese „Aufhebung" der N. in den alles begreifenden und ergreifenden Geist – die gerade die N. ihrer selbst entfremde, wie dies kennzeichnend sei für die Entwicklung der alles für sich verwertenden Warengesellschaft – sucht (der frühe) Marx die Versöhnung von Mensch, bewußt arbeitender menschlicher Gesellschaft, und N., dem „materiellen Sein" (Humanisierung der N. als zugleich Naturalisierung des Menschen). Während in der N.wissenschaft die linear-kausale Auffassung durch komplexe und nichtlineare Vorstellungen vom N.geschehen problematisiert wird und Relativitäts- und Quantentheorie auch naturphilos. Fragen aufwerfen, treten allg. im gegenwärtigen N.verständnis Bemühungen hervor, N. nicht nur als Objekt und Mittel in bezug auf Subjektivität und menschliche Bedürfnisse anzusetzen, sondern ihre Eigenständigkeit anzuerkennen und ihr Eigenrecht zu begründen.

Naturalismus, 1. im 17. Jh. aufgekommene Bezeichnung für jede Anschauung, in der die „Natur" die umfassende Wirklichkeit bedeutet, ein religiöser Glaube an eine übernatürliche Offenbarungswirklichkeit verneint und auch alle geistig-geschichtlichen, kulturellen usw. Bildungen und Vorgänge auf naturhafte Gegebenheiten reduziert werden (metaphysischer, antimetaphysischer, ethischer, ästhetischer usw. N.). Die genauere Bestimmung hängt vom jeweiligen Naturbegriff ab (z. B. seiner biologistischen, materialistischen, positivistischen usw. Fassung). – 2. Als ethischen N. kritisiert G. E. Moore jede Ethik, die dem „naturalistischen Fehlschluß" erliegt, nämlich dem unzulässigen Übergang von deskriptiven oder Seinsaussagen, die Tatsachen beschreiben (z. B. was als förderlich geschätzt und deshalb „gut" genannt wird), zu normativen oder Sollensaussagen, die sittliche Forderungen bedeuten (z. B. das „Gute" zu verwirklichen ist Pflicht). Die Metaethik untersucht deshalb nur die tatsächliche Verwendung ethischer Bewertungsausdrücke.

Natura naturans (lat.), die „naturierende", d. h. hervorbringende Natur, bei Averroës, dann bei Eckhart und in der Renaissancephilosophie Bezeichnung für Gott als erste Ursache alles natürlich Hervorgehenden, in Unterscheidung zur natura naturata, der hervorgebrachten, erscheinenden Natur. Insbes. von Spinoza, später von Schelling wieder aufgenommen.

Naturphilosophie, die philos. Reflexion auf Ursprung, Ordnung und Entfaltung der ↗Natur als Ganzes des Wirklichkeitsgeschehens überhaupt oder als bestimmter Bereich innerhalb dieses Wirklichkeitsganzen. In Ablösung von der mythischen Weltdeutung suchten die griech. Naturphilosophen den Urgrund (arche) der Natur (physis als All dessen, was überhaupt ist) in einem ersten Urstoff (ionische Philosophie), in mehreren Urelementen (Empedokles, Anaxagoras, Demokrit), in der Zahl als alle Verhältnisse ordnendem Prinzip (Pythagoras). Platon erklärte die Bildung der Welt aus geometrischen Grundkörpern im Blick auf die Urbilder (Ideen) durch den Demiurgen. Bei Aristoteles wird N. eine der drei theoretischen Disziplinen (neben Metaphysik und Mathematik); sie betrachtet den Bereich des sinnlich-erscheinenden (anorganischen und organischen) Seienden, das als wesentlich aus Form und Materie „Gemischtes" in ↗Bewegung ist, die er erst mal als Übergang von Potenz in ↗Akt zu begreifen sucht. Diese Lehre bestimmt auch die islamische (Avicenna) und noch die scholastische N. (Albertus Magnus, Thomas von Aquin). Im Spätmittelalter wird bedeutsam die neuplatonisch beeinflußte Lichtmetaphysik der Natur (R. Grosseteste), bes. aber die neue Auffassung von der Naturwelt nunmehr als unbegrenzter (Nikolaus von Kues). Darauf baut die (auch auf stoische Gedanken zurückgreifende) N. der Renaissance auf (G. Bruno, Spinoza). Gleichzeitig rücken naturwissenschaftliche Fragen in den Vordergrund (Paracelsus).

In der neuzeitlichen Aufklärung tritt – gegenüber dem Blick auf das substantiale Wesen der Naturdinge – das empirisch-theoretische Interesse hervor (F. Bacon), wird die mathematische Formulierung der Relationsgesetzlichkeit zwischen den Naturerscheinungen gesucht (Galilei, Kepler, Newton; Descartes, Leibniz, Kant) und werden die physikalischen Grundbegriffe Materie, Raum, Zeit, Bewegung usw. in dieser Orientierung definiert. Seit Kant trennen sich metaphysisch-ontologische N. und naturwissenschaftlich gerichtete Theorie der Weltentstehung und -bewegung. Der deutsche Idealismus entwirft nochmals eine große spekulative N. (Schelling, Hegel). Nach der positivistisch-antimetaphysisch sich entwickelnden Wendung schien N. nur noch als Erweiterung und Zusammenfassung naturwissenschaftlicher Erkenntnisse möglich, sei es in der Form des ↗Materialismus oder des ↗Vitalismus (Driesch) oder einer induktiven Naturmetaphysik (E. von Hartmann). In neuester Zeit zeigt sich naturphilos. Denken als regional-ontologisches bei N. Hartmann im Rahmen seiner kategorialen Analyse des Stufenbaus der Welt, phänomenologisch fundiert bei H. Conrad-Martius, von mathematisch-logischen und bes. empirisch-naturwissenschaftlichen Erkenntnissen ausgehend und sie übersteigend in der Prozeßmetaphysik A. N. Whiteheads. Besondere Probleme ergeben sich für die N. aus den in der physikalischen Theorie aufgeworfenen Fragen der Relativitäts- und der Quantentheorie (W. Heisenberg, C. F. von Weizsäcker).

Naturrecht, Bezeichnung für solche Rechtsnormen, die unabhängig von ihrer Aufnahme in gesetztes (positives) ↗Recht als gültig zugrunde zu legen sind, wenn das Gesetzesrecht „richtiges" (gerechtes) Recht sein soll. Der Gedanke der überpositiven Verankerung des positiven Rechts in einem mit der „Natur" des Menschen in seinem gesellschaftlichen und Weltverhältnis vorgegebenen Recht hat somit kritische Funktion für die Gesetzgebung und ihre Beurteilung und hängt wesentlich davon ab, wie das Menschsein, sein sozialer und sein Weltbezug verstanden sind. Die Vorsokratiker gründen das Recht auf die kosmische Ordnung und das sie bestimmende göttliche Weltgesetz (Anaximander, Heraklit; vgl. ↗Nomos). Gegen die sophistische Auffassung vom „Recht des [von Natur] Stärkeren" wendet sich Platon, indem er das Recht unter die Idee der Gerechtigkeit und die (höchste) Idee des Guten stellt. Aristoteles unterscheidet besonders vereinbarte Gesetze und solche des ungeschriebenen, allg. geltenden N.s (z. B. die Gerechtigkeit und die Zurechenbarkeit. Bedeutsam wird die Stoa mit dem Gedanken eines in der „einen [vernünftigen] Menschennatur" gründenden gemeinsamen Rechts aller „Weltbürger" über und gegenüber den unterschiedlichen regionalen Gesetzen und Bräuchen. In der Scholastik, insbes. bei Thomas von Aquin, ist das Fundament allen Rechts die Schöpfungsordnung. Entscheidend für die neuzeitliche Geschichte wird die Aufklärung (Pufendorf, Grotius), in der das N. zunehmend ohne theologische Rückbindung (so insbes. bei Hobbes) begründet wird in der sozialen oder zur Selbsterhaltung auf Sozialität (rechtliche Regelungen, Gesellschaftsvertrag) angewiesenen menschlichen Natur. Nach einem neuerlichen Höhepunkt des N.sdenkens Ende des 18. / Anfang des 19. Jh. (Kant, der deutsche Idealismus) folgt insbes. in Deutschland im Anschluß an die historische Rechtsschule (F. C. von Savigny) eine Zeit zunehmender Vorherrschaft des Rechtspositivismus (H. Kelsen), der ein N. schlechthin bestreitet und für den allein das positive Recht als Zwangsordnung im strengen Sinn Recht ist. Bedingt durch die Unrechtserfahrungen unter gesetzlichen Ordnungen in Diktaturen, kam es in der zweiten Hälfte des 20. Jh. zu einer Renaissance der N.sdiskussion, in der der N.sgedanke in unterschiedlicher Weise u. a. im Rückgriff auf Kant oder auf die metaphysisch-ontologische Tradition oder in Verbindung mit existenzphilos. und hermeneutischen Analysen des menschlichen Daseins und seiner je geschichtlichen Aufgabe der gemeinsamen Welt- und Lebensgestaltung zu begründen gesucht wird. Vgl. auch ↗Menschenrechte, ↗Macht.

Negation (von lat. negare, verneinen; griech.: apophasis), in logischer Bedeutung die Bestreitung eines Urteils (Aussage). Gegensatz: Affirmation, Behauptung (lat. affirmatio, griech. kataphasis). Bei Kant eine Kategorie der Modalität des Urteils, nämlich des verneinenden (neben dem bejahenden und dem unendlichen), das in bestimmtem Fall die Nichtrealität von etwas aussagt. Darüber hinaus ist jeder (endliche) Gegenstand eine Einschränkung (transzendentale N.) des vorauszusetzenden Alls der Realität. Von hier aus werden für den deutschen Idealismus, bes. Hegel, die Selbstverendlichung (Selbst-N.) des Absoluten und die N. der N., d. h. jeder endlichen Seins- und Begriffsgestalt, bedeutsam als dialektische Lebensbewegung des unendlichen, absoluten Geistes.

Negative Theologie, erstmals von Proklos (in seiner Platonauslegung) gebrauchte Bezeichnung (theologia apophatike) für eine Redeweise, die das Göttliche in seiner Unsagbarkeit belassen und daher nur Verneinung der Aussagen (die stets nur auf Endliches gehen können) zulassen will. Wesentliches Element jeder Theologie, stark betont in der jüdischen Theologie, im Neuplatonismus, bei Dionysios Areopagita, in der Mystik Eckharts, bei Thomas von Aquin jedoch verbunden mit der Lehre von der ↗Analogie der Seinsbestimmungen. Anknüpfung an die Tradition der n. T. erfolgte insbes. in der dialektischen Theologie K. Barths.

Neuhegelianismus, innerhalb des Neuidealismus die zu Beginn des 19. Jh. verstärkt aufkommende Anknüpfung an Hegel. In Deutschland angestoßen durch K. Fischer, insbes. problemgeschichtlich und geschichtstheoretisch interessiert (H. Glockner, R. Kroner, G. Lasson, Th. Haering), Hauptvertreter in den Niederlanden: G. J. Bolland,

I. B. Wigersma, J. Hessing; in England: J. H. Sterling, T. H. Green, E. Caird, bes. F. H. Bradley, B. Bosanquet, E. McTaggart; in Frankreich: O. Hamelin; in Italien: B. Croce, G. Gentile.
Neuidealismus, an Kant und Hegel (Neukantianismus, Neuhegelianismus) anknüpfende Gegenbewegung seit dem letzten Drittel des 19. Jh. gegen den Positivismus und Materialismus. Strebte über das empirisch-gegenständlich Erfahrbare hinaus wieder zur philos. Erhellung seiner apriorischen Struktur und über die Einzelerkenntnisse hinaus zu Gesamtanschauungen der Welt und des Lebens.
Neukantianismus, innerhalb des Neuidealismus in den letzten Jahrzehnten des 19. Jh. aufkommende Richtung, die in Rückwendung zu Kant dessen Denken als Ablehnung der Metaphysik verstehen und die Philosophie einzig als Erkenntnis- und Wissenschaftstheorie neu begründen wollte. In Deutschland in unterschiedlicher Interessenrichtung vertreten von F. A. Lange, J. Volkelt, A. Riehl, O. Liebmann, R. Hönigswald und insbes. von der ↗Marburger und der ↗Südwestdeutschen Schule des N., in Frankreich von Ch. Renouvier.
Neuplatonismus, mit Ammonios Sakkas beginnende, bes. in Plotin hervorgetretene philos. Strömung, die sich auf Platon berief, aber in ihren spekulativen Systemen mit dem Platonismus Elemente aus fast allen geistigen Traditionen der Antike vereinigte, bes. aristotelische, stoische, neupythagoreische, orientalisch-religiöse, mystische. Man unterscheidet gewöhnlich: alexandrinische Schule (bes. Plotin, Porphyrios), syrische Schule (Iamblichos u. a.), athenische Schule (Plutarch, Proklos, Simplikios u. a.). – Noch im Mittelalter wurde nicht zwischen N. und Platonismus unterschieden. Zu Beginn der Neuzeit als Entstellung der platonischen Philosophie scharf kritisiert, kam es im 19. Jh. zu einer positiveren Beurteilung, insbes. durch den deutschen Idealismus. – Grundschema neuplatonischer Lehren: Aus dem unerkennbaren und unnennbaren „Ur-Einen" (dem schlechthin Vollkommenen, Guten) geht in einer Stufenfolge von „Wesen" (Geist, Weltseele u. a.) die Vielheit des endlichen Seienden hervor (↗Emanation), wobei dieses „Ausfließen" sich zuletzt zur („bösen") Materie entleert, so wie das Licht, ohne sein Wesen einzubüßen, sich in der Finsternis verliert. Bestimmung der menschlichen Seele ist es, in der Reinigung von der Befleckung durch den Leib sich vom Materiell-Sinnlichen ab- und dem Geist zuzuwenden, um durch ihn sich mit dem Ur-Einen zu vereinigen. – Unerachtet des pantheistischen und monistischen Grundzugs ermöglichte der N. durch seine Wesen-Lehre eine polytheistische Ausprägung (Porphyrios, Iamblichos).

Neupythagoreismus, eine philos. in sich sehr vielfältige Strömung im 1. Jh. vC. bis 4. Jh. nC., die altpythagoreisches, aber auch platonisches und aristotelisches Gedankengut vereinigte. Dem N. zugeordnet werden bes. Nigidius Figulus, Apollonius von Tyana, Numenios von Apameia.

Neuscholastik, die philos.-theologische Erneuerung der Scholastik seit dem 19. Jh., gegen die als rationalistisch kritisierte Philosophie und Theologie der Zeit gerichtet und auch gegen Vermittlungsversuche im katholischen Raum zu neuzeitlichem Denken hin (G. Hermes, A. Günther, J. Frohschammer u. a.), anknüpfend bes. an Thomas von Aquin (Neuthomismus), aber z. T. auch an Duns Skotus oder Suárez. – In Italien durch V. Buzzetti, Taparelli, Zigliara u. a.; in Deutschland bes. durch J. Kleutgens Rückwendung zur mittelalterlichen Tradition eröffnet. Entscheidende Anstöße brachten die Enzykliken Leos XIII. „Aeterni patris" (1879), Pius' XI. „Studiorum ducem" (1923), Pius' XII. „Humani generis" (1950), die auf die besondere Bedeutung der kirchlichen Tradition für die philos. Ausbildung der Theologen und für die Abwehr neuzeitlicher Irrtümer hinwiesen. Neben der gründlichen historischen Erforschung des mittelalterlichen Geisteslebens wurden bedeutsam die systematische Auseinandersetzung mit Kant und dem deutschen Idealismus (J. Maréchal) und die Neubegründung der Metaphysik im Ausgang von der Scholastik (Willmann, Scheeben, Mercier, Geyser, Przywara; vgl. auch ↗Neuthomismus), die Begegnung mit der zeitgenössischen empirischen Psychologie und die dadurch mitbeeinflußten erkenntnistheoretischen Bestrebungen, die Zuwendung zu naturwissenschaftlichen Erkenntnissen und die davon her bestimmte Weiterentwicklung der Naturphilosophie, Leistungen bes. auch in der Religions-, Sozial-, Moralphilosophie usw. Schließlich kam es auch zur fruchtbaren Auseinandersetzung der N. mit der Phänomenologie und Existenzphilosophie.

Neuthomismus, Bezeichnung für die innerhalb der Neuscholastik weitverbreitete Richtung des 19. und 20. Jh., die im katholischen Raum für die Erneuerung der Philosophie (und Theologie) durch historische Erforschung von und systematische Anknüpfung an Thomas von Aquin und durch zeitentsprechende Fortführung wirkte. Hauptvertreter u. a. in Italien: Taparelli, Liberatore, Perrone; in Frankreich: Maréchal, Sertillanges, Gilson; in Deutschland: Grabmann, Manser, Siewerth, J. B. Lotz u. a.

Newman, *John Henry,* engl. Theologe und Religionsphilosoph, * 1801 London, † 1890 Birmingham. Führend in der anglikanischen Erneuerungsbewegung (Oxford-Bewegung). 1851 Gründer der kath. Universität Dublin. Von theologischer, religionsphilosophischer und anthropologischer Bedeutung sind seine Studien über die Erkenntnis- und Heilsgewißheit, über die Entfaltung alles Geschichtlichen und über die antinomische Verfassung des Menschen in seiner konkreten Existenz.

Nichts (von ahd. ni wiht, nie etwas; griech. me on, das Nichtseiende; lat. nihil, nichts, non ens, das Nichtseiende), als äußerster Gegensatz zum Sein dessen schlechthinnige Verneinung, also des Möglichseins und Wirklichseins, oder nur die Verneinung des Wirklichseins (absolutes bzw. relatives N.; diese Unterscheidung geht zurück auf Heinrich von Gent und Duns Skotus). Wie (und ob) dieser Gegensatz zu denken sei, ist von Anfang an mit ein Thema der Ontologie und der ihr verbundenen Logik und Erkenntnislehre. Für Parmenides ist nur das Sein, das N. auf keine Weise, deshalb auch nicht wahrhaft zu denken und zu sagen. Platon versteht das N. aus der Verschiedenheit der Dinge (jedes ist eines und „nicht" das andere). Aristoteles untersucht die Mehrfältigkeit der Bedeutungen von N.; in der aristotelischen Tradition ist insbes. die Materie (materia prima) das N. (das Nicht-Seiende) vor der Konstitution des sinnlich-endlich Seienden durch die Prägung der Wesensform; überhaupt ist alles endliche Seiende durchnichtet, weil durch Begrenzung der Fülle des Seins (griech. steresis, lat. privatio, „Beraubung") bestimmt. So ist im christlichen Mittelalter auch das N., aus dem Gott (der, so Thomas von Aquin, das subsistierende Sein selbst ist) die Welt schuf, erst mit der Schöpfung selbst mitgeschaffen. Das N. setzt, als Negation des Seins, das Sein voraus. Nicht nur das „Unterste" vor allem endlich-vielfältig Seienden, sondern auch das „Oberste" über diesem wird schließlich N. genannt: im Neuplatonismus das Ur-Eine vor der und jenseits von Einheit und Verschiedenheit, die sich durch die Emanation ergeben (und worin der Gedanke Platons vom Guten [agathon] „jenseits des Seins" nachklingt); oder in der christlichen Mystik, wo die Seele in ihrem tiefsten Grund so wie auch Gott als N. (Nicht-etwas-Seiendes) verstanden wird (Eckhart, Tauler, ähnlich später Angelus Silesius, J. Böhme). Für Nikolaus von Kues ist Gott als das Nicht-andere (im Unterschied zu jedem Seienden, das stets ein anderes gegenüber anderem ist) das N., noch vor und über dem Gegensatz von Sein und N. Hegel setzt das Sein in der völligen Unbestimmtheit des Seinsgedankens mit dem N., seinem äußersten Gegensatz, gleich, aus welcher Spannung sich logisch und real das Werden als dialektische Entwicklung des Absoluten ergibt. Schopenhauer legt klärend dar, daß jeder Gedanke (Begriff) von N. nur ein relatives N. (nihil privativum) faßt, das absolute N. ist nicht zu denken (sofern Denken im Willen zum Leben, zum Sein, das Leiden bringt, geschieht); der Rückgang, die Erhebung ins leere N. kann nur als Verneinung des Wollens erfolgen. In Nietzsches Gegenwendung, der Bejahung des Willens zum Sein als dem ewigen Werden ohne einen über ihm und außerhalb seiner liegenden Sinn, erhält der Gedanke des N., wie überhaupt im ↗Nihilismus, eine neue Bestimmung. Für Heidegger ist das in der Stimmung der Angst, in der alles Halt gebende Seiende entschwindet, erfahrene N. „das Nicht des Seienden und so das vom Seienden her erfahrene Sein", der „Schleier" des Seins"; in seiner Nihilismusanalyse ist das N. die Weise der Anwesenheit des Seins in der Weise seines Entzugs und seiner Vergessenheit in der Geschichte des metaphysischen Denkens.

Nietzsche, *Friedrich Wilhelm,* * 1844 Röcken (Sachsen), †1900 Weimar. 1869 Prof. in Basel, lebte meist in Sils-Maria und Nizza; 1889 in Turin Ausbruch einer unheilbaren Geisteskrankheit. – Sein aphoristisches Denken war getrieben von dem Bemühen, die Neugestaltung des europäischen Menschseins und seiner Kultur aus der Gefahrensituation des spätabendländischen Nihilismus heraus vorzubereiten. N.s Weg kann (vgl. die Verwandlung des Geistes zu Beginn des „Zarathustra") in drei Perioden gesehen werden:
In der 1. Periode, unter Einfluß des Studiums der Antike, von Schopenhauers Willensmetaphysik und R. Wagners Musikdramen, sieht N. die Wesensverfassung der Welt als Urwiderspruch des Dionysischen und Apollinischen, der sich durch das Genie am reinsten offenbare in der Kunst, bes. der griech. Tragödie. Das tragische Weltverständnis ist in der abendländischen Geschichte verdunkelt worden seit Sokrates, seit dem das logisch-rationale Denken das instinktive Wissen des Lebenshandelns und seinen unmittelbaren Bezug zum tragischen Wirklichkeitsgeschehen zunehmend verschüttete („Die Geburt der Tragödie aus dem Geiste der Musik", 1872; „Unzeitgemäße Betrachtungen", 1873–76). Die 2. Periode, nach dem Bruch mit Wagner (1878) und der endgültigen Loslösung von Schopenhauers Willensphilosophie (die gerade die Verneinung des weltschaffenden und leidbringenden Willens forderte), bringt eine anthropologische Wende. Die Psychologie wird zum destruktiven Instrument des „freien Geistes". Dieser will in ironischer Distanz zur Welt und sich selbst alle Metaphysik, Religion, bisherige Moral und Kunst, allen überkommenen „Idealismus" (Platonismus) mit

seiner Trennung von bloßer Erscheinungswelt und wahrer Wesenswelt als Hinterwäldlerei entlarven. Das „Jenseitige", wofür Name und Idee Gottes stehen, ist nur die verfälschte Dimension des Menschen, der damit die einzige Welt verleugnet, indem er sie als nur diesseitige herabsetzt. Von der damit bewirkten Zerrissenheit kann er nur geheilt werden durch Desillusionierung der aufgebauten Illusionen: „Gott ist tot" („Menschliches, Allzumenschliches", 1878–80; „Morgenröte", 1881; „Die fröhliche Wissenschaft", 1882). Die 3. Periode nimmt darüber hinaus die Grunderfahrung der ersten in gewandelter Form wieder auf und ordnet ihr den Entwicklungsgedanken des Lebens ein. Die wesentliche und wirkliche Verfassung der Welt ist „Wille zur Macht", das Wirklichkeitsgeschehen insgesamt ein unaufhörliches Kampfspiel der miteinander streitenden „Willens-Partikel" und ihrer Wertsetzungen zur Durchsetzung der je eigenen Zielgestalt in gegenseitiger Erbildung und Vernichtung (Welt als das „sich selbst gebärende [tragische] Kunstwerk"). Nach der nihilistischen Entwertung des bisherigen Sinnglaubens (Erlösung vom Werden durch ewige Seinsruhe) ist die „Umwertung aller bisherigen Werte" nötig und die Schaffung eines neuen, durch Zarathustra verkündeten Menschentyps, des „Übermenschen". Er soll die lustvolle Bejahung des „Seins", das nunmehr „den Charakter des Werdens", Entstehens und Vergehens ohne Sinn über ihm und außerhalb seiner zeigt, leisten können. Wenn das anfangs- und endlose Werden gleichwohl endlich ist, muß alles Zukünftige das schon einmal Gewesene sein: „Ewige Wiederkehr des Gleichen" („Also sprach Zarathustra", 1883–85; „Jenseits von Gut und Böse", 1886; „Zur Genealogie der Moral", 1887; „Die Götzendämmerung", 1889). N.s philos. Denken, dessen oberflächige Vieldeutigkeit Vergröberungen und Verbiegungen begünstigte, wirkte u. a. ein auf irrationalistische Richtungen der Lebensphilosophie und totalitäre Machttheorien. Ernsthafte Befassung mit der Wesensart und Geschichte des metaphysischen Denkens erfolgt weithin in kritischer Auseinandersetzung auch mit N.s Grundgedanken.

Nihilismus (von lat. nihil, nichts), im 18./19. Jh. aufkommende Bezeichnung für unterschiedliche Grundhaltungen und Richtungen bes. auf literarischem Gebiet (Frühromantik; F. Schlegel nennt die poetisierende Interpretation und Tätigkeit des Fichteschen unendlich produktiven „Ich" N.; J. Paul kritisiert als N. diese ichsüchtige Vernichtung der wirklichen Welt im poetischen Spielraum des Nichts), auf gesellschaftlichem Gebiet (F. von Baader: die scheinbar wissenschaftliche Kritik am Offenbarungsglauben und die daraus folgende Zerstörung der sozialen Institutionen sind N.; Turgenjew: der Nihilist beugt sich vor keiner noch so achtenswerten Autorität) und philos. Gebiet. Hier bes. durch F. H. Jacobi eingeführt zur kritischen Kennzeichnung der (Kantischen und) Fichteschen transzendentalen Ich-Philosophie. Besondere Bedeutung erlangt der Begriff N. vor allem durch Nietzsche. Gegen den schwachen N., der herauskommt, wenn für das Leben eine scheinbar vorgegebene Wahrheits- und Wertordnung benötigt wurde und diese zunichte wird, fordert er den starken N., der neue Werte setzt angesichts der Sinnlosigkeit der „ewigen Wiederkehr des Gleichen" ohne letztes Ziel. Für Heidegger ist Metaphysik von ihrem Wesen her N., da sie zwar auf das Seiende als solches, im Sein, zielt, nicht aber das Sein selbst bedenkt, mit dem es von Anfang an „nichts ist". Verwindung dieser Seinsvergessenheit (und damit der Metaphysik) wäre zugleich Überwindung des N. Der Existentialismus Sartres trägt insofern nihilistische Züge, als er den Menschen in seinem Für-sich-Sein als radikale Freiheit ohne ihm vorausgehende Wesens- und Seinsbindung und damit als ursprüngliches Nichts auffaßt.

Nikolaus von Kues (Nikolaus Krebs, auch gen. Nicolaus Cusanus), * 1401 Kues (Cusa) a. d. Mosel, † 1464 Todi (Umbrien). 1448 Kardinal, 1450 Bischof von Brixen. – Seine Philosophie nimmt Anregungen auf aus pythagoreischen, neuplatonischen (u. a. Proklos), bes. mystischen Quellen (Dionysius Areopagita, Eckhart), aber auch vom mittelalterlichen Aristotelismus (Thomas von Aquin) und Nominalismus und von Raimundus Lullus und zeigt ihn in seiner Selbständigkeit als ersten „modernen" Denker. Alles Begreifen des Verstandes (ratio) ist bezogen auf das Endliche innerhalb der Welt und geschieht durch Entgegensetzung mittels begrenzter Kategorien. Gott als der Unendliche, in dem alle Gegensätze zusammenfallen (↗Coincidentia oppositorum), ist streng genommen unbegreifbar, aber durch die Vernunft (intellectus) an der Grenze des Denkens, wo dieses sein eigenes Unvermögen erfährt (↗Docta ignorantia), vernehmbar (auch mystisch schaubar in der Ekstase [raptus mentalis]). Sofern in Gott die Welt gründet, ist er deren wirkliche Möglichkeit, das „possest". Er ist die Welt unentfaltet, die Welt als Ganzes aber ist Gott entfaltet. Sie nimmt deshalb teil an der Unendlichkeit Gottes und ist wie dieser nur als Mysterium deutbar in mathematischen Symbolen. Innerhalb ihrer ist kein fester Ort, sondern alle Bewegung bleibt gegenseitig und also relativ. Sie ist nicht nur unendlich im Großen (in Raum und Zeit), sondern auch im unendlich „Kleinen", das somit gleicherweise das Göttlich-Unendliche offenbart. Wenngleich Gott als absolut transzendenter Ursprung nicht eindeutig (sondern nur konjektural, analog) erkennbar ist und deshalb keine Religion einen Absolutheitsanspruch schlechthin begründen kann (Verhältnis zum Judentum und Islam), kann doch in Jesus Christus als Gottmensch die vollkommene Vermittlung zwischen dem absolut Unendlichen und dem unendlich Kleinen der Welt gesehen werden.

Nikomachische Ethik, ethisches Hauptwerk des Aristoteles, benannt nach seinem Sohn Nikomachos, der es in 10 Bücher gegliedert herausgab. Darin wird das rechte Handeln verstanden als jenes, das die „Mitte" (mesotes) hält zwischen den Extremen. Andere ethische Schriften des Aristoteles: Eudemische Ethik (hrsg. von Eudemos von Rhodos) und Große Ethik.

Nishida, *Kitaro,* japan. Philosoph, Begründer der ↗Kyoto-Schule, * 1870 Unoke, † 1945 Kamakura. 1910 Prof. in Kyoto. Er versuchte als erster die buddhistische Tradition in Anlehnung an Begrifflichkeit und Frageweise der europäischen Philosophie zu interpretieren. Seine berühmte „Untersuchung des Guten" (1911) beschreibt, unter Einfluß von W. James und H. Bergson, die „reine Erfahrung". Diese ist das aller Differenzierung (bes. der Unterscheidung von Subjekt und Objekt) vorausgehende Bewußtseinsgeschehen eines Selbst, worin dieses ganz in der Wirklichkeit und diese mit ihm aufgeht. Später bildet N. diesen (noch bewußtseinsphilosophischen) Ansatz weiter und um, sofern jetzt die geschichtliche Weltwirklichkeit der „Ort" ist, der alle differenten Gestaltungen ermöglicht, selber aber durch keine Differenz bestimmbar und gestaltlos ist: das „absolute Nichts". In ihm bestimmt sich gegenseitig jegliches Einzelne und wird bestimmt, in „diskontinuierlicher Kontinuität", ohne beziehungslos auseinanderzufallen oder in eine letzte identifizierbare Einheit zusammenzufallen. Von daher ist alles different Seiende „absolut widersprüchlich selbstidentisch". Der handelnde Mensch realisiert diese Struktur der geschichtlichen Welt als „handelndes Selbst" in der „handelnden Anschauung", in der er zugleich gestaltendes Subjekt und gestaltetes Objekt des Weltgeschehens ist. – N.s „Ortlogik" des absoluten Nichts als „konkrete Logik" der Wirklichkeit impliziert eine radikale Kritik der Ontologik europäischer Metaphysiktradition. Dabei lassen sich zahlreiche Konvergenzen seines Denkens und der europäischen Selbstkritik des metaphysischen Denkens ausmachen. – ↗Ostasiatisches Denken.

Nishitani, *Keiji,* japan. Philosoph, * 1900, † 1990. Schüler von K. Nishida. 1937–39 Studium bei Heidegger in Freiburg i. Br. 1935 Prof. in

Kyoto (↗Kyoto-Schule). Er entwickelte Nishidas Gedanken des „absoluten Nichts" weiter, indem er in Interpretationen buddhistischen und abendländisch-christlichen Denkens die „Leere" als das Selbst des Menschen und der Wirklichkeit aufweist und den Gedanken der Leere im geschichtlichen Horizont des europäischen Nihilismus als eine Möglichkeit zu dessen Überwindung entfaltet. – ↗Ostasiatisches Denken.

Noetik (von griech. noesis, Denken), im 17. Jh. Bezeichnung für die Lehre vom Begriff als erster Teil der Logik, später für die Logik im ganzen.

Nohl, *Hermann,* *1879 Berlin, †1960 Göttingen. Philosoph und Pädagoge. 1920 Prof. in Göttingen. Schüler Diltheys, dessen Grundgedanken N. in seiner Pädagogik und Ästhetik fruchtbar zu machen suchte.

Nominalismus (von lat. nomen, Name, Bezeichnung), philos. Lehre, wonach dem im Begriffszeichen (Name, Wort) bedeuteten Allgemeinen (↗Universalien) kein realer Sachverhalt in den Dingen selbst entspreche: Real ist nur das Einzelseiende, die Namen bedeuten lediglich Zusammenfassungen im menschlichen Geist aufgrund äußerer Ähnlichkeiten der Dinge. Gegenposition zu einem extremen platonisch-neuplatonischen Ideenrealismus. Vorbereitet wurde der N. durch Fragestellungen bereits in der Antike. Als Begründer des N. in der Frühscholastik gilt Roscelin (11. Jh.), eine besondere Ausprägung fand er im spätscholastischen ↗Konzeptualismus Ockhams (13./14. Jh.). Über ihn wirkte der N. fruchtbar auf die Entwicklung der Naturwissenschaften und die Erkenntnistheorie des Empirismus. Die Problemstellung wurde im 20. Jh. wieder aufgenommen insbes. in der mathematischen Logik (N. Goodman, W. V. Quine).

Nomos (griech.), Brauch, Ordnung, Gesetz. Bei Heraklit noch die gesetzliche Ordnung der staatlichen Gemeinschaft (Polis), die genährt wird vom ewigen göttlichen Gesetz der Allnatur (Physis). In der Sophistik (Hippias, Antiphon) bildet sich ein scharfer Gegensatz zur Physis heraus: der N. ist als wandelbare, menschlich hervorgebrachte Konvention und als je anders gesetztes Recht der Tyrann, der den Menschen zu vielem Naturwidrigen zwingt. Das wahrhaft ewige Recht ist dagegen „von Natur" aus das Recht des Stärkeren (Gorgias). Platon sucht den Gegensatz zu überwinden: nicht nur der N. ist hervorgebracht (durch den Menschen), sondern auch die Physis (nämlich durch den göttlichen Demiurgen); sie hat also im Grunde selber N.charakter. Für Aristoteles steht zwar das von Natur aus gültige Recht (vgl. ↗Naturrecht) höher als das geschriebene, er betont jedoch, daß das in einem Staat geltende gesetzte Recht stets verbunden sei mit dem natürlichen Recht. – Losgelöst von diesem N.verständnis, bedeutet der Gegensatz *nomothetisch* (aus griech. nomos und thesis, Setzung) – *ideographisch* (aus griech. idios, eigentümlich, graphein, beschreiben) bei W. Windelband die unterschiedliche Methodik der Naturwissenschaften und der ↗Geisteswissenschaften.

Norm (lat. norma, Winkelmaß, Richtschnur, Regel), ursprünglich in der Baukunst verwendete Bezeichnung, von Cicero in das Rechtsdenken übertragen, seit dem 17./18. Jh. in weiteren Bedeutungen herausgebildet: die in der Wesensstruktur des Denkens (logische N.en), des Handelns (sittliche N.en), auch des sinnlichen Erfassens und Gestaltens (ästhetische N.en) gegebenen apriorischen Regeln (,,Gesetze"), die als Maßstäbe für sachgemäßes Denken, Wahrnehmen und Handeln zu befolgen sind. Logik, Ethik und Ästhetik gelten dann als normative Disziplinen der Philosophie. Im Unterschied zu den Naturgesetzen, deren Auswirkung in der Form der Kausalität mit Naturnotwendigkeit erfolgt, sind N.en Gesetze (Selbstbindungen) der Freiheit. Die (bes. neukantianische) Wertphilosophie verstand sie als nicht-seiende, aber sein-sollende. Gegen das ,,kraftlose Sollen", so hatte schon Hegel opponiert, ist daran festzuhalten, das N.en, statt in einem abstrakten Reich des Sollens, als konkrete innere Maßstäbe der Wirklichkeit, des wirklich Seienden und des wirklichen Lebensverhaltens erfahren werden.

Notwendigkeit, in der metaphysisch-ontologischen Tradition eine Grundweise des Seins und deshalb des Denkens (↗Modalität) von etwas, das nicht anders sein und gedacht werden kann, als es ist; diese N. kommt allein Gott zu, dessen Sosein (Wesen) sein Dasein impliziert, im Unterschied zu allem endlichen (kontingenten, ,,zufälligen") Seienden. Der darauf gründende sog. ontologische ↗Gottesbeweis wird von Kant kritisiert. Auf dem Boden des neuzeitlichen Subjektverständnisses ist für ihn (Da-)Sein kein reales Prädikat, das zum Begriff eines Dinges ,,hinzukommen könne", sondern nur die Setzung (durch die Kopula ,,ist") von etwas in Beziehung auf das Subjekt, nämlich im Kontext seiner gesamten Erfahrung raum-zeitlicher Erscheinungen. So gibt es für Kant (insoweit übereinstimmend mit dem Empirismus Humes) im Erfahrungsbereich keine N. im strengen Sinn, aber auch nicht bloß (gegen Hume) subjektiv-assoziative Verknüpfung der Erscheinungen, sondern apriorisch bedingte und ermöglichte Verknüpfung nach dem als notwendig objektiv-gültig anzunehmenden Gesetz der Kausalität: hypothetische N. Für Hegel ist der Weltverlauf im ganzen seiner Form nach als systematisch-geschichtlicher Selbstvermittlungsprozeß des Absoluten innerlich und wesentlich notwendig, denn die Form der Vernunft ist die N. Gegen diese Verbindung von systematischer N. und historischer Wirklichkeit opponierte bes. entschieden Kierkegaard.

Noumenon (griech. das Gedachte, Plural noumena), bei Platon die nur im Denken, nicht in der sinnlichen Wahrnehmung, erkennbar gegenwärtigen Ideen, in Unterscheidung vom phainomenon (Phänomen), den sinnlichen anschaulichen Erscheinungen. Bei Kant das zwar zu denkende, aber für ein endliches Erkenntnissubjekt nicht zu erkennende „Ding an sich".

Nous (griech., von noein, denken, vernehmen), zumeist mit Intellekt (lat. intellectus) bzw. ↗Geist übersetzt. Bei Anaxagoras (erstmals) als ordnendes Prinzip der Welt verstanden. Bei Aristoteles das göttliche Sichdenken des Denkens und als N. in der menschlichen Seele das Vernehmen des Sinn- und Ordnungsganzen alles Seienden.

Numinos (das Numinose) (von lat. numen, Wink, göttliches Walten, Gottheit), von R. Otto in die Religionswissenschaft eingeführter Begriff für das ↗Heilige in seinem Vernünftigkeit und Sittlichkeit zwar einschließenden, aber überragenden Wesen, in dem es als anziehend (fascinosum) und zugleich erschreckend (tremendum) erfahren wird.

O

Objekt (lat. obiectum, das Entgegengeworfene) allg. der ↗Gegenstand, in der mittelalterlichen Philosophie der (nur) vorgestellte Gegenstand im Unterschied zum in sich selbst stehenden Seienden, dem subiectum (↗Subjekt, ↗Substanz). Erst nach Descartes erhält O. die Bedeutung des an sich selber Wirklichen, weil für jedes (menschliche) Subjekt begründeterweise und allgemeingültig gegenständlich Vorzustellenden.

Objektiver Geist, in Hegels Philosophie die absolute Idee (Vernunft, Geist), sofern sie sich in Recht, Moralität und Sittlichkeit institutionell darstellt und Zwischenstufe (nach dem subjektiven und vor dem absoluten Geist) bedeutet im Verlauf der weltgeschichtlichen Selbstvergegenständlichung (Objektivierung) und damit Selbstverwirklichung des Geistes. Nach Hegel in der Kulturphilosophie und Theorie der Geisteswissenschaften, bes. von Dilthey ausgehend, verstanden als Gesamtgeist einer Kultur oder kulturellen Epoche, sofern sich ihr Lebensverständnis ausdrückt (objektiviert) in geschichtlichen Institutionen und Werken, die den Mit- und Nachvollzug des Verstehens ermöglichen.

Ockham, *Wilhelm von,* engl. Philosoph und Theologe, * um 1285 Ockham (Surrey), † 1349 München. Franziskaner. Studium in Oxford. Der Häresie verdächtigt, floh er 1328 aus Avignon nach München. Verfaßte hier seine Abhandlung über Kirche und Staat als je eigenständige Institutionen. – Begründer des spätmittelalterlichen Nominalismus, genauer Konzeptualismus („Ockhamismus"). Nur das Einzelwirkliche ist realseiend. Das Allgemeine (Wesen und Sein; die „Universalien") hat keine eigene Realität, sondern ist nur als Begriff im erkennenden Geist (als fictum oder jedenfalls abstractum, jedoch nicht nur als „Name", wie nach dem früheren Nominalismus). Wichtig für die Entwicklung der Logik ist seine Suppositionstheorie (über die verschiedenen Beziehungen eines Begriffs zu dem, wofür er zeichenhaft steht) und für die Wissenschaftstheorie seine Betonung der Induktion gegenüber der Deduktion.

Das „Ockhamsche Rasiermesser": das W. v. O. zugeschriebene Ökonomie- oder Sparsamkeitsprinzip in der Forschungsmethode der Wissenschaften („Eine Vielfältigkeit ist nicht anzusetzen ohne Notwendigkeit").

Okkasionalismus (von lat. occasio, Gelegenheit, Anlaß), aus der Leib-Seele-Problematik des Descartes hervorgegangene, von Geulincx und Malebranche begründete philos. Lehre: Weder zwischen den Dingen der äußeren Welt noch zwischen dieser und der Bewußtseinsseele herrscht ein unmittelbares gegenseitiges Ursache-Wirkungs-Verhältnis. Sie sind vielmehr nur Werkzeuge, Bedingungen, Gelegenheiten des alleinigen göttlichen Wirkens.

ontisch (von griech. on, das Seiende), seiend, zum Seienden gehörig, im Unterschied zu ontologisch, das die Eigenbestimmtheit des Wesens und Seins bedeutet. Während die Dimension des Ontologischen sich durch Grundsätzlichkeit und Allgemeinheit kennzeichnet, ist das Ontische durch (mögliche oder wirkliche) Einzelheit und Tatsächlichkeit charakterisiert. Vgl. ↗Ontologische Differenz.

Ontologie (von griech. on, das Seiende, logos, Aussage, Lehre; ↗Logos), „Seinslehre", d. h. die Lehre vom Seienden, sofern es ist (griech. on he on, lat. ens ut ens). Als allgemeinste Sachlogik, Seinslogik, Logik des Seienden als solchen ist sie Grunddisziplin der ↗Metaphysik. Der Sache nach geht sie auf die „erste Philosophie" des Aristoteles zurück. Sie betrachtet Seiendes nicht unter einer eingeschränkten Hinsicht (z. B. seiner Herstellbar- und Verwendbarkeit), sondern wie es an ihm selbst ist, in seiner Seiendheit, d. h. im umfassendsten Horizont des ↗Seins. Damit übersteigt dieses gesuchte Wissen jede besondere Bezüglichkeit, wird davon losgelöst, „ab-solut": O. ist reine, sich selbst genügende theoria, ↗„Theorie" im ausgezeichneten Sinn. Die ontologische Frage ist sowohl die leerste, weil allgemeinste, als auch die umfassendste, weil auf die unbeschränkte Totalität gehend. In Frage stehen dabei die ersten Gründe und Ursachen des Seienden als solchen (↗causa), sein ↗Wesen und ↗Dasein, seine obersten kategorialen Bereiche (↗Kategorien), seine ↗Möglichkeit und ↗Wirklichkeit, und seine alle diese Einteilungen übersteigenden umfassenden Seinsbestimmungen, die bes. in der aristotelischen Scholastik als ↗Transzendentalien entfaltet wurden. Bei Aristoteles und in der von ihm geprägten Tradition ist O. innerlich verbunden mit der theologischen Betrachtung des höchsten Seienden, des Göttlichen (theion, theos, deus), da das Seiende, sofern es ist, sich in seiner Stellung im Ganzen des Seienden zeigt, dieses aber vom höchsten Seienden her und auf es hingeordnet ist.

Der Name O. taucht allerdings erst in der Neuzeit im 17. Jh. auf (Goclenius, 1613; Clauberg, 1656). Seit Ch. Wolff, seiner schulmäßigen Ausbildung der Leibnizschen Metaphysikgestalt des Rationalismus, wird die O. „metaphysica generalis" genannt als grundlegender erster Teil und von der rationalen, philos. oder natürlichen Theologie als eine der drei Disziplinen (neben der rationalen Kosmologie und der rationalen Psychologie) der „metaphysica specialis" getrennt. Kant, der die Einseitigkeiten des metaphysischen Rationalismus wie des antimetaphysischen Empirismus überwinden will, ersetzt in seiner Transzendentalphilosophie die O. als Lehre von der Seiendheit des Seienden „an sich selbst" durch die Lehre von den allg.-subjektiven Bedingungen der Gegenständlichkeit möglicher Gegenstände für jedes endliche, auf sinnlich-vermittelte Erfahrung angewiesene Subjekt. Nach Kant verschwindet der Terminus O. weitgehend, nur in der Neuscholastik wurde diese Disziplin weitergeführt. Husserl nimmt ihn wieder auf, indem er die universale, formale O. von der regionalen, eidetischen Ontologie unterscheidet. Die letztere beschreibt die materiale (inhaltliche) Wesensverfassung eines bestimmten Sachbereichs (Region). Bei N. Hartmann steht die beschreibende regionale O. sowie die Beschreibung des Schichtungsverhältnisses der einzelnen Regionen zueinander im Vordergrund. M. Heidegger kritisiert die überlieferte O. wie alle bisherige Metaphysik als Denken in „Seinsvergessenheit": sie sei ontisch und nicht ontologisch, bedenke das Sein allein in seiner Gründungsfunktion für Seiendes, also von diesem her, und nicht an ihm selbst. So ist für ihn (in „Sein und Zeit") vorrangige Aufgabe die Destruktion (Abbau) aller klassischen O., die Freilegung ihrer verborgenen Vorentscheidungen und die Grundlegung der O. durch eine Fundamentalontologie, deren Absicht die Auslegung nicht der Gegliedertheit des Seienden, sondern des Seinsverständnisses des menschlichen Daseins ist. Weitesthin abgelehnt wird das ontologische Denken von den an Logik, Mathematik und dem Modell naturwissenschaftlicher Erkenntnis orientierten philos. Richtungen (Logischer ↗Positivismus, ↗Analytische Philosophie u. a.), doch taucht in der analytischen Sprachphilosophie im Zusammenhang mit dem Referenzproblem (Bezug der Sprache auf Sachen, Gegenstände „Entitäten") die ontologische Thematik wieder auf (Strawson, Quine, Kripke).

Ontologische Differenz, von Heidegger eingeführter Begriff des Unterschieds des Seins, das nichts „Seiendes" ist, zu dem durch es und in ihm ermöglichten Wesen und Seienden. Nach Heidegger denkt die Metaphysik zwar im Verständnishorizont der o. D. (Seinsverständnis), hat diese jedoch nicht eigens bedacht und offengehalten, vielmehr das Sein stets nur vom Seienden her verstanden als dessen Grund und so für die Sicherung des Seienden funktionalisiert. Sie war somit nicht eigentlich ontologisch, vielmehr ontisch gerichtet.

Ontologismus (von griech. on, das Seiende, logos, Aussage, Gedanke), die Lehre, wonach Gott als das in der Seinsordnung Erste (primum ontologicum) deshalb auch im Erkennen das Ersterfaßte (primum intellectum) sei, durch ein dem endlichen Verstand eigenes intuitives Wissen des absoluten Seins. In der augustinisch-franziskanischen Tradition wurzelnd (Illuminationslehre) und an N. Malebranche anknüpfend wurde er bes. von V. Gioberti (1801–1852) vertreten und war im kath. Denken bis zur kirchlichen Verurteilung (1861) weit verbreitet. In die Nähe des O. gerückt wurde vielfach auch Rosmini-Serbati.

Operationalismus (von lat. operari, sich betätigen, arbeiten), auf P. W. Bridgeman zurückgehende wissenschaftstheoretische Richtung, wonach physikalische Begriffe durch entsprechende Experimental- und Meßoperationen definiert sind. Über die Physik hinaus in der empirischen Psychologie bes. Nordamerikas (Behaviorismus) vorherrschend. Der von H. Dingler begründete Operationismus fordert generell für die Wissenschaft den geregelten Aufbau sicheren Wissens auf der Basis technisch-logischer und -handwerklicher Operationen, wie sie vorbildlich in der Geometrie vorgenommen werden. Davon ausgehend wurde durch P. Lorenzen die operative Logik entwickelt.

Optimismus (von lat. optimum, das Beste), allg. die Bejahung der Verhältnisse und Vorgänge in der Wirklichkeit der Natur und Geschichte, die auch in widrigen Situationen grundsätzlich vom Vertrauen in einen sinnvollen, letztlich „gut" geordneten Gesamtzusammenhang geleitet ist (Gegensatz: Pessimismus). So insbes. Leibniz' Lehre der prästabilierten Harmonie all dessen, was ist, auch Hegels Geschichtsmetaphysik der Verwirklichung der Vernunft. Grundsätzlich eignet jeder Metaphysik und dem durch sie ausdrücklich oder verschwiegen geprägten Denken ein optimistischer Zug, insbes. dem aus der Aufklärung herkommenden Fortschrittsdenken.

Ordnung (lat. ordo, griech. kosmos, Weltordnung, auch taxis zeitlich geregelte Reihenfolge), im antiken Wortgebrauch ursprünglich aus dem militärisch-politischen Bereich stammend, in philos. Bedeutung seit der Vorsokratik auf das All der Dinge bzw. die je bestimmten Wirklichkeits- und Lebensbereiche bezogen, bedeutet allg. die Einheit von Vielem, das nach einer Regel in ein Verhältnis zueinander und so zu einer ↗Einheit gebracht ist. Die antike Metaphysik und ihre Fortbildungen, insbes. das mittelalterliche Ordo-Denken, verstehen O. ontologisch und logisch als hierarchisch-gestuftes Sinngefüge des Seins (in seinen transzendentalen Aspekten der Wahrheit, des Gutseins und der Schönheit) alles Seienden. In der

Neuzeit tritt, vor allem durch die empiristischen Strömungen gefördert, in unterschiedlicher Weise zunehmend der Gedanke der O. als gegenstandskonstituierende oder -konstruierende Leistung des Subjekts hervor, das sich inmitten der Mannigfaltigkeit von anderem durch deren Bewältigung (Schaffung von Übersichtlichkeit und Ermöglichung von Orientierung) erhalten und steigern will.

Origenes aus Alexandrien, der bedeutendste der griech. Kirchenväter, etwa 185–254. Schüler des Klemens von Alexandrien, Leiter der dortigen Katechetenschule, gründete 232 eine eigene Schule in Caesarea. Sein Versuch, die griech. (bes. platon.-neuplatonische) Philosophie zur theologischen Klärung der christlichen Glaubenslehre heranzuziehen, wurde historisch wichtig, brachte ihm aber auch den Vorwurf der Häresie ein. Lehrte die ↗Apokatastasis. Bedeutsam für die Entwicklung der Exegese ist seine Unterscheidung eines dreifachen Textsinnes in der Bibel: 1. der wörtliche (somatische), 2. der moralische (psychische) und 3. der geistige (pneumatische, allegorisch-mystisch zu erschließende) Schriftsinn.

Ortega y Gasset, *José,* span. Philosoph, * 1883 Madrid, † 1955 ebd. 1911 Prof. in Madrid. 1936 (span. Bürgerkrieg) Emigration, 1948 Rückkehr. Glänzender Essayist, Kulturkritiker. – Angeregt durch Kant, Nietzsche, Dilthey u. a., später auch durch die Existenzphilosophie, will O. die rationalistisch-technizistischen Zeitströmungen und die vitalistisch-biologistischen Tendenzen mit ihren totalitären Auswüchsen überwinden durch eine „lebendige Vernunft". Als zugleich historische Vernunft besitzt diese weder die absolute Wahrheit, noch verfällt sie dem Relativismus. Vielmehr anerkennt sie die je eigene Aufgabe einer jeden Epoche (Perspektivismus), dem scheinbar Sinnlosen einen Sinn zu geben, in immer neuen Aufschwüngen des Menschen als des „utopischen Wesens".

Ostasiatisches Denken, Sammelbezeichnung für die Denktraditionen in China, Korea, Japan, insbes. des Konfuzianismus, Buddhismus und Taoismus. Das europäische Interesse am o. D. gründet vielfach in der Problemerfahrung der gegenwärtigen wissenschaftlich-technischen Zivilisation und der Erwartung, die Begegnung mit ihm könne zur Klärung und Korrektur beitragen. Im Unterschied zum dichotomisch geprägten europäischen Denken (Theorie – Praxis, Idealität – Realität, Subjekt – Objekt usw.) und seiner vergegenständlichenden, zergliedernden und identifizierenden Vorgehensweise erscheint das o. D. als ein eher ganzheitliches, Differentes sein lassendes, mehr aufweisendes als begreifendes und begründendes Denken. Auf die Wirklichkeitserfahrung, der es entspringt, deutet

z. B. das buddhistische Grundwort „Leere", (chines. Kong, korean. Gomg, japan. Kû), das die ursprüngliche Struktur alles Wirklichen als abgründige Offenheit erinnert, die, weil sie selbst nichts ist, erst alles sein läßt. Das konfuzianische Grundwort „Sittlichkeit" (jen/in/jin) meint den Menschen in seiner sozialen Eingelassenheit und dem sich daraus ergebenden Verpflichtungsgefüge. Das Wort „Tao" (dao/do/dô) weist auf die eigenursprüngliche Harmonie und Spontaneität aller selbstbelassenen Wirklichkeit, die es durch Verzicht auf willentliches, zweckbestimmtes Handeln zu realisieren gilt. Ein Verständnis, welches das o. D. nur als Gegensatz zur europäischen Substanz-, Subjekt- und Geschichtsmetaphysik begreifen will, läuft jedoch Gefahr, dieses als ein bloß Anderes zu der europäischen Tradition anzusetzen und so einem Gespräch mit der Möglichkeit der Selbstbefragung des europäischen Denkens und seiner grundsätzlichen Verfaßtheit auszuweichen. – Vgl. ↗Kyoto-Schule.

Otto, *Rudolf,* * 1869 Peine, † 1937 Marburg. Theologe, Religionsphilosoph. Prof. in Göttingen, Breslau, seit 1917 Marburg. Von großem Einfluß auf die neuere Religionsphilosophie. Angeregt bes. durch Kant, J. F. Fries, Schleiermacher. O. versteht die religiöse Erfahrung wesentlich aus ihrem Bezug auf „das Heilige", welches, über das nur Sittliche und Rationale hinausreichend, den Menschen als „Numinosum" erschreckt (tremendum) und anzieht (fascinosum).

Oxforder Schule, 1. die von Robert Grosseteste (um 1168–1253) begründete ältere Franziskanerschule in Oxford, bei vorwiegend naturwissenschaftlichem Interesse, wie es bes. in Roger Bacon hervortritt, doch neuplatonisch-augustinisch orientiert. 2. Richtung innerhalb der analytischen Philosophie, die im Unterschied zur wissenschaftssprachlich ansetzenden Richtung sich der Analyse des Gebrauchs der Alltagssprache widmet. Hauptvertreter: Austin, Ryle, Strawson.

P

Palingenes(i)e (von griech. palin, wieder, genesis, Entstehung), die Wiedererstehung des früher einmal Entstandenen und dann Vergangenen. Der Gedanke tritt in mannigfachen Formen auf, so bei Heraklit und in der Stoa die zyklische Erneuerung der Welt im Weltenbrand, bei den Pythagoreern, bei Platon und im Neuplatonismus die Wiederverkörperung der Seele (Seelenwanderung), bei Origenes die endzeitliche Erneuerung der gesamten Schöpfung (Apokatastasis), bei Nietzsche die ewige Wiederkehr des Gleichen.

Panentheismus (von griech. pan, alles, en, in, theos, Gott), „All-in-Gott-Lehre", Selbstbezeichnung K. C. F. Krauses für seine Philosophie, die den Pantheismus mit dem Theismus vereinigen wollte: die Welt ist nicht mit Gott schlechthin gleichzusetzen, sie ist vielmehr von Gott abhängig, der aber auch nicht getrennt von ihr über ihr ist, sie vielmehr umfaßt: die Welt ist *in* Gott.

Panlogismus (von griech. pan, alles, logos, Vernunft; ↗Logos), „Allvernunftlehre", von J. E. Erdmann eingeführter Begriff zur Kennzeichnung der Hegelschen Philosophie, nach der das Wesen (die Idee) all dessen, was ist, die Vernunft ist (Hegel: „Was vernünftig ist, das ist wirklich; und was wirklich ist, das ist vernünftig"). Jegliches ist Moment in der Selbstentfaltung und Selbstverwirklichung der Vernunft.

Panpsychismus (von griech. pan, alles, psyche, Seele), „Allbeseeltheitslehre", auf F. Patrizi („„Pampsychia", 1593) zurückgehende Kennzeichnung für eine Anschauung, die alles, was ist, als beseelt faßt. In Platons Lehre einer „Weltseele", im Neuplatonismus, in der Renaissance vertreten, auch Spinozas System und bes. Leibniz' Monadenlehre werden oft P. genannt. Schellings „Von der Weltseele" (1798) wirkt auf die Naturauffassung der Romantik. In der psychologisierenden Naturphilosophie des 19. Jh. sind vielfach Grundgedanken des P. zu finden.

panta rhei (griech., alles fließt), spätere populäre Formel für Heraklits Lehre, daß alles sich immerfort wandelt gemäß dem ewigen Logos der Welt (Weltvernunft, Weltordnung).

Pantheismus (von griech. pan, alles, theos, Gott), „Allgottlehre", auf J. Toland zurückgehende Kennzeichnung einer Anschauung, die nur eine Grundart des Wirklichseins anerkennt (Monismus) und die Wirklichkeit im ganzen, die Welt, mit Gott gleichsetzt. Insbes. wird die Lehre Spinozas, nach der die Welt der materiell-ausgedehnten Dinge eines der Attribute der einen und einzigen göttlichen Substanz ist, P. genannt; so durch F. H. Jacobi (der P. als Atheismus kritisiert) im Zusammenhang des sog. Atheismusstreits. P. wird zumeist als Gegensatz gefaßt zum Theismus einerseits, aber auch zum Atheismus andererseits; er wird mit diesem aber dann identisch, wenn die Welt z. B. nur materialistisch ausgelegt wird. In weiterem Sinn werden auch die neuplatonische Lehre von der Emanation der Welt aus dem göttlichen Ur-Einen und Hegels Philosophie, nach der die Welt die wesensnotwendige Selbstentfaltung des Absoluten und Medium seiner Selbstverwirklichung ist, als P. gesehen.

Paracelsus, *Theophrastus Bombastus von Hohenheim*, Schweizer Arzt, Chemiker, Philosoph, * 1493 Einsiedeln, † 1541 Salzburg. Als berühmter und umstrittener Arzt in Basel und während eines unruhigen Wanderlebens tätig. Kehrte sich von der (bes. durch Galen, 2. Jh., bestimmten) Medizintradition ab. Vorläufer in der iatrochemischen Therapie (Erklärung der Krankheiten als chemischer Prozeßstörungen und Bekämpfung durch chem. Mittel). Er lehrte, ausgehend von M. Ficinos Auffassung von der Einheit des Kosmos, die Entsprechung zwischen leib-seelischen Gegebenheiten beim Menschen (Mikrokosmos) und den Verhältnissen in der Gesamtnatur, in der es die Signaturen der Dinge zu erforschen gelte.

Paradigma (griech. paradeigma, Vorbild; Plural Paradigmata oder Paradigmen), 1. bei Platon die Ideen als die im Denken gegenwärtigen Urbilder der sinnlich-wahrnehmbaren Erscheinungen; 2. nach Ansätzen bei G. Ch. Lichtenberg und bes. in Wittgensteins Spätphilosophie durch T. S. Kuhn zunächst in die (Natur-)Wissenschaftsgeschichte eingeführter Begriff, der besagt: a) Wissenschaft ist jeweils geleitet von einer Grundvorstellung ihres Gegenstandsbereichs, b) die Entdeckung von Erscheinungen, die nicht in dieses Bild passen (Anomalien), nötigen zur Bildung eines neuen P., c) die Geschichte der Wissenschaften verläuft also nicht kontinuierlich, sondern diskontinuierlich, durch „wissenschaftliche Revolutionen" hindurch („Paradigmenwechsel"). – Diese Auffassung fand Eingang auch in die Geschichte der Geisteswissenschaften und allg. der Kulturgeschichte (Umbrüche der epochalen Welt- und Lebensordnungsvorstellungen).

Paradox(on) (griech., Gegenmeinung), das dem gewohnten Vorstellen als ↗Widerspruch oder ↗absurd Erscheinende. Oft gleichgesetzt mit ↗Antinomie. In der Existenztheologie Kierkegaards kennzeichnet das P. den Offenbarungsglauben, insbes. den christlichen an den

Gott-Menschen, der für die Vernunft das Ärgerliche und Widersprüchliche besagt, das (bes. gegen Hegel gewendet) nicht in einer spekulativ-dialektischen Vermittlung aufzuheben ist.

Parmenides aus Elea (Unteritalien), griech. Philosoph, um 540–470 vC. Der bedeutendste der ↗Eleaten, oft als Gegenspieler des Heraklit gesehen (↗Vorsokratiker). Nach seinem Lehrgedicht („Über die Natur", in Fragmenten erhalten) führt der Weg der Wahrheit (aletheia) zur Einsicht, daß „Sein (to eon) ist" und „Nicht-Sein nicht ist", der Weg des Scheins und der Meinung (doxa) aber zur fälschlichen Behauptung, Nicht-Sein sei. Die Weisen des wahren Sich-Zeigens (semata) des Seins sind insbes. „Unentstandenheit", „Unvergänglichkeit", „Unveränderlichkeit", „Eins- und Einzigkeit". Das mit den Sinnen wahrgenommene Werden und Vergehen des scheinbar Vielen gibt es nicht in Wahrheit. Diese geschieht nur im vernehmenden Denken (noein): „Denken und Sein – dasselbe". Nicht-Sein ist nicht zu denken. Der Sinn von „Sein" ist sonach ewig sich gleichbleibende Anwesenheit. Deren genauere Bedeutung verfolgten jedoch unterschiedliche Interpretationsversuche. Unbestreitbar bringt seine Identitätsformel früh zum Ausdruck, was das abendländisch-europäische Denken in seinem Grundcharakter wesentlich bestimmt hat.

Partizipation (lat. participatio; griech. methexis), Teilhabe, Teilnahme. Bezeichnet bei Platon das Abbild-Urbild-Verhältnis des sinnlich-wahrnehmbaren Einzelseienden zu der in ihm aufscheinenden Idee, die durch P. zeitweilige Gestalt und Beständigkeit verleiht (Überbrückung des ↗Chorismos). Im Neuplatonismus nimmt die P. emanatistische Züge an. Augustinus betont die P. der menschlichen Erkenntnis an der Sicht der ewigen Wesenheiten im Geist Gottes. Zu einem Zentralbegriff wird P. bei Thomas von Aquin: Alles endliche Seiende ist aufgrund der participatio quaedam infiniti (gewisse Teilhabe am Unendlichen) eine beschränkte Gegenwartsweise der grenzenlosen Seinsvollkommenheit. Jedes sinnlich-endliche Seiende ist freilich zugleich durch die participatio ex nihilo, die Teilhabe am Nichts, gekennzeichnet, nämlich am Nichts (Nicht-wirklich-Sein) der ersten Materie, woraus seine Hinfälligkeit folgt.

Pascal, *Blaise,* französ. Philosoph, Mathematiker, Physiker, * 1623 Clermont-Ferrand, † 1662 Paris. Bei seiner wissenschaftlichen Arbeit wurde P. klar, daß die Gewißheit menschlichen Erkennens (bes. in der Mathematik und Naturwissenschaft) nicht schon Sicherheit für das Handeln gewährt. Sichere Orientierung ist auch nicht aus einer nur philos. Erschließung Gottes her zu gewinnen. Vielmehr wäre erforderlich eine Antwort auf die Frage nach der Heilsgewißheit, welche Frage die menschliche Vernunft aber nicht aus sich beantworten kann. In der Nacht vom 23. 11. 1654 erfährt P. die Wirklichkeit „des Gottes Abrahams, Isaaks, Jakobs, des Gottes Jesu Christi und nicht der Philosophen", die er als einzig mögliche Antwort festhält. Er wird zum Anhänger der katholischen Erneuerungsbewegung des Jansenismus. In seinen „Pensées sur la religion" (vorbereitende Gedanken zu einer geplanten Apologie des Christentums; posthum 1699 erschienen) zeichnet er das Bild des Menschen in seinem Elend, nämlich als ein „Nichts" inmitten des unendlichen Alls, und zugleich in seiner Größe, nämlich seiner Mächtigkeit, das Seiende erkennend zu beherrschen und im Denken auf „Alles" auszugreifen. Der Mensch ist so als endlich-unendlicher ein Widerspruch in sich und wird in der Rückbesinnung auf sich selbst zum „unbegreiflichen Ungeheuer". Im Durchgang aller Stufen des Erkennens gelangt die „Logik der Vernunft" an die Grenze gegenüber dem Geheimnis der Unendlichkeit und, getrieben von der „Logik des Herzens", zugleich zur Einsicht, daß es ihr an dieser Grenze (nicht vorher) gemäß ist, sich selbst zu verleugnen. Der Bewegung und Entscheidung des Herzens muß freilich die Vernunft Raum lassen, insbes. z. B. der Entscheidung des Glaubens als einer „Wette", in der letztlich nichts zu verlieren, aber möglicherweise alles zu gewinnen ist.

Peirce, *Charles Santiago Sanders,* amerikan. Philosoph, *1839 Cambridge (Mass.), † 1914 Milford (Pa.). Neben W. James der eigentliche Begründer des amerikan. ↗Pragmatismus. Er selbst verstand darunter die Methode der Klärung und Verdeutlichung von Begriffen im Blick auf die Konsequenzen für den praktischen Umgang mit den durch die Begriffe gemeinten Gegenständen.

Peripatos, die Säulenhalle des Lykeion-Gymnasiums in Athen, in der Aristoteles unterrichtete. Von daher der Name *Peripatetiker* (peripatetische Schule) für die Anhänger der aristotelischen Philosophie in Abgrenzung bes. zur Akademie Platons (Akademiker). Dem P. zugehörig sind u. a. Theophrast, Eudemos, Aristoxenes, Straton sowie Andronikos, auf den die Ausgaben der Schriften des Aristoteles zurückgehen.

Person (lat. persona, von personare, hindurchtönen, oder etruskisch phersu, Maske; griech. prosopon, Antlitz), ursprünglich Maske, Schauspielerrolle. Die geschichtlichen Wurzeln des bis in die Gegenwart führenden philos. P.begriffs sind die in der Spätantike auftauchende christliche Daseinserfahrung und die theologische Spekulation der griech. Väter im 4. und 5. Jh. über die Trinität und die

Inkarnation. Die erste philos. Definition gab Boethius: „persona est naturae rationalis individua substantia": P. ist der unteilbare Selbst-Stand eines vernünftigen Wesens. Richard von St-Victor verschärft sie: „persona est intellectualis naturae incommunicabilis existentia": P. ist der unmitteilbare Daseinsvollzug eines geistigen Wesens. Was im Bereich der Natur das Individuum, ist im Bereich des Geistes die P. ↗„Geist" bedeutet aber Überwindung aller Vereinzelung; das Geistige ist das übereinzeln Allgemeine, das Wesenhafte, zuäußerst das umfassend Ganze, das Sein. Den Geist so selber als vereinzelt Seiendes (statt nur als Wesen und Sein) aufzufassen, besagt also, die radikalste Individuiertheit zu verbinden mit der universalsten Offenheit für alles und der Gemeinsamkeit mit allem, was ist. Das unpersönliche (naturhafte) Individuum ist von allem anderen primär negativ und äußerlich unterschieden. Die Individuiertheit der P. ist positiv und innerlich. Sie gründet in ihrem Selbstbezug auf sich (Bei-sich-Sein) und ihrer Selbsttätigkeit. In der neuzeitlichen Subjektphilosophie wird diese Selbsttätigkeit zunehmend betont als Selbstbestimmung, als ↗Freiheit: Diese ist das einzigartige Verhältnis, in welchem der Mensch als P. sich weiß (und damit ein „Ich" ist), und zwar in der Weise, daß er sich selber unausweichbar zur Entscheidung seiner Wesens- und Lebensgestalt, seiner Selbstverwirklichung aufgegeben ist (womit er ein „Selbst" ist). Deshalb ist P. schlechthin unaustauschbar, weder „Exemplar" noch „Stück" oder „Fall". So kann sie auch keinem ihr äußeren Ziel restlos untergeordnet werden: P. ist sich Selbstzweck, niemals nur und allein Mittel für andere Zwecksetzungen (Kant nennt diese Erfahrung der personalen Selbstzwecklichkeit die „Achtung" und das, was in ihr erfahren wird, die „Würde" der P.).
Ist die Individualität der P. radikaler, so ist die Freiheit der P. zugleich offener und ausgreifender auf das Gemeinsame und die Gemeinschaft bezogen als bei jedem naturhaften Individuum. Der Geist der Freiheit verwirklicht sich nur, indem er in der Schaffung seiner Werke die gemeinsame Welt zur Gegenwart bringt, wie im Denken und seinem Werk der Wahrheit (z. B. Wissenschaft) oder im Handeln und seinen Werken der guten Lebensgestaltung (soziale, politische, ökonomische Institutionalisierungen und technische Leistungen usw.). Gegenüber der substantialen Auffassung des menschlichen Daseins steht so ein moderner aktualer (oder existentialer) P.begriff in einem Überlieferungsstrom, der von Augustinus über Eckhart, Nikolaus von Kues, Pascal, Kierkegaard u. a. bis in die Gegenwart führt und in den Impulse der reformatorischen Theolo-

gie, des hermeneutischen Geschichts- und Geschichtlichkeitsdenkens, der Existenz- und der dialogischen Philosophie mit eingegangen sind. In dieser Sicht sind in der P. Subjektivität und Objektivität, Innerlichkeit und Äußerlichkeit, Für-sich-Sein und universale Offenheit für andere und anderes als Gegensätze überstiegen und eins geworden. Damit wird im P.begriff die Überwindung sowohl der individualistischen wie des kollektivistischen menschlichen Selbst- und Weltverständnisses gesucht, die jeweils einseitig nur die Vereinzeltheit in der bzw. die Abhängigkeit von der Gesellschaft des Menschen in den Blick nehmen. Vgl. ↗Personalismus.

Personalismus, ursprünglich (so bei Schleiermacher) Bezeichnung für den Glauben an einen persönlichen Gott in Abgrenzung gegenüber dem Pantheismus, der Welt und Gott gleichsetzt. Dann Kennzeichnung für die Anschauungen, in denen der Mensch als ↗Person zentrale Bedeutung hat, wobei freilich der Personbegriff unterschiedlich gefaßt wird. Die Individualität, Substantialität und freie Selbsttätigkeit der menschlichen Person betonte ein bes. in Amerika verbreiteter P. (B. P. Bowne, E. S. Brightman, J. Royce), in Deutschland W. Stern, von dem ein psychologisch-pädagogischer P. ausging. Stärker in den Blick rückte die soziale Verbundenheit des durch absolute Bedeutsamkeit, Selbstzwecklichkeit, Würde ausgezeichneten Menschen als Person in Gemeinschaft mit Personen im christlichen P. (in Frankreich: E. Mounier, L. Lavelle, R. Le Senne; in Rußland N. Berdjajew; in Deutschland: M. Scheler, R. Guardini u. a.). Im Vordergrund steht die soziale Bezogenheit, die bereits in der antiidealistischen Wende bei den Linkshegelianern (L. Feuerbach, D. F. Strauß) ausdrücklich thematisiert wird, in Frankreich bei Ch. Renouvier. Die zwischenmenschliche Beziehung als personale Kommunikation in der Grundform des Gesprächs wird schließlich vorrangiges Thema in der dialogischen Philosophie (M. Buber, F. Ebner, F. Rosenzweig).

Perspektivismus (von lat. perspicere, durchblicken), auf Leibniz zurückgehender Begriff, nach dessen Lehre jede Einzelmonade das gesamte Universum vorstellt, aber je nur von ihrem endlichen „Blickpunkt" aus, den sie selber in dem Ganzen darstellt und einnimmt, also „perspektivisch". Über J. M. Chladonius, G. Teichmüller u. a., insbes. Nietzsche, erlangt der Begriff seine heutige Bedeutung. Er bezeichnet die grundsätzliche Verfaßtheit des menschlichen Denkens und Erkennens, gemäß der es das Wirklichkeitsganze nie in einer zeitlos-ewigen Gegenwart und damit Wahrheit wie ein göttlicher Geist oder absolutes Bewußtsein vor sich hat, sondern jeweils nur von einem endlichen Standort aus, unter konkreten (z. B. gesellschaftlich-kulturellen) Situationsbedingungen, in einem geschichtlich wandelbaren Welt- und Selbstverständnis, das jeweilig das Leben und Erleben, Erkennen und Handeln ermöglicht und begrenzt. Die Vielfalt der Perspektiven ist dabei nicht durch Summierung in eine umfassende Totalperspektive und ein einziges absolutes System aufzuheben; wohl sollen sie sich fördern, korrigieren und erweitern in einem unabschließbar fortgehenden Prozeß der Weltauslegung und -gestaltung. Gegen den Relativismus einer individuell beliebigen oder naturhaft (in nur subjektiven Interessen und Anlagen) begründeten Perspektivenwahl und -entwicklung sucht das geschichtlich-hermeneutische Denken die Wirklichkeit im ganzen selber als in ihrer Wahrheit, ihrem Sinn und ihren unbeliebigen Forderungen sich wandelnde zu verstehen (↗Geschichte, ↗Hermeneutik, ↗Verstehen). Für die Wissenschaftshistorie ist der P. bedeutsam geworden mit der Theorie des ↗Paradigma-Wechsels (T. S. Kuhn). Vgl. ↗Pluralismus, ↗Einheit und Vielheit.

Perzeption (von lat. percipere, empfangen, einnehmen), bezeichnet in der neuzeitlichen Philosophie, von Descartes ausgehend, die sinnliche Wahrnehmung als erste Stufe im Aufbau der Erkenntnis. Bei Leibniz der Akt der niederen (unklaren und undeutlichen) Vorstellung, ohne daß diese Vorstellung selber wiederum bewußt vorgestellt würde, wie das in der Apperzeption geschieht. Kant unterscheidet die subjektive P. (Empfindung) von der objektiven P., der Erkenntnis als Zusammenfügung und Einfügung der Empfindungen zu Erscheinungen und Gegenständen im Gesamtzusammenhang der Erfahrung.

Pessimismus (von lat. pessimum, das Schlechteste), im 18. Jh. aufkommende Bezeichnung, bedeutet allg. eine negativ gestimmte Einstellung zum Leben und seiner Welt, worin mehr Ungutes, Nicht-sein-Sollendes, Leidvolles wahrgenommen als Bejahenswertes gefunden wird, im Blick sowohl auf Vergangenes und Gegenwärtiges wie insbes. auch auf zukünftige Entwicklungen. In strenger Form von Schopenhauer vertreten: die Welt ist die schlechteste aller möglichen – gegen Leibniz' Optimismus der „besten aller möglichen Welten". Nietzsche suchte diesen P. – wie auch die von ihm als pessimistische Weltverneinung kritisierte Haltung in den Religionen, bes. des Brahmanismus, Buddhismus und Christentums – durch heroische Bejahung zu überwinden. Über E. von Hartmann wirkte Schopenhauers P. auf Paul Deussen, Th. Lessing, O. Spengler u. a.; Spuren zeigen sich noch bei L. Marcuse und M. Horkheimer.

Petrus Lombardus, scholast. Theologe und Philosoph, * 1095 Lumellogno bei Novara (Lombardei), † 1160 Paris. Ebd. um 1140 Lehrer, 1159 Bischof. Schuf mit seinen „Sentenzen" (um 1150) eine Zusammenfassung des damaligen theologischen Wissens, die zum oft kommentierten Hauptlehrbuch der Scholastik wurde.

Pflicht (von mhd. phliht, Pflege, Dienst), als Übersetzung von lat. officium eingeführt von Notker, entwickelte sich zu einem Grundbegriff der philos. Ethik, insbes. bei Kant: P. ist hier die in der Achtung als einem nicht sinnlich, sondern rein vernunftgewirkten Gefühl (P.gefühl, P.bewußtsein) vor dem unbedingten Anspruch des Sittengesetzes erfahrene Forderung, ohne Rücksicht auf Erfolg oder Belohnung (Nutzen), Nachteil oder Strafe (Schaden) „gut" zu handeln. Weil sie nicht äußere, sondern innerliche „Nötigung" des vernünftigen Willens bedeutet, ist in der P.erfahrung der Gegensatz von Freiheit und Notwendigkeit aufgehoben. Gegen die Kantische abstrakte Trennung von rein sittlichvernünftig gründender P. und sinnlich-bedingter Neigung opponierte Schiller („Gerne lieb' ich den Freund, doch tu ich es leider aus Neigung; und so wurmt es mich denn, daß ich nicht tugendhaft bin"). Als unabtrennbares Korrelat zum Begriff des Rechts spielt der P.begriff eine entscheidende Rolle insbes. in der Rechtsphilosophie.

Phänomen (griech. phainomenon, das Erscheinende), die Erscheinung, das durch sinnliche Wahrnehmung vermittelt Gegebene. Bei Platon unterschieden von seiner nur im denkenden Erkennen gegenwärtigen Idee, bei Kant gegenübergesetzt dem unerkennbaren Ding an sich (Noumenon), da nur sinnliche Erscheinungen Gegenstand der Erkenntnis werden können. Der P.begriff der Husserlschen Phänomenologie bedeutet das im intentionalen Bewußtsein unmittelbar Gegebene, nicht nur das sinnlich-anschauliche, sondern alles bewußt erlebbare „Etwas", das so, wie es sich selbst (evident) zeigt, in den Blick zu nehmen und zu beschreiben ist.

Phänomenalismus (von griech. phainomenon, Erscheinung), im 19. Jh. aufgekommene Bezeichnung für Kants Philosophie und davon ausgehende Richtungen, sofern sie als erfahrbar, erkennbar, bedeutsam nur Erscheinungen (nicht die Dinge „an sich") ansetzen. Dann allg. für die empiristischen (Locke, Hume) und positivistischen (Comte) Erkenntnis- und Wissenschaftstheorien, nach denen Erkenntnis sich nur auf die im Bewußtsein gegebenen Empfindungsdaten beziehen kann (Ausklammerung der Frage nach dem „An-sich" und nach der transzendentalen Funktion des Subjekts). Der linguistische P.

(Austin u. a.) innerhalb der analytischen Philosophie ist gleichbedeutend mit der Philosophie der Alltagssprache.

Phänomenologie (von griech. phainomenon, Erscheinung, logos, vernünftige Rede, Lehre), auf J. H. Lambert zurückgehender Begriff, bei Kant die „negative Wissenschaft" nur von den wahrnehmbar-erkennbaren Erscheinungen, ohne (transzendental-kritische) Entscheidung darüber, ob und was ihnen als wesentliches An-sich-Sein zugrunde liegt. Im deutschen Idealismus, so bes. bei Hegel, wird sie positiv die Lehre von den Wesens-, Sinn- und Wahrheitsgestalten, in denen der Geist als Bewußtsein durch seine Stufen hindurch (sinnliches Bewußtsein, Selbstbewußtsein, Vernunft, Geist, Religion) sich selbst erscheint, erfährt und begreift bis zu seinem absoluten Sichselbst-Wissen.

Der Begründer der modernen P. als philos. Schule ist E. Husserl. Die phänomenologische Methode klammert jede Vormeinung und Vorentscheidung über den Erkenntnisgegenstand aus, auch darüber, ob er und die Welt im ganzen unabhängig von meinem Bewußtsein wirklich seien (↗Epoché als erster Schritt der phänomenologischen Reduktion), um „zu den Sachen selbst", wie sie sich im Bewußtsein zeigen, vorzudringen. Dieser ersten Freilegung folgt die eidetische Reduktion, die das in veränderlichen Erscheinungen sich identisch durchhaltende Wesen als das eigentliche Phänomen im phänomenologischen Sinn sich zeigen lassen und erfahren will (Wesensschau). Dieses selbst ist das noematische Korrelat jeweils zu einem noetischen, nämlich den konstituierenden Akten des intentionalen (↗Intention) Bewußtseins. Durch die transzendentale Reduktion erfolgt schließlich die Wendung zum Bewußtsein selbst als dem ursprünglichen (↗a priori) und universalen Boden jeder Sinn- und Seinsgeltung. Die Konstitutionsleistungen des Bewußtseins erweisen sich damit als Formen des von Husserl so genannten absoluten Bewußtseinslebens, des weltvorgängigen absoluten „Ego" (Ich), in dem alles Verhalten zu Weltlich-Gegenständlichem gründet. Damit versteht sich diese P. als Vollendung der mit Descartes nur begonnenen, in der Folge durch die wissenschaftliche Objektinteressiertheit unterbliebene Besinnung des Subjekts auf sich selbst. Die P. wurde zu einem der wirkungsmächtigsten philos. Neuansätze im 20. Jh.

Philon aus Alexandrien, jüd.-hellenistischer Philosoph, um *13 vC., †45/50 nC. Suchte im Geiste der hellenistischen Mystik die griech. Philosophie, bes. die platonisch-stoische, mit der jüd. Überlieferung durch allegorische Sinndeutung zu vereinigen; die Lehre der griech. Philosophen findet er schon in den fünf Büchern Mose vorweggenommen. In seiner philos.-theologischen Spekulation ist der Logos als die vermittelnde Kraft des welttranszendenten Gottes zugleich der schöpferische Weltursprung, der die Urbilder (Ideen) des Seienden in sich befaßt. Von großem Einfluß insbes. im Christentum (Klemens von Alexandrien, Origenes), Wegbereiter der allegorischen Schriftauslegung.

Philosophia perennis (lat., immerwährende Philosophie), im Anschluß an A. Steuco (De perenni philosophia, 1540) Bezeichnung für den bleibenden Wahrheitsgehalt der Philosophie in ihrer Geschichte seit Platon und Aristoteles. Vor allem in der Neuscholastik gebrauchter Begriff.

Philosophie (griech. philosophia), in der Wortbedeutung „Liebe zur Weisheit", von griech. philos, Freund, und sophia, die Weisheit des Weltweisen (sophos; z. B. der „Sieben Weisen") oder des Wissenden (sophistes; vor allem der Sophisten z. Z. des Sokrates), der Kenntnisse und Fähigkeiten zu handwerklichem Schaffen und erfolgreichem Handeln lehrte. Die erste spekulative Deutung gab Platon: er kritisierte den sophistes als den, der wissend zu sein nur vermeint, im Grunde jedoch nicht weiß und deshalb nicht zu guter Verrichtung und gerechtem Tun verhelfen kann. Er kennt wohl vieles, wie es ihm zu sein scheint (doxa), aber erkennt nicht, wie es in Wahrheit ist (episteme), da ihm der Grund des Seins und Erscheinens aller Dinge und des Denkens und Erkennens des Menschen selbst unerkannt bleibt. In vollem Wissensbesitz und also sophos ist nur der Gott. Der Mensch aber ist philosophos, der aus Liebe zum Wissen und in Sorge um das rechte Handeln seine Unwissenheit schon überschritten hat auf dieses im Leben freilich nicht voll erreichbare Ziel hin. So ist seit Platon (in Entfaltung und Präzisierung der vorsokratischen Anfänge) P. gekennzeichnet einmal durch die Verbundenheit von Theorie (theoria um der Wahrheit willen) und Praxis (ethisches Handeln auf das Gute hin) zur Bildung des Menschen, ferner durch die Eigenart der Frage (vgl. ↗Anfang) nach dem Grund als zugleich dem Sinn („Warum" und „Wozu") und schließlich durch ihren Hinausgang (vgl. ↗Transzendenz) auf „alles" schlechthin, auf das eine Ordnungsganze der Wirklichkeit des Göttlichen, Weltlichen und Menschlichen wie auch des ↗Denkens und Sagens, Begreifens und Urteilens selber. Von diesem griech. Beginn her sind grundlegende Unterscheidungen und Zusammenhänge vorgezeichnet, vor allem die des wesentlichen Seins (↗ Sein, ↗Wesen) und des Seienden in seiner Erscheinung, und entsprechend des Denkens (↗Geist), das auf das bleibend ↗Allgemeine geht, und der Wahrnehmung (↗Sinnlich-

keit) des veränderlichen Einzelnen (vgl. ↗a priori, ↗a posteriori). Sie durchziehen in Abwandlungen und Ausarbeitungen, von denen die erste und folgenreiche Platons Schüler Aristoteles vornahm, die gesamte Geschichte der ↗abendländisch-europäischen P., inbes. in Antike und Mittelalter, aber auch in der Neuzeit. Seit dem Umbruch der Aufklärung sucht zwar das menschliche Fragen den Boden für alles Begründen im transzendentalen Bewußtsein des Subjekts, das sein Wahrnehmen, Erkennen, Denken als Vorstellen versteht und die Wirklichkeit aller Dinge als Objektivität der vorstellbaren Objekte. Dabei wandelt sich der Blick auf die Wesensgesetzlichkeit (Substantialität) des Seienden mehr und mehr in die Frage nach der grundsätzlichen Beziehungsgesetzlichkeit (Relationalität) zwischen den Erscheinungen und Gegenständen. Doch bleiben auch nach Descartes die großen Themen und ihr Zusammenhang im Philosophieren, sei es in kritischer Zuwendung, weithin erhalten.
Die bes. auf Aristoteles zurückgehende Gliederung in Disziplinen der theoretischen und praktischen P. setzt sich verstärkt vor allem seit der Leibniz-Wolffschen Schule fort (die theoretischen: Metaphysik, Ontologie, philos. Theologie, Kosmologie [Natur-P.], Psychologie [Anthropologie], Logik, Erkenntnistheorie, Wissenschafts-P.; die praktischen: Ethik, Sozial-, Rechts-, Staats-P. [P. der Politik]; einbezogen werden zumeist die bei Aristoteles, in anderer Weise auch bei Kant, noch davon unterschiedenen poietischen Disziplinen: Poietik oder Ästhetik bzw. P. der Kunst, Religions-P.; eine Sonderstellung nehmen ein die Geschichts-P. und P.geschichte u. a.).
Der philos. Charakter der Disziplinen beruht darin, daß sie ihr jeweiliges Sachgebiet nicht als nur abgetrennten Teil, vielmehr als zwar besondere, aber doch Erscheinungsweise des Ganzen der Wirklichkeit verstehen. Das unterscheidet sie von den empirischen Einzelwissenschaften, die sich in der Neuzeit zunehmend von der „Grundwissenschaft P." (der metaphysisch-ontologischen oder transzendentalphilos. Orientierung) ablösen und verselbständigen. Sie arbeiten ihre eigenen methodischen, begrifflichen und perspektivischen Grundlagen für ihre theoretischen und wissenschaftspraktischen Vorgehensweisen in ihren umgrenzten Sachgebieten aus, werden durch ihre Grundlagenkrisen zum Rückgriff auf übergreifende Zusammenhänge veranlaßt und suchen, zumal in der gegenwärtigen Situation der fortschreitenden Spezialisierung, durch inter- oder transdisziplinäre Kooperation den Blick auf das Ganze der Welt- und Lebenswirklichkeit neu zu gewinnen. Umgekehrt gibt die Entwicklung der empirischen Natur- und Geschichtswissenschaften

wiederholt mit einen Anstoß für die philos. Frage nach dem Grund und Sinn der Welt und des Daseins in ihr, die zunehmend vom Problem eines nicht einseitigen, sondern gegenseitigen Bestimmungsverhältnisses von apriorischen Denkvoraussetzungen und empirischen Erfahrungsgegebenheiten bewegt wird.
Angesichts der Geschichte der P. und, bes. seit dem 19. Jh., der historischen Verständnisbemühungen scheint ein allg. verbindlicher Begriff *der* P. nicht mehr möglich. Soll P. kein nur willkürlich-beliebig sich und alles definierendes Denken sein, muß sie sich an die Überlieferung halten, gerade auch wenn sie sich kritisch gegen vergangene P.gestalten und Traditionsströmungen wendet und Neuansätze sucht, ohne dabei hinter das Niveau, die Radikalität und Universalität der philos. Reflexion zurückzufallen, die sich in ihrer Geschichte bezeugen.

Philosophiegeschichte, 1. die Denkgeschichte der ↗abendländisch-europäischen Philosophie; 2. die Reflexion über diese Geschichte mit dem Versuch der Deutung und Darstellung ihres Zusammenhangs. Erste Anfänge finden sich in der doxographischen Geschichtsschreibung, der Sammlung von Lehrmeinungen; für die Vorsokratiker immer noch bedeutsam diejenige des Aristotelesschülers Theophrast; für die Philosophie der Antike die umfangreiche, biographische Elemente aufnehmende Darstellung des Diogenes Laertios; vorwiegend biographisch verfaßt im späten Mittelalter das Werk von W. Burleigh. Die moderne Philosophiegeschichtsschreibung beginnt im 17./18. Jh. (G. Horn u. a.; E. Gebhard) und erreicht einen ersten Höhepunkt in den methodisch reflektierten Werken aus dem Kreis der Anhänger Kants (G. Buhle, W. G. Tennemann u. a.), aber auch Schleiermachers (H. Ritter). Starke Impulse gehen für die P. von Hegel aus (J. E. Erdmann, E. Zeller, K. Fischer). Die verbreitetsten P.n aus dieser Zeit stammen jedoch von F. Ueberweg (1863–66) und W. Windelband (1892), die bis heute in zahlreichen überarbeiteten und neubearbeiteten Ausgaben erschienen.

Physikalismus, auf O. Neurath und den Wiener Kreis zurückgehende Auffassung, daß sinnvolle, nämlich empirisch überprüfbare, Aussagen nur solche über beobachtbare körperliche Erscheinungen (nicht über innerpsychische Erlebnisse) sind. Die Physik mit ihrer Sprache sollte als Grundwissenschaft für alle Einzelwissenschaften gelten.

Physis (griech.) ↗ Natur.

Pico della Mirandola, *Giovanni,* italien. Philosoph der Renaissance, * 1463 Mirandola, † 1494 Fiesole bei Florenz. Aristotelisch-platonische und kabbalistische Gedanken aufnehmend, suchte er das Christentum mit dem Griechentum und der Weisheit des Orients zu vereinigen und ein neues Selbstverständnis des sich seiner Freiheit und Würde bewußten Menschen zu bilden.

Pieper, *Josef,* * 1904 Elte (Westf.), † 1997 Münster. 1946 Prof. in Münster. Wurde zum wirkungsvollen Vermittler ethisch-philos. Grundlehren der klassisch-metaphysischen Überlieferung, insbes. Thomas' von Aquin (u. a. „Das Viergespann: Klugheit, Gerechtigkeit, Tapferkeit, Maß", ²1977; „Über die Hoffnung", ³1977; „Über die Liebe", ⁶1987).

Platon, griech. Philosoph, mit Aristoteles Begründer der abendländischen Metaphysik, * 428/27 vC. Athen, † 348/47 vC. ebd. Hieß ursprünglich Aristokles, war vom 20. Lebensjahr an Schüler des Sokrates, nach dessen Tod kurze Zeit bei Euklid in Megara, dann Lehrer in Athen, wo er 387 vC. seine „Akademie" gründete. – Mit P. erfolgt, in Wiederaufnahme vorsokratischer Gedanken (Parmenides, Heraklit), die metaphysisch-ontologische Fort- und Umbildung der primär ethischen Frage des Sokrates nach dem „Guten". Nach P. ist der Philosoph zwar nicht (wie Gott) im Besitz der Weisheit (sophia); aber (im Unterschied zum Unweisen) ist er sich seines Wissensmangels bewußt und strebt aus Liebe (philia) zur Weisheit mit anderen zusammen nach ihr. Dies erfolgt vor allem im offenen, fragenden Gespräch (Dialog).

Bestimmend für alle spätere Philosophie wurde P.s Ideenlehre (πIdealismus), die bei ihm eins ist mit der Lehre vom Menschen, von Gott und der Welt. Eigentlich „seiend" sind nicht die veränderlichen Sinnendinge der Welt der Wahrnehmbarkeit (später gen.: kosmos aisthetos). Diese „sind" nur in abgeschwächtem Sinn, als Erscheinungen (phainomena) nur zeit-weilig. Sie haben an den Ideen als den ewigen Wesensurbildern nur teil und streben danach, wie diese zu sein (methexis und mimesis). Die Ideen sind das eigentlich Seiende in der Welt der Denk- und Erkennbarkeit (kosmos noetos). Erkenntnis gilt also nicht dem wahrnehmbar Sinnlichen als solchem, sondern dem, was es seiner „Idee" nach ist, die durch es gleichsam hindurchscheint. Erkenntnis als Wissensgang (episteme) ist Aufstieg der mit Geist (nous) begabten Seele ins Reich des unsinnlich und zeitlos Wesentlichen und damit Loslösung (katharsis) vom Sinnlichen (dem Leib und den zeitlich-dinglichen Strebungen). Der Aufstieg ist bewegt vom Eros (dem daimonion der Seele), dem Streben nach ewig-vollkommenem Sein in der geistigen Schau (theoria) des Wesentlichen, die der Seele Glückseligkeit (eudaimonia) bedeutet. Der Eros rührt daher, daß die Seele in ihrer Präexistenz, vor ihrer

Fesselung an den Leib, die ungetrübte Anschauung der Ideen genoß. Erkenntnis ist so Wiedererinnerung, zu deren Erweckung die sokratische Hebammenkunst (Maieutik) des Fragens im Gespräch verhelfen soll. Einstmalige und wiedererinnerte Schau sind nur möglich im Licht und Verständnis des Seiendsten, der Wahrheit und Schönheit schlechthin: des Guten (agathon), das *die* Idee von dem ist, was Ideen sind (eidos eidoon). Es ist selber die Sinnfülle von „Sein" (Unveränderlich-zeitlos-Sein ist das Gute, ist besser als nur das Zeitlich-veränderlich-Sein oder gar Nicht-Sein). Es verleiht hierarchisch abgestuft den Ideen (und durch sie den Erscheinungen) Seiendheit und Sichtbarkeit, kann selber jedoch nicht unmittelbar gesehen und erkannt werden (vgl. ↗Höhlengleichnis). Im Licht des Agathon und im Blick auf die Ideen wird aus der chaotischen elementaren Materialität die Welt der Sinnendinge durch den Demiurgen gebildet. Gott ist hier der Weltbildner, nicht wie im christl.-theologischen Verständnis später der Schöpfer der Welt „aus dem Nichts". Die Beschreibung der Weltbildung (wie auch die der Präexistenz der Seele, ihrer Fesselung an den Leib, ihrer Heimkehr ins Reich der Wahrheit und Glückseligkeit usw.) nimmt an der Grenze des Sagbaren und Denkbaren mythisch-symbolische Bilder zu Hilfe, um das gesamte Weltgeschehen zu deuten, das verstanden wird als fortwährende Bewegung des menschlichen Lebens und aller Dinge auf ihre Vollkommenheit hin als zugleich ihren Beweggrund von Anfang an. Die Ausrichtung alles Weltlich-Zeitlichen auf die Ordnung der Ideen bestimmt auch P.s Lehre vom Staat in seiner Ständegliederung (Herrscher, Wächter, Gewerbetreibende), in Entsprechung zu den menschlich-seelischen Grundvermögen (Vernunft, Mut, Begehren) und deren Ausbildung als Tugenden (Weisheit, Tapferkeit, Besonnenheit; die Gerechtigkeit ist die allgemeine Tugend der Ordnung der drei „Seelenteile"). P.s „idealer Staat" fordert dabei z. T. auch rigorose Maßnahmen (Untersagung von Eigenbesitz, staatlich gelenkte Zeugung, Euthanasie u. a.). Im ganzen sind in P.s Staatslehre alle späteren staatsphilos. Utopien grundgelegt.

Platonismus, bezeichnet zunächst den Ausbau des Denkens Platons zu einer Art Lehrsystem in der Athener ↗Akademie, dann die Weiter- und Umbildung im ↗Neuplatonismus, insbes. (nach der mittelalterlichen Vorherrschaft der aristotelischen Tradition) die neuerliche Rezeption Platons im Anschluß an die Neugründung der Platonischen Akademie in Florenz 1459 (Stiftung von Cosimo de' Medici), schließlich die Fortwirkung vor allem der Ideenlehre Platons in der Geschichte des philos. ↗Idealismus. Im weitesten Sinn haben Nietzsche und N. A. Whitehead als P. die gesamte, maßgeblich durch Platon eröffnete, ↗abendländisch-europäische Philosophie aufgefaßt.

Plessner, *Helmuth,* * 1892 Wiesbaden, † 1985 Göttingen. Prof. in Köln, Groningen, 1959 in Göttingen. Neben Scheler und Gehlen Mitbegründer der modernen philos. Anthropologie. Er versteht den Menschen als ein Lebewesen, das nicht nur durch eine „zentrische Position" gekennzeichnet ist, sondern durch seine „exzentrische Position", sofern er sich zu seiner bewußten Lebensmitte selbstbewußt in Distanz setzt.

Plotin(os), griech. Philosoph, Begründer des ↗Neuplatonismus, * 205 Lykopolis (Ägypten), † 270 Kampanien. Lebte in Alexandrien, dort Schüler des Ammonios Sakkas, seit ca. 244 in Rom (Gründung einer eigenen Schule). Zu seinen Schülern zählte u. a. Porphyrios (von diesem verfaßt das „Leben des P."). Erst mit ca. 50 Jahren begann er, seine Gedanken schriftlich zu fassen (in sechs Neunergruppen von Porphyrios hrsg., die sog. „Enneaden"). P. entwickelte im Bemühen, seine mystische Erfahrung auch begrifflich selber zu klären, die Lehre Platons – unter Einbeziehung auch mancher aristotelischer Gedanken – in einer Weise fort, die über Dionysios Areopagita großen Einfluß auf die Mystik hatte.

Nach P. ist der Urgrund von allem das „Gute" (agathon), besser zu benennen das differenzlos „Eine" (hen), vor aller Unterscheidung von Einheit und Vielheit, Denken und Sein, Sein und Nichtsein usw. Aus dem Einen hervor geht der göttliche Geist (nous), der, indem er sich und die Welt der Ideen denkt, selber *das* Sein ist, und aus dem Geist (= Ideen = Sein) wiederum die Weltseele mit deren besonderen Manifestationen, den Einzelseelen. Die Weltseele vermittelt die Fülle des Geistseins mindernd durch die Keimformen (logoi spermatikoi) an die Körperwelt der Naturdinge. Die Materie der Körperwelt schließlich ist die äußerste Entleerung der Fülle (steresis), das dem Guten entfernteste Böse (nicht im Sinn des Dualismus wie im Gnostizismus), die Dunkelheit, worin und als welche sich das Licht des Einen durch die ↗Emanation seiner Hypostasen hindurch schließlich verliert. Der Abstieg ist aber zugleich Aufstieg: Bestimmung des Menschen (der Einzelseele) ist die Reinigung (katharsis) von allem Stofflichen auf dem Weg des theoretisch erkennenden und des sittlich-praktischen Lebens mit dem Ziel der ekstatischen mystischen Vereinigung mit dem Ursprung.

Pluralismus (von lat. pluralis, zur Mehrzahl gehörig), bezeichnete ursprünglich (im 17./18. Jh.) den Gegensatz zu Egoismus, dann (im 19. Jh.) von den Monisten verwendet für die von ihnen kritisierten

Gegenpositionen zum Monismus, bedeutet heute a) allg. eine Anschauung, wonach die Gesamtwirklichkeit aus aufeinander nicht zurückführbaren Grundbestandteilen aufgebaut ist, in mehreren voneinander unableitbaren Seinsbereichen oder -stufen gegliedert ist; b) insbes. sowohl die Vielfalt von Kulturen, Welt- und Lebensanschauungen, Gesellschaftsordnungen, philos. und wissenschaftlichen Grundlegungen und Methoden usw. als auch die Anerkennung dieser vielfältigen Grundhaltungen in ihrer Eigenständigkeit, soweit sie selber zu dieser Anerkennung fähig und bereit sind. Zur Problematik des P. ↗Einheit und Vielheit, ↗Perspektivismus.

Polarität (von griech. polos, Achse), im 17. Jh. zur Erläuterung des Magnetismus aufgekommener Begriff, in der romantischen Naturphilosophie als „allgemeines Weltgesetz" (Schelling) verstanden, seither herausgebildet als Bezeichnung für eine Gegensatzrelation, worin beide Relate (im Unterschied zum konträren und kontradiktorischen ↗Gegensatz) so bestimmt sind, daß wohl jedes das Extrem zum anderen darstellt, aber es selbst nur ist gerade durch den Bezug zum anderen. Denkgeschichtlich kann verwiesen werden auf das chinesische Yin und Yang, Heraklits kosmische Harmonie der Gegensätze, die aristotelisch-thomistischen Prinzipien von Materie und Form, Potenz und Akt usw. beim endlichen Seienden, auf die Zusammengehörigkeit von Licht und Dunkel in Ausprägungen der Lichtmetaphysik, auf das Apollinische und Dionysische bei Nietzsche. Im deutschen Idealismus ist P. als Erscheinungsform des dialektischen Gegensatzes gefaßt, der seine Gegensätze zugleich aufhebt und zurücknimmt in die vermittelnde Synthese. Für das Philosophieren im 20. Jh., soweit es sich vom strengen Identitätsdenken zu lösen sucht, gewinnt das P.sprinzip zunehmende Bedeutung, so in der dialogischen Philosophie (Ich – Du, Person – Gemeinschaft), bei R. Guardini („oben" und „innen" als Pole des Daseinsraumes), Jaspers (Endlichkeit und Weite als Pole des Selbstbewußtseins), Heidegger (das „Spiegel-Spiel" des „Gevierts" von Erde, Himmel, Göttlichen und Sterblichen).

Popper, *Karl Raimund,* * 1902 Wien, † 1994 London. 1946 Prof. ebd. Hauptvertreter des ↗Kritischen Rationalismus. Die „Logik der Forschung" (1935) zeigt, daß keine Theorie endgültig verifizierbar ist, es vielmehr gerade ihrer Wissenschaftlichkeit ist, falsifiziert (ggf. durch eine einzelne Beobachtung widerlegt) und zur Korrektur bzw. Ersetzung veranlaßt werden zu können (↗Falsifikation). Von hier aus ergibt sich seine sozial- und politisch-philos. Kritik an allen totalisierenden Welt- und Gesellschaftsvorstellungen (Platon, Hegel, Marx u. a.; „Die offene Gesellschaft und ihre Feinde", 2 Bde., 1958) und seine Beteiligung, neben H. Albert, am sog. ↗Positivismusstreit mit der Frankfurter Schule.

Porphyrios, griech. Philosoph, * um 233 nC. Tyros (Syrien), † 304 Rom. Schüler Plotins, des Begründers des Neuplatonismus, dessen „Enneaden" er herausgab und über den er eine Biographie verfaßte. Er selbst kommentierte Platon und Aristoteles (bekannt bes. die „Eisagoge" zur aristotelischen Logik).

Portmann, *Adolf,* Biologe, * 1897 Basel, † 1982 Binningen. 1931 Prof. in Basel. Suchte auf der Grundlage der vergleichenden Morphologie und der Entwicklungsgeschichte unter Einbeziehung soziologischer und philos.-anthropologischer Perspektiven die Sonderstellung des Menschen (biologisch eine „Frühgeburt", wodurch die Eigentümlichkeit seiner Entwicklung, seines sozialen Lebens- und Umweltverhaltens bestimmt wird) herauszuarbeiten.

Poseidonios, griech. Philosoph, * 135 vC. Apameia (Syrien), † 51 vC. Rom. Schüler des Panaitios von Rhodos, des Begründers der sog. mittleren Stoa. Lehrer Ciceros. Von seinen Schriften sind nur Fragmente erhalten.

Positive Philosophie, 1. beim späten Schelling Bezeichnung einer Philosophie, die nicht nur (wie die „negative" des Idealismus) von der Idee des Absoluten, Gottes, im Denken und damit von seiner inhaltlichen Gedachtheit (seiner Wesensmöglichkeit, seinem „Was") ausgeht, sondern von der Wirklichkeit (dem „Daß") der religiösen Erfahrung in Mythos und Offenbarung, in der sich allem Denken voraus die Tatsächlichkeit des freien Handelns Gottes bekundet; 2. bei A. Comte Bezeichnung für eine Philosophie des ↗Positivismus.

Positivismus (von lat. ponere, vorsetzen, hinstellen), 1. die nach Ansätzen im antiken Skeptizismus und mittelalterlichen Nominalismus und vorbereitet durch den englischen Empirismus (F. Bacon, Hume) im 19. Jh. von C.-H. Saint-Simon so bezeichnete und von A. Comte geprägte wissenschaftliche Grundhaltung mit philos. Anspruch, die, vom Vorbild der naturwissenschaftlichen Tatsachenerkenntnis her bestimmt, sich auf die Gesellschafts- und allg. die Geisteswissenschaften ausbreitete. Unter Ablehnung jeder metaphysischen Annahme apriorischer und normativer Prinzipien hat Wissenschaft allein die Aufgabe, das in sinnlicher Erfahrung unmittelbar Gegebene („Positive"), das Tatsächliche, zu ordnen und mit daraus zu erhebenden „gesetzmäßigen" Beziehungen zwischen den Erscheinungen zu erklären. Durch diese Erklärung und dadurch ermöglichte Voraussage der Ereignisse dient die Wissenschaft der fort-

schreitenden Beherrschung der Wirklichkeitsprozesse in Natur und Gesellschaft. – Entspricht der P. als Methode weitgehend den Naturwissenschaften (aber nicht notwendigerweise deren Theorie), so übersieht sein Anspruch auf Alleingültigkeit die wesentlichen Unterschiede gegenüber den anderen Wissenschaften. Als universale Wirklichkeitslehre verkennt er monistisch die sachliche Verschiedenheit der Seinsbereiche und schränkt die Vielfalt von Erfahrungsweisen ein auf die Konstatierung von Tatsachen und Erschließung ihrer Gesetze, ohne den Sinn von „Tatsächlichkeit" zu klären. Wenn die philos. Frage nach der vorempirischen Ermöglichungsgrundlage der Erfahrung überhaupt aufgegriffen wird, da werden diese Gründe und Bedingumgen wiederum nur als physisch-psychisch im Subjekt gegebene aufgefaßt. Der P. steht dann in der Nähe des Psychologismus, Biologismus, Pragmatismus. Weitere Hauptvertreter: J. S. Mill, H. Spencer; R. Avenarius, E. Mach (↗Empiriokritizismus).
2. der *Neopositivismus* (logischer P. oder logischer Empirismus), in den 30er Jahren aufgekommene Bezeichnung für die vom ↗Wiener Kreis (M. Schlick, O. Neurath, L. Wittgenstein, R. Carnap u. a.) ausgegangene Reformierung des älteren P. Wie dieser lehnt er Metaphysik (und davon herkommende Transzendentalphilosophie) ab und schränkt die Möglichkeit synthetischer Erkenntnis auf sinnliche Erfahrung ein; er unterscheidet sich aber von ihm durch die Anerkennung apriorischer (freilich nur analytischer) Erkenntnis in Logik und Mathematik und durch die Aufgabenpräzisierung für die Philosophie, logische Analyse der wissenschaftlichen Beobachtungssprache zu sein (vgl. ↗Analytische Philosophie).

Positivismusstreit, die in den 50er und 60er Jahren geführte Auseinandersetzung zwischen dem wissenschaftstheoretischen ↗Kritischen Rationalismus (K. Popper, H. Albert) und der gesellschaftstheoretischen ↗Kritischen Theorie (T. W. Adorno, J. Habermas). Das „positivistische" Wissenschaftsverständnis schloß alle außerwissenschaftlichen Wertungen aus den Wahrheitsfragen aus, um nicht ideologisch „dem Mythos der totalen Vernunft" zu verfallen. In der kritisch-gesellschaftlichen Sicht bleibt eine scheinbar wertneutrale Wissenschaft in Sinnblindheit befangen und sinkt zum ideologischen Instrument einer auf Herrschaft angelegten Gesellschaftsstruktur herab. Der P. erinnert an den ↗Werturteilsstreit um die Jahrhundertwende.

Postmodernismus (von lat. post, [zeitlich] nach, französ. moderne, neuartig), in den 60er und 70er Jahren des 20. Jh. in der Literatur- und Architekturtheorie aufgekommener, bes. seit J.-F. Lyotard (1979) philos. diskutierter Begriff zur Charakterisierung des Wandels im Denken und Handeln auf allen Kulturgebieten nach der „Moderne". Unter Moderne wird dabei 1. allg. die Neuzeit verstanden mit ihrem Grundzug, die Vielfältigkeit des Lebens und seiner Welt auf eine einzig geltende Leitvorstellung (Idee, Paradigma) von Vernünftigkeit (Denken) und Wirklichkeit (Sein) zurückzuführen, 2. dieser Grundzug kritisch aus der metaphysikbestimmten Herkunft der ↗abendländisch-europäischen Philosophie gesehen, nämlich aus dem monologischen Identitäts-, Totalitäts- und Absolutheitsdenken, das sich neuzeitlich zur wissenschaftlich-technischen Rationalität verengte mit ebenso universalem Gültigkeitsanspruch. Demgegenüber befürwortet der P. die unaufhebbare Vielfalt der Denkansätze, Handlungsorientierungen, Lebensformen, kulturellen „Welten" (vgl. ↗Pluralismus, ↗Perspektivismus, die Betonung der Differenz gegenüber der Identität, des Dialogs und Diskurses usw.). Grundüberzeugung ist, „daß die Wirklichkeit nicht homogen, sondern dramatisch, nicht einheitlich, sondern divers strukturiert ist". Dementsprechend ist ein verdecktes Vermögen der Vernunft freizusetzen, nämlich der „Kommunikabilität der Vernunftformen", des „Übergehens von einer Sinnkonfiguration zu einer anderen" („transversale Vernunft", W. Welsch). Strittig ist, ob und in welchem Sinn die Postmoderne Überwindung der Moderne oder deren sich selbst kritisierende und übersteigende Fortentwicklung (A. Wellmer u. a.), oder nur Spät- und Erschöpfungsphase ist. – Dem P. zugeordnet werden können außer Lyotard der französ. Strukturalismus und Poststrukturalismus (Foucault, Derrida), Rombachs Strukturphilosophie, die Abweisung absoluter Letztbegründungsmöglichkeit im Kritischen Rationalismus (Popper), die Forderung des Methodenpluralismus (Feyerabend), die Theorie des Paradigmenwechsels (T. S. Kuhn), die Verabschiedung des Prinzipiellen (Marquard) u. a. Als Vorgänger postmodernen Denkens werden in Anspruch genommen Nietzsches Lehre von den pluralen Weltinterpretationen, Wittgensteins Konzept der Sprach(spiel)- und Lebensformen, Heideggers nachmetaphysisches Denken, Adornos negative Dialektik u. a. – Vgl. auch ↗Einheit und Vielheit.

Postulat (von lat. postulare, fordern), ein ohne Beweis für gültig angenommener Grundsatz, der, ohne bewiesen oder beweisbar zu sein, als Beweis- und Erklärungsgrund(satz) dient. Oft gleichgesetzt mit Axiom oder Hypothese. Besondere Bedeutung haben bei Kant die P.e des empirischen Verstandesgebrauchs der Kategorien der Urteilsmodalität (Möglichkeit, Wirklichkeit, Notwendigkeit), die nur diesen

Gebrauch regeln, nicht selber eine objektive Erkenntnis bedeuten, und vor allem die P.e der praktischen Vernunft (Gott, Freiheit, Unsterblichkeit), die ebenso keine gegenständliche Erkenntnis darstellen, aber als Regeln für das sittliche Handeln notwendig anzunehmen sind (↗Als-ob).

Potenz (von lat. potentia; griech. dynamis), Möglichkeit, auch Fähigkeit, Vermögen, Kraft. Im Anschluß an Aristoteles versteht die scholastische Philosophie (Thomas von Aquin u. a.) P. (potentia, auch possibilitas) als Möglichkeit zur Wirklichkeit, Angelegtsein auf Verwirklichung, im Unterschied zu dieser Verwirklichung und dem Wirklichsein (↗Akt). Jedes endliche Seiende steht als (ontologisch) „Gemischtes" zwischen P. und Akt. Reinstes Wirklichsein (actus purus) in sich selber ist allein Gott. Doch wird andererseits die unendliche Macht des göttlichen Willens in bezug auf die endliche Welt seine absolute P. genannt. Bei Schelling sind P.en die dynamischen Stufen der Naturgestaltungen in aufsteigender Entwicklung und entsprechend die Stufen der Selbstausdifferenzierung des Absoluten.

Prädikabilien (von lat. praedicare, aussagen), die allgemeinsten Aussageweisen, in denen Begriffe als Prädikate (Satzaussage) einem Gegenstand (Satzsubjekt) zugesprochen werden können. Aus der aristotelischen Kategorienlehre wird über Porphyrios der Scholastik die Unterscheidung von fünf P. vermittelt: Gattung (griech. genos, lat. genus), Artwesen (eidos, species), das unterscheidende Merkmal (diaphora, differentia; grenzt in der Definition das Wesen aus der Gattung heraus), das wesenseigentümliche Merkmal (idion, proprium), das zufällige Merkmal (symbebekos, accidens). Bei Kant sind P. aus den Verstandeskategorien oder aus deren Verbindung mit den reinen Anschauungsformen abgeleitete apriorische Begriffe. Die Kategorien selber nennt er auch Prädikamente.

Pragmatismus (von griech. pragma, Handlung), auf Ch. S. Peirce (1878) zurückgehende Bezeichnung für eine philos. Grundhaltung, die allem Erkennen mit seinen Theoriebildungen keinen eigenständigen Wahrheitsanspruch zugesteht, sondern es allein aus der Dienlichkeit für die Bewältigung lebenspraktischer Aufgaben begreift. Kriterium der Wahrheit ist so die Praktikabilität, Förderlichkeit, Nützlichkeit. Hauptvertreter dieser im 20. Jh. bes. in Amerika vorherrschenden Richtung(en): W. James, J. Dewey (↗Instrumentalismus), F. C. S. Schiller, H. Vaihinger (↗Als-ob-Philosophie; ↗Fiktion).

Praktische Philosophie, innerhalb der Philosophie die Gruppe der Disziplinen, die sich mit dem menschlichen Willenshandeln (Praxis), seinen normativen Bestimmungen und institutionellen Erscheinungen befassen (Ethik, Sozialphilosophie usw.); zumeist werden, im Gefolge der Einordnung der Poiesis (Herstellung) in die Praxis, auch die Disziplinen mit einbezogen, die das Hervorbringen von lebensbedeutsamen sinnlich-anschaulichen Werken und Werkzeugen thematisieren: Philosophie der Kunst (Ästhetik), Poietik, Philosophie der Technik u. a.

Prästabilierte Harmonie (lat. harmonia praestabilita, im voraus festgelegter Einklang), bei Leibniz die im Blick der göttlichen Monade vorbestimmte Übereinstimmung der Vorstellungs- und Strebensabläufe alles Seienden (aller Monaden) wie auch die Zusammenstimmung des Reichs der Zwecke mit dem der (Effizienz-)Ursachen oder des Reichs der Gnade mit dem der Natur.

Praxis (griech., von prattein, handeln), das Handeln, das wissentlich tätige Leben. Von Aristoteles stammt die Einteilung der Wissenschaften in theoretische (betrachtende), praktische (auf das Handeln gerichtete) und poietische (auf Herstellung bezogene). Die weitere Einteilung des praktischen Wissens in phronesis (Einsicht, Gesinnung), oikonomia ([Haus-]Wirtschaft) und politika (Politik, mit der Ethik engstens verbunden) bestimmt das mit P. gemeinte Handeln näherhin als öffentliches (gesellschaftliches). Teilweise schon bei Aristoteles selber wird die poiesis (techne, Herstellung) mit zur P. gezählt, woraus sich dann die bis heute übliche Gegenüberstellung von ↗Theorie und P. entwickelt. Von daher werden als Disziplinen der praktischen ↗Philosophie u. a. verstanden bes. die Ethik, Politik, Sozial- und Rechtsphilosophie und, da im Handeln jeweils die geschichtliche Welt des Menschen gestaltet wird, die Geschichtsphilosophie. – Die Antike, mit Folgen für das Mittelalter und bis weit in die Neuzeit hinein, sah in der Theorie (Erkennen, Wissenschaffen, Wissen) eine vorrangige, nämlich die sich dem göttlichen Denken nähernde Lebensweise des Menschen, die deshalb auch als P. im höchsten Sinn verstanden wurde. In der neuzeitlichen Aufklärung wird das human-praktische Interesse auch im Verständnis von Wissen und Wissenschaffen gewichtiger. Mit Marx wird die P. als gesellschaftliche Arbeit (Herstellung, Produktion) zur Grundbestimmung des menschlichen Lebens. Eine reine Scheidung von Theorie und P. (Habermas: Erkenntnis und Interesse) ist angesichts des wissenschaftlich-technisch-ökonomischen Weltzugriffs jedenfalls fragwürdig geworden. Theorie hat, innerhalb der „Lebenspraxis" im ganzen, einen praktischen Bezug. Dennoch ist es nicht angemessen, die Theorie der P. zu subsumieren, wie dies in Ausprägungen des

↗Pragmatismus geschieht. Sie hat innerhalb der „Lebenspraxis" die Aufgabe der Kritik, Korrektur, Beförderung der P. einschließlich deren ethischer Bedeutung, zumal wenn technisch-produktive Grundzüge des praktischen Lebens sich zu verselbständigen beginnen.

Prinzip (lat. principium, griech. arche), Anfang, Grundsatz, Regel. Insbes. der ↗Grund, der Ursprung oder das Erste, das in einer zeitlichen oder sachlichen und logischen Ordnung das von ihm Abhängige bestimmt. Als prima principia per se (intellectui) nota (Prinzipien, die von sich selbst her dem Geist einleuchtend sind) bezeichnete die Scholastik im Anschluß an Aristoteles' Bestimmung der „Axiome" diejenigen P.ien, die als erste und durch sich selbst dem Geist einleuchten, immer schon „bekannt" sind (↗a priori), das Erkennen leiten, aber freilich damit nicht schon selber erkannt sind, sondern erst in der philos. Reflexion ausdrücklich als solche ins Wissen gehoben werden.

Problem (griech. problema, das Hingeworfene, Vorgelegte), ursprünglich dem militärischen und geometrischen Sprachgebrauch zugehörig, erlangte seit Platon die allgemeine Bedeutung einer Aufgabe, bes. einer noch nicht gelösten und schwierigen wissenschaftlichen Streitfrage. Da zum P. die grundsätzliche Lösbarkeit gehört, stellt Wittgenstein ihm das „Mystische" gegenüber, das es zwar, wie wir fühlen, „gibt", von dem aber nicht sinnvoll (eindeutig bestimmend) gesprochen werden kann, worüber vielmehr zu schweigen ist. Bei G. Marcel u. a. ist es das „Geheimnis des Seins", von dem zu sprechen freilich eine andere Sprechweise erforderlich ist als diejenige, die einem grundsätzlich endgültig lösbaren P. angemessen ist.

problematisch (von griech. problema, vgl. ↗Problem), im allgemeinen Sinn ein Problem darstellend. Bei Kant Bezeichnung für eine der Modalitäten des Erkenntnisurteils (neben dem assertorischen und apodiktischen), nämlich desjenigen, das sich auf einen möglichen (nicht notwendigen, aber auch nicht schon wirklichen) Sachverhalt bezieht.

Proklos, griech. Philosoph, * um 410 nC. Konstantinopel, † 485 Athen. Er bedeutet den Abschluß des Neuplatonismus der athenischen Schule. Interpretierte Platon von Plotin her und suchte der plotinischen Emanationslehre eine noch durchgängigere und einheitlichere Fassung zu geben.

Protagoras aus Abdera, griech. Philosoph, um 488–415 vC. Der bedeutendste Vertreter der ↗Sophistik. Gegen Ende seines Lebens wegen Gottlosigkeit in Athen angeklagt, floh er aus der Stadt. Von ihm stammt der meist relativistisch und subjektivistisch verstandene sog.

Homo-mensura-Satz: „Aller Dinge Maß ist der Mensch, der seienden, daß sie sind, der nicht-seienden, daß sie nicht sind." Er selbst aber anerkannte durchaus die Notwendigkeit von polis, Recht und Sitte.

Przywara, *Erich,* * 1889 Kattowitz (Oberschlesien), † 1972 Murnau (Oberbayern). Philosoph und Theologe. Seine Schriften entstanden aus der Orientierung an und der Auseinandersetzung mit den großen Gestalten der europäischen Geistesgeschichte. Sein Hauptwerk galt der an eine Formulierung des IV. Laterankonzils anknüpfenden Lehre von der Beziehung zwischen dem Sein Gottes und dem der Schöpfung: „Analogia Entis" (1932).

Psyche (griech.) ↗Seele.

Psychoanalyse ↗Tiefenpsychologie.

Psychologie (von griech. psyche, Seele, logos, Aussage, Lehre). Die erste systematisch-philos. P. stammt von Aristoteles. Sein Verständnis der Seele als belebendes Formprinzip des Leibes (erste ↗Entelechie) mit den drei Grundvermögen Ernährung, Empfindung und (bei der menschlichen Seele) Denken beherrscht weithin die Antike und das Mittelalter. In der Neuzeit führt Descartes' Dualismus von Seele (Geist, Bewußtsein) und Leib (als bloßer, dem Naturmechanismus unterworfener Teilkörper) zur Annahme eines psychophysischen Parallelismus. Im englischen Empirismus (Hume) wird die Seele (Bewußtsein, Ich) nur mehr als „Bündel von Vorstellungen" gefaßt (Aktualismus). Nach C. Wolffs Unterscheidung von philosophischer (rationaler) und empirischer P. verwirft Kant beide: die empirische, weil sie seinem (zu engen mathematisch-orientierten) Wissenschaftsbegriff nicht genügte, die rationale, weil sie auf Trugschlüssen aufbaue. Die für die philos. P. bedeutsamen Fragen der Freiheit und Unsterblichkeit der „Seele" sind bei Kant vielmehr in seiner Ethik und Religionsphilosophie gestellt. Im 19. Jh. erfolgt die Ausgliederung der P. aus der Philosophie und ihre Verselbständigung. Vorherrschend war lange die mechanistisch-naturwissenschaftliche Assoziations- oder Elementen-P. (Herbart, Fechner, Wundt). Demgegenüber stellte die geisteswissenschaftliche P. (Dilthey, Spranger, Litt u. a.) die Eigenständigkeit (so schon Carus) des seelischen Erlebens, Ausdrückens und Verstehens heraus. Gegen die Elementen-P. wandte sich insbes. die Ganzheits- (Ehrenfels, Krueger) und Gestalt-P. (Köhler, Wertheimer). Die entscheidendsten Umbrüche kamen dann von der Psychoanalyse Freuds und dem Behaviorismus Watsons, die sich, freilich in entgegengesetzter Absicht, gegen die Bewußtseins-P. wandten. Der Behaviorismus klammert den (individuell-subjektiven) Erlebnisaspekt aus und richtet sich ausschließlich auf das äußerlich, wissensgegenständlich beobachtbare Verhalten. Die Psychoanalyse geht zurück auf das Innerst-Seelische, das Unbewußte. Beide Bewegungen haben mannigfache Fortgestaltungen erfahren, die Psychoanalyse in den Richtungen der Tiefen-P., der Behaviorismus in den Strömungen bes. der nordamerikanischen P. (in verschiedenen dem Operationalismus zuzuordnenden Formen und in der Lerntheorie). Die philos. P. ist im 20. Jh. weithin aufgegangen in der philos. Anthropologie.

Psychologismus, die Anschauung, die alles geistige Sichverhalten und -äußern des Menschen (im logischen Denken und Erkennen, moralischen Handeln, künstlerischen Gestalten usw.) nur als bestimmt durch das seelische Leben und Erleben auffaßt, die Logik und Erkenntnistheorie, Ethik und Ästhetik usw. auf die Psychologie gründet und die entsprechenden apriorischen und normativen Gesetzmäßigkeiten nur als erfahrungswissenschaftlich erhebbare tatsächliche Regelmäßigkeiten und empirische Bedingungen verstehen will. In der nach- und antiidealistischen Philosophie des 19. Jh. zeigen sich verbreitet psychologistische Züge. Vor allem durch E. Husserl erfuhr der P. seine entscheidende philos. Kritik und Überwindung.

Pufendorf, *Samuel,* * 1632 Dorf-Chemnitz (Sachsen), † 1694 Berlin. 1661 in Heidelberg Prof. für Natur- und Völkerrecht (erster Lehrstuhl dieser Ausrichtung in Deutschland), 1677 in Stockholm, 1688 Berlin. Mitbegründer der rationalistischen Naturrechts-, Rechts- und Staatstheorie der Aufklärung.

Pythagoras, griech. Philosoph, * 582 vC. Samos, † 497/96 Metapontion (Unteritalien). Gründete in Kroton einen ethisch-religiösen Bund mit Gütergemeinschaft, dessen kultischer Mittelpunkt die „Orgien" waren und der auch politischen Einfluß gewann. Die „pythagoreischen Mysterien" hielten sich auch nach Zerschlagung des Bundes noch lange. P. lehrte die Zahl und Zahlenverhältnisse als Wesensstruktur des Kosmos und aller Dinge in ihm, erkannte die Grundgesetze der Harmonik, die er auf den Gestirnhimmel anwandte (Sphärenharmonie), vertrat, von den Orphikern beeinflußt, die Annahme der Seelenwanderung. Das Wort P.' („autos epha", er hat es gesagt) galt unter den Anhängern bald als Offenbarung.

Q

Qualität (lat. qualitas; griech. poiotes), allg. die Beschaffenheit von etwas, wie es in den sinnlichen Wahrnehmungsweisen erfahren wird (Sinnes-Q.en). Bei Aristoteles und in der aristotelisch-scholastischen Tradition eine der akzidentellen kategorialen Bestimmungen der Substanz (↗Akzidenz). Die Unterscheidung von primären und sekundären Q.en erlangt in der Neuzeit die Bedeutung, daß wissenschaftlich alle nur „subjektiven" Q.en auf quantitativ-meßbare Bestimmungen der Dinge (Descartes: der einen ausgedehnten Weltsubstanz) als deren allein „objektive" Q. zurückzuführen sind. – Bei Kant heißt Q. eine Kategoriengruppe der Verstandesurteile (der Realität, Negation und Limitation).

Quine, *Willard van Orman,* amerikan. Philosoph, Logiker, * 1908 Akron. 1948 Prof. in Cambridge. Vertreter der analytischen Philosophie, der die logische Sprachanalyse wieder mit ontologischen Grundfragen zu verbinden sucht. Bestritt die Möglichkeit scharfer Grenzziehung zwischen analytischen und synthetischen Sätzen. Aus der Bezogenheit der Sprache auf gegenständliches Seiendes und der Pluralität der Sprachen ergibt sich jedoch ein „ontologischer Relativismus".

R

Rahner, *Karl,* * 1904 Freiburg i. Br., † 1984 Innsbruck. Einer der einflußreichsten Theologen seiner Zeit. Philosophiestudium in Freiburg i. Br. u. a. bei Heidegger und M. Honecker. 1948 Prof. in Innsbruck, später München und Münster i. W. Von Maréchal her und angeregt durch Heideggers Daseinsanalyse suchte er die thomistische Seins- und Erkenntnislehre zu erneuern („Geist in Welt", 1939). Sein anthropologischer Ansatz führte theologisch und religionsphilos. zur Klärung der geschichtlich-existentialen Möglichkeitsbedingungen des Menschen für das Vernehmen der Offenbarung Gottes („übernatürliches Existential" als zeitgemäße Erneuerung des Gedankens der potentia oboedientialis; „Hörer des Wortes", 1941).
Ramus, *Petrus* (Pierre de la Ramée), französ. Philosoph, * 1515 Cuts bei Soissons, † 1572 Paris (Bartholomäusnacht). Calvinist, Humanist. Suchte, in Gegnerschaft zur aristotelisch-scholastischen Philosophie, insbes. die Logik und Methodologie zu reformieren.
Ratio (lat.), ursprünglich Rechenschaft, in philos. Bedeutung in der scholastischen Überlieferung Vernunft, Begründung, Grund (r. essendi: Seinsgrund, r. cognoscendi: Erkenntnisgrund), im engeren Sin der diskursive Verstand (in Unterscheidung zur intuitiv verstehenden Vernunft [intellectus]), der im ↗Rationalismus der Aufklärung das vorrangige geistige Vermögen des erkennenden Bewußtseins wird. – Das erstmals von Leibniz so formulierte principium reddendae rationis sufficiens (der Grundsatz vom zuzustellenden zureichenden Grund, der „Satz vom Grund") oder kürzer: nihil est sine ratione (nichts ist ohne Grund) besagt: Jegliches Seiende hat einen zureichenden Grund dafür, daß es ist (und nicht nicht ist) und so ist, wie es ist (und nicht anders), und dieser Grund ist in der Erkenntnis eines Seienden, soll sie Erkenntnis sein, beizubringen.
Realismus (von lat. realis, wirklich, sachlich), 1. metaphysikgeschichtlich Bezeichnung für die Anschauung, daß das im Begriff gefaßte ↗Allgemeine (Universale) auch unabhängig vom menschlichen Denken und „vor" (platonischer R. der Ideen) oder „in den Dingen" (aristotelischer R. der Wesensformen) ein Sein hat. Der platonische „Ideen-R." wird jedoch zumeist Idealismus genannt und von ihm der aristotelische R. unterschieden. In der Scholastik Hauptvertreter der platonischen Richtung: Wilhelm von Champeaux, Anselm von

Canterbury, der aristotelischen: Albertus Magnus, Thomas von Aquin. Beide Richtungen als R. einerseits und der Nominalismus andererseits waren die Gegenpositionen im mittelalterlichen ↗Universalienstreit.

2. in unterschiedlicher Bedeutung, abhängig vom jeweiligen Begriff der Realität und dem erkenntnistheoretisch behaupteten Zugang zu ihr, Bezeichnung für: Richtungen des Empirismus, den empirischen R. Kants (den er mit seinem transzendentalen Idealismus verband), den kritischen R. (O. Külpe, E. Becher), den Neopositivismus, den Materialismus u. a. Gemeinsam ist ihnen, daß sie in irgendeiner Form ein bewußtseinsunabhängiges Sein der dinglichen Welt („Außenwelt") ansetzen und sich in Gegnerschaft verstehen zum metaphysischen (bes. deutschen) Idealismus und auch zum empiristischen Phänomenalismus.

Realität (lat. realitas, von res, Sache, Seiendes), zumeist gleichbedeutend mit ↗Wirklichkeit. Von der scholastischen Tradition her ist R. eine der transzendentalen Seinsbestimmungen (↗Transzendentalien), die der Unterscheidung von Wirklichkeit (Aktualität) und Möglichkeit (Potentialität) voraus- oder über ihr liegt. Realität besagt, daß alles, sei es Mögliches (als möglicherweise wirklich Werdendes) oder Wirkliches (als verwirklichtes Mögliches) einen sachlichen Gehalt, eine seinsbegrenzende Wesensbestimmtheit hat. Die unbegrenzte Seinsfülle aller Wesensbestimmtheiten (omnitudo realitatum) ist gesammelt im reinen Denken (actus purus) des Geistes, der Gott ist (ens realissimum). R. wird letztlich ausgelegt von der absoluten Idealität her (in Hegels Philosophie des absoluten Geistes deutlich hervortretend). Für endliches Denken jedoch ist R. gespalten in die R. des Denkens selber (die „ideale" R., in mente, im Geist) und die des Seins (die „reale" R., extra mentem, außerhalb des Geistes). In der Neuzeit wird bei Descartes diese Differenz zu der von realitas obiectiva, der nur (subjektiv) vorgestellten, und der realitas actualis sive formalis, der formellen R. in den Dingen der Welt selber. Kant behält den Grundsinn von R., nämlich Sachheit, bei, wendet sich gegen die Verwechslung von R. und Aktualität und versteht R. als eine Kategorie des Verstandes zur Bestimmung dessen, was einer jeden sinnlich-vermittelbaren Vorstellung (Erscheinung) als solcher zugehört: die realitas phaenomenon, d. h. das Reale als das erste quale eines sinnlich Gegebenen überhaupt (die R. gehört zur Gruppe der Qualitätskategorien). Und die „objektive" R. der Verstandeskategorien meint deren Gültigkeit für jedes erfahrbare, erkennbare Objekt aufgrund ihres apriorischen Bezugs auf jeden Gegenstand als Gegenstand. R. geht also nicht mehr auf das Seiende an ihm selbst in transzendentaler R., denn das „An sich" ist für uns nicht gegenständlich (real) erkennbar, sondern lediglich grenzbegrifflich (idealiter) anzuzielen. So lehnt Kant infolge der Trennung von Sein und endlichem Denken die Erkennbarkeit sowohl der Fülle des absoluten Seins (omnitudo realitatum) wie ihrer Wirklichkeit im reinen Denkvollzug des göttlichen Geistes (ens realissimum) ab und verweist beide als gleichwohl notwendig zu denkende, aber bloß subjektiv bleiben müssende „Ideen" in den Bereich bloßer „transzendentaler Idealität".

Recht (griech. dike, lat. ius), im Sinn von positivem, gesetztem R. die (nach moral- und rechtsphilos. Tradition) an der Idee ↗Gerechtigkeit ausgerichtete verbindliche Ordnung der Beziehungen innerhalb einer politisch-sozialen Gruppe oder einer Vereinigung solcher Gruppen, wobei für den Fall der Nichtbeachtung der rechtlichen Regelungen die Ausstattung mit Zwangsmitteln (R. muß durchsetzbar sein) zu ihrer Erzwingung unablösbar dazugehört. Das R. ist zu seiner Herrschaft auf ↗Macht angewiesen, aber umgekehrt muß die Macht durch das R. begrenzt sein, soll die R.sordnung nicht zum bloßen Schein willkürlicher Machtordnung werden, sondern sich als (ge-)rechte Ordnung erweisen. Für die auf der Tradition des ↗Naturrechts aufbauende ↗Rechtsphilosophie und für neuere, transzendentalphilos. und phänomenologische Richtungen spiegelt sich, wenngleich mit unterschiedlicher Begründung, im R. die wesentliche Grundverfassung des menschlichen Seins im gesellschaftlichen Leben und im Umgang mit den Dingen in der Welt wider. Zwar ist das R. mit abhängig von den geschichtlich wechselnden kulturellgesellschaftlichen Bedingungen, politischen Kräfteverhältnissen, wirtschaftlichen Gegebenheiten usw., die es zu ordnen hat. Aber es hat die Quelle seiner Nötigkeit und Verbindlichkeit in der Verantwortung und Mitverantwortung für die Aufgabe, die Gestalt des gemeinsamen Lebens zu entscheiden. Das R. ist so eine Äußerungsweise der sich überantworteten ↗Freiheit. Deshalb gehört zum R.sbegriff korrelativ der Begriff der Pflicht und sind R.sdenken und Ethik zwar zu unterscheiden, aber nicht zu trennen.

Rechtsphilosophie, der philos. Antwortversuch auf die Frage, welche Rechtsidee dem positiven (gesetzten) Recht zugrunde liegt bzw. zugrunde zu legen ist, wie sein Gebots- und Verbotscharakter zu begründen ist, was der Sinn der Rechtsordnung im Ganzen des menschlichen sozialen Lebens und seines Weltbezugs ist. Rechtsphilos. Überlegungen treten schon zu Anfang der abendländisch-europäischen Denkgeschichte hervor, in der Vorsokratik und Sophistik. Stets sind sie mit Ausdruck einer Gesamtauffassung von der (im weiten Sinn sittlichen) Bestimmung des menschlichen Lebens und Zusammenlebens und vom Sinn der Wirklichkeit im ganzen. Mehr oder weniger ausgebaute rechtsphilos. Lehren bieten deshalb fast alle Klassiker der Philosophiegeschichte (Platon, Aristoteles, Thomas von Aquin, Kant, Hegel), und das Thema des Rechts war lange innerhalb der philos. Ethik behandelt worden, in der Neuzeit im Zusammenhang mit dem Problem des ↗Naturrechts und aus dem Selbstverständnis des Menschen als autonomes Subjekt (↗Aufklärung, ↗Autonomie). Daher galt es, die Freiheitsansprüche der Einzelnen gegeneinander vernünftig abzugrenzen und rechtlich zu sichern. Der Begriff der R. und die eigenständige philos. Disziplin bildeten sich erst seit Ende des 18. Jh. (F. Bouterwek, G. Hugo, 1798; W. T. Krug, 1800; Hegel, 1821) aus. Seither kennzeichnet die R. vor allem die Frage der Notwendigkeit positiv-rechtlicher Ordnungen überhaupt, wobei im Begründungsvorgang wiederholt zurückgegriffen wird auf die Überlieferung des Naturrechtsgedankens, eine Begründung, die am entschiedensten abgelehnt wurde vom Rechtspositivismus. ↗Recht.

Reduktion (von lat. reducere, zurückführen), in der Logik die der Deduktion entgegengesetzte Urteilsbildung durch Rückführung auf die ersten Schlußfiguren und Grundsätze. In der Phänomenologie Husserls methodologischer Grundbegriff: als phänomenologische R. die Einklammerung der Wirklichkeitsannahmen (vgl. ↗Epoche) und damit die Zurückführung eines Faktums auf das Phänomen, wie es im Bewußtsein gegeben ist; als eidetische R. die Zurückführung des Phänomens auf das an ihm selbst sich als wesentlich Zeigende; als transzendentale R. der Rückgang schließlich auf das jegliche Wesenhaftigkeit konstituierende reine transzendentale Bewußtsein. – In allgemeiner Bedeutung meint R. auch die Einschränkung des Blickfelds und die Begrenzung einer gegenständlichen Erfahrungsfülle auf wenige Grundeigenschaften einer Sache. Diese R. gehört zur Methode jeder Einzelwissenschaft. Kritisierbar als Reduktionismus wird dieses Vorgehen, wenn die perspektivisch eingeengten Grundeigenschaften gleichwohl als die allein sachlich schlechthin bestimmenden behauptet werden (z. B. in der R. aller Wissenschaften auf ein einziges Wissenschaftsmodell).

Reflexion (lat. reflexio, Zurückbeugung, Spiegelung), im strengen Sinn das Nachdenken nicht nur über etwas Gedachtes („Objekt"), sondern zugleich über den (das) Denkende („Subjekt") und über das

Denkgeschehen selber. Im neuzeitlichen Verständnis von R. bedeutet sie damit den Rückstieg zu den Gründen, Bedingungen, Voraussetzungen im ↗Bewußtsein als dem Vollzugsort von Denken und als Gegenwartsraum des Denkenden und aller seiner möglichen Gegenstände. Im neuzeitlichen Selbstverständnis des Menschen als Subjekt (Descartes) und in der davon ausgehenden transzendentallogischen (Kant) und transzendentalphänomenologischen (Husserl) Linie ist R. deshalb Selbstanalyse des Bewußtseins als Freilegung seiner transzendentalen Strukturen, seiner apriorischen Verständnis- und Erkenntnishorizonte und der Grundformen seiner gegenstandskonstituierenden Bewußtseinsakte (↗a priori). In der metaphysisch-ontologischen Tradition (Aristoteles, Thomas von Aquin, im Durchgang durch die Subjektphilosophie eingeholt und neu gefaßt von Hegel) ist diese R. verstanden als Rückgang des Denkenden in sich und Aufstieg über sich hinaus in den überindividuellen ↗Geist, der als die ursprüngliche Wissensgegenwart des Seins alles Seienden verstanden ist, des Denkenden und der Welt.

Regreß (lat. regressus, Zurückschritt), in philos. Bedeutung der Rückgang von der Wirkung auf die Ursache, vom Bedingten zur Bedingung, vom Folgenden und Abgeleiteten zum vorhergehenden Grund. Der *regressus in infinitum* ist das Zurückverfolgen, das in der Reihe der endlichen Wirkungen und Ursachen, Bedingungen und Ableitungen zwar willkürlich abgebrochen werden kann, aber forttreibt ins Endlose (Hegel: die „schlechte Unendlichkeit"). Sie ist von der metaphysischen Denkgeschichte her gesehen nur zu übersteigen auf die andere Ebene der ontologisch-transzendentalen Voraussetzungen dieser endlosen Reihe im ganzen selbst hin (vgl. ↗a priori).

Reid, *Thomas,* schott. Philosoph, * 1710 Strachan bei Aberdeen, † 1796 Glasgow. Lehrte ebd. Gegner Humes (und allg. der Annahme der in erster Linie subjektimmanenten Bedeutung der Vorstellungen [„Ideen"]); Hauptvertreter der Common-sense-Lehre der ↗Schottischen Schule.

Reimarus, *Hermann Samuel,* Philosoph und Theologe, * 1694 Hamburg, † 1768 ebd. Entschiedener Bibel- und Dogmenkritiker. Trat, unter Einfluß von Ch. v. Wolff und dem engl. Deismus, für eine natürliche oder Vernunftreligion ein („Apologie", Teile daraus 1774 von Lessing als „Wolfenbütteler Fragmente" veröffentlicht).

Relation (lat. relatio, Beziehung), die Beziehung, das Verhältnis zwischen Zweien (den Relaten). In der aristotelisch-scholastischen Tradition ist R. eine der Kategorien der ↗Akzidenzien, die zur Substanz (dem Seienden in seinem unveränderlich bleibenden Wesen) nur hinzutreten. Im neuzeitlichen Denken geht die R. zunehmend in den Begriff der Substanz selbst mit ein (u. a. Leibniz; Kant: die Substanz ist eigentlich ein Inbegriff von Relationen, die R. wird zur Bezeichnung einer die Substanz, die Kausalität und die Wechselwirkung unter sich befassenden Kategoriengruppe; Hegel). In unterschiedlicher Weise erfolgt seither die Ablösung des Substanz-Denkens durch das System-, Funktions- und Struktur-Denken, das alles, was ist, aus der Relationalität und Prozessualität seiner Erscheinungen zu begreifen sucht. Eine besondere Form des Beziehungsdenkens zeigt sich in der dialogischen Philosophie.

Relativismus (von lat. referre, zurückbringen, -beziehen), Ende des 19. Jh. aufgekommener Begriff, zumeist negativ-kritische Kennzeichnung von Anschauungen, die bestreiten, daß sich das Bewußtsein in die Gegenwart der Wirklichkeit, wie sie unabhängig von diesem Bewußtsein an sich selber sei, bringen könne, die vielmehr behaupten: alles Wahrnehmen, Erkennen, Norm-Anerkennen usw. hat Geltung nur „relativ" auf das Subjekt, ist bedingt durch die physisch-psychische individuelle oder gattungsspezifische Anlage, durch gruppengesellschaftliche, breitere gesellschaftlich-kulturelle oder allg. menschliche Interessen der Selbsterhaltung und -durchsetzung, durch geschichtlich-epochale Lebenssituationen, die sich wandeln, usw. Unter R. fällt dann eine Vielzahl von Positionen: erkenntnistheoretischer Wahrheits-R. und ethischer Wert-R., Psychologismus, Biologismus, Pragmatismus und Instrumentalismus, Soziologismus, Subjektivismus und Anthropozentrismus, Kultur-R., Historismus usw. – Als Vertreter eines R. in der Antike gilt Protagoras („Der Mensch ist das Maß aller Dinge"). In der Neuzeit lehrt Kant die Unerkennbarkeit der „Dinge an sich" und die Rückbezogenheit aller Erkenntnis auf das Subjekt, aber er will durch dessen überindividuelle (transzendentale) Verfassung zugleich die verbindliche Wahrheit der „Dinge für uns" (Erscheinungen, Gegenstände) und die allgemeine Gültigkeit eines Prinzips für alle Wertsetzungen und damit die (theoretisch-wissenschaftliche und die sittlich-praktische) „Objektivität" sichern. Neuere Wissenschafts-, Erkenntnis- und Handlungstheorien suchen, entgegen diesem „spekulativen", transzendental-apriorischen Ansatz, aber auch gegen eine relativistische Beliebigkeit, die Verbindlichkeit zu sichern durch Rückbezug des Sinns von objektiver Realität und normativer Gültigkeit auf leitende Grundvorstellungen (Paradigmen; T. S. Kuhn) und (solange unwiderlegt) bewährte Hypothesen (K. Popper), auf Konsens anstrebende Diskurse (J. Habermas), auf Rahmentheorien mit je ihrer

„letztlich unerforschlichen Ontologie" (W. v. O. Quine), da Wahrheit jedenfalls nicht mehr „als Korrespondenz mit einer fertigen Welt" zu denken ist. Im Blick auf Kant und die genannten Richtungen wird statt von R. auch von *Relationismus* gesprochen. Das geschichtlich-hermeneutische Denken ist bestrebt, im Begriff der ↗Geschichtlichkeit und des Aprioriwandels (↗a priori) Absolutheit (absolut) und Relativität der Wahrheit zusammen zu denken. Vgl. ↗Perspektivismus.

Religionsphilosophie, die philos. Erörterung der Religion als des wesentlichen Selbstbezugs des Menschen in seiner Selbst- und Welterfahrung auf das Heilige, Göttliche, Gott. Die disziplinäre Grundlegung und Ausbildung wurde erst möglich auf dem Boden des neuzeitlichen Selbstverständnisses des Menschen als Subjekt. Dabei löste sie, wie bei Kant deutlich hervortritt, die vorausgehende metaphysisch-philos. (rationale oder natürliche) Theologie ab, die darzulegen suchte, als was und wie Gott sich von sich her zur Welt und zum Menschen verhält, oder Theologie erfährt, wie bei Hegel, eine Umformung durch die Verschmelzung mit der R. innerhalb der Systematik und der Geschichte des (bei Hegel: absoluten) Wissens. Für die weitere Entwicklung der R. im 19. und 20. Jh. kommen, neben Anknüpfungen bes. an Kant (P. Natorp, H. Cohen; dieser Richtung nahestehend durch die Methodik der Analyse des „religiösen Bewußtseins" E. Troeltsch), Anstöße von Kierkegaard, dann von der Rezeption der Husserlschen Phänomenologie bes. durch Scheler und von der phänomenologisch arbeitenden Religionswissenschaft R. Ottos, G. van der Leeuws und M. Eliades. Hauptthemen solcher R. sind die religiöse Erfahrung und ihre gemeinschaftsbildende Bezeugung in den Grundformen des Kultes (Opfer, Gebet usw.), die grundsätzlichen Verstehenshaltungen des religiösen Menschen und die Grunderscheinungsweisen jener außergewöhnlichen Wirklichkeit, von der sich der Mensch in der religiösen Erfahrung betroffen erfährt und die jeden Versuch einer natürlich-alltäglichen Erklärung zwar nicht widerlegt, aber sich ihm einfach entzieht. Religionsphilosophische Ansätze wurden ferner entwickelt im Raum evangelischer und katholischer Theologie zur Selbstklärung der menschlichen Mitvoraussetzungen offenbarungstheologischen Denkens (P. Tillich, E. Brunner; E. Przywara, K. Rahner). Angesichts der unterschiedlichen Ansätze und methodischen Zugänge stellt sich die Aufgabe, diese ins Gespräch und zu einem Zusammenspiel zu bringen (R. Schaeffler).

Religionsphilosophische Untersuchungen sind stets auch durch eine kritische Absicht gekennzeichnet. Die Bemühungen bis zu Kant hin zielten weitgehend auf den Begriff einer „natürlichen" (vernünftigen) Religion ab. Er sollte, in engster Verbindung mit dem moralphilos. Grundbegriff der Sittlichkeit (Kant: Religion „innerhalb" der Grenzen der ethisch-praktischen Vernunft), zum Beurteilungsmaßstab einer jeden positiven (geschichtlich erscheinenden) Religionsgestalt dienen. Dagegen betonen spätere religionsphilos. Zugänge mit dem Zusammenhang von R. und Ethik zugleich stärker die Differenz und Nichtreduzierbarkeit, vor allem auch, daß es nicht *den* Begriff und *die* Religion gibt, sondern Religion nur in und als die geschichtlichen Religionen, deren jede ihr eigenes maßgebendes Verständnis von dem ausbildet, was Religion wesentlich sei.

Eine extrem-kritische Form der Reflexion auf Religion stellt die nach Hegel einsetzende *Religionskritik* dar. In ihrer atheistischen Form, mit der Reduktion der Theologie auf Anthropologie (Feuerbach) und der Religion auf soziale Elendsverhältnisse (Marx), versteht sie Religion schlechthin als geschichtlich-gesellschaftlich bedingte Fehlleistung des Menschen und das religiöse Mensch-Gott-Verhältnis als mißglücktes oder noch nicht geglücktes Selbstverhältnis des Menschen zu seinem eigenen Wesen, als Selbstentfremdung. Auch für Nietzsche ist die (insbes. christliche) Religion ein Entfremdungsphänomen, nämlich des schwach gewordenen und nichts mehr als die göttliche Ruhe wollenden Willens. Religionskritische Impulse gehen ferner aus von der Psychoanalyse Freuds und von der Analyse der religiösen Sprache durch die analytische Philosophie.

Revolution (von lat. revolvere, zurückwälzen), im Mittelalter in Astronomie und Astrologie gebrauchte Bezeichnung für den „Umschwung" eines Himmelskörpers in seiner Bahn, deutbar als Rückkehr zu einem Anfang und Neubeginn (in der christlichen Glaubensvorstellung der renovatio rerum, Erneuerung aller Dinge, ist es der heile Anfang, zu dem die Wiederherstellung führt, wobei der Gedanke der fortlaufenden Wiederholbarkeit ausgeschlossen ist; vgl. auch ↗Palingenese). Im 16./17. Jh. wird der Begriff der R. auf politische Vorgänge, später auch auf wirtschaftliche („industrielle R.en") und kulturelle übertragen. Die „Heilserwartung" verbindet sich aber nicht mit der Erneuerung aus dem alten Anfang oder gar der zyklischen Wiederkehr. In der politischen R. soll vielmehr der Umschlag erfolgen aus einer Unheilssituation in eine gerechte Herrschafts- und Gesellschaftsordnung. Als Kennzeichen einer R. sind, orientiert an der Französ. R., zu nennen: 1. die gewaltsame Veränderung (Gegensatz: Evolution), die 2. von einer breiten Bewegung getragen wird (Unterschied: Revolte) und sich 3. als Verwirklichung eines theoretisch-ideologischen Programms versteht (K. Griewank). Damit zeigt sich der Unterschied des modernen R.sbegriffs, der eine radikale qualitative Veränderung meint (Marx, Engels), zu vergleichbaren älteren Auffassungen: der metabole bei Aristoteles, den mutazioni bei Machiavelli, den changements bei Bodin. – In wissenschaftshistorischem und -theoretischem Bereich wird vielfach die Wissens-, Wissenschafts- und allgemeine Geistesgeschichte nicht mehr als kontinuierlicher Fortschritt, sondern als durch Umbrüche (z. B. wissenschaftliche R.en) der gegenständlichen und methodischen Leitvorstellungen hindurch gehendes Geschehen ausgelegt (T. S. Kuhn: Paradigmenwechsel).

Rickert, *Heinrich,* * 1863 Danzig, † 1936 Heidelberg. 1894 Prof. in Freiburg i. Br., 1916 Heidelberg. Mit W. Windelband Hauptvertreter der ↗Südwestdeutschen Schule des Neukantianismus. Er unterschied methodologisch die Begriffsbildung der Kultur-(Geschichts-)Wissenschaften als „individualisierend" von derjenigen der „generalisierenden" Naturwissenschaften.

Ricœur, *Paul,* französ. Philosoph, * 1913 Valence. 1957 Prof. in Paris, 1966 Nanterre, 1970 Chicago. Von der Aneignung und Auseinandersetzung mit der Phänomenologie (Husserl) und Existenzphilosophie (Jaspers, Marcel) ausgehend entwarf er eine Philosophie des Willens, in deren anthropologischem Grundverständnis die Fehlbarkeit des Menschen, seine Endlichkeit und sein Schuldig-werden-Können Schlüsselbegriffe sind. Von daher ergab sich die Wendung zu einer hermeneutischen Phänomenologie, deren Interesse leitend wurde für seine Interpretationen der Freudschen Psychoanalyse und der strukturalistischen Theorien und für seine Analysen des metaphorischen und symbolischen Sprechens und Denkens.

Ritter, *Joachim,* * 1903 Geesthacht, † 1974 Münster. 1946 Prof. in Münster i. W. Zentrales Thema seiner Forschungen ist der Zusammenhang von Metaphysik, Ethik und Politik mit seinen geschichtlichen Ausprägungen in der Kontinuität und im Wandel von Aristoteles zu Hegel. Angesichts der zunehmenden Versachlichung und Entfremdung im modernen gesellschaftlichen Leben haben nach R. allg. die Geisteswissenschaften die Aufgabe, dessen Geschichtslosigkeit zu kompensieren durch Erinnerung der geschichtlichen und geistigen Welt des Menschen.

Rombach, *Heinrich,* * 1923 Freiburg i. Br. 1964 Prof. in Würzburg. Entwickelte von Husserl und Heidegger her seine genetisch-phänomenologische „Strukturontologie" (1971), die sich als philos. Präzisierung des (nach dem Substanz- und Systemgedanken) heraufgekommenen Strukturdenkens versteht („Substanz, System, Struktur", 2 Bde., 1965–66). Struktur ist die Artikulation des konkreativen Prozesses der Freiheit alles Wirklichen, der Natur- wie der menschlichen Lebenswirklichkeit („Strukturanthropologie", 1987). Die je geschichtlichen Welten sind nicht in einem allg. übergreifenden Horizont hermeneutisch zu erhellen, sondern nur im Einstieg in ihre hermetische Selbstgestaltung („Welt und Gegenwelt", 1983).

Rosenkranz, *Karl,* * 1805 Magdeburg, † 1879 Königsberg. 1831 Prof. in Halle, 1833 Königsberg. Den Althegelianern (mit ihrer Orientierung an Hegels logischer und absoluter „Idee") zuzuordnen, bildete unter ihnen jedoch Hegels Philosophie am selbständigsten weiter.

Rosenzweig, *Franz,* * 1886 Kassel, † 1929 Frankfurt a. M. Gründete ebd. 1920 das „Freie Jüdische Lehrhaus". Einer der bedeutendsten Denker des modernen Judentums. Sein Weg führte vom deutschen Idealismus zur Erfahrung und Selbstreflexion jüd. Existenz in der Welt, in der Lebensgemeinschaft mit den Menschen, vor Gott („Der Stern der Erlösung", 1921). Mit Eugen Rosenstock-Huessy Erneuerer des jüd.-christlichen Religionsgesprächs. Führender Vertreter (mit M. Buber und F. Ebner) der ↗Dialogischen Philosophie.

Rosmini-Serbati, *Antonio di,* italien. Philosoph, Theologe, Politiker, * 1797 Rovereto, † 1855 Stresa. Ordensgründer (Rosminianer). Setzte sich ein für die nationale Einigungs- und Erneuerungsbewegung Italiens. Kritiker des Sensualismus und Subjektivismus, aber auch der aristotelischen Abstraktionstheorie. Ob seine Annahme des ersterkannten „idealen Seins" als Voraussetzung aller weiteren Erkenntnis (Gottes und der Welt) dem ↗Ontologismus verwandt ist, ist umstritten.

Rothacker, *Erich,* * 1888 Pforzheim, † 1965 Bonn. 1924 Prof. in Heidelberg, 1928 Bonn. Suchte im Anschluß an Dilthey eine allg. philos. Grundlegung der Geisteswissenschaften auszuarbeiten, insbes. eine Kulturanthropologie als Verständnisboden für die Entwicklung der je eigenwesentlichen Kulturen und für die entsprechenden Kulturwissenschaften.

Rousseau, *Jean-Jacques,* französ.-schweizer. Schriftsteller, Kulturkritiker, Philosoph, * 1712 Genf, † 1778 Ermenonville bei Paris. Nach Wanderleben, Betätigung in vielen Berufen und autodidaktischer Bildung Mitarbeiter der französ. Enzyklopädie. Mit seinen darauffolgenden gesellschaftskritischen und staatspolitischen Schriften wurde er zum Haupttheoretiker der Französ. Revolution und gab

Anstöße darüber hinaus (u. a. Kant, deutscher Idealismus, Marx). – Berühmt wurde er insbes. durch seine zwei Preisschriften „Discours sur les sciences et les arts ..." (1750) und „Discours sur l'origine et les fondements de l'inégalité ..." (1754). Künste und Wissenschaften, insgesamt die Entwicklung der Kultur, sind ursächlich nicht für eine Veredelung, sondern gerade für den Sittenverfall der Gesellschaft (darauf bezogen in weiter Interpretation: „Zurück zur Natur"). Von daher und bes. auch durch die Eigentumsbildung (mit den einhergehenden Vorrechten und Machtmöglichkeiten) kommt die Ungleichheit und Ungerechtigkeit, wogegen im ursprünglichen Zustand unter den Gesetzen der Natur und des Herzens vergleichsweise Armut, aber glücklicheres Leben herrschte. In „Du contrat social ..." (1762; Weiterführung von Ansätzen Hobbes' und Humes) suchte R. zu zeigen, daß der Mensch zwar von Natur frei ist, aber vom jetzigen Kulturstand kein Weg zurückführt, vielmehr Gesetzeszwang nötig ist. Doch muß die oberste Staatsgewalt Ausdruck des „Gemeinwillens" (volonté général) sein. Er bildet sich durch den „Gesellschaftsvertrag" aus den aufs Gemeinwohl zielenden Willensrichtungen der Einzelnen. Er ist damit unterschieden vom „Willen aller" (volonté de tous), der Gesamtheit bloß egoistischer Einzelwillen. R.s Erziehungslehre („Emile ou sur l'éducation", 1762) will vor den schlechten Einflüssen der Gesellschaft bewahren, die natürlichen Anlagen möglichst sich selbst entwickeln lassen und die Selbstbildung fördern.

Russell, *Bertrand,* engl. Mathematiker, Philosoph, Gesellschaftskritiker, * 1872 Trelleck, † 1970 Penrhyndenraeth (Wales). 1910–16 Dozent in Cambridge. Als Pazifist öfters in Konflikt mit der Regierung. Seit 1939 Lehrtätigkeit an amerikan. Universitäten. Erhielt nach dem Zweiten Weltkrieg mehrfach hohe Auszeichnungen (u. a. Nobelpreis). – Bedeutend als mathematischer Logiker (von F. L. G. Frege beeinflußt), verfaßte zus. mit A. N. Whitehead die „Principia Mathematica" (1910–13), ein Ausgangswerk der Analytischen Philosophie. Von Wittgensteins „Tractatus" angeregt, vertrat und bezeichnete er seine Philosophie als „Logischen Atomismus". Atomare Sätze beschreiben elementare Wahrnehmungseinheiten von Sinnesdaten.

S

Saint-Simon, *Claude-Henri de Rouvroy,* französ. Sozialreformer, * 1760 Paris, † 1825 ebd. Von religiösen Ideen bestimmt, aber Gegner des Adels und Klerus; forderte er eine neue Moral, Beseitigung sozialer Ungleichheiten, Verhinderung des Mißbrauchs des Eigentums, planwirtschaftliche Lenkung. Beeinflußte stark A. Comte und die späteren Sozialisten.

Säkularisierung (von lat. saeculum, [Welt-]Zeitalter), ursprünglich kirchen- und staatskirchenrechtlicher Begriff (Übertritt eines Ordensgeistlichen in den Weltklerus, Enteignung kirchlicher Güter und Übernahme in staatlichen Besitz), erlangt S. bes. seit dem 19. Jh. eine weitere Bedeutung: die „Verweltlichung" traditionell religiös geprägter Lebenszusammenhänge in Teilbereichen (Wissenschaft, Recht, Politik usw.) oder im Ganzen der Kultur, die Entsakralisierung, Profanisierung. So erscheint insbes., nach Ansätzen im Renaissance-Humanismus, die europäisch-neuzeitliche Aufklärung mit ihrer Emanzipation aus kirchlichen und allg. religiösen Bindungen als (unterschiedlich bewerteter) Vorgang der S., und die universalen Geschichtsdeutungen von Hegel, Marx u. a. können als säkularisierte Geschichtstheologie gedeutet werden (K. Löwith, 1953). Eine Streitfrage ist, ob dieser Vorgang der S. eine Verfälschung und (gnostizistische [E. Voegelin, 1952]) Ersetzung ursprünglich christlicher Gehalte bedeutet oder die von diesen selbst her ermöglichte Fortbildung und Fortwirkung. In einem radikaleren Sinn konnte, vor allem im Raum reformatorischer Glaubenshaltung, die nach dem Urchristentum alsbald einsetzende Einwurzelung in die gesellschaftlich-politische Handlungs- und wissenschaftliche Denkkultur als S. des ursprünglichen Christentums, seine Verweltlichung und Vergeschichtlichung, kritisiert werden (J. Overbeck; S. Kierkegaard).

Santayana, *George,* span.-amerikan. Philosoph und Lyriker, * 1863 Madrid, † 1952 Rom. 1889–1912 Prof. in Cambridge (Mass.). Geprägt durch den amerikan. Pragmatismus (W. James u. a.), suchte er, im Durchgang durch skeptische Bedenken, einen neuen philos. Realismus zu begründen in der Behandlung der alten ontologischen Thematik von Sein, Wahrheit, Geist.

Sartre, *Jean-Paul,* französ. Philosoph und Schriftsteller, * 1905 Paris, † 1980 ebd. Hauptvertreter des ↗Existentialismus in Frankreich, Autor zahlreicher Romane und Theaterstücke. War Gymnasiallehrer in

Le Havre und Paris, während der deutschen Besatzung im Widerstand tätig, 1945 mit Merleau-Ponty Gründer der Zeitschrift „Les Temps Modernes". Seine Lebensgefährtin war Simone de Beauvoir. – Von der Phänomenologie Husserls und dem Existenzdenken Heideggers empfing er die stärksten Impulse für sein erstes Hauptwerk „L'Être et le Néant" (1943). Dem „Sein" der Erscheinungen der Dinge (die sind, was sie sind) als dem An-sich-Sein wird gegenübergestellt das Für-sich-Sein des Menschen in seinem radikalen Freiheitsbewußtsein als vergleichsweise „Nichts", da er sein Wesen und Sein erst je zu entwerfen und zu realisieren hat (die Existenz geht der Essenz sachlich vorher) und dieser Notwendigkeit nicht entfliehen kann („zur Freiheit verurteilt"). Aus seiner langen Auseinandersetzung mit dem Marxismus, die zum Versuch einer Verbindung des Existentialismus mit der marxist.-materialistischen Geschichtstheorie führt, geht das zweite Hauptwerk hervor, „Critique de la raison dialectique" (1960). Die menschliche Grundsituation (der einsamen Freiheit und ihrer Bedrohung durch „die anderen") wird erweitert um das Element der Materie (Natur), welche die Freiheit, auch die gesellschaftlich verbundene, praktisch einschränkt und entfremdet. Insofern es die Existenzmöglichkeit gerade auch von gemeinschaftlicher Freiheit nur als „Diktatur" der Freiheit gibt, hält sich S.s sozialer Pessimismus bis zuletzt durch.

Satz, die sprachliche Grundeinheit, aus wenigstens drei (S.subjekt, Kopula [„ist"], Prädikat) oder zwei Gliedern (S.subjekt, S.aussage) bestehend; Hauptthema der Syntax. Gewöhnlich als lautlicher und graphischer Ausdruck eines Gedankens verstanden. Die traditionelle Logik war vornehmlich am feststellenden oder Aussage-S. (lat. propositio) orientiert, wobei S. und Urteil oft gleichbedeutend gebraucht wurden. Die analytische Sprachphilosophie und moderne Logik nahmen auch andere S.arten (Frage-, Befehlssätze) mit in den Blick.

Saussure, *Ferdinand de,* Sprachwissenschaftler, *1857 Genf, †1913 Vufflens-sur-Morges (Waadt). 1891 Prof. in Genf. Mit seiner Unterscheidung von menschlicher Sprache überhaupt (langage) und besonderer Sprache (langue) einerseits und dem Vorgang des Sprechens (parole) andererseits, vor allem mit seiner Ansetzung der Sprache als eines „Systems von Zeichen" und von deren „Gebrauchsregeln" hatte S. großen Einfluß auf die neuere Sprachphilosophie, wurde er zum Begründer der modernen Linguistik und zum Wegbereiter des Strukturalismus.

Schein (etymolog. verwandt mit „schön" und „schauen"), in der Tradition, die bes. gekennzeichnet ist durch die bis über Platon zurückrei-

chende Lichtmetaphorik (vgl. ↗Lichtmetaphysik), in mehrfältiger Bedeutung gebrauchte Bezeichnung: das von etwas ausgehende Leuchten (sinnliches oder „geistiges" Licht); das darin ermöglichte Erscheinen von etwas in seiner restlosen Offenbarkeit und d. h. Wahrheit seines Wesens (so der platonischen idea in der theoria des reinen Denkens im Licht des agathon); bes. das Erscheinen von sinnlich-wahrnehmbarem Wirklichen (phainomenon, Phänomen, im Unterschied zum nichtsinnlichen noumenon), worin dessen Wesensbild mit aufscheint, aber zugleich noch verhüllt ist und erst (platonisch in der „Erinnerung", Intuition, aristotelisch durch Abstraktion) zur geistigen Anschauung gebracht werden muß; schließlich vor allem das Erscheinen, worin sich etwas gerade nicht als das zeigt und vermeint wird, was es selber wesentlich ist, sondern als etwas anderes (Unwahrheit, Täuschung, Irrtum, „bloßer" S.). So gehört von Beginn an der S. in den Problemzusammenhang von ↗Sein und S., Wahrheit und Irrtum, Wirklichkeit und bloße Einbildung.
Bei Kant beruhen der „empirische S." und die nur scheinbar wahre Erkenntnis allein in dem durch die Einbildung verführbaren irrigen Urteil über gegenständliche Erscheinungen. Dieser „logische S." kann im Erkenntnisgang beseitigt werden, nicht dagegen der „transzendentale S.", der auch als aufgedeckter bestehenbleibt: als unvermeidliche „Illusion" und „Blendwerk", die Kategorien des Verstandes könnten über die sinnlichen Erfahrungsgegenstände hinaus auf Dinge in ihrem wesentlichen An-sich-Sein angewendet werden, das aber gerade nicht zur Anschauung zu bringen und deshalb unerkennbar ist (vgl. ↗Dialektik"). Der Kantische und der deutsche Idealismus weisen die Kritik „realistischer" Positionen zurück, die Erfahrungswelt werde als Erscheinung des endlichen bzw. absoluten Geistsubjekts zum bloßen S. herabgesetzt. Im Ausgang von Schopenhauer, aber dessen Willensverneinung in Bejahung umwendend, erklärt Nietzsche alle Wahrheitsbewertung der sog. „wirklichen" Welt aus dem Willen zum S., zur Illusion, Täuschung, Lüge um der Lebenserhaltung und -steigerung willen (vgl. auch ↗Als-ob, ↗Fiktionalismus, ↗Instrumentalismus, ↗Pragmatismus). Für Heidegger gehört mit dem Wahrheitsgeschehen (Entbergung) zugleich der S. (Verstellung, Beirrung) als Grundzug in den Bezug von Sein und menschlichem Dasein. Der logische Positivismus will empirietranszendierende („metaphysische") Fragestellungen, da sie nicht wissenschaftlich zu stellen und zu beantworten sind, als S.probleme (R. Carnap) entlarven.
In Unterscheidung zur erkenntnismetaphysischen, auf Sein und

Wahrheit bezogenen Bedeutung gewinnt ein ästhetischer Begriff des S. durch Schiller seine Bedeutung. Die Kantische scharfe Entgegensetzung von empirischer Realität und transzendentaler Idealität soll im ästhetischen, im „schönen S." der Kunst überwunden und in ihrem Reich des „Spiels" die Versöhnung von Erscheinungswirklichkeit und sittlicher Freiheit geleistet sein. Im deutschen Idealismus aber ist Schönheit als „sinnliches Scheinen der Idee" selber (Hegel) als des Grundes aller Wirklichkeit verstanden, dem freilich mehr als das sinnliche Anschauen das spekulative Begreifen gemäß ist. In der psychologischen Ästhetik des 19. und 20. Jh. haben der schöne S., die Illusion und das Spiel, dem Ernst der Wahrheit und Wirklichkeit gegenübergestellt, nochmals zentrale Bedeutung. Die Wahrheitsfrage des Schönen und seines Scheinens in der Kunst wird in je eigener Weise wieder aufgenommen in Heideggers Seinsdenken und Adornos gesellschaftskritisch gerichteter Philosophie der Kunst. ↗Ästhetik.

Scheler, *Max,* * 1874 München, † 1928 Frankfurt a. M. 1919 Prof. in Köln, 1928 Frankfurt a. M. Von R. Eucken herkommend, nahm S. Einflüsse der Lebensphilosophie, der Phänomenologie Husserls vor allem und der augustinischen Denküberlieferung auf und entwickelte später schließlich eine Art pantheistischen Evolutionismus (Nähe zu Böhme, Baader, Schelling, Hegel). – Das Hauptwerk „Der Formalismus in der Ethik und die materiale Wertethik" (1913–16) vertritt – gegen den kantisch-neukantianischen ethischen Formalismus – auf der Grundlage der Wesensschau und des Wertfühlens eine inhaltliche Ethik mit allgemeiner Verbindlichkeit. Damit wird der naturalistische oder positivistische Wertrelativismus überwunden. S. unterscheidet nach dem Rang die Werte a) des sinnlichen Fühlens (des Angenehmen), b) des vitalen Fühlens (des Edlen), c) des geistigen Fühlens (des Schönen, Rechten, Wahren), d) der absoluten Liebe (des Heiligen; bedeutsam für die Religionsphilosophie). Ihnen entsprechen als Wertpersontypen der Künstler des Lebensgenusses, der Held, der Genius und der Heilige. „Vom Umsturz der Werte" (1919) enthält u. a. eine einfühlsame Kritik Nietzsches. In „Die Wissensformen und die Gesellschaft" (1926) gab S. eine Soziologie des Wissens, wobei er lehrte, der Geist sei im Gegensatz zum Trieb nur Determinations-, nicht Realisationsfaktor der Kultur. Das Bekenntnis zum Personalismus und die angebliche Erfahrung der Ohnmacht des Geistes kennzeichnen „Die Stellung des Menschen im Kosmos" (1928). „Der Mensch – ein kurzes Fest in den gewaltigen Zeitdauern der universalen Lebensentwicklung. Seine

Geschichte ist ... hineingeflochten in das Werden der Gottheit selbst" („Philosophische Weltanschauung", 1929).

Schelling, *Friedrich Wilhelm Joseph von,* *1775 Leonberg (Württ.), † 1854 Bad Ragaz. Eine führende Gestalt des deutschen ↗Idealismus. Studierte mit Hegel und Hölderlin zus. im Tübinger Stift, wurde auf Fichtes und Goethes Betreiben 1798 Prof. in Jena; seit 1803 Prof. in Würzburg, Erlangen, München, 1841 Berlin. An Fichte anknüpfend, von Spinoza, später auch von G. Bruno und J. Böhme stark bestimmt, hat S. dem romantischen Denken den klarsten philos. Ausdruck gegeben.

Für seine pantheistische Naturphilosophie (1. Periode, bis ca. 1800) ist die Natur ein Organismus, aus dem unbewußten Geist gestaltet, der sich in ihr und durch sie zum selbstbewußten Ich entfaltet. Es wird somit das Reelle ins Ideelle erhoben. Die „Transcendentalphilosophie" führt gegenläufig das Ideelle ins Reelle, indem sie als theoretische ohne Bewußtsein die Natur, als praktische mit Bewußtsein die Freiheit in Recht und Staat hervorgehen und als Philosophie der Kunst (Ästhetik) die Harmonie des Bewußtlosen und des Bewußtseins als Schönheit anschauen lasse. Nach S.s Identitätsphilosophie (2. Periode, ca. 1801–1806) sind Geist und Natur im unterschiedslosen „Absoluten" identisch, aus dem sie sich in die Zweiheit des Reellen und Ideellen entfalten, um wieder zur Einheit zurückzustreben. Das Absolute wird im Akt der „intellektualen Anschauung" als das All-Identische ergriffen; sie ist im Grunde die intellektuelle Selbstanschauung Gottes („Bruno oder Über göttliche und natürliche Prinzipien", 1802), und das Universum ist die Selbsterscheinung dieses Absoluten, die Identität von absolutem Organismus und absolutem Kunstwerk. In der 3. Periode (seit ca. 1806) neigt S. mit F. v. Baader u. a. einer gnostischen Theosophie zu. In den „Philos. Untersuchungen über das Wesen der menschlichen Freiheit" (1809) unterscheidet er in Gott von Gott den Grund seiner Existenz, der nicht er „selbst", nicht der freie Wille der Liebe ist, sondern die „Natur" in Gott, gleichsam ein schöner Drang. Diese Differenz in Gott setzt die absolute Indifferenz als „Ungrund" voraus. In dem dunkel dranghaften Grund der Existenz gründet auch der Eigenwille der Kreatur, der die Erklärung der Möglichkeit des Bösen im Menschen abgibt, wobei die Wirklichkeit des Bösen in Freiheit die eigene Tat des Menschen bleibt. In seinen bes. gegen Hegels Dialektik der absoluten Vernunftidee gerichteten Berliner Vorlesungen schließlich will S. alle bisherige nur „negative" Philosophie der Vernunft ergänzen und korrigieren durch eine „positive" Philosophie der Mythologie und der Offenbarung. Sie will die Wirklichkeit des Lebens Gottes von daher entgegennehmen, wie dieses sich in Freiheit selbst in der Geschichte des religiösen Lebens der Menschen manifestiert. Das philos. Denken sucht hier, ohne sich irrationalistisch preiszugeben, sich selbst zu übersteigen auf ein Unvordenkliches und Anderes hin, das durch die Vernunft nicht restlos ins Denken einholbar und gleichwohl dem Denken aufgegeben ist. Diese Spätphase S.s erfährt zunehmend Aufmerksamkeit.

Schema (griech., Plural: Schemata), ursprünglich Gestalt und ordnende Gestaltung, Grundmuster, erlangt in der Neuzeit die Bedeutung der bildhaften Darstellung einer operativen Verfahrensregel beim Erkennen und technischen Herstellen. In Kants Analyse des Erkennens und Denkens meint S. diejenige Vorstellung, die zwischen dem nichtsinnlichen Begreifen und dem davon scharf zu trennenden sinnlichen Anschauen ein Mittleres ist, so bes. zwischen den gegenstandskonstituierenden reinen Verstandesbegriffen (Kategorien) und den entsprechenden vorbegrifflichen reinen Anschauungen (Raum und Zeit). Die Veranschaulichungen der reinen Vernunftbegriffe (Ideen), denen überhaupt keine sinnliche Anschauung korrespondieren kann, sind „Analoga" solcher S.ta. Die „transzendentalen S.ta" entspringen der transzendentalen Einbildungskraft. Im deutschen Idealismus (vor allem bei Schelling, Fichte) erlangen die Einbildungskraft und die Schematisierung besondere Bedeutung für die Erklärung des Hervorgangs der Erscheinungswirklichkeit.

Schichtenlehre oder Schichtentheorie, Bezeichnung insbes. für N. Hartmanns ontologische Lehre vom Aufbau der Gesamtwirklichkeit in (vier) Schichten: materielle, die sie überformende physische, die seelische und die sie überbauende geistige Schicht. Vielfach lehrten Theorien der Tiefenpsychologie (Freud: Es, Ich, Über-Ich; u. a.) und philosophisch orientierte psychologische Theorien (E. Rothacker, P. Lersch u. a.) eine Schichtung oder Stufung im Aufbau der Persönlichkeit und der Bildung des Charakters. – Allg. geht der Gedanke der hierarchischen Stufung der Gesamtwirklichkeit (von der Materie bis zum Geist) und bes. des (vegetativen, animalischen, intellektiven) Lebens philosophisch bis auf die griech. Antike zurück.

Schleiermacher, *Friedrich Daniel Ernst*, * 1768 Breslau, † 1834 Berlin. Theologe und Philosoph, Übersetzer Platons, Hauptvertreter der philos. Romantik, stand in Verbindung mit F. Schlegel u. a. 1804 Prof. in Halle, 1810 Berlin. Als Gegner der Aufklärung, auch der Philosophie Fichtes und Hegels, setzte er in seinen „Reden über die Religion an die Gebildeten unter ihren Verächtern" (1799) der abstrakten Natur- und Vernunftreligion die Begründung einer apriorischen Anlage des Gemüts entgegen und kennzeichnete die Religion als „Anschauung des Unendlichen im Endlichen, des Ewigen im Zeitlichen" und als „Gefühl schlechthinniger Abhängigkeit". Folgenreich ist seine Erweiterung und Begründung der ↗Hermeneutik (bis dahin nur in theolog.-dogmatischer Bindung verstanden) als allgemeine Lehre des Verstehens und Auslegens von Texten in ihrer geschichtlichen Individualität durch den Interpreten, der die darin leitenden Gedanken und Motive des Autors nacherlebend herauszuheben sucht. Damit wirkte S. (insbes. über Dilthey) auf die Entwicklung des Methodenbewußtseins der Geisteswissenschaften.

Schlick, *Moritz,* * 1882 Berlin, † 1936 Wien (ermordet). Prof. in Rostock, Kiel, seit 1922 Wien. Hauptvertreter des logischen Positivismus; aus seinem Seminar ging der Wiener Kreis hervor. Seine Ethik ist eudämonistisch: Oberstes Handlungsziel ist das größtmögliche Glück.

Schluß (griech. syllogismos, lat. ratiocinatio), in der Logik das Verfahren, in dem aus mehreren Vordersätzen (Prämissen) nach bestimmten S.regeln ein S.satz (Konklusion) gefolgert wird. Der deduktive S. (↗Deduktion) geht vom Allgemeinen auf das Besondere, und der S.satz ist notwendig wahr, wenn die Vordersätze ihrerseits als wahr unmittelbar einsichtig oder mittelbar erweisbar sind. Der induktive S. geht von besonderen Einzelfällen auf ein allgemeines Gesetz, und seine Konklusion ist dann notwendig wahr, wenn sämtliche Einzelfälle berücksichtigt sind (was in den Erfahrungswissenschaften unmöglich ist; ↗Induktion). Die einfachste Form des S. ist der aus zwei Prämissen (propositio maior, Obersatz; propositio minor, Untersatz) folgernde S. In der traditionellen und vermehrt in der modernen Logik werden verschiedene S.figuren und deren je mehrere S.modi erhoben und analysiert. – Die Lehre vom S. (Syllogistik) wurde von Aristoteles in seinen „Analytiken" begründet und erhielt ihre Fortbildung im Verlauf der Entwicklung der ↗Logik.

Scholastik (von lat. scholasticus, Gelehrter), Bezeichnung für die in den mittelalterlichen Schulen ausgebildete philos. und theologische Lehrweise (vgl. ↗Quaestio, ↗Summa) und Denkungsart, die, sich weitgehend an Aristoteles orientierend, das griech.-antike Denken an die Neuzeit vermittelte. Kennzeichnend für die S. sind: die griech.-aristotelische Erfahrung einer gestuften Ordnung des Seienden im Ganzen; dessen Erkenntnis gemäß ewig gültiger, unwandelbarer Prinzipien; insbes. die Unterschiedenheit und Einheit von Glaube und Wissen, Theologie und Philosophie. So ist die S. eine unter dem Einfluß des Christentums und Judentums erfolgte Weiterentwicklung des ontologischen zum theologischen ↗Idealismus, der die Wesensordnung der Welt nun als Plan der Gedanken des Schöpfergottes deutet, indem sie die griech.-metaphysischen Grundbegriffe fortbildet und auf die (der theologischen Reflexion vorgegebenen) Offenbarungswahrheiten anwendet. Gewöhnlich wird unterschieden: a) Früh-S. (ca. 800–1200) mit dem ersten Auftreten des Universalienproblems, der Kenntnisnahme der logischen Schriften des Aristoteles und der Ausbildung der scholastischen Methoden (Albertus Magnus, Petrus Lombardus, Anselm von Canterbury); b) Hoch-S. (bis ca. 1400) mit dem Bekanntwerden der übrigen aristotelischen Schriften, der Auseinandersetzung mit der arabischen und jüdischen Philosophie, dem Bemühen um die Synthese der christlichen Überlieferung und des Aristotelismus (die Dominikaner Albertus Magnus, Thomas von Aquin, die bes. auf Augustinus zurückgreifenden Franziskaner Alexander von Hales, Bonaventura, Duns Skotus), dem Auftreten Ockhams und der beginnenden Auseinandersetzung mit dem Ockhamismus; c) Spät-S. (bis ca. 1500), die mit dem Auseinanderklaffen von mystischer Erfahrung und scholastischer Lehre die Auflösung der z. T. in formeller Begrifflichkeit erstarrten S. ankündigt; d) S. der Neuzeit (16. und 17. Jh.) bes. in Spanien und Italien (Cajetan, Suárez, Bellarmin) nach der Reformation und Renaissance; e) ↗Neuscholastik (seit dem 19. Jh.), durch die die S., nachdem sie als charakteristisch für die mittelalterliche Geisteshaltung empfunden und vielfach kritisiert worden war, seit dem 19. Jh. eine Neubewertung erfuhr.

Schöne (das Schöne) (etymologisch verwandt mit „schauen", „scheinen" [vgl. ↗Schein]), in der Antike weithin in Einheit (↗Kalokagathie) mit dem Guten und dem Wahren verstanden, metaphysisch begründet bes. bei Platon. In der mittelalterlichen Philosophie ist das S. (pulchrum) eine der transzendentalen Bestimmungen des Seins alles Seienden (↗Transzendentalien), so bei Thomas von Aquin, vor allem bei Johannes Skotus Eriugena und in der neuplatonisch-augustinisch orientierten Franziskanerschule. Als seine Grundzüge gelten Proportion (nach „Maß, Zahl und Gewicht" [Weish 11, 20]), Harmonie, Grad der Vollkommenheit in der Übereinstimmung von Erscheinung und Wesen, Abbildlichkeit der Schönheit Gottes im geschaffenen S. u. a. Die neuzeitlichen Bestimmungen des S. sind geprägt durch die von A. Baumgarten vorgenommene Einschränkung der Bedeutung auf die (vollkommene) „sinnliche" Erscheinungsweise eines Seienden und auf die ästhetische Wahrnehmung (bei ihm als untergeordnete, aber die begriffliche ergänzende Erkenntnisweise). Für Kant ruft das S., ohne das Besitzstreben unmittelbar zu erregen, reines „interesseloses Wohlgefallen" „ohne Begriffe" hervor, wobei er dem Natur-S. vor dem Kunst-S. den Vorrang zuspricht. Innerhalb des Ästhetischen unterscheidet er davon das Erhabene, bei dem die sinnliche Darstellung dem geistigen Gehalt gegenüber notwendig unzulänglich bleibt. Die Romantik sieht im Komischen das, bei dem es sich umgekehrt verhält. Im Ausgang von Kant und über ihn hinaus versteht Schiller das S., vornehmlich in der Kunst, als sittliche „Freiheit in der Erscheinung", Hegel faßt es als das „sinnliche Scheinen der Idee", als eine Gestaltstufe der Wahrheit, Nietzsche läßt es hervorgehen aus dem gestaltungsmächtigen Lebensdrang: Die Kunst, aus dem dionysischen Willen zum apollinischen Schein und zum (vor allem tragischen) S., ist „mehr wert als die Wahrheit". Heidegger deutet die Kunst als das je geschichtliche Sich-ins-Werk-Setzen der Wahrheit und die Schönheit als dieses Erscheinen. Für Adornos kritischen Blick auf die gesellschaftlich-kulturelle Situation ist S. der Schein, aber als bewußter der Vorschein der Wahrheit. – ↗Ästhetik.

Schopenhauer, *Arthur,* * 1788 Danzig, † 1860 Frankfurt a. M. Landläufig oft genannt der Begründer des „metaphysischen Pessimismus". Kurze Zeit Lehrtätigkeit in Berlin. Lebte zumeist auf Reisen, seit 1833 in Frankfurt. – Nach seiner Dissertation („Über die vierfache Wurzel des Satzes vom zureichenden Grunde", 1813) und einer an Goethe anknüpfenden Untersuchung „Über das Sehen und die Farben" (1816) verfaßte er sein von Platon, Kant und indischen Weisheitslehren beeinflußtes HW „Die Welt als Wille und Vorstellung" (1819, später überarbeitet und ergänzt). Dieses weist zurück auf Kants erkenntniskritische Unterscheidung von Erscheinung und Ding-ansich, versteht dieses jedoch in einer an Schellings Willensmetaphysik erinnernden (freilich enttheologisierenden) Weise als Wille. Und es weist vor auf Nietzsches frühe „Artistenmetaphysik" und späte Lehre vom „Willen zur Macht", der allerdings, anders als bei S., sich und die ewige Wiederkunft des Gleichen soll bejahen können. Die Erscheinungswelt geht nach S. hervor aus dem Urwillen, der, seiner selbst unbewußt, sich auf die Weise der Vorstellung mittels der (platonisch gefaßten Ideen) zu dieser gegliederten Welt entfaltet. Während in der Natur die Ideen nur getrübt verwirklicht sind, ist die Kunst deren reinste Darstellung. Das Fortschreiten des einfachen Urwillens zur Besonderung der Erscheinungsvielfalt bildet in dieser „schlechtesten aller Welten" (gegen Leibniz' Optimismus) die

Quelle des Weltleids. Von ihm kann die Kunst (bes. die Musik) nur zeitweilig erlösen, endgültige Erlösung ist nur durch die Verneinung des Willens zur Erscheinung, d. h. zum Leben, möglich (Nähe zum Buddhismus). Dementsprechend liegt die Wurzel der Sittlichkeit für S. im Mitleiden des Menschen mit dem leidenden Mitmenschen, mit allem Lebenden als Leidendem. – Die Leidens- und Erlösungsmetaphysik S.s hat vor Nietzsche bereits E. v. Hartmann und R. Wagner beeinflußt und bietet Anknüpfungsmöglichkeiten dort, wo entgegen unbekümmerter Fortschrittsfreudigkeit die Dialektik der Geschichte des Lebens in der Welt mit ihrer Verknotung von Gewinn und Verlust erfahren wird.

Schöpfung (griech. ktisis, lat. creatio), die Erschaffung der Welt durch eine göttliche Schöpferkraft, eine ursprünglich religiöse Vorstellung von der Entstehung der Welt, in fast allen alten Kulturen verbreitet (S.mythen), in der griech. Antike in Zusammenhang gebracht mit der Entstehung auch der Götter (Hesiod, Theogonie), philosophisch bei den Vorsokratikern zumeist bestritten: Das Weltganze ist in Wahrheit als unveränderliches Sein (Parmenides) wie als unaufhörliches Werden (Heraklit) ewig. Platon jedoch spricht von einem göttlichen Werkmeister (Demiurg), der die Welt nach dem Vorbild der Ideen in den leeren Raum bloßer Stofflichkeit erbaute, wogegen Aristoteles wiederum die Ewigkeit der Welt (der Formgedanken des göttlichen Denkens und der gleichursprünglich ewigen Materie, denn aus nichts entsteht nichts) lehrt. Der Begriff der göttlichen Welt-S. aus dem Nichts (creatio ex nihilo) findet seine strenge Fassung und philos. und theologische Klärung erst in der christlichen Glaubens- und Denkgeschichte (anknüpfend an bestimmte Stellen im Alten Testament, bes. Makk 7, 20). Er besagt negativ: daß Gott bei der Welt-S. keiner bereits vorgegebenen „Materie" bedurfte (im Unterschied zu jedem endlichen Schaffen), die Welt auch nicht wesensnotwendig aus dem göttlichen Ursprung hervorging (Kreation als Gegenbegriff zu ↗Emanation) oder der Schauplatz der Auseinandersetzung eines guten und hellen und eines bösen und dunklen Prinzips sei (extremer ↗Dualismus), und positiv: daß die Welt sowohl ihrer geistigen Ordnung wie ihrer Körperlichkeit nach durch das frei gewollte S.wort (Logos) des persönlichen Gottes ins Sein gerufen wurde, es somit Zeit (und Raum) selber erst mit dieser S. gab und die Welt in ihrer Abhängigkeit von Gott auf dessen fortwährende Erhaltung angewiesen bleibt (creatio continua), ohne die sie wieder ins Nichts zurückfiele. In der Neuzeit wandelt sich der S.begriff mit den unterschiedlichen philos. Fassungen des Gottesgedankens bzw. dessen kritischer Auflösung (Theismus, Deismus, Pantheismus, Atheismus). In der Gegenwart stellt für die S.philosophie ein besonderes Problem dar die Vermittlung mit der Theorie und empirischen Erforschung der Evolution.

Schottische Schule, philos. Richtung des 18. und 19. Jh. in Schottland, die an die englische Moralphilosophie und Ästhetik (vgl. ↗Gefühlsphilosophie) anknüpfte und unter Berufung auf den „gesunden Menschenverstand" (common sense) vor allem dem Humeschen empiristischen Skeptizismus entgegentrat. Von Th. Reid begründet, wandte sie sich in J. Beattie, D. Stewart, und Th. Brown neben Erkenntnislehre und Religionsphilosophie auch der Ethik, Psychologie und Ästhetik zu.

Schuld (sprachlich abgeleitet von sollen; das Gesollte), 1. rechtlich die Verletzung einer Rechtsnorm, die mit Strafe bedroht ist; 2. ethisch der Verstoß (durch Handlung oder Unterlassung) gegen ein sittliches Gebot (↗Sittlichkeit), der wissentlich (↗Gewissen), in freier Entscheidung (↗Freiheit), erfolgte und deshalb zu verantworten ist. Unterschiedlich gedeutet wird die Instanz, die die sittliche Forderung erhebt und der gegenüber die Verantwortung besteht. In der christlichen Überlieferung ist S. Sünde als Mißachtung des göttlichen Gebots, zurückgeführt auf die Ursünde („Erbsünde"), den Ausbruch aus der ursprünglichen Einheit mit Gott. Für Kant ist S. die bewußte Verletzung der unbedingten Verpflichtung gegenüber dem ↗Sittengesetz der sittlich-praktischen Vernunft, das ein vernünftiger Religionsglaube vorstellt, „als ob" es der göttliche Wille sei. Die schuldigmachende Handlung gründet in einem natur-anfänglichen, aber unerforschlichen Hang des Menschen zum ↗Bösen; doch muß jede böse Handlung so betrachtet werden, „als ob der Mensch unmittelbar aus dem Stande der Unschuld in sie geraten wäre". In Heideggers Existentialanalyse gründet das Schuldigwerden durch ein bestimmtes Verhalten in einem ursprünglichen Schuldigsein des menschlichen Daseins, nämlich dem ständigen Zurückbleiben hinter seinem eigentlichen Selbst-sein-Können: Im Gewissensruf bekundet sich, daß das Dasein aus der Alltäglichkeit (dem „Man") „sich zu ihm selbst zurückholen soll, d. h. *schuldig* ist".

Schütz, *Alfred,* * 1899 Wien, † 1959 New York. Philosoph und Soziologe. 1943 Prof. ebd. Machte die phänomenologische Methode und die Thematisierung der Lebenswelt beim späten Husserl für die Soziologie fruchtbar.

Searle, *John Rogers,* amerikan. Philosoph, * 1932 Denver. 1959 Prof. in Berkeley (Kalifornien). Schüler von J. L. Austin; führte dessen Theorie der ↗Sprechakte durch Aufstellung konstitutiver Regeln für den illokutionären performativen Akt weiter.

Seele (griech. psyche, lat. anima, ursprünglich [Lebens-]Hauch), die Wortherkunft vom urgermanischen saiwolo (die vom See her Kommende oder, in Anklang an griech. aiolos, die Bewegliche) ist strittig. Die Begriffsbezeichnung zielt zunächst auf den inneren Wesensgrund (Lebensprinzip) des Lebendigen, der sich in dessen leiblicher Eigenbewegung äußert, der gegenüber das Leblose nur als fremdbewegt erscheint (vgl. aber ↗Weltseele). Besondere Bedeutung erlangte der aristotelische Begriff: S. ist das Gestalt- und Wirkprinzip (Energeia, ↗Entelechie), durch das ein Körper seine wesentliche Seinsweise (Form), die Beseeltheit zum ↗Leib und damit seinen spezifischen Daseinsvollzug (Akt) als das sich selbst bildende und tätige Leben hat. Die menschliche S. unterscheidet sich von der pflanzlichen (Wachstums-S.) und der tierischen (Wahrnehmungs-S.) dadurch, daß allein in sie wesenhaft und doch „von außen" der ↗Geist als göttlicher einbricht, sie zum All des Seienden („anima quodammodo omnia") aufschließt und ihr Erkenntnis und sittliches Handeln in der Welt ermöglicht. Nur der Geist ist unsterblich, die S. als Wirklichkeitsform des Leibes vergeht mit diesem selber. Damit unterscheidet sich der aristotelische Begriff von einem materialistischen Monismus (Demokrit: die S. besteht aus beweglichen feinsten Atomen) und vom mythischen und extremen philos. ↗Dualismus, der die S. zwar als immateriell, aber als etwas Selbständiges auffaßte, das nur äußerlich mit dem Körper verbunden ist (Platon, Gnosis, in der Neuzeit von anderen Voraussetzungen her bes. der psychophysische Parallelismus und die Wechselwirkungslehre Descartes' und des Okkasionalismus). Der aristotelische philos.-psychologische Begriff der S. war verbunden mit der metaphysischen Theologie und Ontologie und bestimmte weithin auch die christliche philos. Überlieferung (im Mittelalter bes. Thomas von Aquin), die ihn aber mit den Lehren des Offenbarungsglaubens, insbes. von der Schöpfung des Alls, der individuellen Selbständigkeit als Substantialität (↗Substanz) und Personalität (↗Person) und der Unsterblichkeit der S. zu vereinigen suchte, ohne in den Dualismus zurückzufallen wie Origenes mit seiner Lehre von der Präexistenz der S., die ähnlich schon Platon vertreten hatte. Für den neuzeitlichen mechanistischen Atomismus und den Empirismus wird der Begriff der S. bedeutungslos, in der metaphysischen Philosophie der Subjektivität dagegen bleibt die S., neben Gott und Welt, ein allumfassendes Grundthema: Wolff begründet die eigenständige Disziplin der rationalen ⌐Psychologie; Leibniz versteht sogar alle wahren Substanzen (Monaden) als „beseelt". Kant freilich faßt die „S.", gegen die rationalistisch-metaphysische Psychologie, erkenntniskritisch nur mehr als notwendig zu denkenden Vernunftbegriff, ohne real-gegenständliche Erkenntnisbedeutung für den Verstand. (Objektive Realitätsbedeutung haben diese „Ideen" nur in „sittlich-praktischer Absicht", für das moralische Handeln [⌐Als-ob].) Für den deutschen Idealismus ist die S. die (subjektive) Gestalt, als welche sich das Bewußtsein aus dem Geist in der Natur heraus zu sich entwickelt. In der Romantik, mit der Wendung gegen den Rationalismus der Aufklärung, werden S. und Seelisches grundlegend für die Welt- und Selbsterfahrung. L. Klages kritisiert den „Geist als Widersacher der S." Im 19. und 20. Jh. werden seelische Prozesse, ihre Schichtung und Verhaltenssteuerung vorwiegend Thema der empirischen Psychologie, die sich aus der Philosophie her verselbständigt und vom metaphysischen Substanz- und Subjektbegriff löst. Tiefgreifende Bedeutung hat die Entdeckung des Vor- und Unbewußten durch die ⌐Tiefenpsychologie. Philosophisch geht die mit „S." angezeigte Thematik in die ⌐Anthropologie über und in ihr auf. Doch kehrt das Problem des S.-Leib-Verhältnisses (Bewußtsein – Körper), insbes. der Wortbedeutungen im sprachlichen Gebrauch, wieder in der analytischen Philosophie der Gegenwart („Philosophy of mind").

Seiendes (griech. on, lat. ens), ein jegliches, was überhaupt und in irgendeiner, wenngleich je verschiedenen Weise ist. Grundbegriff der metaphysischen Ontologie, die, von Aristoteles begründet, das S. *als* S. betrachtet, d. h., wie es selber im apriorischen Verständnishorizont von Sein steht oder in welchen Grundweisen ihm Sein „zukommt" und von ihm „ausgesagt" werden kann, so insbes. in der aristotelisch-scholastischen Tradition (vgl. ⌐Ens, ⌐Kategorien, ⌐Modalitäten, ⌐transzendent); oft auch mit „Ding" gleichbedeutend gebraucht. In der neuzeitlichen Subjektphilosophie wird das S. aufgefaßt als das, was im Bewußtsein dem Bewußtsein gegenübersteht, d. h. als Objekt (Erscheinung und Gegenstand; vgl. Kants Unterscheidung von Ding-an-sich und Dinge für unser Anschauen und Begreifen). In neuerem erkenntnis- und wissenschaftstheoretischem Sprachgebrauch wird, wenn ontologische Fragen aufgenommen werden, der Ausdruck S. meist vermieden und statt dessen von Entität(en) gesprochen.

Sein (griech. einai, lat. esse), der Grundbegriff der antiken und mittelalterlichen ⌐Metaphysik, insbes. der metaphysischen ⌐Ontologie, und ihrer Fortbildungen in der Neuzeit. Das Zeitwort „sein", zu dem „S." den substantivierten Infinitiv bildet, ist die allgemeinste Aussage, die alles, in gewisser Weise selbst noch den Gegensatz („nicht sein") einschließt und die Gegenwart eines im weitesten Sinn Gegenwärtigen (des ↗Seienden; substantiviertes Partizip) bezeichnet, sowohl des Jetzigen (z. B. in der Wahrnehmung) wie eines Zukünftigen (in der Erwartung) oder eines Vergangenen (in der Erinnerung), auch des Zeitlos-Abstrakten (wie im mathematischen Denken) oder des Überzeitlich-Ewigen (wie in der religiösen Erfahrung). Ob das mit dem Wort „ist" Gemeinte (vgl. ↗Intention) für den ↗Geist (Denken, Erkennen) oder für die ↗Sinnlichkeit (Wahrnehmung, Gefühl) sich in seiner Gegenwart zeigt, immer ist dabei der Unterschied mitgemeint von Gegenwart und Gegenwärtigem, Anwesenheit und Anwesendem, S. und Seiendem (von Heidegger ↗ontologische Differenz genannt). Für die metaphysisch-ontologische Philosophie ist der S.begriff der umfassendste Begriff. Er ist grenzenlos unbestimmt, ohne eindeutigen Inhalt (↗univok), doch nicht inhaltsleer: Da er alle begrenzenden und bestimmten Begriffe übersteigt, ist er auf alles (Unendliches und Endliches) beziehbar, jedoch in analoger Weise (↗Analogie). – Das seinsphilos. Denken wurde eröffnet vor allem durch Parmenides („S. und Denken – dasselbe"). Bei ihm und allgemein in der Vorsokratik stellen sich auch bereits die philos. Hauptthemen wie S. und Nichts, S. und Schein, S. und Werden, S. und Erscheinung. Die Analogie der S.aussage wird ausdrücklich hervorgehoben durch Platon und Aristoteles. Die scholastische Philosophie des Mittelalters (bes. Thomas von Aquin) betont im Ausgang von Aristoteles die Vorgängigkeit (vgl. ↗a priori) der im menschlichen ↗Geist „als erstes" verstandenen analogen Bedeutung von S. (zusammen mit den engeren apriorischen Begriffen der ↗Modalitäten und der obersten Gattungen [↗Kategorien]) vor jeder aus diesem S.verständnis her ermöglichten Erkenntnis eines Seienden in seinem bestimmten Wesen. S. meint dabei zunächst den Grundvollzug eines Seienden, „da" zu sein (esse est actus; ↗Akt), wobei dem selbständig Seienden (Substanz) ein S.vorrang vor dem unselbständig Seienden (Akzidens) zuerkannt ist. Insbes. wird aber eine Mehrfalt von Begriffen entfaltet, die logisch den gleichen grenzenlosen Umfang haben wie der S.begriff, gleicherweise die kategorialen und modalen Begriffe übersteigen (transzendieren) und deshalb mit ihm austauschbar (konvertibel) sind: die ↗Transzendentalien. Sie bringen unter mehreren Hinsichten explizit zum Ausdruck, was im S.begriff implizit mitverstanden ist (S. als Wahrsein, Gutsein, Einssein usw.). Durch seine analoge Erstreckung auf Endliches und Unendliches ist der S.begriff engstens verbunden mit dem metaphysisch-theologischen Begriff ↗Gottes, worin sich der Sinn von S. als Vollkommen- und Ewigsein (↗Ewigkeit) erfüllt, an dem das endlich-zeitlich Seiende nur teilhat (↗Partizipation). In der neuzeitlichen Subjektphilosophie tritt die Bedeutung des S.begriffs gegenüber dem des ↗Bewußtseins zurück. So unterscheidet Kant (mit Wirkung auf den deutschen Idealismus) das „nur" zu denkende, nicht zu erkennende S. des Dinges-an-sich (↗An sich) vom Erscheinungsein und Gegenstandsein für das sinnlich-anschauende und verständig-erkennende Bewußtsein. Gänzlich bestritten werden Sinn und Bedeutung des metaphysisch-ontologischen S.gedankens in den Ausprägungen des Positivismus. Heidegger deutet den geschichtlichen Wandel des S.verständnisses als Geschichte („Geschick") des S. selbst, auch in der Gestalt des schon mit der Metaphysikbegründung beginnenden S.entzugs und der ihm entsprechenden S.vergessenheit. Für Lévinas bedeuten S.denken und S.sage (Ontologie) die Einholung von allem und jedem in eine verfügbare Gegenwart, die in der Widerfahrnis des Antlitzes des anderen Menschen, seiner Uneinholbarkeit und Unverfügbarkeit, ethisch aufgebrochen wird (vgl. ↗Andersheit, das/der ↗Fremde).

Selbst, in der (vor allem platonisch geprägten) Metaphysiktradition zumeist das Innerlichste und Wesentlichste des Menschen, dem seine Sorge gilt: die Seele. In der Neuzeit gleichbedeutend mit der als Ich sich bewußten geistigen Substanz, dem Bewußtseinssubjekt oder der Person, worin die Identität eines Menschen durch seine wechselnden Erscheinungen und Äußerungen hindurch gründet, angesprochen in Wortzusammensetzungen wie S.erhaltung, S.bestimmung, S.verwirklichung usw. Nach Kierkegaard ist das menschliche S. ein „Verhältnis, das sich zu sich selbst verhält", nämlich eine durch Gott gesetzte Synthese von Unendlichkeit und Endlichkeit, Ewigkeit und Zeitlichkeit, Freiheit und Notwendigkeit, das in seiner konkreten Lebensgestalt vom Einzelnen selber entschieden wird. Von hier aus wird das S. Thema vor allem in der Existenzphilosophie (bes. in Heideggers Analyse des menschlichen Daseins, das wesentlich und von Grund auf bestimmt ist durch die Sorge um das eigene Selbst-sein-Können).

Selbstbewußtsein, das ↗Bewußtsein, sofern es nicht nur von ihm unterschiedene Gegenstände (Gegenstandsbewußtsein) und seine darauf gerichteten Akte (Aktbewußtsein), sondern unmittelbar sich selbst gegenwärtig hat (deshalb auch ↗Subjekt- oder ↗Ich-Bewußtsein). Insbes. bezeichnet S. die für die neuzeitliche Philosophie charakteristische und durch ausdrückliche Rückwendung auf sich (Reflexion) vermittelte Selbstgegenwart des Bewußtseins, worin es sich in seiner Unterschiedenheit (Descartes) bzw. Selbstunterscheidung von allem anderen (Fichte: vom Nicht-Ich) ausdrücklich ergreift. Auf dem Boden christlicher Welt- und Selbsterfahrung und neuplatonisches Denken aufnehmend, wird sich der menschliche wahrheitsuchende Geist seiner selbst unzweifelbar inne im Gang der Seele in sich selbst hinein, der ihn freilich zugleich über sich hinaus in die absolute Wahrheit Gottes führt. Bei Thomas von Aquin, in aristotelischer Tradition, ist die „reditio completa in se ipsum" (vollendete Rückkehr des Geistes in sich selbst) die dem Geist eigentümliche Lebensbewegung. Sie wird, nachdem Descartes die Selbstgewißheit des Subjekts als absolutes Fundament aller Wahrheitserkenntnis aufgedeckt hat, vor allem im deutschen Idealismus spekulativ vertieft: Bei Hegel ist das S. der im absoluten Wissen sich vollendende Prozeß des Sich-selbst-Findens im anderen und der rückholenden Aneignung des anderen als der eigenen Fremdgestalt, somit die Heimkehr zu sich und erfüllte Identität mit sich. – Ein besonderes Problem stellte für die neuzeitliche Bewußtseinsphilosophie jeweils das Erfahren, Erkennen, Verstehen des anderen als des anderen Bewußtseins und S. dar (vgl. das/der ↗Andere).

Semantik (von griech. sema, Zeichen), die Lehre von der „Bedeutung" (oft auch „Sinn") der sprachlichen Zeichen in ihrer Wahrheitsbeziehung auf Gegenstände (logische S.; Bolzano, Frege, der frühe Wittgenstein, Tarski, Carnap u. a.), in den mehrfältigen Formen ihres Gebrauchs (S. des sprachphilos. Pragmatismus; der späte Wittgenstein [„Sprachspiele"]) und in den Festlegungen, wie sie sich in größeren Textzusammenhängen ergeben (sprachwissenschaftliche S., bes. im linguistischen Strukturalismus). S. wird oft mit Semiotik oder Semiologie gleichgesetzt.

Semiotik (von griech. sema oder semeion, Zeichen), auch Semiologie, die Lehre von den Zeichen a) in der Natur (Krankheitszeichen in der medizinischen Diagnostik, physiognomische Merkmale in der Charakterkunde), b) vor allem in Logik, Mathematik, Ästhetik, allg. in den Kommunikationswissenschaften, bes. der Sprachwissenschaft. Dabei kann unterschieden werden die Syntax (Lehre von den Beziehungen der Zeichen untereinander) und die Semantik (Lehre von der gegenstandsbezogenen Bedeutung der Zeichen).

Seneca, *Lucius Annaeus*, röm. Rhetor, Schriftsteller, Tragödiendichter, Philosoph, * um 4 v C. Córdoba, † 65 nC. Rom (nahm sich auf Befehl Neros das Leben). Beeinflußt durch die Stoa, bes. Poseidonios.

Gemäß seiner Moralphilosophie besteht das sittlich gute Leben in Strenge gegen sich selbst, Grundsatztreue und Nächstenliebe (Mitleid, Milde, Verzeihen, Wohltun). Lehrte die Unsterblichkeit der Seele und die natürliche Gleichheit aller Menschen (auch der Sklaven). Abgesehen von der Erlaubtheit der Selbsttötung, wurde diese stoische Ethik fast unverändert vom jungen Christentum übernommen.

Sensualismus (von lat. sensualis, empfindungsfähig), im 19. Jh. aufgekommene Bezeichnung für die aus dem Empirismus erwachsene philos. Grundrichtung, die das Erkennen (und mitfolgende Handeln) als durch sinnliche Eindrücke bestimmt auffaßt. Hauptvertreter: J. Locke („Nichts ist in den Sinnen, was nicht zuvor in den Sinnen gewesen ist"), insbes. D. Hume, E. B. de Condillac; sensualistische Elemente enthält der Empiriokritizismus E. Machs. Moralphilosophisch wird dem S. verbunden der Hedonismus gesehen. Vorläufer in der Antike: die Kyrenaiker und Epikureer.

Sentenzenkommentar (lat.), in der mittelalterlichen Scholastik häufig verfaßte Erläuterungen zu den Lehrmeinungen (Sentenzen) bedeutender Theologen und Philosophen, bes. zu Aristoteles, Boethius und der Sentenzensammlung des Petrus Lombardus.

Sertillanges, *Antonin-Gilbert,* französ. Theologe und Philosoph, * 1863 Clermont-Ferrand, † 1948 Sallanches. Dominikaner. 1900 Prof. in Paris, dann an Ordenshochschulen. Thomas-Forscher, wirksam tätig in der Erneuerung der thomistischen Philosophie.

Sextus Empiricus, griech. Arzt und Philosoph, zweite Hälfte des 2. Jh. nC. Lehrte in Athen und Alexandrien. Vertreter der antiken Skepsis, im Anschluß an Pyrrhon. Alle Erkenntnis basiert auf Sinneswahrnehmung. Es gibt kein absolut sicheres Kriterium der Wahrheit. Daher ist Epoché zu üben (Urteilsenthaltung) aus der Grundhaltung der Ataraxie (Unerschütterlichkeit, Gelassenheit).

Shaftesbury, *Anthony Ashley Cooper,* engl. Philosoph, * 1671 London, † 1713 Neapel. Der bedeutendste Moralphilosoph der engl. Aufklärung. Im Rückgriff auf das antike Ideal der Kalokagathie verstand er die Religion als Enthusiasmus für das Gute, Wahre und Schöne angesichts der Harmonie des Weltalls und im wesentlichen mit Moral identisch. Der Mensch hat ein natürliches Gefühl für Gut und Böse, Schön und Häßlich und ist (gegen Hobbes) von Natur aus nicht nur egoistisch, sondern durchaus sozial gestimmt. Dieses ästhetisch-ethische Selbst- und Weltverständnis, insbes. die religiöse Färbung dieser Gefühlsmoral, war von Einfluß auf die deutsche Klassik und vor allem Romantik.

Sic et non (lat., so und nicht [so], ja und nein, für und wider), Bezeichnung für die seit Abaelard ausgebildete Methode der mittelalterlichen Scholastik (bei Thomas von Aquin vollendet durchgeführt), vor der Beantwortung einer Frage die sich z. T. widersprechenden Autoritäten einander gegenüberzustellen und so zu klären, daß sie in einen Gesamtzusammenhang eingeordnet werden können.

Siger von Brabant, niederländ. Philosoph, * 1235 Brabant, † vor 1284 Orvieto. Lehrte in Paris, begründete den sog. lateinischen Averroismus, vertrat, neben Boëthius von Dacia, im Averroistenstreit die Unabhängigkeit der Philosophie von offenbarungstheologischen Vorgaben und das Recht auf Erforschung und Textinterpretation des „wahren" Aristoteles („radikaler Aristotelismus"). Strittig ist, ob der Vorwurf, er lehrte die ↗„Doppelte Wahrheit", gerechtfertigt sei.

Simmel, *Georg,* * 1858 Berlin, † 1918 Straßburg. Philosoph und Soziologe. Ebd. 1914 Prof. Begründer der formalen (die Grundformen sozialer Prozesse analysierenden) Soziologie. Elemente des Pragmatismus und Evolutionismus aufnehmend, gelangte er zu einer Metaphysik des sich selbst transzendierenden Lebens. Insofern der vielgestaltigen Lebensphilosophie zugehörig.

Sinn (lat. sensus), in mehrfältiger Bedeutung gebraucht, bezeichnet: 1. das in der psycho-physischen Verfaßtheit eines Lebewesens, bes. des Menschen, beruhende Vermögen der ↗Sinnlichkeit, Eindrücke von außen zu empfangen und die eigenen seelischen Vorgänge selbst wahrzunehmen (traditionell die fünf äußeren S.e [Gesicht, Gehör, Geschmack, Geruch, Gefühl] und der innere S.); 2. in analoger Bedeutung hierzu den geistigen S., die Vernunft, insbes. wenn sie, wie vor allem in der antiken und mittelalterlichen Metaphysik, als Vermögen einer geistigen ↗Anschauung aufgefaßt wird; 3. im allgemeinen Sprachgebrauch die Bedeutung eines (vor allem sprachlichen) Ausdrucks. G. Frege unterscheidet jedoch S. und Bedeutung (z. B. „Morgenstern" und „Abendstern" haben verschiedenen S., jedoch dieselbe Bedeutung, sind nämlich auf denselben Gegenstand bezogen; die Problematik der Unterscheidung wurde bes. in der analytischen Philosophie diskutiert); 4. Ziel oder Zweck einer Handlung des Menschen, aber auch eines Vorgangs in der (vor allem lebendigen) Natur (vgl. ↗Teleologie); 5. da Ziele oder Zwecke der Handlungen im Zusammenhang einer Lebenspraxis stehen, stellt sich die Frage nach der S.ordnung des Ganzen, sowohl des Lebens des Einzelnen, der Lebensgemeinschaften, der Geschichte der Menschheit wie auch des Naturgeschehens. Der Mechanismus bestreitet die Zweckbestimmtheit jeglicher Weltverläufe (wobei eingewandt werden kann, daß er offensichtlich die S.annahme für sinnlos hält, daß überhaupt jegliche Infragestellung eines S. sich als sinnvoll versteht). Das metaphysische Denken bis in die Neuzeit herein sieht den S. der Welt in der Hingeordnetheit auf das göttlich-vollkommene Sein als höchstes Ziel. Aus der Aufklärung her, so bes. bei Kant u. a., tritt als höchster Zweck die Realisierung der Freiheit und der moralischen Welt hervor; diese Thematik wurde fortgeführt und unterschiedlich ausgearbeitet in den Entwürfen des (absoluten) Idealismus (Hegel) und des (dialektischen) Materialismus (Marx). Für Nietzsche, der S. als Wert aus der Setzung des Willens zur Macht versteht, hat das Weltgeschehen keinen S. (Entwertung des obersten Werts [„Gott"]; ↗Nihilismus), sondern kreist endlos in sich selbst (das allein ist sein „S."). Für Heidegger bedeutet das Wertdenken selber schon den S.verlust, der in der Seinsverbergung und -vergessenheit gründet und die Neubesinnung auf den S. von Sein ernötigt. Angesichts der Sinnlosigkeit des Daseins reduziert sich für Camus S. auf die Revolte gegen diese Absurdität. Nach Wittgenstein gibt es zwar den „S. des Lebens" und den „S. der Welt", aber er liegt „außerhalb" der Grenzen der Welt und damit der Aussagbarkeit. Die Wertediskussion des 20. Jh. und der Gegenwart wird vielfach als Bestätigung einer allgemeinen S.krise verstanden.

Sinnlichkeit, allgemein die Verfassung eines tierischen Lebewesens, Eindrücke der Erscheinungswelt durch die leiblichen Sinnesvermögen wahrzunehmen und emotional-triebhaft darauf zu reagieren, beim ↗Menschen (Aristoteles: als dem „geistbegabten Tier") diese Wahrnehmungen und gefühlsbesetzte Strebungen durch Erkennen und Handeln in vernünftige allgemeine Sinnzusammenhänge einordnen und leiten zu lassen. Im Blick auf Konflikte individuellen sinnlichen Zweckstrebens und allgemeingültig vernünftiger Zielsetzung, Erkenntnisordnung und Handlungsleitung, zumal im gesellschaftlichen Zusammenleben, verstand die geistmetaphysisch bestimmte Philosophie (vgl. ↗Idealismus) die S. als Entäußerungs- und Entfremdungsform des ↗Geistes selbst, sinnliche Wahrnehmung als erste Stufe des Erkennens. Noch für Leibniz ist sie das untere Erkenntnisvermögen bloß „verworrener Vorstellungen". A. Baumgarten faßt die sinnliche („ästhetische") Wahrnehmung gegenüber der begrifflich-logischen als eigenbedeutsame (obzwar „inferiore") Erkenntnisweise. Kant trennt im theoretischen Bereich scharf die S. (durch die, als Rezeptionsvermögen, nur ↗Anschauungen/Erscheinungen in Raum und Zeit gegeben werden) vom Verstand (der die wechselnden Erscheinungen durch Begriffe erst zu bleibenden Erkenntnisgegenständen synthetisiert); ähnlich stellt er im praktischen Bereich die S. als Gesamtheit der fremdbestimmten „Neigungen" der praktischen Vernunft gegenüber, die allein die Autonomie und damit Sittlichkeit und Freiheit des Handelns gewährleistet. Hegel wiederum sieht in der S. eine beschränkte Erscheinungsform des ↗Geistes selbst. Nachhegelsche Philosophie betont umgekehrt die fundierende Bedeutung der S.: Feuerbach versteht menschliche S. als Vermögen universal geöffneter Wahrnehmung (und diese Universalität ist ihre Geistigkeit); für Marx ist sie produzierende S. (↗Arbeit) in gesellschaftlich organisierter Einheit von Theorie und Praxis; gegen die religiös-theologische und metaphysische Abwertung der Sinne, Affekte, Leidenschaften in den Lehren von einem reinen (göttlichen) Geist und einer übersinnlichen Ideenwelt fordert Nietzsche das Vertrauen in die „große Vernunft des Leibes" und die „Treue zur Erde". Mitthematisch wird die S. im 20. Jh. in phänomenologischen Analysen der Leiblichkeit (Merleau-Ponty u. a.; ↗Leib) und in der ↗Anthropologie.

Sittengesetz, allg. die Gesamtheit der ethischen Normen, die das sittliche Verhalten auf das ↗Gute hin verpflichten; im Mittelalter auf die göttliche Schöpfungsordnung (lex aeterna, Thomas von Aquin) oder jedenfalls die Übereinstimmung mit dem göttlichen Willen (Johannes Duns Skotus) gegründet, in der Neuzeit, meist ohne theologische Rückbindung, auf die Ordnung des ↗Naturrechts. Bei Kant bezeichnet das S. das oberste Prinzip sittlichen Handelns, das als unbedingte Forderung (das [nichtsinnliche] „Faktum der reinen Vernunft") im Gefühl der „Achtung" gegenwärtig ist und seine satzhafte Formulierung im ↗kategorischen Imperativ findet.

Sitte und Brauch, überkommene Verhaltensformen, die, zumeist in sozialtypischen Situationen, zu festen gruppenspezifischen (für einen Kulturkreis, Stamm, Stand, Glaubensgemeinschaft usw. charakteristischen) geronnen sind. Ihre Beachtung ist gewöhnlich für die Unterscheidung von „fremd" und „dazugehörig" ausschlaggebend. Die Variationsbreite von S. u. B. ist sprichwörtlich (H. v. Doderer: „Wo's der Brauch ist, legt man Küh' ins Bett") und beruht darauf, daß ihre Verbindlichkeit nicht sachlich-logisch oder ethisch-allgemeingültig begründet werden kann. Am wirksamsten sind sie in geschlossenen Gesellschaften. Mit zunehmender Öffnung nimmt ihre Regelungskraft ab, die sozialen Sanktionen treten zurück.

Sittlichkeit, diejenige Grundhaltung, des einzelnen und gesellschaftlichen Lebens, die nicht nur wie z. B. Sitte und Brauch tatsächlich auch zum ↗Ethos menschlichen Lebens gehört, sondern darin unbedingt-allgemeingültige Forderungen (vgl. ↗Sittengesetz) erfüllt, deren Verstoß deshalb nicht nur als ungehörig (ungesittet), sondern als unsittlich (vgl. das sittlich ↗Böse) zu verurteilen ist. Grundbegriff der ↗Ethik, insbes. der Pflichtethik (Kant).

Situation (von lat. situare, hinstellen), allg. Lage, Stellung, Stand der Verhältnisse, insbes. das Wirklichkeitsganze der Verhältnisse, in denen sich der Mensch als Denkender und Handelnder erfährt und die ihm Grenzen seiner Freiheit ziehen, aber auch Möglichkeiten eröffnen. Grundbegriff des existenzphilos. Denkens im 20. Jh. So ist bei Heidegger die S. der Daseinszusammenhang, in dem sich der Mensch mit seinen Zukunftsentwürfen angesichts des aus der Vergangenheit her schon Vorgegebenen findet, freilich nur, sofern er sich gegenwärtig ausdrücklich zum Sinn seines Daseins entschieden („entschlossen") hat (im Unterschied zum uneigentlichen Dahinleben. „Dem Man ist die S. wesenhaft verschlossen"). Bei Jaspers sind bedeutsam vor allem die Grenz-S.en (Kampf, Leid, Schuld, Tod; die Grund-S.: stets je in geschichtlich-endlichen S.en zu sein); sie veranlassen den Menschen zum Aufschwung zu sich selbst vor der Transzendenz, sind „durch uns nicht zu verändern, sondern nur zur Klarheit zu bringen, ohne sie aus einem anderen erklären und ableiten zu können". Als weiteste S. kann so die „Welt" verstanden werden, die freilich nur durch mittlere S.en (Kulturen, Epochen usw.) in die einzelheitliche S. des Menschen als je seine vermittelt wird (H. Rombach). Dieses S.verständnis wehrt die individualistisch-subjektivistische Auffassung einer extremen Situationsethik ab.

Skeptizismus (von griech. skopeo, genau betrachten), allg. die Anschauung, zweifelsfreie Erkenntnis sei schlechthin oder in bestimmten Wirklichkeitsbereichen nicht möglich. Im besonderen Bezeichnung für eine antike philos. Schule (Skeptiker), die, nach Ansätzen u. a. in der Sophistik (Gorgias, 5./4. Jh. vC.), von Pyrrhon von Elis (4./3. Jh.) begründet wurde, der wegen der Fragwürdigkeit sinnlicher Wahrnehmungen die Urteilsenthaltung (Epoche) forderte oder Bescheidung auf für das Handeln gegebenenfalls nötige und ausreichende Wahrscheinlichkeit. Der S. wirkte auch auf die mittlere (Arkesilaos, 3. Jh. vC.) und neuere platonische Akademie (Karneades, 2. Jh. vC.), insbes. auf Sextus Empiricus (2. Jh. nC.). In der Neuzeit wurde vielfach die sinnliche Erfahrung als verläßliche Wissensgrundlage angenommen und vornehmlich ein darüber hinausgehender „metaphysischer" Erkenntnisanspruch abgewiesen (vgl. ↗Agnostizismus). Vom inhaltlichen S. ist die skeptische Methode zu unterscheiden als die kritisch abwägende Prüfung der im Denken und Handeln stets implizierten Voraussetzungen (bes. bei Kant, der sich in dieser Weise gegen den Dogmatismus richtete). Bei Hegel ist der recht begriffene S. die Infragestellung des nur endlich-gegenständlichen, unvollkommenen Wissens des Verstandes und gehört somit in den Gang der Dialektik der Vernunft und ihres absoluten Wissens.

Skotismus, die Lehre des Duns Skotus und der auf ihn zurückgehenden, sehr vielgestaltigen und zunehmend an begrifflichen Unterscheidungen (im 14./15. Jh. wurden die Skotisten „Formalisten" genannt) interessierten philos. und theologischen Richtung, die in der zweiten Hälfte des 18. Jh. ihr Ende fand.

Sokrates, griech. Philosoph, eröffnete die klassische Epoche der griech. Philosophie, * um 470 vC., † um 399 vC. Lebte und lehrte in Athen. Gegner der Sophistik, Lehrer u. a. Euklids, Xenophons, Platons. Mißliebig geworden durch seine Wahrhaftigkeits- und Gerechtigkeitsforderung, wurde er der Gottlosigkeit (Asebie) und Jugendverführung angeklagt und zum Tod durch Trinken des Schierlingsbechers verurteilt. Eine durch Freunde ermöglichte Flucht verschmähte er. – Die ethisch motivierte Lehre des S. (er selbst hat nichts geschrieben) ist aus den Schriften Xenophons, Platons (wohl am zutreffendsten), Aristoteles' mit Vorbehalt zu erschließen. Ausgehend vom Wissen um das eigene Nichtwissen, suchte er voll Ironie das nur scheinbare Wissen aufzuheben und durch Fragen und Einwände den Partner im Gespräch dahin zu führen, daß er selbständig in der eigenen Seele die Wahrheit finde, die er im Grunde immer schon weiß. Bes. bemühte er sich, das Wesen der Tugend als Grundhaltung des Lebens auf das Gute hin zu bestimmen. Seine Überzeugung, böses Handeln sei Folge eines Irrtums in der Erkenntnis des wahren Guten und Tugend sei deshalb lehrbar, nämlich als Wissen zu gewinnen, wurde nach S. von der Metaphysik weithin übernommen.

Solger, *Karl Wilhelm Ferdinand,* * 1780 Schwedt, † 1819 Berlin. Philosoph. 1811 Prof. in Berlin. Von Spinoza und Schelling u. a. angeregt, versteht seine spekulative Ästhetik die Kunst (künstlerische Handlung und Kunstwerk) sowohl wie auch den Künstler (das „Genie") als Offenbarung der Idee in der Erscheinung des einzelnen. Von besonderer Bedeutung auch sein Begriff der „Ironie".

Solidaritätsprinzip, neben dem Personalitäts- und dem Subsidiaritätsprinzip grundlegend insbes. in der christlichen Soziallehre, bezeichnet die im Wesen der Person selbst liegende Angewiesenheit des Einzelnen auf die Gesellschaft und deren gleich wesentliche

Verwiesenheit auf das sittlich verpflichtete Zusammenwirken der Glieder: Das Gemeinwohl ist das Wohl aller und eines jeden Einzelnen.

Solipsismus (von lat. solus ipse, [ich] selbst allein), bezeichnet seit dem späten 19. Jh. den ontologischen und erkenntnistheoretischen Standpunkt eines extremen individuell-subjektivistischen Idealismus, wonach nur das eigene Ich und seine Bewußtseinszustände erkennbar und damit wirklich seien (zuvor, so noch bei Kant, bedeutete S. das, was ethisch-philos. unter Egoismus, Selbstsucht, verstanden wird). Gegenüber diesem ontologischen S. sucht der nur „methodische S." (R. Carnap) durchaus begründete und allg. zustimmungsfähige Erkenntnis einer dem individuellen Bewußtsein vorgegebenen Wirklichkeit (Realität, Objektivität), nimmt aber hierzu (rationalistisch, empiristisch oder kritisch) den Ausgang vom unmittelbaren Bewußtsein und Selbstbewußtsein. Daraus ergibt sich die Problematik der Vermittlung dieser Wirklichkeit des anderen („Außenwelt", „Fremdbewußtsein") für die Subjektphilosophie (Descartes, Kant, Husserl, Wittgenstein u. a.).

Sollen (sprachlich verwandt mit schulden, Schuld), ursprünglich im Bereich des Rechts, erlangt zentrale philos. Bedeutung in Kants Ethik: Er bezeichnet das, was zwar nicht in der Erscheinungswirklichkeit durch den Verstand erkennbar geschieht und „ist", aber aus Gründen der sittlich-praktischen Vernunft (↗Sittengesetz) geschehen und „sein soll". Gegen diese Kantische, bei Fichte noch nachwirkende Trennung wendet sich vor allem Hegel: Im wesentlichen Wissen des Grundes des Ganzen ist der Gegensatz von Sein und S., Erscheinungswirklichkeit (Natur) und Freiheit aufgehoben. Die Trennung wird wieder aufgenommen im Neukantianismus (vgl. ↗Wert) und vielfältig diskutiert u. a. in der phänomenologischen Ethik (M. Scheler) und der analytischen Sprachphilosophie (G. Moore mit Berufung auf Hume: aus dem Sein ist nicht auf ein S. zu schließen [naturalistischer Fehlschluß; ↗Naturalismus]).

Solowjew, *Wladimir Sergejewitsch,* russ. Philosoph, * 1853 Moskau, † 1900 Uskoje bei Moskau. Erstrebte eine Vereinigung östlicher und westlicher Geistigkeit. Sein Denken zeigt neben dem Einfluß des Neuplatonismus und der griech. Kirchenväter mystische Züge sowie Anklänge an den deutschen Idealismus und die Romantik. Seine Religionsphilosophie ist zugleich Geschichtsphilosophie (Abfall der Weltseele zugleich mit der Schöpfung, Sündenfall des Menschen, Erlösung, Fortgang zum Gottesreich). Er hofft für die Entwicklung auf das „Gott tragende" russische Volk und seine Kirche, später (in

Annäherung an die katholische Kirche) auf die Wiedervereinigung der Kirchen, und sieht zuletzt, in der langdauernden Endzeit des Kampfes gegen das Böse, seine Aufgabe in der Ausarbeitung einer „positiven christlichen Philosophie".

Sophistik (von griech. sophoi, die Weisen), in der Frühzeit der griech. Philosophie die Aufklärungsbewegung, als deren Vollender und Überwinder Sokrates erscheint. Ihre bekanntesten Vertreter: ↗Protagoras, ↗Gorgias, Hippias, Prodikos. Sie betonten das Recht des Individuums gegenüber dem von den anderen ↗Vorsokratikern gelehrten Vorrang des Ganzen und Allgemeinverbindlichen, der Welt und des Weltgesetzes, das alles durchherrscht. Sokrates kritisierte sie, daß sie, statt mit Gründen zu überzeugen und zum Wissen zu verhelfen, vielmehr nur sprachgewandt überredeten und den Einzelinteressen dienliche Redekunst lehrten. Als Wanderlehrer, die bes. in Athen gegen Bezahlung unterrichteten, machten sie sich um die rhetorisch-praktische und formale Bildung verdient. In den Schriften Platons, in denen Sokrates, angesichts der Auflösung der Polis durch den Durchsetzungswillen der Einzelnen, gegen sie auftritt, ist die S. überzeichnet. Von daher wurde sie zum Prototyp einer jeden Pseudophilosophie („Sophisterei"). Nietzsches radikale Sokrates-, Platon- und überhaupt Idealismus-Kritik war dagegen verbunden mit einer Hochschätzung der Sophisten und damit auch der Rhetorik gegenüber der „Logik".

Sophrosyne (griech., gesunder Sinn; lat. temperantia, Mäßigkeit), Besonnenheit, zusammen mit sophia (Weisheit), andreia (Tapferkeit) und dikaiosyne (Gerechtigkeit), eine der vier ↗Kardinaltugenden. Bei Platon die Herrschaft der Vernunft über die Begierden. Nach Aristoteles die Haltung der rechten Mitte (mesotes) zwischen zügellosem Begehren und Empfindungslosigkeit.

Sorel, *George,* französ. Philosoph, Sozialkritiker, * 1847 Cherbourg, † 1922 Boulogne-sur-Seine. Ingenieur, seit 1892 freier Schriftsteller. Sah, von G. Vico und Bergson beeinflußt und im Blick auf verschiedene politische Bewegungen (Sozialismus, Nationalismus, Marxismus), die gestaltende Kraft der Geschichte in der revolutionären Aktion durch die Elite der Massen; bestritt aber eine naturgesetzliche Bestimmbarkeit der Entwicklung.

Soto, *Domingo de,* span. Philosoph, * 1495 Segovia, † 1560 Salamanca. Dominikaner. Lehrte in Alcalá und Salamanca. Erneuerer der Scholastik im 16. Jh.

Sozialethik, bezieht sich, im Unterschied zur Individualethik, nicht in erster Linie auf das freie und selbstverantwortliche Handeln des Einzelnen, sondern auf die aus der Vergesellschaftung des Menschen sich ergebenden sittlichen Normen des Handelns. Im 19. Jh. aufgekommene Bezeichnung. Die S. wird heute meist als Teilgebiet der Ethik und als ergänzende Perspektive zur Individualethik verstanden.

Sozialphilosophie, die Reflexion auf die empirisch erhebbaren Grundtatsachen und die apriorischen Grundnormen des sozialen Lebens in allen seinen kulturell-gesellschaftlichen Bereichen (Staat, Religion, Recht, Wirtschaft usw.; vgl. ↗Gesellschaft, ↗Kultur). Da diese Grundnormen stets in einer Entscheidung dessen wurzeln, was als sinnvolles menschliches Leben des Einzelnen und der Gesellschaft in der Welt zu verstehen sei („Menschenbild", „Weltbild"), bezieht die S. als Philosophie – im Unterschied zur einzelwissenschaftlich-empirischen Soziologie – insbes. auch Fragen der Ethik (vgl. ↗Sozialethik) mit ein. Zu den Hauptproblemen gehört das Verhältnis zwischen dem Einzelnen in seinem Freiheitsanspruch und den allgemeinen, bes. politischen Ordnungsmächten, wie es sich beispielhaft als Verhältnis des persönlichen Wohls und des Wohls der Gesellschaft im ganzen (↗Gemeinwohl) darstellt. Als leitend gelten dabei, vor allem in der Tradition der christlichen Soziallehre, u. a. das ↗Solidaritäts- und ↗Subsidiaritätsprinzip. – Sozialphilosophische Themen wurden seit der Antike in der Geschichte der Philosophie vor allem im Zusammenhang der ↗Naturrechts-Frage wiederholt behandelt. Als eigenständige Disziplin bildete sie sich, nach Anfängen in der deutschen Romantik, erst im 19./20. Jh. heraus, vor allem angesichts der durch die Aufklärung bewußtgemachten sozialen Problemlage und in der Auseinandersetzung um die Begründung und Perspektivenerweiterung der Soziologie (so von unterschiedlichen philos. Positionen her u. a. bei L. Stammler, G. Simmel, O. Spann, F. Tönnies) gegen deren auf A. Comte zurückgehende positivistische Grundrichtung. Besondere Bedeutung erlangte Mitte des 20. Jh. der Streit zwischen der praxisorientierten Kritischen Theorie der Gesellschaft (Frankfurter Schule, Horkheimer, Adorno) und dem wissenschaftstheoretisch interessierten Kritischen Rationalismus (K. Popper, H. Albert; vgl. den sog. ↗Positivismusstreit).

Soziologie, von A. Comte um 1830 geprägte Bezeichnung für die von ihm zuvor „physique sociale" genannte wissenschaftliche Erforschung der Gesetzmäßigkeiten gesellschaftlicher Zusammenhänge und Prozesse. Sie entwickelte sich seit dem späten 19. Jh. (É. Durkheim) zu einer selbständigen erfahrungswissenschaftlichen Disziplin unterschiedlicher Richtungen, in denen z. T. auch geisteswissenschaftliche Erkenntnis- und Methodenfragen (M. Weber) und Frageimpulse aus Sozial-, Staats- und Rechtsphilosophie aufgenommen wurden. Bedeutsam der Streit in den 50er und 60er Jahren zwischen einer streng empirisch vorgehenden und einer mehr an die philos. Tradition anknüpfenden Richtung, die der Sozialforschung die Aufgabe auch einer kritisch-diagnostischen Reflexion auf die gesellschaftlichen Zustände in Absicht auf deren Änderung zum Besseren zuweisen will (↗Positivismusstreit).

Soziologismus, kritisch gebrauchte Bezeichnung für eine Denkrichtung, die die Soziologie zur Grundwissenschaft erhebt und alle Erfahrung, Erkenntnis und Lebenspraxis des Menschen in der Wirklichkeit im ganzen als ausschließlich durch gesellschaftliche Faktoren und Prozeßgesetzlichkeiten bestimmt auffaßt (A. Comte u. a.).

Spann, *Othmar,* * 1878 Wien, † 1950 Neustift (Burgenland). 1909 Prof. in Brünn, 1919 Wien. Sozialphilosoph und Nationalökonom. Suchte im Anschluß an die klassische Metaphysik, den deutschen Idealismus und bes. die romantische Gesellschaftslehre eine vom Gedanken der Ganzheit bestimmte Sozialtheorie (Universalismus) und die Idee des Ständestaats zu begründen.

Species (lat., Anschauen, Aussehen), logisch der dem Begriff der Gattung (genus) untergeordnete Begriff ↗Art; von Cicero als Übersetzung des griech. eidos eingeführt. In der aristotelisch-scholastischen Philosophie das sinnliche Wahrnehmungsbild (s. sensibilis) bzw. das geistig-begriffliche Wesensbild (s. intellegibilis), das der tätige Verstand (intellectus activus) aus der s. sensibilis abstraktiv bildet.

Spekulation (von lat. speculari, beobachten), Betrachtung, Beschauung, in der Spätantike und im Mittelalter gleichbedeutend oder sinnverwandt gebraucht mit theoria, contemplatio, meditatio, in der Scholastik und Mystik auch von lat. speculum, Spiegel, her gedeutet und auf die indirekte Erkenntnis Gottes aus seinen Werken bezogen, in denen sich seine Macht, Weisheit und Güte gleichsam „spiegelt". Noch Kant spricht vom spekulativen Gebrauch der reinen Vernunft (im Unterschied zum sittlich-praktischen); dieser ist freilich kritisch auf den Bereich der apriorischen Bedingungen möglicher empirischer Gegenstandserkenntnis und ihres durch die Vernunftideen geregelten, aber unabschließbaren Ganges in Richtung auf das Ganze zu begrenzen, um nicht dem transzendentalen ↗Schein der Erkennbarkeit des ungegenständlichen Ganzen („an sich") zu erliegen und in Widersprüche zu geraten. Im deutschen („spekulativen") Idealismus dagegen, insbes. bei Hegel, ist nicht diese kritisch-begrenzende Reflexion, sondern die durch Widersprüche hindurchgehende S. des Ganzen und Unbedingten (der absoluten Idee) die höchst erreichbare Erkenntnis, und der spekulativ-dialektische Satz (z. B.: die wahre Identität ist die der Identität *und* der Nichtidentität) ist die formelhaft-abstrakte Darstellung der konkret-allgemeinen Wahrheit und absoluten Einheit des Wissens (⁊Dialektik). – Die in der Neuzeit zugleich aufkommende, durch Kants Kritik beförderte abwertende Bedeutung von S. meint meist: die Überschreitung erkenntnisermöglichender (sinnlicher) Erfahrung und ihrer wissenschaftlichen Überprüfung ins prinzipiell Unerfahrbare, Unerkennbare und unbegründbar nur Ausgedachte („bloße S.").

Spencer, *Herbert,* engl. Philosoph, * 1820 Derby, † 1903 Brighton. Hatte noch vor Darwin die Evolution als kosmisches Grundgesetz in Natur und Geschichte proklamiert. Entwicklung der Lebensformen ist Anpassung der inneren organischen Bedingungen an äußere Vorgegebenheiten und Überleben des jeweils am meisten „Angepaßten". S. hatte starken Einfluß auf den sog. Sozialdarwinismus.

Spengler, *Oswald,* * 1880 Blankenburg (Harz), † 1936 München. Geschichtsphilosoph. Gymnasiallehrer in Hamburg, freier Schriftsteller in München; Berufungen an Universitäten lehnte er ab. Unter Berufung insbes. auf Nietzsche sieht er in seinem HW „Der Untergang des Abendlandes" (2 Bde., 1918–22) die Gesamtgeschichte (gegen die positivistische Fortschrittslehre A. Comtes u. a.) als Ablauf von „bis jetzt acht hohen Kulturen", deren jede als Organismus mit eigenem „Seelentum" sich entfaltet, kulminiert und in der Endphase („Zivilisation") abstirbt. Aus dem angeblich morphologischen Parallelismus gewann er seine abendlandbezogene Untergangsvorstellung. S.s historisches Zyklenmodell kehrt in gemäßigter Form bei A. Toynbee wieder.

Speusippos, griech. Philosoph, ca. 395–334 vC. Neffe Platons, war dessen Nachfolger als Leiter (347–338) der Akademie in Athen.

Spiel, ein Handlungsgeschehen, das nicht unmittelbar auf einen ihm äußeren Zweck und Nutzen gerichtet ist, sondern seinen Sinn in sich selber hat, meist der zweckverfolgenden nützlichen Arbeit gegenübergestellt. Im neuzeitlichen Verständnis der Wirklichkeit als Aufgabenfeld menschlich-subjektiver Leistung ergibt sich eine Dialektik: Einerseits erscheint die S.welt als Sphäre nur des Scheins, der Illusion und lustvollen Phantasie, die alltägliche Arbeitswelt dagegen allein als ernst zu nehmende Realität. Andererseits wird die Alltagswirklichkeit erfahren als Bereich vielfältig zwingender Notwendigkeiten, Probleme, Verpflichtungen, demgegenüber die S.welt sich als Raum der Freiheit (selbst in der Bestimmung der S.regeln), der Gelöstheit und des wahren Glücks öffnet. Doch ist nicht zu übersehen, daß, trotz des Gegensatzes, auch Arbeit als in sich selbst sinnvoll erlebt und auf gewisse „spielende" Weise vollzogen werden kann, wie auch zum S. selbst ein ihm eigentümlicher Ernst gehört. So nicht allein, aber insbes. in der künstlerischen Her- und Darstellung, im Wissenschaffen (vor allem in der reinen ↗Theorie), im politischen Ordnungswerk, im religiösen Kult als symbolischer Handlung (↗Symbol). – In Weiterführung von Kants Bestimmung des ästhetischen Urteils, das auf dem freien S. der Erkenntnisvermögen beruhe, sieht Schiller im S. des schönen ↗Scheins den Widerstreit von Freiheit und Notwendigkeit versöhnt und die wirkliche Erscheinung mit dem wahren Wesen des Menschen im Einklang: Der Mensch „ist nur da ganz Mensch, wo er spielt". Hegel zufolge arbeitet sich das Absolute als Geist durch Natur und Menschheitsgeschichte hindurch aus sich ganz zu sich heraus, erzeugt und genießt dabei sich selbst, Marx setzt die Versöhnung von zerrissener Wirklichkeit und wahrer Wesentlichkeit des Menschen in die zukünftige gesellschaftliche Ordnung, in der die nicht entfremdete Arbeit selber als natürlich-humanes S. das Grundbedürfnis des Menschen befriedigen werde. – S. als Weltsymbol klingt bereits bei Heraklit an: Das Weltzeitalter ist ein „spielendes Kind", dessen Regeln als durch den Logos bestimmt zu verstehen sind. Nietzsche deutet als „göttliches S." das Weltgeschehen der um die machtvollen Natur- und Geschichtsgestaltungen streitenden Willenskräfte, das keinen Sinn oberhalb und außerhalb seiner hat. Heidegger kennzeichnet das grundlos-abgründige „Seinsgeschick" als „S. ohne ‚Warum'". In der anthropologisch gewendeten Sicht J. Huizingas entspringt alle Kultur als Weltgestaltung dem S. und vollzieht sich als S. Da das Bedeutungsganze der Welt insbes. in der Sprache gegenwärtig ist, „hinter" die nicht zurückgegangen werden kann, wird in sprachphilosophischen Reflexionen der Gegenwart vielfach und mit unterschiedlichen weiteren Bestimmungen die Sprache als S. aufgefaßt (hermeneutisch, strukturalistisch, analytisch-philosophisch, vgl. auch Wittgensteins ↗Sprachspiel). – Mehr funktional auf Zweckdienlichkeit hin verstanden wird das S. in pädagogischen, sozialpsychologischen, biologisch ansetzenden Theorien (das kindliche S. als Nachahmungs- und Einübungsweg in die Arbeitswelt und Erwachsenengesellschaft, als Kraftüberschußäußerung, Erholungs- und Distanzierungsphänomen gegenüber dem Druck der Lebenswirklichkeit).

Spinoza, *Benedikt* (auch Baruch de S.), führender niederländ. Philosoph des ↗Rationalismus, * 1632 Amsterdam, † 1677 Den Haag. Er lebte vom Beruf eines Linsenschleifers, erwarb sich Vertrautheit mit der Philosophie seiner Zeit, wurde 1656 aus der Synagoge ausgeschlossen. Veröffentlichte zu Lebzeiten nur „Renati des Cartes principiorum philosophiae" (1663) und, anonym, den „Tractatus theologico-politicus" (1670), worin er eine Vernunftreligion und religiöse Toleranz forderte. Sein HW „Ethica ordine geometrica demonstrata" (1675 vollendet) erschien nach seinem Tod in den von Freunden hrsg. Opera posthuma (1677). Ausgehend von Descartes und neuplatonischen Gedanken, lehrt S. ein in sich geschlossenes System. Sein ethisches Ideal ist die Befreiung von der Herrschaft der Affekte durch Einsicht gerade in den gesetzlichen einen und einzigen Notwendigkeitszusammenhang von allem (vgl ↗Monismus), den er in mathematisch strenger Methode (more geometrico) aus dem Wesen Gottes ableitet. Dabei ist ihm die intellektuelle Liebe zu Gott im Grunde die Liebe, mit der Gott sich selber liebt. Lange als Atheist gekennzeichnet, später zutreffender als Pantheist oder Panentheist, gewann S.s Lehre starken Einfluß auf Lessing, Herder, Goethe und den deutschen Idealismus.

Nach S. gibt es nur eine Substanz, d. h. ein Seiendes, das allein aus sich selbst ist (causa sui) und nur durch sich selbst begriffen wird: Gott. Jedes seiner unendlich vielen Attribute (Seinsweisen) drückt in seiner Art das unendliche Wesen Gottes aus; von ihnen freilich kennt der Mensch nur zwei: denkendes Vorstellen (cogitatio) und Ausdehnung (extensio). Mit den Attributen Gottes als der natura naturans sind zugleich die Modi (Besonderungen) der natura naturata, d. h. die Vielheit der gewöhnlich so genannten außermenschlichen und menschlichen „Natur", gegeben (es gibt keine Schöpfung, Gott „ist" – auch – die Natur: deus sive natura). Zur Natur gehören die körperlichen Dinge und die gedanklichen Vorstellungen (Ideen). Zwischen beiden Bereichen, Dingen und Gedanken, Körper und Geist, bedarf es keiner Wechselwirkung. Die Ordnung und Verknüpfung der Ideen ist notwendigerweise dieselbe wie die der Dinge. In dieser durchgängigen Bestimmtheit gibt es keine Willensfreiheit, weder für Gott (Gott ist, was er ist) noch für den Menschen (er ist, was Gott – auch – ist) (↗Determinismus). Die klare und deutliche Erkenntnis der Dinge, bes. der Affekte und damit deren Beherrschung, ist nach S. der wahre Sinn von Gottesliebe, Freiheit, Tugend und Glückseligkeit.

Spinozismus, das Lehrsystem Spinozas, das, trotz untergründiger Fortwirkung und unterschiedlicher („idealistischer" oder „materialistischer") Deutung in der Rezeptionsgeschichte, lange vorwiegend mit Pantheismus oder gar Atheismus gleichgesetzt und kritisiert wurde (vgl. auch ↗Atheismusstreit). Die pantheistisch-religiöse Seite wirkte u. a. auf Goethe und den deutschen Idealismus. Andererseits wollten sich auch Feuerbach und der Materialismus seit dem 19. Jh. auf Spinoza berufen.

Spiritualismus (von lat. spiritus, Hauch, Geist), im 17. Jh. aufgekommene und in der Folge mit vielfältiger Bedeutung gebrauchte Bezeichnung für: Bewegungen mystisch-schwärmerischer Begeisterung, die cartesianische Lehre von der getrennten Existenz der Geist=Bewußtseins-Seele gegenüber der Körperwelt, die Reduktion der materiellen Wirklichkeit als Vorstellung auf das geistige Bewußtsein bei Berkeley und, in anderer Weise, bei Leibniz, den bes. Fichteschen und Hegelschen Idealismus, vor allem dann für die von Maine de Biran ausgehende Strömung einer Philosophie des Geistes (Lachelier, Boutroux, schließlich bes. Bergson, der den S. zu einer Philosophie des Lebens fortbildete), deren Tradition die Philosophie de l'esprit (Le Senne, Lavelle; 30er und 40er Jahre des 20. Jh.) in Frankreich zu erneuern suchte. In sehr weitem Sinn meint S. die Anerkennung der alleinigen oder schöpferisch grundlegenden Wirklichkeit und Wirksamkeit des Geistes im Gegensatz zu Materialismus, Naturalismus, Positivismus.

Sprache, im weiten Sinn die sinnlich wahrnehmbaren Äußerungen eines empfindungsfähigen Lebewesens, mit denen es seine Befindlichkeit in bestimmten umweltlichen Situationen bekundet und in Kommunikation mit anderen treten kann. So haben bereits Tiere eine artgemäße instinktgegründete, aber z. T. auch erlernte S. (Imponierverhalten, Abwehrfärbungen, Warn- und Lockrufe usw.); S. erweist sich überhaupt als Lebensphänomen. Die (meist „metaphorisch" genannte) Rede von einer „S. der Dinge" meint darüber hinaus, daß jegliches mit allem verbunden ist und durch seine Erscheinungsweisen zeigt (besagt), als was und wie es in der Gesamtordnung der Dinge („Welt") steht. Die griech. Philosophie sah den Grund hierfür schon früh darin, daß einerseits die Wirklichkeit im ganzen von einer Weltvernunft, dem ↗Logos (Heraklit), durchherrscht ist, wobei „logos" Denken wie Reden (Sagen) bedeutet, andererseits der Mensch an diesem die Welt ordnenden Geist des Denkens und Sprechens teilhat und so das ausgezeichnete Lebewesen ist, das „den Logos besitzt" (Aristoteles) und im engeren und strengeren Sinn zu sprechen vermag. Von daher mitbestimmt ist die christlich-theologische, bis in die Neuzeit nachwirkende Auffassung der Welt als ein „Buch der Natur", in dem Gottes Schöpferwort sich ausspricht (Augustinus, Nikolaus von Kues, Galilei, Kepler, die Romantiker u. a.) und das vom Menschen zu lesen und nachzusprechen ist. Auf die Antike zurück geht vor allem auch die Bestimmung, daß in der engen Vollzugseinheit von Sprechen und Denken das Denken, vorwiegend als begriffliches, das Grundlegende und die menschliche Wort-S. dessen Erscheinungsgestalt sei: Die Worte und Wortverbindungen „bezeichnen" die Gedanken des erkennenden Geistes im Blick auf das Seiende, im neuzeitlichen Subjektverständnis die Vorstellungen des vernünftigen Bewußtseins in Bezug auf die Gegenstände; aber selbst bei Kant spricht in gewisser Weise diese gegenständliche Natur, freilich nur indem sie auf die von uns gestellten Fragen zu „antworten" hat. Während die metaphysisch und transzendentalphilosophisch geprägte Tradition die Vielheit der S.n als zufällig und äußerlich gegenüber der wesentlich einen und gleicherweise allen gemeinsamen Vernunft ansetzte, entdeckt das aus der Romantik erwachsende S.- und Geschichtsdenken einmal, daß die verschiedenen geschichtlichen S.n in tiefgreifender Weise das Denken, die Vernunft, den „Geist" einer Kulturgemeinschaft prägen, zum anderen, da in den S.n der Menschen jeweils die Welt eröffnet ist, daß die Wirklichkeit im ganzen nur in der Mehrfältigkeit unterschiedlicher „Welten" erfahren und gelebt wird, und vor allem, daß die S. ihre erste und eigentliche Wirklichkeit nicht in einem System von Zeichen, sondern im Akt des Sprechens hat und dieser wesenhaft ein zwischenmenschliches Geschehen (Dialog) ist. Von daher ergibt sich eine Reihe von Problemen wie: der Transformierbarkeit aller „Zeichen"-S.n (der Gebärden-S., Bilder-S., S. der Musik usw.) auf die Wort-S.; der Interpretation z. B. von S.- und Bilddokumenten einer vergangenen Epoche in die heutige S. und die Erschließung einer fremd gewordenen Welt für gegenwärtige Welterfahrung; der Übersetzbarkeit überhaupt einer S. in eine andere, insbes. bei der Verständigung über S.- und damit Weltgrenzen, Erfahrungsräume und Lebensformen hinweg („interkultureller Dialog"); der Reinigungsfähigkeit oder -bedürftigkeit normal gesprochener S. (mit ihrem Metaphernreichtum, aber auch ihren irrtumsverleitenden Täuschungsmöglichkeiten) in Richtung einer logisch aufgebauten, begrifflich-eindeutigen Wissenschaftssprache; des eigentümlichen Kommunikationscharakters dichterischer S. (die nicht bruchlos dem Modell einer Mitteilung, Benachrichtigung, gar „Information" der Leser entspricht); der „natürlichen" Entstehung der menschlichen S.(-fähigkeit) im Rahmen der Evolutionshypothese als Fortentwicklung der Tiersprache (verbunden mit dem Problem der Entstehung des „Geistes" bzw. des Bewußtseins und damit mit der Frage, was unter „natürlich" und „Natur" zu verstehen sei, aus der her Geist und Bewußtsein sich herausbilden). Die philos. Reflexion in diesen Themenbereichen (↗Sprachphilosophie) hat zunehmend auch Anstöße der neueren Sprachwissenschaft aufgenommen. Allg. ist das Problem der S. (in Einheit mit dem der Geschichte) ins Zentrum philos. Denkens gerückt.

Sprachphilosophie, 1. allg. die philos. Reflexion über Ursprung der Sprache und ihre Bedeutung für die Verständigung im zwischenmenschlichen Verkehr, im Selbstverhältnis des Menschen zu sich und in seinem Bezug auf die Welt. Obwohl das griech. Wort ↗Logos sowohl S. (Rede, Aussage) wie Denken (Vernunft, gedankliches Verknüpfen) bedeutet, treten doch schon in der antiken Philosophie, insbes. seit Platon, beide auseinander: Die Wörter der S. werden zu sinnlich-wahrnehmbaren „Zeichen" für Gedanken (geistige Bedeutungen, Begriffe, „Ideen"); die S. ist Ausdrucksmittel (Organon) des Denkens; von den *vielen* veränderlichen S.n unterscheidet sich die *eine* sprachvorgängige und unwandelbare Vernunft. Mit diesen durch Mittelalter in die Neuzeit herein leitenden geistmetaphysischen Grundbestimmungen hängt zusammen der Vorrang der Logik und Erkenntnislehre, in deren Rahmen auch, bes. seit dem spätmittelalterlichen und frühneuzeitlichen Nominalismus, sprachphilos. Fragen kritisch behandelt wurden, vor der Rhetorik. (Von daher ergibt sich unter den Bedingungen des neuzeitlichen Subjektbewußtseins auch die Möglichkeit der pragmatistischen, instrumentalistischen, konstruktivistischen usw. Umbildungen dieser Grundbestimmungen.) 2. im besonderen die im 18. Jh. anhebende S., welche die Vielfalt der einzelnen Sprachen nicht mehr nur als unterschiedliche Ausdrucksmittel eines allgemein verbindenden Begriffsdenkens auffassen will, sondern als ursprünglichen Vollzug jeweils des Denkens selber. J. G. Hamann weist, gegen Kants „Purismus" der Vernunft, auf die unableitbare Individualität jeder besonderen Sprache hin, die dem Denken erst seinen je eigenen Sinn- und Verstehensraum eröffnet, und sieht das poetische Sprechen als Urform von Sprache (Anfänge dieser Blickrichtung bereits bei G. Vico). Nach J. G. Herder geht zwar die Sprache als sinnliche Zeichengebung hervor aus der orientierungsbedürftigen Natur des Menschen als eines instinktschwachen und mangelhaften, aber dafür vernunftbegabten und erfindungsfähigen Lebewesens; er betont jedoch den nationalen Charakter der

Sprache jeweils eines Volkes, der dessen Denken prägt. Für W. von Humboldt ist in sprachwissenschaftlich vergleichendem Blick jede Sprache ein hervorgebrachtes Ganzes von Bezeichnungen und damit gegenständliches Ausdrucksmittel (Ergon und Organon), philosophisch verstanden jedoch primär Vollzug (Energeia) des individuellen Sprechens mit je seiner besonderen Weltsicht, aus dem her sich erst auch das begriffliche Denken, das Allgemeingültigkeit anstrebt, bilden kann. Das aus dem Verständnis der Romantik für die Einmaligkeit geschichtlicher Zusammenhänge hervorgehende Geschichts- und Sprachdenken artikulierte sich mehrfältig: So in den Grundlegungsversuchen der Geisteswissenschaften (Dilthey u. a.; ↗Hermeneutik). Sodann in der ↗Dialogischen Philosophie (F. Ebner u. a.). Vor allem in dem Unternehmen, hinter die Metaphysik mit ihrem begrifflichen Geist- oder Bewußtseins-Apriori zurückgehend die Sprache als ursprünglicheres Phänomen aufzudecken (der frühe Heidegger: als Grundseinsweise des geschichtlichen menschlichen Daseins in der Welt; später: als Grundweise, wie sich das „Sein selbst" mit je einer geschichtlichen Weltgestalt in das menschliche Verstehen schickt und zugleich verbirgt). Schließlich in Um- und Weiterbildung des transzendental-subjektiven Ansatzes (bes. Kants) zu einem Apriori des sprachvermittelten intersubjektiven, kommunikativen, Konsens anstrebenden Verständigungsgeschehens (u. a. K. O. Apels transzendentale Hermeneutik).
3. vor allem die S. im Rahmen der ↗Analytischen Philosophie. Die analytische S. ging aus u. a., aber insbes., von L. Wittgenstein, seiner frühen ↗Abbildtheorie im „Tractatus" (wonach die durch die logische Struktur bedingten „Grenzen meiner Sprache die Grenzen meiner Welt" bedeuten) und der späteren Theorie der ↗Sprachspiele (als Lebensformen und damit in gewisser Weise auch Formen des Weltverständnisses); und sie entfaltete sich in die Hauptrichtungen einer logischen Analyse, die an den Bedingungen der wissenschaftlichen Sprache interessiert ist, und einer solchen, welche die Alltagssprache zum Gegenstand hat (Ordinary Language Philosophy). –
S. hat insgesamt einen kritischen Grundzug gegen die naive Gleichsetzung von Wort und Sache selber und gegen die Verführungs- und Verfallsformen der Sprache. Mit der „linguistischen Wende" der Philosophie (R. Rorty [Hrsg.], „The linguistic Turn", 1967) rückte sie zunehmend in die Stellung und Aufgabe einer „Fundamentalphilosophie" ein.

Sprachspiel, vom späteren Wittgenstein eingeführte Bezeichnung für die „unzähligen Arten" des Sprachgebrauchs (Behaupten, Fragen,

Bitten, Danken usw., jeweils in bestimmten Handlungszusammenhängen). Sie sind nicht aufeinander zurückführbar und in kein übergeordnetes allgemeinstes S. aufzuheben. „Das Wort ‚Sprach*spiel*' soll hier hervorheben, daß das Sprechen der Sprache ein Teil ist einer Tätigkeit, oder einer Lebensform" (Philosophische Untersuchungen, Nr. 23).

Sprachwissenschaften ↗Linguistik.

Spranger, *Eduard,* * 1882 Berlin-Lichterfelde, † 1963 Tübingen. Philosoph und Pädagoge. Prof. in Leipzig, Berlin, 1946 Tübingen. Schüler Diltheys, um die philos. Grundlegung der Geisteswissenschaften bemüht, verdient um die Kulturpädagogik, Entwicklungs- und Typenpsychologie.

Sprechakt, auch Sprachhandlung, die sprachliche Äußerung hinsichtlich ihrer Grundform, der sie zugehört (vgl. auch ↗Sprachspiel). Die Bezeichnung erlangte durch J. L. Austin Verbreitung, bes. in der analytischen Sprachphilosophie (Strawson, Hare). Seine *Sprechakttheorie* unterscheidet zunächst vom konstatierenden (sachlich über etwas aussagenden) Akt den performativen (der als solcher selber etwas durchführt, wie das Danken, Grüßen usw.), später drei Aspekte: Die Sprachhandlung ist lokutionärer Akt (Äußerung gemäß den Regeln einer bestimmten Sprache), illokutionärer Akt (der Vollzug z. B. des Feststellens oder Bittens), perlokutionärer Akt (mit einer bestimmten Wirkung beim Angeredeten).

Staat (spätmittelalterliche Neubildung aus lat. status, Zustand; gleichbedeutend lat. res publica, als Übersetzung von griech. polis, politeia), die Rechts-, Herrschafts- und Gebietseinheit, die das jeweils größte geschlossene soziale Gebilde darstellt, das als selbständige politische Handlungseinheit auftritt. Der nähere Begriff ist jeweils bezogen auf eine geschichtliche Erscheinung. Der moderne S. bildet sich in der europäischen Neuzeit, als Verfassungsstaat insbes. seit dem 17./18. Jh. heraus. Dabei wird der S., der als übergreifende Ordnungseinheit für seine Bürger die (positive) Rechtssatzung vorschreibt, als Herrschaftsgebilde die Rechtsordnung zur internen Friedenssicherung durchsetzt und als Gebietseinheit den Lebensraum gegen äußere Angriffe verteidigt, prinzipiell von der innerhalb seiner sich frei entfaltenden (bürgerlichen) Gesellschaft unterschieden. Doch ist der S. grundsätzlich formal gebunden an das Naturrecht, die Menschenrechte und das Völkerrecht und material gebunden an das Gemeinwohl, das er, abhängig von jeweils konkreten geschichtlich-gesellschaftlichen Bedingungen, als seinen ihm innewohnenden Zweck zu verwirklichen hat. Innerhalb der Bindung an das überpositive Recht ist der S. in Rechtsetzung und Machtausübung (↗Macht, ↗Gewalt) souverän, doch kann er Teile dieser Souveränität delegieren (Bundesstaat, Staatenbünde, Vereinte Nationen u. a.). Zur vollen Souveränität gehörte als materielle Voraussetzung die wirtschaftliche Unabhängigkeit (Autarkie). In dem Maße, wie diese den S.en nicht mehr zu eigen ist und die wirtschaftlichen Kooperationen und Fusionen über S.grenzen hinaus („Globalisierung") auch zu internationalen und supranationalen staatlichen Verbindungen und Institutionen führen, werden sich die Erscheinungsgestalt des S.es und das S.verständnis weiter wandeln.

Staatsphilosophie, fragt als Philosophie des Politischen nach der Begründung und Begrenzung politischer Herrschaft und nach ihren Institutionalisierungsformen als Staat, innerhalb des Staates und zwischen Staaten. Grundgelegt wurde die S. bereits in der Antike. Platons Idealstaat (in der „Politeia") ist ständisch gegliedert in Entsprechung zu den „Seelenteilen", wobei die Philosophen die Vernunftherrschaft ausüben und im Blick auf das ↗Gute (agathon) die Gerechtigkeit als Staatsziel verfolgen (im späteren Entwurf [„Nomoi"] eines zweitbesten Staates sind extreme Regelungen gemildert). Die wirklichen Staaten erliegen dem Formwechsel von Timokratie zu Oligarchie und Demokratie, bedroht vom Verfall in die Tyrannis. Auch bei Aristoteles ist die Politik eng an die Ethik gebunden und der Staat auf das Gemeinwohl verpflichtet. Er hat seinen Ursprung darin, daß der Mensch „von Natur aus" ein mit Denken und Sprechen (logos) begabtes und politisches Lebewesen (zoon politikon) ist, das ein geglücktes Leben nur in der staatlich gut geordneten Gesellschaft finden kann. Bedeutung erlangt seine Unterscheidung der drei guten und drei schlechten Staatsverfassungen (Monarchie, Aristokratie, Politie; Despotie, Oligarchie, Demokratie). Nach dem Zusammenbruch der antiken Polis wird im Naturrechtsdenken der Stoa der Mensch über Staatsverfassungen hinaus vor allem als freier Bürger der Welt (kosmos; Kosmopolit) aufgefaßt. In Aufnahme stoischer, im Rückgriff auf platonische (Augustinus) und bes. aristotelische (Thomas von Aquin) Gedanken und vor allem aus dem christlichen Offenbarungsglauben her werden im Mittelalter Notwendigkeit und Bedeutung des Staates durch den Einbezug in eine übergreifende Schöpfungs- und Heilsordnung begründet, aber auch eingeschränkt, und erhält die Einzelperson besondere Würde in ihrer Stellung in und auch gegenüber dem Staat. Im Übergang zur Neuzeit entwirft T. Morus aus humanistischem Geist seinen Idealstaat („Utopia", 1516), N. Machiavelli („Il principe", 1532) ordnet Religion und Moral dem realen Machteroberungs- und Durchsetzungsinteresse des Staates unter. Grundlegend für die neuzeitliche S. wird T. Hobbes' Lehre vom Naturzustand („Krieg aller gegen alle") und seiner Aufhebung durch den Gesellschaftsvertrag, mit dem der Staat („Leviathan", 1651) errichtet und alle Macht einer Herrschaftsinstitution übertragen wird. J. Locke und J.-J. Rousseau bilden die Konzeption vom Naturzustand und Gesellschaftsvertrag um und führen sie weiter (Betonung der Gewaltenteilung). Kant versteht den Staat als „Vereinigung von Menschen unter Rechtsgesetzen", die die Freiheit und Gleichheit sichern, und die Republik als Staatsidee, auf welche zu die Geschichte fortschreiten soll. Für Hegel ist der Staat, in Abhebung von der bürgerlichen Gesellschaft der konkurrierenden individuellen Interessen, die Realisierung der wahren, allen gemeinsamen Freiheit und so „die Wirklichkeit der sittlichen Idee". Nach Marx soll durch die revolutionäre Schaffung der klassenlosen Gesellschaft der Staat (wie alle institutionalisierte Herrschaft von Menschen über Menschen) absterben. Im späten 19. und im 20. Jh. wird der Staat Thema vorrangig der Staatsrechtslehre. Gegen den dort lange herrschenden Rechtspositivismus und angesichts der Erfahrungen in und mit totalitären Staatssystemen stellten sich neu die Fragen der sittlichen Begründung und Begrenzung staatlicher Macht in ihrem Gegenüber zur Freiheit des Einzelnen und umgekehrt.

Stein, *Edith,* * 1891 Breslau, † 1942 Auschwitz (im KZ ermordet). Jüdischer Herkunft, wurde sie 1922 katholisch, trat 1933 in den Karmel in Köln ein, ging 1938 in den niederländ. Karmel zu Echt. – Schülerin und Assistentin Husserls, 1922–1931 Lehrerin in Speyer, übersetzte Thomas' v. Aquin „Untersuchungen über die Wahrheit" (1931–34). In „Husserls Phänomenologie und die Philosophie des hl. Thomas v. Aquin" (1929) sucht sie die phänomenologische Methode für die Erschließung scholastischen Denkens fruchtbar zu machen. „Endliches und Ewiges Sein" (verf. 1935/36, erschienen 1950) verbindet platonisch-aristotelische Ansätze, augustinische Metaphysik und vor allem die Philosophie des Thomas mit Husserlscher Phänomenologie. „Kreuzeswissenschaft" (1950; über Johannes vom Kreuz) zeigt die philos. Reflexion auf den mystischen Erfahrungsursprung.

Steinbüchel, *Theodor,* * 1888 Köln, † 1949 Tübingen. Philosoph und Moraltheologe. Brachte die überlieferte kath. Morallehre in fruchtbare Begegnung bes. mit der modernen Wertethik (M. Scheler) und suchte die geistigen Probleme der Gegenwart für das Christentum und umgekehrt aufzuschließen.

Steiner, *Rudolf,* Begründer der Anthroposophie, * 1861 Kraljevic (Kroatien), † 1925 Dornach bei Basel. 1890–96 in Weimar am Goethe-Archiv. Schloß sich dann in Berlin der Theosophischen Gesellschaft an. Nach dem Bruch 1913 gründete er seine Anthroposophische Gesellschaft (Dornach; „Goetheanum"; „Hochschule für Geisteswissenschaft"). ↗Anthroposophie.

Stimmung, die das ganze Welt- und Selbsterleben umfassende und durchdringende jeweilige Gemütsverfassung (Heiterkeit, Traurigkeit usw.), meist ohne klares Bewußtsein der genauen „Ursache". Bei Heidegger die Befindlichkeit des menschlichen Daseins, wie dieses durch das Ganze des Seienden angegangen, durch es bestimmt und auf es hin gestimmt ist; eine besondere erschließende Bedeutung hat dabei die ↗Angst.

Stirner, *Max* (Pseudonym für Johann Kaspar Schmidt), * 1806 Bayreuth, † 1856 Berlin. Lehrer in Berlin, philos. Schriftsteller. Vom Linkshegelianismus, bes. L. Feuerbach, geprägt, ging jedoch radikalisierend weiter zu einem materialistischen Solipsismus, praktischen Egoismus und Anarchismus. In „Der Einzige und sein Eigentum" (1845) anerkennt das individuelle Ich keine rechtliche, ethische, soziale Normativität über sich und sucht alles, was nicht es ist, als Mittel zum Zweck seiner selbst anzueignen.

Stoa (Stoizismus), griech.-römische Philosophenschule, ca. 300 vC. bis 200 nC., benannt nach ihrem ursprünglichen Versammlungsort, der stoa poikile („geschmückte Halle") in Athen. Man unterscheidet die ältere (300–150 vC.; der Begründer Zenon, Chrysippos, Kleanthes), mittlere (150–50 vC.; Panaitios, Poseidonios, Einfluß auf Cicero) und spätere S. (50 vC.–200 nC.; Seneca, Epiktet, Marc Aurel). Die S. war in hellenistischer Zeit die vorherrschende philos. Strömung, mit Einfluß auf das frühe christliche Denken (Klemens von Alexandrien, Origenes) und die weitere Entwicklung. Die Stoiker gliederten die Philosophie in Logik, worin sie bes. die Aussagenlogik ausbildeten, in die Physik (Kosmologie) mit der Lehre von der wohlgesinnten Vorsehung und zugleich strengen Gesetzmäßigkeit („Schicksal", griech. heimarmene, lat. fatum) der Weltvernunft (logos) als Weltseele des körperhaft gedachten Ganzen, in dessen Weltenlauf durch Weltbrand und Erneuerung hindurch alle Dinge ewig wiederkehren, und in die Ethik. Diese rückte zunehmend in den Vordergrund, da die Stoiker als Erzieher in der Zeit der Auflösung durch ihre Lebensweisheit Halt zu geben suchten. Ihr Ideal ist der „Weise", der tut, was die Vernunft gebietet, nämlich der Natur (physis) gemäß lebt, die Affekte beherrscht, Ungemach mit „stoischer

Gelassenheit" erträgt und allein in der Tugend den Quell der Glückseligkeit (eudaimonia) findet: Für die menschliche Vernunft als Ausfluß der göttlichen Weltvernunft sind Tugend und Glück die Übereinstimmung mit diesem Weltordnungsprinzip. Als Teilhaber der göttlichen Vernunft und Kinder des Gottes sind alle Menschen gleich und Brüder. In diesem Sinn entwickelte die S. die Idee des Naturrechts und, mit der Ausweitung des Gedankens der griech. Polis zu dem des Kosmos, die Idee eines freien Weltbürgertums. Die S. wurde vielfach undifferenziert als materialistischer Pantheismus und Fatalismus kritisiert.

Strawson, *Peter Frederick,* engl. Philosoph, *1919 London. 1968 Prof. in Oxford. Führender Vertreter der sprachanalytischen Philosophie. Im Mittelpunkt seiner Arbeiten steht das Referenzproblem (Bezogenheit der Sprache auf vorsprachliche Gegenstände) und damit die ontologische Bedeutung sprachlicher Äußerungen (raumzeitliche Einzeldinge und die einzelnen Personen betreffend).

Struktur (lat. structura, von struere, errichten), seit der Antike bis in die Neuzeit gebrauchte Bezeichnung für die regelgemäße Zusammenfügung von mehrerem zu einem größeren ↗Ganzen, so im Bereich der Architektur, Rhetorik, Mechanik, Charakterologie, Ästhetik, Biologie (Kants gegen den mechanistischen gerichteter organischer S.begriff: S. ist die „Lage und Verbindung der Teile eines nach einheitlichem Zweck sich bildenden Organismus"). Seit W. Diltheys Grundlegung der Geisteswissenschaften wird S. zu einem Grundbegriff in vielen Wissenschaften (E. Spranger: S. hat ein „Gebilde der Wirklichkeit, wenn es ein Ganzes ist, in dem jeder Teil und jede Teilfunktion eine für das Ganze bedeutsame Leistung vollzieht, und zwar so, daß Bau und Leistung jedes Teiles wiederum vom Ganzen her bedingt und folglich nur vom Ganzen her verständlich sind"), so u. a. in der Psychologie, Soziologie, Anthropologie, Logik, Mathematik, bes. in der Linguistik, aus der her sich der ↗Strukturalismus als disziplinenübergreifende Forschungsrichtung entwickelte. Nach H. Rombachs S.ontologie ist S. gekennzeichnet insbes. durch Offenheit und Dynamik und bedeutet einen neuen Seinstypus gegenüber Substanz (und deren Fortbildung zum System), die durch Selbststand, Innenbestimmtheit und Geschlossenheit charakterisiert ist, während sich S. selbst erst in Abhebung von und Bezug zu anderem (anderer S.) artikuliert. (vgl. ↗Relation).

Strukturalismus, Bezeichnung für eine zunächst in der Sprachwissenschaft (F. de Saussure [1857–1930] u. a.) ausgebildete Forschungsrichtung, welche die wissenschaftlichen Gegenstände als ↗Struktur-

Gebilde im Sinn von Regelsystemen ansetzt und ihre Funktionsgesetzlichkeit untersucht (die Bezeichnung S. wurde um 1930 von den Linguisten R. Jacobson und N. S. Trubetzkoy eingeführt). Sie griff bald über die Linguistik hinaus auf andere Disziplinen über, insbes. Ethnologie/Anthropologie, Soziologie, Psychologie. Saussure versteht Sprache (langue, unterschieden von langage und parole) als Laut- und Zeichensystem, worin die Laute und Zeichen je ihren Sinn nicht je von sich selbst her haben, sondern nur in Bezug auf- und Unterscheidung voneinander. Dabei steht nicht die zeitliche Veränderung (Diachronie), sondern die gegebene Zuständlichkeit (Synchronie) des Sprachganzen im Vordergrund des Interesses. In der Auslegung des sozialen Lebens als Kommunikation und damit Sprache im weitesten Sinn untersuchte C. Lévi-Strauss vom strukturalistischen Sprachmodell her die kulturellen Regelungsmechanismen, die alles Verhalten, Denken und Handeln in einer Gesellschaft beherrschen. L. Althusser suchte die Lehre Marx', daß die Produktionsverhältnisse das gesamte Leben fundamental bestimmen, mit Hilfe des strukturalistischen Steuerungsmodells zu vertiefen. J. Lacan unternahm eine weiterführende Analyse des von der Freudschen Psychoanalyse aufgedeckten Unbewußten. In einer gewissen Nähe zum S. wird M. Foucauld gesehen, auch wenn er in späterer Zeit den S.begriff aufgab. Kritik fand der S. vielfach darin, daß er antihumanistisch und formalistisch den Menschen nur als Produkt von Regelungssystemen sehe, ihn in eine anonyme und sinnfreie Objektivität hinein auflöse und insgesamt dokumentiere, „wie die strukturalistische Entmachtung des Subjekts eine Bevollmächtigung der Strukturen zur Kehrseite hat" (W. Welsch). – Durch G. Deleuze und bes. J. Derrida wird der S. in den Post-S. übergeführt; J.-F. Lyotards Differenzdenken markiert philosophisch den entscheidenden Schritt zum Postmodernismus.

Suárez, *Francisco de,* span. Theologe und Philosoph, * 1548 Granada, † 1617 Lissabon. Jesuit. Lehrte u. a. in Alcalá, Rom, Salamanca. Herausragende Gestalt der Spätscholastik in der frühen Neuzeit. Ausgleichend in den Lehrkämpfen seiner Zeit, hatte S. bes. durch seine „Disputationes metaphysicae" (1597, die erste systematische Metaphysikdarstellung) und durch sein rechts- und staatsphilos. Werk „De legibus" (1615) großen Einfluß auf die weitere Denkgeschichte. Verstand sich in der Metaphysik als Kommentator des Thomas v. Aquin, weicht aber von ihm doch wesentlich ab mit seiner Lehre vom nur rationalen Unterschied zwischen Wesen und Dasein, von der Ausgedehntheit der materia prima, von der Gegebenheit und Erkennbarkeit einer individuellen Wesensform, damit durch seine Bestreitung eines besonderen Individuationsprinzips (bei Thomas: die Materie). Gegenüber der unmittelbar göttlichen Legitimation der Königsherrschaft führt S. die Staatsgewalt auf das Volk als ihren Träger (nicht zwar ihren Ursprung) zurück. Er wirkte damit tief auf die Ausbildung des Natur- und Völker- und Staatsrechts, bes. auf H. Grotius.

Subjekt (lat. subiectum; Übersetzung für griech. hypokeimenon, das Darunterliegende), 1. im sprachlichen Satz (Aussage, Urteil) der Satzgegenstand, von dem etwas (Prädikat) ausgesagt wird; 2. in der mittelalterlichen Philosophie weitgehend gleichbedeutend mit ↗Substanz. Noch Descartes unterscheidet die realitas subiectiva als die Wirklichkeit des In-sich-selbst-Stehenden und die realitas obiectiva (die möglicherweise „nur" gedachte Wirklichkeit eines Seienden). Im Zuge der neuzeitlichen Aufklärung, so bes. in der Philosophie nach Descartes, aber meint S. vorrangig und bald ausschließlich die menschliche Seele, den menschlichen Geist, insbes. das seiner selbst gewisse und selbst bestimmende Ich-Bewußtsein, das allen seinen denkend-vorstellenden Vollzügen zugrunde liegt: nach dem Rationalismus als Substanz, nach dem Humeschen Empirismus nur als „Bündel" von Akten, nach Kants Kritizismus als allgemeine Einheit des endlichen, aber gesetzgebenden Bewußtseins (transzendentales S.), nach Hegel als Erscheinungsgestalt des sich begreifenden Absoluten (des absoluten S.). Die Subjektivität als Wesensstruktur des S. wird zum Wurzelgrund (Ratio) und Verstehenshorizont, der bestimmend alles trägt und umfaßt, was als Gegenstand soll vorkommen können. Die Subjektivität ist in Heideggers Deutung die neuzeitliche Weise der Subjektivität, d. h. der schon im platonisch-aristotelischen Anfang der Metaphysik anhebenden Auslegung des Seins als eines beständig Vor- und Zugrundeliegenden (subiectum).

Subjektivismus, kritisch abwertend gebrauchte Bezeichnung im engsten Sinn für den Standpunkt, daß jegliche Wahrheits- und ethische und ästhetische Wertbedeutung schlechthin abhängen je von der Beurteilung und Einschätzung der individuellen und unterschiedlich veranlagten Subjekte, also „nur subjektiv" seien, ohne allgemein verbindliche „objektive" Gültigkeit (vgl. ↗Relativismus, ↗Solipsismus). Im weiteren Sinn dann, wenn zwar erkenntnistheoretisch objektive und allgemeine Gültigkeit z. B. aufgrund gleichgearteter psychisch-physischer (psychologischer, naturalistischer S.) oder apriorisch-transzendentaler Verfassung (transzendentaler S.) der empirischen Subjekte für erreichbar gehalten wird, diese Objektivität aber gleichwohl rückbezogen bleibt auf eine, sei es auch gemeinsame, Subjektivität als Grundlage und nicht die Wirklichkeit betrifft, wie sie bewußtseinsunabhängig oder an ihr selbst sei. Im weitesten Sinn wird gelegentlich (so von Heidegger) das gesamte europäisch- neuzeitliche Weltverhältnis des Menschen, auch dort, wo die Wirklichkeit als wesensgemäß selber objektive in Einheit mit der Subjektivität verstanden wird, als S. (oder auch Anthropozentrismus, ↗Anthropozentrik) kritisiert.

Subsidiaritätsprinzip (von lat. subsidium), neben dem Person- und Solidaritätsprinzip grundlegend insbes. in der christlichen Soziallehre: 1. Die Gesellschaft soll das, was die Untergliederungen (gesetzliche oder freiwillige Zusammenschlüsse bis hin zu den Familien und den einzelnen Personen) selbstverantwortlich in Eigentätigkeit leisten können, diesen überlassen. 2. Wo Aufgaben sich stellen, die der Einzelne oder die kleinere Gemeinschaft nicht bewältigen können, ist die größere gesellschaftliche Einheit verpflichtet, helfend einzugreifen.

Substanz (lat. substantia), Übersetzung (Seneca, Marius Victorinus) von griech. ousia bei Platon und hypostasis bei Aristoteles, Grundbegriff der metaphysisch-ontologischen Philosophietradition („Substanzen-Ontologie"), bedeutet zunächst das Seiende als Selbständiges, das als bleibender Träger seinen wechselnden Bestimmungen (griech. pathe, symbebekota, lat. accidentia, ↗Akzidenzien) zugrunde liegt. Aristoteles und die scholastische Tradition unterscheiden dabei die substantia prima (erste S.), das konkrete Einzelseiende, und die substantia secunda (zweite S.), das allgemeine Wesen, das vom Einzelseienden aussagbar ist (↗Kategorie), seine wesentliche Seiendheit. Descartes faßt S. als dasjenige, das zu seinem Sein keines anderen bedarf: die göttliche S. als das unendlich vollkommene Denken (res cogitans infinita), aber auch die endliche denkende Bewußtseins-S. (res cogitans finita) und den Weltkörper als Ausgedehntes (res extensa), die beide nur des Geschaffenseins durch Gott bedürfen. Spinoza lehrt eine einzige, die ewige S. und Denken und Ausdehnung als deren ↗Attribute, Leibniz dagegen eine Vielzahl von dynamisch verstandenen S.en (↗Monaden). Der Empirismus (Hume: die S.vorstellung entspringt nur gewohnheitsmäßiger Verknüpfung von Wahrnehmungen) löst den S.begriff auf, Kant schränkt ihn auf den Bereich möglicher Erfahrung ein: S. ist nicht das in seinem wesenhaften Selbstand (An-sich) unerkennbare Seiende, sondern nur das Beharrende in den Erscheinungen als Gegenstand der Erkenntnis. Dementsprechend gerät „S.", die in der aristotelisch-scholastischen Tradition den Akzidens-Kategorien mit Vorrang gegenüberstand, nun als Verhältniskategorie unter den Primat der (akzidentellen) Relation: S. ist „ganz und gar ein Inbegriff von lauter Relationen". Im deutschen Idealismus wird S. zur synthetischen (Fichte) bzw. dialektischen (Hegel) Einheit der Akzidenzien. So profiliert sich die in der Tradition (in der Neuzeit u. a. bes. bei Leibniz) schon angelegte Auslegung der S. als ↗Subjekt: Für Fichte ist S. das alle Realität als seine Setzung umfassende Ich, für Hegel die zunächst nur unmittelbare Seinsweise des Absoluten, das im Prozeß seiner Selbstbewegung sich in seiner Substantialität ergreift und so in Wirklichkeit und Wahrheit sich als Subjekt erweist. Im nachidealistischen Denken treten, diese Ansätze fortführend, aber nun bes. in der naturwissenschaftlichen Orientierung, an die Stelle des S.begriffs weithin die Begriffe der Funktion, des Systems, der Struktur.

Südwestdeutsche Schule, auch Badische Schule, philos. Richtung des Neukantianismus, in Freiburg i. Br. und Heidelberg vertreten oder von dort ausgegangen. Unter Führung von Windelband und Rickert lehrte sie eine Wertphilosophie, die gekennzeichnet war durch die Unterscheidung zwischen dem Sein der Dinge, Gegenstände, Vorgänge und der „Geltung" der Werte. Sie hebt die Eigenart der Geschichtswissenschaft in ihrer wertbestimmten und individualisierenden Methode gegenüber der sog. wertfreien und generalisierenden Naturwissenschaft hervor. Weitere Vertreter: u. a. B. Bauch, J. Cohn, R. Kroner, E. Herrigel.

Summa (lat.), im Mittelalter verbreitete Bezeichnung für die zusammenfassende Darstellung eines Wissensgebietes, insbes. der Theologie und Philosophie. Die bedeutendsten theologisch-philos. Summen verfaßten Albertus Magnus, Thomas von Aquin, Alexander von Hales, Heinrich von Gent u. a.

Syllogismus (griech.), in der aristotelischen Logik allg. der ↗Schluß, insbes. die einfache, aus zwei Prämissen und der Konklusion bestehende Schlußform.

Symbol (griech. symbolon, von symballein, zusammenwerfen), ursprünglich Erkennungszeichen (z. B. die Hälften einer Schrifttafel für Vertragspartner), seit dem 3. Jh. übertragen auf das christliche Glaubensbekenntnis als Zugehörigkeitszeichen. Philosophisch bedeutsam wird einmal die Verwendung von „S." bei Aristoteles für die durch Konvention festgelegten sinnlichen Sprachzeichen (Wörter) als Ausdrücke nicht-sinnlicher, begrifflicher Bedeutungen; sodann vor allem der seit dem 1. Jh. vC. bes. im Neuplatonismus aufkommende Gebrauch für die zeichenhafte allegorische und analogisierende Vergegenwärtigung von tieferen, überbegrifflichen, mystisch-theologischen Sinnzusammenhängen, sofern diese sich im S. als Sinnbild wesenhaft offenbaren und zugleich gegenüber dem erkennenden Zugriff sich verhüllen, gegenwärtig und zugleich entzogen sind. Die („nur") symbolische Erkenntnis steht deshalb bes. in der Neuzeit im Rang unter der des adäquat anschauenden und durchblickenden Begreifens (Leibniz u. a.). Kant unterscheidet das Schema als Veranschaulichung eines Verstandesbegriffs und das S. als bloß analogisierende Darstellung einer reinen Vernunftidee (z. B. der Freiheit). Aufgewertet wird das S. bes. in der Ästhetik der Romantik (F. Schlegel: Das Schöne ist Darstellung des Unendlichen, das nur in Bildern und Zeichen zur Erscheinung gebracht werden kann). Besondere Bedeutung erlangt das S.denken einerseits in der neukantianisch ansetzenden Philosophie E. Cassirers (Sprache, Mythos, Wissenschaft usw. sind „symbolische Formen", in denen der menschliche schöpferische Geist die Welt gestaltet), andererseits in der Tiefenpsychologie, bes. bei C. G. Jung (als bildhafte Ausprägungen urtypischer Verstehensmuster; vgl. ↗Archetyp). In abgeflachter Bedeutung wird S. schlechthin mit „Zeichen" gleichgesetzt, das von sich weg auf etwas ganz außerhalb seiner verweist (z. B. Verkehrszeichen, allgemein die Zeichen für operative Handlungsanweisungen, wie mathematische S.e, S.e an technischen Geräten usw.). Es stellt den extremen Gegensatz dar zum magischen S.verständnis, das im Zeichen das Bezeichnete als gänzlich gegenwärtig und verfügbar aufzufassen und die Differenz zwischen beiden einzuebnen scheint.

Syntax (von griech. syntaxis, Zusammenordnung; lat. Übersetzung: constructio), die Lehre von den Verknüpfungen sprachlicher Grundbestandteile in größeren Zusammenhängen (Wörter, Sätze, Satzfolgen), zurückgehend auf Platon und Aristoteles, seit dem 16./17. Jh. als sprachliche und logische S. ausgebildet, entwickelte sich im 20. Jh., von F. de Saussure ausgehend, innerhalb der Sprachwissenschaft zu einer Theorie vom Aufbau sprachlicher Systeme aus elementaren Sinneinheiten und von den Regeln dieses Aufbaus.

Synthese, Synthesis (griech., von syn, zusammen, thesis, Setzung), allg. die Zusammenfügung von mehrerem zu einem ↗Ganzen, dessen Sinnbedeutung als neue Einheit mehr ist als nur die Summe seiner „Teile" und vielmehr sachlich vorgängig deren Zusammensetzung leitet. Gegensatz: Analyse. In der antiken und mittelalterlichen Philosophie vorgeprägt im Begriff des allumfassenden (göttlichen) Geistes (logos, nous, intellectus divinus). In der Neuzeit bei Kant von zentraler Bedeutung als transzendentale S.,

d. h. umfassende Ordnungsleistung des erkennenden (menschlichen) Bewußtseins, insbes. die Einigung des in der sinnlichen Anschauung gegebenen Mannigfaltigen durch die Verstandeskategorien zu je einem Gegenstand. Im deutschen Idealismus vor allem in Hegels Dialektik die versöhnende Aufhebung des Gegensatzes jeweils von These und Antithese im dialektischen Gang des Absoluten, das sich als absoluter Geist und darin alles begreift. Wo der Begriff wegen seiner geistmetaphysischen und bewußtseinsphilos. Herkunft vermieden wird, treten an seine Stelle oft Bezeichnungen wie (Selbst-)Organisation, Koordination, Konkreativität u. ä.

Synthetische Urteile, nach Kant Urteile (Sätze), bei denen im Unterschied zu den analytischen der Prädikatsbegriff nicht schon „versteckterweise" im Subjektbegriff (d. h. im Begriff des Gegenstandes, des Objekts) enthalten ist und seine Herauslösung diesen nur „erläutert", sondern hinzukommend mit diesem verbunden wird und die Erkenntnis somit „erweitert". Bei den s. U. a posteriori (empirisch-synthetische Urteile) gründet sich die Verknüpfung auf tatsächliche Erfahrung, bei den s. U. a priori (in Mathematik, „reiner" Physik, Philosophie) dagegen auf die aller Erfahrung vorausgehende ursprüngliche Bezogenheit der Verstandesbegriffe auf sinnliche Anschauung. Der oberste Grundsatz der s. U. a priori: Die Bedingungen der Möglichkeit der Erfahrung von Gegenständen sind zugleich die Bedingungen der Gegenstände dieser Erfahrung. Damit sind nach Kant jeder Metaphysik als theoretischer Wissenschaft ihre Grenzen gezogen (und in der Metaphysik als sittlich-praktischer Philosophie tritt bei Kant an die Stelle der sinnlichen Anschauung das rein sittlich-vernünftige, unsinnliche Faktum des ↗Sittengesetzes). – Der Empirismus, Positivismus und die logische Sprachanalyse der analytischen Philosophie bestreiten die Möglichkeit s. U. a priori: Alle synthetischen Aussagen sind stets empirisch, wobei freilich die Unterscheidung aposteriorischer synthetischer und apriorischer analytischer Sätze im ganzen problematisch wird.

System (griech. systema, von syn, zusammen, histemi, stellen), allg. die Zusammenstellung einer Mannigfaltigkeit zu einem Ganzen, worin alle „Teile" als gegeneinander abgegrenzte und zugleich miteinander verbundene gegliedert sind. Seit der Antike, bes. seit den Stoikern, in mehrfältiger Bedeutung gebraucht: für das All des Seienden (Kosmos), politische Gebilde (Polis), den tierischen Organismus, das geordnete Ganze der Wissensbereiche und wissensgeleiteten Handlungen. Besondere Bedeutung erhält der Begriff in der Neuzeit, so in der Anwendung auf Spinozas Lehre von der einen absoluten Substanz und ihren Attributen Denken (Geist) und Ausdehnung (Natur), in der Selbstverwendung bei Leibniz, vor allem bei Kant als Bezeichnung für einen auf Prinzipien gegründeten Gesamtzusammenhang der Erkenntnis gemäß dem architektonischen Einheitsinteresse der Vernunft. Daran anknüpfend versteht der deutsche Idealismus vor allem in Hegel die Wirklichkeit im ganzen als absolutes S., worin logische und reale Gesetzlichkeit, systematische Ordnung und natürlicher und geistig-geschichtlicher Entwicklungsprozeß, zu begreifende Sache und Methode des Erkennens als das eine Leben des Absoluten zusammengeschlossen sind. Im neuzeitlichen S.gedanken wurde dabei das Einzelne und Besondere weniger durch seinen Wesensort im Gefüge des Ganzen, vielmehr zunehmend durch seine ↗Funktion für dieses beschrieben. Das nachidealistische Denken distanziert sich, aus der Erfahrung der unabschließbar-fortgehenden perspektivischen Vielfalt natürlicher und geschichtlicher Erscheinungen, weitgehend von dieser S.idee eines substantialen und auch eines funktionalen geschlossenen ↗Ganzen: selbst das mathematisch-logisch als Regelkreislauf (↗Kybernetik) konzipierte S., das modellhaft auf technische, biologische, soziale u. a. S.e immer mehr Anwendung findet, ist nicht schlechthin in sich abgeschlossen, sondern steht in Wechselwirkung mit anderen S.en, deren Vielfalt nicht zu einem einzigen übergreifenden S. zusammenzufassen ist. Sofern S. Notwendigkeitsordnung und -verlauf („S.-zwang") bedeutet, stellt sich ein besonderes Problem, ob und wie ↗Freiheit und S. denkerisch zu vereinbaren sind (so schon Schelling, 1809).

Szientismus (von lat. scientia, Wissenschaft), aus der Aufklärung (bes. in Frankreich) im 18./19. Jh. erwachsene geistige Grundhaltung, der gemäß nur die (vor allem natur-)wissenschaftliche Erkenntnis die Weltsicht und das Handeln in der Welt bestimmen soll. Vor allem gegen religiöse und metaphysische Wirklichkeitsauslegung gerichtet, verkennt der S. die grundsätzliche Mehrfältigkeit des Wahrheitsverständnisses und reduziert die Weisen der Wahrheitserschließung auf eine, die empirisch-wissenschaftliche, Methode. Der zu kurz greifende Gedanke einer wissenschaftlichen Weltanschauung konnte sich mit verschiedenartigen Denkansätzen verbinden (z. B. mit dem dialektischen Materialismus wie auch bes. dem logischen Positivismus) und fand wie diese vielfach Kritik, so im ↗Positivismusstreit der 50er und 60er Jahre des 20. Jh.

T

Taine, *Hippolyte,* französ. Historiker und Philosoph, * 1828 Vouziers (Ardennes), † 1893 Paris. Prof. für Ästhetik und Kunstgeschichte in Paris. Von A. Comte ausgehend, sucht er mechanistisch alle geistigen, künstlerischen, geschichtlichen Entwicklungen auf biologische (Rasse) und umweltliche Faktoren und Zeitbedingungen zurückzuführen (positivistische Milieutheorie).

Tao (chines., Weg, Weisung), Grundwort der chines. Geistesgeschichte, insbes. in dem auf Lao-tse (von ihm oder aus seiner Schule das Buch „Tao-te-king") zurückgeführten, später so genannten *Taoismus.* Vom europäischen Denken her bedeutet hier T. den Urgrund des Seins, der in einem Vollbringen ohne Handeln die Welt hervorgehen läßt, deren Ordnung eins ist mit der Ordnung der Gestalten des sozialen Lebens und des Einzelnen. Mit dieser kosmischen Harmonie gilt es in einem gleichsam unabsichtlichen Tun (eher Lassen) des Menschen übereinzustimmen. Vgl. ↗Ostasiatisches Denken.

Tarski, *Alfred,* poln.-amerikan. Logiker und Mathematiker, * 1901 Warschau, † 1983 Oakland (USA). Prof. in Warschau, nach Emigration (1939) Lehrtätigkeit in den USA. Führender Vertreter der sprachanalytischen Philosophie der Lemberg-Warschauer Schule. Begründer der formalen logischen Semantik. Bedeutsam seine Unterscheidung zwischen Objektsprache und Metasprache und seine widerspruchsfreie Fassung des Wahrheitsbegriffs für formalisierte Sprachen.

Tatsache, im 17. Jh. aufgekommener Begriff, ursprünglich das durch göttliches (Schöpfungstat) oder menschlich-geschichtliches Handeln Geschaffene (↗Faktum), bald allg. das aus seiner Möglichkeit her, jedoch nicht notwendigerweise, sondern in der Zeit gewordene Wirkliche. So unterscheidet Leibniz die („zufälligen") T.nwahrheiten von den (notwendigen und ewigen) Vernunftwahrheiten. Bei Wittgenstein und z. T. in der analytischen Philosophie meint T. das Bestehen bzw. Nichtbestehen eines Sachverhalts, das dem wahren Satz korrespondiert, da Sätze (Urteile) sich nicht auf wirkliche oder mögliche Dinge beziehen, sondern auf die Verhältnisse (vgl. ↗Relation), in denen sie zueinander stehen. Für geschichtlich-hermeneutisches Denken steht jedes Urteil in einem (wandelbaren) Bedeutungshorizont, so daß es davon gänzlich unabhängige „bloße" Tatsachen nicht gibt.

Tautologie (von griech. to auto, dasselbe, logos, Rede, Aussage), in der Logik ein Urteil (Satz), bei dem in der Satzaussage (Prädikat) der Begriff des Satzgegenstandes (Subjekt) nur ausdrücklich wiederholt wird, der somit leer, nichts-sagend ist. Insbes. ein Definitionsfehler, da dasselbe durch dasselbe bestimmt wird. Nach Wittgenstein laufen alle Sätze der Logik auf T.n hinaus (die Logik ist nicht aussagbar, da alles Aussagen die Logik schon voraussetzt). Nach Heidegger ist die Sprache wesenhaft tautologisch (sie spricht sich als Sprache des Seins selbst aus, und der Mensch spricht, indem er der Sprache entspricht).

Technik (von griech. techne, sachverständiges Können; lat. übersetzt ars, Kunstfertigkeit), allg. das Insgesamt der regelbewußten Verfahren und der instrumentellen und energetischen Mittel, durch die aus natürlichen Materialien zweckdienliche Gegenstände zur Befriedigung menschlicher Lebensbedürfnisse hergestellt werden. Die Erscheinungsform der T. und ihre lebenspraktische Bedeutung wandeln sich tiefgreifend mit dem Welt- und Selbstverständnis des Menschen in der Geschichte. In der Antike bedeutet (so bei Aristoteles) *techne* das Sichverstehen des Menschen auf die Herstellung und Verwendung von Werkzeugen und Gebrauchsgütern, in enger Verbindung mit der künstlerisch-handwerklichen Hervorbringung (poiesis); sie ist damit neben der ethisch-politisch handelnden (praxis) und der rein denkend-betrachtenden (theoria) eine besondere Wissensweise, wie das vernunftbegabte Lebewesen Mensch schaffend in der Welt sich einrichtet. Antike T. begreift sich so als „Kunst" im weitesten Sinn mit ihren künstlichen Werkzeugen und Werken im Unterschied zur „Natur" (physis) als dem Ganzen der „von selbst" entstehenden Dinge. Das bedeutet jedoch keine scharfe Entgegensetzung, da menschliches Leben selber als aus der Natur hervorgegangen verstanden wird, die ihm auch den Spielraum seines Wirkens eröffnet und begrenzt durch das, was sie ihm unmittelbar an Kräften (Muskel-, Wind-, Wasserkraft) und Werkstoffen (Stein, Holz, Erz usw.) bietet. Deren Kenntnisse und die Regeln ihres Gebrauchs werden aus der Erfahrung gewonnen und durch Lehre und Übung weitergegeben (traditionale T.). – Dieses Techne-Verständnis bestimmt noch die mittelalterliche *ars* als das menschliche Können im weitesten Sinn. Einen Einschnitt bedeutete jedoch die christliche Glaubenserfahrung: Die Natur ist nicht selber göttlich-ewiger Wirkzusammenhang, sondern durch Gott zeitlich-endliche Schöpfung „aus Nichts", die dadurch im ganzen einen künstlerisch-technischen Charakter erhält; die Freiheit des Menschen als des Ebenbildes Gottes ist weniger in die Natur eingelassen als vielmehr ihr gegenüber und beauftragt, sich in Orientierung an der göttlichen

Schöpfungs- (und Heils-) Ordnung „die Erde untertan" (Gen 1, 28) zu machen. Bereits im Spätmittelalter tritt mit dem Nominalismus und Konzeptualismus der Gedanke der Teilhabe (Partizipation), des Nach- und Mitvollzugs der göttlichen Weltschöpfung, -erhaltung und -lenkung zurück und der des eigenen Welterrichtens im Denken und Handeln in den Vordergrund. – Die neuzeitliche T. erwächst aus dem gewandelten Selbst- und Weltverständnis des autonomen Subjekts, das die Weltgestalt als seine ureigenste Aufgabe erfährt und gegen den Druck natürlicher Gegebenheiten und gesellschaftlicher Verhältnisse Befreiung erstrebt durch einschneidende Veränderung der Wissens- und Handlungsgrundlagen (↗Aufklärung). Die Entwicklung der nun mathematisch exakt vorgehenden Naturwissenschaften, in denen Natur als berechenbarer Mechanismus entworfen wird (Descartes), führt zur modernen Maschinentechnik, schließlich zur Erfindung von sich selbst steuernden Automaten, künstlichen Werkstoffen und neuartigen Energiegewinnungsformen (Dampfkraft, Elektrizität, Atomenergie). Wissenschaftliche Grundlegung, technische Konstruktion und ökonomisch-industrielle Produktion schließen sich zu einem Gefüge der technischen Welt zusammen, die alle gesellschaftlich-kulturellen Lebensbereiche übergreift und mit ihrem Modell des zweckrationalen Operierens das Denken und Handeln durchdringt. Die Zweigesichtigkeit dieser T. zeigt sich darin, daß mit den konstruktiven Fortschritten in der Daseinserleichterung zugleich „Grenzen der Machbarkeit" erfahren und destruktive Wirkungen sichtbar werden sowohl auf die natürlichen Lebensgrundlagen (Umwelt- oder ökologische Krise) wie auf die Realisierung dessen, was als menschenwürdiges Leben (Humanität und ihre entsprechende Bildung gegenüber nur funktional-effektiver Ausbildung) und seine sinnvolle gesellschaftliche Kommunikation und was als Naturwelt zu gelten habe, deren wesenhafte Bedeutung (Eigenwert der zu bewahrenden Schöpfung) nicht reduziert werden dürfe nur auf Bedürfnisse des Menschen. Hauptprobleme stellen sich so u. a. insbes. mit der Atomtechnik, Gentechnik, Informationstechnik.
Die seit Ende des 19. Jh. sich herausbildende T.philosophie versteht biologisch-anthropologisch T. allg. als „Organprojektion" (E. Kapp), Organverlängerung oder -ersatz, sieht kulturkritisch in der modernen T. das einseitig zur Vorherrschaft gelangte Herrschaftswissen (gegenüber dem personalen Bildungs- und dem religiösen Heilswissen; M. Scheler) und geschichtsphilosophisch die Versklavung der Welt durch die Maschine (O. Spengler) oder deutet das Wesen der T.

seinsgeschichtlich aus der geschichtlichen Herausforderung des Menschen durch das Sein selbst, ein Daseins- und Weltverhältnis auszubilden, dessen Charakter das fordernde „Stellen" ist und bei dem sich noch nicht entschieden hat, zu welchem neuen Sinn (nach Sinnkrise, -verbergung und -verstellung) es führen wird.

Teilhard de Chardin, *Pierre,* französ. Paläontologe und Anthropologe, * 1881 Sarcenat bei Clermont-Ferrand, † 1955 New York. Jesuit. 1922 Prof. in Paris. Suchte, indem er Ergebnisse bes. der Evolutionsforschung in einen philos. und theologischen Interpretationsrahmen einbezog, die Entwicklung des Universums als sinngerichtet auf den Punkt „Omega" (die vollendet personale Einheit der Menschheit mit Gott und der Welt und des ganzen Kosmos mit Christus) hin zu verstehen.

Teleologie (von griech. telos, Ziel, Zweck, Ende, und logos, Aussage, Lehre), allg. die Lehre von der Sinn-, Ziel- und Zweckgerichtetheit (↗Finalität) eines Vorgangs im menschlichen Leben oder in der außermenschlichen Natur oder des Weltgeschehens im ganzen, im Unterschied zum Mechanismus, der zur Erklärung keine End- oder Zweckursachen, sondern nur die Anfangsursachen, die dann sogenannten Wirkursachen, in den Blick nimmt (mechanistische ↗Kausalität). Von Chr. Wolff in seiner philos. Kosmologie eingeführter Begriff. Der Sache nach geht die teleologische Weltbetrachtung zurück bis auf die vorsokratische Lehre vom Nous (Anaxagoras) und Logos (Heraklit) als lenkende Weltkraft und Weltordnung (gegen den Atomismus Leukippos' und Demokrits). Entfaltet wurde sie bei Platon: Alle Dinge streben nach ihren Ideen und durch sie nach dem Guten (agathon), bes. aber bei Aristoteles: Die Wesensform eines Seienden ist die Weise, wie es sein Ziel „in sich hat" (↗Entelechie). In der Verbindung platonisch-aristotelischer Tradition mit christlichen Glaubensgedanken im Mittelalter ist Gott als Schöpfer der Welt deren erste Wirkursache und zugleich letztes Ziel (vgl. ↗Gottesbeweis) und lenkt alles Geschehen in seiner Allweisheit (Vorsehung). In der Neuzeit betont F. Bacon gegenüber der ideell-finalen die Notwendigkeit der materiell-kausalen Erklärung der Naturvorgänge. Mit den Fortschritten der Naturwissenschaften (Galilei, Newton) und der Fortbildung des cartesischen Dualismus von materieller Welt und immaterieller Bewußtseinsseele wird der neuzeitliche Mechanismus zum einzig gültig anerkannten Erklärungsmodell. Leibniz versucht, die mechanische Kausalität der Einzelvorgänge mit der Finalität des Gesamtgeschehens in einem System der prästabilierten Harmonie zu verbinden. Kant setzt den Mechanismus für die (natur-)

wissenschaftliche Forschung voraus, versteht aber die T. in der Natur als „heuristisches Prinzip". Der deutsche Idealismus, vor allem Hegel, sieht in der Naturwelt das Absolute als Idee sich realisieren und durch die menschliche Geistgeschichte hindurch zu sich kommen (vgl. ↗Dialektik), so daß es sich am Ende als diesen Ausgang und Rückgang vollkommen begreift. Für Marx ist der Endzweck der Menschheitsgeschichte (als „Fortsetzung" der Naturgeschichte) die allseitige Versöhnung der Menschen miteinander und mit der Natur in der klassenlosen Gesellschaft (vgl. ↗Evolution, ↗Revolution). Die gesamtteleologische Geschichtsauffassung (↗Geschichtsphilosophie), bes. idealistisch- (und auch materialistisch-) dialektischer Art, fand vielfach Kritik: sie setze das Einzelne und Besondere als bloße Mittel zum Zweck herab und ermangele des „historischen Sinns" (Nietzsche). Das geschichtlich-hermeneutische Denken (↗Geschichte) seit dem 19. Jh. (Ranke, Droysen; Dilthey u. a.) bestreitet die Möglichkeit, das Gesamtgeschehen in der Erkenntnisperspektive eines absoluten Geistes oder Bewußtseins auf einen einzigen Endzweck hin zu vergegenwärtigen. Sofern aber epochal-, kulturell- usw. begrenzte ↗Sinn-Zusammenhänge von Erscheinungen im Blick stehen, bleiben Grundzüge teleologischen Denkens abgewandelt erhalten, ebenso in der Naturauffassung, wenn z. B. die Selbsterhaltung des lebendigen Organismus oder allg. von Systemen als Zweck aufgefaßt wird.

Thales von Milet, griech. Philosoph, ca. 640–546 vC. Nach Platon einer der „Sieben Weisen", gilt seit Aristoteles als Begründer der ionischen Naturphilosophie (↗Vorsokratiker). Als Urstoff und Urgrund (arche) aller Dinge nannte er das Wasser. Zugleich verstand er alles als beseelt und „voll von Göttern". Sagte die Sonnenfinsternis von 585 vC. voraus.

Theismus (von griech. theos, Gott), im 17. Jh. aufgekommene Bezeichnung für den Glauben an einen persönlichen Gott im Gegensatz zum Atheismus, meist gleichbedeutend mit Monotheismus (Ein-Gott-Glaube) im Unterschied zu Polytheismus („Vielgötterei"). Zu unterscheiden auch vom ↗Deismus der Aufklärung, der zwar das Dasein eines Weltschöpfers lehrt, aber ein fortgehendes Einwirken Gottes in die Natur und Geschichte hinein bestreitet.

Theodizee (von griech. theos, Gott, dike, Recht), von Leibniz (wohl im Anhalt an Röm 3, 5) eingeführter Begriff für die „Rechtfertigung" Gottes angesichts der Übel der von ihm geschaffenen Welt, d. h. für den Erweis seiner Gerechtigkeit (aber auch Weisheit und Güte; vgl. ↗Allprädikate Gottes). Kant zufolge scheitert der Versuch einer solchen Rechtfertigung in theoretisch-philos. Gewißheitsabsicht; möglich ist für uns nur eine sittlich-praktische Rechtfertigung der göttlichen Vorsehung (d. h. unseres Glaubens an sie) durch allmähliche Verwirklichung der Idee einer allgemeinen, weltbürgerlich-rechtlichen Verfassung.

Theologie (von griech. theos, Gott, logos, Rede, Aussage; ↗Logos), allg. die Rede vom Göttlichen, von Gott, den Göttern, erstmals bei Platon, dann bei Aristoteles gebrauchte Bezeichnung für die mythische Dichtung, in Abhebung davon aber auch für die denkerisch-begründende Lehre von dem einen göttlich-ewigen, vollkommen guten und wahren Sein (↗Gott) als dem Sinnhorizont für das Erfahren und Erkennen des endlich Seienden in der Welt und für das rechte Handeln in der menschlichen Gemeinschaft. T. in dieser Bedeutung ist so seit der Antike engstens verbunden mit der Metaphysik als onto-theologischem Denken. Davon bestimmt bleibt auch das christliche Verständnis in Antike und Mittelalter (Augustinus, Thomas von Aquin), wobei sich die Unterscheidung des natürlich-vernünftigen Wissens (der Philosophie im weitesten Sinn) vom Offenbarungsglauben und der auf ihn gegründeten T. („Glaubenswissenschaft") herausbildete. In der Neuzeit wird mit fortschreitender Gliederung der ↗Metaphysik im Rationalismus der Leibniz-Wolffschen Schule die philos. T. zu einer speziellen Disziplin. Der Empirismus und Kants Kritizismus bestreiten, aus unterschiedlichen Gründen, die Möglichkeit der Metaphysik und so der philos. T. als theoretisch-wissenschaftliche Erkenntnisweise. Kant nimmt aber die theologische Frage auf dem Boden seiner ethisch-praktischen Philosophie positiv auf, die zu zeigen sucht, wie unbedingt-sittliches Handeln und religiös-gläubige Hoffnung auf ewige Glückseligkeit, die nur Gott gewähren kann, zusammengehören. Damit bezeugt sich die durch die neuzeitliche Subjektphilosophie bedingte Verschmelzung von philos. T. mit der ↗Religionsphilosophie, wie sie konsequent dann vom deutschen Idealismus (bes. Hegel) vorgenommen wird. Feuerbach versteht den religiösen Gottglauben als Selbstentfremdung des menschlichen Selbstbewußtseins (Wirkung auf Marx' Kritik der Waren- und Geldgesellschaft) und will die T. in die Anthropologie zurückführen. Eigenständige philos. T. wird fortgeführt vor allem im katholischen Raum in der an die mittelalterlichen Philosophiegestalten anknüpfenden Erneuerungsbewegung (↗Neuscholastik). Wo in den vielfältigen anderen philos. Strömungen des 19. und 20. Jh. die theologische Frage berührt wird, geschieht dies meist in kritischer Absetzung der tradierten metaphysischen, bes. der spekulativ-idealistischen Thematik, wie in der dialogischen Philosophie (Buber u. a.) und im existenzphilos. Seins- bzw. Transzendenzdenken (Heidegger, Jaspers; Einfluß auf die ↗dialektische T. im protestantischen Raum). Dabei treten vielfach auch Züge der die metaphysische Denkgeschichte zugleich durchziehenden ↗Negativen T. hervor.

Theophrastos aus Lesbos, griech. Philosoph, ca. 372–287 vC. Nachfolger des Aristoteles als Leiter der peripatetischen Schule in Athen. Sammelte systematisch die Lehren der Platon vorhergehenden Denker (wichtige Quelle für unsere Kenntnis der Vorsokratiker). Berühmt seine Schrift „Charaktere" (Beschreibung auffallender Menschentypen).

Theoretische Philosophie, innerhalb der Philosophie die Gruppe der Disziplinen, die, im Unterschied zu denen der praktischen, auf das Willenshandeln gerichteten Philosophie, sich mit dem menschlichen Erkenntnisverhalten (vgl. ↗Theorie) zur Wirklichkeit befassen, seiner Thematik, seinen Grundlagen und Gesetzmäßigkeiten: Metaphysik und Ontologie, philos. Theologie, Psychologie/Anthropologie und Kosmologie, Erkenntnislehre, Wissenschaftstheorie, Logik. Die Eigenständigkeit der praktischen Philosophie gegenüber der theoretischen und die Mehrfältigkeit der Disziplinen bildete sich seit Aristoteles heraus.

Theorie (griech. theoria, von theorein, schauen, betrachten; in der Antike sprachverwandt verstanden mit theos, Gott), allg. jede zusammenfassende wissenschaftliche Erkenntnis. Bezeichnet bei Platon neben dem sinnlichen Schauen die zugleich das Handeln leitende geistige ↗Anschauung der unwandelbar-ewigen Ideen, die als Seinsgründe das All der Dinge ordnen, und insbes. der Idee der Ideen, des Guten (so wie der göttliche Demiurg im Blick auf die Ideenordnung die Welt bildete). Aristoteles nennt T. jene Erkenntnisweise, in der das geistige Schauen wie das darin geschaute Seiende in seinem Wesen um ihrer selbst willen „da" sind. Im Unterschied dazu dient in der Praxis das Erkennen dazu, den Menschen gut zu machen, und in der Poiesis dient es zur Herstellung eines nützlichen oder schönen Werks. Die T. löst sich von allen Bezügen der Dienlichkeit, ist autark, zwecklos (weil selbstzwecklich), „rein", weil nur in sich selbst ruhend, vollkommene Bewegung (vgl. ↗Akt) und damit eigentlich „göttliche Lebensweise". Sie nimmt das zu erkennende Seiende nicht als Mittel, sondern läßt das Seiende offenbar (d. h. wahr) sein „in seinem Sein". So wird das wesentliche Sein des Seienden gegenwärtig als Form und Struktur des in diesen Gestalten sich ausfaltenden „göttlichen" Geistes. Vollzug der T. und das in ihr Geschaute sind so identisch als Nach- und Mitvollzug des Geistes, des „sich selbst denkenden Denkens". Deshalb ist Metaphysik als „erste Philosophie" die eigentliche T. Mit der antiken Hochschätzung der reinen T. hängt auch der mittelalterliche Vorrang der vita contemplativa (der betrachtenden Lebensweise) vor der vita activa (der tätigen Lebensweise) zusammen, ebenso der grundsätzliche, trotz aller „abendländischen Dynamik" für die europäische Wissenschaftsgeschichte lange kennzeichnende Vorrang des „Logos" vor dem „Ethos" und der „Technik". Dem aus dieser Geschichte herkommenden Begriff der Wissenschaft als „reiner Wissenschaft" ist ursprünglich jede Nutzanwendung fremd und nur zusätzlich hinzutretend. In der Neuzeit bleibt zwar dieses T.verständnis teilweise leitend, so bes. bei Hegel (vgl. das Aristoteleszitat am Schluß der „Enzyklopädie"). Doch kehrt sich das Vorrangverhältnis von T. zur Praxis um. Kant schränkt die theoretische Erkenntnis auf den Bereich der Naturerscheinungen ein; dieser und ihrem zugehörigen technischen Herstellen gegenüber steht das sittliche Wissen und Handeln als eigentliche Praxis im Rang höher, da es in ihr um die wesentliche (Freiheits-) Bestimmung des Menschen geht. Marx sieht alle T. durch die jeweilige Ordnung bzw. Unordnung der geschichtlich-gesellschaftlichen Praxis der Naturbearbeitung (Produktionsverhältnisse) bestimmt. Im Zug der neuzeitlichen Entwicklung der Naturwissenschaften und damit verbundenen Beherrschungsmöglichkeiten (anklingend schon bei F. Bacon: „Wissen ist Macht") wird zunehmend das theoriegeleitete Erkennen in seiner Dienlichkeit für die Praxis auch aus anderen und unterschiedlichen Handlungsverständnissen her begriffen, die vom ↗Pragmatismus, ↗Instrumentalismus, ↗Positivismus bis zur ↗Kritischen Theorie (Frankfurter Schule) reichen. Wissenschaftstheoretisch wird T. allgemein jetzt als Möglichkeitsentwurf (↗Hypothese) gesetzlicher Erscheinungszusammenhänge aufgefaßt, der vorausgreifend jeder natur- bzw. geschichtswissenschaftlichen Erkenntnis erst den Raum schafft und Weg bahnt und durch diese verifiziert werden oder in ihr sich wenigstens bewähren, aber auch als unhaltbar erweisen können muß (↗Falsifikation, vgl. ↗Kritischer Rationalismus). Die Geschichte dieser T.entwürfe wird dann gedeutet als eingebettet in die Abfolge, Um- oder Neubildung von leitenden Ideen, Grundmustern, Modellvorstellungen („Paradigmenwechsel", ↗Paradigma).

Thomas von Aquin, * um 1225 Schloß Roccasecca bei Aquino (Neapel), † 1274 Fossanova (auf dem Weg zum Konzil von Lyon). Dominikaner. Schüler von Albertus Magnus, lehrte in Paris, war zeitweilig im Ordensdienst in Italien tätig. T. ist der bedeutendste Philosoph und Theologe des Hochmittelalters (↗Scholastik). Bahnbrechender Neuerer seiner Zeit, anfangs viel bekämpft, gewann T. neben Augustinus den größten Einfluß auf die weitere Entwicklung des philos.-theologischen Denkens.

T. verbindet die vorausgehende christliche Tradition mit dem über die arabische Philosophie (Avicenna, Averroës) neu eindringenden Aristotelismus zu einer großartigen Einheit, wobei er freilich auch historische Umdeutungen vornimmt. Mit Hilfe des aristotelischen Begriffpaares von Potenz und Akt (dynamis und energeia, Möglichkeit und Wirklichkeit) führt er eine umfassende *Ontologie* durch, die seinen Grundgedanken des hierarchischen Ordnungsaufbaus alles Seienden von der bloßen Möglichkeit der „ersten Materie" (materia prima) bis zur „reinen Wirklichkeit" (actus purus) des Geistseins Gottes entfaltet. Dabei trennt T. erstmals Glauben und Wissen scharf nach den Quellen, dem übernatürlichen Licht (lumen supranaturale oder fidei), das den Offenbarungsglauben eröffnet, und dem natürlichen Licht (lumen naturale) der natürlichen Welterkenntnis. Seine Lehre vom Ursprung des natürlichen Erkenntnislichts in der Partizipation des Menschen am göttlichen Geistsein gibt der platonisch-augustinischen Tradition wie der Erfahrung christlicher Mystik Raum; die Durchführung seiner Erkenntnislehre bringt die aristotelische Hochschätzung des Anteils der Sinnlichkeit beim Erkennen zur Geltung, indem er die im Wesen des menschlichen Geistes (intellectus animae humanae) selbst gelegene Hinordnung auf sinnliche Anschauung (conversio ad phantasmata) herausstellt. Phänomenologisch meisterhaft sind seine Analysen von Wesenssachverhalten nicht nur im theoretischen, sondern auch im praktisch-ethischen Weltverhältnis des Menschen. Die *Ethik* und *Sozialphilosophie* baut auf dem Unterschied von lex divina (göttliches Gesetz), lex naturalis (Naturrechtsordnung) und lex positiva (von einer menschlichen Gemeinschaft erlassene Satzung) auf. Doch steht auch hier die Beschreibung der wesenhaften Ordnung des Lebens im Vordergrund, die ontologische Sicht überwiegt das Interesse an besonderen sittlichen und rechtlichen Normen bei weitem. Die Unterscheidung in seiner Prinzipienlehre zwischen Seinsgrund und Seinsmoment (ens quo) einerseits und dem begründeten Seienden (ens quod) andererseits und ebenso die Lehre von der realen Unterschiedenheit (distinctio realis) von Materie und Form und von Wesen (Sosein, Essenz) und Akt (Dasein, Existenz) sind für den gesamten Thomismus entscheidend geworden. Der eigentliche Grundansatz jedoch ist die analoge Einheit (↗Analogie) alles Seienden durch den erkennenden Geist, der als Akt und als Idee die Identität bedeutet, die aller Vielfalt und Vereinzelung (Individuation), sie vorgängig (a priori) einigend, zugrunde liegt. Der letzte Grund dieser im erkennenden Denken sich bekundenden Seinseinheit von allem liegt in der Tatsache der Schöpfung. Diese Seinseinheit ist zugleich Voraussetzung für die natürlichen Gottesbeweise, in denen T. das Verweisungsverhältnis der Welt auf Gott hin auf fünf Wegen (quinque viae) erhellt.

Nach Quellen zwar unterschieden, sind bei T. doch Theologie und Philosophie in der Darstellung seiner Werke, bes. in den beiden „Summen", miteinander verbunden. Mit Ausnahme der Aristoteleskommentare und einiger kleinerer Schriften (z. B. De ente et essentia) ist die Philosophie des T. in die theologischen Werke eingelassen, und in rein philos. Erörterungen nehmen theologische Partien jeweils einen großen Raum ein. – Die Erneuerung des thomasischen Denkens seit dem 19. Jh. (Neuthomismus) bildet eine Hauptströmung der ↗Neuscholastik.

Thomasius, *Christian,* * 1655 Leipzig, † 1728 Halle. Vorläufer der Aufklärung; von Pufendorf ausgehend, bedeutender Vertreter des Naturrechtsdenkens. Leitete mit der Ausschaltung der lex divina (göttliches Recht) als Rechtsquelle im philos.-juristischen Sinn und mit der Voraussetzung nur des Naturrechts und des positiven Rechts die Trennung des Rechtsdenkens von der Theologie ein.

Tiefenpsychologie, ursprünglich von E. Bleuler geprägte Bezeichnung für S. Freuds Psychoanalyse, später allg. gebraucht für eine Reihe psychologischer Schulen, die in der Anerkennung einer seelischen Tiefendimension des Unbewußten und seiner Auswirkungen übereinstimmen. Freud suchte Anfang des 20. Jh. die entscheidenden Beweggründe für neurotische Symptome, für Fehlleistungen und Träume in unbewußten Prozessen, in denen eine – verschiedenen psychischen Mechanismen (bes. der Verdrängung) folgende – Auseinandersetzung zwischen dem Unbewußten und dem Bereich des rational-logischen Bewußtseins stattfindet. Seine Theorie (neben der Strukturlehre [Es, Ich, Über-Ich] bes. die Trieblehre [Libido als Grundtrieb, später Antagonismus von Eros und Todestrieb]) erfuhr mannigfache Kritik, Korrektur, Ergänzung und Fortbildung, so durch die Komplexe Psychologie C. G. Jungs (neben dem individuellen die Annahme eines kollektiven Unbewußten als Träger allgemeinster Grundmuster [Archetypen] seelischen Verhaltens), die Individualpsychologie A. Adlers (Erklärung seelischer Konflikte aus der Spannung zwischen dem Geltungsstreben des Einzelnen und der Gesellschaft), die psychologische Existenzanalyse und Logotherapie V. E. Frankls (Deutung neurotischer Störungen aus schwerwiegenden Mängeln der Sinnerfahrung und Sinnfüllung des Daseins), die von Heideggers Existentialphilosophie beeinflußte Daseinsanalyse L. Binswangers (seelische Konflikte als Verdeckungs- und Verstellungsformen des menschlichen In-der-Welt-Seins); die von E. Fromm im Anschluß an Freud fortgebildete Psychoanalyse fand Eingang in die Kritische Gesellschaftstheorie der Frankfurter Schule.

Tillich, *Paul,* * 1886 Starzeddel (Kr. Guben), † 1965 Chicago. Theologe und Religionsphilosoph. Prof. in Marburg, Dresden, Frankfurt a. M. Führend im „Bund religiöser Sozialisten". Lehrte nach Emigration 1933 in den USA mit großem Einfluß auf die amerikan. protestantische Theologie. Philosophisch nahm er Impulse auf aus dem deutschen Idealismus (Schelling), der Lebensphilosophie und Existenzphilosophie und suchte von der philos. Frage nach dem „Sein" her Religion und Theologie als Bekundung und Bedenken Gottes zu verstehen, nämlich seiner grundsätzlichen und immerwährenden Gegenwart als Sinn- und Wahrheitsquelle (Grundoffenbarung) und seiner besonderen, die geschichtliche Existenz angehenden und erneuernden Offenbarung in Jesus dem Christus.

Tindal, *Matthew,* engl. Religionsphilosoph, * ca. 1653 Beer Ferrers (Devonshire), † 1733 Oxford. Sein HW „Christianity as old as the creation" (1730), worin er den christlichen Offenbarungsglauben als im wesentlichen mit der natürlichen oder Vernunftreligion übereinstimmend beurteilt, wurde zur „Bibel" des ↗Deismus.

Tod, die Beendigung des Lebens eines Einzelwesens (im weiteren Sinn auch einer Art oder Gattung). In einem besonderen Wissensverhältnis steht der Mensch zum T. der Mitmenschen und zum eigenen bevorstehenden T. (die frühen Griechen nannten die Menschen „die Sterblichen" [brotoi]). Der T. wird erfahren als äußerster Widerspruch zum ↗Leben, zugleich aber als dessen innerste unausweichliche Bestimmung, von Beginn an ihm entgegenzugehen. Er ist so dem Leben das Fernste und Fremdeste, doch auch das Nächste und Vertrauteste. In ihm erscheint verdichtet die äußere (durch Verletzung, Tötung) und innere (Krankheit, Leiden, Altern) Hinfälligkeit des menschlichen Daseins in der Welt, die Unwiederholbarkeit eines Lebenswegs, und die Vergänglichkeit aller Dinge; andererseits kann er als Befreiung von der Last des Lebens und Leidens empfunden werden. Die Frage nach Sinn und Bedeutung des T. angesichts seiner Zwiegesichtigkeit ist verwoben mit der nach dem ↗Sinn des Lebens und des Weltgeschehens im ganzen. Vor allem in den Religionen zeigt sich die Vielfältigkeit der Deutungen (wie: Eingang in das Nirwana, Übergang allg. in eine andere Seinsweise, Seelenwanderung, Auferstehungs- und Neuschöpfungsglauben u. a.). – Die Thematisierung des T. in der Philosophie ist weitgehend von religiösen Überlieferungen bzw. der Loslösung von ihnen geprägt. In der Vorsokratik wird er zum Teil als Entmischung der Elemente (Empedokles) bzw. Atome (Demokrit) aufgefaßt (wie die Geburt als Zusammensetzung), für Heraklit entsteht aus Leben T., aus T. Leben nach der Sinngesetzlichkeit (Logos) des unaufhörlichen Werdens. Die Orphiker und Pythagoras lehren den T. als Befreiung der Seele aus dem „Gefängnis" des Leibes, jedoch auch ihre wiederholte Wiederverkörperung (Reinkarnation), bis sie in den Bereich des Göttlichen, aus dem sie schuldhaft fiel, heimfindet. Ähnlich ist für Sokrates/Platon der T. Trennung von sterblichem ↗Leib und unsterblicher ↗Seele und deren Übergang zum eigentlichen Leben im Reich der Wahrheit (der Ideen); von daher ist Leben als Erkenntnisleben (Philosophieren) bereits ein Sterben-Lernen, Absterben dem bedürftigen leibhaften und Hinstreben zum begierde- und leidfreien, geistig-ewigen Leben. Das christlich-mittelalterliche Denken, bes. Thomas von Aquin, übernimmt von Aristoteles den Begriff der Seele als belebende Form des Körpers (die nach Aristoteles mit dem Leib stirbt), erkennt ihr aber zugleich unzerstörbare Substantialität zu, obgleich zur vollen Personalität des Menschen die Vereinigung der Seele als Wesensform mit dem Leib gehört. Seit der Patristik (Augustinus) bleiben Grundzüge der platonischen Trennungsvorstellung erhalten, ebenso, vor allem in der Mystik, die Dialektik von T. und Leben (der mystische T. als vereinigendes Hineinsterben in das selige Leben Gottes). In neuzeitlichen geist- bzw. bewußtseinsmetaphysischen Strömungen steht das Problem der Unsterblichkeit der Seele im Vordergrund: Für Leibniz ist T. nur Wechsel der Erscheinungsgestalt jeder Seele (Monade); für Kant ein mechanisch-leiblicher Naturvorgang, dem gegenüber aus ethischen Gründen die Unsterblichkeit der Seele angenommen werden muß; für den deutschen Idealismus der Untergang des Individuellen und Aufgang ins Geistig-Allgemeine (Hegel). Schopenhauer sieht im T. die Folge für den „Fehltritt" der Individuation und die Erlösung von den mit dem Vereinzelungswillen verbundenen Leiden. Nach Kierkegaard erwächst aus dem T.eswissen der Ernst der sittlichen und religiösen Entscheidung; von da her wird der T. im 20. Jh. Thema bes. in der Existenzphilosophie, so bei Jaspers (vgl. ↗Grenzsituation) und vor allem bei Heidegger: Wenn der T. nicht in der Alltäglichkeit verdeckt, sondern im menschlichen Dasein (als dem „Sein zum T.") ausdrücklich als unüberholbare Möglichkeit (nämlich der „Unmöglichkeit von Existenz überhaupt") übernommen wird, vermag es „vorlaufend" sein eigentliches Selbstsein und Ganzsein zu erlangen. Gegen diesen „Heroismus" opponierte am schärfsten Lévinas: Der T. ist nicht die äußerste Möglichkeit, sondern die schlechthinnige Grenze alles „Könnens"; und ethische Bedeutung erhält der T. nicht schon als der eigene, sondern erst angesichts der Sterblichkeit des Anderen.

Toland, *John,* engl. Religionsphilosoph, * 1670 Inishoven bei Londonderry (Irland), † 1722 Putney bei London. Vertrat die völlige Gleichsetzung des jüd.-christlichen Offenbarungsglaubens mit der natürlichen oder Vernunftmoral und -religion (↗Deismus). Prägte erstmals die Bezeichnung „Pantheist". Wurde als erster „Freidenker" genannt.

Tönnies, *Ferdinand,* Soziologe, * 1855 Oldenswort, † 1936 Kiel. 1891 Prof. ebd. Bekannt durch seinen Diskussion anfachenden Unterschied zwischen organisch verbundener „Gemeinschaft", die aus dem „Wesenswillen" hervorgeht, und rational durch den „Kürwillen" künstlich gesetzter „Gesellschaft" („Gemeinschaft und Gesellschaft", 1887).

Topik (griech. topika, von topos, Ort), allg. die Lehre von den Orten (innerhalb des Raums oder eines Bedeutungsbereichs), bei Aristoteles die Sammlung von Argumentationsformen und -schritten für die Durchführung von überzeugenden Schlüssen in der Dialektik (Gesprächsführung) und Rhetorik (Vortragskunst). „Transzendentale T.": bei Kant die Lehre vom „transzendentalen Ort", der einem Begriff je nach seinem Gebrauch in der sinnlichen Erfahrungserkenntnis oder einer reinen Verstandeserkenntnis zuzuweisen ist, um nicht durch den Schein verführt zu werden, es könnten die für empirische Gegenstände gültigen Begriffe auch zur Erkenntnis eines nichtsinnlichen Gegenstandes (Ding an sich) dienen. – *„Topologie des Seins":* bei Heidegger die Erörterung der seinsgeschichtlichen Orte als der jeweils epochal eröffneten Zeit-Spiel-Räume für das Wohnen des denkenden Menschen in der (geschichtlichen) Wahrheit des Seins.

Tradition (lat. traditio, von tradere, übergeben), der Gehalt des aus der Vergangenheit her vor allem in Religion, Sitte und Brauch, Recht usw., insgesamt in einer Kultur Überlieferten, das eine besondere Sinnbedeutung für die Lebensordnung einer Gesellschaft und des einzelnen in ihr hat, aus der Welterfahrung und dem Wissen der Vorfahren die Nachkommen befähigt, das Neue einzuordnen und zu bewerten, und so durch die Geschlechterfolge hindurch identitätsstiftend die Generationen in einer ihnen gemeinsamen Geschichte verbindet. Das Überlieferte kann als das „alte Wahre" fraglos übernommen werden (so vor allem in geschlossenen Gesellschaften). Wo T., wie seit der neuzeitlichen Aufklärung, nicht mehr als selbstverständlich übernommen wird, stellt sich angesichts der Erfahrung, daß T. traditionalistisch zur Erstarrung führen kann, die Frage der „Lebendigkeit" der T. und die Forderung der bewußt auswählenden Aneignung dessen, was in der Gegenwart als fruchtbar gerade für die neuen zukunftsbestimmenden Aufgaben bewahrt werden soll. – Gegen eine exzessive T.kritik und ein als geschichtslos kritisiertes „reines" Vernunftverständnis der Aufklärung richtete sich die Romantik (Hamann und Herder bes. gegen Kant). Für das hier anhebende geschichtlich-geisteswissenschaftliche (Dilthey) wie auch dann für das auf Kierkegaard zurückgreifende existenzphilosophische Denken wird T. in ihrer konstitutiven, aber auch ambivalenten Bedeutung für das menschliche Leben aufgefaßt. Nach Heidegger wurzelt das T.verhältnis in der ↗Geschichtlichkeit des menschlichen Daseins, das T. eigens zu übernehmen vermag, aber stets in der Gefahr ist, sich wie an die Welt so auch an die T. zu verlieren. Nach J. Ritter und seiner Schule (H. Lübbe, O. Marquard) haben die Geisteswissenschaften die Aufgabe, den für die wissenschaftlich-technische Welt kennzeichnenden T.verlust zu kompensieren durch Erinnerung der T.en und damit Eröffnung von Orientierungsmöglichkeiten.

Traditionalismus, allg. das starre Festhalten an einer ↗Tradition, bezeichnet vor allem im Bereich der Religion eine Anschauung, wonach der Mensch aus sich selber überhaupt nicht zur Wahrheitsfindung fähig sei, vielmehr alle Wahrheit aus einer göttlichen Uroffenbarung herstamme. Ansätze hierzu werden gesehen bei Montesquieu, Pascal, de Maistre, die eigentliche Ausbildung des T. bei J. G. A. de Bonald: Gegen die Traditionskritik der Aufklärung und ihren Anspruch der menschlichen Vernunftautonomie im Denken und Handeln wird die Wiederherstellung der überlieferten religiösen, sittlich-politischen und philos.-metaphysischen Bedingungen gefordert. Als radikalisierte Ausprägung eines T. kann der Fundamentalismus verstanden werden.

Tragik (von griech. tragodia aus tragos, Bock, ode, Gesang), kennzeichnet allg. das Geschehen in einer Situation, die den Menschen in den Widerstreit gegensätzlicher Ordnungsmächte, sittlicher Verpflichtungen, charakterlicher Anlagen stellt und unausweichlich seine freie Entscheidung ernötigt, ohne ihm den Ausweg aus diesem Konflikt zu eröffnen, so daß er, gerade wenn sein Handeln das Notwendige erfüllen will, an diesen als schicksalhaft-verfügt erfahrenen „Umständen" zerbricht, indem er schuldig wird und den Untergang, den sein Handeln herbeiführt, zugleich erleidet. So gehört zur T. des Geschehens, daß ihre widersprüchlichen Momente sich nicht bruchlos in einen Sinn zusammenfügen. (In nur sehr abgeflachter Bedeutung wird oft ein plötzlich eintretendes unglückliches Ereignis „tragisch" genannt.) – Die genauere Deutung der widerstreitenden Mächte, Verpflichtungen, Anlagen und damit die Erfahrungsgeschichte des Tragischen wandelt sich mit der des Welt- und Selbstverständnisses des Menschen, wie es sich in der Tragödie der griech. Tragiker (Aischylos, Sophokles, Euripides), den Schicksalsdramen Shakespeares, Corneilles und Racines, bei Kleist, Hebbel u. a. darstellt. Nach Aristoteles bewirkt die (griech., aus dem Opferkult des Dionysos hervorgegangene) Tragödie durch Erregung von Furcht und Mitleid die Reinigung von diesen Affekten. T. im strengen Sinn kennt die platonisch-aristotelisch geprägte Metaphysik des Seins als des Geistes (wie auch die sie rezipierende christliche Theologie) nicht, da alles Übel und Leid als nur vordergründig widersinnig grundsätzlich von einem Gesamtsinn der Wirklichkeit umfaßt und getragen ist (vgl. noch Leibniz' „Rechtfertigung Gottes", ↗Theodizee) oder die Widersprüche dialektisch-logisch versöhnt sind als Gestalten der Selbstentwicklung des Absoluten zu sich (Hegel). Zentrale Bedeutung erhält dagegen das Tragische in der voluntaristisch-antiidealistischen Wendung bei Schopenhauer und insbes. bei Nietzsche, wo die tragische Einzelsituation zum Grundcharakter alles Wirklichkeitsgeschehens und des Menschenlebens erweitert wird: Die Welt als endlos-sinnlos fortgehendes tragisches Spiel der einander widerstreitenden Willenskräfte ist nur „ästhetisch zu rechtfertigen". Beachtung findet das Tragische in der Lebensphilosophie (G. Simmel) und Existenzphilosophie (K. Jaspers: das Scheitern in den ↗Grenzsituationen, wobei freilich das Tragische nicht zu einer T. des Seinsgrundes verabsolutiert werden dürfe). Nach M. Heidegger ist das ursprünglich (frühgriech.) tragische Seinsverständnis durch die zunehmende Vorherrschaft des „Logischen" in Vergessenheit geraten.

transzendent (von lat. transcendens, überschreitend; ↗Transzendenz), 1. bezeichnet in der scholastischen Philosophie (z. T. vorbereitet bei Platon, Aristoteles, Plotin) und ihrer Fortwirkung (Neuscholastik) den logischen Status jener ontologischen Grundbegriffe, welche die Grenzen aller univoken Gattungs- und Artbegriffe (vgl. ↗Kategorien) und noch die der ↗Modalitäten übersteigen und so uneingeschränkt alles Seiende betreffen, das göttlich-unendliche und das geschaffene endliche, obgleich in analoger Weise (↗Analogie): die *Transzendentien* oder (so die spätere Bezeichnung) *Transzendentalien*. Sie sind mit dem Seinsbegriff notwendig verbunden und wie dieser gleichen unendlichen Umfangs, daher mit ihm „vertauschbar" (konvertibel). Im Mittelpunkt steht die Lehre von den Transzendentalien bei Albertus Magnus. Angeführt werden zumeist (so entfaltet bes. bei Thomas von Aquin, dann bei Duns Skotus u. a.) neben der Seiendheit des Seienden (↗Ens): die Washeit (im Sinn von sachlicher Gehaltlichkeit, ↗Realität; res), Einheit (Untrennbarkeit seiner wesentlichen Bestimmungen als Einssein mit sich; unum), Etwasheit (Abgegrenztheit gegen jedes andere, die ↗Andersheit; aliquid), ↗Wahrheit (im Sinn von Erkennbarkeit, Geistbezogenheit; verum), Gutheit oder Güte (Erstrebbarkeit, Willensbezogenheit, das ↗Gute; bonum) und, bes. in der Franziskanerschule, die Schönheit (aufgrund der Harmonie die gefallende Übereinstimmung mit dem Anschauungsvermögen, das ↗Schöne; pulchrum). 2. Bei Kant heißt t. das, was die Grenzen aller Erfahrung (und damit wissenschaftlich-gegenständlicher Erkenntnis) übersteigt. Gegensatz: immanent. Vor allem dient der Terminus t. zur Kennzeichnung des („überfliegenden") Gebrauchs, der von den Vernunftideen (Welt, Seele, Gott) gemacht wird; denn die Vernunftideen sind in theoretischer Absicht t., in sittlich-praktischer Absicht sind sie allerdings immanent. Bes. bedeutsam wird Kants Unterscheidung von t. und ↗transzendental. 3. Allg. in der neuzeitlichen Philosophie, bes. nach Kant, meint t. das, was das menschliche Vermögen und Können (bes. im Erkennen), sofern es als begrenztes aufgefaßt wird, überragt, das Absolute (Gott), das freilich nur dem endlichen Verstandesdenken, nicht dem Vernunftdenken unerreichbar ist (Hegel), oder das *als* das bleibend Unvordenkliche zum Inhalt der Vernunft genommen wird (so beim späten Schelling in seiner ↗„positiven Philosophie"). 4. In modernen Erkenntnistheorien wird oft auch das Bewußtseinsunabhängige, Insich-Stehende und an ihm selber Wirkliche, das nicht nur innerhalb der Vorstellungen des Bewußtseins Dasein hat, t. genannt. – ↗Transzendenz.

transzendental (von lat. transcendens, überschreitend), 1. in der scholastischen und neuscholastischen Philosophie oft gleichbedeutend mit ↗transzendent. 2. Impulsgebend für alle nachkantische Bewußtseinsphilosophie (unterschiedlich ausgeprägt vor allem im Neukantianismus und in der Husserlschen Phänomenologie) wird die Begriffsbestimmung durch Kant: t. meint bei ihm im Gegensatz zu transzendent nicht das jenseits der sinnlich begrenzten Erfahrung und Verstandeserkenntnis Liegende, zu dem ein Überstieg nicht möglich ist, sondern den Bereich der voraufgehenden Konstitutionsprinzipien von Erfahrungserkenntnis und damit ihrer Gegenstände, der im reflektierenden „Rückstieg" in das Subjektbewußtsein aufgedeckt wird (t. ↗Bewußtsein). Die t. Untersuchung selber ist keine empirisch-gegenständliche Erkenntnis, sondern klärt kritisch über die in den Vermögen der Sinnlichkeit und des Verstandes ↗a priori vorgegebenen formalen Bedingungen der Möglichkeit von Erfahrung und Erkenntnisgegenständen auf (Grundformen der sinnlichen ↗Anschauung und ↗Kategorien des Verstandes) und über die nur regulative (nicht konstitutive) Rolle der ↗Ideen der reinen Vernunft. 3. In einem weiten Sinn bezeichnet t. den Eröffnungscharakter eines jeden, nicht nur gegenständliche Erkenntnis für das menschliche Bewußtsein, sondern jegliches Verstehen ermöglichenden Sinnhorizonts (so in Heideggers Analyse des seinsverstehenden menschlichen Daseins das Sein als „transcendens schlechthin", als veritas transcendentalis). Für geschichtliches Denken ist dieses t. Apriori nicht als zeitlos unwandelbares (wie bei Kant) vorauszusetzen, sondern bildet sich in „transzendentalen Grunderfahrungen", die das Verständnis der Grundbedeutung in bestimmten Erfahrungsbereichen (Welt, Menschsein, Religion, Kunst, Politik usw.) erst begründen und in ihnen die besonderen Verstehens-, Erfahrungs- und Handlungsweisen ermöglichen (M. Müller).

Transzendentalphilosophie, von Kant geprägte Bezeichnung für das System aller Erkenntnisse, die ↗a priori aus reiner Vernunft allein, jeder empirisch-gegenständlichen Erkenntnis voraus, zu erlangen sind, und zwar durch „Rückstieg" ins Subjekt, d. h. Reflexion auf die apriorischen Bedingungen der Möglichkeit jeglicher Empirie, die im Bewußtsein vorgegeben sind und deren Funktion darin aufgeht, allg. verbindliche Erfahrungserkenntnis zu begründen. Vorbereitet wird diese ↗transzendentale Reflexion durch Descartes' Analyse des (Selbst-)Bewußtseins als des Fundaments zweifelsfreien Erkennens. Kant schränkt das allgemeingültige Erkennen ein auf den Bereich sinnlicher Erscheinungen. Nicht das Seiende an sich (in seiner eigenen Substantialität), sondern es nur als Gegenstand in seiner durch das Subjekt geformten Objektivität ist erkennbar. Mit der Aufhebung der Kantischen Begrenzung in der (ontologisch bedeutsamen)

Herausarbeitung dessen, was Subjekt-Sein dann heiße – nämlich wesentlich Spontaneität, theoretisch und praktisch hervorbringende Freiheit –, wird Kants „transzendentaler ↗Idealismus" (der sich zugleich als „empirischer Realismus" verstand) durch den deutschen Idealismus (Fichte, Schelling, Hegel) zum absoluten Idealismus fortgebildet. Von der Tradition der cartesischen und kantischen Bewußtseinsphilosophie ist auch geprägt die Phänomenologie Husserls, die aber den Phänomenbegriff über die sinnlichen Erscheinungen hinaus auf alle Gestalten im „reinen Bewußtsein" hin erweitert. Von daher ist noch das Denken des frühen Heidegger als transzendentalphilosophisch zu kennzeichnen, sofern seine fundierende Analyse zwar nicht beim Bewußtsein, aber beim menschlichen (durch Seinsverständnis, Gestimmtheit und Sprachlichkeit ausgezeichneten) Dasein (Existenz) ansetzt. Hermeneutisch-geschichtliches Philosophieren betont in seiner Reflexion auf das Bewußtsein nicht primär dessen konstituierende und entwerfende Leistung, sondern die Möglichkeit, daß in einem empirischen Ereignis zugleich sich ein neuer apriorischer Horizont von Sinn- und Bedeutungszusammenhängen eröffnet (Seinserfahrung, transzendentale Grunderfahrungen).

Transzendenz (von lat. transcendens, überschreitend), 1. in der Tradition der Metaphysik der Überstieg (Gegensatz: Immanenz) des Denkens über den Bereich der sinnlich wahrnehmbaren Erscheinungen hinaus in einen „jenseits" liegenden Ursprungsbereich, von dem her die Erscheinungswelt ermöglicht, begründet und erhalten wird, so platonisch zur Welt der Ideen und der „jenseits aller Seiendheit" liegenden höchsten Idee (dem „Guten"), aristotelisch-scholastisch und allg. in der christlich geprägten Philosophie zum weltschaffenden göttlichen Denken, zu Gott. Die Möglichkeit der T. ist ihrerseits eröffnet und geleitet durch die vorgängige ↗Partizipation des „Diesseitigen" (Zeitlichen, Endlichen) am „Jenseitigen" (Ewigen, Vollkommenen), das gewissermaßen im Endlichen gegenwärtig ist, wenngleich auf eingeschränkte und geminderte Weise. Die Metaphysikkritik Kants anerkennt zwar die T. des Denkens in den Vernunftideen (Gott, Welt, Seele), die eine notwendige (aber nur regulative) Bedeutung für die systematische Einheit unseres theoretischen Wissens haben, jedoch nicht zur gegenständlich-realen Erkenntnis des in den Ideen Gedachten taugen (der Versuch in diesem Sinn führt zu Widersprüchlichkeiten; transzendentale ↗Dialektik). Für die praktische Vernunft des sittlichen Handelns haben die Ideen in der T. des Willens zum Unbedingten dagegen reale Bedeutung, sind

„konstitutiv" und somit dem Wissen einer praktischen Metaphysik „immanent". Für Hegel hat jedes Bewußtsein einer Wissensgrenze die Grenze schon zugleich überschritten. T. ist im Grunde Selbst-T. des Geistes aus sich zu sich und hat somit den Charakter der Immanenz. Feuerbach und Marx suchen die T. und ihr Sinnziel als Selbstprojektion des Menschen in ein Jenseits und damit als illusionäre Erfüllung der Sehnsüchte zu entlarven, die der Misere der entfremdeten Lebensverhältnisse in der Immanenz der natürlichen und gesellschaftlichen Wirklichkeit entspringen. Ähnlich Nietzsche: Die jeden „hinterwäldlerischen" Platonismus (Metaphysik und Religion) kennzeichnende T. ist eine lebensfeindliche Erfindung der Willensschwachen und „Schlechtweggekommenen". Im Gefolge der Destruktion metaphysisch bestimmter T. tritt der Vorausentwurf des nächsten (Nietzsche) oder des Endziels einer weltimmanent fortgehenden Bewegung (Marx), wie in den modernen Utopien; E. Bloch fordert statt der „T. nach oben" die „T. nach vorn". In seiner fundamentalontologischen Existentialanalyse versteht Heidegger T. als den den Menschen auszeichnenden Überstieg über alles vielfältig Seiende und als Hinausstand ins Sein (Existenz, Ek-sistenz), später vom vorgängigen Ruf des Seins (Seinsgeschick) her. Lévinas kritisiert das T.denken der Metaphysik als nicht exzessiv-unendlich transzendierend, vielmehr wolle es zur Ruhe kommen in einem Ende, in einem als Vollkommenes Angezielten; wahrhaft unendliche T. wird vielmehr gefordert durch das Antlitz des uneinholbar ↗Anderen. – 2. Oft meint T. auch das im Transzendieren Angezielte selber, so christlich-metaphysisch Gott in seiner Überweltlichkeit. Jaspers versteht unter T. das umgreifende Sein selbst, das zugleich die Sphäre des Göttlichen ist und nie begrifflich-direkt, sondern nur in ↗Chiffren als entzogen Bleibendes vergegenwärtigt werden kann. 3. In neueren Erkenntnistheorien und Bewußtseinsphilosophien bezeichnet T. allg. auch das, was außerhalb der bewußtseinsimmanenten Wahrnehmungen und begrifflichen Vorstellungen und unabhängig von diesen ist. Vgl. ↗transzendent.

Trendelenburg, *Friedrich Adolf,* * 1802 Eutin, † 1872 Berlin. 1937 Prof. ebd. Kritiker Kants und Gegner bes. Hegels. An Aristoteles anknüpfend, entwickelte er seine Philosophie als „organische Weltanschauung". Zentrale Stellung hat darin der Begriff des Zwecks. Von Bedeutung sind auch seine Untersuchungen zur Geschichte der Logik.

Troeltsch, *Ernst,* * 1865 Haunstetten bei Augsburg, † 1923 Berlin. Theologe und Geschichtsphilosoph. Prof. in Bonn, Heidelberg, seit 1915 Berlin. Er sah in der totalen „Historisierung unseres ganzen

Wissens und Empfindens der geistigen Welt" einschließlich der christlichen Religion das Kennzeichen des nachrevolutionären Europa seit dem 19. Jh. und erhoffte für die Historie von einer Geschichtsphilosophie die Erschließung jenes allgemeinen Wertzusammenhangs, der wissenschaftlich nicht erweisbar ist, da er auf einer sittlichen Entscheidung beruht. Er vermochte freilich den ↗Historismus, den er prägnant bewußtmachte, nicht zu überwinden und kam zu der Erkenntnis, daß „die Geschichte innerhalb ihrer selbst nicht zu transzendieren ist".

Troxler, *Ignaz Paul Vital,* * 1780 Beromünster (Schweiz), † 1866 Aarau. Medizinhistoriker und Naturphilosoph. Prof. in Basel und Bern. Nachhaltig von Schelling beeinflußt, dessen Lehre von der Stufung des Organischen er in seine mystisch gestimmte All-Einheits-Vorstellung aufnahm.

Tugend (sprachlich verwandt mit Tauglichkeit; griech. arete, lat. virtus), seit Platon und Aristoteles Grundbegriff der Ethik, bezeichnet im weiteren Sinn jede voll entwickelte geistig-seelische Fähigkeit, so auch die des theoretischen Verhaltens (bei Aristoteles: ↗dianoetische T.en), bes. aber das zur Grundhaltung ausgebildete und das Lebensverhalten im ganzen prägende sittlich-praktische Vermögen, in Freiheit das ↗Gute zu verwirklichen. Gegensatz: Laster. – Auf Platon zurück geht auch die Ausfaltung in die vier ↗Kardinaltugenden (die Klugheit und die von Aristoteles dann ethische T.en im engeren Sinn genannten: Gerechtigkeit, Tapferkeit, Besonnenheit [Mäßigung]). Die christliche Überlieferung ergänzt sie (so bes. Thomas von Aquin im Anhalt an 1 Kor 13) um die theologischen Haupttugenden Glaube, Hoffnung, Liebe. Bei Kant wird die Befolgung der Pflicht zur Grundbestimmung von T.

U

Übel (griech. kakon, lat. malum), das Schlechte, Unvollkommene, Fehlerhafte, insbes. das (sittlich) ↗Böse. In der antiken und mittelalterlichen Philosophie ist das Ü. allgemein verstanden als Mangel (griech. steresis, lat. privatio) an Vollkommenheit (Güte, vgl. das ↗Gute) des Seins, die ein Seiendes seinem Wesen nach haben sollte, bzw. als fehlgerichteter Wille (sokratisch-platonisch beruhend im Erkenntnisirrtum, christlich-theologisch letztlich in der Sünde). Extrem dualistische Systeme der Gnosis jedoch deuten das Ü. nicht als Mangel, sondern führen es auf das Böse als ein eigenes, dem Guten widerstreitendes reales Seinsprinzip zurück. In der Neuzeit unterscheidet Leibniz das physische Ü. (Leiden), das moralische Ü. (Sünde) und das metaphysische Ü., d. h. die Endlichkeit als Unvollkommenheit alles Geschöpflichen überhaupt gegenüber der göttlichen Vollkommenheit. Daß das Ü. notwendig zur in sich gestuften Seinsordnung der geschaffenen Welt gehört, gibt den Grund für die Rechtfertigung Gottes angesichts der Ü. der Welt (vgl. ↗Theodizee).

übersinnlich, nicht in sinnlicher Anschauung, Wahrnehmung und darauf bezogener (Erfahrungs-)Erkenntnis gegeben, sondern allein im transzendierenden Denken zugänglich (↗intelligibel, ↗transzendent). Für Kant ist das Übersinnliche (wie Gott, Welt, Seele, Freiheit) nicht theoretisch erkennbar, aber notwendig zu denken („Ideen" der reinen Vernunft) und in sittlich-praktischer Absicht für das Handeln als real bedeutsam anzunehmen.

Ueberweg, *Friedrich,* * 1826 Leichlingen, † 1871 Königsberg. Prof. ebd. Schüler Trendelenburgs und Benekes. Sein HW: „Grundriß der Geschichte der Philosophie" (3 Bde., 1863–66), in späteren Auflagen von M. Heinze u. a. überarbeitet und ergänzt. Völlige Neubearbeitung seit 1983 im Erscheinen.

Uexküll, *Jakob von,* Biologe, * 1864 Keblas (Estland), † 1944 Capri. 1926 Prof. in Hamburg. Begründer der Umwelt-Lehre. Die unbelebte und belebte Umgebung eines Lebewesens wirkt auf dieses ein, aber hat je nach Art seiner biologischen Konstitution unterschiedliche Bedeutung für es. So ist jedes Lebewesen in Bau, Funktion, Verhalten mit seinen lebensweltlichen Ansprüchen und Möglichkeiten (Wohn-, Merk- und Wirkwelt) seiner Umwelt angepaßt.

Umwelt, im 19. Jh. aufgekommene Bezeichnung für das (soziale) Milieu, seit J. v. Uexküll („U. und Innenwelt der Tiere", 1909) gebraucht für die Naturumgebung (Wirkwelt), die auf ein tierisches Lebewesen einwirkt und gemäß dessen sinnlicher Organisation als Merkwelt wahrgenommen wird; später ausgeweitet auch auf den je spezifischen pflanzlichen und menschlichen Lebensraum. Die philos. Anthropologie betonte dann, daß der Mensch als „weltoffenes Wesen" (M. Scheler) geistig die naturalen U.bedingungen übersteigt und diese zu verändern vermag, so daß die spezifisch menschliche U. stets schon eine jeweils kulturell geprägte ist. Da hierbei diese Vorgaben der U. nicht einfachhin aufgehoben werden, sondern das menschliche Leben auf sie angewiesen bleibt, stellen sich in der Krise der exzessiven wissenschaftlich-technisch-ökonomischen Naturveränderung besondere Probleme der Ökologie, des U.schutzes, der U.ethik.

Unamuno, *Miguel de,* span. Philosoph, Kulturkritiker, Dichter, * 1864 Bilbao, † 1936 Salamanca. 1891 Prof. ebd., 1924–30 im Exil. Vertreter eines ausgeprägten Individualismus bei strengster Bewahrung span. Eigenart (Casticismo). Seine von tragischem Lebensgefühl (Widerstreit von Glaube und Wissen, Sehnsucht nach Transzendenz und rationaler Unerweislichkeit eines letzten Lebenssinnes) und sozialer Sympathie zeugenden Schriften trugen zu neuer geistiger Lebendigkeit in Spanien bei.

Unbewußtes (das Unbewußte), Sammelbezeichnung für Dispositionen und Vorgänge, die nicht bewußt (willentlich) gesteuert und nicht oder nur in einem geringen Grade bewußt erlebt werden (↗Bewußtsein); z. B. physiologische Prozesse, Reflexe, triebhafte Handlungen u. ä. Insbes. Grundbegriff bei S. Freud für den Bereich der Triebe und geheimen Wünsche, aus dem als dem „Es" sich in Auseinandersetzung mit der Umwelt erst das bewußte „Ich" herausbildet und in den hinein bei rational unverarbeiteten Konflikten seelische Inhalte auch verdrängt werden können, die sich maskiert in Träumen, Fehlleistungen, neurotischen Symptomen (z. B. Zwangshandlungen) melden. C. G. Jung unterscheidet vom persönlichen das kollektive U., das als bildschaffende Kraft der Archetypen sich in den Mythen der Völker und in Träumen nach einem wiederholten und weitverbreiteten Grundmuster äußert. Vgl. ↗Tiefenpsychologie. – Anklänge des Themas des U. werden in Platons Lehre von den Ideen gesehen, die nur durch Erinnerung (Anamnesis) vergegenwärtigt werden, in Augustinus' Analyse des Gedächtnisses und seinen verborgenen Orten, in der Neuzeit bes. in Leibniz' Stufung der Vorstellungen von den petites perceptions in allen Monaden zu den ausdrücklicheren und bewußteren in den Tier- und Menschenseelen, dann bes. bei Schelling (der Geist als unbewußter in der Natur), Schopenhauer (der blinde, irrationale Urwille, aus dem erst Vorstellung, Subjektbewußtsein und gegenständliche Naturwelt hervorgehen) und Nietzsche (die Welt als unaufhörliches Streitspiel des pluralen Wollens). Von Hegel, Schelling und bes. Schopenhauer her hatte E. von Hartmann systematisch eine Metaphysik des U. ausgearbeitet. Vgl. ↗Voluntarismus.

Unendlichkeit, die Uneingeschränktheit dessen, was durch keine Grenzen der Quantität, Qualität oder des wesentlichen Gehalts bestimmt ist (vgl. ↗absolut). Gegensatz: Endlichkeit. Während in der griech. Antike das Grenzenlose zunächst eher das Unvollendete, Gestaltlose bedeutet (bes. die bloße Materialität, vgl. ↗Apeiron), wird in der christlich geprägten Philosophie U. zur Auszeichnung Gottes, der in Vollkommenheit das Sein als Fülle aller Wesenheiten ist. Die scholastische Philosophie unterscheidet von dieser aktuellen (positiv bedeutsamen) U. (Infinität) die nur potentielle (negative) U. als endlose Teil- und Vermehrbarkeit des Endlichen (Indefinität). Diese U. des bloß endlosen Progresses bzw. des unaufhörlichen Hin- und Hergehens zwischen den vermeintlich getrennt bleibenden „Bereichen" des Endlichen und des Unendlichen nennt Hegel „schlechte U.", wogegen die „wahre U." die des absoluten Geistes ist, die auch alles Endliche als in ihm aufgehoben zugleich umgreift und begreift. (Die wahre U. ist die vollbrachte dialektische Identität von Endlichkeit und U.) Wo im Philosophieren nach Hegel gegen ihn gewendet eine solche einseitige „Einverleibung" der Endlichkeit in die U. abgelehnt wird, stellt sich das Problem, wie das Zueinander beider unter Wahrung ihrer Differenz zu denken ist: wie U. in die Endlichkeit von Raum, Zeit, Welt und Geschichte eintritt, ohne in ihr aufzugehen, sich also in ihr zeigt und zugleich verhüllt. In kritischer Sicht versteht insbes. E. Lévinas das gesamte metaphysisch-ontologisch geprägte Identitätsdenken, für das U. absolute Vollkommenheit, Umfassung und Ganzheit (Totalität) bedeutet, als Vergessen der ursprünglich ethischen Differenzerfahrung (Widerfahrnis) durch den Anderen, der in die Nähe kommt gerade als der schlechthin Uneinholbare in der „Spur des Unendlichen".

Universalien (von lat. universalis, allgemein), im weitesten Sinn alle Allgemeinbegriffe (vgl. ↗Allgemeines), deren Gehalt einem Wirklichkeitsbereich oder der Wirklichkeit im ganzen zugesprochen werden kann. So gelten in der platonischen Tradition die Ideen als das Universale, an dessen eigentlichem (ewigem) Sein das zeitlich erscheinende Seiende nur gemindert teilhat (platonischer Ideen-Realismus). In der aristotelisch-scholastischen Philosophie werden die transzendentalen analogen Begriffe des Seins, insbes. aber die kategorialen univoken Begriffe der Gattung und des spezifischen Wesens eines Seienden Universalia genannt. Thomas von Aquin u. a. unterscheiden eine dreifache Daseinsweise des Universalen: im einzelseienden Wirklichen (universale in re), durch Abstraktion gewonnen im erkennenden menschlichen Geist (universale post rem oder in intellectu humano) und dem Einzelwirklichen wie dem menschlichen Denken voraus im göttlichen Geistsein (universale ante rem oder in intellectu divino). Für diesen gemäßigten Realismus erhält das Übereinzeln-Allgemeine zwar erst im Denken die Form der Universalität (Allgemeinheit und Allgemeingültigkeit), während es im wirklich Seienden die der Singularität (Vereinzeltheit, Individualität) hat. Beide sind aber jeweils eine Vollzugsweise (actualitas, ↗Aktualität), die zum reinen Gehalt (realitas, ↗Realität) hinzukommt. Dabei wird die sachliche Unterschiedenheit (reale Distinktion) von ↗Wesen und ↗Dasein vorausgesetzt. Die Lehre von der voraktuellen Realität des Übereinzeln-Allgemeinen steht der (später Positivismus genannten) Auffassung gegenüber, nach der das einzelne Wirkliche ein Erstes und Letztes und damit Grundloses ist, und besteht vielmehr darauf, daß es über das „Existente" hinaus und ihm voraus wahrhaft „Reales", eben Wesen und Sein als reale Gründe des aktuellen Seienden und Denkens gibt. Dieser an Aristoteles anknüpfende gemäßigte Realismus nimmt so eine Mittelstellung ein zwischen dem auf Platon sich berufenden extremen Realismus, für den die (allem Einzelseienden und dem Denken vorausliegende) ideelle Realität selbst schon Aktualität hat, und dem in der Neuzeit herausgetretenen Positivismus, für den die Aktualität des Einzelwirklichen und seiner gesetzlichen Zusammenhänge allein den Sinn und die Bedeutsamkeit von „Sein" erfüllt. Der extreme platonische Realismus ist oft kritisch als Entwertung der weltlichen Erscheinungswirklichkeit verstanden worden, da sie für ihn nur mehr Abbild und Spiegelung einer anderen, höheren und wahren Wirklichkeit sei; die immer gültigen Sachgehalte und Wesensgestalten weisen dann nicht mehr als Gründe auf die Welt als Stätte ihnen folgender nötiger Verwirklichung und einziger Wirklichkeit vor, sondern genügen sich selbst und werden in der Welt nur getrübt und entstellt. Der Positivismus aber verabsolutiert die Welt des „Gegebenen" und ignoriert dessen Rückverweis auf das gründende Sein und Wesen. Frühe Ansätze des neuzeitlichen Positivismus können im Nominalismus und Konzeptualismus des Mittelalters gesehen werden. Die Gegensätzlichkeit realistischer und nominalistisch-konzeptualistischer Positionen bestimmte den mittelalterlichen ↗Universalienstreit. Das Problem des Verhältnisses von begrifflich zu fassendem Allgemeinen (Universalen) und Besonderem bzw. Einzelnem (Partikularem und Singulärem) bewegt auch das gesamte neuzeitliche und gegenwärtige philos. und wissenschaftlich-theoretische Denken.

Universalienstreit, die das Mittelalter durchziehende Auseinandersetzung darüber, ob der in den Universalien (den „Allgemeinbegriffen" bes. des Seins und des Wesens) gedachte Gehalt etwas sei, das seinen Verwirklichungsformen, dem zu erkennenden Einzelseienden und dem denkenden Erkennen, vorausliegt, vor allem ob er überhaupt in dem einzelnen Wirklichen an ihm selber gegeben oder nur im benennenden Sprechen und begreifenden Denken als Name (nomen als Lautgestalt [flatus vocis]) und Begriff (conceptus) gebildet sei. In dieser Streitfrage standen sich die Richtungen des extremen (Anselm von Canterbury, Wilhelm von Champeaux) und gemäßigten Realismus (Albertus Magnus, Thomas von Aquin) und des Nominalismus (Roscelin von Compiègne, Abaelard) und Konzeptualismus (Wilhelm von Ockham) gegenüber.

Universalismus, Bezeichnung zur Charakterisierung einer Anschauung, die mit Anspruch auf Allgemeingültigkeit die Vielfältigkeit aller Wirklichkeit unter dem Leitgedanken des ↗Ganzen auf ein Eines (Grund, Prinzip, Ordnungsgesetz) zurückführt. In diesem Sinn sind alle metaphysisch ausgerichteten Philosophiegestalten, die neuzeitlichen Systeme und auch die modernen umfassenden Theorien der Wirklichkeit, die sich nicht mehr metaphysisch zu begründen suchen, universalistisch. Gegensatz: Partikularismus, Pluralismus. Vgl. ↗Einheit und Vielheit. Im besonderen bezeichnet U. sozialtheoretisch die vor allem von O. Spann ausgebaute Lehre, die im Gegensatz zum Individualismus die Gesellschaft als das ganze Wirkliche auffaßt, das sich erst in die sozialen Bereiche und einzelne Personen ausgliedert.

univok (von lat. unum, eines, vocare, benennen), eindeutig. Univozität meint die logische Eigenschaft solcher (univoker) Begriffe, bei denen eine eindeutige Zuordnung von Begriffsbezeichnung (Begriffsname) und Begriffsbedeutung gegeben ist, wie bei den definierbaren Art- und Gattungsbegriffen und den obersten finiten Gattungen (Kategorien), im Gegensatz zu: äquivok, mehrdeutig, Äquivozität, Mehrdeutigkeit, und im Unterschied (bes. in der Logik und Ontologie der Metaphysiktradition) zu: analog, ↗Analogie.

Unmittelbarkeit und Vermittlung, Grundproblem der philos. Reflexion, das darin beruht, daß die eine nicht ohne die andere zu denken ist, gleichwohl nicht die eine auf die andere schlechthin zurückzuführen ist. Allgemein gilt U. als Kennzeichen jeder direkten Erfahrung eines Wirklichen an ihm selber, die somit nicht durch irgendein Mittel zwischen dieser erfahrenen Sache und dem erfahrenden Bewußtsein bewirkt ist. V. dagegen meint zunächst gerade die Leistung eines solchen Mittleren: zwei Getrennte, einander Fremde oder Entgegengesetzte zusammenzubringen, oder allgemein: etwas beizubringen, das nicht schon von sich aus da ist. Besondere Bedeutung haben U. und V. bei Hegel. Gegen jeglichen Positivismus, der sich auf die U. von etwas Gegebenem (empirisch in der Erfahrung oder apriorisch in der transzendentalen Reflexion) berufen will, sucht er nachzuweisen, daß alle U. zum einen selber schon vermittelt ist und zum anderen auf weitere V. drängt. Die Vermittlung geschieht nach ihm also nicht durch ein selbständiges Drittes, sondern genau durch das selber, das vermittelt werden soll: Alle scheinbar selbständige U. (Substantialität) will sich selber „aufheben" (im dreifachen Sinn der Verneinung, Bewahrung und Erhöhung/Vertiefung); alle V. ist absolute Selbst-V. als Selbstverwirklichung des Geistes (der Subjektivität) durch die Stufen seines erkennenden und handelnden Bewußtseins hindurch.

Vor Hegel wurde dagegen wohl auch gesehen, daß alle U. vermittelt sein kann und der menschliche Geist der V. bedarf, um in die unverdeckte Gegenwart des Unmittelbaren zu kommen, dies aber nicht als Erweis für die Nichtigkeit des Unmittelbaren selber gelten kann, vielmehr U. als Seinscharakter eines sich von ihm selbst her Gebenden anerkannt werden muß, auch wenn für die Möglichkeit dieses Sichgebens mannigfache Schritte der V. nötig sind. So werden z. B. platonisch die Ideen erst in der Durchbruchsbewegung der „Erinnerung" (anamnesis), aristotelisch die „ersten Prinzipien" erst in einem begrifflichen Rückgang aufgedeckt, aber das so Vermittelte erhebt dann doch den Sinnanspruch der U., d. h. steht in sich und ist von sich her evident. In der Philosophie nach Hegel wird gegen diesen vielfach das nicht ins begreifende Denken restlos Einholbare und in ihm Aufgehende (die Materialität, Sinnlichkeit, Leibhaftigkeit, das „Sein" überhaupt) als das Unmittelbare betont. U. meint dann nicht mehr (wie bei Hegel) das an sich Nichtige, das seine Aufhebung (V.) im Bewußtsein erstrebt, um endgültig Moment der Wirklichkeit allein des Geistes, seines Alles- und Sicherkennens zu werden; sondern es zeigt gerade dasjenige an, was in allem vermittelnden Denken zugleich der V. widerstreitet als das Andere gegenüber dem denkenden Begreifen. Vgl. ↗Andersheit.

Unsterblichkeit, bei Platon die Unvernichtbarkeit der (menschlichen) ↗Seele, ihr Fortleben über den ↗Tod des Leibes hinaus in Entsprechung zu ihrem Dasein vor der Vereinigung mit dem Leib, erschlossen aus der „Einfachheit" der Seele und ihrer im Ideen-Denken sich bekundenden Teilhabe am Ewigen. Bei Aristoteles und ähnlich im Averroismus des Mittelalters ist nur der überindividuelle (göttliche bzw. allgemeinsame menschliche) Geist in der Seele unsterblich, wogegen die Seele als Seinsform (Leben) des Leibes mit diesem stirbt. Die christlich geprägte Philosophie, auch wo sie sich an Aristoteles anschließt (wie in der mittelalterlich-scholastischen Philosophie), lehrt die U. der einzelnen menschlichen Geistseele, die nicht nur Seinsform eines belebten Körpers ist, sondern als substantiale Form auch getrennt von diesem existieren kann (offenbarungstheologisch im Zusammenhang stehend mit dem Glauben an die Auferstehung des Leibes am Ende der Zeit). Für Leibniz kommt allen Seelen (Monaden) als den wahren Substanzen der Naturgestaltungen U. zu. Kant bestreitet die theoretische Beweisbarkeit der U., versteht sie aber als notwendige Annahme (Postulat) der sittlich-praktischen Vernunft im Begründungszusammenhang eines vernünftigen Religionsglaubens. Für die atheistische Religionskritik des nachidealistischen Denkens ist die U.vorstellung wie der religiöse Glaube im ganzen Phänomen der Selbstentfremdung des Menschen und der Fehlleitung seiner Wünsche und Hoffnungen.

Ursache, bezeichnet allgemein das, was einem anderen zeitlich oder sachlich vorausgeht, dieses hervorbringt und eindeutig bestimmt (also nicht nur eine zusätzliche Bedingung für sein Zustandekommen ist). Vgl. ↗Causa, ↗Grund. Gegenüber der vierfältigen Art der U.n oder Gründe in der mittelalterlichen Ontologie wurde in der Neuzeit der U.begriff mehr und mehr auf die Wirk-U. der zeitlichen Ordnung eingeschränkt. ↗Kausalität.

Urteil, in der mittelalterlichen Philosophie ursprünglich (in Analogie zur richterlichen Entscheidung) als (lat.) iudicium die Beurteilung eines Aussagesatzes (lat. propositio) in einem Schlußverfahren auf seine Begründung (Rechtfertigung) hin, dann wird auch die Aussage über einen Sachverhalt selber als U. verstanden und schließlich U., Aussage und Satz gleichbedeutend gebraucht. Das Urteil drückt das Verhältnis unterschiedlicher Gedanken- oder Vorstellungsinhalte (Begriffe; Subjektsbegriff oder Satzgegenstand, Prädikatsbegriff oder

Satzaussage) zum Ausdruck, deren Verbindung (compositio, Zusammensetzung) oder Trennung (divisio, Teilung) durch die Kopula „ist" bzw. „ist nicht" behauptet wird. Das logische Verhältnis der unterschiedenen Begriffe im U. wird nach den vorherrschenden U.theorien als Identität beider oder auch als Subsumtion des einen unter den anderen aufgefaßt. Zum U. gehört jedenfalls die Behauptung (willentliche Zustimmung), daß es sich mit der beurteilten Sache so verhält, wie die Aussage lautet. Damit ist das U. als Ort möglicher Erkenntnis (Wahrheit) zu verstehen. Kant teilt die U.e, wie schon bei Aristoteles vorbereitet, der Quantität nach in allgemeine, besondere und einzelne, der Qualität nach in bejahende, verneinende und unendliche, der Relation nach in kategorische, hypothetische und disjunktive und der Modalität nach in problematische, assertorische und apodiktische ein. Von besonderer Bedeutung wurde seine terminologische Unterscheidung der aller Erfahrung vorausgehenden U.e ↗a priori und der auf Erfahrung gegründeten U.e ↗a posteriori sowie der ↗analytischen und der ↗synthetischen U.e.

Urteilskraft, allg. das Vermögen der Urteilsbildung, bes. die Fähigkeit, die Bedeutung eines Sachverhalts und die Wahrheit oder Falschheit einer Aussage über ihn richtig zu beurteilen. Bei Kant ein mittleres Erkenntnisvermögen zwischen dem Verstand, der Regeln bildet, und der Vernunft, die nach Regeln schließt: Die U. beurteilt, ob etwas unter je eine solche Regel fällt oder nicht. Sie ist bestimmende U., wenn das Allgemeine (Regel, Gesetz, Prinzip) gegeben ist, unter die sie das Besondere subsumiert, und reflektierende U., wenn sie zum Besonderen das Allgemeine sucht. Das (freilich nur subjektiv gültige) Prinzip der reflektierenden U. als ästhetische bzw. teleologische ist die Zweckmäßigkeit in der Natur (des Schönen und des Organisch-Lebendigen), d. h., sie stellt die Mannigfaltigkeit der Natur so vor, „als ob" sie durch einen Verstand zu einer Einheit geordnet sei. „Zweckmäßigkeit" stellt so den Übergang dar von der Natur als dem Reich der Notwendigkeit und der moralischen Welt der Freiheit. Die „Kritik der U." sucht damit nach der scharfen Trennung die Verbindung der erkennenden Vernunft („Kritik der reinen Vernunft") und der sittlichen Handlungsvernunft („Kritik der praktischen Vernunft").

Utilitarismus (von lat. utilis, nützlich), Bezeichnung allg. für eine ethische Grundhaltung und Lehre, die unter dem handlungsverpflichtenden Ziel des Sittlich-Guten das am Erfolg zu messende Nützliche, nämlich für die Beförderung des Glücks, versteht. Insofern gehört der U. zu den Ethiken des ↗Eudaimonismus; und wenn, wie vielfach, Glück als Lust bestimmt wird, steht er in der Nähe des ↗Hedonismus, wobei er freilich nicht die augenblicklich größte Lust, sondern das größte lebenszeitliche Gesamtglück als Lebensbefriedigung überhaupt anzielt. Je nach der Zuordnung des Glücks läßt sich ein individualist.-egoistischer und ein sozialer U. unterscheiden. Als Begründer des neuzeitlichen, aus der Aufklärung hervorgegangenen Sozial-U. gilt J. Bentham, der als ethische Grundnorm „das größtmögliche Glück der größtmöglichen Zahl" (die allgemeine Wohlfahrt) lehrte, als Hauptvertreter im 18. Jh. J. St. Mill. Vor allem im angloamerikanischen Sprachraum übte der U. bis in die Gegenwart herein starken Einfluß.

Utopie (Neubildung im 16. Jh. aus griech. ou, nicht, und topos, Ort), Titel einer Schrift von Thomas Morus („Utopia", 1516), in der eine vorgestellte ideale, vollkommen gerechte, auf reinen Vernunftprinzipien basierende Gesellschafts- und Staatsverfassung beschrieben wird; von daher zur Bezeichnung geworden für eine, zugleich immer zeitkritische, Literaturgattung; oft auch in der Form des fingierten Reiseberichts oder der Science-fiction auftretend. – Als U.n gelten bes. Platons „Politeia", F. Bacons „Nova atlantis", T. Campanellas „La città del sol", W. Morris' „News from Nowhere". „Utopisch" nimmt dann die Bedeutung von „nicht real und nicht realisierbar" an. Als utopisches Denken wird die marxistische Zielvorstellung einer geschichtlich-revolutionär zu verwirklichenden klassenlosen Gesellschaft gekennzeichnet (entgegen der Selbsteinschätzung durch K. Marx als nicht utopisch, sondern in wissenschaftlicher Gewißheit gründend), E. Bloch versteht die „konkrete U." eines Reiches des Menschen auf Erden als fortgehender Antrieb geschichtlichen Handelns in Verbindung mit dem „Prinzip Hoffnung". Kritik erfuhr das utopische Denken u. a. von H. Jonas aus verantwortungsethischem Wirklichkeitssinn. Vorgebildet in J. Swifts „Gullivers Reisen", entstanden rein zeitkritische Anti-U.n wie die von H. G. Wells („The time machine", 1894), A. Huxley („Brave new world", 1932), G. Orwell („Nineteen-eighty-four", 1949) u. a.

V

Vaihinger, *Hans,* * 1852 Nehren bei Tübingen, † 1933 Halle. Prof. in Straßburg, 1884 Halle. Von A. Lange und Schopenhauer beeinflußt. Seine „Als-ob-Philosophie" deutet alle wissenschaftlich-theoretischen und sittlich-praktischen „Wahrheiten" pragmatistisch als lebensdienliche Fiktionen (Fiktionalismus) zum Erreichen bestimmter Zwecke.

Verantwortung, vom Wort her: das Antwort-Geben, bedeutet die Zuständigkeit des Menschen für sein Handeln (auch Unterlassen), soweit es samt seinen Folgen ihm zuzuschreiben ist, d. h., für das er einzustehen und vor einer Instanz, die ihrerseits hierzu die Autorität besitzt, ggf. Rechenschaft abzulegen hat. V. setzt somit die Freiheit des Menschen als Person und seinen Handlungsentschluß wie zugleich die Freiheit verpflichtende, aber auch verletzbare (vgl. ↗Schuld) Handlungsnormen (Gebote, Verbote; vgl. ↗Pflicht) voraus; sie beruht in einem personalen Verhältnis zu anderen Personen (menschliche Gemeinschaft, göttliche Person); die Rechenschaft fordernde Instanz ist ein menschliches oder göttliches Gericht. Soll die V. nicht nur äußerlich auferlegt (das Handeln erzwungen, die normativen Forderungen fremd bleibend, die Freiheit der ↗Heteronomie unterworfen) sein, so muß der letzte Grund der V. darin sich zeigen können, daß die Freiheit sich als selber verpflichtet und deshalb selber verantwortlich weiß (↗Gewissen). In der Neuzeit wird deshalb im thematischen Zusammenhang mit Pflicht und V. die Freiheit vor allem als Selbstbestimmung (↗Autonomie) verstanden und, so bei Kant, die unbedingte Forderung des ↗Sittengesetzes als ein der sittlichen Vernunft des Menschen innerlichst zueigener und allgemeingültiger Anspruch. – Eine Kollektiv-V. in strengem moralischem Sinn ist nicht zu begründen, wohl aber kann es ein aus der Solidarität mit einer Gemeinschaft moralisch begründbares Eintreten und Aufkommen für Folgen aus dem Handeln einzelner oder mehrerer geben.

Verantwortungsethik, von M. Weber bes. für den Politikerberuf als nötig erachtete Ethik, die das Handeln moralisch vorrangig im Blick auf seine Folgen beurteilt und von ihm (in einseitiger Sicht auf die an Kant sich orientierende Ethik) einer reinen Gesinnungsethik gegenübergestellt wird. In neuerer Zeit wurde das ethische „Prinzip V." vor allem von H. Jonas in den Mittelpunkt gerückt. Verantwortung für die Folgen der Anwendung von (bes. natur-)wissenschaftlichen Erkenntnissen, technischen Erfindungen, ökonomischen Verwertungsmöglichkeiten ist hauptsächliches Thema der Diskussion in den entsprechenden Ethiken (Wissenschaftsethik, Technikethik, Wirtschaftsethik usw.).

Vergangenheit, bezeichnet in abstrakter Vorstellung die dem „Jetzt" vorausliegende Reihe von zählbaren Zeitpunkten und Ereignissen in unumkehrbarer Abfolge. Diese Vorstellung ist jedoch abkünftig gegenüber der Erfahrung des Vergehens aller Dinge in der natürlichen und sozialen Umwelt und seiner Vergegenwärtigbarkeit nur mehr in der Erinnerung des Gedächtnisses (vgl. Augustinus, Conf. XI). Mit dieser Erfahrung der ↗Zeit verbunden ist das Bewußtsein eines nicht unmittelbar selbst erlebten, aber dieses Unmittelbare mit umfassenden Weltgeschehens. Der zeitlich-geschichtlich gefüllte Begriff der V. meint somit: V. ist je gegenwärtige V., gehört (Heidegger: als Gewesenheit) konstitutiv zur ↗Gegenwart, die aus der V. herkommt, und umreißt dadurch auch den Möglichkeitsraum ihrer ↗Zukunft. So ist V. der zeitliche Charakter des im Rückblick zwar Fertigen, Unabänderlichen, Tatsächlichen (Hegel: Die Vergangenheit ist die Aufbewahrung der Gegenwart als Wirklichkeit). Jedoch ist jede Tatsache nur gegeben in einem geschichtlichen Sinnverständnis (Horizont), der mitbestimmt ist durch den Blick auf die Zukunft. Insofern ist die V. nie abgeschlossen, sondern geschieht in einer Geschichte ihres eigenen Bedeutungswandels stets weiter, der ihr nicht äußerlich ist, sondern als jeweilige Gestalt der eigenen Fortzeugung ihr zuteil wird. Dies gilt insbes. für jede das menschliche Leben sinnorientierende V. (Überlieferung, ↗Tradition) und den sie stiftenden ↗Anfang. Darin beruht die Mitverantwortung ihm und seiner Folgegeschichte gegenüber und für sie, aber auch die fortgehende Auseinandersetzung mit der V., jedenfalls in einem Geschichtsverständnis, das Geschichte nicht als zwangsläufig bestimmt, sondern als Freiheits- und Befreiungsgeschichte versteht und die Anfänge und V.en nicht als zukunftverschließende Fixierungen setzt, sondern als fruchtbar in der Auseinandersetzung mit ihnen erfährt. Vom geschichtlichen Denken her kann sich eine kritische Sicht auf das abendländisch-europäische metaphysisch-ontologische Denken ergeben, sofern es alles Geschehen vorweg bestimmend an ein unwandelbares Apriori und damit an eine absolute V. binde, die jede Gegenwart und Zukunft schon überholt und in sich zurückgeholt habe (E. Lévinas).

Verifikation (aus lat. verum, wahr, facere, machen), allg. die Bewahrheitung einer Anschauung, Vermutung, Aussage. So gilt für den

Pragmatismus, daß eine „Vorstellung oder Überzeugung" wahr ist, „solange es für unser Leben nützlich ist, sie zu glauben" (W. James). Bes. diskutiert wurde das Problem der V. (natur)wissenschaftlicher Aussagen (Sätze) im logischen Positivismus (Wittgenstein, Wiener Kreis, analytische Philosophie); der Wahrheitbeweis erfolgt hier durch Beobachtung und bestätigende Überprüfung (empiristisches V.prinzip), und nur solche überprüfbare (als wahr oder falsch) sich erweisen könnende Sätze sind sinnvoll (empiristisches Sinnkriterium). Da nicht alle möglichen Einzelfälle überprüfbar sind, auf die sich gleichwohl der Geltungsanspruch der stets allgemeinen Sätze und Theorien der Wissenschaft bezieht, fordert der kritische Rationalismus (K. Popper, K. Albert u. a.) an dessen Stelle das Prinzip der ↗Falsifikation.

Vermögen, im Sinne menschlicher seelischer V. die den einzelnen seelischen Akten zugrunde liegenden Kräfte und Fähigkeiten, gewöhnlich eingeteilt in geistige und sinnliche V. und näherhin in Vernunft, Verstand, Gedächtnis, Wille, Sinne (Empfindungs-V.), Triebe, Gefühl.

Vernunft, bezeichnet in einem allgemeinen Sinn die Gesamtheit des geistigen Vermögens, einschließlich des Verstandes und im Unterschied zu den Vermögen der Sinnlichkeit (die Wahrnehmungssinne). Im besonderen neuzeitlich als Übersetzung von (griech.) ↗Nous und (lat.) ↗Intellectus die höchste Vollzugsweise des ↗Geistes, nämlich das Vermögen der denkenden Zusammenschau (Intuition) übergreifender Seinsordnungen und Sinnzusammenhänge unter obersten Prinzipien im Unterschied zum diskursiven ↗Verstand (griech. dianoia, lat. ↗Ratio). Kant, für den der endliche menschliche Geist (V. und Verstand, Denken und Erkennen) kein denkend-anschauendes, sondern nur ein regelndes Vermögen ist, unterscheidet: die theoretische V., die unter der Leitung bloßer, obzwar notwendig zu denkender Ideen (Welt, Seele, Gott) alle gegenständlichen Verstandeserkenntnisse zu einem einheitlichen Ganzen zu ordnen sucht, und die (sittlich-)praktische V., die als sittlicher Wille die Realität des in den Ideen nur Gedachten postuliert, um die Einheit des Handelns mit dem Sittengesetz als sinnvoll zu ermöglichen. Bei Hegel wiederum ist erst die V. – gegenüber dem endlichen Verstand, der auf Gegensätze und Einzelbestimmungen fixiert ist – das wahre denkende Erkennen, weil es das absolute Ganze, worin jede Gegenübersetzung in dialektischer Bewegung zugleich aufgehoben ist, selber erkennend begreift. V. ist nicht nur ein „Vermögen", sondern diese absolute dialektische Geistbewegung selbst.

Verstand, im weiten Sinn gleichbedeutend mit Vernunft das geistige Vermögen im ganzen und unterschieden vom sinnlichen Empfindungs-, Anschauungs-, Wahrnehmungsvermögen. Im engeren Sinn das ↗diskursive Erkenntnisvermögen, das angewiesen bleibt einerseits auf die vielfältigen Einzelerfahrungen, andererseits auf die in der Vernunft gegebenen allgemeinsten Prinzipien. Bei Kant ist der V. das Vermögen, Begriffe und Regeln zu bilden (vgl. ↗Kategorien), womit sinnliche Erscheinungen als Gegenstände konstituiert und in ihrer Bedeutung im Beziehungsganzen möglicher Erfahrungen herausgestellt werden.

Verstehen (ahd. firstân, dicht vor etwas stehen), in allgemeiner Bedeutung: Sich-klar-Sein über etwas, Vertrautsein mit etwas. Daraus ergibt sich zugleich, daß nur das voll verstanden wird, was entweder das von sich her „Selbstverständliche" oder durch Lernen zur Selbstverständlichkeit Gewordene ist: die eigene und begrenzt gemeinsame (aus Tradition überkommene) Lebens-, Denk- und Handlungsweise, ihre Welt als orientierendes Sinngefüge für den Umgang mit Dingen und Menschen, auf den man sich versteht. So erweist sich, daß das Andere und Fremde zwar zunächst vom eigenen Erfahrungshorizont her gedeutet wird, aber auch Anstoß gibt, diesen zu erweitern, zu verändern oder aufbrechen zu lassen. Der wissenschaftliche Begriff „V." und die Reflexion auf die methodische Gewinnung des Verständnisses (↗Hermeneutik) bildeten sich im 19. Jh. gegen den Alleinanspruch der empirischen Naturwissenschaft auf Wissenschaftlichkeit heraus; vorbereitet wurde der Begriff im philos. (J. G. Herder) und theologischen (F. D. Schleiermacher) Denken und in der Theoriereflexion der Geschichtswissenschaft (L. von Ranke, insbes. J. G. Droysen), dann entscheidend geprägt in W. Diltheys Grundlegungsbemühen für die Geisteswissenschaften. Von daher gilt V. als eine besondere Weise des Erkennens: Gegenüber dem naturwissenschaftlichen Erklären der (Natur-) Erscheinungen durch Rückführung auf und Ableitung von äußerer Kausalgesetzlichkeit ist das V. das nacherlebende Erfassen („Einfühlung") innerer seelisch-geistiger Bedeutungen und Sinnzusammenhänge in geistig-geschichtlichen Erscheinungen, in denen sich das ursprüngliche Erleben des Menschen, der diese hervorgebracht hat, zum Ausdruck bringt und bezeugt. Diese Bedeutungen stehen je in einem Sinnzusammenhang, einer geistigen Welt. Die Dokumente, Schöpfungen, Handlungen sind nur jeweils auf ihre Welt hin auszulegen, zu interpretieren (griech. hermeneuein), die sich dadurch erschließt und hervortritt, aber anderseits als vorverstandener Verstehenshorizont die Auslegung ermöglicht. Heidegger hebt diese Zirkelstruktut des V. überhaupt hervor (hermeneutischer Zirkel) und begründet ihn existentialontologisch im Entwurfscharakter des endlichen, zeitlichen, geschichtlichen menschlichen Daseins, das sich auf (seine) Seinsmöglichkeiten vorauswirft, die all sein V. leiten. (Dabei sind mit dem V. gleichursprüngliche menschliche Daseinsbestimmungen [Existentialien] Rede [Sprache] und Befindlichkeit [Gestimmtheit] gemeint). Von hier aus gelangt H.-G. Gadamers Hermeneutik zur Konzeption der Geschichte wesentlich als V.geschichte in Horizontverschiebungen und -verschmelzungen im wirkungsgeschichtlichen Zusammenhang.

– Ins V. gehen stets auch Momente des Erkärens ein. Doch ist das V. der weitere und grundlegende Begriff (man muß verstehen, was „Erklären" besagt, und sich auf es verstehen können.)

Vico, *Giambattista,* italien. Philosoph, * 1668 Neapel, † 1744 ebd. 1697 Prof. für Rhetorik in Neapel. Wegbereiter der neueren ↗Geschichtsphilosophie. Im Gegensatz zum Rationalismus Descartes' versteht er unter Wahrheitserkenntnis nicht nur „klare und deutliche" Vorstellung, sondern Einsicht in den verursachenden Herstellungsvorgang einer Sache („verum et factum convertuntur"). Da die Natur nicht vom Menschen geschaffen ist, ist Naturwissenschaft im strengen Sinn uns nicht möglich (wohl aber z. B. die [operative und konstruierende] Mathematik). Möglich ist uns dagegen Erkenntnis der Geschichte, denn sie ist „von Menschen gemacht" und hat ihren Begründungszusammenhang also im menschlichen seelisch-geistigen Leben. Von hier aus sucht V. die Verlaufs- und Wiederholungsgesetzlichkeit der Geschichte der Völker darzulegen (den corso e ricorso von Aufstieg, Höhe und Verfall der Kulturen), die freilich umfaßt und durchzogen sei vom Geist der göttlichen Vorsehung. Damit hat V. die Säkularisierung der Geschichtstheologie eingeleitet und Gedanken späterer Geschichtstheorien (A. Comte, Hegel, O. Spengler) im Kern vorweggenommen.

virtuell (von lat. virtualis, zur virtus [Tüchtigkeit, Kraft. Tugend] gehörig), der Möglichkeit (im Sinn des Vermögens, lat. potentia, griech. dynamis) nach. – *Virtuelle Realität,* im Zusammenhang mit der Entwicklung der Computertechnik aufgekommener Begriff. Bezeichnet einen durch technische Medien optisch dreidimensional und multisensorisch erweiterbaren (J. Lanier, 1989) künstlich geschaffenen Erlebnis-Zeit-Raum, der, obwohl er „einer physikalisch existierenden Wirklichkeit nicht entspricht oder eine physikalisch existierende Wirklichkeit um normalerweise so nicht wahrnehmbare Dimensionen erweitert" (S. Bormann, 1994), doch für den Medienbenutzer als „Wirklichkeit" erscheint. Dies vor allem dann, wenn er mit dieser simulierten Wirklichkeit technisch vermittelt interagieren und darin mit anderen kommunizieren kann, wodurch sich die v.e Realität aus der Sphäre des (ästhetischen) Scheins, des Spiels, der Illusion einerseits heraushebt, andererseits diese perfektioniert. Daraus sich stellende Probleme werden insbes. in der Sozialpsychologie, Pädagogik und Ethik diskutiert.

Vischer, *Friedrich Theodor von,* * 1807 Ludwigsburg, † 1887 Gmunden. Prof. in Tübingen, Zürich, Stuttgart. Literaturhistoriker und Schriftsteller. Suchte die Ästhetik als Metaphysik des Schönen zu begründen.

Vitalismus (von lat. vita, Leben, vitalis, zum Leben gehörig), in Reaktion auf den (durch Descartes eröffneten) biologischen Mechanismus heraufgekommene Lehre. Sie knüpfte z. T. an die aristotelische naturphilos. Tradition an, bestritt, daß das Lebensphänomen restlos durch physikalisch-chemische Faktoren erklärbar sei, vertrat vielmehr eine durch die vis vitalis (Lebenskraft; V. des 18. Jh.: K. F. Wolff) oder die Entelechie (neuerer V.: H. Driesch) als ordnungsstiftenden und ganzheitsbildenden Faktor gegebene Eigengesetzlichkeit des Lebens.

Vives, *Juan Luis,* span. Humanist, Philosoph, Pädagoge, * 1492 Valencia, † 1540 Brügge. Befreundet mit Erasmus v. Rotterdam, T. Morus u. a. Umfassend gebildet und forschend tätig, wirkte er bes. für eine erfahrungsunterbaute zeitgemäße Pädagogik (Einfluß auf Comenius). Der „erste große systematische Schriftsteller auf dem Gebiet der philos. Anthropologie" (W. Dilthey).

Voegelin, *Eric,* Soziologe und Politologe, * 1901 Köln, † 1985 Stanford (USA). Prof. in Wien, nach Emigration (1938) in den USA, 1950 in München. Sein Interesse gilt der politischen Lebenswelt im Horizont der gesamten Geschichte vom alttestamentlichen Jahwe-Staat Israels bis zur politischen Gegenwart. Er kritisiert in ihr die verdeckt durchgängigen, aber wiederholt aufbrechend (vor allem in der Neuzeit) gnostischen Strömungen, die mit ihrem Veränderungswillen (gegen die griech.-metaphysisch und jüdisch-christlich erfahrene Seins- und Wesensordnung) und mit ihren häretischen, geschichtsphilos. und ideologisch-politischen Weltdeutungen realitätszerstörend wirken.

Voltaire (eigentlich François Marie Arouet), französ. Schriftsteller, Philosoph, Hauptgestalt der französ. Aufklärung, * 1694 Paris, † 1778 ebd. Nahm Anregungen auf von P. Bayle (bekämpfte jedoch Descartes), dem engl. Empirismus (J. Locke) und politischen Liberalismus.

Philosophisch weniger original (seine für Diderots Enzyklopädie verfaßten Beiträge sind enthalten in seinem „Dictionnaire philosophique", 1764), wurde aber mit seinen kritischen Schriften, Romanen und Tragödien der einflußreichste Verbreiter der Ideen der Aufklärung, ohne jedoch deren Optimismus (oder Leibniz' Sicht der „besten aller möglichen Welten") vorbehaltlos zu teilen. Gegner religiöser Gottesverehrung, vertrat jedoch die Notwendigkeit, Gott als Schöpfungsursprung der Welt anzunehmen („Wenn Gott nicht wäre, müßte man ihn erfinden. Aber der ganze Kosmos ruft uns zu, daß er ist").

Voluntarismus (von lat. voluntas, Wille), im späten 19. Jh. aufgekommene Bezeichnung für Anschauungen, die im Gegensatz zum Intellektualismus und in unterschiedlicher Weise nicht dem Geist als Vernunft oder Verstand, sondern dem Geist als vernünftigem Willen oder gar als Willen aller Vernunft voraus den Vorrang geben als bestimmende Macht der Welt und des menschlichen Lebens. Augustinus stellt, im Unterschied zur aristotelischen Betonung der Erkenntniskraft und eher den platonischen Eros-Gedanken weiterführend, die akthafte, der göttlichen Trinität analoge Einheit des menschlichen Seins, Wollens (Liebens) und Wissens heraus. Duns Skotus begründete, in Gegnerschaft zur thomistischen, Aristoteles weiterbildenden Geist- und Erkenntnismetaphysik, den eigentlichen theologischen V.: Die Natur- und in gewisser Weise auch die Sittenordnung der Schöpfung entspringen allein dem Liebeswillen Gottes, der Verstand steht seinem Wesen nach im Dienst des Wollens, die ewige Seligkeit beruht nicht so sehr in der Anschauung Gottes als vielmehr in der endgültigen Erwiderung seiner Liebe und dem Aufgehen in seinem Willen. Und Wilhelm von Ockham setzt in Gott Willen und Willkür gleich und führt so den Sinn des Guten auf das in der absoluten und unbegründeten, freien göttlichen Setzung Gewollte zurück.

In der Neuzeit erfolgen vielfältige Ausgestaltungen: Kants ethischer Voluntarismus gibt der praktischen Vernunft als dem sittlichen Handlungswillen den Primat vor der theoretischen, auf gegenständliche Erkenntnis und ihren Fortschritt hin gerichteten Vernunft. Von hier aus entwickelt sich der metaphysische V. des 19. Jh. Nachdem Fichte den Ursprung von Ich und Welt im Setzungswillen des absoluten Ichs sieht, Schopenhauer, teilweise Gedanken von Schellings Willenslehre in dessen Freiheitsphilosophie aufnehmend, die leidvolle Wirklichkeit als hervorgegangen aus dem Drang und Trieb eines Urwillens versteht, deutet E. von Hartmann den Weltgrund, das Absolute, als geistigen, aber seiner selbst unbewußten Willen. Die pessimistische Willensmetaphysik Schopenhauers kehrt Nietzsche um in eine heroisch bejahende: Die Welt ist das unaufhörliche Kampfspiel des vorrationalen und pluralen Willens zur Macht in der ewigen Wiederkehr aller Auf- und Untergänge. Voluntaristische Züge zeigen dann u. a. der späte Scheler (ein Prinzip des Weltprozesses ist neben dem Geist der Drang) und, anthropologisch gewendet, die Lebensphilosophie, in anderer Weise der Pragmatismus sowie alle Philosophien, die dem Handeln (der Praxis) einen Vorrang vor dem Erkennen (der Theorie) zuschreiben.

Voraussetzung, als reale V. (Grund, Ursache) der Tatbestand am zeitlichen Beginn eines naturhaften oder geschichtlichen Geschehens, der dieses bewirkt oder ermöglicht; als gedankliche V. das einem Gedankengang Zugrundeliegende, das ihm die Begründung gibt und von woher er den Zusammenhang seiner Schritte erhält. Dabei kann unterschieden werden: Logische V.: die Annahme oder Setzung eines Satzes (Hypothese, Prämisse) als Ausgang einer Schlußfolgerung und die darin beschlossenen Grund- und Regelungssätze (Axiome). Erkenntnisphilosophische V.: in der metaphysischen Geistphilosophie die bleibende Verfassung des menschlichen Geistes und in der neuzeitlichen Subjektivitätsphilosophie die unveränderliche Struktur des Bewußtseins als die ⁊a priori vorausgesetzte und vorauszusetzende Grundlage, in der die ersten Prinzipien, Grundbegriffe und Grundgesetze alles Denkens und Erkennens vorgegeben sind. Einbeschlossen ist das Selbstverständnis, daß diese Verfassung und Struktur derjenigen des Seins alles Seienden bzw. der Gegenständlichkeit (Objektivität) aller Gegenstände entspricht. Geschichtlich-hermeneutische V.: der umfassende Sinn- und Bedeutungshorizont, der sich mit einer je geschichtlichen Welterfahrung bildet und jeweilig das ordnende Verstehen und Erkennen alles in ihm Begegnenden ermöglicht und leitet (als geschichtlich wandelbares Apriori). Eine schlechthinnige V.losigkeit des Erkennens würde dieses aufheben. Die seit dem 19. Jh. wiederholt erhobene Forderung der *Voraussetzungslosigkeit der Wissenschaft* besagt vielmehr, wissenschaftliche Aussagen nicht auf solche V.en zu gründen und Bedingungen zu unterwerfen, die der Wissenschaft und ihrer Eigenbestimmung fremd sind. Dies hängt freilich vom Begriff der Wissenschaft ab, der nicht selbstverständlich ist, sondern in und aus je einer geschichtlich-gesellschaftlichen Lebenssituation sich herausbildet. Auf dem Hintergrund der zu unterscheidenden Grundlagen der Geisteswissenschaften gegenüber den Naturwissenschaften ging es in dem durch M. Webers Forderung der Wertfreiheit eröffneten ↗Werturteilsstreit der ersten Jahrzehnte des 20. Jh. (K. Mannheim, M. Scheler, E. Spranger u. a.) um diesen Begriff, die wissenschaftlichen Methoden und die wissenschaftsverfälschenden (ideologisierenden) oder sachgerechten V.en der Wissenschaft, ähnlich im ↗Positivismusstreit.

Vorsokratiker, im 19. Jh. aufgekommene Sammelbezeichnung für die frühen griech. Denker von Thales von Milet bis zu den Sophisten. Sie umfaßt so vielfältige Einzelgestalten, Schulen und Richtungen wie die ↗ionische Philosophie (die ältere Naturphilosophie der Milesier Thales, Anaximander, Anaximenes), ↗Heraklit von Ephesus, ↗Pythagoras aus Samos und seine Schule (Philolaos u. a.), die ↗Eleaten (Xenophanes, Parmenides, Zenon), die jüngere Naturphilosophie (↗Empedokles; die Atomistik [↗Atomismus]: Leukipp, Demokrit; die daran sich schließende Ethik des ↗Epikur; ↗Anaxagoras aus dem ionischen Klazomenai) und die ↗Sophistik (Protagoras, Gorgias, Hippias u. a.).

Vorstellung (lat. repräsentatio, perceptio), Grundbegriff der neuzeitlichen Philosophie der Subjektivität, bezeichnet einmal als Vorstellen die Grundweise menschlicher Bewußtseinstätigkeit, in der das ↗Bewußtsein sich etwas, auf das es sich ihm gegenüber bezieht, als seinen Gegenstand (Objekt) konstituiert (vgl. ↗Konstitution). Sodann meint V. (bes. bei Kant) auch die Gegenstände oder Inhalte des Vorstellens, das Vorgestellte. Denkgeschichtlich ist V. eine bes. in der Neuzeit zur Vorherrschaft gekommene bestimmte Realisierung des Verhältnisses des Menschen (als Ich-Bewußtsein, Subjekt) zu Welt, Wirklichkeit, Sein im Ganzen (Gegenstandsein, Objektivität). Als Hauptklassen des Vorstellens gelten gewöhnlich: gegenwärtigende V. (Wahrnehmung); vergegenwärtigende V. (Erinnerungs-V.), die eine frühere (bes. Wahrnehmungs-)V. wiederzuholen sucht; Planungs- oder auch Phantasie-V., die frühere und gegenwärtige V.en um- und weiterbildet; ferner sinnliche (anschauliche, konkrete) und gedankliche (begriffliche, abstrakte) V. – In kritischer Sicht verstehen u. a. bes. Heidegger und Lévinas das vorstellende Denken, das alles Seiende auf den Menschen zentriert und durch die Macht der Vernunft einholen will, in der metaphysischen Ontologie von ihrem Beginn an angelegt; sie suchen demgegenüber eine Umkehr der Denkungsart in einem an das „Sein selbst" denkenden (Heidegger) bzw. ethisch betroffenen Denken, dem der Andere (der andere Mensch) unausdenkbar und „jenseits von Sein" bleibt.

W

Wahrheit (griech. aletheia, lat. veritas), 1. im allgemeinsten Sinn die Eigenschaft menschlicher Rede, etwas, wie es sich an ihm selbst verhält (Sachverhalt), zu enthüllen (bei Aristoteles aletheuein, offenbar machen); auch die Eigenschaft anderer menschlicher Verhaltensweisen, in denen kundgemacht wird, was etwas ist und wie es mit ihm steht;
2. der logische Begriff: im Sinn der klassischen Logik die Eigenschaft eines Urteils (Aussage, Satz), durch richtige Zusammensetzung (bejahend oder verneinend) zweier Begriffe (Satzsubjekt und Satzprädikat) einen Sachverhalt zu treffen und dem Geist gegenwärtig zu setzen. Darum die klassische Bestimmung (z. B. bei Thomas von Aquin): Veritas est adaequatio intellectus et rei, W. ist die Angleichung (Übereinstimmung) von Geist (Vernunft oder Verstand) und Sache. In diesem W.verständnis sind sich Kant zufolge alle einig. Strittig ist, was unter der „Sache" (dem Seienden oder Gegenstand) genauer zu verstehen sei, mit der der ↗Geist (das Denken, die Erkenntnis, neuzeitlich das ↗Bewußtsein) übereinstimmt. Erfolgt die Übereinstimmung rein aufgrund logischer Gesetze (bes. des Grundsatzes vom Widerspruch und der Grundregeln des logischen Schließens), so kann diese (immanente oder formale) Übereinstimmung auch bloße Richtigkeit genannt werden; erfolgt sie darüber hinaus aufgrund einer sinnlich-anschaulichen oder geistig-inhaltlichen Gegenwart der Sache, so wird auch von (transzendenter oder materialer) W., der zum Begriff der ↗Erkenntnis im strengen Sinn gehört, gesprochen. – Die moderne mathematische Logik versteht W. als „Wert" einer Aussage (eines Satzes) und entwickelte u. a. über die zweiwertige klassische Logik (Wahrheitswerte: wahr, falsch) hinaus eine drei- und noch mehrwertige Logiken;
3. der ontologische Begriff: in der scholastischen, Aristoteles fortführenden Tradition die Geeignetheit oder Möglichkeit (Disposition) des Seienden selber, in urteilender Erkenntnis dem menschlichen Geist enthüllt und als es selbst offenbar zu werden. Diese Grundmöglichkeit des Seienden (seine Intelligibilität, Erkennbarkeit) ist als potentielle W. von der aktuellen W. des Geistes in der Erkenntnis, die durch die potentielle W. erst begründet und ermöglicht wird, zu unterscheiden. Der letzte Grund der potentiellen, fundamentalen W. des Seienden selber wird in der philos.-theologischen

Spekulation der christlichen Überlieferung seit Augustinus' Rezeption platonischer Grundgedanken in der Geschaffenheit der Welt durch Gott nach seinen schöpferischen geistigen Ideen gesehen;
4. Im transzendentalen Begriff der W. wird die potentielle und fundamentale W. des Seienden (seine Erkennbarkeit) nicht primär theologisch auf Gott und seine Schöpfungsgedanken zurückgeführt, sondern philos. auf den von sich her einsichtigen Ur-Sachverhalt: Seiendes ist am ↗Sein Teilhabendes, und Sein ist das Erst-und-immer-schon-Verstandene (↗a priori; Thomas von Aquin: ens est primum et quasi notissimum conceptum), wie es in der menschlichen Rede als Ist-Sagen (Aussagen) sich zeigt, das für diese Tradition die kennzeichnendste Weise menschlichen Sprechens ist. „Sein" ist von vornherein verstanden in seinem als ↗Analogie sich auslegenden Sinn, der sich auf alles, was ist (das unendliche wie das endliche Dies- oder Jenes-Seiende), erstreckt. Das Sein als so Verstandenes macht alles in umgreifender Weise, d. h. ↗transzendental, wahr. Die transzendentale W. ist sowohl die des seinsverstehenden Geistes wie zugleich und in eins damit die des verstandenen Seins selbst (↗Transzendentalien). In der Neuzeit rückt mit Descartes die Frage, wie das Denken sich der W. versichern kann (↗Gewißheit), mit ins Zentrum. Bei Kant schließlich erfolgt eine Transformation des ontologisch gerichteten W.begriffs in einen transzendental-logischen erkenntniskritischen Begriff: Zwar nicht das denkbare Sein des Seienden überhaupt, aber die Gegenständlichkeit (Objektivität) der Gegenstände und die Einschränkung der (theoretischen) Gegenstandserkenntnis auf sinnlich-anschauliche Erscheinungen sind jetzt das Erstverstandene und beruhen im Selbstverständnis des endlichen menschlichen Geistes als Subjektbewußtsein. Aber auch darin zeigt sich noch die am Beginn der griech. Philosophie von Parmenides ausgesprochene Einheit: Sein (bzw. dann Gegenständlichkeit und ihre Ermöglichungsbedingungen) und Denken (bzw. eingeschränktes Erkennen und seine Bedingungen) sind „dasselbe" (vgl. ↗Identitätsphilosophie) und „zugleich".
Logischer, ontologischer und transzendentaler W.begriff kennzeichnen die Geistmetaphysik und ihre neuzeitlichen Fortbildungen. W. im vollsten Sinn ist die Enthülltheit des Seienden dann, wenn in ihr der absolute Grund von allem selber offenbar ist. Dieser Grund wird als Geist begriffen, der das Sein im vollsten Sinn ist. Er ist das sich selbst denkende Denken (Aristoteles), das mit sich die höchste Adäquation, die Identität, hat, der absolute Geist in seinem vollkommenen Sich-selbst- und darin Alles-Begreifen (Hegel). Endliches

Denken und Erkennen ist Nach- oder Mitvollzug des unendlichen. Von diesem metaphysischen (aber auch dem kritisch eingegrenzten) W.begriff her ist es schwierig, andere Weisen des Wahr-Seins und Offenlegens angemessen zu verstehen, wie insbes. die mannigfaltigen Sprechweisen, die nicht auf das begriffliche Urteilen, Aussagen und Feststellen zurückgeführt werden können, oder die W. der Kunst, des religiösen Glaubens u. a. Mit dem Problem der Geschichte und Geschichtlichkeit des Menschen ist vor allem fraglich geworden, ob W. zeitlos-ewig zu verstehen ist oder nicht vielmehr als geschichtlich je neue Sinneröffnung von Welt und Mensch, die ihre Absolutheit findet im erfüllten geschichtlichen Augenblick (kairologische W.; ↗Kairos).

Wahrheitstheorie, allg. jeder Versuch, den Begriff der Wahrheit zu bestimmen. Das klassische Verständnis von ↗Wahrheit entfaltet eine dreifache logisch-ontologisch-transzendentale Struktur und lautet kurz gefaßt: Wahrheit ist die Adäquation (Angleichung) oder Korrespondenz (Entsprechung) von erkennendem Geist und der Sache, die er erkennt. Diese Übereinstimmung ist begründet und ermöglicht in der ursprünglichen Eröffnetheit und Zugänglichkeit eines jeglichen Seienden im Sein und seinsverstehenden Geist. Von hier aus erscheint auch Heideggers Begriff der Wahrheit als „Unverborgenheit" (in seiner interpretierenden Übersetzung von griech. aletheia) noch als Fortbildung dieses Wahrheitsverständnisses.

Im besonderen geht die Bezeichnung W. auf die neueren Bestimmungsversuche, die freilich (in Abwandlungen und nicht stets ausdrücklich) den klassischen Begriff voraussetzen. Wahrheit gilt in ihnen als Eigenschaft („Wert") eines Urteils („wahr" als ein „Wahrheitswert"), und das Interesse konzentriert sich mehr auf die Merkmale, durch die Wahrheit festgestellt werden kann. Die semantische W. (Tarski u. a.) präsentiert die Formel: Der Satz „p" ist wahr dann und nur dann, wenn p (d. h., wenn der mit dem Satz gemeinte Sachverhalt besteht). Für die pragmatische W. (Peirce u. a.) erweist sich Wahrheit als Bewährung einer Behauptung durch Dienlichkeit im wissenschaftlichen Erkenntnisfortgang und darüber hinaus in der Bewältigung lebenspraktischer Aufgaben. Die Kohärenztheorie (vornehmlich im logischen Positivismus) faßt sie als bruchlose Einfügbarkeit eines Satzes in den Gesamtzusammenhang von (wissenschaftlichen) Aussagen. Die Konsensustheorie (J. Habermas u. a.) bestimmt sie als Zustimmung einer Gemeinschaft zu einer Behauptung bzw. deren Konsensfähigkeit für sie im Diskurs aller Beteiligten; wobei allerdings dieser Diskurs als unter der leitenden

Idee eines „herrschaftsfreien" und „universalen" Gesprächs stehend gedacht wird. Auch die Theorien der Überprüfung wissenschaftlicher Behauptungen durch bestätigende oder widerlegende Beobachtung (πVerifikation, ↗Falsifikation) können als W. bezeichnet werden.

Wahrnehmung (griech. aisthesis, lat. sensatio), der Vorgang, in dem ein Wirkliches (Seiendes, Gegenstand) sich dem Menschen sinnlich-anschaulich in einer unmittelbar gewissen Gegenwart – im Unterschied zu den vermittelnden Vergegenwärtigungen (Erinnerung, Erwartung, Phantasie usw.) – selbst zeigt und als dieses oder jenes (oder auch nur Fragliches) gewußt ist. So ist W. (Wahr-nehmen) im strengen Sinn nie nur Sinneseindruck und Sinnesaufnahme (vgl. ↗Perzeption), sondern verbunden mit einem geistigen Erfassen des Sich-Zeigenden (Erscheinung) und mit einer Einschätzung und Beurteilung auf seine Bedeutung hin (↗Apperzeption). Nach Platon ist dies ermöglicht durch die Erinnerung (Anamnesis) an die Idee, in der aristotelisch-scholastischen Tradition durch den Vorblick auf das Wesen und durch dessen Abstraktion. Ähnlich bei Kant, jedoch hier nicht auf das Wesen eines Erscheinenden bezogen, sondern auf den gesetzlichen Zusammenhang mit anderen Erscheinungen: Erst durch die objektive Beurteilung wird die Erscheinung als Gegenstand konstituiert und erweist sich die W. somit als wirkliche Erfahrung (Erkenntnis) im Kontext aller möglichen. – Grundsätzlich ist W. nicht bloß Summe der Sinnesempfindungen, vielmehr deren Zusammennahme zu einem sinnvollen Ganzen (↗Ganzheit, ↗Gestalt; gegen die Assoziations- und Elementenpsychologie). Sie ist stets ermöglicht und geleitet je von einem Horizont eines umfassenderen Bedeutungszusammenhangs, der als ↗Umwelt beim Tier durch die Triebstruktur vorgezeichnet und beim Menschen darüber hinaus als ↗Welt des Geistes (oder des menschlichen vernünftig-verständigen Bewußtseins) eröffnet ist.

Weber, *Max,* Jurist, Nationalökonom, einflußreicher Soziologe, *1864 Erfurt, †1920 München. Prof. in Berlin, Freiburg i. Br., Heidelberg, München. Vieldiskutiert ist seine These von der maßgeblichen Wirkung des Calvinismus auf die Entwicklung des Kapitalismus. Begründete von Dilthey her seine „verstehende Soziologie", führte den Begriff des Idealtypus (vereinfachende und unterscheidende Modellbildungen für die in der sozialen Realität immer miteinander verflochtenen Erscheinungen) ein, vertrat im Methodenstreit der Nationalökonomie entschieden die Werturteilsfreiheit jeder wissenschaftlichen Forschung (sog. ↗Werturteilsstreit).

Weiße, *Christian Hermann,* * 1801 Leipzig, † 1866 ebd. Prof. in Leipzig. Entwickelte eine philos.-spekulative Theologie („spekulativer Theismus"), die den pantheistischen Grundgedanken Hegels in einen christlich-personalen Gottesbegriff mit aufnahm. Betonte im Gang des Denkens das Moment der Erfahrung. Hierin und mit seiner Ästhetik von Einfluß auf seinen Schüler H. Lotze.

Welt (griech. kosmos, lat. mundus), 1. das Insgesamt der erscheinenden Dinge, vom Beginn der griech. Philosophie an die unwandelbar geordnete Einheit alles in ihr Entstehenden und Vergehenden, aus einem ewigen Ordnungsprinzip (logos, nous) her: dem weltbildenden göttlichen Geist, der als Sinnmitte zur W. selbst gehörig bzw. christlich-theologisch und -philos. als Werk des überweltlichen Schöpfergottes verstanden wird, der die W. „aus Nichts" geschaffen hat (↗Schöpfung). Die platonisch-aristotelische Metaphysiktradition sieht deshalb die W. unter grundsätzlich zwei Aspekten, nämlich in ihrer sinnlich-wahrnehmbaren Veränderlichkeit (kosmos aisthetos, mundus sensibilis, Welt des ↗Werdens) und ihrer nur im Denken und Erkennen gegenwärtigen Ordnungsgesetzlichkeit (kosmos noetos, mundus intelligibilis, Welt des ↗Seins). In der plotinisch-neuplatonischen Überlieferung wird der Hervorgang der W. aus dem göttlichen Grund vornehmlich als ↗Emanation aufgefaßt. Allgemein zum Verhältnis der W. zu ihrem Grund (Gott) vgl. ↗Theismus, ↗Pantheismus. – Für Kant ist die W. als Inbegriff und Totalität aller sinnlichen Erscheinungen und empirisch-erkennbaren Gegenstände zwar notwendig zu denken (als Vernunftidee), nicht aber wissenschaftlich-theoretisch als Gegenstand (z. B. ihrem zeitlichen Anfang oder den räumlichen Grenzen nach) zu erkennen: Die W. als Totalität ist kein Einzelnes und Besonderes. Aber auch er sieht gegenüber der „Sinnenwelt" (aller gegenständlich erkennbaren Erscheinungen nach Naturgesetzen) einen Primat der übersinnlichen „moralischen W." (der Gesetze der Freiheit), und deren Realität muß aus sittlich-praktischen Gründen notwendig angenommen werden. – Im übrigen bleibt die Unterscheidung zwischen einer (sei es mit Gewißheit zu erkennenden, sei es stets nur jeweils hypothetisch zu behauptenden) Gesetzlichkeit und den Erscheinungen, die unter sie fallen, auch für die neuzeitlichen empirischen Wissenschaften von der W. als Natur und auch der W. als Geschichte (soweit diese als notwendig verlaufend und also naturhaft bestimmt angesetzt wurde) grundlegend, die sich von den theologisch-philos. (den metaphysischen) Vorgaben zunehmend lösten.

2. Der geschichtlich-hermeneutische W.begriff meint W. als das je-

weils (bes. für eine Epoche) das Denken und Handeln leitende und in der ↗Geschichte sich wandelnde W.verständnis (W. der Antike, des Mittelalters usw.), die Grundauffassung der Wirklichkeit im ganzen und des menschlichen Lebens in ihr und mit ihr (vgl. ↗Geschichtlichkeit, ↗Hermeneutik). Sie kommt in den menschlichen Werken zum Ausdruck und ist durch sie hindurch zu erschließen (vgl. ↗Verstehen). Damit zusammen hängt die Rede von der W. der Kultur, der Gesellschaft, der Lebensbereiche (Welt der Musik, der Literatur, soziale W., W. der Politik, der Wirtschaft usw.).

3. Existentialontologisch will der frühe Heidegger den W.begriff zurückführen auf das In-der-Welt-Sein. Dies besagt, daß der Mensch weder (wie in der cartesianischen Tradition) als weltloses sich vor der Welt und in Gegenüberstellung zu ihr weiß, noch als nur vorhandenes Seiendes, wie jedes andere innerhalb der W. vorkommt. Vielmehr ist das In-der Welt-Sein die formalste Seinsbestimmtheit des menschlichen Daseins, das sich und die W. verstehend und aussprechend entwirft, und zwar aus der (nicht noch einmal weiter zurückführbaren) „Sorge" um das eigene Seinkönnen. Beim späteren Heidegger ist die W. das „Geviert" von Sterblichen und Göttlichen, Erde und Himmel und gewährt damit dem Menschen „das Wohnen und Sprechen der Sprache". – Vom existentialontologischen Verständnis des In-der-Welt-Seins her gesehen wurzelt jede gewöhnliche W.vorstellung in der uneigentlichen, an die alltäglichen Dinge verfallenen Vollzugsweise der Sorge. Diese Charakterisierung klingt bereits an in der Rede der christlichen Überlieferung von der „Weltlichkeit" des Menschen, seinem Auf-sich-Bestehen und Sich-Suchen (vgl. Augustinus' Unterscheidung von Weltreich, civitas terrena, und dem Reich der eigentlich Suchenden, nämlich Gott als das Heil des menschlichen Lebens Suchenden, civitas dei).

4. In biologischer Bedeutung ↗Umwelt.

Weltanschauung, bereits von Kant, Hegel, Humboldt verwendete Bezeichnung (wie auch Welt[an]sicht) im Zusammenhang mit ästhetischen, religiösen, sprach- und geschichtsphilos. Themen; sie erhielt die entscheidende Prägung in der Romantik, die zu ihrer heutigen Bedeutung heraufführte: W. als die in geschichtlich unterschiedlichen Gestaltungen auftretende Gesamtauffassung von Sinn und Struktur der Welt im ganzen und der menschlichen Lebensgrundhaltung und Lebensführung in ihr. Zuweilen gleichbedeutend mit oder bedeutungsnah zu „Weltbild" gebraucht. Doch steht dieses mehr in der Sicht der Naturwissenschaften (z. B. ptolemäisches, kopernikanisches oder Weltbild der modernen Physik u. ä.). Dilthey suchte für das geisteswissenschaftliche Verstehen die geschichtliche Vielfalt der W.en nach drei Grundtypen zu ordnen. Eine zentrale Rolle spielt der Begriff in der Lebensphilosophie (Scheler). In Jaspers' Psychologie der W. ist diese „das Letzte und Totale" im menschlichen Erleben und in seiner Weltgestaltung. M. Heidegger versteht W. als erst im „Zeitalter des Weltbildes", des gegenständlich-vorstellenden Denkens aus dem Beherrschungswillen des Subjekts in der Neuzeit, ermöglicht. Das Grundgesetz der Bundesrepublik Deutschland stellt die W.vereinigungen den Religionsgesellschaften gleich. – Vielfach wird heute kritisch mit dem Begriff der W. der Zwang zur Einheitlichkeit und Geschlossenheit verbunden (zumal nach den geschichtlichen Erfahrungen mit der nationalsozialistischen und der marxistischen W.). Auch wenn W. in ihrer positiven Bedeutung aus dem Ethos einer Gemeinschaft für die menschliche Lebenspraxis gewürdigt und als für sie notwendige Sinnauslegung der Welt vorausgesetzt werden kann, die sich im Wahrheitsdenken und guten Handeln nur bewähren, nicht aber schlechthin rational begründet oder widerlegt werden kann, muß sie sich doch offenhalten für das Gespräch und die Auseinandersetzung mit anderen; sonst verfällt sie der Ideologie.

Welte, *Bernhard,* * 1906 Meßkirch, † 1983 Freiburg i. Br. Religionsphilosoph und Theologe. Ebd. 1952 Prof. Brachte das philos. Denken Heideggers und vor allem Jaspers' in ein fruchtbares Gespräch mit der metaphysisch-philos. Tradition (bes. Thomas von Aquin). Von hier aus suchte er in diagnostischer Erhebung der gegenwärtigen Lebenswirklichkeiten (wie sie sich auch in vielfältigen Philosophieansätzen z. T. bestätigen, z. T. kritisch reflektieren) die Möglichkeit und Nötigkeit erneuerter religiöser Erfahrung phänomenologisch aufzuweisen.

Weltseele, der in der Geschichte des philos. Denkens verschiedentlich als Seele gedeutete Seins-, Ordnungs- und Bewegungsgrund der Welt, die als in sich bewegtes Ganzes in Analogie zu einem Lebewesen (Organismus) aufgefaßt wird, so bei Platon, Plotin, G. Bruno, Schelling. Vgl. ↗Panpsychismus.

Werden (sprachlich verwandt mit lat. vertere, [sich] wenden, drehen), der Übergang vom schlechthinnigen oder teilweisen Nichtsein zum Sein (Entstehen und weitere Veränderung eines Entstandenen). „W. und Sein" sind eines der Hauptprobleme der Philosophie vom griech. Beginn an. Für das antike Denken war der volle Sinn von Sein das Selbstverständliche: Währen, Bleiben, ewiges In-sich-Ruhen. Parmenides dachte das Sein als das Einzige, Unwandelbare und

Wahre, das Viele und Werdende ist nur Schein. Heraklit (mißverständlich oft Philosoph des W. genannt) lehrte den einen Logos („Weltvernunft") als das wandellose Gesetz des fortwährenden Entstehens und Vergehens aller Dinge. Platon entfaltete eine Abstufung im Sein, indem er den zeitlich-endlichen Erscheinungen (dem Werdeseienden) ein anteiliges Sein (Partizipation) am unveränderlichen Sein der Ideen zusprach; er klärte aber nicht, wie es von den ewigen Ideen selber her zu den Erscheinungen und ihrer Bewegung, zum W. kommen kann.

Aristoteles und im Anschluß an ihn die Scholastik des Mittelalters suchten mit dem Begriffspaar Potenz und Akt (↗Möglichkeit und ↗Wirklichkeit) das Problem des W. zu lösen: W. ist eine ↗Bewegung, näherhin der Übergang vom Möglichsein zum Wirklichsein, der jeweils nur von einem selber schon wirklich Seienden als Effizienzursache auf ein Ziel hin in Gang gebracht wird. Unterschieden wird dabei das akzidentelle W., z.B. Ortsverschiebung oder Eigenschaftsänderung (↗Akzidens) und das substantielle W., das Entstehen (und Vergehen) des Einzelnen (der individuellen ↗Substanz). Das Entstehen der sinnlich-wahrnehmbaren Dinge als wesentliche Überformung oder Neuformung von Materie setzt dabei einerseits schon Materielles, erstlich die materia prima (ungeformte Erstmaterie) voraus, denn „aus nichts wird nichts", andererseits ein erstursächlich Bewegendes, das weltbildende göttliche Denken bzw. christlich den Schöpfergott, der die Welt einschließlich ihrer Materialität „aus Nichts erschaffen hat". So wie auch das letzte Ziel aller Bewegung die reine göttliche Geistwirklichkeit ist (vgl. ↗Finalität, ↗Teleologie). Offen bleibt in dieser Sicht, wie das Lebendig-Seiende – das im Unterschied zum Unbelebten nicht nur fremdbewegt, sondern durch Selbstbewegung ausgezeichnet ist und sein Ziel in sich selber hat (↗Entelechie) –, wie insbes. das geistbegabte Lebewesen Mensch sein substantielles Ziel, nämlich die volle Verwirklichung seines Wesens (Menschsein), erreichen soll, da dies offenbar nur durch „akzidentelles" W. in der Welt raum-zeitlicher Erscheinungen und in naturhaften und sozialen Beziehungen (Relationen) geschehen kann.

In der Neuzeit rücken das W., die Bewegung und Relationsgesetzlichkeit zwischen den Erscheinungen in den Vordergrund. Ruhe wird zum Grenzfall von Bewegung. Die Akzidenzien werden in den Begriff der Substanz mit hineingenommen (Spinoza) und diese als wesentlich in sich von sich her bewegt verstanden (Leibniz ↗Monade, im interpretierenden Rückgriff auf Aristoteles' Entelechie). Es beginnt, gegenüber der „Statik" der antiken und mittelalterlichen metaphysischen Ontologie, eine tiefgreifende „Dynamisierung" des Seinsverständnisses (damit des „Weltbildes"). Hegel faßt das W. als Widerspruchseinheit von Sein und Nichts, als welche das substantielle Sein aller Naturwirklichkeit zu sich selbst „wird" und sich am Ende als das begreift, was es immer schon war: absoluter Geist (Subjekt). In den Naturwissenschaften wird ↗Evolution zum Grundgedanken, für die Geisteswissenschaften das geschichtliche Geschehen (↗Geschichte). Nietzsche sucht dem „Sein den Charakter des Werdens" aufzuprägen, dessen Grundbestimmung er nicht primär im Geist, sondern im Willen sieht, der kein Ziel außer sich hat, sondern in sich selber als fortwährendes Wollen in der „ewigen Wiederkehr des Gleichen". Vielfach im philos. und wissenschaftlichen Theoriendenken ist der Gedanke des W. in den Begriff der ↗Prozesse eingegangen.

Wert (sprachlich verwandt mit ↗Würde), im Zusammenhang mit und in Absetzung von wirtschaftspolitischen und -theoretischen Unterscheidungen (Gebrauchs- und Tauschgüter als Gebrauchs- bzw. Tausch-W.e) in der Neuzeit heraufgekommener Begriff. Er bezeichnet die für die individuelle Lebensführung und ein sozial-geordnetes Zusammenleben notwendigen Regeln, Orientierungsmuster, Verhaltensgesetze (vgl. ↗Norm), an denen als objektiv geltende sich das subjektive Wertschätzen und Verhalten im Denken und Handeln ausrichten soll und von denen her es zu bewerten ist. Die Verbindlichkeit oder objektive Geltung der W.e zeigt sich abgestuft und auf Lebensbereiche bezogen: unbedingt zu achtende sittliche W.e (z. B. und insbes. die Menschenwürde der Person; vgl. ↗Sittlichkeit); W.e gemäß ↗Sitte und Brauch, die zu berücksichtigen sich gehört; kulturelle W.e, zu denen man sich bekennt oder die üblicherweise angestrebt werden (in Religion, Kunst, Politik, Wirtschaft usw.).
In der Metaphysik des Mittelalters, die an die (platonische und bes. aristotelische) Überlieferung anknüpfte, und in davon bestimmten neueren philos. Strömungen wird das, was W. genannt wird, als „Gutsein" (Güte, bonitas) eines Seienden und dieses als ↗„Gut" verstanden in einer ontologischen Seins- und Wesensordnung, auf die hin das geistige Streben (Wollen und Handeln) des Menschen grundsätzlich ausgerichtet ist und sich tatsächlich richten soll. Damit verbunden ist die Unterscheidung von „gut in sich" und „gut im Hinblick auf anderes, für anderes", die sich noch im späteren Sprachgebrauch als Unterscheidung von „Selbst-W.en" und „Dienst-W.en" spiegelt. Die ↗Wertphilosophie des Neukantianismus und

auch der Phänomenologie stimmen mit dieser Unterscheidung überein; ungeklärt bleibt aber, wie das wertphilos. „Gelten" der W.e, da es vom Sein als Wirklich- und Tatsächlichsein entschieden getrennt wird, in seinem eigenen Seinscharakter zu bestimmen ist. Für Nietzsche sind alle W.e im Grunde nur Dienst-W.e für das Leben als Wille zur Macht, der zuzeiten zwar W.e als Ziele sich vorsetzt (und wieder zurückläßt), an ihm selber aber ziel- und wertlos ist.

Wertphilosophie, Bezeichnung für mehrere philos. Richtungen des 19. und 20. Jh., die den Wertgedanken in den Vordergrund rückten. Begründet von R. H. Lotze (1841), der ihre Aufgabe darin sah, zwischen dem nur vernunftbegrifflichen Denken des Idealismus und der empirischen Naturwissenschaft zu vermitteln und mit der Hinordnung auf die Welt der Werte das „Vakuum" auszufüllen, „das eine mechanistische Weltsicht hinterläßt". Enger an Kant schloß sich (z. T. auch von Lotze beeinflußt) die W. der Südwestdeutschen Schule des Neukantianismus (H. Rickert, W. Windelband), die den Gedanken der Wertgeltung für die philos. und historische Erforschung von Geschichte und Kultur fruchtbar zu machen sucht. M. Schelers phänomenologische Wertethik (gegen den „Formalismus" der Kantischen Ethik) lehrte eine Rangordnung der unsere Werthaltungen bestimmenden Werte des sinnlichen, vitalen, geistigen und religiösen Lebens.

Werturteilsstreit, durch M. Weber eröffneter und in den ersten Jahrzehnten des 20. Jh. geführter Streit in den Sozialwissenschaften (mit Auswirkung auf die Geisteswissenschaften überhaupt) um die Werturteilsfreiheit der Wissenschaft, ihre Voraussetzungslosigkeit, was Wertentscheidungen betrifft (vgl. ↗Voraussetzung). Weber widersprachen Gottl, Pütz u. a. Ähnlich der ↗Positivismusstreit in den 50er und 60er Jahren (zwischen der Kritischen Theorie der Gesellschaft [↗Frankfurter Schule, Th. W. Adorno, M. Horkheimer, J. Habermas] und dem Kritischen Rationalismus [K. Popper, K. Albert]), der eine Parallele hatte in einer Theoriediskussion der Pädagogik (bes. zwischen H. Rombach und W. Brezinka).

Wesen, Grundbegriff der abendländisch-europäischen Metaphysik und ihrer Ausprägungen in Ontologie und Erkenntnislehre, von Eckhart in die deutsche philos. Terminologie eingeführt, meint als Zeitwort (wesen, verstärkt in: anwesen) soviel wie sein, währen, bleiben, als Hauptwort W. den grundsätzlichen Anblick (griech. eidos, ousia, lat. species, essentia), den ein Seiendes als gestalthaft geformtes in seinem charakteristischen „Wassein" (Etwassein) darbietet. Deshalb hat W. die Doppelbedeutung des Einzelseienden (Individuum) wie

zugleich und vor allem die der inneren Struktur, des Typus, der Grundbestimmtheit, die es mit anderem Seienden derselben Art gemeinsam hat (vgl. ↗Allgemeines). So liegt das Wesen als der identisch sich durchhaltende Grundbestand (griech. hypokeimenon, lat. substantia, ↗Substanz) den zeitlich-veränderlichen und mehr äußerlichen Bestimmungen (↗Akzidens) zugrunde. Vom (allgemeinen) W. als Sosein ist zu unterscheiden das ↗Dasein (lat. existentia, ↗Existenz) als Prinzip seiner Verwirklichung (griech. energeia, wirklicher Vollzug, ↗Akt). Als bestimmte gestalthafte Seinsweise ist das W. die vermittelnde Mitte zwischen dem umfassend allgemeinsten des ↗Seins und dem Einzelseienden. Die reale Unterscheidung des W. vom Dasein ist innerhalb der scholastischen Tradition das Merkmal des strengen Thomismus (gegenüber einer nur formalen Unterscheidung im Skotismus). Die klassische Metaphysik im ganzen versteht das W. nicht nur als das subjektiv, d. h. für eine individuelle oder allg. verbindende Subjektivität Wesentliche und Bedeutsame, also im Bezug auf das Subjekt (Bewußtsein, Ich), sondern als das, was seine Selbstheit und Eigentümlichkeit im Bezug auf das All des Seienden, die Welt, ausmacht; so bezeichnet das W. den Grundort und die Grundart eines Seienden im Ordnungs- und Bedeutungsganzen der Welt, wodurch es sich nicht nur als einzelnes, sondern „wesenhaft" oder „spezifisch" von anderem unterscheidet.
Philosophiegeschichtlich zeigen sich große Unterschiede in der Begründung und Fassung der Wesenserkenntnis. Platon versteht sie als Erinnerung an die ewigen Ideen (πAnamnese). Im Anschluß an Aristoteles entfaltet sie Thomas von Aquin als Herauslösung (↗Abstraktion) des W. aus dem erfahrenen Einzelwirklichen kraft eines „natürlichen Lichts" des Geistes (↗Lumen [naturale]). In der Fortwirkung des W.denkens lehrt die Phänomenologie (E. Husserl) die W.schau oder Ideation im reinen Bewußtsein; M. Scheler sieht in der Kraft, das Wesen (Sosein) von der Existenz (Dasein) lösen zu können, das auszeichnende Merkmal des Geistes und damit des Menschen. Weithin tritt jedoch im neuzeitlichen Denken die Frage nach dem W. eines Seienden („was" es im Grunde ist, aufgrund dessen es sich wesensgesetzlich so zeigt und verhält) zurück und diejenige in den Vordergrund, „wie" eine Erscheinung im Bedingungszusammenhang mit anderen Erscheinungen steht und gemäß seiner Gesetzlichkeit vor sich geht. Bes. ausgeprägt ist diese Fragerichtung in den empirischen Naturwissenschaften, allg. aber dringt sie vor in der Ablösung des Wesens- oder Substanzdenkens durch ein Denken in Relationen, Strukturen, Prozessen.

Wesensethik, Bezeichnung für eine auf ontologischem Fundament von handlungsnormierenden ewigen Ideen oder einer unwandelbar gültigen Wesensordnung gründende Ethik, gewöhnlich bezogen auf die Ethikgestalten der platonisch-aristotelischen Tradition. Davon unterschieden ein geschichtliches ethisches Denken, das die grundsätzlich wandelbaren, freilich zu je einer Zeit dann allgemeinverbindlichen Forderungen berücksichtigt, und von einer subjektivistisch-individualistischen Ethik, die jede übereinzelne Verbindlichkeit bestreitet und auf die je einzelne Augenblickssituation sich gründen will (Situationsethik).

Whitehead, *Alfred North,* engl. Mathematiker und Philosoph, *1861 Ransgate (Kent), †1947 Cambridge (Mass.). 1911 Prof. in London, 1924 Cambridge. Schuf mit B. Russell zusammen das Standardwerk der mathematischen Logik „Principia mathematica" (3 Bde., 1910–13). Stellte sich dann die Aufgabe, eine sowohl die philos. Überlieferung wie die Ergebnisse der neuzeitlichen Naturwissenschaften einbeziehende zeitgemäße Metaphysik auszuarbeiten (HW: „Process and reality", 1929). Von Platon und Aristoteles, bes. aber Leibniz ausgehend, versteht er jedoch das elementar Wirkliche in der Welt nicht mehr substantialistisch als Ding und dingliche Zusammenstellung, sondern als Ereignis und Geschehenszusammenhang. Im Bemühen um einen umfassenden Begriff der „Erfahrung" (experience), der gegenüber die Naturwissenschaften perspektivisch begrenzt, weil abstraktiv sind, zeigt sich für W. das „Seiende" (actual entity) als organisch konstituiert und zugleich als vielfältig gefühlshaft und begrifflich bestimmtes Erfassen (prehension). Dieser Grundgedanke wird ontologisch-kosmologisch, philos.-theologisch, ästhetisch und in ethische Ansätze hinein durchgeführt. Damit ist W. eine bedeutsame und zunehmend beachtete Gestalt des neueren Prozeß- und Relationendenkens.

Widerspruch, die äußerste Art des ↗Gegensatzes zweier Begriffe, Aussagen, Sätze, die für das Denken, das Vereinigung, Synthese, Identifizierung will, unmöglich zu vollziehen ist. Aristoteles: „Es ist unmöglich, daß dasselbe demselben in der gleichen Hinsicht zukomme und nicht zukomme" (Met. IV). Daraus geht hervor, daß der W. nicht nur logische, sondern ontologische Bedeutung hat: Sein ist in Gleichzeitigkeit unvereinbar mit Nichtsein. In der aristotelisch-scholastischen Tradition oberstes Erkenntnisprinzip: Einander kontradiktorisch gegenüberstehende (das meint sich gegenseitig nicht nur korrigierende, sondern schlechthin aufhebende) Urteile können nicht gleichzeitig wahr sein. Leibniz gab dem W.satz seine logische Formulierung als principium contradictionis (Grundsatz des [zu vermeidenden] Widerspruchs). Für Kant ist die Antithetik der Vernunft der in den ↗Antinomien bezüglich der Welt, der Seele, Gottes sich darstellende Selbstwiderstreit der Vernunft, wenn ihre Ideen in Verkennung ihrer Natur gebraucht werden wie Verstandesbegriffe. Bei Hegel dagegen ist der W. nur für den fixierenden Verstand unmöglich zu vollziehen, die Vernunft dagegen entdeckt ihn als Kraft des lebendigen Geistes in aller Wirklichkeit: Jedes unmittelbar Identische treibt in sich selber zur Negation seiner Einheit, damit zur Auseinandersetzung und Entfaltung, wodurch es gerade seine wahrere und wirklichere Einheit erlangt (vgl. ↗Dialektik).

Wiener Kreis, von E. Mach („Wissenschaftliche Weltauffassung. Der Wiener Kreis. Veröffentlichungen des Vereins Ernst Mach", Wien 1929) und L. Wittgenstein beeinflußte Gruppe (H. Hahn, O. Neurath, M. Schlick, R. Carnap, P. Frank) gleicher philos. Grundhaltung und gleichen Wissenschaftlichkeitsinteresses. Propagierte die mathematische Logik und ihre Anwendung auf die Philosophie, betonte die Rolle der Erfahrung im Erkenntnisprozeß, lehnte jede Art metaphysischer Grundannahmen ab. Auflösung 1938. Seit 1930 bis dahin erschien die Zeitschrift „Erkenntnis". Vom W. K. vor allem ging die Entwicklung des logischen ↗Positivismus (Neopositivismus) aus.

Wille (griech. orexis, boulesis, lat. appetitus, voluntas), Grundbegriff der philos. Ethik, sofern mit ihm das Vermögen des Menschen gemeint ist, sich mit Absicht („bewußt") ein Ziel vorzusetzen, in freier ↗Entscheidung an ihm festzuhalten und sich mit seinem Handeln (als „willentliche" und deshalb vom Handelnden zu verantwortende ↗Handlung) für dessen Verwirklichung einzusetzen. Wollen ist deshalb mit Denken untrennbar verbunden als Akt des menschlichen ↗Geistes bzw. (im neuzeitlichen Verständnis) des vernünftigen ↗Bewußtseins und dadurch unterschieden vom Trieb als dem nur naturhaften Streben eines Lebendigen nach Befriedigung vitaler Lebensbedürfnisse. Da die menschliche Geistigkeit und vernünftige Bewußtheit ein Selbstverständnis dessen, was der Mensch sei, und ein Verständnis der Wirklichkeit im Ganzen (Welt) beinhaltet, hat der Begriff des W. ausdrücklich oder unausdrücklich eine ontologische Bedeutung (vgl. ↗Intellektualismus, ↗Voluntarismus). In der aristotelisch-scholastischen Tradition ist der W. in sich selber zielgerichtet formal auf das ↗Gute. Das ist die Verwirklichung des Wesens des Menschen in Orientierung an der Wesensordnung der Welt und in der demgemäß ordnenden Verfügungsmacht der geistigen Person über alle ihre Eigenkräfte (dominium super actus suos). Daher muß das Gute für den W. als das je wahre und wesentliche Gute erkannt sein (Thomas von Aquin: nihil volitum, nisi praecognitum). Erst damit ist der W. selbst ein guter W. Andererseits ist es der W., der das Erkennen auf die Wahrheit überhaupt hin bestimmt als das für den erkennenden Geist anzuzielende Gute. So zeigt sich hier ein eigentümliches Zusammenwirken von Erkennen und Wollen, wobei dem Erkennen (bei Duns Skotus aber dem Wollen) ein gewisser Primat zugesprochen wird. Bei Kant, der das Erkennen im strengen Sinn als wissenschaftliches auf die Erscheinungs- und empirische Gegenstandswelt einschränkt, haben demgegenüber der W., die sittliche Vernunft, die Freiheit als wahre Selbstbestimmung (↗Autonomie, welche erst den W. zu einem guten macht) und ihre moralische Welt „nur" sittlich-praktische, für ethisches Handeln notwendig anzunehmende Realität. Andererseits kommt hier dem W. die vorrangige Bedeutung für das Menschsein zu. Nachidealistisches Denken sucht hinter die Frage der gegenseitigen Zuordnung von Wollen und Erkennen zurückzugehen und den W. in betonter Weise in einer Ursprungsdimension des Vorgeistigen und ↗Unbewußten anzusetzen. Für Nietzsches voluntaristisches Denken schließlich ist der W. die ursprünglichste Macht des menschlichen Lebens und des Weltgeschehens im ganzen, die, allem so verstandenen Erkennen voraus und „jenseits von Gut und Böse" (und von Wahrheit und Unwahrheit [Irrtum, „Lüge"]), unaufhörlich sich selber und d. h. das ewig-zeitlich fortgehende Werden will. In der Geistmetaphysik, ihren neuzeitlichen bewußtseinsphilos. Umbildungen und den nach unveränderlichen Gesetzmäßigkeiten suchenden Wissenschaften sieht Nietzsche den Widerwillen gegen das Werden am Werk, nämlich den W. zum Sein, zum unwandelbaren Wesen, zu einer unzeitlich sein sollenden Ewigkeit.

Willmann, *Otto,* * 1839 Lissa (Posen), † 1920 Leitmeritz. Philosoph und Pädagoge. Prof. in Prag. Vertreter einer religiös-sozialen und sozialethisch geprägten Pädagogik. Von Herbart herkommend, gelangte er zur thomistischen Philosophie und leitete deren kritische Auseinandersetzung mit Kant ein.

Windelband, *Wilhelm,* * 1848 Potsdam, † 1915 Heidelberg. Prof. in Freiburg i. Br., Straßburg, Heidelberg. Begründer der Badischen Schule des ↗Neukantianismus. Schüler von K. Fischer und H. Lotze, Lehrer H. Rickerts. Bedeutender Philosophiehistoriker („Die Geschichte der neueren Philosophie", 2 Bde., 1878–80; „Lehrbuch der Geschichte der Philosophie", 1892, zahlreiche Auflagen).

Wirklichkeit, oft gleichbedeutend gebraucht mit ↗Realität, jedoch im Blick auf seine aristotelische und mittelalterlich-philos. Herkunft (als Übersetzung von griech. energeia, lat. actualitas, Wirklichkeitsvollzug) strenger zu fassen: Realität bezeichnet in der scholastischen Überlieferung das sachlich-gehaltliche Bestimmtsein eines jeglichen Seienden überhaupt und ist damit einer der Bedeutungsaspekte, die zum uneingeschränkten Sinn von „Sein" gehören (Transzendentalien; vgl. ↗transzendent) und wie „Sein" der Unterscheidung von ↗Möglichkeit und W. beim endlichen Seienden und der ↗Notwendigkeit des unendlichen (göttlichen) Seienden (↗Modalitäten) übergreifend vorausliegen. W. meint damit die – zwar nicht notwendige, aber tatsächlich geschehende – reale (sachgemäße) Verwirklichung (Aktualisierung, ↗Akt) einer realen (sachlich vorgegebenen) Möglichkeit; die W. Gottes, seines Notwendigseins, dagegen ist nicht als Ver-wirklichung einer Möglichkeit aufgefaßt, sondern als „reine W." (actus purus). Insbes. Hegel sucht dann deutlich zu machen, daß und wie W. im vollen Sinn die Einheit beider, der Realität und Aktualität, ist, und beide nur Momente im Ganzen der W. sind, das als Absolutes sich aus ihm selber zu sich selbst hervorbringt. – W. ist ein Korrespondenzbegriff vor allem zu ↗Erfahrung. Wird diese auf sinnlich (mit-)vermittelte Erfahrung eingeschränkt, wie im Empirismus und auch in der erkenntniskritischen Philosophie Kants, bes. aber in den Ausprägungen des Positivismus, so ist auch der W.begriff sehr eng gefaßt. Einem weiten Erfahrungsverständnis dagegen entspricht eine Mehrfältigkeit von Formen und Weisen der W. (z. B. in der künstlerischen, religiösen, ethischen Erfahrung usw.).
Wirkung ↗Ursache, ↗Kausalität.
Wissen (sprachlich verwandt mit griech. idein, lat. videre, sehen), bedeutet als Verbum seiner sprachlichen Herkunft nach: etwas „gesehen haben" (und so in Kenntnis einer Sache sein und sich auf den Umgang mit ihr verstehen). Von den mehrfältigen W.weisen (künstlerisch-handwerkliches, ethisch-politisches, religiöses W. u. a.) hat sich philos. in der abendländisch-europäischen Denkgeschichte früh eine Vorherrschaft des begrifflichen W. herausgebildet. Von da her läßt sich W. verstehen als Einsicht und Durchblick einer Sache, beruhend auf der offenbaren Selbstgegenwart ihres Sachverhalts für den erkennenden Geist bzw. (neuzeitlich) für das Erkenntnisbewußtsein (vgl. ↗Evidenz, ↗Erkenntnis). Platon bestimmte dieses W. (griech. epistamai, episteme, lat. scire, scientia), das seinen Sinn in sich selber hat, als Schau (theoria, ↗Theorie) der ewigen Ideen-

Gründe der sinnlich-wechselnden Erscheinungen oder als Erinnerung auf sie hin und unterschied es vom bloßen Glauben und Meinen (doxa, sententia). Von Aristoteles her ist W. deshalb allgemein nicht nur die Feststellung einer Tatsache, sondern die Vergegenwärtigung der Gründe und Ursachen, „warum" sie ist und wesentlich so ist, wie sie ist (W. als Erkenntnis aus Prinzipien). W. ist W. der Wahrheit, wie es sich mit dem Seienden begründeterweise verhält, und dieses W. hat seinen Sinn in sich selbst. Die methodische Gewinnung dieses W. ist die ↗Wissenschaft. In der klassischen Metaphysik und den auf sie gegründeten Wissenschaften galten diese Prinzipien als selbstverständlich gewußt und philos. ausdrücklich ins W. zu heben (Philosophie als Erkenntnis der Prinzipien selber), womit eine sichere Grundlage für alle weitere W.gewinnung gegeben war (vgl. ↗Unmittelbarkeit und Vermittlung). In der Neuzeit tritt der Machtcharakter des W. im Umgang mit den Dingen bes. hervor (F. Bacon: „W. ist Macht"), zunehmend damit auch praktische Zweckbestimmungen des (theoretischen) W. Der Descartes folgende Rationalismus bemüht sich um die Gewißheit des W. und seines Vermögens gegen jede Bezweifelbarkeit. Aus dem Empirismus her verstanden, erreicht Erkenntnis nie endgültig gesichertes W. der Wahrheit, nur steigerbare Wahrscheinlichkeit (vgl. ↗Hypothese, ↗Verifikation, ↗Falsifikation). In der analytischen Philosophie stellt sich, im Zusammenhang mit sprachphilos. Untersuchungen und bes. dem Problem des Verhältnisses Seele – Leib (Bewußtsein – Körper) schließlich die Frage, ob W. als Für-wahr-Halten nicht überhaupt als eine Art von „Glauben" (neben anderen Arten und Wortverwendungsweisen) anzusehen sei. Für eine genaue Unterscheidung wäre andererseits freilich erforderlich, zu wissen, was W. und Glauben in ihrer gegenseitigen Bezogenheit und Unterschiedenheit bedeuten.

Wissenschaft (griech. episteme, lat. scientia), 1. allgemein das Vordringen zu den Begründungszusammenhängen eines zu erkennenden Gegenstandes, das a) diesen Gegenstand einem bestimmten Sachgebiet zuordnet und an ihm den Begründungszusammenhang je dieses ganzen Forschungsfeldes erkennen will, b) die Vorgehensweise (↗Methode) an der Eigenart je des begrenzten Sachgebiets, wie sie sich selbst zeigt, ausrichtet bzw. (im neuzeitlichen Verständnis von W.) durch eine leitende Gesamtvorstellung dieses Gegenstandes bestimmt sein läßt. So ist W. die methodisch ausgerichtete Erkenntnisgewinnung der Begründungszusammenhänge in Sachregionen, die aus dem Ganzen der Wirklichkeit (Welt) unter bestimmten Hinsichten (Aspekten oder Perspektiven) ausgegrenzt werden; zugleich ist W. das Resultat, nämlich der Zusammenhang wahrer oder für wahr gehaltener und wahrscheinlicher Sätze über die Grundverknüpfungen der gegenständlichen Erscheinungen einer Region (vgl. ↗Wissen).

2. Während die metaphysisch-ontologisch orientierten W.en der Antike und des Mittelalters, soweit sie sich in Disziplinen entfaltet hatten, den Begründungszusammenhang als je herrschende Wesensgesetzlichkeit (πWesen) der Erscheinungen verstanden, gilt er in den neuzeitlichen empirischen W.en, die sich aus der Philosophie heraus verselbständigten, als relationaler und mathematisch-quantitativ formulierbarer Ursache-Wirkungs-Zusammenhang zwischen den Erscheinungen der Natur, aus dem her und auf den zurück sie durch die Natur-W.en erklärt werden (↗Erklären), bzw. in den Geistes-W.en als Sinn- und Bedeutungszusammenhang, von dem her und auf den zu die geistig-geschichtlichen Erscheinungen zu verstehen sind (↗Verstehen). Zunächst und in der rationalistischen Tradition wurden die Grundaussagen einer W., zusammengefaßt ihre ↗Theorie, noch für endgültig bestätigt oder bestätigbar (↗Verifikation) und so mit Gewißheit verbunden aufgefaßt. In der empiristischen Tradition und zunehmend in neuerer Zeit werden sie für unaufhebbar hypothetisch erachtet, sofern auch die allerersten und letzten ↗Voraussetzungen, an die jede W. sich binden muß, nicht mehr die Selbstverständlichkeit absoluter Geltung besitzen – ausgenommen vielleicht formalste bewußtseinslogische Gesetze –, sondern ihnen und damit einer wissenschaftlichen Theorie bestenfalls Bewährbarkeit zugesprochen wird (vgl. ↗Falsifikation).

3. So zeigt sich, daß einmal die Grundvorstellungen von der Sache eines wissenschaftlichen Sachgebiets sich geschichtlich verändern (↗Paradigma), zum andern auch das Selbstverständnis davon, was Wissen und Wissenschaffen bedeuten, der „Typus" von W. überhaupt sich wandelt. Von den platonisch-aristotelischen Anfängen an bis weit in die Neuzeit herein war die Philosophie die Grundlagen- oder Grundlegungs-W., die mit den Einzel-W.en zu einer gegliederten Einheit verbunden gedacht wurde. Aber auch die neuzeitlich verselbständigten W.en beruhen auf (zumeist nicht ausdrücklich formulierten) inhaltlichen Vorannahmen, die mit den Methoden der W.en selber nicht noch einmal erforscht werden können und deshalb zuweilen „metaphysische" genannt werden. Diese Vorannahmen der W.en kritisch zu analysieren (vgl. auch ↗Wissenschaftstheorie) und auf die darin verborgenen Grundhaltungen im Verhältnis des Menschen zur Welt zu reflektieren ist bes. eine Aufgabe der Philo-

sophie heute. Darin liegen auch die Anstöße vor allem zu einer Neubestimmung des philos. Verständnisses des Apriori in seinem Bezug zum Aposteriori (↗a priori, ↗a posteriori), zur wissenschaftlichen Empirie und ↗Erfahrung im weitesten Sinn.

4. Denn das gegenwärtige wissenschaftlich-technisch-industrielle Zeitalter ist vorwiegend durch W.en von empiriebezogenem Theoriecharakter bestimmt, durch ihre „praktische" Anwendung und ökonomische Verwertung. Dem wissenschaftlich-theoretischen Erkennen ist seiner platonisch-aristotelischen Herkunft nach die Dienlichkeit zur Herstellung von „äußeren" Gütern fremd oder gilt als nachrangig, und praxisdienliches Erkennen ist (so noch bei Kant) bezogen auf das wiederum in sich selbst sinnhafte ethisch-politische Handeln. Im Maße ein technisch-ökonomisches Praxisverständnis vorherrschend wird, das auch in das Selbstverständnis der W.en selber eindringt und ihren Wissenscharakter tiefgreifend prägt, stellen sich nicht nur Probleme der Bildungspolitik (sofern diese sich zunehmend auf zweckgerichtet funktionale Ausbildung konzentriert), sondern auch der W.politik (bes. die lange für zweckfrei gehaltene Grundlagenforschung und erst recht die nicht marktgängigen W.en betreffend). Vor allem stellen sich angesichts der wissenschaftlich-technischen Veränderungsmacht für das Leben, seine Umwelt und Welt ethische Probleme, die ohne Philosophie und ihr Zusammenwirken mit den W.en nicht einmal als solche zu klären sind.

5. Die Einteilung der W.en ist ein vielfach umstrittenes Problem. Kant teilt sie (hierin einer bis auf Platon zurückgehenden Tradition folgend) ein gemäß der Art der zu untersuchenden Gesetze: Logik (W. von den allgemeinen Gesetzen der Denkbarkeit), Physik (W. von den besonderen Gesetzen, denen die Naturgegenstände unterworfen sind), Ethik (W. von den Gesetzen, unter die sich die Freiheit in vernünftiger Selbstbestimmung des Willens selber stellt). Der Neukantianismus (bes. H. Rickert) unterscheidet die generalisierenden Natur-W.en und die individualisierenden Kultur-W.en. Seit Dilthey werden den erklärenden Natur-W.en die verstehenden Geistes-W.en gegenübergesetzt, zu denen insbes. auch die Geschichts-W.en gezählt werden. Andere Einteilungen gehen vom Unterschied der Methoden aus: exakte (mathematisch-apriorische wie naturwissenschaftlich-experimentelle) und deskriptive W.en (morphologische Natur- wie auch historische oder Kultur-W.en); allg. auch: erklärende und hermeneutische (historisch-verstehende) W.en.

Wissenschaftsethik, 1. in einem weiten Sinn die zu jeder Philosophie gehörige Reflexion auf Wesen und Sinn des Wissens und Wissenschaffens. Von Platon her ist das vollkommene Wissen als göttliche Theoria (↗Theorie) auch für den Menschen das erstrebenswerte Glückseligkeit gebende Gute. Die aristotelische Tradition unterscheidet davon aber das menschlich Gute als Glück im geordneten gesellschaftlichen Leben und das darauf gerichtete ethisch-praktische Wissen. In der Neuzeit steht für Kant das theoretisch-wissenschaftliche Erkennen, nun freilich auf Gegenstände der Natur und ihrer gesetzlichen Erscheinungszusammenhänge eingegrenzt, unter dem Primat der sittlich-praktischen Vernunft und der moralischen Welt. – 2. In einem engeren Sinn die Ethik, die bereichsspezifisch die wissenschaftliche Forschung auf ihre Folgen hin analysiert und für den Spielraum der Möglichkeiten die Grenzen des ethisch Erlaubten und Gebotenen zu ziehen sucht.

Wissenschaftstheorie, die Reflexion und Analyse der Grundlagen (Grundbegriffe, Grundgesetze [Axiome], Grundannahmen [notwendige, zulässige und nichtzulässige Voraussetzungen]) des wissenschaftlichen Wissens und seiner Gewinnung (↗Wissenschaft), auf die Unterschiede des Verhältnisses der Wissenschaften zu und ihres Verständnisses von Erfahrung (nichtempirische Wissenschaften, z. B. reine Mathematik, und empirische, z. B. die Naturwissenschaften), damit verbunden die Abgrenzung und Bestimmung ihrer Gegenstandsbereiche und Methoden und Methodenähnlichkeiten (z. B. in den natur- und in den geisteswissenschaftlichen Disziplinen); als mit zur W. gehörig kann gerechnet werden auch die Reflexion und Herausarbeitung der verschiedenen inhaltlichen Leitvorstellungen von Wissen und Wissenschaftlichkeit überhaupt und entsprechend von der Wirklichkeit und Gegenständlichkeit, auf die sich das wissenschaftliche Interesse richtet (Wissenschafts- und Wirklichkeits- oder Gegenstandsmodell, „Paradigma"). Dies ist vor allem bedeutsam für die Wissenschaftsgeschichte, wenn sie nicht linear als fortgehende Akkumulation und Integration von Wissen, sondern in ihrer Kontinuität und Diskontinuität („Paradigmenwechsel") gesehen werden soll. Zur Wissenschaftsphilosophie wird die W. in dem Maße, als sie das wissenschaftliche Wissen in seinem Zusammenhang mit anderen Wissensformen und in seiner Bedeutung für den Menschen und die Welt in den Blick nimmt und auch die Wissenschaftsgeschichte selber als ein Grundgeschehen innerhalb der Kontinuität und Diskontinuität der Geschichte des Menschen und der Welt berücksichtigt.

Wittgenstein, *Ludwig,* *1889 Wien, †1951 Cambridge. (Ingenieur-) Studium in Berlin und Manchester, der Mathematik und Logik in

Cambridge (bei Russell). Später von Österreich wieder nach Cambridge zurückgekehrt, Dozent, 1939 Prof. W. nahm Anregungen auf von Russell, Frege, dem Wiener Kreis (auf den er selbst stark wirkte) und wurde (neben Russell und Moore) zu einer Schlüsselgestalt der ↗Analytischen Philosophie, bedeutsam darüber hinaus allg. für die Sprach- und Erkenntnisphilosophie. Der „Tractatus logico-philosophicus" (1921; einzige zu seinen Lebzeiten publizierte Schrift) war mitbestimmend bes. für die Philosophie idealer, formalisierter Sprachen, die späteren „Philosophischen Untersuchungen" (1953) bes. für die der normalen oder Alltagssprache (Ordinary language philosophy). – Der „Tractatus" handelt vom „richtigen" Denken, das sich zeigt mit dem Sprechen „sinnvoller" Sätze. Diese sind zerlegbar in Elementarsätze und müssen empirisch überprüfbar (entscheidbar) wahr oder falsch sein können. Sie sind Ausdruck gedanklicher („logischer") Bilder möglicher entworfener und ggf. wirklicher Sachverhalte (Projektions- und Abbildtheorie). Wahrheit eines Satzes beruht in der Übereinstimmung seines Gedankens mit dem Sachverhalt – wenn dieser tatsächlich der Fall ist (Korrespondenztheorie) – aufgrund der identischen logischen Struktur („Form") von Denken/Sprache und Welt als der Gesamtheit aller Tatsachen (Isomorphie). Einzige Tatsachenwissenschaft ist die Naturwissenschaft. Der Sinn (Wert) der Welt liegt außerhalb ihrer, ist kein Gegenstand sinnvollen (objektsprachlichen) Denkens, ebensowenig wie das Ganze der Welt und des sprachlichen Denkens im ganzen. Ethik und Ästhetik, aber auch Logik sind „transzendental" (welt- und selbstreflexiv, „tautologisch"). Transzendentale Sätze sind unsinnig. Das „Mystische" gibt es, es ist das (vom Problem und Rätsel zu unterscheidende) Unaussprechliche, gegenwärtig nur im „Gefühl". („Wovon man nicht sprechen kann, darüber muß man schweigen.") Unsinnig gewissermaßen sind nach W. auch die philos. Sätze des „Tractatus" selber. Philosophie hat nur mehr die kritisch-therapeutische Aufgabe der Sprach- (und Denk-) Reinigung, indem sie „von innen" (nicht transzendierend) an die Grenze von Welt und sprachlichem Denken und damit zur Selbstbescheidung auf das (naturwissenschaftlich) Sagbare führt (das sog. „Problem des Lebens" ist dadurch nicht berührt, aber es ist streng genommen überhaupt kein sagbar-lösbares Problem). – W.s spätere Schriften („Philos. Untersuchungen" u. a.) anerkennen demgegenüber nicht nur deskriptiv-konstatierende Aussagen als sinnvoll und ggf. wahr, sondern eine Vielzahl von Sprechweisen („Sprachspielen"), deren Regeln bestimmen, in welchem Sinn die Wörter und Wortverbindungen jeweils gebraucht werden. Sprechen ist ein Teil umfassender Lebenspraxis. Sprachspiele sind Lebensformen. Sie sind auf ihre Ähnlichkeitsbeziehungen („Verwandtschaft") untersuchbar, nicht jedoch zurückführbar auf eine einzige, vermeintlich zugrunde liegende Sprache.

Wolff, *Christian von,* * 1679 Breslau, † 1754 Halle. 1706 ebd. Prof. Hauptvertreter der Philosophie der Aufklärung. Begründer der deutschen philos. Fachsprache. Trieb die Lösung der Philosophie aus relig.-theologischer Bindung voran und gliederte erstmals die Metaphysik (als allgemeine: Ontologie, als spezielle: rationale Theologie, Kosmologie, Psychologie) scharf in einzelne Disziplinen. Scholastisch geschult, mit Aristoteles, Descartes, der englischen Moralphilosophie vertraut, bes. aber an Leibniz orientiert (Bilfinger prägte die Bezeichnung „leibniz-wolffsche Philosophie"). W. trug wesentlich zur Ausbreitung des dogmatischen Rationalismus bei, der anfänglich noch Kant beeinflußte und dann seine Kritik herausforderte.

Wundt, *Wilhelm,* * 1832 Neckarau bei Mannheim, † 1920 Großbothen bei Leipzig. Philosoph und Psychologe. Prof. in Heidelberg, Zürich, 1875 Leipzig. Begründer der Völkerpsychologie, Wegbereiter der experimentellen Psychologie. Vertreter einer induktiven, von den Einzelwissenschaften aus synthetisierenden Metaphysik. Lehrte darin einen idealistischen Voluntarismus (der Seinsursprung alles Wirklichen ist ein geistiger Wille).

Würde, bedeutet einmal Ehre und Ansehen eines Menschen aufgrund seiner sozialen Stellung, sodann insbes. die W., die in jedem, ungeachtet unterschiedlicher Herkunft, Anlagen, Leistungen usw. als nicht erwerbbar und nicht verlierbar anzuerkennen ist. Aus griech.-römischen (Stoa) und christlichen Wurzeln her, begründet in dem durch Geistigkeit, Zuordnung zur Welt im Ganzen („Weltbürgertum"), Gottebenbildlichkeit ausgezeichneten Rang des Menschen gegenüber allem anderen in der Natur, bildete sich der Gedanke der Menschenwürde in der Neuzeit heraus im Zusammenhang mit den ↗Menschenrechten. Nach Kant ist diese W., im Unterschied zum relativen Wert eines Mittels zu einem Zweck, das seinen „Preis" hat, der absolute Wert. Er beruht in der unbedingt zu achtenden Selbstzwecklichkeit des Menschseins eines jeden Menschen, der sittlich-vernünftigen Selbstbestimmung (Autonomie, Freiheit) des Menschen als Person. Herausragende Bedeutung hat der Begriff in den Grundrechtsformulierungen von Verfassungen, so im Grundgesetz der Bundesrepublik Deutschland: „Die W. des Menschen ist unantastbar." – Aufgrund von Grenzerfahrungen der technisch-ökonomischen Nutzung der Natur als Mittel zu Zwecken menschlicher Bedürfnisbefriedigung stellt sich in den letzten Jahrzehnten die Frage, ob nicht auch der (bes. der lebendigen) Natur in bestimmtem Sinn eine eigene W. zuzuerkennen ist.

Wust, *Peter,* * 1884 Rissenthal, † 1940 Münster i. W. 1930 Prof. ebd. Vom Neukantianismus herkommend, dann angeregt von Augustinus, dem deutschen Idealismus und bes. Scheler. Seine Analysen der Unruhe als menschlicher Grundsituation kennzeichnen diese durch die Forderung des „Wagnisses der Weisheit", nämlich des Glaubens an den Sinn, und durch die Hoffnung, so daß sich die Grundsituation nicht zur restlosen Ungeborgenheit verfestigt.

X

Xenokrates, griech. Philosoph, aus Chalkedon, ca. 396–314 vC. Platonschüler, ab 339 Leiter der platonischen Akademie in Athen als Nachfolger Speusippos'. Von ihm stammt die Dreiteilung der Philosophie in Ethik, Physik, Logik. Vom späten Platon und den Pythagoreern her verbindet er die Ideenlehre mit der Zahlenspekulation und -mystik.

Xenophanes, griech. Philosoph und Rhapsode aus Kolophon (Kleinasien), * ca. 578 vC., † ca. 483 Elea (Unteritalien). Ebd. Gründer der Philosophenschule der ↗Eleaten. Lehrer des Parmenides. Bekämpfte (gegen Homer, Hesiod) den Volksglauben mit seinen anthropomorphen Göttervorstellungen, lehrte demgegenüber einen pantheistisch gefärbten Monotheismus.

Xenophon, griech. Schriftsteller, * ca. 430 vC. Athen, † 354 vC. Korinth. 394 als Spartafreund aus Athen verbannt. Verfaßte zahlreiche historische und politische Werke. In seinen philos. Schriften (bes. seinen „Erinnerungen") zeichnet er ein Bild von Sokrates (der sein Lehrer war), das in schroffem Gegensatz steht zu dem Platons.

Y

Yorck von Wartenburg, *Paul,* * 1835 Berlin, † 1897 Klein-Oels. Dilthey nahestehend (Briefwechsel, hrsg. 1923), von Bedeutung für die Entwicklung des Verständnisses der Geschichtlichkeit im Existenzdenken (Heidegger) und in der hermeneutisch-geschichtlichen Philosophie (Gadamer).

Z

Zarathustra (griech. Zoroastres), 7. oder 6. Jh. (?) vC. Bekämpfte den indoiranischen Mithraskult, stiftete die Religion des Parsismus, verkündete den „Weisen Herrn" (Ahura Mazda), der das Licht schuf und die Welt als Raum der Entscheidung zwischen Gut und Böse, Licht und Finsternis. – Nietzsches „Zarathustra" stellt keine geschichtliche Anknüpfung an ihn dar.
Zeichen (sprachlich zusammenhängend mit „zeigen"; lat. signum), 1. allg. eine sinnlich wahrnehmbare Erscheinung (Gegenstand oder Ereignis), die verstanden wird als eine Verweisung auf etwas anderes (einen anderen gegenständlichen Zusammenhang, wie z. B. beim Symptom einer Krankheit; eine auszuführende oder zu unterlassende Handlung, wie z. B. bei Verkehrszeichen; einen gedanklichen Zusammenhang, wie z. B. beim ↗Symbol). Worauf verwiesen wird, muß aber selbst verstanden sein, und zwar im Bedeutungshorizont eines Wirklichkeitsbereichs und darüber hinaus der Welt im ganzen. So gehört das Z. in die Thematik des ↗Verstehens, das im Grunde immer Welt-Verstehen ist. 2. Ein besonderes Problem stellt sich mit dem sprachlichen Z. (Laut- und Schrift-Z., Wort, Satz) und der (einer, jeder) ↗Sprache als das Insgesamt von sogenannten sprachlichen Z. (in der Sprachwissenschaft: Z.system). Daß in oder durch die Sprache die Welt dem Verstehen aufgeht, gehört seit Heraklit (der Logos ist die Selbstaussage des Kosmos) bis zu Wittgenstein („Die Grenzen der Sprache sind die Grenzen meiner Welt") und Heidegger (Sprache ist das Sich-aus-Sprechen des menschlichen In-der-Welt-Seins und vor allem des Seins in seinen geschichtlichen Welt-Konstellationen selbst) zur Grundauffassung des philos. Denkens. Von Platons „Kratylos" an wird aber wiederholt auch diskutiert, ob das, wofür Sprach-Z. steht, die Eigenbedeutung der Dinge, Sachen, Sachverhalte selbst sei, und zwar unmittelbar gegenwärtig im Denken/Verstehen aller nachträglichen und unterschiedlich möglichen Bezeichnung voraus. Oder ob die Sprach-Z. in erster Linie oder gar nur willkürliche Setzung, schließlich Konstrukt in der Immanenz des Denkens und seiner sprachlichen Mittel (zur bloßen Selbstverständigung) ist; so daß es grundsätzlich unmöglich wäre, die Bedeutung der Sachen und Sachverhalte selber aufzuzeigen (und sich über diese zu verständigen). ↗Sprachphilosophie.

Zeit (griech. chronos, lat. tempus), 1. in der metaphysisch-philos. Tradition im Unterschied zu Gottes ↗Ewigkeit (dem überzeitlichen, unveränderlichen Selbstbesitz seines unendlichen Wesens in vollkommenem Wirklichsein [Boethius]) das Nacheinander der Zustände der endlichen veränderlichen Dinge. Diese erlangen im Lauf ihrer Wesensverwirklichung zwischen Entstehen und Vergehen immer neue Gestaltungen ihrer ↗Zukunft, überholen im Augenblick ihres Besitzes (↗Gegenwart) die erreichten schon wieder und lassen sie in die ↗Vergangenheit zurück (vgl. ↗Bewegung, ↗Werden). Z. ist so (nur) anteilhafte Erscheinung der Ewigkeit, Herausfall aus ihr oder Abstufung von ihr weg. Sie ist zunächst die durch Anfang und Ende begrenzte, unumkehrbare und unwiederholbare Daseins-Z. (physische Z.) des Beharrens eines Einzelwirklichen durch seine wechselnden Gestalten hindurch. Wie jedes mit anderen zusammen im Ganzen des Seienden (Welt), so ist die Z. des einzelnen eingeordnet in die gemeinsame übergreifende Welt-Zeit (kosmische Z.). Von der Z.erfahrung der Veränderung der körperlichen Dinge her bildete sich seit Platon und bes. Aristoteles („Z. ist die Zahl [das Maß] der Bewegung nach dem Früher oder Später") der raumorientierte Begriff der objektiven Z. heraus, veranschaulicht an einer abstrakt vorgestellten Reihe von Z.punkten, in der jeder Augenblickszustand des Wirklichkeitsgeschehens seine Stelle hat. – 2. Streng genommen ist nicht diese objektive Z. meßbar – solange ihr genauer Anfang unbekannt ist oder sie als anfangs- und endlos ausgedehntes Ordnungsschema (imaginäre Z.) angesehen wird. Vielmehr sind innerhalb ihrer durch Ansetzung grundsätzlich beliebiger Bezugspunkte nur relative Z.längen zu messen. Nach Leibniz und Newton hat diese objektive Z. absolute Realität (wie auch der Raum). Demgegenüber lehrt Kant ihre zwar „empirische Realität", aber „transzendentale Idealität": Sie ist (wie der Raum) nichts an sich selber und keine Seinsbestimmtheit der „Dinge an sich", sondern eine ständige apriorische Anschauungsform des Subjekts (und zwar seines inneren Sinns), die den Stoff der Sinnlichkeit in eine erste Ordnung bringt und so die Konstitution von Erfahrungsgegenständen durch den Verstand erst mit ermöglicht; was in Z. (und Raum) erscheint, ist immer in Bewegung, die Z. selbst aber, so Kant, „bleibt". – 3. In anderer Weise hatte schon Augustinus den Bezug der Z. zur menschlichen Z.erfahrung gesehen: Sie ist nicht nur Abfolge von solchen ↗Augenblicken, deren jeder ohne Dauer ist, sondern erweist sich als Einheit von Gegenwart, Vergangenheit und Zukunft. Nach Augustinus gründet dies im Wesen der menschlichen Seele, die in ihrem geistigen Sich-

Ausdehnen den flüchtigen Augenblick übergreift in Vergangenheit und Zukunft hinaus und diese einholt in die ständige Gegenwart. H. Bergson stellte dem mechanistisch-rationalistischen Z.begriff der äußerlichen, meßbaren Sukzession den der innerlichen und eigentlichen Z., der reinen Bewegung des Fließens oder der Dauer gegenüber. E. Husserl unterschied von der kosmischen Z. phänomenologisch die Z. des inneren Erlebnisbewußtseins: Sie ist die einheitliche Form aller Erlebnisse im (Er)lebensstrom, nämlich „strömende Gegenwart". Der frühe Heidegger versteht gegenüber dem „vulgären" und abgeleiteten Z.begriff die ursprüngliche Z. als den Horizont des Seinsverständnisses und die ↗Zeitlichkeit als Grundstruktur des menschlichen Daseins. Beim späteren Heidegger ist sie ursprünglich die jeweilige Z. des sich ins Verstehen schickenden Seins selbst, so daß auch das Z.verständnis des Menschen je seine Z. hat und den Z.en der Seinsgeschichte entsprechend sich wandelt. Weithin in der modernen Philosophie wird die Endlichkeit und Geschichtlichkeit des Menschen in seiner Freiheit betont, aus der er in Übernahme und Auseinandersetzung mit der Überlieferung jeweils die zukünftige Gestalt seiner selbst und seiner Welt entscheidet.

Zeitlichkeit, allg. das, wovon her die ↗Zeit als Zeit gegeben und in ihrem Geschehens-Charakter (‚‚Wesen") bestimmt ist. Bei Heidegger („Sein und Zeit", 1927) meint Z. die Weise, wie sich das menschliche Dasein zur Zeit verhält: Dasein als ursprüngliche Einigung der drei Zeitdimensionen (Gegenwart, Vergangenheit, Zukunft), und zwar von der Zukunft her in einer Gegenwart, deren Möglichkeiten zugleich von Vergangenheit (Überlieferung) mitbestimmt sind. Denn dem Dasein geht es um sein eigenstes Seinkönnen: „Z. enthüllt sich als der Sinn der eigentlichen Sorge" und „die ursprüngliche Einheit der Sorgestruktur liegt in der Z." Als sterbliches Dasein (angesichts des Todes, seiner äußersten, „unüberholbaren Möglichkeit") wie als geborenes ist das Dasein endlich. So steht Z. im engsten Bedeutungszusammenhang mit Endlichkeit und Geschichtlichkeit des Menschen.

Zeller, *Eduard von,* * 1814 Kleinbottwar (Württ.), † 1908 Stuttgart. Prof. in Bern, Marburg, Heidelberg, Berlin. Ursprünglich Theologe (Schüler von F. C. Baur), philosophisch vom Linkshegelianismus herkommend, dann einer der ersten Vertreter des Neukantianismus, bedeutend als Historiker der antiken und neuzeitlichen Philosophie.

Zenon, 1) aus Elea, griech. Philosoph, um 490–430 vC. Schüler von Parmenides, suchte dessen Lehre vom einzigen und ruhenden Sein gegen den Schein der Vielheit und Bewegung mit der Vorführung von

Paradoxien zu verteidigen (Beispiele von Achilles und der uneinholbaren Schildkröte, vom fliegenden Pfeil u. a.).
2) aus Kition (Zypern), griech. Philosoph, um 333–264 vC. Begründete um 300 vC. in Athen die Philosophenschule der Stoa. Verband die ethische Lehre der Kyniker mit Gedanken der Philosophie des Heraklit. Seine Schriften sind nur in Resten erhalten.

Ziegler, *Leopold,* * 1881 Karlsruhe, † 1958 Überlingen. Ausgehend von E. v. Hartmann führte sein Weg vom Gedanken der Vergöttlichung des Menschen („Gestaltwandel der Götter", 1920) über die Lehre vom Mythos als Anteil einer (durch Wissenschaft verschütteten) Uroffenbarung Gottes („Überlieferung", 1936) zum „Wort der Worte" im Evangelium („Menschwerdung", 2 Bde., 1948; eine Exegese des Vaterunser).

Ziel (griech. telos, lat. finis), oft gleichbedeutend oder bedeutungsverwandt gebraucht mit Zweck, meint in strengerer Bedeutung im Unterschied zur äußeren Zweckhaftigkeit (die den Mitteln zur Erreichung eines Zweckes zukommt, der selbst in einer unabgeschlossenen Reihe von Zwecken steht) die innere Sinnbestimmung als Wesens- und Seinsbestimmung eines endlichen Seienden (in erster Linie eines Lebendigen): sein „Ende" im Sinne der erstrebten Vollendung, der vollkommenen Verwirklichung in den Grenzen seiner Möglichkeiten überhaupt. In diesem Bedeutungszusammenhang ist die causa finalis (Z.ursache) der aristotelisch-scholastischen Tradition zu verstehen (↗Finalität, vgl. ↗Teleologie).

Zufall, allg. das Nicht-Notwendige, die Nicht-Notwendigkeit, im besonderen in der aristotelisch-scholastischen Tradition unterschieden als 1. die Zufälligkeit der ↗Akzidenzien gegenüber der endlichen Substanz, an der sie als veränderliche vorkommen (Z. als von Eckhart eingeführte Übersetzung von lat. accidens), 2. die Zufälligkeit der endlichen Substanzen selber, ihre ↗Kontingenz, da die Welt als das All des Kontingent-Endlichen nicht notwendig aus sich existiert, sondern vom allein notwendigen (göttlichen) Grund als dem ersten Anfang her. 3. Da der Erstanfang nicht selbst wieder durch ein anderes begründet zu denken ist, kann er selber zwar als zufällig, ja als „Urzufall" schlechthin bezeichnet werden (Schelling). Alle seine Folgen müssen aber, gemäß dem logisch-ontologischen Grundsatz vom zureichenden ↗Grund, als begründet, bestimmt und notwendig aufgefaßt werden, sei es nach wirkursächlicher (Kausalität im engeren Sinn), sei es nach zielursächlicher Gesetzlichkeit (Finalität, Teleologie). Der Z. im Bereich des Endlich-Weltlichen ist dann nicht real in diesem selber, sondern bloßer Schein in der Betrachtung, beruhend auf unserer Unkenntnis aller bzw. der wahren Gründe und Ursachen des Geschehens, so mit unterschiedlichen Ansätzen und Blickrichtungen bei Spinoza, Hobbes, Hume, Leibniz u. a. Nach Hegel ist alles sogenannte Einzelwirkliche zufällig, nicht jedoch das wahre Allgemein-Vernünftige, das sich durch den Zu- und Hinfall des Individuellen hindurch herausbildet 4. Während in der klassischen Physik die Zufälligkeit eines Ereignisses (z. B. das jeweilige Ergebnis im Einzelfall beim Würfelspiel) auf die mangelnde Kenntnis (vgl. dagegen ↗Laplacescher Geist) aller seiner Anfangsbedingungen zurückgeführt wird, stellt sich von der modernen Physik her die Frage, wie die Unbestimmtheit im mikrokosmischen Bereich, bes. bei quantenphysikalischen Vorgängen, zu deuten sei, deren Zeitpunkt, Ort, Geschwindigkeit (z. B. beim radioaktiven Zerfall) nicht „exakt" (für eine große Zahl von Einzelfällen freilich mit statistischer Wahrscheinlichkeit) vorauszusagen sind, die vielmehr im einzelnen als sprunghaft auftretend und insofern „zufällig" bezeichnet werden können. 5. Ähnlich treten in evolutionstheoretischer Sicht in der Entwicklung der Arten der Lebewesen sprunghaft (durch Mutation) neue Lebensformen auf, die, auch unter Zugrundelegung kausaler Faktoren, nicht mit Notwendigkeit aus den vorhergehenden abzuleiten sind. 5. Gegenbegriff zu Notwendigkeit ist nicht nur der Z., sondern bes. seit Kant und dem deutschen Idealismus die Freiheit. Für das geschichtliche Denken, das sich seit dem 19. Jh. (gegen Hegels gesamtteleologische und dialektische Identifizierung von Naturnotwendigkeit und Freiheit des Geistes) herausbildete, verwirklicht sich Freiheit in und als Geschichte; diese ist nicht abzuleiten und vorauszusagen, sondern in ihrer Kontinuität zeigen sich immer wieder Umbrüche (Diskontinuität). Von hier aus läßt sich im Blick auf entscheidende, im strengen Sinn geschichtliche Ereignisse der Z. als Zusammenfall eines Gestaltungswillens und glücklicher Umstände (vgl. ↗Kairos) verstehen. Sofern im Naturgeschehen vergleichsweise Zufälle und Diskontinuitäten gesehen werden, kann, statt nur von ↗Evolution, in einem ausdrücklicheren Sinn auch von Naturgeschichte gesprochen werden.

Zukunft, neben Vergangenheit und Gegenwart die dritte Dimension der ↗Zeit. In geschichtlicher Zeiterfahrung ist die Vergangenheit die Zeit des einmal Verwirklichten und nun Unabänderlichen (↗Wirklichkeit), das in die Gegenwart hineinragt und in der Erinnerung, Erforschung und Auslegung vergegenwärtigt werden kann. Die Z. dagegen ist die Zeit des gegenwärtig ungewissen und noch unentschiedenen Möglichen (↗Möglichkeit), das in der Gegenwart bereits aufbricht, in Erwartung (Befürchtung und Hoffnung) vergegenwärtigbar ist, durch Entscheidung auf ein Ziel hin festzulegen und durch Planung und planungsgeleitetes Handeln zu verwirklichen gesucht wird. Gegenüber einer Auffassung, die den Gang der Geschichte der Welt und des Menschen als notwendig bestimmt (Determinismus) ansieht, setzt Entscheidung im strengen Sinn (endliche) ↗Freiheit voraus. Mit der in der europäischen Neuzeit ausdrücklich werdenden Welt- und Selbsterfahrung des Menschen (Welt als Aufgabenfeld der Gestaltung durch das autonome Subjekt) rückt deshalb mit dem Freiheitsverständnis zunehmend der Begriff der Z. in den Vordergrund, freilich damit auch die Dialektik von Freiheit und (bes. Natur-)↗Notwendigkeit, von offenen Z.smöglichkeiten und immer schon herrschender Vergangenheitsbestimmung jeder Gegenwart. Im Unterschied zum klassischen metaphysischen Zeitverständnis, worin die (ewige) Gegenwart einen Vorrang vor allen endlichen Zeitdimensionen hat, gewinnt aus geschichtlichem Zeitverstehen her dann die Z. den Vorrang: so z. B. in der Zeitlichkeitsanalyse des menschlichen Daseins aus dessen Sorge um die eigene Möglichkeit des In-der-Welt-Seins bei Heidegger oder in der Deutung der Welt-Geschichte aus dem „Prinzip Hoffnung" her, nämlich durch Latenz und Tendenz auf das Fernziel „Heimat" (des Menschen) bewegtes Geschehen bei Bloch.

Zweck, bes. im älteren Sprachgebrauch (seit dem 16. Jh.) gleichbedeutend gebraucht mit ↗Ziel. So ist für Kant der innere Z. (im Gegensatz zu äußeren Z.en) der Bestimmungsgrund sittlich-vernünftiger Praxis, der End-Z. die moralische Vollkommenheit des Menschen. Angesichts der Verengung des Praxisverständnisses auf technisch-ökonomische Vernünftigkeit hin, worin nicht primär die Z.e selber, sondern die erfolgversprechenden Mittel zur Erreichung von Z.en im Vordergrund stehen (Z.rationalität), bildet sich ein Sprachgebrauch heraus, der von der produktorientierten Tätigkeit des Herstellens solche Handlungen unterscheidet, die so gesehen „nutzlos", weil selbstzwecklich sein, d. h. ihren Sinn in sich selber haben sollen (z. B. in der Kunst, der Religion, dem meditativen Denken u. ä.).

Zweifel (mhd. zwîvel, sprachlich verwandt mit „zwei"), das In-Frage-Stellen eines für wahr und gültig Angenommenen wegen der Unzulänglichkeit der Gründe für die Annahme und der mangelnden Evidenz der Sache, insbes. auch die Unentschiedenheit (das Schwanken) zwischen einander widersprechenden Möglichkeiten der Beurteilung, für die sich jeweils in gleichem begrenztem Maß Gründe anführen lassen, so daß es zu keiner Zustimmung kommt. Unterschieden werden u. a. der theoretische Z. an der Wahrheit einer Aussage, der moralische Z. an der sittlichen Rechtfertigbarkeit oder Verwerflichkeit einer Handlung, der fiktive oder methodische Z. als vorläufiges Außergeltungsetzen in der Absicht, die Wahrheitssuche voranzubringen (so z. B. Descartes methodischer Z. zur Erlangung unbezweifelbarer Wahrheit als Gewißheit), der unaufhebbare univerale Z. an der Findungsmöglichkeit der Wahrheit (↗Skeptizismus), der existentielle Z. am Daseinssinn, der in die Verzweiflung führen kann.

Literatur zu den Artikeln

Abbild/Abbildtheorie: N. Henke, Der Abbildbegriff in der Erkenntnistheorie des Nikolaus v. Kues (1965).
absurd: W. M. Neidl, Christliche Philosophie – eine Absurdität (1981); M. Rath, A. Camus. Absurdität u. Revolte (1984); R. Fritsch, A. oder grotesk? (1990); S. Schaper, Ironie u. Absurdität als philosophische Standpunkte (1994); M. Gnad, Absurdität, Identität, Solidarität (1998).
Adorno: Kierkegaard, Konstruktion des Ästhetischen (1933); Dialektik der Aufklärung (zus. mit M. Horkheimer) (1947); Philosophie der neuen Musik (1949); Prismen (1955); Dissonanzen (1956); Zur Metakritik der Erkenntnistheorie (1956); Noten zur Literatur I–III (1958–65); Eingriffe (1963); Drei Studien zu Hegel (1963); Jargon der Eigentlichkeit (1964); Negative Dialektik (1966); Ohne Leitbild (1967); Ästhetische Theorie (1970). – *Ausg.:* Ges. Schriften, 20 Bde. (1970–86); Nachgelassene Schriften, hrsg. v. T.-W.-A.-Archiv (1993 ff.). – *Lit.:* J. F. Schmucker, A. – Logik des Zerfalls (1977); K. Sauerland, Einführung in die Ästhetik A.s (1979); C.-F. Geyer, Aporien des Metaphysik- und Geschichtsbegriffs der Kritischen Theorie (1980); ders., Kritische Theorie. M. Horkheimer u. T. W. A. (1982); W. Brändle, Rettung des Hoffnungslosen (1984); G. Kimmerle, Verwerfungen (1986); H. Gripp, T. W. A. Erkenntnisdimensionen negativer Dialektik (1986); K. Baum, Die Transzendierung des Mythos. Zur Philosophie und Ästhetik Schellings und A.s (1988); U. Müller, Erkenntniskritik u. Negative Metaphysik bei A. (1988); C. Menge-Eggers, Die Souveränität der Kunst (1988); C. Henning, Der Faden der Ariadne (1991); M. Asiáin, T. W. A.. Dialektik des Aporetischen (1996).
Akt: G. M. Maurer, Das Wesen des Thomismus (^{3}1949); L. Fuetscher, A. u. Potenz (1933); J. Stallmach, Dynamis u. Energeia (1959); M. F. Sciacca, A. u. Sein (1964); G. A. Blair, Energeia and entelecheia. „Act" in Aristotle (1992); P. Giacomoni, Formazione e transformazione (1998).
Albert: Plädoyer für kritischen Rationalismus (1971); Theologische Holzwege (1973); Transzendentale Träumereien (1975); Das Elend der Theologie (1979); Traktat über kritische Vernunft (^{4}1980); Freiheit u. Ordnung (1986); Kritik der reinen Erkenntnislehre (1987); Kritik der reinen Hermeneutik (1994). – *Lit.:* G. M. Mojse, Wissenschaftstheorie u. Ethik-Diskussion bei H. A. (1979); K.-H. Weger, Vom Elend des kritischen Rationalismus (1981); Wege der Vernunft, hrsg. v. A. Bohnen (1991); E. Hilgendorf, H. A., zur Einführung (1997). – *Bibliogr.:* H. A., Konstruktion u. Kritik (^{2}1975).
Albertus Magnus: Neue Ausg. der Werke durch das Kölner A.-M.-Institut (1955 ff.); A. M. ausgewählte Texte lat.-dt., hrsg. u. übers. v. A. Fries (1994). – *Lit.:* G. Wieland, Untersuchungen zum Seinsbegriff im Metaphysikkommentar A.s d. Großen (1972); I. Craemer-Ruegenberg, A. M. (1980); A. M., Sein Leben u. seine Bedeutung, hrsg. v. M. Entrich (1982); B. Thomassen,

Metaphysik als Lebensform (1985); G. Rühm, A. M., Angelus (1989). – *Bibliogr.:* A. Pelzer, in: Angelicum 21 (1944).
Analogie: F. Brentano, Von der mannigfachen Bedeutung des Seienden nach Aristoteles (1862, Neudr. 1960); E. Przywara, Analogia entis (1932); E. K. Specht, Der A.-Begriff bei Kant u. Hegel (1952); B. Lakebrink, Hegels dialektische Ontologie u. die thomistische Analektik (1955); L. Berg, Die A.-Lehre des hl. Bonaventura, in: Stud. generale 8 (1955); E. Heintel, Hegel u. die Analogia entis (1958); E. Jüngel, Zum Ursprung der A. bei Heraklit u. Parmenides (1964); L. B. Puntel, A. u. Geschichtlichkeit (1969); A. Anzenbacher, A. und Systemgeschichte (1978); J.-L. Marion, A. et dialectique (1982); K. Müller, T.' v. Aquin Theorie u. Praxis der A. (1983); A. Eusterschulte, Analogia entis seu mentis (1997).
Analytische Philosophie: E. v. Savigny, A. P. (1970); E. Tugendhat, Vorlesung zur Einführung in die sprachanalyt. Philosophie (1976); H. Putnam, Vernunft, Wahrheit u. Geschichte (1982); H.-U. Hoche, W. Strube, A. P. (1985); Wo steht die A. P. heute?, hrsg. v. L. Nagl, R. Heinrich (1986); N. Albert, E. v. Savigny, A. P., eine Einführung (1996); A. P. der Erkenntnis, hrsg. v. P. Bieri (⁴1997); U. Meyer, Glaube u. Notwendigkeit (1998).
Andersheit: ↗Fremde. W. Flach, Negation u. A. (1959); M. Theunissen, Der Andere (1967); D. Pätzold, Einheit u. a. (1981); C. Hakenesch, Die Logik der A. (1987); Das Andere u. das Denken der Verschiedenheit, hrsg. v. H. Kimmerle (1987); T. Mooren, Auf der Grenze – Die A. Gottes u. die Vielfalt der Religionen (1991); Die Begegnung mit dem Anderen, hrsg. v. T. Sundermeier (1991); S. Krotz, Kulturelle A. zwischen Utopie u. Wissenschaft (1994); K. Mai, Die Phänomenologie u. ihre Überschreitungen. Husserls reduktives Philosophieren u. Derridas Spur der A. (1996); G. Varessis, Die A. bei Plotin (1996); P. Ricœur u. a., A. – Fremdheit – Toleranz (1999); J. Habermas, Die Einbeziehung des Anderen (1999).
Anselm von Canterbury: Gesamtausg. von F. S. Schmitt, 6 Bde. (1938/61). – *Lit.:* H. Kohlenberger, Similitudo u. Ratio (1972); K. Kienzler, Glauben u. Denken bei A. v. C. (1981); ders., Gott ist größer (1997). – *Bibliogr.:* Analecta Anselmiana, hrsg. v. F. S. Schmitt (1969).
Anthropologie: M. Scheler, Die Stellung des Menschen im Kosmos (⁷1966); H. Plessner, Die Frage nach der Conditio humana (1976); ders., Die Stufen des Organischen u. der Mensch (³1975); A. Gehlen, Anthropologische Forschung (1961); ders., Der Mensch (⁸1966); ders., Urmensch und Spätkultur (²1964). – J. Ritter, Über den Sinn u. die Grenze der Lehre vom Menschen (1933); W. E. Mühlmann, Geschichte der A. (1948, ²1968); M. Landmann, De homine (1962); M. Müller, Philosophische A. (1974); E. Fink, Grundphänomene des menschlichen Daseins, hrsg. v. E. Schutz u. F. A. Schwarz (1979, ²1995); O. F. Bollnow, Das Wesen der Stimmungen (⁶1980); H. Rombach, Strukturanthropologie (1987); R. Wisser, Kein Mensch ist einerlei (1997); Streitsache Mensch, hrsg. v. H. M. Baumgartner u. a. (1999); H. Burckhart, Horizonte philosophischer A. (1999); C. Valverde, Der Mensch als Person. Philosophische A. (1999).

apollinisch – dionysisch: F. Nietzsche, Die Geburt der Tragödie (1971); M. Vogel, A. u. D. (1966); A. DelCaro, Dionysian aesthetics (1981); B.-A. Kruse, A.-D. (1987); S. Kiefer, A. u. D. (1997).

Arbeit: A. Tilgher, Homo faber (1920); E. J. Jünger, Der Arbeiter. Herrschaft u. Gestalt (1932); H. Arendt, Vita activa – oder Vom tätigen Leben (1960); F. Jonas, Sozialphilosophie der industriellen Arbeitswelt (1960); J. Habermas, A. Erkenntnis, Fortschritt (1970); Arbeit u. Philosophie, hrsg. v. P. Damerow u. a. (1983); Philosophische Probleme von Arbeit u. Technik, hrsg. v. A. Menne (1987); S. Müller, Phänomenologie u. philos. Theorie der A., 2 Bde. (1992–93); M. Volf, Zukunft der Arbeit – Arbeit der Zukunft (1988); Wissen u. A., hrsg. v. W. Konrad (1999); A. im Umbruch, hrsg. v. N. Brieskorn u. a. (1999).

Aristoteles: Gesamtausg. von I. Bekker, 5 Bde. (1831–70; Auszug-Nachdr. 1961 ff.); Philos. Werke in dt. Übers. v. E. Rolfes (Philos. Bibliothek I–XIII) (1920–24); Sämtl. Werke in dt. Übers., hrsg. v. E. Grumach, fortgesetzt v. H. Flashar (1956 ff.); Werke, gr.-dt., hrsg. v. K. Prantl u. H. Aubert (Neudr. 1978); Organon, 4 Bde., gr.-dt., hrsg., übers. u. mit Anmerkungen versehen v. H. G. Zekl (1997 ff.). – H. Bonitz, Index Aristotelicus (Neudr. 1955). – *Lit.:* W. Jaeger, A. (1923, ²1955); W. Bröcker, A. (1935, ³1964); M. Heidegger, Vom Wesen u. Begriff der Physis. A., Physik B, 1 (1939); L. Düring, A. (1953, dt. 1966); E. Vollrath, Studien zur Kategorienlehre des A. (1964); A. in der neueren Forschung, hrsg. v. R. Moraux (1968); F. Wiplinger, Physis u. Logos (1971); G. Bien, Die Grundlegung der politischen Philosophie bei A. (1973); K. Brinkmann, A.' allgemeine und spezielle Metaphysik (1979); K.-H. Volkmann-Schluck, Die Metaphysik des A. (1979); W. Welsch, Aisthesis (1987); J.-H. Königshausen, Ursprung und Thema von Erster Wissenschaft (1989); A. G. Vigo, Zeit und Praxis bei A. (1996); R. Brandner, A. Sein und Wissen (1997); T. Buchheim, A. (1999). – *Bibliogr.:* J. Barnes u. a., A. (1980).

Aristotelismus: P. Petersen, Geschichte der aristotelischen Philosophie im protestantischen Deutschland (1921); M. Grabmann, Methoden u. Hilfsmittel des Aristotelesstudium im Mittelalter (1939); Aristoteles u. seine Schule, hrsg. v. J. Wiesner (1985); A. Zimmermann, Aristoteles' Erbe im arabisch-lateinischen Mittelalter (1986); A. u. Renaissance, hrsg. v. E. Keßler u. a. (1988); U. R. Jeck, Aristoteles contra Augustinum (1992).

Artes liberales: A. L., von der antiken Bildung zur Wissenschaft des Mittelalters, hrsg. v. J. Koch (1959); M. Mari, Boethius and the Liberal Arts (1981); U. Lindgren, Die A. L. in Antike u. Mittelalter (1992); Literatur, Artes u. Philosophie, hrsg. v. W. Haug (1992); B. Englisch, Die A. L. im frühen Mittelalter (1992); U. Schaefer, Artes im Mittelalter (1999).

Ästhetik: M. Heidegger, Der Ursprung des Kunstwerkes (1935–36); A. Gehlen, Zeit-Bilder (1960); H-G. Gadamer, Wahrheit u. Methode (1960, ⁶1990); R. Ingarden, Untersuchungen zur Ontologie der Kunst (1962); W. Benjamin, Das Kunstwerk im Zeitalter seiner techn. Reproduzierbarkeit (1963); H. Glockner, Die ästhetische Sphäre (1964); M. Bense, Aestetica. Einführung in die neue Ä. (²1982); Th. W. Adorno, Ästhetische Theorie (Ges. Schriften 7) (1970); W. Perpeet, Das Sein der Kunst u. die kunstphilos. Methode (1970) (darin systemat. geordnete Bibliogr.); W. Rehfus, Kunsttheorien, Philosophische Ä. u. Interpretationsästhetik (1980); Ästhetische Erfahrung, hrsg. v. W. Oelmüller (1981); Ästhetischer Schein, hrsg. v. W. Oelmüller (1982); J. B. Lotz, Ä. aus der ontologischen Differenz (1984); R. Bubner, Ästhetische Erfahrung (1989); P. Gold, Darstellung u. Abstraktion. Aporien formaler Ä. (1991); M. Hauskeller, Was ist Kunst? (^{2}1998); S. Yuasa, Phänomenologie des Alltäglichen (1998); M. E. Reicher, Zur Metaphysik der Kunst (1998); W. Jaeschke, Der Streit um die Grundlagen der Ä. (1999). – E. Bergmann, Die Begründung der deutschen Ä. durch A. G. Baumgarten u. G. F. Meier (1911); G. Schröder, Logos u. List. Zur Entwicklung der Ä. in der frühen Neuzeit (1985); F. Kaulbach, Ästhetische Welterkenntnis bei Kant (1984); H. Mainusch, Romantische Ä. (1970); M. Heidegger, Nietzsche, 2 Bde. (1961); A. Halder, Kunst u. Kult. Zur Ä. u. Philosophie der Kunst in der Wende vom 19. zum 20. Jh. (^{2}1987). – Zeitschr. für Ä. u. allgem. Kunstwissenschaft, hrsg. v. M. Dessoir (1906 ff.), hrsg. v. H. Lützeler u. a. (1951 ff.).

Aufklärung: E. Cassirer, Die Philosophie der A. (1932); P. Hazard, Die Krise des europäischen Geistes (1935, dt. 1948); M. Horkheimer, Th. W. Adorno, Dialektik der A. (1947); R. Koselleck, Kritik u. Krise (^{2}1969); F. Valjavec, Geschichte der abendländischen A. (1961); M. Wundt, Die deutsche Schulphilosophie der A. (1961); W. Oelmüller, Die unbefriedigte A. (1969); P. Kondylis, Die A. im Rahmen des neuzeitlichen Rationalismus (1981); St. Cochetti, Mythos u. „Dialektik der A." (1985); A. und Postmoderne, hrsg. v. J. Albertz (1991); Grundlinien der Vernunft, hrsg. v. C. Jamme (1997); Jenseits instrumenteller Vernunft, hrsg. v. M. Gangel (1998); Neue Bilder vom Menschen in der europäischen A., hrsg. v. S. Jüttner (1998); S. Stockhorst, Die Geburt des Mythos aus dem Geiste der Vernunft (1998); G. Schade, Die unwandelbare u. ewige Religion (1999).

Augustinismus: K. Werner, Die Scholastik des späteren Mittelalters (1883); O. Rottmanner, A. (1892); H.-I. Marrou, Saint Augustin et l'augustinisme (1969); Scientia augustiniana, hrsg. v. C. P. Mayer u. a. (1975); A. Comparot, Amour et vérité (1983); ders., Augustinisme et aristotélisme (1984); F. Ferrier, Saint Augustin (1989); The Augustinian tradition, hrsg. v. G. B. Mattews (1994).

Augustinus: Migne, Patrol. lat., Bde. 32–47, dazu Erg. von G. Morion (Rom 1930); Neuausg. im Wiener Corpus der lat. Kirchenväter (unvollendet). – *Lit.:* H. U. v. Balthasar, A. (^{2}1955); F. Körner, Das Sein u. der Mensch (1959); A. Schöpf, A. (1970); K. Flasch, A. (1980); N. Fischer, A. Philosophie der Endlichkeit (1987); J. Mader, Aurelius A. (1991); K. Kienzler, Gott in der Zeit berühren (1998); W. Geerlings, A. (1999). – *Bibliogr.:* C. Andersen, Bibliographia augustiniana (^{2}1973). – Augustinus-Lexikon, hrsg. v. C. Mayer (1986).

Autonomie: M. Welker, Der Vorgang A. (1975); M. Oswald, Autonomia (1982); R. Bittner, Moralisches Gebot oder A. (1983); B. Himmelmann, Freiheit u. Selbstbestimmung (1996); A. Müller, Das Verhältnis von rechtlicher Freiheit u. sittlicher A. in Kants „Metaphysik der Sitten" (1996); A. Baruzzi, Machbarkeit (1996); ders., Europas A. (1999).

Autorität: Th. W. Adorno, Studien zum autoritären Charakter (1973); K. Rahner, A. (1982); L. v. Padberg, Freiheit u. a. (1984); R. Sennett, A. (1985); A. u. Sinnlichkeit, hrsg. v. K. Sauerland (1986); J. M. Bochenski, A., Freiheit, Glaube (1988); J.-E. Joos, Kant et la question de l'autorité (1995).
Averroës: Gesamtausg. (Venedig 1553); Aristoteleskommentare, lat., 11 Bde. (1560–62); Die Hauptlehren des A. nach seiner Schrift: Die Widerlegung des Gasali, aus d. arab. Original übers. u. erl. v. M. Horten (1913); Die Epitome der Metaphysik, übers. v. S. van den Bergh (1970). – *Lit.:* M. Grabmann, Der lat. Averroismus des 13. Jh. u. seine Stellung zur christl. Weltanschauung (1931); M. Horten, Die Metaphysik des A. (²1962); B. S. Kogan, A. and the Metaphysics of Causation (1970).
Baader: F. v. B.s sämtliche Werke, hrsg. v. F. Hoffmann u. a., 16 Bde. (1951–60); Briefwechsel, hrsg. v. E. Susini, 3 Bde. (Paris 1942–51). – *Lit.:* K. Hemmerle, F. v. B.s philos. Gedanke der Schöpfung (1963); H.-J. Görtz, F. v. B.s „anthropologischer Standpunkt" (1977); F. Schuhmacher, Der Begriff der Zeit bei F. v. B. (1983); Die Philosophie, Theologie u. Gnosis F. v. B.s, hrsg. v. P. Koslowski (1993); M.-E. Zovko, Natur und Gott (1996); J. Sánchez, Der Geist der dt. Romantik (1986); S. Ackermann, Organisches Denken (1998). – *Bibliogr.:* L. Prozessi Xella (Bologna 1977).
Bacon, Francis: Gesamtausg. von J. Spedding u. a., 14 Bde. (London 1858–74) Neu-Atlantis, hrsg. v. J. Klein (1982). – *Lit.:* K. Fischer, F. B. und seine Nachfolger (Nachdr. von ²1875, 1980); A. Quinton, F. B. (1980); J. O. Füller, F. B. (1981); J. Weinberger, Science, Faith and Politics (1985). – *Biogr.:* A. Dodd, F. B.'s personal life-story (1986).
Baumgarten: Metaphysica (1739); Ethica philosophica (1740); Meditationes philosophicae (1735, dt. 1928); Aesthetica, 2 Bde. (1750–58); Philosophia generalis (1770). – *Lit.:* A. Riemann, Die Ästhetik A. G. B.s (1977); M. Jäger, Die Ästhetik als Antwort auf das kopernikanische Weltbild (1984); F. Solms, Disciplina aesthetica (1990).
Benjamin: Gesammelte Schriften, 7 Bde. (1972–91); Briefe, hrsg. v. C. Gödde, H. Loniz (1995 ff.). – *Lit.:* Für W. B., hrsg. v. I. u. K. Scheuremann (1992); Gewalt u. Gerechtigkeit, Derrida – Benjamin, hrsg. v. A. Haverkamp (1994); A. Hirsch, Der Dialog der Sprachen (1995).
Berdjajew: Dt. erschienen: Der Sinn der Geschichte (1925, ²1950); Der Sinn des Schaffens (1927); Die Philosophie des freien Geistes (1930); Von der Bestimmung des Menschen (1935); Christentum u. der Klassenkampf (1936); Geist u. Wirklichkeit (1949); Existentielle Dialektik des Göttlichen u. Menschlichen (1951); Das Ich u. die Welt der Objekte (1952); Das Reich des Geistes u. das Reich des Caesar (1952); Selbsterkenntnis (1953); Wahrheit u. Lüge des Kommunismus (1953); Von des Menschen Knechtschaft u. Freiheit (1954); Der Mensch u. die Technik (1971); Fortschritt, Wandel, Wiederkehr (1978); Die russische Idee (1983). – *Lit.:* W. Dietrich, Provokation der Person, 5 Bde. (1975 ff.); P. Klein, Die „kreative Freiheit" nach N. B. (1976); A. Köpcke-Duttler, N. B. (1981).
Bergson: Essai sur les données immédiates de la conscience (1889, dt. 1911);

Matière et mémoire (1896, dt. 1907); L' évolution créatrice (1907, dt. 1912); Zeit u. Freiheit (1920); Einführung in die Metaphysik (1920); Les deux sources de la morale et de la religion (1932, dt. 1933); La pensée et le mouvant (1934, dt. 1948). – *Ausg.:* Oeuvres Textes amotés par A. Robinet (1959). – *Lit.:* P. L. Jureviès, H. B. Einführung in seine Philosophie (1949); G. Pflug, H. B. (1959); L. Kolakowski, H. B. (1985); G. Deleuze, B., zur Einführung (1989). – *Bibliogr.:* P. A. Gunter, H. B. (1974).

Bild: A. Halder, B. u. Wort, in: Phänomenologie des Idols, hrsg. v. B. Casper (1981); Bilderflut u. Bilderverlust. Für eine Kultur des Schauens, hrsg. v. G. K. Kaltenbrunner (1982); S. D. Sauerbier, Wörter, Bilder u. Sachen (1985); M. Muckenhaupt, Text u. B. (1986), F. Wiedmann, Anschauliche Wirklichkeit (1988); Der Entzug der Bilder, hrsg. v. M. Wentzel u. a. (1994); G. Blechinger, Das Verhältnis von Wort u. Bild bei M. Heidegger (1994); B. u. Reflexion, hrsg. v. B. Recki u. a. (1997); R. Brandt, Die Wirklichkeit des Bildes (1999).

Bildung: M. Scheler, Die Wissensformen u. die Gesellschaft (1926); M. Heidegger, Platons Lehre von der Wahrheit (1931–32); ders., Brief über den Humanismus (1949); E. Lichtenstein, Zur Entwicklung des B.s-Begriffs von M. Eckhart bis Hegel (1966); ders., Der Ursprung der Pädagogik im griechischen Denken (1970); Th. W. Adorno, Zum B.sbegriff der Gegenwart (1967); E. Schütz, Freiheit u. Bestimmung (1975); N. Reichert, Erziehungskonzeption in der griechischen Antike (1990); H. Henz, B.stheorie (1991).

Bloch: Philosophische Grundfragen (1961); Das Prinzip Hoffnung, 3 Bde. (1968). – *Ausg.:* Gesamtausg., 17 Bde. (1977/78). – *Lit.:* E. Simons, Das expressive Denken E. B.s (1983); D. Horster, B., zur Einführung (^{6}1987); M. Riedel, Tradition u. Utopie (1994); I. Münz-Koenen, Konstruktion des Nirgendwo (1997).

Blondel: L' action. Essai d'une critique de la vie et d'une science de la pratique (1893, ^{2}1950, dt. 1966); La Pensée, 2 Bde. (1934, dt. 1953–57); L'#146Etre et les êtres (1935); L' Action, 2 Bde. (1936–37); La Philosophie et l'Esprit chrétien, 2 Bde. (1944–46); Exigences philosophiques du christianisme (1950, dt. 1954); Zur Methode der Religionsphilosophie (1974). – *Lit.:* H. Duméry, La Philosophie de l'Action (1948); U. Hommes, Transzendenz u. Personalität. Zum Begriff der Action bei M. B. (1972); A. Raffelt, Spiritualität u. Philosophie (1978); C. Theobald, M. B. u. das Problem der Modernität (1988). – *Bibliogr.:* R. Virgoulay u. C. Troisfontaines, M. B., 2 Bde. (1975–76).

Boethius: Migne, Patrol. lat., Bde. 63–64. Trost der Philosophie, lat.-dt., übers. v. E. Gothein (1949). – *Lit.:* M. Elsässer, Das Personverständnis des B. (1973); I. Bubalo, B. und „Philosophie", in: Synth. philos. 10 (Zagreb 1990) 541–560; H. J. Brosch, Der Seinsbegriff bei B. (1993).

Böhme: *Ausg.:* Theosophia Revelata I–XIV u. Suppl. (Leiden 1730–31), Faks.-Neudr. begonnen v. A. Faust, neu hrsg. v. W.-E. Peuckert, 11 Bde. (Stuttgart 1955–60). – *Lit.:* E. H. Lemper, J. B. (1976); J. Sánchez, Der Geist der dt. Romantik (1986).

Bolzano: Wissenschaftslehre, 4 Bde. (1837); Paradoxien des Unendlichen (1851, neu hrsg. v. A. Höfler 1920). – *Ausg.:* hrsg. v. E. J. Winter u. a. (1969–86). –

Lit.: E.-J. Winter, B. u. sein Kreis (²1971); E. Herrmann, Der religionsphilos. Standpunkt Bernhard B.s unter Berücksichtigung seiner Semantik, Wissenschaftstheorie u. Moralphilosophie (1977); C. Bayer, Von B. zu Husserl (1996). – *Biogr.* v. G. Zeithammer (1997).

Bonaventura: Sentenzenkommentar (1250–52); Breviloquium (1257); De reductione artium ad theol. (zwischen 1248 u. 1256); Itinerarium mentis in Deum (1259). – *Ausg.:* 10 Bde. (Quaracchi 1882–1902). – *Lit.:* E. Gilson u. Ph. Böhmer, Der hl. B. (1929); M. Wiegels, Die Logik der Spontaneität (1969); J. F. Quinn, The historical constitution of St. B.s philosophy (1973); R. Jehl, Melancholie und Acedia (1984); A. Speer, Triplex veritas. Wahrheitsverständnis u. philos. Denkform B.s (1987); U. Winkler, Vom Wert der Welt (1997). – *Bibliogr.* v. G. A. Brie, in: Bibliogr. philos. 1934–45 I (Utrecht 1950) Nr. 5720 ff.

Brentano: Psychologie vom empirischen Standpunkt (1874); Vom Ursprung sittlicher Erkenntnis (1889). – *Ausg.:* Gesamtausg. hrsg. v. M. Mayer-Hillebrand (Bern 1952 ff.). – *Lit.:* C. Stumpf, E. Husserl, F. B. (1919); Philosophische Untersuchungen zu Raum, Zeit u. Kontinuum, hrsg. v. S. Körner, R. M. Christholm (1976); Die Philosophie F. B.s, hrsg. v. R. M. Christholm, R. Haller (1978); D. Münch, Intention u. Zeichen (1993).

Bruno: De umbris idearum (1582); De la causa, principio ed uno (1584); De l'infinito, universo e mondi (1585); Eroici Furori (1585). – *Ausg.:* Ges. philos. Werke, dt. v. L. Kuhlenbeck, 6 Bde. (1890–1909). – *Lit.:* W. Boulting, G. B. (1972); P.-H. Michael, The cosmology of G. B. (1973); H. Ulrich, M. Wolfram, G. B. (1994). – M. Ciliberto, Lessico di G. B. (1979).

Buber: Dialogisches Leben (1947); Das Problem des Menschen (1948); Gog u. Magog (1949); Pfade in Utopia (³1985); Israel u. Palästina (1950); Urdistanz u. Beziehung (1951); Zwischen Gesellschaft u. Staat (1952); Gottesfinsternis (1953); Ich u. Du (1923, ¹¹1983). – *Ausg.:* Opera omnia, hrsg. v. R. Stupperich (1960–82). – *Lit.:* H. U. v. Balthasar, Einsame Zwiesprache. M. B. u. das Christentum (1958); M. Theunissen, Der Andere (1965); B. Casper, Das dialogische Denken (1967); W. Manheim, M. B. (1974); M. Friedman, M. B. and the eternal (1986); G. Wehr, M. B. (1991); S. Wolf, M. B., zur Einführung (1992); S. Brunnhuber, Der dialogische Aufbau der Wirklichkeit (1993); R. M. Kühn, Unhumanistische Denkweisen (1999). – *Bibliogr.:* M. Cohn u. R. Buber, M. B. (1980).

Campanella: Civitas Solis (1612; 1602 ital. verf.; „Der Sonnenstaat", dt. von Wessely 1900). – *Ausg.:* v. L. Firpo (Mailand 1954 ff.). — *Lit.:* F. Hiebel, C., der Sucher nach dem Sonnenstaat (1972); G. Bock, T. C. (1974); E. Germana, Religione, ragione e natura (1991); A. Brissoni, Galileo e C. (1994). – *Bibliogr.:* Filos. Italiana 1 (Rom 1950).

Camus: H. R. Schlette, A. C. (1980); M. Rath, A. C.. Absurdität u. Revolte (1984); A. Pieper, A. C. (1984); M. Lauble, Sinnverlangen u. Welterfahrung (1984). – *Biogr.:* R. Grenier, A. C. (1987).

Carnap: Der logische Aufbau der Welt (1928); Mein Weg in die Philosophie (1964, dt. 1993); Scheinprobleme in der Philosophie (1966); Einführung in die Philosophie der Naturwissenschaft (1966, dt. ²1974). – *Lit.:* R. Naumann,

Das Realismusproblem in der analytischen Philosophie (1993); L. Krauth, Die Philosophie C.s (^{2}1997).
Cartesianismus: E. J. Dijksterhuis, Die Mechanisierung des Weltbildes (1956–83); H. Radermacher, Cartesianische Wissenschaftstheorie (1971); R. Lefèvre, La structure du Cartesianisme (1978); J. Pacho, Ontologie u. Erkenntnistheorie (1980); J.-L. Marion, La passion de la raison (1983); A. Beelmann, Die Krisis des Subjekts (1990); H.-P. Schütt, Substanzen, Subjekte u. Personen (1990); S. Carboncini, Transzendentale Wahrheit u. Traum (1991); I. Scharlau, Cartesianische Grundlagen der wissenschaftlichen Psychologie (1994).
Cassirer: Freiheit u. Form (1916); Philosophie der symbolischen Formen, 3 Bde., Bd. I: Die Sprache (1923), Bd. II: Das mythische Denken (1925), Bd. III: Phänomenologie der Erkenntnis (1929); Die Philosophie der Aufklärung (1932); Zur Logik der Kulturwissenschaften (1942); Versuch über den Menschen (1944, dt. 1990). Nachgelassene Manuskripte u. Texte, hrsg. v. J. M. Krois u. O. Schwemmer (1995 ff.). – *Lit.:* H. Paetzold, Die Realität der symbolischen Formen (1994); A. Graeser, E. C. (1994); Kulturkritik nach E. C., hrsg. v. E. Rudolph, B.-O. Küppers (1995); T. Stark, Symbol, Bedeutung, Transzendenz (1997).
Chaos: B. Mandelbrot, The fractal geometry of nature (1983); Evolution of order and chaos, hrsg. v. H. Haken (Internat. Symposium Schloß Elmau 1982) (1982); Synergetics and cognition, hrsg. v. H. Haken (Internat. Symposium Schloß Elmau 1989) (1990); A. V. Holden, C. (1986); J. Gleick, C. – die Ordnung des Universums (1988); F. Cramer, C. u. Ordnung (^{3}1989); J. Briggs, F. D. Peat, Die Entdeckung des C. (1990); H. Haken, A. Wunderlin, Die Selbststrukturierung der Materie (1991); Der Mensch in Ordnung u. C., hrsg. v. U. Niedersen, L. Pohlmann (1991); T. Leiber, Kosmos, Kausalität u. C. (1996); H. Haß, Natur u. Begriff (1999); R. Sheldrake u. a., Denken am Rande des Undenkbaren (^{4}1999).
Christliche Philosophie: J. Maritain, Von der C. P. (1935); E. Gilson, Christianisme et Philosophie (1936); M. Blondel, La Philosophie et L'esprit chrétien, 2 Bde. (1944–1946); J. Boisset u. a., Le problème de la philosophie chrétienne (1949); J. B. Lotz, J. de Vries, Die Welt des Menschen. Ein Grundriß C. P. (^{2}1951); P. Tillich, Biblische Religion u. die Frage nach dem Sein (1956); E. Hoffmann, Platonismus u. C. P. (1960); C. Tresmontant, Biblisches Denken u. hellenistische Überlieferung (dt. 1967); H. M. Schmidinger, Nachidealistische Philosophie u. christliches Denken (1985); Christliche Philosophie, 3 Bde., hrsg. v. E. Coreth u. a. (1988–1990); H. Seidel, Philosophiegeschichte u. bleibende Wahrheit (1995); J. Splett, Denken vor Gott (1996); B. Welte, Wahrheit u. Geschichtlichkeit, hrsg. v. I. Feige (1996); M. Henry, „Ich bin die Wahrheit". Für eine Philosophie des Christentums (dt. 1997); R. Heinzmann, Christlicher Glaube u. der Anspruch des Denkens (1998); J. Kreimel, Die Gottesbeziehung als konstitutives Moment der menschlichen Person (1999).
Cicero: A. Wünsche, C. u. die neue Akademie (1961); J. Mancal, Untersuchungen zum Begriff der Philosophie bei M. T. C. (1982).

Cohen: Kants Begründung der Ethik (1877, ²1910); Logik der reinen Erkenntnis (1902); Ethik des reinen Willens (1904); Ästhetik des reinen Gefühls, 2 Bde. (1912); Die Religion der Vernunft aus den Quellen des Judentums (1919). – *Ausg.:* Ges. Schriften (1957–82); Werke, hrsg. v. H.-C.-Archiv unter der Leitung v. H. Holzhey (1977 ff.). – *Lit.:* P. Natorp, H. C. (1918); K. Löwith, Philosophie der Vernunft u. Religion der Offenbarung in H. C.s Religionsphilosophie (1968); W. Marx, Transzendentale Logik als Wissenschaftstheorie (1977); M. Dreyer, Die Idee Gottes im Werk H. C.s (1985); P. A. Schmid, Ethik als Hermeneutik (1995).

Comte: Cours de philosophie positiv, 6 Bde. (1830–42); Discours sur l'esprit positiv (1844, dt. ²1966); Système de politique positive ou Traité de sociologie, 4 Bde. (1951, dt. ²1974). – *Ausg.:* Œuvres (Nachdr. der Ausg. Paris 1856, 1968–71). – *Lit.:* L. Lévy-Bruhl, La philosophie d'A. C. (1900, dt. 1902); H. Marcuse, Die Geschichtsphilosophie A. C. s (1932); J. Lacroix, La sociologie d'A. C. (Paris 1967); A. Kremer-Marietti, Le projet anthropologique d'A. C. (1980); W. Fuchs-Heinritz, A. C. Einführung in Leben u. Werk (1998).

Croce: Estetica come scienza dell'espressione e linguistica generale, 2 Bde. (1902, dt. 1930); Logica come scienza del concetto puro (⁶1947); Filosofia della pratica (1903); La storia come pensiero e come azione (1938); Filosofia e storiografia (1949); Indagini su Hegel e schiarimenti filosofici (1952). – *Ausg.:* Ges. Werke in dt. Übers., hrsg. v. H. Feist, R. Peters, 7 Bde. (1930); Briefwechsel mit Karl Vossler, dt. hrsg. v. O. Vossler (1955). – *Lit.:* T. Osterwalder, Die Philosophie C.s (1954); B. Conzen, Dekadenz u. idealistische Antidekadenz (1982); R. Zimmer, Einheit u. Entwicklung in B. C.s Ästhetik (1985).

Denken: J. de Vries, D. u. Sein (1937); M. Heidegger, Bauen – Wohnen – D. (1951); ders., Was heißt D.? (1952); ders., Zur Sache des D.s (1969); G. Guzzoni, D. u. Metaphysik (1977); H. Arendt, Vom Leben des Geistes, Bd. I: Das D. (1979); U. Guzzoni, Veränderndes D. (1985); H. M. Schmidinger, Nachidealistische Philosophie u. christl. D. (1985); G. Marcel, Reflexion u. Intuition (1987); M. Maruyama, D. in Japan (1988); U. Laucken, Denkform der Psychologie (1989); R. Marten, Denkkunst (1989); M. Granet, Das chinesische D. Inhalt, Form, Charakter (³1989); I. Rath, Der Mythos-Diskurs u. sein Verlust (1991); P. A. Florenskij, D. u. Sprache (1993); J. Wernecke, D. im Modell (1994); R. Geissler, Versuch über das poetische D. (1994); B. v. Borries, Zur Genese historischer Denkformen (1994); R. Heinzmann, Christl. Glaube u. der Anspruch des D.s (1998); U. Hörwick, Das D. der Religion (1998); Rationalitätstypen, hrsg. v. K. Gloy (1999); J. Habermas, Nachmetaphysisches D. (1999).

Descartes: Discours de la méthode (1637); Meditationes de prima philosophia (1641, dt. 1977); Principia philosophiae (1644); Traité des passions de l'âme (1649; franz.-dt. 1984). – *Ges.-Ausg.* v. Adam u. Tannery, 12 Bde. (1877–1910; Nachdr. 1971–75); Übers. der Hauptschriften in Philosophische Bibliothek (Meiner). – *Lit.:* E. Cassirer, D. (1939); K. Jaspers, D. u. die Philos. (³1956); J.-P. Sartre, D. (1946); Chr. Link, Subjektivität u. Wahrheit (1978); B. Williams,

D. Das Vorhaben der reinen philosophischen Untersuchung (1981); H. Brands, „Cogito ergo sum" (1982); W. Röd, D. (²1982); H. H. Holz, D. (1994); U. Nolte, Philosophische Exerzitien bei D. (1995); R. Lauth, D.' Konzeption des Systems der Philosophie (1998); T. Sorell, D. (1999). – *Bibliogr.:* v. G. Sebba (1964); A. J. Guibert (1976).

Deszendenztheorie: K. C. Schneider, Die Grundgesetze der D. in ihrer Beziehung zum religiösen Standpunkt (1910); O. Kuhn, Die D. (²1951); H. Dingler, Die philos. Begründung der D. (1959); K. Möhlig, Kulturphilosophische Erwägungen zur D. (1966).

Deutscher Idealismus: ↗Fichte, ↗Schelling, ↗Hegel, ↗Idealismus. – W. Schulz, Die Vollendung des D. I. in der Spätphilosophie Schellings (1955, ²1975); N. Hartmann, Die Philosophie des D. I. (²1960); W. Beierwaltes, Platonismus u. Idealismus (1972); R. Kroner, Von Kant bis Hegel (³1977); D. Henrich, Selbstverhältnisse (1982); H. Paetzold, Ästhetik des D. I. (1983); Idealismus u. Aufklärung, hrsg. v. C. Jamme (1988); Die Rechtsphilosophie des D. I., hrsg. v. V. Hösle (1989); R.-P. Horstmann, Die Grenzen der Vernunft (1991); D. Henrich, Konstellationen (1991); L. Siep, Praktische Philosophie im D. I. (1992); H. Schmitz, Die entfremdete Subjektivität. Von Fichte zu Hegel (1992); Die Naturphilosophie im D. I., hrsg. v. K. Gloy u. P. Burger (1993); H. Holz, Geist in Geschichte (1994); G. Gamm, Der D. I. (1997); M. Heidegger, Der D. I. (1997); C. Iber, Subjektivität, Vernunft u. ihre Kritik (1999).

Dewey: Experience and Nature (1925); A Common Faith (1934); Logic, the Theory of Inquiry (1938); Human Nature and Conduct (1922, dt. 1931); Problem of Man (1946). – *Ausg.:* The early works 1882–1898 (1967–72); The middle works. 1899–1924 (1973–83). – *Lit.:* P. A. Schilp, The Philosophy of J. D. (1940); P. K. Crosser, The Nihilism of J. D. (1955); New studies in the philosophy of J. D., hrsg. v. St. M. Cahn (1977); J. A. O'Brien, The philosophy of J. D. (1984); S. Neubert, Erkenntnis, Verhalten u. Kommunikation (1998). – *Bibliogr.:* Checklist of writings about J. D., hrsg. v. J. A. Boydston, K. Poulos (²1978).

Dialog: ↗Dialogische Philosophie. – R. W. Puster, Zur Argumentationsstruktur der platonischen D.e (1983); B. Wehrli, Kommunikative Wahrheitsfindung (1983); T. A. Szlezak, Platon u. die Schriftlichkeit der Philosophie (1985); R. Mugerauer, Sokratische Pädagogik (1992); Das Gespräch, hrsg. v. K. Stierke u. a. (²1996); D. Bohm, Der D. (1998); M. Hartkemeyer, Miteinander denken (²1999).

Dialogische Philosophie: ↗Dialog, ↗Buber, ↗Cohen, ↗Ebner, ↗Rosenzweig. – M. Theunissen, Der Andere (1965(; B. Casper, Das dialogische Denken (1967); T. Bolle, Dialogische Existenz (1967); J. Böckenhoff, Die Begegnungsphilosophie (1970); F. Jacques, Dialogiques (1979); Dialogische Wissenschaft, hrsg. v. D. Burdorf u. a. (1998).

Diderot: Œuvres complètes, 20 Bde., hrsg. v. Assézat, Tourneux (1875–77); Œuvres, hrsg. v. A. Billy (1951); Philosophische Schriften, hrsg. v. Th. Lücke (1961); D. D., Philos. u. politische Texte aus der Enzyklopädie (1969). – *Lit.:* E. Dieckmann, D.-Forschung (1931); Aufklärung u. Materialismus, hrsg. v.

A. Baruzzi (1968); J. v. Stackelberg, D. (1983); J.-C. Bourdin, D.: le matérialisme (1998). – *Bibliogr.:* F. A. Spear, Bibliographie de D. (1980). – *Biogr.:* J. Proust, D. et l'encyclopédie (1982).
Differenz: M. Heidegger, Identität u. D. (⁴1957); W. Herrmann, Die ontologische D. u. ihre spekulative Überwindung (1974); W. Beierwaltes, Identität u. D. (1980); W. C. Zimmerli, Die Frage nach der Philosophie. Interpretation zu Hegels „Differenzschrift" (²1986); Das Andere u. das Denken der Verschiedenheit, hrsg. v. H. Kimmerle (1987); A. Wiercinski, Über die D. im Sein (1989); W. Treziak, D. u. „bin" (1990); T. Matsuda, Der Satz von Grund u. die Reflexion. Identität u. D. bei Leibniz (1990).
Dilthey: Einleitung in die Geisteswissenschaften (1883); Ideen über eine beschreibende u. zergliedernde Psychologie (1894); Die Entstehung der Hermeneutik (1900); Das Erlebnis u. die Dichtung (1906); Die große Phantasiedichtung (hrsg. 1954); Grundriß der Allgemeinen Geschichte der Philosophie (hrsg. 1949); Der Aufbau der geschichtlichen Welt in den Geisteswissenschaften (1910). – *Ausg.:* Ges. Schriften, 12 Bde. (1914 ff.) Ges. Schriften (1959 ff.). – *Lit.:* O. F. Bollnow, D. (³1967); H. Dormagen, Die psychologische Struktur der menschlichen Erkenntnis bei W. D. (1953); C. Zöckler, Dilthey u. die Hermeneutik (1975); H. Ineichen, Erkenntnistheorie u. geschichtlich-gesellschaftliche Welt. D.s Logik der Geisteswissenschaften (1975); Materialien zur Philosophie W. D.s, hrsg. v. F. Rodi, H.-V. Lessing (1984); H. H. Gander, Positivismus als Metaphysik (1988); T. Herfurth, D.s Schriften zur Ethik (1992); A. Homann, D.s Bruch mit der Metaphysik (1995); M. Jung, D. (1996). – *Bibliogr.:* U. Hermann (1969). – *Jahrbuch:* Dilthey-Jahrbuch, hrsg. v. F. Rodi (1983 ff.).
Duns Skotus: Opera omnia (1639; 1891–95); krit. Neuausg. durch die Franziskaner von Quaracchi (1950 ff.). — *Lit.:* E. Gilson, J. D. S. (1952, dt. 1959); O. Schäfer, J. D. S. (1953); ders., Bibliographia de vita, operibus et doctrina Johannes D. S. (Rom 1955); H. Mühlen, Sein u. Person nach J. D. S. (1954); K. Bali, J. D. S. (1966); H. J. Werner, Die Ermöglichung des endlichen Seins nach J. D. S. (1974); L. Honnefelder, Ens inquantum ens (1979); ders., Honnefelder, Scientia transcendens (1990); G. Pizzo, Intellectus und memoria nach der Lehre des J. D. S. (1999).
Ebner: Das Wort u. die geistigen Realitäten (1921); Wort u. Liebe (1935; Aphorismen); Das Wort ist der Weg (1949; Tagebuch-Auswahl). – *Ausg.:* Ges. Werke (1963–65). – Mitarbeit an der Ztschr. „Der Brenner" (1920–32). – *Lit.:* B. Langemayer, Der dialogische Personalismus (1963); M. Theunissen, Der Andere (1965); B. Casper, Das dialogische Denken (1967); A. K. Wucherer-Huldenfeld, Personales Sein u. Wort (1985); W. L. Hohmann, F. E. (1995); H. G. Hödl, Decodierungen der Metaphysik (1998).
Eckhart: Ausg. der deutschen u. lateinischen Werke von J. Quint, J. Koch u. a. (1936 ff.); Deutsche Predigten u. Traktate, hrsg. v. J. Quint (1955, ⁶1985); Einheit im Sein und Wirken, hrsg. v. D. Mieth (1986). – *Lit.:* O. Karrer, Meister E. Das System seiner religiösen Lehre u. Lebensweisheit (1926); ders., Das Göttliche in der Seele bei Meister E. (1928); G. Lüben, Die Geburt des Gei-

stes (1957); K. Oltmanns, M. E. (²1957); S. Ueda, Die Gottesgeburt in der Seele u. der Durchbruch zur Gottheit (1965); B. Welte, M. E. (1979); S. Ueda, Die Bewegung nach Oben u. die Bewegung nach Unten, in: Eranos-Jahrb. 50 (1981); A. Halder, Das Viele, das Eine u. das Selbst bei Meister Eckhart, in: All-Einheit, hrsg. v. D. Henrich (1985); J. Wagner, Meditationen über Gelassenheit (1995); H. Helting, Heidegger u. M. E. (1997); G. Stachel, M. E. (1998). – *Bibliogr.:* N. Largier, Bibliographie zu M. E. (1989).

Einfühlung: E. Stein, Zum Problem der E. (1917); W. Worringer, Abstraktion u. E. (1964); W. Müller, Empathie (1991); R. Matzker, E. Stein u. die Phänomenologie (1991).

Empirismus: ↗Hume, ↗Locke. – F. Kambartel, Erfahrung u. Struktur (1968); L. Krüger, Der Begriff des E. (1973); H.-H. Hoppe, Handeln u. Erkennen (1976); M. Benedikt, Der philosophische E. (1977); E. W. Tielsch, Der krit. E. der Antike in seiner Bedeutung für die Naturwissenschaft, Politik, Ethik u. Rechtstheorie der Neuzeit (1981); Der praktische Nutzen empirischer Forschung, hrsg. v. E. Witte (1981); G. Fasching, Die empirisch-wissenschaftliche Sicht (1989); H.-J. Engfer, E. versus Rationalismus (1996); C. Achouri, Paradoxe Aspekte empirischer Ethik (1998).

Entfremdung: C.-H. Hoefer, Ent-Frendung (1983); W. Teichner, Mensch u. Gott in der E. oder Die Krise der Subjektivität (1984); I. Fuchs, „Homo apostata" (1988); E. Fromm, Wege aus einer kranken Gesellschaft (²1993); G. Anders, Mensch ohne Welt (²1993); F. Paul, E. u. Intuition (1994); H. Nicolaus, Hegels Theorie der E. (1995); R. Mugerauer, Versöhnung als Überwindung der E. (1996).

Entmythologisierung: R. Bultmann, Neues Testament u. Mythologie (1941, ²1985); K. Jaspers, R. Bultmann, Die Frage nach der E. (1954); W. Anz, E. u. existentielle Interpretation (1963); W. Pannenberg, Christentum u. Mythos (1973); M. Huppenbauer, Mythos u. Subjektivität (1992); Die Wirklichkeit des Mythos, hrsg. v. V. Hörner u. a. (1998).

Eriugena: De divisione naturae (ca. 866, dt. 1994). – *Ausg.:* Johannis Scoti opera quae supersunt omnia, in: Migne, Patrol. lat., Bd. 122; Corpus christianorum, Bde. 31 u. 50. – *Lit.:* Eriugena. Studien zu seinen Quellen, hrsg. v. W. Beierwaltes (1980); W. Otten, The Anthropology of J. S. E. (1991); W. Beierwaltes, E. (1994); D. Ansorge, Wahrheit als Prozeß (1996).

Erkenntnis: ↗Erkenntnistheorie. – I. Kant, Kritik der reinen Vernunft (1781, ²1787); E. Mach, E. u. Irrtum (³1917); K. Rahner, Geist in Welt (1939, ³1964); M. Heidegger, Was heißt Denken? (1952); J. Habermas, E. u. Interesse (1968); M. Scheler, Liebe u. E. (²1970); O. F. Bolnow, Philosophie der E. (1970); J. Habermas, Arbeit, E., Fortschritt (1970); J. Piaget, Einführung in die genetische E. (1973); R. Imbach, Deus est intelligere (1976); L. Wittgenstein, Über Gewißheit (⁷1990); J. Fischer, Glaube als E. (1989); H. P. Engelhard, Die Sicherung der E. bei Parmenides (1996); J. Dewey, Die Suche nach Gewißheit (1998); M. Gumann, Der Ursprung der E. des Menschen bei Thomas v. Aquin (1999).

Erkenntnistheorie: E. Cassirer, Das Erkenntnisproblem in der Philosophie u. Wissenschaft der neueren Zeit, Bd. 1–3 (1906–20), Bd. 4 (1957) (Nachdr.

1971–73); R. Hönigswald, Geschichte der E. (1933, Neudr. 1960); A. Pap, Analytische E. (1955; Übersicht USA u. England); H. Kuhn, Der Weg vom Bewußtsein zum Sein (1981); F. v. Kutschera, Grundfragen der E. (1982); ders., Grundlagen der E. (1982); G. Gamm, Wahrheit als Differenz (1986); H. M. Baumgartner, Endliche Vernunft (1991); G. Gabriel, Grundprobleme der E. Von Descartes zu Wittgenstein (^{2}1998); H. Lenk, Einführung in die E. (1998); Z. Culjak, Hypothesen u. Phänomene (1998); W. Wieland, Platon u. die Formen des Wissens (^{2}1999).

Ethik: F. Jodl, Geschichte der E. als philosophische Wissenschaft (^{2}1906); A. Dempf, E. des Mittelalters (1927); Th. Litt, E. der Neuzeit (1927); Th. E. Hill, Contemporary Ethical Theories (1950); J. Messner, Das Naturrecht (1950; ^{7}1984); H.-P. Balmer, Philosophie der menschlichen Dinge (1981); W. Marx, Gibt es auf Erden ein Maß? (1983); A. Pieper, Ethik u. Moral (1985); Ethik im Kontext, in: Synth. philos. 4 (Zagreb 1987); G. Strey, Umwelt-E. u. Evolution (1989); R. Spaemann, Glück u. Wohlwollen (1989); V. Hösle, Die Krise der Gegenwart u. die Verantwortung der Philosophie (1990); Begründung von E., hrsg. v. B. Irrgang, M. Lutz-Bachmann (1990); Einführung in die utilitaristische E., hrsg. v. O. Höffe (1992); Sittliche Lebensform u. praktische Vernunft, hrsg. v. L. Honnefelder (1992); A. Baruzzi, Philosophie der Lüge (1996); P. Schaber, Moralischer Realismus (1997); Ethos des Interkulturellen, hrsg. v. A. Baruzzi u. a. Takeichi (1998); M. Hauskeller, Auf der Suche nach dem Guten (1999); J. Rohls, Geschichte der E. (^{2}1999). – *Lexikon* der E., hrsg. v. O. Höffe (1977). – Handbuch der christlichen E., hrsg. v. A. Hertz, Bd. 1 u. 2 (1978), Bd. 3 (1982) (Neuausg. 1992). – *Bibliogr.:* Bibliographie der Sozialethik, hrsg. v. A. Utz u. a. (1956–1979).

Evolution: E. Haeckel, Die Welträtsel (1899, ^{11}1919); T. de Chardin, Der Mensch im Kosmos (^{2}1982); R. Riedl, E. u. Erkenntnis (1982); ders., Die Spaltung des Weltbildes (1985); Evolutionstheorie u. ihre E., hrsg. v. D. Henrich (1982); Natur u. Geschichte, hrsg. v. H. Markel (1983); Die E. des Denkens, hrsg. v. K. Lorenz (1983); E. u. Freiheit, hrsg. v. P. Koslowski u. a. (1984); Der Evolutionsgedanke in den Wissenschaften, hrsg. v. G. Patzig (1991); H. Rombach, Der Ursprung (1994); C. Kummer, Philosophie der organischen Entwicklung (1996); E. im Diskurs, hrsg. v. A. J. Bucher u. a. (1998).

Existenzphilosophie: ↗Heidegger, ↗Jaspers, ↗Marcel, ↗Sartre. – O. F. Bollnow, E. (1942, ^{9}1984); P. Wust, Der Mensch u. die Philosophie (1947); M. Müller, E. Von der Metaphysik zur Metahistorik (1949, ^{4}1986); L. Gabriel, Von Kierkegaard bis Sartre (1951); Christliche E., hrsg. v. E. Gilson (1947, dt. 1951); J. Möller, E. u. katholische Theologie (1952); N. Abbagnano, Philosophie des menschlichen Konflikts (1957); O. F. Bollnow, Französischer Existentialismus (1965); F. Zimmermann, Einführung in die E. (1977, ^{3}1992); W. Janke, E. (1982); J. Hubbert, Die Existenz denken (1994); D. Grund, Erscheinung u. Existenz (1999).

Feuerbach: Gedanken über Tod u. Unsterblichkeit (1830); Zur Kritik der Hegelschen Philosophie (1839); Das Wesen des Christentums (1841); Vorläufige Thesen zur Reform der Philosophie (1842); Grundsätze der Philosophie der

Zukunft (1843); Das Wesen der Religion (1851). – *Ausg.:* Sämtl. Schriften, hrsg. v. W. Bolin u. a., 10 Bde. (1903–11, Neudr. 1960–64) u. 3 Erg.-Bde. (1962–64); Werke, hrsg. v. E. Thies, 6 Bde. (1975–76). – *Lit.:* F. Engels, L. F. u. der Ausgang der klassischen deutschen Philosophie (1888, ⁸1960); F. Jodl, L. F. (²1921); H.-J. Braun, Die Religionsphilosophie L. F.s (1972); J. C. Janowski, Der Mensch als Maß (1980); W. Frede, L. F. (1984); F. Tomasoni, L. F. u. die nicht-menschliche Natur (1990); W. Wahl, F. u. Nietzsche (1998); W. Jaeschke, L. F. u. die Geschichte der Philosophie (1998).

Fichte, Johann Gottlieb: Versuch einer Kritik aller Offenbarung (1792); mehrere Fassungen der „Wissenschaftslehre" 1794–97; Grundlagen des Naturrechts (1796); System der Sittenlehre (1798); Bestimmung des Menschen (1800); Vom geschlossenen Handelsstaat (1800); Wissenschaftslehre (1801); Wissenschaftslehre (1804); Die Grundzüge des gegenwärtigen Zeitalters (1806; Vorlesungen 1804–05); Reden an die deutsche Nation (1808); Das System der Sittenlehre (1812); Über das Verhältnis der Logik zur Philosophie oder Transzendentale Logik (1812); Die Staatslehre oder Über das Verhältnis des Urstaates zum Vernunftreiche (1813). – *Ausg.:* Hauptwerke, hrsg. v. F. Medicus, 6 Bde. (1908–12, Nachdr. 1962); Sämtl. Werke, hrsg. v. I. H. Fichte, 8 Bde. (1845–46); Nachgel. Werke (1834–35, Nachdr. 1962); Gesamtausg. hrsg. v. R. Lauth u. a., ca. 30 Bde. (1962 ff.). – *Lit.:* J. G. Fichte im Gespräch, hrsg. v. E. Fuchs u. a. (1978 ff.); A. Böhmer, Faktizität u. Erkenntnisbegründung (1979); M. Hinz, F.s „System der Freiheit" (1981); W. G. Jacobs, J. G. F. (1984); J. Stolzenberg, F.s Begriff der intellektualen Anschauung (1986); M. Kessler, Kritik aller Offenbarung (1986); K. Nagasawa, Das Ich im Deutschen Idealismus u. das Selbst im Zen-Buddhismus (1987); Transzendentalphilosophie als System. 2. Internationale F.-Tagung (1987), hrsg. v. A. Mues (1989); W. Janke, Vom Bilde des Absoluten (1993); F. Wittekind, Religiosität als Bewußtseinsform (1993); R. Lauth, Vernünftige Durchdringung der Wirklichkeit (1994); J. G. F. in zeitgenössischen Rezensionen, hrsg. v. E. Fuchs u. a., 4 Bde. (1995); H. Seidel, J. G. F. (1997). – *Bibliogr.:* H. M. Baumgartner, W. G. Jacobs, J. G. F. Bibliographie (1968); S. Doyé, J. G. F. Bibliographie 1968–1993 (1993). – *Studien:* Fichte-Studien, hrsg. v. K. Hammacher u. a. (1990 ff.).

Fortschritt: G. W. F. Hegel, Enzyklopädie der philos. Wissenschaften im Grundrisse (1830); M. Heidegger, Nietzsche, Bd. II (1961); H. M. Baumgartner, Die Idee des F.s, in: Philos. Jb. 70 (1962–63); Die Philosophie u. die Frage nach dem F., hrsg. v. H. Kuhn, F. Wiedemann (1964); B. Delfgaauw, Geschichte als F., 3 Bde. (dt. 1962–65); J. Habermas, Arbeit, Erkenntnis, F. (1970); K. H. Haag, Der F. in der Philosophie (1983); L. Roos, Humanität u. F. am Ende der Neuzeit (1984); J. Rohbeck, Die Fortschrittstheorie der Aufklärung (1987); Zukunft nach dem Ende des Fortschrittglaubens, hrsg. v. K. Borchard u. H. Waldenfels (1998).

Foucault: Deutsch erschienen: Psychologie u. Geisteskrankheit (1968); Die Ordnung der Dinge. Eine Archäologie der Humanwissenschaften (1969); Wahnsinn u. Gesellschaft (1973); Die Archäologie des Wissens (1973); Sexualität u. Wahrheit, 3 Bde., Bd. I: Der Wille zum Wissen (1977), Bd. II: Der Gebrauch der Lüste (1986), Bd. III: Die Sorge um sich (1986); Diskurs u. Wahrheit (Berkeley-Vorlesungen) (1996). – *Bibliogr.:* M. Clark, M. F. (New York 1983). – *Lit.:* M. Frank, Was ist Neostrukturalismus? (1984); J. Habermas, Der philos. Diskurs der Moderne (1985); W. Schmid, Die Geburt der Philosophie im Garten der Lüste (1987); B. H. F. Taureck, M. F. (1997).

Frankfurter Schule: ↗Adorno, ↗Horkheimer, ↗Marcuse, ↗Kritische Theorie. – J. Habermas, Erkenntnis u. Interesse (1968); ders., Hermeneutik u. Ideologiekritik (1971); ders., Kultur u. Kritik (1973); ders., Zur Rekonstruktion des historischen Materialismus (1976); M. Theunissen, Gesellschaft u. Geschichte (1969); R.-K. Maurer, J. Habermas' Aufhebung der Philosophie (1977); H. Staudinger, Die F. S. (1982); F. Koch, J. Habermas' Theorie des kommunikativen Handelns als Kritik von Geschichtsphilosophie (1985); Die F. S. u. die Folgen, hrsg. v. A. Honneth u. a. (1986); W. G. Neumann, Das Primat kognitiver Praxis (1990); M. Jay, Dialektische Phantasie. Die Geschichte der F. S. u. des Instituts für Sozialforschung (1991); C. Albrecht, Die intellektuelle Gründung der Bundesrepublik. Eine Wirkungsgeschichte der F. S. (1999).

Freiheit: Die Hauptwerke der philosophischen Tradition, darunter bes.: Augustinus, Der freie Wille; Kant, Kritik der praktischen Vernunft (1788); Schelling, Vom Wesen der menschlichen Freiheit; Kierkegaard, Die Krankheit zum Tode (1849); M. Heidegger, Vom Wesen der Wahrheit (1943); ders., Vom Wesen des Grundes (1929). J. Hommes, Die Krise der F. (Hegel-Marx-Heidegger) (1958); R. Berlinger, Das Werk der F. (1959); M. Horkheimer, Um die F. (1962); H. Rombach, Substanz, System, Struktur, 2 Bde. (1965–66); ders., Strukturontologie. Eine Phänomenologie der F. (1971); M. Müller, Erfahrung u. Geschichte (1971); J. Splett, Der Mensch in seiner F. (1967); Prinzip F., hrsg. v. H. M. Baumgartner (1979); R. Guardini, F. – Gnade – Schicksal (^{6}1979); H. Krings, System u. F. (1980); O. Bauer, Umstrittene F. (1981); E. Coreth, Vom Sinn der F. (1985); A. Baruzzi, Die Zukunft der F. (1993); A. Keller, Philosophie der F. (1994); G. Kahn, Die F. der Philosophie (1995); F. oder Gerechtigkeit, hrsg. v. P. Fischer (1995); M. Benedikt, Freie Erkenntnis u. Philosophie der F. (1997); H.-E. Hengstenberg, F. u. Seinsordnung (^{2}1998).

Fremde, das (der Fremde): ↗Andersheit. – Hermeneutik der Fremde, hrsg. v. D. Krusche (1990); Die Begegnung mit dem Anderen, hrsg. v. T. Sundermeier (1991); A. Dihle, Die Griechen u. die Fremden (1994); Das Selbst u. das Fremde, hrsg. v. H. J. Sandkühler (1996); B. Waldenfels, Topographien des Fremden (1997); ders., Grenzen der Normalisierung (1998); J. Habermas, Die Einbeziehung des Anderen (1999).

Freud: *Ausg.:* Ges. Werke in Einzelbänden, hrsg. v. A. Freud u. a., 17 Bde. (1948–55), Registerbd. (1968), Nachtr.-Bd. (1987); Studienausg., hrsg. v. A. Mitscherlich, 10 Bde., (1969–75), Erg.-Bd. (1975). – *Lit.:* P. Ricœur, Die Interpretation (dt. 1974); A. Schöpf, S. F. (1982); ders., S. F. u. die Philosophie der Gegenwart (1998); W. Stender, Kritik u. Vernunft (1996); A. Storr, F.

(1999). – *Bibliogr.:* I. Meyer-Palmedo, S. F. Konkordanz u. Gesamtbibliographie (1975).
Gadamer: Wahrheit u. Methode (1960); Kleine Schriften, 4 Bde. (1967–77); Griechische Philosophie, 2 Bde. (= Ges. Werke, Bd. 5 u. 6 [1985]). – *Ausg.:* Ges. Werke (1985 ff.) – *Lit.:* J. Becker, Begegnung zwischen G. u. Lévinas (1981); D. Teichert, Erfahrung, Erinnerung, Erkenntnis (1991); J. Grondin, Hermeneutische Wahrheit (^{2}1994); ders., H.-G. G. (1999).
Gefühl: S. Strasser, Das Gemüt. Grundgedanken zu einer phänomenologischen Philosophie u. Theorie des menschlichen Gefühlslebens (1956); O. F. Bollnow, Das Wesen der Stimmungen (^{6}1980); A. Heller, Theorie der G.e (1980); Pathos, Affekt, G., hrsg. v. I. Craemer-Ruegenberg (1981); Zur Philosophie der G.e, hrsg. v. H. Fink-Eitel (1993); G. Scherer, Grundphänomene menschlichen Daseins im Spiegel der Philosophie (1994).
Gentile: La rinascita dell'idealismo (1903); La riforma della dialettica Hegeliana (1913); Teoria generale dello spirito come atto puro (1916). – *Ausg.:* Fondazione G. G., 60 Bde. (Florenz 1957 ff.). – *Lit.:* La vita il pensiero di G. G., 3 Bde. (Florenz 1948 ff.); F. Pardo, La filosofia de G. G. (1972); G. Baraldi, Divenire e trascendenza (1976); P. Romanell, Croce versus G. (1982); F. S. Chesi, G. e Heidegger (1992); G. Teri, G. G. (1995).
Geschichtsphilosophie: G. Mehlis, Lehrbuch der G. (1915); M. Horkheimer, Anfänge bürgerlicher G. (1930); J. Thyssen, Geschichte der G. (1936); K. Rossmann, Deutsche G. von Lessing bis Jaspers (1959); H. M. Baumgartner, Kontinuität u. Geschichte (1972); K. Acham, Analytische G. (1974); P. Ricœur, Geschichte u. Wahrheit (1974); ders., Zufall u. Vernunft in der Geschichte (1986); M. Müller, Sinn-Deutungen der Geschichte (1976); R. Lüthe, Wissenschaftl. Methode u. histor. Bedeutung (1987); H. Schnädelbach, Vernunft u. Geschichte (1987); O. Marquard, Schwierigkeiten mit der G. (^{4}1997); E. Nolte, Historische Existenz (1998); P. Kolmer, Philosophiegeschichte als philos. Problem (1998); T. Gil, Kritik der klassischen G. (1999).
Gnosis: H. Jonas, G. u spätantiker Geist, Bd. 1 (1934, ^{3}1964), Bd. 2 (1954, ^{2}1966); K. Kerényi, Mythologie u. G. (1942); G. Quispel, G. als Weltreligion (1951); R. Haardt, Die G., Wesen u. Zeugnisse (1967); G. u. Gnostizismus, hrsg. v. K. Rudolph (1975, ^{3}1994); K. Rudolph, Die G. (^{2}1980); K. Alt, Philosophie gegen G. (1990); I. Iwersen, G. u. Geschichte (1994); E. Voegelin, Das Volk Gottes (1994); Gnosisforschung u. Religionsgeschichte, hrsg. v. H. Preissler u. a. (1994); G. u. Philosophie, hrsg. v. R. Berlinger u. a. (1994); W. Baum, Gnostische Elemente im Denken M. Heideggers (1997).
Gott: A. Dyroff, Der G.esgedanke bei den europäischen Philosophen (1941); A. Horvath, Der thomistische G.esbegriff (1941); M. Heidegger, Nietzsches Wort „Gott ist tot" (1943); E. Schmidt, Hegels Lehre von G. (1952); W. Jaeger, Die Theologie der frühen griechischen Denker (1953); H. U. v. Balthasar, Die G.esfrage des heutigen Menschen (1956); G. Siewerth, Heidegger u. die Frage nach G. (1957); W. Weischedel, Der G. der Philosophen (1971); Philosophische Theologie im Schatten des Nihilismus, hrsg. v. J. Salaquarda (1971); Des Menschen Frage nach G., hrsg. v. B. Casper (1976); E. Jüngel, G.

als Geheimnis der Welt (1976); G. nennen. Phänomenologische Zugänge, hrsg. v. B. Casper (1981); Der Streit um den G. der Philosophen, hrsg. v. J. Möller (1985); I. U. Dalferth, G. (1992); H. Pickharz, Natur u. Gott in der Philosophie Kants (1994); I. Koncsik, Die Gottesfrage aus anthropologischer Perspektive (1995); J. Splett, Denken vor G. (1996); M. Heidegger, Die Herkunft der Gottheit (1997); Heute von G. reden, hrsg. v. J. Beutler u. a. (1998); Die Wissenschaften u. G., hrsg. v. U. Dalferth (1998).

Gottesbeweis: F. Savicki, Die G.e (1926); K. Rahner, Hörer des Wortes (1941); H. Ogiermann, Hegels G. (1948); A. Silva-Tarouca, Praxis u. Theorie des G.es (1950); A. Langenfeld, Gotteserkenntnis u. Glaubensexistenz (1957); D. Henrich, Der ontologische G. (1960); W. Cramer, G.e u. ihre Kritik (1967); J. Splett, Gotteserfahrung im Denken (1973, ⁴1995); W. Heitler, G.e? (1977); K. Kienzler, Glauben u. Denken bei A. v. Canterbury (1981); Die G.e in der „Summe gegen die Heiden" u. in der „Summe der Theologie", lat.-dt., übers., eingeleitet u. kommentiert v. H. Seidl (1982); R. Swinburne, The Existence of God (1979, dt. 1987); W. Röd, Gott der reinen Vernunft. Die Auseinandersetzung um den ontologischen G. von Anselm bis Hegel (1992); J. Seifert, Gott als G. Eine phänomenologische Neubegründung des ontolog. Arguments (1996); Klassische G.e in der Sicht des gegenwärtigen Logik u. Wissenschaftstheorie, hrsg. v. F. Ricken (1998).

Grotius: De iure belli ac pacis (1625, dt. übers. v. J. H. von Kirchmann 1869). – *Ausg.:* Opera omnia theologica, Faksimile-Neudr. der Ausgabe Amsterdam (1679) (Stuttgart 1972). – *Lit.:* G. Hoffmann-Loerzer, Studien zu H. G. (1971); C. Link, H. G. als Staatsmann (1983); F. Linares, Einblicke in H. G.' Werk vom Recht des Krieges u. des Friedens (1993). – *Bibliogr.:* Bibliographie des écrites de H. G., hrsg. v. J. van der Meulen, P. J. J. Diermanse (1950 u. 1961).

Guardini: Vom Geist der Liturgie (1918); Der Gegensatz. Versuch einer Philosophie des Lebendig-Konkreten (1925); Welt u. Person (1939); Der Tod des Sokrates (1943); Das Ende der Neuzeit (1950); Die Macht (1951); Sorge um den Menschen, 2 Bde. (1962–66); Unterscheidung des Christlichen. Ges. Studien (²1963). – *Ausg.:* Werke (1986ff.). – *Lit.:* H. Kuhn, R. G. (1961);Interpretationen der Welt, hrsg. v. H. Kuhn (1965); E. Biser, Wer war R. G.? (1985); J. F. Schmucker-von-Koch, Autonomie u. Transzendenz (1985); Gewagter Glaube, hrsg. v. T. Brose (1998); G. Brüske, Anruf der Freiheit (1998); J. Kreimel, Die Gottesbeziehung als konstitutives Moment der menschlichen Person (1999); R. G., hrsg. v. F. Henrich (1999). – *Bibliogr.:* M. Marschall, In Wahrheit beten (1986).

Hamann: Biblische Betrachtungen eines Christen (1758); Sokratische Denkwürdigkeiten (1759); Kreuzzüge eines Philologen (1762); Golgotha u. Scheblimini (1784); Metakritik über den Purismus der reinen Vernunft (1780). – *Ausg.:* Sämtliche Werke, hrsg. v. G. Nadler, 6 Bde. (1949–57); Briefwechsel, hrsg. v. W. Ziesener, A. Henkel, 7 Bde. (1955–79). – *Lit.:* F. Blanke, Die H.-Forschung (1950); K. Gründer, Figur u. Geschichte (1958); H. A. Salmony, J. G. H.s Metakritische Philosophie (1958); J. C. O'Flaherty, J. G. H. (1979); J. G. H. Acta des internat. H.-Colloquiums in Lüneburg 1976, hrsg. v.

B. Gajek (1979); J. G. H., Briefwechsel, 7. Bd. 1786–1788, hrsg. v. A. Henkel (1979); H. Corbin, H. (1985); O. Bayer, Zeitgenosse im Widerspruch (1988); L. Vaughan, J. G. H. (1989); I. Berlin, Der Magus im Norden (1995); W. Achermann, Worte u. Werte (1997); J. G. H., „Der hellste Kopf seiner Zeit", hrsg. v. O. Bayer (1998); K. Huizing, Das Ding an sich (1998).
Handlung: H.stheorien – interdisziplinär, hrsg. v. H. Lenk u. W. Fink, 4 Bde. (1977–84); H., Kommunikation, Bedeutung, hrsg. v. G. Meggle, (1979); O. Schwemmer, Vernunft, H. u. Struktur (1981); ders., H. u. Struktur (1986); F. Kaulbach, Einführung in die Philosophie der H. (1982); Philosophische Probleme der H.stheorie, hrsg. v. H. Poser (1982); L. Wigger, H.stheorie u. Pädagogik (1983); Analytische H.stheorie, Bd. 1, hrsg. v. G. Meggle, Bd. 2, hrsg. v. A. Beckermann (1985); D. Davidson, H. u. Ereignis (1985); U. Gaier, System des Handelns (1986); W. Becker, Wahrheit u. sprachliche H. (1987); P. F. Sloane, Vernunft der Ethik – Ethik der Vernunft (1988); C. Kauffmann, Ontologie u. H. (1993); H. Nolte, H. – Struktur – System (1998); H. Hesse, Ordnung u. Kontingenz (1999); J. Straub, H., Interpretation, Kritik (1999).
Hartmann, Eduard v.: Philosophie des Unbewußten, 3 Bde. (1869); Kategorienlehre (1896); Die moderne Psychologie (1901); Phänomenologie des sittlichen Bewußtseins (^{3}1922). – *Lit.:* W. Rauschenberger, E. v. H. (1942); M. Huber, E. v. H.s Metaphysik u. Religionsphilosophie (1954); C. R. Weismüller, Das Unbewußte und die Krankheit (1985).
Hartmann, Nicolai: Das Problem des geistigen Seins (1933); Zur Grundlegung der Ontologie (1935); Der Aufbau der realen Welt (1940); Theologisches Denken (1951); Ästhetik (1953). – *Lit.:* H. Hülsmann, Die Methode in der Philosophie N. H.s (1959); A. J. Buch, Wert, Wertbewußtsein, Wertgeltung (1982); W. Dahlberg, Sein u. Zeit bei N. H. (1983); S. K. Becker, Der objektive Geist u. das Individuum (1986); J. Stallmach, Ansichsein u. Seinsverstehen (1987); M. Morgenstern, N. H. (1992); R. Breil, Kritik u. System (1996).
Hegel: Phänomenologie des Geistes (1807); Wissenschaft der Logik, 3 Bde. (1812–16); Enzyklopädie der philosophischen Wissenschaften (1817, ^{3}1830); Grundlinien der Philosophie des Rechts (1821); H.s theologische Jugendschriften, hrsg. v. H. Nohl (1907). – *Ausg.:* Werke (1832–45), neu hrsg. v. E. Moldenhauer u. a., 20 Bde. (1986); Sämtl. Werke, Jubiläums-Ausg., hrsg. v. H. Glockner, 20 Bde. (^{4}1961–86); Hegel-Lexikon (^{2}1957); Ges. Werke (1968 ff.). – *Lit.:* M. Heidegger, H.s Begriff der Erfahrung [1942–43], in: Holzwege (1950); G. Lukács, Der junge H. (1948, 1973); J. van der Meulen, Heidegger u. H. (1953); J. Ritter, H. u. die französische Revolution (1957); H. Schmitz, H. als Denker der Individualität (1958); M. Heidegger, H. u. die Griechen (1958); A. Kojéve, H. (dt. 1958, ^{2}1984); E. Heintel, H. u. die Analogia entis (1958); Th. W. Adorno, Drei Studien zu H. (1963); M. Theunissen, H.s Lehre vom absoluten Geist als theol.-polit. Traktat (1970); K. Rosenkranz, G. W. F. H.s Leben (1971); H.-G. Gadamer, H.s Dialektik (1971); O. Pöggeler, H.s Idee einer Phänomenologie des Geistes (1973); E. Angehrn, Freiheit u. System bei Hegel (1977); H. Ottmann, Individuum u. Gemeinschaft bei H. (1977); R. Ohashi, Zeitlichkeitsanalyse der H.schen Logik

(1984); R. Garaudy, H. (1985); W. Jaeschke, Die Vernunft in der Religion (1986); V. Hösle, H.s System, 2 Bde. (1987); M. Negele, Grade der Freiheit. Versuch einer Interpretation von G. W. F. H.s „Phänomenologie des Geistes" (1991); A. Großmann, Spur zum Heiligen (1996); M. Heidegger, H.s Phänomenologie des Geistes (³1997); Die Folge des Hegelianismus, hrsg. v. P. Koslowski (1998); H. Schneider, Geist u. Geschichte (1998); O.-S. Yang, H.s Technikverständnis u. Versöhnungsinteresse zwischen Natur u. Geist (1998); O. Pöggeler, H.s Kritik der Romantik (1999); M. Gessmann, H. (1999). – *Bibliogr.:* K. Steinbauer, H.-Bibliography (1980). – *H.-Studien* (1961 ff.); *H.-Jahrbuch* (1961 ff.).

Hegelianismus: ↗Croce, ↗Feuerbach, ↗Gentile, ↗Marx. – H. Höhne, Der H. in der englischen Philosophie (1936); J. Gebhardt, Politik u. Eschatologie (1963); E. Japtok, K. Rosenkranz als Literaturkritiker. Eine Studie über H. u. Dichtung (1964); K.-S. Chon, Die Geistesontologie u. das Transzendentalproblem bei Platon u. Hegel (1989); K. Kelly, Hegel en France (1992); P. Di Govanni, Kant ed Hegel in Italia (1996); K. Fischer, Logik u. Metaphysik oder Wissenschaftslehre, hrsg. v. H.-G. Gadamer (1998).

Heidegger: Sein u. Zeit (1927); Vom Wesen des Grundes, in: Husserl-Festschrift (1929); Was ist Metaphysik? (1929; wichtig die späteren Nachworte u. Vorworte); Kant u. das Problem der Metaphysik (1929); Platons Lehre von der Wahrheit (1942); Vom Wesen der Wahrheit (1943); Erläuterungen zu Hölderlins Dichtung (1944); Brief über den Humanismus (1947); Holzwege (1950); Was heißt Denken? (1954); Einführung in die Metaphysik (1953); Vorträge u. Aufsätze (1954); Der Satz vom Grund (1957); Identität u. Differenz (1957); Unterwegs zur Sprache (1959); Nietzsche, 2 Bde. (1961); Die Frage nach dem Ding. Zu Kants Lehre von den transzendenten Grundsätzen (1962); Zur Sprache des Denkens (1969). – *Ausg.:* Gesamtausgabe (1976 ff.). – *Lit.:* M. Müller, Existenzphilosophie (⁴1986); O. Pöggeler, Der Denkweg M. H.s (1963); H., hrsg. v. O. Pöggeler (1969); Der spätere H. u. die Theologie, hrsg. v. J. M. Robinson, J. B. Cobb (1964); O. Pöggeler, H. u. die hermeneutische Philosophie (1983); H., Perspektiven zur Deutung seines Werks, hrsg. v. O. Pöggeler (1984); M. H. Zugänge u. Fragen, in: Synth. philos. 4 (Zagreb 1987); E. Kettering, Nähe. Das Denken M. H.s (1987); E. Weinmayr, Entstellung. Die Metaphysik im Denken M. H.s (1991); C. Strube, Das Mysterium der Moderne. H.s Stellung zur gewandelten Seins- und Gottesfrage (1994); Die Frage nach der Wahrheit, hrsg. v. E. Richter (1997); A. Baruzzi, Philosophieren mit Jaspers u. H. (1999); M. Inwood, H. (1999). – *Bibliogr.:* Materialien zur H.-Bibliogr., hrsg. v. H.-M. Saß (1975); M. H., hrsg. v. H.-M. Saß (Ohio 1982); R. A. Bast, Bericht zur H.-Bibliographie (1983). – *Studien:* Heidegger-Studien (1985 ff.).

Herder: Abhandlung über den Ursprung der Sprache (1772); Auch eine Philosophie der Geschichte der Menschheit (1774); Ideen zur Philosophie der Geschichte der Menschheit, 4 Tle. (1784–91); Briefe zur Beförderung der Humanität (1793–97); Metakritik zur Kritik der reinen Vernunft (1799). – *Ausg.:* Sämtl. Werke, hrsg. v. J. v. Müller (1805–09), hrsg. v. B. Suphan, 32 Bde.

(1877–99); Werke, 3 Bde. (1984 ff.). – *Lit.:* A. Gillies, H. (1949); D. W. Jöns, Begriff u. Problem der histor. Zeit bei J. G. H. (Stockholm 1956); A.-V. Gulyga, J. G. H. (1978); J. Rathmann, Zur Geschichtsphilosophie J. G. H.s (1978); J. Schutz, Die Objektivität der Sprache (1983); U. Gaier, H.s Sprachphilosophie u. Erkenntniskritik (1988); J. Heise, J. G. H. (1998). – *Bibliogr.:* H.-Bibliographie, hrsg. v. G. Günther (1978); H.-Bibliographie (1977–92), hrsg. v. D. Kuhles (1994).

Hermeneutik: ↗Verstehen. – H.-G. Gadamer, Wahrheit u. Methode (1960, ^{6}1990); H. u. Dialektik, hrsg. v. R. Bubner, 2 Bde. (1970); Hermeneutische Philosophie, hrsg. v. O. Pöggeler (1972); P. Ricœur, Der Konflikt der Interpretationen, 2 Bde. (1973–74); M. Riedel, Verstehen oder Erklären (1978); O. F. Bollnow, Studien zur H., 2 Bde. (1982–83); H. Rombach, Welt u. Gegenwelt (1983); J. Zovko, Verstehen u. Nichtverstehen bei F. Schlegel (1990); H. Ineichen, Philos. H. (1991); J. Greisch, H. u. Metaphysik (1993); M. Riedel, Hören auf die Sprache (1994); J. Grondin, Hermeneutische Wahrheit? (^{2}1994); R. Schurz, Negative H. (1995); G. Figal, Der Sinn des Verstehens (1996); G. Vattimo, Jenseits der Interpretation (1997); A. Wüstehube, Rationalität u. H. (1998); P. J. Brenner, Das Problem der Interpretation (1998); O. R. Scholz, Verstehen u. Rationalität (1999). – *Zeitschr.:* Studia hermeneutica, hrsg. v. E. Hufnagel, J. Zovko (Zagreb/Mainz 1995 ff.).

Historismus: E. Troeltsch, Der H. u. seine Probleme (1922); ders., Der H. u. seine Überwindung (1924); F. Meinecke, Die Entstehung des H., 2 Bde. (^{3}1959); C. Antoni, Vom H. zur Soziologie (1950); K. R. Popper, Das Elend des Historizismus (^{2}1969); G. Scholtz, H. als spekulative Geschichtsphilosophie (1973); H. Schnädelbach, Geschichtsphilosophie nach Hegel (1974); Von der Aufklärung zum H., hrsg. v. H. W. Blanke u. a. (1984); F. Aspetsberger, Der H. u. die Folgen (1987); R. Marks, Philosophie im Spannungsfeld zwischen Historiographie u. H. (1988); U. Muhlack, Geschichtswissenschaft im Humanismus u. in der Aufklärung. Die Vorgeschichte des H. (1991); Geschichtswissenschaften neben dem H., hrsg. v. E. Fuchs (1995); J. Rüsen, Konfiguration des H. (1993); H. u. Moderne, hrsg. v. H. Tausch (1996).

Hobbes: De cive (1642); Leviathan (1651). – *Ausg.:* English works, 11 Bde., u. Opera Latina, 5 Bde., hrsg. v. W. Molesworth (1839–45, ^{2}1966); The Correspondence of T. H., 2 Bde., hrsg. v. N. Malcolm (Oxford 1994). – *Lit.:* L. Strauß, H.' politische Wissenschaft (1965); B. Willms, Die Antwort des Leviathan (1970); ders., T. H. (1987); K. M. Kodalle, T. H. (1972); U. Weiß, System u. Maschine (1974); ders., Das philosophische System von T. H. (1980); H. Schelsky, T. H. (1981); W. Palaver, Politik u. Religion bei T. H. (1991); W. Kersting, T. H., zur Einführung (1992); T. Mohr, Vom Weltstaat (1995); M. Erfeld, Mechanismus u. Subjektivität in der Philosophie von T. H. (1995); R. Tuck, H. (1999). – *Bibliogr.:* W. Sacksteder, H.studies (1982).

Horkheimer: Dialektik der Aufklärung (zus. mit Adorno) (1947); Kritik der instrumentellen Vernunft (1967); Kritische Theorie, hrsg. v. A. Schmidt, 2 Bde. (1968); Vernunft u. Selbsterhaltung (1970). – *Ausg.:* Ges. Schriften, hrsg. v. A. Schmidt (1985 ff.). – *Lit.:* A. Schmidt, Drei Studien über Materialismus

(1977); J. J. Sánchez, Wider die Logik der Geschichte (1980); C.-F. Geyer, Aporien des Metaphysik- und Geschichtsbegriffs der Kritischen Theorie (1980); ders., Kritische Theorie. M. H. u. T. W. Adorno (1982); M. H. heute. Werk u. Wirkung, hrsg. v. A. Schmidt, N. Altwicker (1986); H. Dubiel, Theorie der Gesellschaft. Eine einführende Rekonstruktion von den Anfängen im Horkheimer-Kreis bis Habermas (1988); U. Wegerich, Dialektische Theorie u. historische Erfahrung (1992); Z. Rosen, M. H. (1995); M. Gangel, Jenseits instrumenteller Vernunft (1998).

Hume: Treatise on Human Nature (1740); An Enquiry Concerning Human Understanding (1748); An Enquiry Concerning the Principles of Morals (1751); Dialogues Concerning Natural Religion (posthum 1779). – *Gesamtausg.* der philosophischen Werke, hrsg. v. T. H. Green, T. H. Grose, 4 Bde. (London 1875; 1964). – *Lit.:* A. H. Basson, H. (Baltimore 1958); B. Stroud, H. (London 1977); E. Craig, D. H. (1979); E. Topitsch, G. Streminger, H. (1981); G. Streminger, D. H. (1994); A. von der Lühe, D. H.s ästhetische Kritik (1996); D. H. Eine Untersuchung über den menschlichen Verstand, hrsg. v. J. Kulenkampff (1997); D. Lohmar, Erfahrung u. kategoriales Denken (1998). – *Bibliogr.:* R. Hall, Fifty years of H. Scholarship (1978). – *Biogr.:* G. Streminger, D. H. (1986).

Husserl: Logische Untersuchungen, 2 Bde. (1900–01); Philosophie als strenge Wissenschaft, in: Logos I (1910); Ideen zu einer reinen Phänomenologie u. phänomenologischen Philosophie (1913); Formale u. transzendentale Logik (1929). – *Ausg.:* Ges. Werke „Husserliana" (Den Haag 1950 ff.). – *Lit.:* L. Landgrebe, Phänomenologie u. Metaphysik (1949); T. W. Adorno, Zur Metakritik der Erkenntnistheorie (1956); W. H. Müller, Die Philosophie E. H.s (1956); G. Brand, Die Lebenswelt (1971); J. Derrida, Die Stimme u. das Phänomen (1973); S. Müller, System u. Erfahrung (1974); ders., Vernunft u. Technik (1976); P. Janssen, E. H. (1976); E. Ströker, Lebenswelt u. Wissenschaft in der Philosophie E. H.s (1979); ders., H.s transzendentale Phänomenologie (1987); P. Prechtl, H. zur Einführung (1991); J. F. Lyotard, Die Phänomenologie (1993); A. Süßbauer, Intentionalität, Sachverhalt, Noema (1995); U. Kaiser, Das Motiv der Hemmung in H.s Phänomenologie (1997); P. Volonté, H.s Phänomenologie der Imagination (1997); R. Kühn, H.s Begriff der Passivität (1998).

Idealismus: ⁊Deutscher Idealismus. – O. Willmann, Geschichte des I., 3 Bde. (1894–97); F. Jodl, Kritik des I. (1920); N. Hartmann, Die Philosophie des deutschen I., 2 Tle. (1923–29, ³1974); T. W. Adorno, Negative Dialektik (1966); P. Kondylis, Die Entstehung der Dialektik (1979); Dimensionen der Sprache in der Philosophie des deutschen I., hrsg. v. B. Scheer u. G. Wohlfahrt (1982); H. Paetzold, Ästhetik des deutschen I. (1983); K. Nagasawa, Das Ich im Deutschen I. u. das Selbst im Zen-Buddhismus (1987); W. Patt, Transzendentaler I. (1987); A. Requate, Pragmatischer versus absoluter I. (1994); Aufhebung der Transzendentalphilosophie, hrsg. v. T. S. Hoffmann u. a. (1994); R. Bubner, Innovationen des I. (1995); V. Hösle, Philosophiegeschichte u. objektiver I. (1996); F. Voßkühler, Der I. als Metaphysik der Mo-

derne (1996); W. Huang, Der transzendentalphänomenologische I. (1998); D. H. Heidemann, Kant u. das Problem des metaphysischen I. (1998).
Ideologie: M. Mannheim, I. u. Utopie (1929); H. Barth, Wahrheit u. I. (²1961); T. W. Adorno, Jargon der Eigentlichkeit (1964, ⁹1980); H. R. Schlette, Philosophie, Theologie, I. (1968); K.-O. Apel, Hermeneutik u. I.kritik (1971); P. C. Lang, Hermeneutik, I.kritik, Ethik (1981); P. Ricœur, Lectures on ideology and utopia (1986); L. Kudera, Das Modell der I. (1987); A. Pechmann, Wissenschaft als I. (1998); K. H. Roters, Reflexionen über I. u. I.kritik (1998); B. John, I. u. Pädagogik (1999).
Jacobi: *Ausg.:* Ges. Werke, 6 Bde. (1821–25); Werke, hrsg. v. F. Roth, F. Koppen, 6 Bde. (1968); Briefwechsel, hrsg. v. M. Brüggen u. a. (1981 ff.). — *Lit.:* O. F. Bollnow, Die Lebensphilos. F. H. J.s (²1966); W. Weischedel, J. u. Schelling (1969); F. Wolfinger, Denken u. Transzendenz (1981); P.-P. Schneider, Die „Denkbücher" F. H. J.s (1986); K. Christ, J. u. Mendelssohn (1988); ders., F. H. J. (1998); Fichte u. J., hrsg. v. K. Hammacher (1998).
James: The Principles of Psychology, 2 Bde. (1890); The Varieties of Religious Experience (1902); Pragmatism (1907); A Pluralistic Universe (1909). – *Ausg.:* The works (Harvard 1975–88). – *Lit.:* K. Stumpf, W. J. (1928); R. Stevens, J. and Husserl (1974); The philosophy of W. J., hrsg. v. R. Corti (1976); E. Herms, Radical Empirism (1977); E. Fontinell, Self, God, and Immortality (1986); R. Díaz-Bone, W. J. zur Einführung (1996); K. M. Hingst, Perspektivismus u. Pragmatismus (1998).
Jaspers: Allgemeine Psychopathologie (1913); Psychologie der Weltanschauungen (1919); Die geistige Situation der Zeit (1931); Philosophie, 3 Bde. (1932); Vernunft u. Existenz (1935); Nietzsche (1936); Nietzsche u. das Christentum (1946); Von der Wahrheit (1947); Der philosophische Glaube (1948); Vom Ursprung u. Ziel der Geschichte (1949); Schelling, Größe u. Verhängnis (1955); Aneignung u. Polemik (1968); Die großen Philosophen, hrsg. v. H. Saner, 2 Bde. (1981). – *Bibliogr.:* von K. J. v. G. Gefken, K. Kunert (1968). – *Lit.:* M. Heidegger, Anmerkungen zu K. J.' „Psychologie der Weltanschauungen" (1919–21); L. Armbruster, Objektivität u. Transzendenz bei J. (1957); F. J. Fuchs, Seinsverhältnis (1984); Y. Ornek, K. J. (1986); H. Bielefeldt, Kampf u. Entscheidung (1994); R. Wisser, K. J. Philosophie als Bewährung (1995); H. Mynarek, Das Gericht der Philosophen (1997); M. Simon, Glaube – Religion – Offenbarung (1998); A. Baruzzi, Philosophieren mit J. u. Heidegger (1999). – *Bibliogr.:* Philosophie der Freiheit (1983). – *Biogr.:* H. Saner, K. J. (1970).
Joachim von Fiore: Concordia Veteris ac Novi testamenti (Venedig 1519); Expositio in Apokalypsim (1527); Tractatus super quatuor Evangelia (1930). – *Lit.:* H. Grundmann, Studien über J. v. F. (1927, ²1966); G. Wandelborn, Gott u. Geschichte (1974); A. Mehlmann, De unitate trinitatis (1991); M. Kaup, De prophetia ignota. Eine frühe Schrift J.s v. F. (1998).
Jüdische Philosophie: E. Behler, Die Ewigkeit der Welt (1961); S. Heinrich, Geschichte der J. P. (1984, ²1990); W. Licharz, Zwischen Gestern u. Morgen (1984); Bruch u. Kontinuität: jüdisches Denken in der europäischen Gei-

stesgeschichte, hrsg. v. E. Goodman-Thau u. a. (1995); N. M. Samuelson, Moderne J. P. (dt.1995); H. L. Goldschmidt, Stoa heute (1997).

Jung: *Ausg.:* Ges. Werke, hrsg. v. M. Niehus-Jung, 19 Bde. (1958–83), Nachtr.-Bd. (1987); Grundwerk, hrsg. v. H. Barz u. a., 9 Bde. (1984–85); 2 Appendix-Bde. (1987 u. 1994). – *Lit.:* D. Spies, Philos. Aspekte der Psychologie C. G. J.s (1975); G. Wehr, C. G. J. (1988); E. Nannen, C. G. J. (1991); W. Kast, Die Dynamik der Symbole (1996); T. Schmelzer, Archetyp u. Offenbarung (1999); A. Stevens, J. (1999).

Kant: Kritik der reinen Vernunft (1781, ^{2}1787 an wichtigen Stellen umgearbeitet); Prolegomena zu einer künft. Metaphysik (1783); Grundlegung der Metaphysik der Sitten (1785); Metaphys. Anfangsgründe der Naturwissenschaften (1786); Kritik der praktischen Vernunft (1788); Kritik der Urteilskraft (1790); Religion innerhalb der Grenzen der bloßen Vernunft (1793); Opus postumum hrsg. v. E. Adickes (1920). – R. Eisler, K.-Lexikon (1930, Nachdr. ^{9}1984); Allgem. K.-Index, hrsg. v. G. Martin (1967 ff.). – *Ausg.:* Preuss. Akad. der Wiss. (1900 ff.; Nachdr. 1962–83); Philosophische Bibliothek Meiner, hrsg. v. K. Vorländer (1904 ff.); E. Cassirer (^{2}1921–23); W. Weischedel (1956–64, Neuaufl. 1984). – *Lit.:* M. Heidegger, K. u. das Problem der Metaphysik (1929); ders., K.s These über das Sein (1961); ders., Die Frage nach dem Ding (1962); G. Krüger, Philosophie u. Moral in der K.schen Kritik (^{2}1967); K. u die Scholastik heute, hrsg. v. J.-B. Lotz (1955); H. Heimsoeth, Studien zur Philos. I. K.s, 2 Bde. (I ^{2}1971, II 1970); O. Marquard, Skept. Methode im Blick auf K. (^{3}1982), G. Martin, I. K. (1951), G. Prauss, Erscheinung bei K. (1971); O. Höffe, I. K. (1983); G. Prauss, Kant über Freiheit als Autonomie (1983); H. M. Baumgartner, K.s Kritik der reinen Vernunft (1985); R. Koppers, Zum Begriff des Bösen bei K. (1986); R. Heinrich, K.s Erfahrungsraum (1986); Grundlegung zur Metaphysik der Sitten, hrsg. v. O. Höffe (1989); L. Honnefelder, Scientia transcendens (1990); G. Schulte, I. K. (1991); K. über Religion, hrsg. v. F. Ricken, F. Marty (1992); D. Effertz, K.s Metaphysik. Welt u. Freiheit (1994); C. Biekmann, Differenz oder das Denken des Denkens (1996); C. Dierksmeier, Das Noumenon Religion (1998); I. K. Anfangsgründe der Rechtslehre, hrsg. v. O. Höffe (1999). – *Zeitschr.:* Kantstudien (1896 ff.); R. Scruton, K. (1999). – *Bibliogr.:* R. Malter, Kant-Bibliographie 1945–1990 (1999).

Kierkegaard: Über den Begriff der Ironie (1841); Entweder – Oder, 2 Bde. (1834); Philosophische Brocken, 2 Bde. (1844–46); Der Begriff der Angst (1844); Furcht u. Zittern (1844); Stadien auf dem Lebensweg (1845); Die Krankheit zum Tode (1849); Einübung im Christentum (1850); Der Augenblick (1855); Tagebücher, 2 Bde. (übers. v. T. Haecker, 1923). – *Ausg.:* Deutsche Gesamtausg., hrsg. v. C. Schrempff, E. Hirsch (1950 ff.); hrsg. v. W. Rest, H. Diem (1950 ff.); hrsg. v. E. Hirsch, H. Gerdes, 30 Bde. (1980 ff.). – *Lit.:* C. Schrempff, S. K., 2 Bde. (Biogr., 1927–28); M. Theunissen, Der Begriff Ernst bei S. K. (1958); H. Fahrenbach, K.s existenzdialekt. Ethik (1968); F. C. Fischer, Existenz u. Innerlichkeit (1969); J. Holl, K.s Konzeption des Selbst (1972); B. Heimbuchel, Verzweiflung als Grundphänomen der menschlichen Existenz (1983); H. M. Schmidinger, Das Problem des Interesses u. die Philosophie S. K.s (1983); J. Disse, K.s Phänomenologie der Freiheitserfahrung (1991); G. Brandes, S. K. (1992); M. Bongardt, Der Widerstand der Freiheit (1995); G.-G. Grau, Vernunft, Wahrheit, Glaube (1997); E. Birkenstock, Heißt philosophieren sterben lernen? (1997). – *Biogr.:* R. Grimsley, S. K. (1973).

Kosmologie: ↗Welt. – W. Scheffel, Aspekte der platonischen K. (1976); A. N. Whitehead, Prozeß u. Realität (^{2}1984); Vom Anfang der Welt. Wissenschaft, Philosophie, Religion, Mythos, hrsg. v. J. Audretsch, K. Mainzer (1989); H. Goenner, Einführung in die K. (1994); R. Kather, Ordnungen der Wirklichkeit (1998); J. Audretsch, H. Weder, K. u. Kreativität (1999).

Kritischer Rationalismus: ↗Albert, ↗Popper. – H. F. Spinner, Ist der K. R. am Ende? (1982); N. Yamawaki, Die Kontroverse zwischen K. R. u. transzendentaler Sprachpragmatik (1983); B. Gesang, Wahrheitskriterien im K. R. (1995); Rationalität u. Kritik, hrsg. v. V. Gadenne u. a. (1996); K. R. u. Pragmatismus, hrsg. v. V. Gadenne (1998); A. Waschkuh, K. R. (1999).

Kuhn: Die Entstehung des Neuen (dt. 1976); Die Struktur wissenschaftlicher Revolutionen (dt. 1967). – *Lit.:* Die Wissenschaftsphilosophie Th. S. K.s (1989); J. Quitterer, Kant u. die These vom Paradigmenwechsel (1996).

Kultur: O. Spengler, Der Untergang des Abendlandes (1918, ^{8}1986); T. W. Adorno, M. Horkheimer, Dialektik der Aufklärung (1947); J.-F. Lyotard, Das postmoderne Wissen (1982); H. Holz, Anthropodizee. Zur Inkarnation von Vernunft in der Geschichte (1982); Naturplan u. Verfallskritik. Zu Begriff u. Geschichte der Kultur, hrsg. v. H. Brockert u. a. (1984); Am Ende der Neuzeit, hrsg. v. H. M. Baumgartner u. a. (1985); H. F. Geyer, Physiologie der K. (1985); P. Koslowski, Die postmoderne K. (1987); K.philosophie, hrsg. v. R. Konersmann (^{2}1998); E. Holenstein, K.philosophische Perspektiven (1998); D. Solies, Natur in der Distanz (1998); Ethos des Interkulturellen, hrsg. v. A. Baruzzi u. a. Takeichi (1998); T. Göller, K.verstehen (1998); M. Fuchs, Mensch u. K. (1999); W. Kraus, Rettung K. (1999). – *Interkulturelles Gespräch:* All-Einheit: Wege eines Gedankens in Ost u. West, hrsg. v. D. Henrich (1986); F. M. Wimmer, Vier Fragen zur Philosophie in Afrika, Asien u. Lateinamerika (1988); R. A. Mall, Philosophische Grundlagen der Interkulturalität (1993); H. P. Sturm, Weder Sein noch Nichtsein (1996); Das Multiversum der Kulturen, hrsg. v. H. Kimmerle (1996); N. Schneider, Philosophie aus interkultureller Sicht (1997); Komparative Philosophie. Begegnungen zwischen östlichen u. westlichen Denkwegen, hrsg. v. R. Elberfeld u. a. (1998); H. Holz, Ost u. West als Frage strukturologischer Hermeneutik (1998); Ethos des Interkulturellen, hrsg. v. A. Baruzzi u. a. Takeichi (1998); Interkulturelle Philosophie u. Phänomenologie in Japan, hrsg. v. T. Ogawa (1998); Einheit u. Vielfalt, das Verstehen der Kulturen, hrsg. v. N. Schneider u. a. (1998).

Kunst: ↗Ästhetik. – Platon, Phaidros; Aristoteles, Poetik; Thomas v. Aquin, Summa theol. I/1 q. 57a 3; I. Kant, Kritik der Urteilskraft (1790); F. Schiller, Über die ästhetische Erziehung des Menschen (1794); F. W. v. Schelling, Philosophie der K. (1859; aus dem Nachlaß); G. W. F. Hegel, Vorlesungen über die Ästhetik (1835); M. Heidegger, Hölderlin u. das Wesen der Dichtung (1936); D. Brinkmann, Natur u. K. (1938); O. Bauhofer, Der Mensch u. die K. (1944); M. Heidegger, Der Ursprung des K.werks (1950); W. Weischedel, Die Tiefe im Antlitz der Welt (1952); W. Weidlé, Die Sterblichkeit der Musen (1958); R. Berlinger, Das Werk der Freiheit (1959); H. Kuhn, Wesen u. Wirken des K.werks (1960); H-G. Gadamer, Wahrheit u. Methode (1960); W. Benjamin, Das K.werk im Zeitalter seiner technischen Reproduzierbarkeit (1963); A. Halder, Kunst u. Kult (1964); W. Biemel, Philosophische Analyse zur K. der Gegenwart (1968); W. Perpeet, Das Sein der K. u. die kunstphilos. Methode (1970); H.-G. Gadamer, Die Aktualität des Schönen (1977); A. Halder, W. Welsch, Kunst u. Religion, in: Christlicher Glaube in moderner Gesellschaft, Bd. 2, hrsg. v. F. Böckle u. a. (1981); G. Wohlfart, Denken der Sprache (1984); G. Picht, K. u. Mythos (1986); K. Hast, Hegels ästhetische Reflexion des freien Subjekts (1991); Der Mensch als homo pictor, hrsg. v. H. Kämpf u. a. (1995); ErSchöpfungen, hrsg. v. P. Jansen u. a. (1997); A. Thomes, Was ist K.? (1998); C. Janke, Schiller u. Plato (1999).

Künstliche Intelligenz: H. Zemanek, Ausgewählte Beiträge zu Geschichte u. Philosophie der Informationsverarbeitung (1988); Aspekte des Leib-Seele-Problems: Philosophie, Medizin, K. I., hrsg. v. K. E. Bühler (1990); L. Pfeil, K. I. u. sprachanalytische Philosophie (1990); K. Mainzer, Computer – neue Flügel des Geistes (1994); E. Schäfer, Grenzen der K. I. (1994); Wissenschaften u. ihre Darstellungen, hrsg. v. G. Heyer u. a. (1998).

Kyoto-Schule: ↗Nishida, ↗Nishitani. – R. Schinzinger, Japanisches Denken (1983); Die Philosophie der Kyoto-Schule, hrsg. v. R. Ohashi (1990); E. Weinmayr, Entstellung (1991).

Lamettrie: Histoire naturelle de l'âme (1745); L'homme machine (1784, dt. ²1984). – *Ausg.:* Œuvres philos., 3 Bde. (1774). – *Lit.:* J. E. Poritzky, L. (1900); E. Bergmann, Die Satiren des Herrn Maschine (1913); Aufklärung u. Materialismus, hrsg. v. A. Baruzzi (1968); A. Baruzzi, Mensch u. Maschine (1975); U. P. Jauch, Jenseits der Maschine (1998).

Leib: H. Bergson, Materie u. Geist (1919); G. Siewerth, Der Mensch u. sein Leib (1953); W. Maier, Das Problem der Leiblichkeit bei Sartre u. Merleau-Ponty (1964); M. Merleau-Ponty, Phänomenologie der Wahrnehmung (1966); H. Schipperges, Kosmos Anthropos (1981); Leibhaftige Vernunft, hrsg. v. A. Métraux u. B. Waldenfels (1986); U. Reithmeyer, Philosophie der Leiblichkeit (1988); J.-P. Wils, Ästhetische Güte (1990); O. Betz, Der L. als sichtbare Seele (1991); H. Schmitz, Der L., der Raum u. die Gefühle (1998); W. Wahl, Feuerbach u. Nietzsche. Die Rehabilitierung der Sinnlichkeit u. des L.es (1998); S. Yuasa, Phänomenologie des Alltäglichen (1998).

Leibniz: Système nouveau de la nature (1695); Nouveaux essais sur l'entendement humain (1704); Theodicée (1710); Monadologie (nach 1714). *Mathematische Werke:* Nova methodus maximis et minimis itemque tangentibus etc. (1684); De analysi indivisibilium (1686); Petrogaea (1780). – *Ausg.:* Œuvres (Nachdr. der Ausg. Paris, 1861–75) (1969); Philosophische Schriften, hrsg. v. C. I. Gerhardt, 8 Bde. (²1931); von E. Cassirer, 5 Bde. (²1924); Sämtl. Schriften u. Briefe, hrsg. v. der Akademie der Wissenschaften Berlin (1923 ff.); G. Grua, Texte inédits d'après les manuscrits de la bibliothèque provinciale de Hannover (1948). – *Lit.:* H. H. Holz, L. (1958); W. Janke, L. (1963); O. Ruf, Die Eins u. die Einheit bei L. (1973); C. Axelos, Die ontologischen Grundlagen der Freiheitstheorie von L. (1973); K. E. Kaehler, L. Der methodische Zwiespalt der Metaphysik der Substanz (1979); Beiträge zur Rezeptions- u. Wirkungsgeschichte von G. W. L., hrsg. v. A. Heinekamp (1986); L.' Logik und Metaphysik, hrsg. v. A. Heinekamp u. F. Schupp (1988); A. Heinekamp, L.' Position der Rationalität (1989); M. T. Liske, L.' Freiheitslehre (1993); S. Lorenz, De mundo optimo (1997); A. Marschlich, Die Substanz als Hypothese (1997); S. K. Yun, Freiheitstheorie von L. (1997); T. Ramelow, Gott, Freiheit, Weltenwahl (1997). – *Bibliogr.:* L.-Bibliographie. Die Literatur über Leibniz bis 1980, hrsg. v. A. Heinekamp (1984). – Leibniz-Lexicon, hrsg. v. R. Finster u. a. (1988).

Leib-Seele-Problem: J. de Vries, Materie u. Geist (1970); K. R. Popper, Das Ich u. sein Gehirn (³1984); M. A. Bunge, Das L.-S.-P. (1984); J. R. Searle, Minds, brains and science (1984); P. Stoerig, Leib u. Psyche (1985); A. Beckermann, Descartes' metaphysischer Beweis für den Dualismus (1986); G. Stotz, Person u. Gehirn (1988); P. Orban, Psyche u. Soma (1988); M. Carrier, J. Mittelstraß, Geist, Gehirn, Verhalten (1989); J. Seifert, Das L.-S.-P. u. die gegenwärtige philosophische Diskussion (1989); J. C. Eccles, Wie das Selbst sein Gehirn steuert (1994); J. K. Jansen, Gehirn u. Denken (1995); T. Zoglauer, Geist u. Gehirn (1998).

Lessing, Gotth. E.: Ges. Werke, hrsg. v. P. Rilla, 10 Bde. (²1968); Ges. Werke, hrsg. v. W. Stammler (1958). – *Lit.:* M. Kommerell, L. u. Aristoteles (⁵1984); H. Thielicke, Vernunft u. Existenz bei L. (1981); R. Homann, Selbstreflexion der Literatur (1986); M. Krüger, Ichgeburt (1996). – *Bibliogr.:* L.-Bibliographie, hrsg. v. S. Seifert (1973).

Lévinas: In dt. Übers.: Die Spur des Anderen (1983); Die Zeit u. der Andere (1984); Wenn Gott ins Denken einfällt (1985); Totalität u. Unendlichkeit (1987); Anders als Sein oder jenseits des Wesens (1988); Zwischen uns (1991); Jenseits des Seins oder anders als Sein geschieht (1992); Vom Sein zum Seienden (1997). – *Lit.:* S. Strasser, Jenseits von Sein u. Zeit (1978); T. Wiemer, Die Passion des Sagens (1988); K. Huizing, Das Sein u. der Andere (1988); R. Funk, Sprache u. Transzendenz im Denken von E. L. (1989); A. Halder, Heidegger u. L. – einer in der Frage des anderen, in: Auf der Spur des Heiligen, hrsg. v. G. Pöltner (1991); W. N. Krewani, E. L. (1992); U. Bernhard, Vom Anderen zum Selben (1996); S. Sandherr, Die heimliche Geburt des Ichs (1998).

Lévi-Strauss: Les structures élémentaires de la parenté (1949); Traurige Tropen (1955, dt. 1978); Anthropologie structurale (1958, dt. 1967); Das wilde Denken (1962, dt. 1968); Mythologiques, 4 Bde. (1964 ff.). — *Lit.:* W. Lepenies, H. Ritter, Orte des wilden Denkens (1970); E. Leach, L.-S., zur Einführung (1991).

Lichtmetaphysik: W. Beierwaltes, Lux intelligibilis (1957); D. Bremer, Licht u. Dunkel in der frühgriechischen Dichtung: Interpretationen zur Vorgeschichte der Lichtmetaphysik (1976); I. von Wedemeyer, Das heilende Licht der Seele (1997); J.-W. Song, Licht u. Lichtung (1999).

Locke: Letters Concerning Toleration (lat. 1685 bzw. 1689; 1765); Essay Concerning Human Understanding (1690); Two Treatises of Government (1690); The Reasonables of Christianity (1695). – *Ausg.:* The Works (1714); Clarendon edition, hrsg. v. P. H. Niddich (1975 ff.). – *Lit.:* J. D. Mabbott, J. L. (1973); J. J. Jenkins, Understanding L. (1983); J. Colman, J. L.'s moral philosophy (1983); K.-F. Walter, Der Sachverhalt bei J. L. (1995); W. Euchner, J. L., zur Einführung (1996). – *Bibliogr.:* J. C. Attig, The works of J. L. (1985); R. Spechte, J. L. (1989); U. Thiel, J. L. (1990).

Logik: H. Scholz, Geschichte der L. (1931); C. Prantl, Geschichte der L. im Abendlande, 4 Bde. (Neudr. 1955); J. M. Bocheński, Formale L. (1956); B. v. Freytag-Löringhoff, L. , Bd. 1 (⁴1966), Bd. 2 (1967); F. v. Kutschera, A. Breitkopf, Einführung in die moderne L. (1971); G. Frege, Schriften zur L. u. Sprachphilosophie (1971); R. Carnap, Einführung in die symbolische L. (³1973); W. V. Quine, Philosophie der L. (1973); H. Seiffert, Einführung in die L. (1973); O. Schwemmer, Konstruktive L. (²1974); H. Wessel, L. u. Philosophie (1976); Ontologie u L., hrsg. v. P. Weingartner, E. Morscher (1979); T. M. Seebohm, Philosophie der L. (1984); P. Stekkler, Weithofer, Grundprobleme der L. (1986); T. M. Seebohm, Elementare formalisierte L. (1991); A. Bühler, Einführung in die L. (²1997); K. Fischer, L. u. Metaphysik oder Wissenschaftslehre, hrsg. v. H.-G. Gadamer (1998).

Löwith: Nietzsches Philosophie der ewigen Wiederkehr des Gleichen (1934); Von Hegel zu Nietzsche (1941, ⁴1958); Wissen, Glaube u. Skepsis (1956); Heidegger. Denker in dürftiger Zeit (1953); Weltgeschichte u. Heilsgeschehen (1953). – *Ausg.:* Sämtl. Schriften, hrsg. v. K. Stichweh, M. B. de Launay (1981 ff.). – *Lit.:* G. H. Dietrich, Das Verhältnis von Natur u. Welt bei R. Bultmann u. K. L. (1986); S. S. Coi, Der Mensch als Mitmensch (1993).

Machiavelli: Der Fürst (1513, dt. ⁶1978). – *Ausg.:* Ges. Schriften (dt. 1925). – *Lit.:* J. Klein, Denkstrukturen der Renaissance (1984); H. Freyer, M. (²1986); J.-W. Lee, Macht u. Vernunft im politischen Denken M.s (1987); M. Joly, Ein Streit in der Hölle. Gespräche zwischen Machiavelli u. Montesquieu über Macht u. Recht (1991); W. Kersting, N. M. (²1998).

Maimonides: Komm. zur Mischna (1168, arab.); Mischne Thora (1180, hebr., Zusammenfassung der Lehre); More Newuchim (Führer der Verirrten, 1190, arab.). – *Ausg.:* von S. Munk, 3 Bde. (Paris 1856–66, ²1960), dt. Übers. v. A. Weiß (1923–24). – *Lit.:* L. Baeck, M. (1954); J. Twersky, Introduction to the Code of M. (1980); Studies in M., hrsg. v. J. Twersky (1990); D. Salfield, M. M. (1990). – *Biogr.:* A. J. Heschel, M. (1982); I. Münz, M. Sein Leben u. seine Werke (1996).

Malebranche: De la recherche de la vérité, 2 Bde. (1674–75); Entretiens sur la métaphysique et sur la religion, 2 Bde. (1688). – *Ausg.:* Gesamtausg. von P. Constabel u. a. (Paris 1960–76). – *Lit.:* P. Mennicken, Die Philos. des N. M.

(1927); R. Reiter, System u. Praxis (1972); S. Ehrenberg, Gott, Geist u. Körper in der Philosophie von N. M. (1992); M. Eckholt, Vernunft in Leiblichkeit bei N. M. (1994); P. Steinfeld, Realität des Irrtums (1997). – *Bibliogr.:* P. Easton, Bibliographia malebranchiana (1994).

Marcel: Metaphysisches Tagebuch (1925, dt. 1955); Sein u. Haben (1935, dt. 1954); Homo viator (1945, dt. 1949); Geheimnis des Seins (1951, dt. 1952); Der Mensch als Problem (1955, dt. 1956); Gegenwart u. Unsterblichkeit (1959, dt. 1961); Der Untergang der Weisheit. Die Verfinsterung des Verstandes (dt. 1960); Tragische Weisheit (dt. 1974). — *Ausg.:* G. M. Werkauswahl, 3 Bde., hrsg. v. P. Grotzer, Vorwort v. P. Ricœur (1992). – *Lit.:* P. Ricœur, G. M. et K. Jaspers (1948); V. Berning, Das Wagnis der Treue (1973); P. Kampits, G. M.s Philosophie der zweiten Person (1975); K. Shioji, Das Sein des Selbst (1983); The Philosophy of G. M., hrsg. v. P. A. Schilpp, L. E. Hahn (1984); S. Cain, G. M.'s Theory of Religious Experience (1995); P. F. Ruelius, Mysterium spes (1995). – *Bibliogr.:* F. H. Lapointe, C. C. Lapointe, G. M. and his critics (1977).

Marcuse: Hegels Ontologie u. die Grundlage einer Theorie der Geschichtlichkeit (1932); Vernunft u. Revolution (dt. 1962); Triebstruktur u. Gesellschaft (dt. 1965); Kultur u. Gesellschaft, 2 Bde. (1965–67); Der eindimensionale Mensch (dt. 1967); Ideen zu einer kritischen Theorie der Gesellschaft (1969). – *Ausg.:* Schriften (1978 ff.). – *Lit.:* St. Breuer, Die Krise der Revolutionstheorie (1977); E. Viesel, Gesellschaftstheorie, Sprachanalyse u. Ideologiekritik (1982); U. Gmünder, Ästhetik, Wunsch, Alltäglichkeit (1984); E. Koch, Eros u. Gewalt (1985); H. Brunkhorst, H. M., zur Einführung (1990); Kritik u. Utopie im Werk von H. M., hrsg. v. Institut für Soziologie (1990); G. Servias, Arbeit, Vernunft, Glück (1998).

Maréchal: Le point de départ de la métaphysique, 5 Bde. (1922 ff.); Mélanges, 2 Bde. (1950). – *Lit.:* P. Wacker, Die Transzendentalität nach M. u. die thomistische Analektik (1964); M. Pfaffenhuber, Die Kant-Rezeption bei M. u. ihr Fortwirken in der kath. Religionsphilosophie (1970); R. MacCamy, Out of a Kantian chrysalis? (1998).

Maritain: *Ausg.:* J. et Raissa Maritain, Œuvres complètes, hrsg. v. J. M. Allion u. a., 15 Bde. (1986–1995); J. M. Œuvres (1912–1939), hrsg. v. H. Bars (1975). – *Lit.:* J. Reiter, Intuition u. Transzendenz (1967); C. Scarcella, Il pensiero di J. M. (1978); J. M. Philosophie dans la cité, hrsg. v. J.-L. Allard (1985); J. M. The Man and His Metaphysics, hrsg. v. J. Knassas (1988); J. V. Schall, J. M. (1998).

Marx: Über die Differenz der demokritischen u. epikureischen Naturphilosophie (1840); Zur Kritik der Hegelschen Rechtsphilosophie (1844); Ökonom.-philos. Manuskripte (geschrieben 1844, darin u. a.: Kritik der Hegelschen Dialektik u. Philosophie überhaupt); Die heilige Familie (1845, zus. mit F. Engels); Die deutsche Ideologie (1845–46); Das Elend der Philosophie (1847); Manifest der kommunistischen Partei (1848); Das Kapital, 3 Bde. (1867–94). – *Ausg.:* Histor.-krit. Gesamtausg. des M.-Engels-Lenin-Instituts (Berlin 1975–86) (zitiert als „MEGA"); Die Frühschriften, hrsg. v. S. Landshut (1953); Werke, 6 Bde., hrsg. v. H.-J. Lieber (1962 ff.). – *Lit.:* E. K. Bockmühl, Leiblichkeit u. Gesellschaft (1961); A. Schmidt, Der Begriff der Natur in der Lehre von K. M. (^{3}1978); I. Fetscher, K. M. u. der Marxismus (1967); O. v. Nell-Breuning, Auseinandersetzung mit K. M. (1969); H. Fleischer, M. u. Engels (1970); K. R. Popper, Falsche Propheten (^{3}1973); F.-J. Albers, Zum Begriff des Produzierens im Denken von K. M. (1975); W. Schmied-Kowarzik, Die Dialektik der gesellschaftlichen Praxis (1981); M.' Denken in Relationen zur Gegenwart, in: Synth. philos. 1–2 (Zagreb 1986); M. Volf, Zukunft der Arbeit – Arbeit der Zukunft (1988); H. Monz, Gerechtigkeit bei K. M. u. in der Hebräischen Bibel (1995); G. Freiwald, M. – was bleibt? (1999); I. Fetscher, M. (1999).

Marxismus: A. Cornu, K. Marx et la pensée (1948, dt. 1950); W. Theimer, Der M. (1950); J.-P. Sartre, M. u. Existentialismus (1964); A. Schaff, M. u. das menschliche Individuum (1965); H. Marcuse, Die Gesellschaftslehre des sowjetischen M. (1965); A. v. Weiss, Neo-M. (1970); L. Kolakowski, Die Hauptströmungen des M., 3 Bde. (1977–79); Abschied vom M. Sowjetische Philosophie im Umbruch, hrsg. v. A. v. Litschev, D. Kegler (1992); T. Schirrmacher, M. – Opium für das Volk (1997); L. J. Kim, Krise der Theorie u. Theorie der Krise (1998); E. Mandel, Einführung in den M. (dt. 1998); U.-J. Heuer, Demokratie u. Diktatur (1999). – *Studien:* Marxismus-Studien, hrsg. v. I. Fetscher (1954 ff.).

Materie: E. Baeumker, Das Problem der M. in der griech. Philosophie (1890); H. Bergson, M. u. Gedächtnis (1908); J. de Vries, M. u. Geist (1970); H. Happ, Hyle. Studien zum aristotelischen M.-Begriff (1971); W. Hirsch, Der neuscholastische M.begriff (1973); E. Bloch, Die Lehren von der M. (1978); T. de Chardin, Das Herz der M. (1990); M. u. Prozesse, hrsg. v. W. Gerok u. a. (1991); H. Genz, Die Entdeckung des Nichts (1994); K. Mainzer, M. (1996).

Mensch: ↗Anthropologie. – M. Scheler, Die Stellung des M.en im Kosmos (^{3}1949); A. Gehlen, Der M. (^{4}1950); A. Portmann, Zoologie u. das neue Bild vom M.en (1956); M. Buber, Das Problem des M.en (^{2}1954); G. Marcel, Der M. als Problem (dt. 1956); Die Frage nach dem M.en, hrsg. v. H. Rombach (1966); A. Baruzzi, M. u. Maschine (1973); Die Idee des M.en in der gegenwärtigen Philosophie, in: Synth. philos. 1–2 (Zagreb 1986); H.-M. Elzer, Der M. u. seine Verwirklichung (1991); Wissen vom M.en, hrsg. v. W. Faber (1993); H. Rombach, Der Ursprung (1994); H. Himmelmann, Freiheit u. Selbstbestimmung (1996); H. Spindler, Die Umwelt u. die Zukunft des M.en (1996); F. Wittig, Maschinenmenschen (1997).

Menschenrechte: J. Maritain, Die M. u. das natürliche Gesetz (1945, dt. 1951); W. Reimann, Menschenrecht u. Recht in der Philosophie G. W. Leibniz' (1968); Philosophical issues in human rights, hrsg. v. P. H. Werhaue u. a. (1986); J. Punt, Die Idee der M. (1987); S. König, Zur Begründung der M. (1994).

Merleau-Ponty: La structure du comportement (1942, dt. 1976); Phénoménologie de la perception (1945, dt. 1966); Humanisme et terreur (1947); Sens et non-sens (1948); Les aventures de la dialectique (1955, dt. ^{2}1974); Le visible et l'invisible (1964, dt. 1986); Humanismus und Terror (1966); La Prose du monde (1969, dt. 1984); L'œil et l' esprit (1979, 1984); Le Chasseur de violons (1986). – *Lit.:* N. Wokart, Versuch einer neuen Grundlegung der Philosophie bei M.-P. (1975); J. Gregori, M.-P.s Phänomenologie der Sprache (1977); L. Grams, Sprache als leibliche Gebärde (1978); Leibhafte Vernunft, hrsg. v. B. Waldenfels, M. A. Métraux (1986); H. v. Fabeck, An der Grenze der Phänomenologie (1994).

Metaphysik: H. Heimsoeth, Die sechs großen Themen der abendländischen M. (1921, ^{8}1987); ders., M. der Neuzeit (1934, Nachdr. 1967); M. Heidegger, Was ist M.? (1929); ders., Überwindung der M. (1951); ders., Einführung in die M. (1953); ders., Identität u. Differenz (^{2}1957); ders., Der Satz vom Grund (^{3}1965); W. Stegmüller, M., Wissenschaft, Skepsis (1954); E. Topitsch, Vom Ursprung u. Ende der M. (1958); G. Siewerth, Das Schicksal der M. von Thomas zu Hegel (1959); K. Kremer, Gott u. Welt in der klassischen M. (1969); M. Müller, Existenzphilosophie. Von der M. zur Metahistorik (^{4}1986); F. Kaulbach, Einführung in die M. (1972); W. Somonis, Zeit u. Existenz (1972); H. Boeder, Topologie der M. (1980); M. Heidegger, Die Grundbegriffe der Metaphysik. Welt – Endlichkeit – Einsamkeit, GA. Bd. 29–30 (1983, ^{2}1992); A. Dempf, M. (1986); H. Ebeling, Das Verhängnis (1987); M. heute?, hrsg. v. W. Oelmüller (1987); H. R. Schlette, Kleine M. (1990); L. Honnefelder, Scientia transcendens (1990); W. Schulz, Der Gott der neuzeitlichen M. (^{8}1991); E. Weinmayr, Entstellung (1991); J. Greisch, Hermeneutik u. M. (1993); U. Meixner, Ereignis u. Substanz (1997); A. Zimmermann, Ontologie oder M.? (1998); H. Takahashi, Nichts u. Seinsvergessenheit (1998).

Mill: A System of Logic (1843); On Liberty (1859); On Utilitarianism (1863); The Subjections of Women (1869); Three Essay on Religion (1874). – *Ausg.:* Collected works, hrsg. v. J. M. Robson (1965–91); J. S. M. Zur Logik der Moralwissenschaften, hrsg. u. übers. v. A. Mohr (1997). – *Lit.:* A. Ryan, J. S. M. (1974); W. L. Courtney, The Metaphysics of S. M. (1990); J. Gaulke, Freiheit u. Ordnung bei J. S. M. u. a. v. Hayek (1996). – *Bibliogr.:* M. Laine, Bibliography of works on J. S. M. (1982); N. MacMinn, Bibliographie (1990).

Modell: H. Stachowiak, Allgemeine M.theorie (1973); ders., M.e u. M.denken im Unterricht (1980); ders., M.e, Konstruktionen der Wirklichkeit (1983); J. Buhl, Anwendung u. Bedeutung modelltheoretischer Methoden in der Philosophie (1981); M. M. Richter u. a., M.theorie (1981); A. Tschopp, Modellhaftes Denken in der Soziologie (1990); J. Wernecke, Denken im M. (1994); P. Rothmaler, Einführung in die M.theorie (1995).

Müller: Über Grundbegriffe philosophischer Wertlehre (1932); Sein u. Geist (1940, ^{2}1981); Erfahrung u. Geschichte (1971); Philos. Anthropologie (1974); Sinn-Deutungen der Geschichte (1976); Der Kompromiß (1980); Existenzphilosophie. Von der Metaphysik zur Metahistorik (^{4}1986); Auseinandersetzung als Versöhnung, hrsg. v. W. Vossenkuhl (1994); M. Müller: Prolegomena einer politischen Philosophie, hrsg., eingeleitet u. komment. v. A. Bösl (1999). – *Lit.:* Die Frage nach dem Menschen, hrsg. v. H. Rombach (1966); R. E. Ruiz-Pesce, Metaphysik als Metahistorik (1987).

Mystik: J. Bernhart, Die philos. M. des Mittelalters (1922); R. Otto, West-östliche M. (1926, ³1971); G. Scholem, Die jüdische M. (1957); K. Albrecht, Das mystische Erkennen (1958); H. Waldenfels, Meditation in Ost u. West (1975); Sein u. Nichts in der abendländischen M., hrsg. v. W. Strolz (1984); E. Wolz-Gottwald, Meister Eckhart u. die Klassischen Upanishaden (1984); K. Albert, M. u. Philosophie (1986); G. Wehr, Die deutsche M. (1991); McGinn, Bernhard, Die Mystik im Abendland, 4 Bde. (1994 ff); K. Albert, Einführung in die philos. M. (1996); A. M. Haas, M. als Aussage, (1996); D. Vögeli, Der Tod des Subjekts – eine philosophische Grenzerfahrung (1997); B. Borchert, M. Das Phänomen – die Geschichte – neue Wege (1997); M. Ehmer, Die Weisheit des Westens (1998); D. Steindl-Rast, Fülle u. Nichts (1999).

Natorp: Descartes' Erkenntnistheorie (1882); Religion innerhalb der Grenzen der Humanität (1894); Platos Ideenlehre (1902, ³1961); Philosophische Propädeutik (1904, ⁷1927); Philosophie. Ihr Problem u. ihre Probleme (1911); Allgemeine Psychologie (1912); Recht u. Sittlichkeit (1913); Philosophie u. Pädagogik (²1923). – *Lit.:* E. Winterhager, Das Problem des Individuellen (1975); I. Krebs, P. N.s Ästhetik (1976); J. D. Saltzman, P. N.'s Philosophy of Religion (1981); G. Mückenhausen, Wissenschaftstheorie u. Kulturprogressus (1986); E. Hufnagel, Der Wissenschaftscharakter der Pädagogik (1990); N. Jegelka, P. N. (1992); F. Pfeffer, Individualität (1997).

Naturphilosophie: H. Dingler, Geschichte der N. (1932); N. Hartmann, Philosophie der Natur (1950); Die ontolog. Begründung des Rechts, hrsg. v. A. Kaufmann (1965); H. Sachsse, Einführung in die N., Bd. 1 (1967), Bd. 2 (1968); W. Heisenberg, Der Teil u. das Ganze (1969); C. F. v. Weizsäcker, Die Einheit der Natur (²1971); G. Hennemann, Grundzüge einer Geschichte der N. u. ihrer Hauptprobleme (1975); Naturverständnis u. Naturbeherrschung, hrsg. v. F. Rapp (1981); E. Brock, N., hrsg. v. E. Oldenmeyer (1985); H. Bartels, Grundprobleme der modernen N. (1996); Philosophia naturalis, hrsg. v. T. Arzt (1996); R. Kather, Ordnungen der Wirklichkeit (1998); T. Leiber, Kosmos, Kausalität u. Chaos (1996); Natur u. Naturerkenntnis, hrsg. v. M. Hauskeller (1998).

Negative Theologie: J. Hochstaffl, N. T. (1976); T. Weclawski, Zwischen Sprache u. Schweigen (1985); J. Derrida, Wie nicht sprechen. Verneinungen (dt. 1989); M. Theunissen, N. T. der Zeit (1991); E. Nordhofen, Der Engel der Bestreitung. Über das Verhältnis von Kunst u. N. T. (1993); J. Valentin, Der Atheismus in der Spur Gottes (1997); Vom Wagnis der Nichtidentität, hrsg. v. J. Reikerstorfer (1998).

Neukantianismus: ↗Cohen, ↗Cassirer, ↗Natorp, ↗Rickert. – P. Maerker, Die Ästhetik der südwestdeutschen Schule (1973); Erkenntnistheorie u. Logik im N., hrsg. v. W. Flach (1980); N., hrsg. v. H.-L. Ollig (1982); B. Tucker, Ereignis (1984); K. C. Köhnke, Entstehung u. Aufstieg des N. (1986); Materialien zur N.-Diskussion, hrsg. v. H.-L. Ollig (1987); H.-D. Häusser, Transzendentale Reflexion u. Erfahrungsgegenstand. Ein Beitrag zur historischen u. systematischen Genese des N. (1989); N. Perspektiven u. Probleme, hrsg. v.

E. W. Orth u. a. (1994); Wahrheit u. Geltung, hrsg. v. A. Riebel (1996); M. Parcher, Einführung in den N. (1997); Sinn, Geltung, Wert, hrsg. v. C. Krijnen (1998).
Neuplatonismus: ↗Plotin. – W. Theiler, Die Vorbereitung des N. (1937, ²1964); ders., Forschungen zum N. (1966); P. Crome, Symbol u. Unzulänglichkeit der Sprache (1970); W. Beierwaltes, Platonismus u. Idealismus (1972); ders., Denken des Einen. Studien zur neuplaton. Philosophie u. ihrer Wirkungsgeschichte (1985); F.-P. Hager, Gott u. das Böse im antiken Platonismus (1987); J. Halfwasser, Der Aufstieg zum Einen (1992); W. Beierwaltes, Platonismus im Christentum (1998).
Neuscholastik: F. Ehrle, Grundsätzliches zur Charakteristik der neueren u. neusten Scholastik (1918); O. Muck, Die transzendentale Methode in der scholastischen Philosophie der Gegenwart (1964); W. Hirsch, Der neuscholastische Materiebegriff (1973); A. Molitur, R. Meßner, Die Scheinstringenz der neuscholastischen Transzendentalphilosophie (1974); Christliche Philosophie, 3 Bde., hrsg. v. E. Coreth u. a. (1988–1990); K. Siedlaczek, Die Qualität des Sittlichen (1997).
Nietzsche: Große Kröner-Ausg., 19 Bde. (1895–1913); Musarion-Ausg., 23 Bde. (1920–29); Krit. Gesamtausg. (1933 ff.); Werke, hrsg. v. K. Schlechta, 3 Bde. u. Index-Bd. (1958,1965); Krit. Gesamtausg. (1967 ff.) u. Briefwechsel (1975–84), Krit. Studien-Ausg. (1980) u. Sämtliche Briefe (1986) v. G. Colli u. M. Montinari. – *Lit.:* K. Jaspers, N. (1936); M. Heidegger, N.s Wort „Gott ist tot" (1943); B. Welte, N.s Atheismus u. das Christentum (1958), M. Heidegger, N., 2 Bde. (1961); W. Müller-Lauter, N. (1971); H. P. Balmer, Freiheit statt Teleologie (1977); G. Abel, N. (1984); J. Figl, Interpretation als philosophisches Prinzip (1982); G. Picht, N. (1988); N. heute, hrsg. v. S. Bauschinger u. a. (1988); J. W. Lee, Politische Philosophie des Nihilismus (1992); B. Himmelmann, Freiheit u. Selbstbestimmung (1996); G. Bayerle, Wissen oder Kunst? (1998); D. Otto, Wendungen der Metapher (1998); W. Wahl, Feuerbach u. Nietzsche (1998); G. Figal, N. (1999); M. Tanner, N. (1999). – *Bibliogr.:* R. F. Krummel, N. u. der deutsche Geist, 2 Bde. (1974–83). – *Biogr.:* C. P. Janz, F. N., 3 Bde. (1978–79). – *Jahrbuch:* Nietzsche-Studien (1972 ff.). – Monographien u. Texte zur N.-Forschung (1972 ff.).
Nihilismus: ↗Nietzsche. – H. Thielicke, Der N. (1950); M. Heidegger, Zur Seinsfrage (1956); ders., Der europäische N. (1967); Der N. als Phänomen der Geistesgeschichte, hrsg. v. D. Arendt (1974); Denken im Schatten des N., hrsg. v. A. Schwan (1975); H. v. Coelln, Die letzten u. die ersten Dinge (1980); B. Welte, Das Licht des Nichts (1980); M. Thiel, Der N. Heidegger u. die Sophistik (1986); H.-J. Gawoll, N. u. Metaphysik (1989); B. Hillebrand, Ästhetik des N. (1991); J.-W. Lee, Politische Philosophie des N. (1992); T. Seibert, Geschichtlichkeit, N., Autonomie (1996); F. Vercellone, Einführung in den N. (1998).
Nikolaus von Kues: Opera omnia, hrsg. im Auftrag der Heidelberger Akad. der Wissenschaften (1970 ff.); Schriften in deutscher Übers., hrsg. v. E. Hofftmann (Philosophische Bibliothek Meiner) (1936 ff.); Philosophisch-theologi-

sche Schriften, lat.-dt., hrsg. v. L. Gabriel, 3 Bde. (1964–67). – *Lit.:* K. Jacobi, Die Methode der cusanischen Philosophie (1969); A. Brüntrup, Können u. Sein (1973); M. Frensch, Das gelehrte Nichtwissen (1978); D. Pätzold, Einheit u. Andersheit (1981); M. Stadler, Rekonstruktion einer Philosophie der Ungegenständlichkeit (1983); R. Haubst, Streifzüge in die cusanische Theologie (1991); K. H. Kandler, N. v. K. (1995); W. Beierwaltes, Der verborgene Gott (1997); K. Flasch, N. v. K. (1998). – E. Zellinger, Cusanus-Konkordanz (1960). – Mitteil. u. Forschungsbeitr. der Cusanus-Gesellschaft (1961 ff.).

Nishida: Über das Gute (1911, dt. 1989); Die morgenländischen u. abendländischen Kulturformen (1940); Die intelligible Welt (1943); A study of Good (1960); Intelligibility and the philosophy of nothingness (1976); Logik des Ortes (1999). – *Ausg.:* Gesamtausg., 19 Bde. (Tokio 1947 ff., ⁴1988). – *Lit.:* Y. Matsudo, Die Welt als Dialektisches Allgemeines (1989); Die Philosophie der Kyoto-Schule, hrsg. v. R. Ohashi (1990); K. Nishitani, N. K. (1991); R. Elberfeld, K. N. u. die Frage nach der Interkulturalität (1994); P. Mafli, N. K.s Denkweg (1996); R. Elberfeld, K. N. (1870–1945) (1999).

Nishitani: Was ist Religion? (1982); The self-overcoming of nihilism (1990). – *Lit.:* Religiöse Perspektiven künftigen Menschseins, hrsg. v. J. J. Petuchowski u. a. (1985); Gott alles in allem, hrsg. v. J. J. Petuchowski (1985); T. Unno, The religious philosophy of N. K. (1989); H. R. Bowers, Someone or nothing (1995).

Nominalismus: ↗Ockham. – R. Paqué, Pariser Nominalistenstatut (1970); C. Urban, N. im Naturrecht (1979); H. Hochberg, Logic, ontology, and language (1984); R. J. Utz, Literarischer N. im Spätmittelalter (1990); J. Reiners, Der N. in der Frühscholastik (1990); R. Schönberger, Relation als Vergleich (1994); J. Goldstein, N. u. Moderne (1998); H. Hintze, N. Primat der ersten Substanz versus der Prädikation (1998).

Ockham: Quodlibeta septem (1487); Summa totius logicae (1488). – *Ausg.:* Opera philosophica et theologica ad fidem condicum manuscriptorum edita, hrsg. v. Franciscan Institut (1967 ff.). – *Lit.:* A. Dempf, Die Naturphilosophie O.s als Vorbereitung des Kopernikanismus (1974); K. Bannach, Die Lehre von der doppelten Macht Gottes bei W. v. O. (1975); G. Leff, W. of O. (1975); Die Gegenwart O.s, hrsg. v. W. Vossenkuhl, R. Schönberger (1990); M. Kaufmann, Begriffe, Sätze, Dinge (1994); J. P. Beckmann, W. v. O. (1995); V. Leppin, Geglaubte Wahrheit (1995); J. Goldstein, Nominalismus u. Moderne (1998).

Ontologie: M. Heidegger, Sein u. Zeit (1927); K. Rahner, Geist in Welt (1939, ³1964); M. Müller, Sein u. Geist (1940, ²1981); C. Nink, O. (1952); H. Rombach, Substanz, System, Struktur, 2 Bde. (1965–66); ders., Strukturontologie (²1988); E. Tugendhat, Ti kata tinos (³1982); E. Lévinas, Die Zeit u. der Andere (1984); ders., Jenseits des Seins oder anders als Sein geschieht (²1998); M. Heidegger, O. Hermeneutik der Faktizität, GA Bd. 63 (²1995); E. Fräntzki, Daseinsontologie (1996); E. Baert, Aufstieg u. Untergang der O. (1997).

Origenes: *Ausg.:* Opera omnia, 3 Bde. (1743); Werke, hrsg. v. E. Klostermann, 3 Bde. (1959–83); Migne, Patrol. graeca, Bde. 11–17. – *Lit.:* K. O. Weber, O. der

Neuplatoniker (1962); H. de Lubac, Geist aus der Geschichte (1968); H. S. Benjamins, Eingeordnete Freiheit (1994); M. Krüger, Ichgeburt (1996); C. Reemts, Vernunftgemäßer Glaube (1998).
Ortega y Gasset: Die Aufgabe unserer Zeit (1923, dt. 1928); Der Aufstand der Massen (1929, dt. 1931); Betrachtungen über die Technik (1933); Vom Menschen als utopischem Wesen. Vier Essays (dt. 1951); Der Intellektuelle u. der Andere (1940); Geschichte als System (1941); Der Mensch u. die Leute (1957); Was ist Philosophie? (1960). – *Ausg.:* Obras completas, 12 Bde. (Madrid 1966–83); Obras inéditas, 5 Bde. (Madrid 1958); Ges. Werke in deutscher Übers., 6 Bde. (1978). – *Lit.:* F. Niedermayer, O. y G. (1959); J. Ganter, O. y G. u. die spanische Kunst (1976); A. Kolpatzik, Technisch-philosophische Betrachtungen im Werk J. O. y G (1996); A. Savignano, Introduzione a O. y G. (1996); F. Jung-Liedemann, Zur Rezeption des Werkes von J. O. y G. in den deutschsprachigen Ländern (1997).
Ostasiatisches Denken: ↗Kyoto-Schule. – A.-H. Lee, Die Verneinung des Willens bei Schopenhauer im Vergleich mit der ostasiatischen Philosophie (1983); Religion u. Philosophie in Ostasien, hrsg. v. G. Namdorf u. a. (1985); All-Einheit. Wege eines Gedankens in Ost u. West, hrsg. v. D. Henrich (1986); M. Maruyama, Denken in Japan (1988); M. Granet, Das chinesische Denken. Inhalt, Form, Charakter (^{3}1989); C. Gellner, Weisheit, Kunst u. Lebenskunst (1997); Interkulturelle Philosophie u. Phänomenologie in Japan, hrsg. v. T. Ogawa (1998); Ethos des Interkulturellen, hrsg. v. A. Baruzzi u. a. Takeichi (1998).
Parmenides: *Sammlung:* Die Anfänge der Ontologie, Logik u. Naturwissenschaft, hrsg. v. E. Heitsch (1974). – *Lit.:* M. Heidegger, Moira, in: Vorträge u. Aufsätze (1954); E. Jüngel, Zum Ursprung der Analogie bei Heraklit u. Parmenides (1964); K. Heinrich, P. (1966); E. Heitsch, Gegenwart u. Evidenz bei P. (1970); J. Jantzen, P. zum Verhältnis von Sprache u. Wirklichkeit (1976); J. Schlüter, Heidegger u. P. (1979); G. D. Farandos, Die Wege des Suchens bei Heraklit u. P. (1982); H. C. Günther, Aletheia u. Doxa (1998).
Pascal: Œuvres de B. P., hrsg. v. L. Brunschvicg u. a., 14 Bde. (Paris 1914–23), von J. Chevalier (^{2}1963). – *Lit.:* H. Meyer, P.s Pensées als dialogische Verkündigung (1961); U. R. Soballa, Die Hoffnung in P.s Fragment „Unendliches Nichts" (1978); T. Spoerri, Der verborgene P. (1984); H. Giesekus, Glaubenswagnis (1997).
Person: R. Guardini, Welt u P. (^{3}1950); A. Gehlen, Das Ende der Persönlichkeit? in: Merkur 10 (1956); Die Frage nach dem Menschen, hrsg. v. H. Rombach (1966); F. Wiplinger, Der personal verstandene Tod (1970); M. Weinrich, Die Entdeckung der Wirklichkeit im personalistischen Denken (1978); B. Williams, Probleme des Selbst (1978); A. Brunner, P. u. Begegnung (1982); Identität der P., hrsg. v. L. Siep (1983); Subjekt u. P., hrsg. v. R. Bubner (1988); H. Holzhey, Persönliche Freiheit (1990); M. S. Reuber, Vom Subjekt zur P. (1992); R. Spaemann, Personen (1996); D. Sturma, Philosophie der P. (1997).
Phänomenologie: ↗Husserl. – L. Landgrebe, Der Weg der P. (^{2}1967); ders., Faktizität u. Individuation (1982); M. Müller, Existenzphilosophie (^{4}1986);

M. Heidegger, P. und Theologie (1970); W. A. M. Lujpen, Existentielle P. (1971); E. W. Orth, P. u. Praxis (1976); E. Lévinas, Die Spur des Anderen (1983); Ch. Cheung, Der anfängliche Boden der P. (1983); E. Ströker, P. Janssen, Phänomenologische Philosophie (1989); M. Heidegger, Grundprobleme der P., GA Bd. 24 (1975, ²1989) u. GA Bd. 58 (1992); ders., Einführung in die phänomenologische Forschung, GA Bd. 17 (1994); K. Mai, Die P. u. ihre Überschreitungen (1996); C. Möckel, Einleitung in die transzendentale P. (1998); Interkulturelle Philosophie u. P. in Japan, hrsg. v. T. Ogawa (1998); Der Anspruch des Anderen, hrsg. v. B. Waldenfels (1998); A. Becke, Der Weg der P. Husserl, Heidegger, Rombach (1999); E. Lévinas, Die Spur des Anderen (dt. 1983, ⁴1999); B. Waldenfels, Sinnesschwellen – Studien zur P. des Fremden (1999). – Phänomenologische Forschungen, hrsg. v. E. W. Orth (1975 ff.).

Philosophie: B. Bolzano, Was ist P.? (1949, Nachdr. 1964); W. Windelband, Was ist P.?, in: Präludien, Bd. 1 (1884); H. Rickert, Vom Begriff der P., in: Logos 1 (1910–11); E. Husserl, P. als strenge Wissenschaft, in: ebd.; W. Dilthey, Das Wesen der P. (1984); H.-G. Gadamer, Über die Ursprünglichkeit der P. (1948); N. Hartmann, Einführung in die P. (²1952); F. Brentano, Religion u. P. (1954); K. Jaspers, Was ist P.? (1976); ders., Kleine Schule des philosophischen Denkens (⁴1971); W. Stegmüller, Metaphysik, Wissenschaft, Skepsis (1954); M. Heidegger, Was ist das – die P.? (1956); ders., Zur Sache des Denkens (1969); K. Löwith, Wissen, Glaube u. Skepsis (1956); J. Pieper, Was heißt philosophieren? (1959); Was ist P.?, hrsg. v. K. Salumun (1980); K. Wuchterl, Lehrbuch der P. (1984); H. Rombach, Die Gegenwart der P. (³1988); M. Heidegger, Einleitung in die P., GA, Bd. 27 (1996); U. Wolf, Die P. u. die Frage nach dem guten Leben (1999).

Pieper: Die Wirklichkeit u. das Gute (1935); Traktat über die Klugheit (1940); Ordnung u. Geheimnis (1946); Wahrheit der Dinge (1947); Über Thomas v. Aquin (1949). – *Ausg.:* Werke, 8 Bde., hrsg. v. B. Wald (1995 ff.). – *Lit.:* C. Dominici, La filosofia di J. P. (1980); Aufklärung u. Tradition, hrsg. v. H. Fechtrup u. a. (1995); G. Rodheudt, Die Anwesenheit des Verborgenen (1997).

Platon: 1) Jugendschriften (bes. Darstellung der Lehre des Sokrates mit der Möglichkeit gültigen Wissens): Ion, Apologie, Kriton, Protagoras, Laches, Charmides, Politeia I, Eutyphron, Lysis; 2) Schriften der Übergangszeit (Einfluß der Pythagoreer, bes. Auseinandersetzung mit den Sophisten): Hippias minor, Gorgias, Menon, Euthydemos, Kratylos, Hippias maior, Menexenos; 3) Schriften der Mannesjahre (Ideenlehre): Phaidon, Symposion, Phaidros, Politeia II bis X; 4) Schriften des Alters: Theaitetos, Parmenides, Sophistes, Politikos, Philebos, Timaios, Kritias, Nomoi, Epinomis. – *Ausg.:* H. Stefanus, 3 Bde. (Paris 1578) (nach deren Paginierung wird zitiert); J. Burnet, Platonis Opera, 5 Bde. (Oxford 1899–1906 u. ö.); Sämtl. Werke in dt. Sprache, 3 Bde. (1954); P.s Werke, übers. v. F. Schleiermacher (1804–10, auch rororo 1957 u. ö.); Werke, hrsg. v. G. Eigler, 8 Bde. (1970–83); P. Werke, Übersetzung u. Kommentar, hrsg. v. E. Heitsch u. C. W. Müller (1994 ff.). – *Lex.:* F. Ast, Lexicon Platonicum (1835, Nachdr. 1956). – *Lit.:* M. Heidegger, P.s Lehre v. der Wahrheit (1942, ³1975); T. Ballauff, Die Idee der Paideia (1963); E. Sandvoss, Soteria (1971); K. Bormann, P. (1973); A. Graeser, P.s Ideenlehre (1975); W. Scheffel, Aspekte der Platonischen Kosmologie (1976); G. Krüger, Eros u. Mythos bei P. (1978); G. Müller, P.s Dialog vom Staat (1981); W. Wieland, P. u. die Formen des Wissens (1982, ²1999); R. Ferber, P.s Idee des Guten (1984); M. Jozic, Aporie u. Tod. Zur Dramatik des Platonischen Denkens (1987); G. Reale, Zu einer neuen Interpretation P.s (1992); J. Szaif, P.s Begriff der Wahrheit (1996); P. Politeia, hrsg. v. O. Höffe (1997); B. Zehnpfennig, P. (1997); M. Bordt, P. (1999).

Platonismus: E. Hoffmann, P. u. christliche Philosophie (1960); H. J. Krämer, Der Ursprung der Geistmetaphysik (1964); P. in der Philos. des Mittelalters, hrsg. v. W. Beierwaltes (1969); G. v. Bredow, P. im Mittelalter (1972); Der P. in der Antike. Grundlagen, System, Entwicklung, 2 Bde., hrsg. v. H. Dörrie u. a. (1987–90); H. Dörrie, Die geschichtlichen Wurzeln des P. (1987); ders., Die philosophische Lehre des P. (1998); J. N. Findlay, Plato u. der P. (1994); M. J. Brach, Heidegger – Platon (1996); Platon in der abendländischen Geschichte. Neue Forschungen zum P., hrsg. v. T. Kobusch (1997); W. Patt, Formen des Anti-P. bei Kant, Nietzsche u. Heidegger (1997); W. Beierwaltes, P. im Christentum (1998).

Plessner: Die Stufen des Organischen u. der Mensch (1963); Diesseits der Utopie (1966). – *Ausg.:* Ges. Schriften, hrsg. v. G. Dux u. a., 10 Bde. (1980–85). – *Lit.:* F. Hammer, Die exzentrische Position des Menschen (1967); Philos. Rede vom Menschen, hrsg. v. B. Delfgaauw u. a. (1986); A. Benk, Skeptische Anthropologie u. Ethik (1987); S. Pietrowicz, H. P. (1992); G. Dux, Der Prozeß der Geistesgeschichte (1994); F. Schirrmacher, Der natürliche Mensch (1997); H.-U. Lessing, Hermeneutik der Sinne (1998).

Plotin: Opera, hrsg. v. P. Henry u. R. Schwyzer (Paris 1951–73); dt.-griech. Ausg. von R. Harder, 5 Bde. (1956–71) (zusätzl. 1 Anhang- u. 1 Index-Bd.). – *Lit.:* K.-H. Volkmann-Schluck, P. als Interpret der Ontologie Platons (³1966); H. R. Schlette, Das Eine u. das Andere (1966); W. Beierwaltes, Über Ewigkeit u. Zeit (1967); V. Schubert, Pronoia u. Logos (1968); ders., P. (1973); E. Früchtel, Weltentwurf u. Logos (1970); C. Hermann, Der dialektische Zusammenhang der Plotinischen Grundbegriffe (1977); H. Benz, Materie u. Wahrnehmung in der Philosophie P.s (1990); R. Schicker, P. Metaphysik u. Modalität (1993); J. Halfwasser, Geist u. Selbstbewußtsein (1994); K.-H. Cho, Zeit als Abbild der Ewigkeit (1999). – *Lex.:* J. H. Sleeman, G. Pollet, Lexikon plotinianum (1980).

Popper: Das Elend des Historizismus (1965, ⁵1979); Logik der Forschung (1959, dt. ⁸1984); Die offene Gesellschaft u. ihre Feinde, 2 Bde. (⁶1980). – *Lit.:* H. Spinner, P. u. die Politik (1978); O. P. Obermeier, P.s „Kritischer Rationalismus" (1980); R. Hahn, Die Theorie der Erfahrung bei P. u. Kant (1982); W. Hofkirchner, Das Elend des kritischen Rationalismus (1986); E. Döring, K. R. P. (1987); W. Petropulos; Offene Gesellschaft, geschlossene Seele (1998); K. P. Logik der Forschung, hrsg. v. H. Keuth (1998).

Positivismus: ↗Comte. – V. Kraft, Der Wiener Kreis (1950); W. Bröcker, Dialektik, P., Mythologie (1958); J. Habermas, Erkenntnis u. Interesse (1968); L. Kolakowski, Die Philosophie des P. (1971); Positivismus im 19. Jh., hrsg. v. J. Blühdorn u. J. Ritter (1971); H. Lübbe, Bewußtsein in Geschichten (1972); W. Ettelt, Die Erkenntniskritik des P. u. die Möglichkeit der Metaphysik (1979); K. H. Haag, Der Fortschritt in der Philosophie (1983); H. H. Gander, P. als Metaphysik (1988); H.-J. Dahms, Positivismusstreit (1994); B. Plé, Die „Welt" aus den Wissenschaften (1996); A. Wellmer, Kritische Gesellschaftstheorie u. P. (^{5}1997).

Pufendorf: De iure naturae et gentium (1672); De officio hominis et civis iuxta legem naturalem (1673). – *Ausg.:* Gesammelte Werke, hrsg. v. W. Schmidt-Biggemann (1996 ff.). – *Lit.:* F. Lezius, Der Toleranzbegriff Lockes u. P.s (1900, Nachdr. 1971); H. Welzel, Die Naturrechtslehre S. P.s (1986); W. Hunger, S. v. P. (1991); D. Döring, P.-Studien. Beiträge zur Biographie S. v. P.s u. zu seiner Entwicklung als Historiker u. theologischer Schriftsteller (1992); S. P. u. seine Wirkung bis auf die heutige Zeit, hrsg. v. B. Geyer (1996).

Rahner: Geist in Welt (1939, ^{3}1964); Hörer des Wortes (1941, ^{3}1969); Schriften zur Theologie (1954 ff.); – *Ausg.:* Sämtliche Werke, hrsg. v. K. Lehmann u. a. (1994 ff.). – *Lit.:* E. Simons, Philosophie der Offenbarung (1966); H. Striewe, Reditio subjecti in seipsum (1979); B. Snela, Das Menschliche im Christlichen (1986); A. Losinger, Der anthropologische Ansatz in der Theologie K. R.s (1991); N. Knoepfler, Der Begriff „transzendental" bei K. R. (1993); E. Dirscherl, Die Bedeutung der Nähe Gottes. Ein Gespräch mit K. R. u. E. Lévinas (1995); L. Hauser, Logik der theolog. Erkenntnislehre (1996); F. Gmainer-Pranze, Glaube u. Geschichte bei K. R. u. G. Ebeling (1996); K. R.s Philosophie, in: Synth. philos. 2 (Zagreb 1996). – *Bibliogr.:* Glaube im Prozeß, hrsg. v. E. Klinger (^{2}1984).

Rechtsphilosophie: ↗Naturrecht. – E. Wolf, Griechisches Rechtsdenken, 4 Bde. (1950–56); ders., Große Rechtsdenker der deutschen Geistesgeschichte (1951); W. Maihofer, Recht u. Sein (1954); U. Hommes, Die Existenzerhellung u. das Recht (1963); K. Rode, Geschichte der europäischen R. (1974); T. Schramm, Einführung in die R. (^{2}1982); A. Kaufmann, R. im Wandel (^{2}1984); W. Nancke, Rechtsphilos. Grundbegriffe (^{2}1986); H. Alwart, Recht u. Handlung (1987); O. Höffe, Politische Gerechtigkeit (1989); ders., Vernunft u. Recht (1996); A. Baruzzi, Freiheit, Recht u. Gemeinwohl. Grundfragen einer R. (1990); A. Kaufmann, R. (1997).

Relativitätstheorie: H. Driesch, R. u. Philosophie (1924); U. Hoyer u. a., R. u. Philosophie (1985); Philosophie u. Physik der Raum-Zeit, hrsg. v. J. Audretsch (1988); K. Pagels, Kant gegen Einstein. Philosophische Kritik gegen R. (1992); T. Fließbach, Allgemeine R. (^{3}1998).

Religionsphilosophie: K. Rahner, Hörer des Wortes (1941, ^{3}1969); H. Fries, Die kath. R. der Gegenwart (1949); W. Lohff, Glaube u. Freiheit (1957) (zu K. Jaspers); E. Heck, Der Begriff religio bei Thomas v. A. (1971); H. R. Schlette, Skeptische R. (1972); R. Schaeffler, Religion u. kritisches Bewußtsein (1973); ders., R. (1983, ^{2}1997); B. Welte, R. (1978, ^{5}1997); Gott nennen, hrsg. v.

B. Casper (1981); K. Wuchterl, Philosophie u. Religion (1982); K. Nishitani, Was ist Religion? (1982); Sein u. Schein der Religion, hrsg. v. A. Halder u. a. (1983); E. Lévinas, Wenn Gott ins Denken einfällt (1985); Experiment R., hrsg. v. A. Halder u. a., 3 Bde. (1986–88); F. v. Kutschera, Vernunft u. Glaube (1990); Die Stimme in den Stimmen. Zum Wesen der Gotteserfahrung, hrsg. v. L. Wenzler (1992); M. Heidegger, Phänomenologie des religiösen Lebens, GA Bd. 60 (1995); N. Fischer, Die philos. Frage nach Gott (1995); W. Oelmüller, R. Dölle-Oelmüller, Grundkurs: R. (1997); H. R. Schlette, Mit der Aporie leben. Zur Grundlegung einer Philosophie der Religion (1997).

Rickert: Der Gegenstand der Erkenntnis (1892); Die Grenzen der naturwissenschaftlichen Begriffsbildung (1896); Kulturwissenschaft u. Naturwissenschaft (1899); Allgemeine Grundlagen der Philosophie (1921); Kant als Philosoph der modernen Kultur (1924); Die Heidelberger Tradition (1931); Grundprobleme der Philosophie (1934); Unmittelbarkeit u. Sinndeutung (1939); Philosophische Aufsätze, hrsg. v. R. A. Bast (1999). – *Lit.:* A. Miller-Rostowska, Das Individuelle als Gegenstand der Erkenntnis (1955); H. Seidel, Wert u. Wirklichkeit in der Philosophie H. R.s (1968); U. Sand, M. Weber u. die Geschichtsmethodologie H. R.s (1987); L. Kuttig, Konstitution u. Gegebenheit bei H. R. (1987); M. Signore, R. zwischen Historismus u. Ontologie (1989); A. Riebel, Zur Prinzipienlehre bei H. R. (1992).

Ricœur: Die Interpretation (1969); Phänomenologie der Schuld, 2 Bde. (1971); Hermeneutik u. Strukturalismus (1973); Geschichte u. Wahrheit (1974); Metapher (1974); Hermeneutik u. Psychoanalyse (1974); Die lebendige Metapher (1986); Zufall u. Vernunft in der Geschichte (1986); Zeit u. Erzählung, 3 Bde., Bd. I: Zeit u. historische Erzählung (1988), Bd. II: Zeit u. literarische Erzählung (1989), Bd. III: Die erzählte Zeit (1991); Das Selbst als ein Anderer (1996). – *Lit.:* M. Böhnke, Konkrete Reflexion (1983); M. J. Raden, Das relative Absolute (1988); H. V. White, Die Bedeutung der Form (1990); U. I. Meyer, P. R. (1991); J. Greisch, P. R. (1995); S. Orth, Das verwundete cogito u. die Offenbarung (1999). – *Bibliogr.:* von F. D. Vansina (1985).

Ritter: Docta ignorantia (1927); Über den Sinn u. die Grenze der Lehre vom Menschen (1933); Mundus intelligibilis (1937); Die Lehre vom Ursprung u. Sinn der Theorie bei Aristoteles (1953); Hegel u. die Französische Revolution (1957); Naturrecht bei Aristoteles (1961); Metaphysik u. Politik (1969, ²1988); Subjektivität (1974). – *Lit.:* Collegium philosophicum, hrsg. v. E. W. Böckenförde (1965); E. Matassi, Eredità hegeliane (1991).

Rombach: Über Ursprung u. Wesen der Frage (1948, ²1988); Die Gegenwart der Philosophie (1962, 3. grundlegend neu bearb. Aufl. 1988); Substanz, System, Struktur, 2 Bde. (1965–66); Strukturontologie (1971, ²1988); Phänomenologie des gegenwärtigen Bewußtseins (1980); Strukturanthropologie (1987); Der kommende Gott (1991); Der Ursprung (1994); Phänomenologie des sozialen Lebens (1994). – *Lit.:* L. Düpelmann, R. Huntelmann, Sein u. Struktur (1991); P. Reinhartz, Idenität u. Differenz (1994); G. Morasch, Hermetik u. Hermeneutik (1996); M. Türk, Offenbarung u. Struktur (1999); A. Becke, Der Weg der Phänomenologie. Husserl, Heidegger, R. (1999).

Rosenzweig: Hegel u. der Staat (1920); Der Stern der Erlösung (1921); Briefe (1935); Kl. Schriften (1937). – *Lit.:* M. Theunissen, Der Andere (1965); B. Casper, Das dialogische Denken (1967); H.-J. Görtz, Tod u. Erfahrung (1984); G. Fuchs, H.-H. Henrix, Zeitgewinn (1987); S. Mosés, System u. Offenbarung (1987); A. Zak, Vom reinen Denken zur Sprachvernunft (1987); Der Philosoph F. R. (1886–1929). Internat. Kongreß Kassel 1986, hrsg. v. W. Schmied-Kowarzik (1988); H. M. Dober, Die Zeit ernst nehmen (1990); D. Hauck, Frage nach dem Anderen (1990); W. D. Schmied-Kowarzik, F. R. (1991).

Rousseau: Œuvres Complètes (Paris 1959–69); Sämtl. Werke, hrsg. v. C. F. Kramer, 11 Bde. (1785–99); Schriften, hrsg. v. H. Ritter (1978). – *Lit.:* E. Cassirer, Das Problem J.-J. R. (1970); R. Brandt, R.s Philosophie der Gesellschaft (1973); R. Spaemann, R. Bürger ohne Vaterland (1980); S. v. Garrel, Die Bedeutung der vrais savants bei R. (1984); K. H. Fischer, J.-J. R. (1991); R. in Deutschland, hrsg. v. H. Jaumann (1995); R. Müller, Anthropologie u. Geschichte (1997); R. Wakler, R. (1999).

Russell: Principia Mathematica, 3 Bde. (1910–30, zus. mit A. N. Whitehead; daraus Vorr. u. Einl. dt. 1932); The Problems of Philosophy (1912, dt. 1926); The Analysis of Mind (1921, dt. 1927); The Analysis of Matter (1927, dt. 1929); Power (1938, dt. 1947); Human Society in Ethics and Politics (1954, dt. 1956); Autobiographie (1970–71). – *Lit.:* W. Langhammer, B. R. (dt. 1983); R.-P. Horstmann, Ontologie u. Relationen (1984); J. Rattner, B. R., M. Heidegger (1990); G. Bornet, Naive Semantik u. Realismus (1991). – *Bibliogr.:* v. W. Martin (1981); A Bibliogr. of B. R. v. K. Blackwell, H. Ruja, 3 Bde. (1994).

Säkularisierung: H. Blumenberg, S. u. Selbstbehauptung (1974); H. Lübbe, S. (²1975); U. Ruh, S. als Interpretationskategorie (1980); O. Mann, Die gescheiterte Säkularisation (1980); H. Lübbe, Religion nach der Aufklärung (1986); G. Vattimo, Glauben – Philosophieren (1997); M. Werz, Grenzen der S. (1998).

Sartre: La transcendance de l'ego (1936–37); L'imagination (1936); L'imaginaire (1940); L'être et le néant (1943, dt. 1952); L'existentialisme est un humanisme (1946, dt. 1947); Situations I–VII (1947–65); Critique de la raison dialectique (1960, dt. 1967). – *Lit.:* K. Hartmann, Grundzüge der Ontologie S.s in ihrem Verhältnis zu Hegel (1963); G. Seel, S.s Dialektik (1971); R. Berlinger, S.s Existenzerfahrung (1982); K. Hartmann, Die Philosophie J.-P. S.s (²1983); M. Suhr, S., zur Einführung (1987); W. Lesch, Imaginatio u. Moral (1989); J. Hengelbrock, J.-P. S. (1989); T. Damast, J.-P. S. u. das Problem des Idealismus (1994); R. Olschanski, Phänomenologie der Mißachtung (1997).

Scheler: Ges. Werke, 13 Bde. (1954–82). – *Lit.:* E. Blessing, Das Ewige im Menschen (1954); B. Lorscheid, M. S.s Phänomenologie des Psychischen (1957); F. Hammer, Theonome Anthropologie? (1972); B. Brenk, Metaphysik des einen u. absoluten Seins (1975); P. Winter, Irrationalität u. Anthropologie (1980); Studien zur Philosophie von M. S., hrsg. v. W. Orth, G. Pfafferdt (1994); J. H. Nota, M. S. (1995); M. Michalski, Fremdwahrnehmung u. Mitsein (1997); Denken des Ursprungs – Ursprung des Denkens, hrsg. v. C. Barnes (1998).

Schelling: Sämtl. Werke, hrsg. v. M. Schröter, 12 Bde. (1927, Nachdr. 1959–65) u. Nachlaßband: Die Weltalter (1949); Ausgew. Schriften, 6 Bde. (1985). – *Lit.:* H. Fuhrmans, Die Philosophie der Weltalter (1954); C. Wild, Reflexion u. Erfahrung (1968); B. Loer, Das Absolute u. die Wirklichkeit in S.s Philosophie (1974); R. Ohashi, Ekstase u. Gelassenheit (1975); H. Holz, Die Idee der Philosophie bei S. (1977); M. Frank, Eine Einführung in S.s Philosophie (1985); W. Hartkopf, Studien zu S.s Dialektik (1986); M. Heidegger, S. Vom Wesen der menschlichen Freiheit 1809, GA Bd. 42 (1988); W. G. Jakobs, Zwischen Revolution u. Orthodoxie (1989); M. Boenke, Transformation des Realitätsbegriffs (1990); C. Iber, Das Andere der Vernunft (1994); F. W. J. S. Über das Wesen der menschlichen Freiheit, hrsg. v. O. Höffe, A. Pieper (1995); S. Peetz, Freiheit im Wissen (1995); A. Hutter, Geschichtliche Vernunft (1996); S.s Weg zur Freiheitsschrift, hrsg. v. H. M. Baumgartner, W. G. Jakobs (1996); C. Danz, Die philosophische Christologie (1996); H. Nikolaus, Metaphysische Zeit (1999). – *Bibliogr.:* H. Zeltner, S.-Forschung seit 1954 (1975). – *Studien:* Schellingiana, hrsg. v. W. E. Erhardt (1989 ff.).

Schleiermacher: Reden über die Religion (1799); Monologe (1800); Grundlinien einer Kritik der bisherigen Sittenlehre (1803); Der christliche Glaube, 2 Bde. (1821–22); Hermeneutik, hrsg. v. H. Kimmerle (1959, Nachbericht 1968). – *Ausg.:* Sämtliche Werke (1834–64); Kritische Gesamtausg., hrsg. v. H. J. Birkner u. a. (1980 ff.). – *Lit.:* H. R. Reuter, Die Einheit der Dialektik F. S.s (1979); G. Scholz, Die Philosophie S.s (1984); C. Keller-Wendorf, S.s Denken (1984); F. S., hrsg. v. D. Lange (1985); M. Eckert, Gott – Glauben u. Wissen, F. S.s Philosophische Theologie (1987); R. Rieger, Interpretation u. Wissen (1988); M. Rösler, S.s Programm der Philosophischen Theologie (1994); M. Diederich, S.s Geistverständnis (1999).

Scholastik: M. Grabmann, Geschichte der scholastischen Methode, 2 Bde. (1909–11, Nachdr. 1961); J. Pieper, S. (1960, ^{3}1991); Die Metaphysik im Mittelalter, hrsg. v. P. Wilpert (1963); M. Schmidt, S. (1969); H. Krings, Ordo (^{2}1982); J. de Vries, Grundbegriffe der S. (^{2}1983); K. Flasch, Einführung in die Philosophie des Mittelalters (1987); U. G. Leinsle, Die S. der Neuzeit bis zur Aufklärung (1988); R. Schönberger, Was ist S.? (1991); C. Pütz, Die Obligationslehre in der scholastischen Logik (1997).

Schopenhauer: Über die vierfache Wurzel des Satzes vom zureichenden Grund (1813); Die Welt als Wille u. Vorstellung (1819, 2. Aufl. 2 Bde. 1844); A. S., Philos. Vorlesungen. Aus dem handschriftlichen Nachlaß, hrsg. v. V. Spierling, 4 Bde. (1984–86). – *Ausg.:* Sämtl. Werke, hrsg. v. A. Hübscher, 7 Bde. (Neudr. 1960–61); Diogenes-Ausgabe, 10 Bde. (1977); Sämtl. Werke, hrsg. v. W. v. Löhneysen (1986); Ges. Briefe, hrsg. v. A. Hübscher (1978). – *Lit.:* J. Salaquarda, S. (1985); A. Schmidt, Die Wahrheit im Gewande der Lüge (1986); S. im Denken der Gegenwart, hrsg. v. V. Spierling (1987); Y. Kamata, Der junge S. (1988); T. Bohinc, Die Entfesselung des Intellekts (1989); S. in der Postmoderne, hrsg. v. W. Schirmacher (1989); R. Malter, A. S. Transzendentalphilosophie u. Metaphysik des Willens (1991); W. Meyer, Das Kantbild S.s (1995); Ethik u. Vernunft – S. in unserer Zeit, hrsg. v. W. Schirmacher (1995); P. Welsen, S.s Theorie des Subjekts (1995); B. Neymeyer, Ästhetische Autonomie als Abnormalität (1996); K. Predel, Idealanschauung u. Wesenserfahrung (1998); W. W. Wilhelm, Zwischen Allwissenschaftslehre u. Verzweiflung (1999). – *Bibliogr.:* A. Hübscher, S.-Bibliographie (1981). – *Biogr.:* R. Safranski, S. u. die wilden Jahre der Philosophie (1987). – *Jahrb.:* S.-Jb. (1912 ff.).

Shaftesbury: *Ausg.:* Sämtliche Werke, ausgewählte Briefe u. nachgelassene Schriften, engl.-dt., hrsg., übers. u. komment. v. G. Hemmerich, W. Benda (1981–88). – *Lit.:* C. F. Weiser, S. u. das deutsche Geistesleben (1916, ³1969); I. Osske, Ganzheit, Unendlichkeit u. Form (1939); F. A. Uehlein, Kosmos u. Subjektivität (1976); T. Fries, Dialog der Aufklärung (1993); R. Raming, Skepsis als kritische Methode (1996).

Simmel: Die Probleme der Geschichtsphilos. (1892); Philosophie des Geldes (1900); Soziologie (1908); Brücke u. Tod (Essay), hrsg. v. M. Landmann, Susman (1957). – *Ausg.:* Gesamtausg., hrsg. v. O. Rammstedt (1989 ff.). – *Lit.:* H. Müller, Lebensphilosophie u. Religion bei G. S. (1960); S. Kitagawa, Die Geschichtsphilosophie G. S.s (1982); E. Völzk, Das Freiheitsprinzip bei G. S. (1986); M. Großheim, Von G. S. zu M. Heidegger (1991); U. Luckhardt, „Aus dem Tempel der Sehnsucht" (1994); K. C. Köhnke, Der junge S. (1996); U. Barrelmeyer, Geschichtliche Wirklichkeit als Problem (1997); V. Krech, G. S.s Religionstheorie (1998).

Sittlichkeit: K. H. Ilting, Naturrecht u. S. (1983); W. Neuwöhner, Ethik im Widerspruch (1985); Moralität u. S., hrsg. v. W. Kuhlmann (1986); J.-P. Wils, S. u. Subjektivität (1987); H. Meyer, Kunst, Wahrheit u. S. (1989); H. Huber, S. u. Sinn (1996).

Sokrates: H. Kuhn, S. (²1953); R. Guardini, Der Tod des S. (⁵1987); W. Birnbaum, S. (1973); V. Niggli, Erkenntnis u. Ernst (1982); W. H. Pleger, S. (1998); Der fragende S., hrsg. v. K. Pestalozzi (1999); C. C. W. Taylor, S. (1999). – *Bibliogr.:* A. Patzer, Bibliographie Socratica (1985).

Solowjew: Deutsche Gesamtausg, hrsg. v. W. Szylkarski, 9 Bde. (1953–79); Schriften zur Philosophie, Theologie u. Politik, hrsg. v. L. Müller (1991). – *Lit.:* L. Müller, Das System der Religionsphilosophie v. S. (1956); E. Klum, Natur, Kunst u. Liebe in der Philosophie V. S.s (1965); L. Wenzler, Die Freiheit u. das Böse nach V. S. (1978, mit Bibliogr.); H. Gleixner, Die ethische u. religiöse Sozialismuskritik des V. S. (1986); M. George, Mystische u. religiöse Erfahrung im Denken V. S.s (1988); M. Tscholakova, Die Wahrheitsauffassung V. S.s im Kontext seiner geistesgeschichtlichen Rekonstruktion (1996); L. Sytenko, W. S. in der Kontinuität philosophischen Denkens (1997).

Sozialphilosophie: P. A. Sorokin, Kulturkrise u. Gesellschaftsphilosophie (dt. 1953); J. Habermas, Theorie u. Praxis (⁴1971); J. Rehmann, Einführung in die S. (1979); K. Albert, Das gemeinsame Sein (1981); E. Lévinas, Die Spur des Anderen (1983); ders., Totalität u. Unendlichkeit (1987); L. Nagl, Gesellschaft u. Autonomie. Historisch-systematische Studien zur Entwicklung der Sozialtheorie von Hegel bis Habermas (1983); K. Albert, Philosophie der Sozialität (1992); H. Rombach, Phänomenologie des sozialen Lebens (1994); N. Leser, S. (²1997); A. Honneth, Die zerrissene Welt des Sozialen (²1999).

Spengler: Der Untergang des Abendlandes, 2 Bde., Bd. I: Gestalt u. Wirklichkeit (1918, ³1919); Bd. II: Welthistorische Perspektiven (1922), vollständige Ausg. in einem Bd. (1963); Der Mensch u. die Technik (1931); Politische Schriften (1932); Reden u. Aufsätze (1937, ²1951); Reden u. Aufsätze, hrsg. v. H. Kornhardt (1937, ³1951); Briefe, hrsg. v. A. M. Koktanek (1963). – *Lit.:* H. Meyer, Die Funktion der Analogie im Werk O. S. (1976); K. E. Eckermann, O. S. u. die moderne Kulturkritik (1980); S. heute, hrsg. v. P. C. Ludz (1980); D. Felken, O. S. (1988); Der Fall S., hrsg. v. A. Demandt, J. Farrenkopf (1994); M. Ferrari Zumbini, Untergänge u. Morgenröte (1999).

Spinoza: Tractatus theologico-philosophicus (1670; anonym); Ethica more geometrico demonstrata (1677). – *Ausg.:* Opera, hrsg. v. C. Gebhardt, 4 Bde. (²1972); Sämtl. Werke, ersch. bei Meiner (1965 ff.). – *Lit.:* H. M. Wolff, S.s Ethik (1958); W. Cramer, S.s Philosophie des Absoluten (1966); M. Walther, Metaphysik als Anti-Theologie (1971); K. Hecker, S.s allgemeine Ontologie (1978); H. G. Hubbeling, S. (1978); R. Michel, Affektenlehre u. politische Theorie bei S. (1981); F. Wiedmann, B. de S. (1982); I. Eisenstein, Ein neuer Beitrag zum Verständnis S.s (1989); W. Bartuschat, S.s Theorie des Menschen (1992); ders., B. de S. (1996); K.-J. Grün, Das Erwachen der Materie (1993); O. Schulz, Wille u. Intellekt bei Schopenhauer u. S. (1993); Freiheit u. Notwendigkeit, hrsg. v. E. Balibar u. a. (1994); D. Pätzold, S. – Aufklärung – Idealismus (1995); R. Schnepf, Metaphysik im ersten Teil der Ethik S.s (1996); M. Frank, Selbstbewußtsein u. Argumentation (1997). – *Bibliogr.:* J. Wetlesen, S. bibliography (²1971). – *Studien:* Studia Spinoziana, hrsg. v. W. N. A. Klever u. a. (1985 ff.).

Spinozismus: ↗Spinoza. – K. Christ, Das Ende des Gottesbeweises. Die Genese u. der Verlauf des Spinozastreites zwischen F. H. Jacobi u. M. Mendelssohn (1986); ders., Jacobi u. Mendelssohn. Eine Analyse des Spinozastreites (1988); H. Handing, Spinoza u. die deutsche Philosophie. Eine Untersuchung zur metaphys. Wirkungsgeschichte des Spinoza in Deutschland (1989); Spinoza u. der Deutsche Idealismus, hrsg. v. M. Walther (1992); R. Otto, Studien zur Spinozarezeption in Deutschland im 18. Jh. (1994).

Sprache: G. Frege, Schriften zur Logik u. Sprachphilosophie (1971; aus dem Nachlaß); H. Arens, Sprachwissenschaft, 2 Bde. (1955, ²1969); F. G. Jünger, S. u. Kalkül (1956); M. Heidegger, Unterwegs zur S. (²1960); S. J. Schmidt, Sprache u. Denken als sprachphilos. Problem von Locke bis Wittgenstein (1968); E. v. Savigny, Die Philosophie der S. (1969); K.-O. Apel, Transformationen der Philosophie, 2 Bde. (1973); F. v. Kutschera, S. (²1975); E. Coseriu, Die Geschichte der S.philosophie von der Antike bis zur Gegenwart (²1975); A. Keller, S.philosophie (1979); B. Liebrucks, Irrationaler Logos u. rationaler Mythos (1982); F. Runggaldier, Zeichen u. Bezeichnetes. Sprachphilos. Untersuchungen zum Problem der Referenz (1985); M. Lustenberger, Dasein, Symbol u. S. (1985); G. Kühlewind, Die Logosstruktur der Welt (1986); Philosophy and Language, in: Synth. philos. 1–2 (Zagreb 1986); T. Kobusch, Sein u. S. (1987); M. Kraus, Name u. Sache (1987); M. Heidegger, Überlieferte S. u. technische S., hrsg. v. H. Heidegger (1989); S. u. Philosophie, hrsg. v.

H. Fechtrup u. a. (1996); K. Saporti, S. des Geistes (1997); A. Ulfig, Lebenswelt – Reflexion – S. (1997).
Sprachphilosophie: Sprachpragmatik u. Philosophie, hrsg. v. K.-O. Apel (1982); Sprache u. Ontologie, hrsg. v. W. Leinfellner (1982); J. Hennigfeld, S. des 20. Jh. (1982); G. Wohlfart, Denken der Sprache (1984); H. Ineichen, Einstellungssätze. Sprachanalyt. Untersuchungen zur Erkenntnis, Wahrheit u. Bedeutung (1987); Klassiker der S., hrsg. v. T. Borsche (1996); F. Glauner, Sprache u. Weltbezug (^{2}1998); C. Demmerling, Sprache, Verstehen u. Lebenspraxis (1998); P. Prechtl, S. (1999).
Sprachspiel: R. F. Beerling, S.e u. Weltbilder (1980); H. Billing, Wittgensteins S.konzeption (1980); M. Geier, Das S. der Philosophen. Von Parmenides bis Wittgenstein (1989); F. Sczakiel, S. u. Methode (1996); P. Bachmaier, Die Logik der S.e (1996); K. Buchholz, S. u. Semantik (1998); Mit Sprache spielen, hrsg. v. H. J. Schneider u. a. (1999).
Sprechakt: K. O. Apel, Transformation der Philosophie, 2 Bde. (1973); Sprachpragmatik u. Philosophie, hrsg. v. K. O. Apel (1981); Kommunikation u. Reflexion, hrsg. v. W. Kuhlmann (1982); J. R. Searle, Ausdruck u. Bedeutung. Unters. zur Sprechakttheorie (1982); ders., Sprechakttheorie (^{2}1986); Theorie der Sprachhandlungen u. heutige Ekklesiologie, hrsg. von P. Hünermann u. a. (1987); J. L. Austin, Zur Theorie der S. (dt. 1989); A. Schulte, Religiöse Rede als Sprachhandlung (1992).
Staatsphilosophie: ↗Hobbes. – A. Dempf, Sacrum imperium (1929, ^{4}1973); Klassische Texte der S., hrsg. v. N. Hoerster (^{4}1983); A. Baruzzi, Einführung in die polit. Philosophie der Neuzeit (1983, ^{3}1993); W. Kersting, Wohlgeordnete Freiheit (1984); K. Schuhmann, Husserls S. (1988); G. Bien, Staatsbürger – Bürgerstaat (1991); G. K. Eichenseer, Staatsidee u. Subjektivität (1997); H. Klenner, Das wohlverstandene Interesse (1998).
Stein: Husserls Phänomenologie u. die Philosophie des hl. Thomas v. A. (1929); Endliches u. ewiges Sein (1950); Thomas v. A., Untersuchungen über die Wahrheit, übers. v. E. S., 2 Bde. (1931–34, ^{2}1952). – *Ausg.:* von L. Gelber, F. R. Leuven (1950 ff.). – *Bibliogr.:* E.-St.-Forschung 1984, zusammengestellt v. J. Hauke, G. Dick, in: Archiv für schles. Kirchengeschichte 42 (1984) 215–236. – *Lit.:* W. Herbstrith, Das wahre Gesicht E. S.s (^{5}1983); U. T. Manshausen, Die Biogr. der E. S. (1984); A. Bejas, E. S. Von der Phänomenologie zur Mystik (1987); E. Endres, E. S. (1987); H.-B. Gerl, Unerbittliches Licht. E. S. Philosophie, Mystik, Leben (1991); R. Matzker, Einfühlung (1991); E. S. Leben, Philosophie, Vollendung, hrsg. v. L. Elders (1991); P. Secretan, Erkenntnis u. Aufstieg (1992); Studien zur Philosophie von E. S., hrsg. v. R. L. Fetz (1993); A. U. Müller, Grundzüge der Religionsphilosophie E. S.s (1993); A. Bejas, Vom Seienden als solchem zum Sinn des Seins (1994); H. Hecker, Phänomenologie des Christlichen bei E. S. (1994); M. Sawicki, Body, Text and Science (1997); A. U. Müller, E. S. (1998); P. Volek, Erkenntnistheorie bei E. S. (1998). – *Jahrb.:* E.-S.-Jahrbuch (1995 ff.).
Steiner: Grundlinien einer Erkenntnistheorie (1886); Philosophie der Freiheit (1894); Theosophie (1904); Wie erlangt man Erkenntnis der höheren Welten?

(1904); Geheimwissenschaft (1910); Die Rätsel der Philosophie (1914); Mein Lebensgang, hrsg. v. M. S. (1949). – *Ausg.:* Ges.-Ausg. (Dornach 1955 ff.). – *Lit.:* H. Witzenmann, Die Voraussetzungslosigkeit der Anthroposophie (^{2}1986); K. E. Becker, Anthroposophie. Revolution nach innen (1984); C. Strawe, Marxismus u. Anthroposophie (1986); W. Klinger, Gestalt der Freiheit. Das Menschenbild R. S.s (1989); L. Ravagli, Meditationsphilosophie (1993); K. Ballmer, Die Überwindung der Philosophie als Gegenwartsaufgabe (1996); T. Göbel, Mythos u. Kunst (1997).

Stoa: M. Pohlenz, Die S., 2 Bde. (1948–49, ^{4}1970); A. Schmekel, Die Philosophie der mittleren S. (1974); M. Frede, Die stoische Logik (1974); M. Forschner, Die stoische Ethik (1981); T. Busch, W. Weinkauf, Die S. (1990); Dialektiker u. Stoiker, hrsg. v. K. Döring (1993); A. Schubert, Untersuchungen zur stoischen Bedeutungslehre (1994); M. Hossenfelder, S., Epikureismus u. Skepsis (^{2}1995); H. L. Goldschmidt, S. heute (1997); M. Forschner, Über das Handeln im Einklang mit der Natur (1998); G. Krüger, Epikur u. die S. über das Glück (1998); J. Likoschus, Gesetz u. Glück (1999).

Strukturalismus: ↗Foucault, ↗Lévi-Strauss. – F. de Saussure, Grundfragen der allg. Sprachwissenschaft (^{2}1967); G. Schiwy, Der französ. S. (1969); ders., S. u. Zeichensysteme (1973); J. M. Brockmann, S. (1971); J. Derrida, Die Schrift u. die Differenz (1972, ^{6}1994); Einführung in den S., hrsg. v. F. Wahl (1973); J. Piaget, Der S. (1973); P. Ricoeur, Der Konflikt der Interpretation, 2 Bde. (1973–74); W. Falk, Vom S. zum Potentialismus (1976); K. Füssel, Zeichen u. Strukturen (1983); M. Frank, Was ist Neostrukturalismus? (1984); R. Leschke, Metamorphosen des Subjekts (1987); W. Seppmann, Subjekt u. System. Zur Kritik des S. (1993); J. Gribbohm, Eine strukturale Methode für die Geschichtswissenschaft (1996); L. Fietz, S. (^{3}1998).

Suárez: *Ausg.:* Opera omnia, 28 Bde. (Paris 1855–78). – *Lit.:* S. Castellote Cubells, Die Anthropologie des S. (1962, ^{2}1982); E. Gemmecke, Die Metaphysik des sittlich Guten bei F. S. (1965); W. M. Neidl, Der Realitätsbegriff des F. S. nach den disputationes metaphysicae (1966); H. Seigfried, Wahrheit u. Metaphysik bei S. (1967); J. Soder, F. S. u. das Völkerrecht (1973); L. Honnefelder, Scientia transcendens (1990); E. Baert, Aufstieg u. Niedergang der Ontologie (1997). – *Bibliogr.:* P. Múgica, Bibliogr. Suareciana (Granada 1948).

Tarski: Einführung in die mathematische Logik u. in die Methodologie der Mathematik (1937, ^{5}1977); Introduction to logic and to the methodology of deductive sciences (1946); Logic, Semantics, Metamathematics (1956); Undecidable theories (1968). – *Lit.:* H. Fricke, Die Sprache der Literaturwissenschaft (1977); A. Edmüller, Wahrheitsdefinition u. radikale Interpretation (1991); M. Scherb, Künstliche u. natürliche Sprache (1992); L. F. Moreno, Wahrheit u. Korrespondenz bei T. (1992); A. T. and Vienna Circle, hrsg. v. J. Wolenski (1999).

Technik: M. Heidegger, Die Frage nach der T. (1954); A. Gehlen, Die Seele im technischen Zeitalter (1957); R. Guardini, Das Ende der Neuzeit (^{10}1986); H. Freyer, Theorie des gegenwärtigen Zeitalters (1955); Techne, T., Technologie, hrsg. v. H. Lenk u. S. Moser (1973); S. Müller, Vernunft u. Technik

(1976); H. Lenk, Zur Sozialphilosophie der T. (1982); H. Eichberg, Die historische Relativität der Sachen (1984); G. Seubold, Heideggers Analyse der neuzeitlichen T. (1986); Philos. Betrachtungen zur Zukunft der T., hrsg. v. P. A. Philipp (1986); Philos. Probleme von Arbeit u. T., hrsg. v. A. Menne (1987); M. Heidegger, Überlieferte Sprache u. technische Sprache, hrsg. v. H. Heidegger (1989); T. u. Philosophie, hrsg. v. F. Rapp (1990); Technische Zivilisation, hrsg. v. J. Halfmann (1998).

Teilhard de Chardin: Le phénomène humain (1940); Der Mensch im Kosmos (1955). – *Ausg.:* Werke, 11 Bde., hrsg. v. J. Bernhard u. a. (1962–72); Frühe Schriften (1968); Tagebücher, 3 Bde., hrsg. v. N. u. K. Schmitz-Moormann (1974–77). – *Lit.:* C. Cuénot, T. de C. (dt. 1966); R. Feuerberg, Die Phänomenologie bei T. de C. (1977); T. Broch, Das Problem der Freiheit im Werk von P. T. de C. (1977); G. Schiwy, T. de C., 2 Bde. (1981); T. Becker, Geist u. Materie in den ersten Schriften P. T. de C.s (1987); H.-E. Hengstenberg, Mensch u. Materie (²1998). – *Bibliogr.:* P. T. de C. Bibliogr., von G. H. Baudry (1972, 1991). – *Lex.:* T. de C.-Lexikon, von A. Haas (1971).

Thomas v. Aquin: Summa theologica, 3 Tle. (1265–73, Teil III unvollendet); Sentenzenkommentar zu Petrus Lombardus (1254–56); Summa contra gentiles (1259–64); Quaestiones disputatae de veritate (1256–59); de potentia (1265–67); de anima (1266); de spiritualibus creaturis (vor 1269); de malo (nach 1269); de virtutibus, de unione verbi incarnati (1269–72); 12 Quodlibeta (1–6 Paris 1269–72; 7–9 Paris 1256–59; 10 vielleicht Rom 1265; 11–12 wohl Neapel 1272–73); Compendium theologiae (unvollendet, um 1273); zahlreiche Kommentare zu Aristoteles u. sog. Opuscula: De ente et essentia (1254–56); In Boethium de Trinitate (um 1256) u. a. – *Ausg.:* Editio Diana (Rom 1570–71); Ed. Leonina (Rom 1882 ff.); Deutsche T.-Ausg. der Summa (1933 ff.) – *Thomas-Lexikon* von L. Schütz (²1895, Neudr. 1958). – *Lit.:* G. Siewerth, Der Thomismus als Identitätssystem (1939, ²1961); M. Müller, Sein u. Geist (1940, ²1981); K. Rahner, Geist in Welt (1939); W. Kluxen, Philosophische Ethik bei T. v. A. (²1980); ders., T. v. A. im philosophischen Gespräch (1975); J. Pieper, Hinführung zu T. v. A. (1958); ders., Kurze Auskunft über T. v. A. (³1963); J. B. Metz, Christliche Anthropozentrik (1962), M. Seckler, Das Heil in der Geschichte (1964); T. v. A., hrsg. v. K. Bernath, 2 Bde. (1978, 1981); B. Welte, Über das Böse (1986); H. Hoping, Weisheit als Wesen des Ursprungs (1997); W. Metz, Die Architektonik der Summa Theologiae des T. v. A. (1998); M. Gumann, Vom Ursprung der Erkenntnis des Menschen bei T. v. A. (1999); J. A. Tellkamp, Sinne, Gegenstände u. Sensibilia (1999); A. Kenny, T. V. A. (1999). – *Bibliogr.:* v. P. Wyser (1950).

Thomasius: Institutiones iurisprudentiae divinae (1682); Einleitung in die Vernunftlehre (1691). – *Ausg.:* Werke, hrsg. v. W. Schneiders (1994 ff., Nachdr. der Ausg. Berlin u. Leipzig, 1712). – *Lit.:* C. T.: Leben u. Werk, hrsg. v. M. Fleischmann (1931); R. Lieberwirth, C. T. (1955); A. Seifert, Cognitio historica (1976); C. T. (1655–1728). Neue Forschungen im Kontext der Frühaufklärung, hrsg. v. F. Vollhardt (1997); P. Schröder, C. T., zur Einführung (1999).

Thomismus: ↗Neuscholastik, ↗Scholastik. – P. Wyser, Der T. (1951); G. Sie-

werth, Der T. als Identitätssystem (²1961); M. Reding, Die Struktur des T. (1974); E. Gilson, Le Thomisme (⁶1983); R. Schenk, Die Gnade vollendeter Endlichkeit. Zur transzendentaltheologischen Auslegung der thomanischen Anthropologie (1989); F. Ulrich, Homo abyssus (²1998).
Tillich: *Ausg.:* Gesammelte Werke, hrsg. v. R. Albrecht, 14 Bde. (1959–75); Ergänzungs- u. Nachlaßbände: 8 Bde. (1971–95); Hauptwerke, hrsg. v. C. H. Ratschow, 6 Bde. (1989–92). – *Lit.:* P. Schwanz, Analogia Imaginationis (1980); I. C. Henel, Philosophie u. Theologie im Werk P. T.s (1981); W. Schüßler, Der philos. Gottesgedanke im Frühwerk P. T.s 1910–1933 (1986); P. T., hrsg. v. H. Fischer (1989); H. Jahr, Theologie als Gestaltmetaphysik (1989); R. Albrecht, W. Schüßler, P. T. (1993); A. Horstmann-Schneider, Sein u. menschliche Existenz (1995); K.-D. Nörenberg, Analogia Imaginationis (1996); H. Anzenberger, Der Mensch im Horizont von Sein (1998).
Tod: P. Edwards, Heidegger u. der T. (1985); M. Jozic, Aporie u. T. (1987); G. Scherer, Das Problem des T.es in der Philosophie (²1988); Der T. in der Moderne, hrsg. v. H. Ebeling (²1992); H. Baumann, Individuum u. T. (1995); G. Schulte, Philosophie der letzten Dinge (1997); J. Derrida, Aporien (1998).
Transzendentalphilosophie: ↗Kant, ↗Fichte, ↗Schelling. – J. Kopper, Transzendentales u. dialektisches Denken (1961); H. Krings, Transzendentale Logik (1964); M. Brelage, Studien zur T. (1965); K. Wellner, Das Bewußtsein. Beschreibung u. Kritik der T. bei Kant, Fichte und Schelling (1990); H. Holz, Einführung in die T. (³1991); ders., T. u. Metaphysik (1996); L. Honnefelder, Scientia transcendens (1990); R. Schaeffler, Erfahrung als Dialog mit der Wirklichkeit (1995); Immanente Transzendenz (1997); R. Hiltscher, Wahrheit u. Reflexion. Eine transzendentalphilos. Studie zum Wahrheitsbegriff bei Kant, frühem Fichte u. Hegel (1998); R. Dumas, Geschichtlichkeit u. T. (1999); L. Gadient, Wahrheit als Anruf der Freiheit (1999).
Transzendenz: G. Belzer, Das Problem der T. in der Geschichte der neueren Philosophie (1952); W. Struwe, Philosophie u. T. (1969); M. Waldvogel, Philosophie der Provinz (1995); H.-E. Hengstenberg, Autonomismus u. T.philosophie (1996).
Troeltsch: Die Bedeutung des Protestantismus für die Entstehung der modernen Welt (1906); Augustin (1915); Der Historismus u. seine Probleme (1922); Der Historismus u. seine Überwindung (1924). – *Ausg.:* Ges. Schr., 4 Bde. (1922–25, 1962–77). – *Lit.:* G. Becker, Neuzeitliche Subjektivität u. Religiosität (1982); H. G. Drescher, E. T. (1991); K. Ziegler, Zur Kritik formaler Rationalität (1992). – *Bibliogr.:* F. W. Graf, H. Ruddies, E.-T.-Bibliographie (1982). – *Studien:* T.-Studien, hrsg. v. H. Renz, F. W. Graf (1981 ff.).
Unamuno: Obras compl., 10 Bde. (Madrid 1950 ff.); Kritische dt. Gesamtausg., hrsg. v. der U.-Gesellschaft (1965 ff.). – *Lit.:* L. S. Graniel, M. de U. (dt. 1962); R. Garcia Mateo, Dialektik als Polemik (1978); B. Hörr, Tragödie u. Ideologie (1997); U. Klotz, Ästhetik als Dialektik (1998).
Unsterblichkeit: Platon, Phaidon; A. Neubig, Die philosophische U.slehre (1834); R. Heinzmann, Die U. der Seele u. die Auferstehung des Leibes (1962); Q. Huondor, Das U.sproblem in der abendländischen Philosophie (1970); O. Pluta, Kritik der U.sdoktrin in Mittelalter u. Renaissance (1986);

L. Scheffczyk, „Unsterblichkeit" bei T. v. Aquin auf dem Hintergrund der neueren Diskussionen (1989); T. Maier, Der Vernichtglaube (1994); O. Briese, Der Anspruch des Subjekts (1995); H. M. Baumgartner, Ist der Mensch absolut vergänglich? (1998).
Utopie: E. Bloch, Geist der U. (1918, 1985); ders., Das Prinzip Hoffnung, 2 Bde. (1959); H. Freyer, Die politische Insel (1936); Der utopische Staat, hrsg. v. K. J. Heinisch (1960); H. Flashar, Formen utopischen Denkens bei den Griechen (1973); H. H. Holz, Logos spermatikos (1975); R. Spaemann, Zur Kritik der politischen U. (1977); G. A. Rauche, U. u. Wirklichkeit in der Metaphysik (1979); H. Gekle, Wunsch u. Wirklichkeit (1986); L. Horster, Glück u. U. (1988); H.-G. Schmitz, Wie kann man sagen, was nicht ist? (1989); R. Saage, Innenansichten Utopias (1999).
Vaihinger: Hartmann, Düring u. Lange (1876); Kommentar zu Kants K. r. V, 2 Bde. (1881–92. ²1922), Die Philosophie des Als-Ob (1911, ²1913, ¹⁰1922); Nietzsche als Philosoph (1916). – *Lit.:* J. Wegener, Die christl. Religion als Religion des Als-Ob (1924); K. Ceynowa, Zwischen Pragmatismus u. Fiktionalismus (1993); A. Wels, Die Fiktion des Begreifens u. das Begreifen der Fiktion (1997).
Verstehen: ↗Hermeneutik. – G. Simmel, Vom Wesen des historischen V.s (1918); Neue Versuche über Erklären u. V., hrsg. v. K.-O. Apel (1978); F. Keller-Bauer, Metaphysisches V. (1982); N. B. Goette, Das Verhältnis von Wahrheit u. V. (1986); Die Begegnung mit dem Anderen, hrsg. v. T. Sundermeier (1991); R. Stolze, Hermeneutisches Übersetzen (1992); Das Multiversum der Kulturen, hrsg. v. H. Kimmerle (1996); W. Hamacher, Entferntes V. (1998); T. Göller, Kulturverstehen (1998); O. R. Scholz, V. u. Rationalität (1999).
Vico: De universi iuris uno principio et fine uno (1720); De constantia iurisprudentis (1721); De nostri temporis studiorum ratione (1725); Principii di une scienza nuova d'interno alle natura comune della nazioni (1725, ³1744); Liber metaphysicus, übers. u. hrsg. v. S. Otto, H. Viechtbauer (1979); Prinzipien einer Wissenschaft über die gemeinsame Natur der Völker, übers. v. V. Hösle, C. Jermann, 2 Bde. (1990). – *Ausg.:* von F. Nicolini, 11 Bde. (Bari 1914–41). – *Lit.:* R. Wisser, Leibniz u. V. (1954); R. W. Schmidt, Die Geschichtsphilosophie G. B. V.s (1982); Sachkommentar zu G. V.s Liber metaphysicus, hrsg. v. S. Otto, H. Viechtbauer (1985); D.-P. Verene, V.s Wissenschaft der Imagination (dt. 1987); S. Otto, G. V. (1989); M. Gans, Das Subjekt der Geschichte (1993); N. Erny, Theorie u. System der Neuen Wissenschaft von G. V. (1994); A. Thumfart, Staatsdiskurse u. Selbstbewußtsein (1996).
Virtuell. *Virtuelle Realität:* S. Bormann, V.e Realität (1994); Illusion u. Simulation, hrsg. von S. Iglhaut u. a. (1995); S. Münker, Mythos Internet (1997); A. Hennig, Die andere Wirklichkeit (1997); K. Mainzer, Computernetze und v. Realität (1999); Alle möglichen Welten, hrsg. von M. Faßler (1999); Die Anwesenheit des Abwesenden, hrsg. von P. Roth, S. Schreiber, S. Siemons (2000).
Voegelin: Über die Formen des amerikan. Geistes (1928); Rasse u. Staat (1933); Die polit. Religionen (1938); The New Science of Politics (1952); Order and History, 5 Bde. (1956–87); Anamnesis (1966); Ordnung, Bewußtsein, Ge-

schichte, hrsg. v. P. J. Opitz (1988); Autobiographische Reflexion (1994). – *Ausg.:* The Collected Works of E. V., hrsg. v. P. Caringella u. a., geplant 34 Bde. (1990 ff.). – *Lit.:* Politische Ordnung u. menschliche Existenz, hrsg. v. A. Dempf (1962); U. Kessler, Die Wiederentdeckung der Transzendenz (1995); C. Schwaabe, Seinsvergessenheit u. Umkehr (1997); M. Henkel, E. V., zur Einführung (1998); H. Bergbauer, E. V.s Kritik an der Moderne (2000).

Voltaire: Lettres philosophiques (1734); Traité de la métaphisique (1734); Eléments de la philosophie de Newton (1737); Poème sur la loi naturelle (1752); Essai sur le mœurs et l'esprit des nations (1756); Dictionnaire philosophique portatif (1764); Philosophie de l'histoire (1765, Einleitung zum Essai); Dieu et les hommes (1769). – *Ausg.:* Œuvres complètes, 70 Bde. (Paris 1785). – *Lit.:* J. Orieux, Das Leben des V. (1968); V. u. Deutschland, hrsg. v. P. Brockmeier (1979); V., hrsg. v. H. Baader (1980); G. Holmsten, V. (1983); V. Ein Lesebuch für unsere Zeit, hrsg. v. M. Fontius (1989); J. von Stackelberg, Über V. (1998). – *Bibliogr.:* V. Werke (1994).

Voluntarismus: ↗Duns Skotus, ↗Schopenhauer. – T. Skribanowitz, W. Wundts V. in seiner Grundlegung geprüft (1906); F. Seidel, Intellektualismus u. V. in der platonischen Ethik (1910); D. Siedler, Intellektualismus u. V. bei Albertus Magnus (1941); H. Arendt, Vom Leben des Geistes, Bd. II: Wollen (1979); A. Dihle, Die Vorstellung von Willen in der Antike (1985); K. Hahn, Über die Herkunft des Willens (1985); G. Seebaß, Wollen (1993); M. Brusotti, Die Leidenschaft der Erkenntnis (1997).

Vorsokratiker: H. Diels u. W. Kranz, Die Fragmente der V., 3 Bde. (1903, ^{8}1956); Die Vorsokratiker I, hrsg. v. J. Mansfeld (1983). – *Lit.:* E. Jüngel, Zum Ursprung der Analogie bei Heraklit u. Parmenides (1964); W. Bröcker, Die Geschichte der Philosophie vor Sokrates (1965); Um die Begriffswelt der V., hrsg. v. H.-G. Gadamer (1968); U. Hölscher, Anfängliches Fragen (1968); M. Heidegger, E. Fink, Heraklit (1970); D. Müller, Handwerk u. Sprache (1974); J. Barnes, The Presocratic Philosophers, 2 Bde. (1979); W. H. Pleger, Die V. (1991); R. Wallisch, Die letzte denkbare Einheit (1995); H. Ambronn, Apeiron – eon – kenon (1996); H.-G. Gadamer, Der Anfang der Philosophie (1996); C. Rapp, V. (1997); T. Schirren, Aisthesis vor Platon (1998).

Wahrheit: M. Heidegger, Vom Wesen der W. (1930, ^{7}1986); ders., Platons Lehre von der W. (1931–32, ^{3}1975), J. Pieper, W. der Dinge (1951); J. Simon, W. als Freiheit (1978); E. Tugendhat, Der W.s-begriff bei Husserl u. Heidegger (^{2}1984); G. Krüger, Grundfragen der Philosophie. Geschichte, W., Wissenschaft (^{2}1985); Wahrheitsansprüche der Religionen heute, hrsg. v. W. Oelmüller (1986); D. Davidson, W. u. Interpretation (1986); Der W.sbegriff. Neue Erklärungsversuche, hrsg. v. L. B. Puntel (1987); W. in Einheit u. Vielfalt, hrsg. v. E. Coreth (1987); J. Mittelstraß, Die W. des Irrtums (1989); F. Kaulbach, Philosophie des Perspektivismus. Teil 1: W. u. Perspektive bei Kant, Hegel u. Nietzsche (1990); A. Kreiner, Ende der W.? Zum W.sverständnis in Philosophie u. Theologie (1992); J. Grondin, Hermeneutische W.? (^{2}1994); H. Seidl, Philosophiegeschichte u. bleibende W. (1995); B. Welte, W. u. Geschichtlichkeit, hrsg. v. I. Feige (1996); A. Baruzzi, Philosophie der Lüge (1996); R. Schantz, W., Referenz u. Realismus (1996); Interpretation u. W., hrsg. v. E. Angehrn (1998); M. Enders, W. u. Notwendigkeit (1999); J. Habermas, W. u. Rechtfertigung (1999).

Wahrheitstheorie: W. Stegmüller, Das Wahrheitsproblem u. die Idee der Semantik (1972); W., hrsg. v. G. Skirbekk (1977, ⁶1992); L. B. Puntel, W. in der neueren Philosophie (1978); R. H. Wettstein, Eine Gegenstandstheorie der Wahrheit (1980); W. Franzen, Die Bedeutung von „wahr" u. „Wahrheit" (1982); W. Becker, Wahrheit u. sprachliche Handlung (1988); F. Hofmann-Grüneberg, Radikal-empiristische W. (1988); A. Kreiner, Ende der Wahrheit? (1992); K.-M. Hingst, Perspektivismus u. Pragmatismus (1998).

Weber: Die protestantische Ethik u. der Geist des Kapitalismus (1904–05); Über einige Kategorien der verstehenden Soziologie (1913); Gesammelte Aufsätze zur Religionssoziologie (1920–21); Wirtschaft u. Gesellschaft (1922); Staatssoziologie (1956). – *Ausg.:* Gesamtausg., hrsg. v. H. Baier u. a. (1984 ff.). – *Bibliogr.:* hrsg. v. C. Seyfarth, G. Schmidt (²1982). – *Lit.:* D. Henrich, Die Einheit der Wissenschaftslehre M. W.s (1952); Religion u. gesellschaftliche Entwicklung, hrsg. v. C. Seyfarth, W. M. Sprondel (1973); J. Weiß, M. W.s Grundlegung der Soziologie (1975); D. Käßler, Einführung in das Studium M. W.s (1979); F. Maier, Zur Herrschaftslogik des sozialen Handelns (1982); K.-H. Nasser, Kausale Prozesse u. sinnfassende Vernunft (1986); M. W. Ein Symposium, hrsg. v. C. Gneus, J. Kocka (1988); M. W. heute, hrsg. v. J. Weiß (1989); L. Waas, M. W. u. die Folgen (1995); G. Schöllgen, M. W. (1998); A. Gimmler, Institution u. Individuum (1998); M. Ludwig, Sein u. Sollen (1999).

Welt: ↗Kosmologie. – K. Löwith, Der W.begriff der neuzeitlichen Philosophie (²1968); G. Brand, W., Geschichte, Mythos u. Politik (1978); K. Bohrmann, Die W. als Verhältnis (1983); H. Blumenberg, Lebenszeit u. W.zeit (²1986); E. Fink, W. u. Endlichkeit, hrsg. v. F. A. Schwarz (1990); P. Barisic, W. u. Ethos (1992); P. Trawny, M. Heideggers Phänomenologie der W. (1997).

Welte: Der philos. Glaube bei K. Jaspers u. die Möglichkeit seiner Deutung durch die thomistische Philosophie (1949); Nietzsches Atheismus u. das Christentum (1958); Auf der Spur des Ewigen (1965); Im Spielfeld von Endlichkeit u. Unendlichkeit (1967); Determination u. Freiheit (1969); Zeit u. Geheimnis (1975); Religionsphilosophie (1978, ⁵1997); M. Eckhart (1979); Das Licht des Nichts (1980); Was ist Glauben? Gedanken zur Religionsphilosophie (1982); Geschichtlichkeit u. Offenbarung, hrsg. v. B. Casper, I. Feige (1993). – *Lit.:* S. Kušar, Dem göttlichen Gott entgegen denken (1986, mit Bibliogr.); Fragend u. lehrend den Glauben weitmachen, hrsg. v. K. Hemmerle (1987); I. Feige, Geschichtlichkeit (1989); H. Lenz, Mut zum Nichts als Weg zu Gott (1989); K. S. Shim, Der nachmetaphysische Gott (1990); Mut zum Denken; Mut zum Glauben, hrsg. v. L. Wenzler (1994).

Wertphilosophie: M. Müller, Über Grundbegriffe philos. Wertlehre (1932); J. B. Lotz, Sein u. Wert (1938); E. F. Sauer, Axiologie (1973); A. Dempf, Der Wertgedanke in der Aristotelischen Ethik u. Politik, hrsg. v. M. Benedikt (1989); H. Holz, Fundamentalhumanismus (1990); G. H. v. Wright, Normen, Werte u. Handlungen (1994); Mythos Wertfreiheit?, hrsg. v. K.-O. Apel u. a. (1994); H. v. Coelln, Von den Gütern zu den Werten (1996); H. Joas, Die Entstehung der Werte (1997).

Whitehead: Abenteuer der Ideen (dt. 1971); Prozeß u. Realität (dt. ²1984); Wie entsteht Religion? (dt. 1985). – *Lit.:* R. L. Fetz, W. Prozeßdenken u. Substanzmetaphysik (1981); W.s Metaphysik der Kreativität, hrsg. v. F. Rapp, R. Wiehl (1986); A. Rust, Die organische Kosmologie von A. N. W. (1987); Natur, Subjekt, Gott, hrsg. v. H. Holzey u. a. (1990); H. J. Sander, Natur und Schöpfung. Die Realität im Prozeß (1991); Prozeß, Gefühl u. Raum-Zeit, hrsg. v. M. Hampe u. H. Maaßen (1991); M.-S. Lotter, Die metaphysische Kritik des Subjekts (1996); M. Hampe, A. N. W. (1998); R. Sayer, Wert u. Wirklichkeit (1999).
Wille: ↗Nietzsche, ↗Schopenhauer. – H. Arendt, Vom Leben des Geistes, Bd. II: Das Wollen (1978); F. Decher, W. zum Leben, W. zur Macht (1984); G.-G. Grau, Ideologie u. W. zur Macht (1984); A. Dihle, Die Vorstellung vom W.n in der Antike (1985); E. Heitsch, Wollen u. Verwirklichen (1989); J. Erpenbeck, Wollen u. Werden (1993); R. Schrenk, Mensch zwischen Trieb u. W. (1993); G. Seebaß, Wollen (1993); V. Gerhardt, Vom W.n zur Macht (1996); K. Predel, Idealanschauung u. Wesenserfahrung (1998).
Wissenschaft: A. N. Whitehead, W. u. moderne Welt (1949); M. Heidegger, W. u. Besinnung (1954); H.-G. Gadamer, Wahrheit u. Methode (1960); W. Stegmüller, Metaphysik, Skepsis, W. (²1969); D. W. Theobald, Grundzüge der W.sphilosophie (1973); J. Mittelstraß, W. als Lebensform (1982); M. Müller, Philosophie – W. – Technik, in: Existenzphilosophie (⁴1986); T. Spitzley, Wissen u. Rechtfertigung (1986); ders., Handeln wider besseres Wissen (1992); E. v. Glasersfeld, Wissen, Sprache u. Wirklichkeit (1987); Philosophy of Science, in: Synth. philos. 3 (Zagreb 1987); Philosophie als W., hrsg. v. W. Oelmüller (1988); O. Schwemmer, Die Philosophie u. die W.en (1990); C. Schildknecht, Philosophische Masken (1990); H.-G. Gadamer, Vernunft im Zeitalter der W. (³1991); Wahrheit u. W., hrsg. v. T. Borsche (1995); Philosophie u. W., hrsg. v. H. J. Sandkühler (1997); P. Beer, Bildungsprozesse u. Wissensgrenzen (1998).
Wissenschaftsgeschichte: ↗Th. S. Kuhn. – H.-G. Schneider, Die Einheit von Wissenschaft u. Geschichte (1981); W. heute, hrsg. v. C. Hünemörder (1987); W. Bialas, Allgemeine W. (1990); T. S. Kuhn, Die Entstehung des Neuen (⁴1992); O. Hansen, W. als Kulturgeschichte (1993); U. Charpa, Philos. Wissenschaftstheorie (1995); W. u. Exegese, hrsg. v. R. Gebauer (1998); Themen der W., hrsg. v. H. Grössing (1999).
Wissenschaftstheorie: Probleme der W., hrsg. v. E. Topitsch (1960); C. F. v. Weizsäcker, Die Einheit der Natur (1971); W., hrsg. v. H. Rombach, 2 Bde. (1974); J. Mittelstraß, Wissenschaft als Lebensform (1982); K. Hübner, Kritik der unwissenschaftlichen Vernunft (³1986); G. Rusch, Erkenntnis, Wissenschaft, Geschichte (1987); K. Mainzer, Symmetrien der Natur. Ein Handbuch zur Natur- u. W. (1988); E. Ströcker, Wissenschaftsphilos. Studien (1989); S. Hartmann, Metaphysik u. Methode (1995); U. Charpa, Grundprobleme der W. (1996).
Wittgenstein: Tractatus Logico-philosophicus (Oxford 1921); Philosophical Investigations (1953). – *Ausg.:* Werkausg., 8 Bde. (1984); Wiener Ausgabe, hrsg. v. M. Nedo, 5 Bde., mit Register- u. Konkordanzband (1994–98). – *Lit.:*

Sprachspiel u. Methode, hrsg. v. D. Birnbacher (1985); P. Kampits, L. W. (1985); J. C. Nyri, Gefühl u. Gefüge (1986); C. A. Scheier, W.s Kristall. Ein Satzkommentar zur Logisch-philos. Abhandlung (1991); M. Kroß, Klarheit als Selbstzweck (1993); H. Furata, W. u. Heidegger (1996); R. Munz, Religion als Beispiel (1997); F. Gmürr, Ästhetik bei W. (1998); F. Glauner, Sprache u. Weltbezug (^{2}1998); Mit Sprache spielen, hrsg. v. H. J. Schneider (1999); A. C. Grayling, W. (1999). – *Bibliogr.*: F. H. Lapointe, L. W. (1980). – *Biogr.*: L. W., hrsg. v. M. Nedo (1983); W. Baum, L. W. (1984);

Wolff: Vernünftige Gedanken von den Kräften des menschlichen Verstandes (1712); ... von Gott, der Ewigkeit u. der Seele des Menschen (1719); ... von des Menschen Tun und Lassen (1720); ... von den Wirkungen der Natur, 3 Tle. (1723–25); ... von den Absichten der natürlichen Dinge (1724); ... von dem gesellschaftlichen Leben der Menschen (1725); Philosophia rationalis sive Logica (1728); Philosophia prima sive Ontologica (1729); Psychologia empirica (1732); Psychologia rationalis (1734); Theologia naturalis, 2 Bde. (1736–37); Ius naturae, 8 Bde. (1740–48); Philosophia moralis sive Ethica, 5 Bde. (1750–53). – *Gesamtausg.* v. J. Ecole u. H. W. Arndt (1962 ff.). – *Lit.:* C. W. 1679–1754, hrsg. v. W. Schneiders (1983, mit Bibliogr.); W. Freising, Metaphysik u. Vernunft (1986); C. Schröer, Naturbegriff und Moralbegründung. Die Grundlegung der Ethik bei C. W. u. die Kritik durch I. Kant (1989); L. Honnefelder, Scientia transcendens (1990); S. Carboncini, Transzendentale Wahrheit u. Traum (1991); C. Schwaiger, Das Problem des Glückes im Denken C. W.s (1995).

Yorck von Wartenburg: Die Katharsis des Aristoteles u. der Ödipus Kol. des Sophokles (1866); Briefwechsel mit Dilthey, hrsg. v. d. Schulenburg (1923); Bewußtseinsstellung u. Geschichte, hrsg. v. I. Fetscher (1956). – *Lit.:* K. Gründer, Zur Philosophie des Grafen P. Y. v. W. (1970); Dilthey u. Yorck, hrsg. v. J. Krakowski (1996).

Zeit: H. Bergson, Essais sur les données immédiates de la conscience (1889); E. Husserl, Vorlesungen zur Phänomenologie des inneren Z.bewußtseins, hrsg. v. M. Heidegger (1928); M. Heidegger, Sein u. Z. (1927); ders., Z. u. Sein (1969); Das Z.problem im 20. Jh., hrsg. v. W. Mayer (1964); R. Schaeffler, Die Struktur der Geschichts-Z. (1968); Studien zum Z.problem in der Philosophie des 20.Jh., Phänomenolog. Forschungen Bd. 13 (1982); G. Wohlfahrt, Der Augenblick. Z. u. ästhetische Erfahrung bei Kant, Hegel, Nietzsche u. Heidegger, mit einem Exkurs zu Proust (1982); E. Lévinas; Die Zeit und der Andere (1984); Die Erfahrung der Z., hrsg. v. C. Link (1984); H. Blumenberg, Lebens-Z. u. Welt-Z. (^{2}1986); Z. – Zeitlichkeit – Zeiterleben, hrsg. v. R. Feig u. a. (1986); M. Heidegger, Der Begriff der Z., hrsg. v. H. Tietjen (1989); H. Hörz, Philosophie der Z. (1989); M. Theunissen, Negative Theologie der Z. (1991, ^{2}1992); H. Lübbe, Im Zuge der Z. (1992); K. H. Manzke, Ewigkeit u. Zeitlichkeit (1992); U. Marquardt, Die Ewigkeit der Z. bei Aristoteles (1993); Das Rätsel der Z., hrsg. v. H. M. Baumgartner (1993); A. Luckner, Genealogie der Z. (1994); U. Walz, Versuch über die Z. (1997); W. Achtner u. a., Dimensionen der Z. (1998).

Hilfsmittel zum philosophischen Studium

Geschichte der Philosophie

J. Hirschberger, Geschichte der Philosophie, 2 Bde. (1949/52, ^{21}1989).
W. Röd (Hrsg.), Geschichte der Philosophie, 12 Bde. (1976 ff.).
J. Speck (Hrsg.), Grundprobleme der großen Philosophen, 12 Bde. (1981–92).
W. Totok, Handbuch der Geschichte der Philosophie, 6 Bde. (1964–90).
F. Ueberweg, Grundriß der Geschichte der Philosophie, 3 Bde. (1863–66), die mehreren Bände der späteren Auflagen wurden von verschiedenen Forschern bearbeitet, zuletzt. Bd. I (^{12}1926) v. K. Praechter, Bd. II (^{11}1928) v. B. Geyer, Bd. III (^{12}1924) v. M. Frischeisen-Köhler u. W. Moog, Bd. IV (^{12}1923) u. Bd. V (^{12}1928) v. K. Österreich, weitere Auflagen erschienen als fotomechanischer Nachdruck. Eine vollständig neu bearbeitete Ausgabe ist im Erscheinen: Bd. I: Die Philosophie der Antike. I. 3. Ältere Akademie, Aristoteles, Peripatos, hrsg. v. H. Flashar (1983).
W. Windelband, Lehrbuch der Geschichte der Philosophie (1892), 17. Auflage hrsg. v. H. Heimsoeth (1980).
K. Wuchterl, Grundkurs: Geschichte der Philosophie (1986).

Philosophie der Gegenwart

Grundkurs Philosophie (1982–86), darin Bd. 9: E. Coreth u. a., Philosophie des 19. Jh. (1984), Bd. 10: Philosophie des 20. Jh. (1986).
F. Heinemann, Philosophie im XX. Jh. (1952, ^{2}1963).
H. Noack, Die Philosophie Westeuropas (1962, ^{2}1976).
H. Rombach, Die Gegenwart der Philosophie. Die Grundprobleme der abendländischen Philosophie und der gegenwärtige Stand des philosophischen Fragens (1962, ^{3}1988).
W. Stegmüller, Hauptströmungen der Gegenwartsphilosophie (1952), 4 Bde. (1978–89).
K. Wuchterl, Methoden der Gegenwartsphilosophie (^{2}1987).
Philosophische Nachschlagewerke
F. Austeda, Lexikon der Philosophie (^{6}1988).
W. Brugger, Philosophisches Wörterbuch (1947, ^{17}1985).
R. Eisler, Wörterbuch der philosophischen Begriffe, 3 Bde. (1900, ^{4}1927–30), völlig neubearbeitete Ausg., hrsg. v. J. Ritter (siehe unten), erscheint seit 1971.
Enciclopedia Filosofica, 8 Bde. (^{2}1982).

R. Hegenbart, Wörterbuch der Philosophie (1984).
O. Höffe (Hrsg.), Klassiker der Philosophie, 2 Bde. (^{2}1985).
O. Höffe (Hrsg.), Lexikon der Ethik (1997).
A. Hügli, P. Lübcke (Hrsg.), Philosophielexikon (1991).
A. Kosing, Wörterbuch der Philosophie (1985).
A. Lalande, Vocabulaire technique et critique de la Philosophie (1926, ^{14}1983).
E. Lange, D. Alexander, Philosophenlexikon (^{2}1987).
B. Lutz, Metzler-Philosophen-Lexikon (1989).
J. Mittelstraß, Enzyklopädie Philosophie u. Wissenschaftstheorie, 4 Bde. (1980–1996).
A. Regenbogen, U. Meyer, Wörterbuch der philosophischen Begriffe (1998).
F. Ricken, Lexikon der Erkenntnistheorie und Metaphysik (1984).
J. Ritter u. a. (Hrsg.), Historisches Wörterbuch der Philosophie, 8 Bde. u. 1 Reg.-Bd. (1971 ff.) (= völlig neubearbeitete Ausgabe des Wörterbuchs von R. Eisler [siehe oben]).
E. Rothacker (Hrsg.), Archiv für Begriffsgeschichte. Bausteine zu einem historischen Wörterbuch der Philosophie, 10 Bde. (1955 ff.), ab 1967 als Zeitschrift herausgegeben.
H. J. Sandkühler, Europäische Enzyklopädie zu Philosophie und Wissenschaften, 4 Bde. (1990).
H. Schmidt, Philosophisches Wörterbuch (1912), 21. Auflage hrsg. v. G. Schischkoff (1982).
H. Seiffert, G. Radnitzky (Hrsg.), Handlexikon zur Wissenschaftstheorie (1989).
W. Totok, R. Weitzel, Handbuch der bibliogr. Nachschlagewerke, hrsg. v. H.-J. u. D. Kernchen, 2 Bde. (^{6}1984–85).
F. Volpi, J. Nida-Rümelin (Hrsg.), Lexikon der philosophischen Werke (1988).
W. Ziegenfuß, G. Jung, Philosophen-Lexikon, 2 Bde. (1949–50).

Philosophische Beiträge, meist mit ausführlichen Literaturangaben, enthalten ferner

Christliche Philosophie, 3 Bde., hrsg. v. E. Coreth u. a. (1988–1990).
Die Religion in Geschichte u. Gegenwart (1909–13), 6 Bde. u. 1 Reg.-Bd. (^{3}1957–65).
Evangelisches Kirchenlexikon, 3 Bde. und 1 Reg.-Bd. (^{3}1986–1998).
Handbuch religionswissenschaftlicher Grundbegriffe, hrsg. v. H. Cancik u. a. (1988 ff., bis 1998 4 Bde.).
Handwörterbuch der Sozialwissenschaften, 12 Bde. und 1 Reg.-Bd. (1956–65).
Lexikon der Pädagogik, 4 Bde. (Neuausgabe 1970–71).
Lexikon für Theologie u. Kirche, 10 Bde. und 1 Reg.-Bd. (^{2}1957–68); dritte völlig neu bearbeitete Ausg., hrsg. v. W. Kasper (1993 ff.).
Neue Deutsche Biographie (1953 ff.).

Neues Handbuch theologischer Grundbegriffe, hrsg. v. P. Eicher, 5 Bde. (Neuausg. 1991).
Sacramentum Mundi, 4 Bde. (1967–69).
Sowjetsystem u. Demokratische Gesellschafr, 6 Bde. (1966–73).
Staatslexikon, 7 Bde.(⁷1985-89, 1992–93).

Bibliographien

Bibliographia philosophica, hrsg. v. G. G. De Brie, 2 Bde. (Brüssel 1950–54).
H. E. Bynagle, Philosophy (1986).
S. Detemple, Wie finde ich philosophische Literatur? (1986).
Handbuch der bibliographischen Nachschlagewerke, bearb. v. W. Totok, R. Weitzel (⁴1972).
Répertoire bibliographique de la philosophie (Louvain 1949 ff.; periodisch erscheinend).
Repetitorium edierter Texte des Mittelalters, hrsg. v. R. Schönberger, B. Kible (1994).
W. Totok, Bibliographischer Wegweiser der philosophischen Literatur (²1985).

Zeitschriften

Allgemeine Zeitschrift für Philosophie (Stuttgart 1976 ff.).
Aquinas (Rom 1957 ff.).
Archives de Philosophie (Paris 1923 ff.).
Beiträge zur Geschichte der Philosophie und Theologie des Mittelalters (Münster 1891–1980).
Fichte-Studien (Amsterdam 1990 ff.).
Freiburger Zeitschrift für Philosophie und Theologie (Freiburg/Schweiz 1954 ff.; früher: Divus Thomas).
Hegel-Jahrbuch (Hegel-Gesellschaft 1961, 1964 ff.).
Hegel-Studien (Bonn 1964 ff.; jetzt Bochum).
Heidegger-Studien (Berlin 1985 ff.).
International Philosophical Quarterly (New York 1961 ff.).
Kant-Studien (Hamburg – Leipzig 1897 ff., jetzt Bonn).
Perspektiven der Philosophie (Frankfurt a. M. 1969 ff.).
Phänomenologische Forschungen (Freiburg/München 1975 ff.).
Philosophischer Literaturanzeiger (München/Basel 1949 ff., jetzt Meisenheim/Glan).
Philosophische Rundschau (Tübingen 1953 ff.).
Philosophisches Jahrbuch (Fulda 1888 ff., jetzt Freiburg i. Br.).
Philosophy and Phenomenological Research (Buffalo 1941 ff., jetzt Philadelphia).

Recherches de Théologie et Philosophie médiévales (Leuven/Köln 1929 ff., früher: Recherches de Théologie ancienne et médiévales).
Revue de Théologie et de Philosophie (Lausanne 1868 ff.).
Revue philosophique de Louvain (Louvain 1945 ff.).
Salzburger Jahrbuch für Philosophie (Salzburg 1957 ff.).
Schopenhauer-Jahrbuch (Schopenhauergesellschaft 1912 ff.).
Studia hermeneutica (Zagreb/Mainz 1995 ff.).
Studia Philosophica (Basel 1941 ff.).
Synthesis philosophica (Zagreb 1986 ff.).
The Journal of Philosophy (New York 1904 ff.).
Theologie und Philosophie (Freiburg i. Br. 1966 ff., früher: Scholastik).
The Philosophical Revue (Boston 1892 ff., jetzt Ithaca).
The Revue of Metaphysics (New York/Conn. 1947 ff.).
Wiener Jahrbuch für Philosophie (Wien 1968 ff.).
Wissenschaft u. Weisheit (Freiburg 1934 ff.).
Zeitschrift für Ganzheitsforschung (Wien 1959 ff.).
Zeitschrift für philosophische Forschung (Reutlingen 1966 ff., jetzt Meisenheim/Glan).
Zen Buddhism today (Kyoto Seminar of Religious Philosophy 1983 ff.).

Übersichtstafeln

Die Tafeln geben eine namen- und verlaufbezogene Übersicht über die wichtigsten Linien durch die Geschichte der Philosophie seit dem griechischen Beginn bis in die Gegenwart. Die herausragenden Gestalten sind durch Einrahmungen hervorgehoben. Darüber hinaus sind die meisten der im alphabetischen Teil mit eigenen Artikeln bedachten und einige der innerhalb der Texte erwähnten Namen berücksichtigt. In chronologischer Anordnung und Zuordnung und in den Grenzen graphischer Darstellungsmöglichkeit werden die Anstöße, Schulbildungen, epochalen Gemeinsamkeiten und Einschnitte angezeigt.

Die chronologische Ordnung lenkt nicht nur den Blick auf Zeitgenossenschaften, geschichtliche Herkünfte und Fortgänge. Sie bietet zugleich eine Hilfe, bei eingehenderer Befassung und zunehmender Vertrautheit mit dem Denken, für das die Namen stehen, auch verschärft die Gleichzeitigkeit des Ungleichzeitigen und umgekehrt zu entdecken.

ANTIKE

Vorsokratiker

6. Jh. v. C.
Ionische Naturphilosophie
ältere: die Milesier, Thales, Anaximander, Anaximenes

Heraklit ca. 544–483

jüngere: Empedokles, Anaxagoras
Atomisten: Leukipp, Demokrit

Pythagoras ca. 542–496 u. die *Pythagoreer* (bes. Philolaos) bis in die 2. Hälfte 4. Jh.

Sophisten: Protagoras; Gorgias; Antiphon

Eleaten
Xenophanes,

Parmenides ca. 540–470

5. Jh. v. C.

Sokratiker

Sokrates ca. 470–399

im engeren Sinn: Xenophon, Euklid v. Megara (megarische Schule), Phaidon (elisch-eretrische Schule), Antisthenes (ältere kynische Schule), Diogenes, Aristipp (kyrenaische Schule)

4. Jh. v. C.

Platon 428–347

Akademiker, ältere: Speusipp, Xenokrates; *mittlere:* Arkesilaos; *neuere:* Karneades. Bis ins 1. Jh. v. C. (Cicero 106–43)

Aristoteles 384/83–322/21

Peripatetiker: Theophrast, Straton, Andronikos

Hellenistisch-römische Philosophie

Stoa, ältere: Zenon aus Kition ca. 336–264, Chrysipp; *mittlere:* Panaitios, Poseidonios; *späte:* Seneca, Epiktet, Marc Aurel 121–180 n. C.

Kynismus
spätere Fortbildung (durch Bion v. Borysthenes) der kynischen Schule des 5. Jh. Bis ins 2. Jh. n. C.

3. Jh. v. C.

Skepsis
Pyrrhon ca. 360–270. Eindringen in die mittlere u. neuere Akademie. Bis ins 2. Jh. n. C.

2. Jh. v. C.

Epikur 341–270 u. *Epikureismus*. Bis ins 1. Jh. v. C.

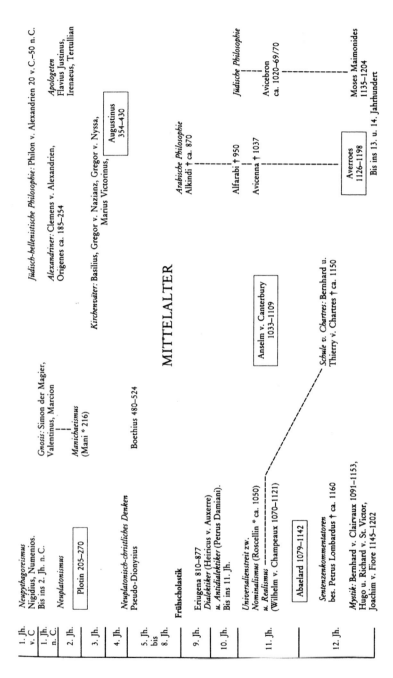

444

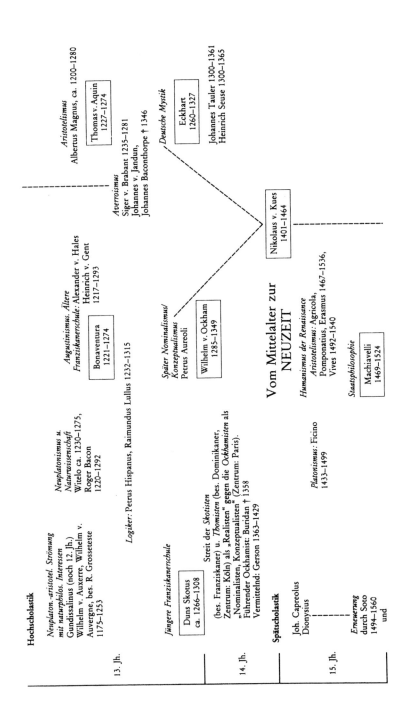

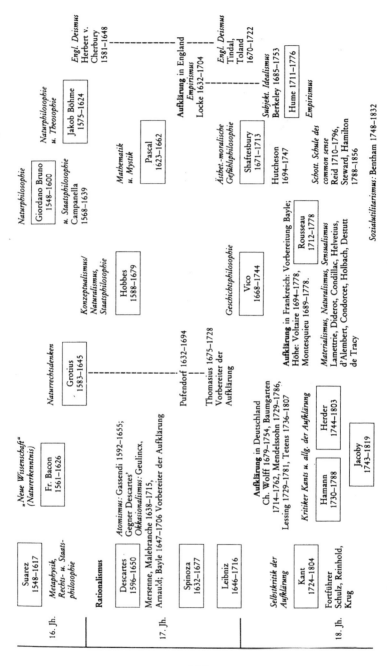

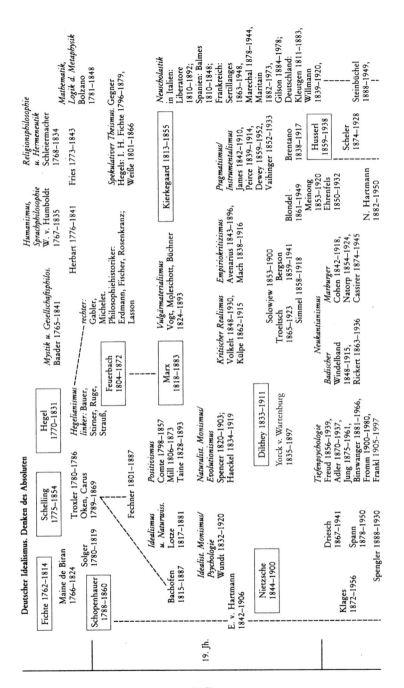

Ziegler 1881–1958

Italienischer Neuidealismus
Croce 1866–1952; Gentile 1875–1944

Unamuno 1864–1936 Ortega y Gasset R. Otto
                   1883–1955   1869–1937
                                     Tillich
                                     1886–1965   Przywara
                                                        1889–1972

Dialogische Philosophie   *Existentialismus/Existenzphilosophie*   Stein
Buber 1878–1965,   Marcel   Jaspers | Sartre | Heidegger 1891–1942
Ebner 1882–1931,   1889–1973   1883–1969 | 1905–1980| 1889–1976 Schütz
Rosenzweig 1886–1929   1899–1959
                                                                              Haecker 1879–1945
                                                                              Wust 1884–1940
                                                                              Guardini 1885–1968

                                     Anknüpfung an Marx
Anthropologie   Benjamin 1885–1948 Bloch   Merleau-Ponty   *Klassische Metaphysik
Plessner   *Frankfurter Schule:* 1885–1977   1908–1961   u. Existenz-/Geschichtsdenken*
1892–1985   Horkheimer 1895–1973,   Camus   Sieverth 1903–1963,
Gehlen   Adorno 1903–1969,   1913–1960   J. B. Lotz 1903–1992
1904–1976   Marcuse 1898–1979,   Rahner 1904–1984,
                      Habermas * 1929   Welte 1906–1983,
Strukturalismus   M. Müller 1906–1994
Vorbereiter Saussure Mannheim   Voegelin   *Hermeneutik*
1857–1913   1893–1947   1901–1985   Gadamer * 1900
Lévi-Strauss 1908   Levinas
Foucault 1926–1984   1906–1995

Kritischer Rationalismus   *Wissenschaftsgeschichte*   *Strukturphänomenologie*
Popper 1902–1994, Albert * 1921 Th. S. Kuhn 1922–1996   Rombach * 1923

Konstruktivismus   Philosophie aus der Tradition ostasiatischen Denkens: *Kyōto-Schule*
Lorenzen 1915–1994   Nishida 1870–1945, Tanabe 1885–1963, Nishitani 1900–1990
                                                          Tsujimura * 1922, Ueda * 1926

Mathematik u. Logik
Frege 1848–1925,
Whitehead 1861–1947,
Russell 1872–1970,
                      Gödel
Wittgenstein   1906–1978,
1889–1951   Tarski
                      1901–1983

Wiener Kreis
Schlick 1882–1936,
Carnap 1891–1970

Analyt. Philosophie,
Sprachanalyse
Quine * 1908,
Moore 1873–1958,
Austin 1911–1960,
Strawson * 1919,
Searle * 1932

20. Jh.